Die Macher des modernen Roms

in vier Büchern

Frau Oliphant

Writat

Diese Ausgabe erschien im Jahr 2023

ISBN: 9789359258423

Herausgegeben von
Writat
E-Mail: info@writat.com

Inhalt

VORWORT.

Niemand wird in diesem Buch oder von mir die Ergebnisse origineller Forschung oder eine Lösung – wenn überhaupt jemals eine Lösung möglich ist – für die heiklen Fragen erwarten, die die ernsthaftesten Studenten beschäftigt haben. Ein individueller Blick auf den Aspekt dieser Fragen, der einem Geist, der in den Aspekten der Menschheit ein wenig geübt, aber nicht in den Methoden des Lernens geschult ist, am deutlichsten erscheint, ist alles, was ich versuche oder wünsche. Dieses bescheidene Unterfangen war zumindest gewissenhaft. Die Arbeit wurde oft durch Kummer und Leid unterbrochen, weshalb die Autorin ihre unbekannten Freunde für etwaige Ausrutscher um Nachsicht bittet.

BUCH I.
EHRLICHE FRAUEN, NICHT EINIGE.

DAS KOLOSSEUM.

KAPITEL I.
ROM IM VIERTEN JAHRHUNDERT.

Es gibt keinen Ort auf der Welt, dessen Beschreibung weniger notwendig ist (oder von dem so viele Beschreibungen versucht wurden) als die einstige Hauptstadt dieser Welt, die höchste und ewige Stadt, der Sitz des Imperiums, die Heimat der Eroberer, das größte menschliche Macht- und Einflusszentrum , das unsere Rasse je gekannt hat. Seine Geschichte ist einzigartig und seine Lage. Zweimal unter Umständen und mit so unterschiedlichen Mitteln, wie man es sich nur vorstellen kann, hat es die Welt erobert und unterworfen. Alles, was den Menschen ihrer Zeit bekannt war, zollte ihm Tribut und Anerkennung Cäsaren ; und ein immer größer werdender Kreis, der Länder und Rassen umfasste, die den Cäsaren unbekannt waren, betrachteten die spirituellen Herrscher, die ihnen folgten, als die ersten und höchsten Autoritäten auf Erden. Der Leser kennt die klassische Stadt, deren Staatsbürgerschaft das Ziel der ganzen Welt war, und deren Institutionen und Gesetze und sogar ihre Architektur und häuslichen Bräuche sie kennt, oder es wird ihnen zumindest von allen Seiten geholfen, sich eine Vorstellung davon zu machen waren die einzige Herrschaft der Zivilisation – mit ihren edlen und grandiosen Gebäuden, ihren prächtigen Straßen, der Pracht und Größe ihres Lebens; während andererseits die meisten Menschen in der Lage sind, sich eine Vorstellung davon zu machen, was das Rom der Päpste war, die prächtige, aber schäbige mittelalterliche Stadt mit ihren großen Palästen und ihren Armutshöhlen und dieser Verbindung von Überfluss und Not, die sie nicht berührt Auge, während der Großteil der Bevölkerung im Zustand der Sklaverei bleibt. Aber es gibt eine Zeit dazwischen, die von englischen Schriftstellern nicht besonders beachtet wurde und die der Leser als eine Zeit übergeht, in der es wenig wünschenswert ist, darüber nachzudenken, obwohl es sich in Wirklichkeit um den Moment des Übergangs handelt, in dem das Alte vorüber ist durch das Neue ersetzt werden muss, und wenn bereits die Energie und der Enthusiasmus eines neuen Einflusses in den tragischen Abgründen und Abgründen der Vergangenheit zum Vorschein kommen. Eine uralte Zivilisation, die in der Ohnmacht von Luxus und Reichtum starb, von der jede aktive Macht oder jeder Einfluss auf die Welt verschwunden war, und eine neue und tiefgreifende innere Revolte, die ihre falsche innere Ruhe zerstörte, bevor die wütenden Kräfte einer anderen aufstrebenden Macht es noch getan hatten begann draußen vor seinen Toren zu donnern – stellt jedoch ein Spektakel voller Interesse dar, besonders wenn der Schauplatz so vieler Konflikte von den lebensechtesten Gestalten durchquert und beleuchtet wird und seine Aufzeichnungen von Gut und Böse in authentischer und authentischer Form hinterlassen hat Detaillierte

Chroniken, voller individueller Charaktere und Leben, in denen die Männer und Frauen der Zeit vor uns stehen, beschäftigt und umgeben von Umständen, die sich von unseren eigenen sehr unterscheiden, aber dennoch mit uns durch die unfehlbare Einheit menschlichen Lebens und Gefühls verbunden sind, die macht den am weitesten entfernten Ausländer zum Bruder und den entferntesten unserer urzeitlichen Vorfahren zum Nachbarn von heute.

Die Umstände Roms in der Mitte und am Ende des vierten Jahrhunderts waren in jeder Hinsicht einzigartig. Bei all ihrem Prestige und all ihren Erinnerungen war es eine Stadt, in der die Macht und die vorherrschenden Kräfte des Lebens verblasst waren. Der Körper war da, die große Stadt mit ihren Höhen, die dazu bestimmt waren, der Welt Recht und Urteil zu geben, sogar die Beamten und Vollstrecker der Kodizes, die im ganzen Universum für Gerechtigkeit gesorgt hatten; aber der Geist der Herrschaft und des Imperiums war vergangen. Eine große Aristokratie, überall an den ersten Platz gewöhnt, voller Reichtum, voller Muße, blieb; Aber es gibt nichts zu tun, um diese Größe zu rechtfertigen, nichts als den Luxus, den Preis und die Begleiterscheinung davon, der nun zu seinem einzigen Zweck und seiner einzigen Bedeutung geworden ist. Die Patrizierklasse war durch den Gebrauch, durch die hohe Fähigkeit, jeden Posten zu besetzen und jede Expedition zu leiten, die sie ständig bewiesen hatte, was ihre ursprüngliche Ursache und der Grund ihrer Existenz war, in eine Position ungewöhnlicher Überlegenheit und Pracht gewachsen . Aber dieser Grund war gestorben, das Reich hatte sich von ihnen getrennt, die Welt hatte einen neuen Mittelpunkt : und die Söhne der Männer, die alle riesigen Unternehmungen Roms geleitet hatten, blieben mit der Last ihrer großen Namen und der Last zurück ihres großen Reichtums und haben nichts anderes zu tun, als sich zu vergnügen und zu unterhalten: keine Berufungen, denen sie nachgehen müssen, keine wichtigen öffentlichen Ämter, die ihre Zeit und ihre Kräfte in Anspruch nehmen könnten. Eine solche Lage ist vielleicht die schrecklichste, die einer Klasse in der Geschichte einer Nation widerfahren kann. Großer und unverantwortlicher Reichtum, die Vorherrschaft hoher Stellung ohne jene Bande praktischer Angelegenheiten, die bei allen Herrschern – selbst von Gütern oder Fabriken – das Gleichgewicht der Menschheit wahren, sind eher Instrumente der Erniedrigung als der Erhebung. Etwas dafür zu tun, etwas damit zu tun zu haben, ist die Bedingung, die allein grenzenlosen Reichtum heilsam macht. Und das war in der Reichsstadt völlig gescheitert. Vergnügen und Zurschaustellung waren an die Stelle von Arbeit und Pflicht getreten. Rom hatte keine kaiserlichen Angelegenheiten mehr in der Hand. Ihre Zeit war vorbei: Das Fehlen eines Gerichts und all seine Intrigen hätten für jede Gemeinschaft kaum einen Verlust bedeutet – wenn nicht die Fäden der Weltherrschaft, die sie bisher beschäftigt hatten, in andere Hände übertragen worden wären und dass alle Kämpfe die großen gewesen wären Die Fragen, die Ursachen, die Bitten und die Verordnungen der Welt wurden nun in Konstantinopel entschieden und erlassen, was den einstigen Herren der Welt den Untergang bescherte. Es war schlimmer als die Zerstörung, ein schrecklicherer Umsturz als alles, was die Goten und Barbaren herbeiführen konnten – nicht der Tod, der ihnen die Befriedigung aller Notwendigkeiten bringt, sondern der Tod im Leben, der das Blut der Menschen mit Kälte erfüllt.

Die Bilder, die uns von diesem Zustand hinterlassen haben, lassen einem tatsächlich das Blut in den Adern gefrieren. Es ist natürlich, dass sie ein gewisses Maß an Übertreibung enthalten. Wir lesen täglich in unseren eigenen zeitgenössischen Annalen, Aufzeichnungen der Gesellschaft, die wir vollkommen beurteilen können, dass sie, obwohl sie in vielen Punkten den Tatsachen entsprechen, ein Bild vermitteln, das in all seinen Schatten zu düster und in seinen Lichtern zu grell ist, als dass man es sich leisten könnte bloße Betrachtung des Zustands eines beliebigen bestehenden Zustands der Dinge. Zeitgenossen wissen, wie viel sie annehmen und wie viel sie ablehnen müssen, und neigen dazu, über die Möglichkeit zu lächeln, dass Licht und Dunkelheit jenseits der Gewohnheit der Natur einen bleibenden Eindruck auf das Antlitz der Geschichte hinterlassen könnten. Doch wenn man alle Berücksichtigungen berücksichtigt, hinterlassen die zeitgenössischen Bilder von Rom in dieser unglücklichen Zeit einen Eindruck im Geiste, der nicht im Widerspruch steht, sondern durch die Ereignisse der Zeit und des Laufs der Geschichte gestützt und verstärkt wird. Die Bevölkerung, die seit Jahrhunderten vom Brot öffentlicher Almosen und jenen Vergnügungen wilder Fröhlichkeit genährt und genährt worden war, die alle höheren Sinne abstumpften, war in völlige Erniedrigung versunken. Ehrliche Arbeit und ehrliche Absichten oder die Hoffnung, ihre eigene Position zu verbessern, sich weiterzuentwickeln oder ihre Kinder auszubilden, scheinen bei ihnen nicht existiert zu haben. Ein halb lächerliches Detail, das uns daran erinnert, dass der wahre Römer immer ein wenig Pedanterie in seinem Stolz hatte, wird selbst von ernsthaften Schriftstellern mit Abscheu und Verachtung zur Kenntnis genommen – nämlich dass das einfache Volk nicht mehr seinen richtigen Namen trug, sondern bekannt war untereinander mit Spitznamen, wie Kohlesser, Wursthändler und anderen groben, bekannten Vulgarismen. Dies könnte man der Menge verzeihen, die ihre müßigen Tage im Zirkus oder bei einem Spektakel und ihre Nächte auf den Bänken im Kolosseum oder auf der Veranda eines Palastes verbrachte; Aber es ist schwer, die Erniedrigung einer Bevölkerung zu übertreiben, die nur zum Vergnügen lebte und die elenden Bissen, die sie am Leben hielten, aus irgendeinem Grund oder aus einer verdorbenen Quelle aufnahm, ohne Arbeit zu tun oder Hoffnung auf Besserung. Sie bildeten die schreiende, heisere Begleitung jedes Festzuges, sie schwärmten auf den unteren Rängen jedes Amphitheaters , heulten viel Kritik und tosenden Applaus und hielten in

Furcht und Ekel, doch erzwungener Nachgiebigkeit ihren rohen Forderungen gegenüber die Spieler und Schausteller, die versorgten ihr Leben mit einem Gegenstand. Nach allen Darstellungen, die uns erreicht haben, gibt es nichts Erniedrigteres als dieses Volk, das jeden Portikus und jede Marmortreppe blockiert, über die Bänke des Kolosseums wimmelt, sich im Schmutz und Müßiggang in der strahlenden Sonne Roms sonnt oder im Leeren sucht Der Ruhm eines vergangenen triumphalen Zeitalters, ein fauler Zufluchtsort davor – ist schon immer bekannt.

Die höheren Klassen litten auf ihre Weise ebenso tiefgreifend und mit einem tieferen Bewusstsein unter den gleichen entwürdigenden Einflüssen der Stagnation. Die Beschreibungen ihres nutzlosen Luxuslebens sind fast zu extravagant, um sie zu zitieren. „Ein lockeres Seidengewand", sagt der damalige Kritiker und Historiker Ammianus Marcellinus über einen römischen Adligen, „denn eine Toga aus dem leichtesten Stoff wäre für ihn zu schwer gewesen – Leinen, so durchsichtig, dass die Luft hindurchblies." Es, Ventilatoren und Sonnenschirme, um ihn vor dem Licht zu schützen, eine Truppe Eunuchen um ihn herum. Dies war das Aussehen und die Tracht eines Sohnes der großen und berühmten Senatoren Roms. „Wenn er nicht im Bad oder im Zirkus war, um die Sache eines Wagenlenkers zu unterstützen oder ein paar neue Pferde zu inspizieren, lag er halb schlafend auf einem luxuriösen Sofa in großen, mit Marmor gepflasterten und mit Mosaiken getäfelten Räumen . " Die damit verbundene luxuriöse Wärme, die die Frische des Marmors und die Dünnheit des Leinens so begehrenswert macht, wie auf einem Bild von Herrn Alma Tadema, lässt uns gleichzeitig innehalten, wenn wir die gesamte Beschreibung als unbestreitbar betrachten; Denn in Rom gibt es Zeiten, in denen riesige, mit Marmor gepflasterte Kammern nicht mehr angenehm sind, obwohl die Manieren und Äußerungen der Menschen immer noch dazu neigen, diese andere Seite des Bildes völlig zu ignorieren: Aber dennoch sind ihre allgemeinen Merkmale zweifellos wahr.

Als dieser Sybarit ausstieg, befand er sich auf einem hohen Wagen, wo er sich nachlässig zurücklehnte und sich selbst, seine gelockten und duftenden Locken, seine Gewänder mit ihren wunderbaren Stickereien und Stoffen aus Seide und Gold zur Bewunderung der Welt zur Schau stellte; Das Geschirr seiner Pferde war mit goldenen Verzierungen bedeckt, sein Kutscher war mit einem goldenen Zauberstab anstelle einer Peitsche bewaffnet, und die ganze Equipage folgte einem Zug von Dienern, Sklaven, Freigelassenen, Eunuchen bis hin zu den Küchenbuben, den Steinhauern aus Holz und Wasserkisten, um dem Gefolge Bedeutung zu verleihen, das sich mit aller Brutalität, die die Kehrseite sinnloser Zurschaustellung darstellt, durch die Straßen drängte und Bürger und Passanten aus dem Weg drängte. Die Dinnerpartys des Abends waren in ihrer Extravaganz ebenso kindisch: Die Tische waren mit seltsamen

Gerichten, Monstern des Meeres und der Berge, Fischen und Vögeln unbekannter Art und beispielloser Größe bedeckt. Letzteres scheint besonders stolz gewesen zu sein, denn uns wird von Dienern erzählt, die Waagen mitbrachten, um sie zu wiegen, und von Notaren, die mit ihren Tafeln und Griffen umherströmten, um das Gewicht aufzuzeichnen. Nach dem Fest kamen eine „hydraulische Orgel" und andere Instrumente entsprechender Größe, um den großen Saal mit hallender Musik und pantomimischen Spielen und Tänzen zu füllen, um die Trägheit der luxuriösen Zuschauer auf ihren Sofas zu beleben – „Frauen mit langen Haaren, die …" „hätte heiraten und dem Staat Untertanen geben können", wurden zur Empörung des Kritikers auf diese Weise eingesetzt.

Dieser Chronist der Torheit und der schlechten Manieren wäre kein Mensch, wenn er die edle Frau von Rom in seinem Bild weglassen würde. Ihre Räume waren voller unterwürfiger Diener, Sklaven und Eunuchen, die Hälfte ihrer Zeit war mit der monströsen Toilette beschäftigt, die alle natürlichen Reize zunichte machte, um der Schönheit der Gesellschaft eine fiktive und künstliche Darstellung von Rot und Weiß, geschminkten Augenlidern, gequältem Haar zu verleihen. und extravagantes Kleid. Eine noch treffendere Autorität als der heidnische Historiker Hieronymus beschreibt sogar eine der edlen Damen, die die christliche Gesellschaft Roms leiteten, dass sie den größten Teil des Tages vor dem Spiegel verbrachte. Wie die Damen Venedigs in einem späteren Zeitalter waren diese Frauen, beladen mit Schmuck, in goldene Stoffe gekleidet und mit Schuhen, die unter ihren Füßen mit der Steifheit metallischer Verzierungen knisterten, selbst mit der Unterstützung ihrer Füße fast nicht mehr in der Lage zu gehen Begleiter; und ein so ausgestattetes Leben wurde natürlich mit der Zurschaustellung der Reize und des Reichtums verbracht, die so schmerzlich dargelegt wurden.

Die schönere Seite des Bildes, der Aufstand der höheren Natur aus einem solchen Leben, führt uns in das Herz dieser Gesellschaft: und nichts kann merkwürdiger sein als das allmähliche Eindringen eines anderen und in der Tat scharf entgegengesetzten Gefühls, des Impulses von Askese und die gröbste persönliche Entbehrung, inmitten einer Gemeinschaft, die durch eine solche Schulung verwöhnt wurde und dennoch nicht unfähig war, Ekel und Ungeduld gegenüber dem Luxus zu empfinden, der für ihr Wesen wesentlich schien. Die Bildhaftigkeit und Anziehungskraft des Bildes liegt hier, wie so oft, hauptsächlich auf der Seite der Frauen.

Es ist jedoch notwendig, die merkwürdige Mischung zu beachten, die in dieser römischen Gesellschaft herrschte, in der das Christentum als System bereits stark war und die hohen Beamten der Kirche allmählich und langsam die von den Funktionären der Kirche verlassenen Plätze einzunehmen begannen das Reich. Obwohl die Hierarchie bereits etabliert war und der Bischof von Rom eine besondere Bedeutung in der Kirche erlangt hatte, hielt das Heidentum immer noch die hohen Plätze inne, die die Herrschaft über die alte Ökonomie lenkten, die der neuen Platz machte, die zugleich so verzweifelt und so kraftlos ist – Impotenz und Bitterkeit vermischen sich mit der falschen Toleranz des Zynismus. Die Verehrung der Götter war zu einem Überbleibsel bestimmter Geistes- und Lebensgewohnheiten geworden, an denen einige mit dem wütenden Abscheu des Terrors gegen eine neue revolutionäre Macht festhielten, die sie zunächst verachtet hatten, und andere mit dem lockeren Griff eines fantasievollen und poetischen Systems festhielten , und einige mit einem Gefühl für die intellektuelle Überlegenheit von Kunst und Philosophie gegenüber den Argumenten und Motiven, die die Menge bewegten. Das Leben aus diesen Religionen der Vergangenheit war verebbt. Der fiktive Versuch Julians, die Götterverehrung wiederherzustellen und neues Blut in die erschöpften Adern des mythologischen Systems zu bringen, hatte in Wirklichkeit den letzten Beweis für sein Aussterben als Macht in der Welt geliefert: Aber er blieb bestehen seinen letzten Platz ein, der manchmal durch einen Schimmer edler Manieren und der Anmut des intellektuellen Lebens gewürdigt wird – und oft, das muss man zugeben, gerechtfertigt durch das Versagen der Kirche, die Reinheit und Erhabenheit zu verkörpern, die ihre Lehren verkörpern, aber kaum seine Moral oder sein Leben, erklärt. So existierten der oft reale, aber sehr fehlerhafte Glaube an Christus und der fast immer fiktive, aber manchmal würdevolle und überlegene Glaube an Apollo nebeneinander. Der Vater konnte Letzteres mit einer großartigen Gleichgültigkeit gegenüber seinen Riten und einer verächtlichen Toleranz gegenüber seinen Gegnern betrachten, während die Mutter Ersteres mit gelegentlichen heißen Impulsen der Hingabe und Bußübungen zur Vergebung der weltlichen Vergnügungen und Verschwendungen, mit denen es verbunden war, hielt Sie kehrte mit umso mehr Elan zurück, als ihre Mahnwachen und Gebete vorüber waren.

Diese Verbindung zweier Systeme, die in jedem Impuls so gegensätzlich sind und auf einander völlig entgegengesetzten Grundlagen beruhen, konnte nicht umhin, eine außergewöhnliche Wirkung auf die Gemüter der von ihr bewegten Generationen auszuüben, und liefert, glaube ich, eine Erklärung für einige Ereignisse Es ist sehr schwierig, sie mit gewöhnlichen Prinzipien zu erklären, und insbesondere die Aufgabe einiger der scheinbar unbestreitbarsten Pflichten seitens einiger Persönlichkeiten, insbesondere der Frauen, deren Geschichte und Verhaltensweisen dieses Kapitel der großen Aufzeichnungen Roms füllen. Einige von ihnen verließen ihre Kinder, um sich in der Wüste zu vergraben, zogen sich in die Berge zurück und legten Meilen von Land und Meer zwischen sich und ihre liebsten Pflichten – warum? fragt der Leser. Auf Geheiß eines Priesters, auf den egoistischen Impuls des Wunsches, die eigene Seele zu retten, was zumindest in unseren Tagen zu einem erniedrigenden Motiv geworden ist – lautet die allgemeine Antwort. Es wäre jedoch nicht schwierig, auf der anderen Seite ein Bild des Kampfes mit den Autoritäten ihrer Familie um die Erziehung eines Sohnes, um die Heirat einer Tochter zu zeichnen, vor dem eine Frau mit einem Gefühl der Ohnmacht zurückschrecken könnte Sie wusste um das Prestige des edlen Vormunds, gegen den sie kämpfen musste, und um alle Kräfte des Familienstolzes, der Tradition, des Brauchtums und der Gewohnheit, die gegen sie eingesetzt werden würden. Vielleicht wäre es für die Mutter besser, diesen Krieg aufzugeben, den Konflikt aufzugeben, für den sie nicht stark genug war, als auch die Liebe ihres Kindes zu verlieren und für es zum Sinnbild einer gegnerischen Fraktion zu werden, die versucht, es umzudrehen von jenen Freuden der Jugend, die die erbliche Autorität seines Hauses förderte, anstatt sich zu widersetzen. Für Historiker ist es vielleicht schwierig, solche Beweggründe in Betracht zu ziehen, aber ich glaube, dass der Erforscher der menschlichen Natur sie als eine Überlegung wert empfinden und sie als eine Art Rechtfertigung oder zumindest als Entschuldigung für die Handlungen einiger von ihnen auffassen könnte Römische Frauen, die die Geschichte der Zeit erzählen.

Leider ist es nicht möglich, die Kirche in Rom außer Acht zu lassen, wenn wir die Einzelheiten der Verderbtheit und Torheit in der Gesellschaft sammeln. Wenn man auf den Seiten des heiligen Hieronymus das Bild einer so frühen Zeit in der Geschichte des Christentums sieht, kann man nicht anders, als zu spüren, wie stark der Glaube ist, der als Orientierung und Vorbild auf diese Zeiten zurückgreift. „Könntest du nicht eine Stunde mit mir zusehen?" sagte unser Herr zu den auserwählten Jüngern, seinen engsten Freunden und Anhängern, im Moment seiner eigenen überaus großen Angst mit einem so traurigen Vorwurf, der sich der Schwäche der Menschheit doch so bewusst war, dass er jede Entschuldigung zum Schweigen bringt. Wir könnten sagen: Konnte die Kirche nicht vierhundert Jahre lang den Eindruck Seiner Lehre, die Realität des Glaubens derer bewahren, die selbst gefallen und ohnmächtig geworden waren, aber dennoch die Gnade fanden, für ihren Meister zu leben und zu sterben? Aber vier Jahrhunderte sind eine lange Zeit, und Menschen sind auch mit dem Erbe der Christen nur Menschen. Sie gehörten zu ihrer Rasse, ihrem Alter und den vielfältigen Einflüssen, die in der Menge alles verändern, was sie glaubt oder wünscht. Und sie waren vielen Versuchungen ausgesetzt, die in der Welt, zu der sie durch Geburt und Ausbildung gehörten, doppelt so stark waren. Wie kann ein gewöhnlicher Mensch Reichtum verachten, inmitten einer Gesellschaft, die von ihm korrumpiert ist und in der er an oberster Stelle steht? Wie kann man lernen, gleichgültig gegenüber Rang und Prestige zu sein in einer Stadt, in der ohne diese jeder andere Anspruch mit Füßen getreten wurde ? „Die Tugenden der Urkirche", sagt Villemain über eine noch spätere Zeit, „standen unter dem Schutz von Armut und Verfolgung: Sie waren schwach in Erfolg und Triumph. Der Enthusiasmus wurde weniger rein, die Regeln des Lebens weniger streng In der immer größer werdenden Schar von Proselyten gab es viele unwürdige Personen, die sich aus Ehrgeiz und Eigennutz dem Christentum zuwandten, um am Hofe Platz zu machen und dem Kaiser treu zu erscheinen. Die Kirche, bereichert zugleich durch die Beute der Tempel und der Opfergaben der christlichen Menge begannen, sich in profane Pracht zu kleiden. Diejenigen, die die höheren geistlichen Ehren erlangten, waren nach Aussage des Ammianus sicher, „durch die Opfergaben der römischen Damen bereichert zu werden und fuhren wie Adlige in hohen Streitwagen aus, prächtig gekleidet, und setzten sich an königswürdige Tische." " Die Kirche, die in einer früheren Zeit von Konvertiten gestiftet worden war, die manchmal ihren gesamten Lebensunterhalt für den Unterhalt der Gemeinschaft opferten, die ihnen Heimat und Zuflucht bot, hatte weiterhin die Gaben der Frommen empfangen, nachdem die Regeln des gewöhnlichen Lebens wieder an Kraft gewonnen hatten; Und nun, da sie den vorherrschenden Versuchungen der Zeit weitestgehend nachgegeben hatte, fand sie in den Gaben der Reue auf dem Sterbebett und der Schwäche sterbender Büßer, die sie angeblich großen Nutzen daraus zog, ein großes Mittel zur Begabung: Der Reichtum wuchs in ihrem Inneren ihre Grenzen und damit Luxus, nach dem Vorbild der umgebenden Gesellschaft. Es ist Hieronymus selbst, der Bischof Damasus den Ausspruch eines der höchsten römischen Beamten berichtet . „Wenn Sie sich verpflichten, mich zum Bischof von Rom zu ernennen, werde ich morgen ein Christ sein." Nicht einmal der höchste Posten in der Regierung war so wertvoll und so großartig. Es ist auch Hieronymus, der für uns die heftige Empörung seines natürlichen Temperaments, vermischt mit einer unwillkürlichen Wahrnehmung der lächerlichen Seite des Bildes, nachzeichnet – einen beliebten jungen Priester seiner Zeit, dessen größte Sorge darin bestand, parfümierte, gut sitzende Gewänder zu tragen Er trug Schuhe, hatte wunderschön gelocktes Haar und glänzte an den Fingern mit Juwelen, und er ging auf Zehenspitzen, damit er sich nicht die Füße schmutzig machte.

„Was sind diese Männer? Für diejenigen, die sie vorbeigehen sehen, sind sie eher wie Bräutigame als wie Priester. Einige von ihnen widmen ihr Leben und ihre Energie dem einzigen Ziel, die Namen, die Häuser, die Gewohnheiten und die Stimmung aller Damen zu kennen Rom. Ich werde für dich, liebes Eustochium , in wenigen Zeilen das Tageswerk eines von ihnen skizzieren, der in den Künsten, von denen ich spreche, groß ist , damit du anhand des Meisters seine Schüler leichter erkennen kannst.

„Unser Held geht mit der Sonne auf: Er regelt die Reihenfolge seiner Besuche, studiert die kürzesten Wege und kommt, bevor er gebraucht wird, fast bevor seine Freunde wach sind. Wenn er etwas wahrnimmt, das ihm gefällt, ein hübsches Möbelstück oder … eine elegante Murmel, er betrachtet sie, lobt sie, dreht sie in seinen Händen um und bedauert, dass er keine ähnliche hat – und erpresst so das Objekt seiner Begierden, anstatt es zu erlangen; denn welche Frau würde nicht zögern, das Universelle zu beleidigen Klatsch aus der Stadt? Mäßigkeit, Bescheidenheit (*castitas*) und Fasten sind seine geschworenen Feinde. Er wittert ein Festmahl und liebt herzhaftes Fleisch.

„Wohin man auch geht, man wird ihn mit Sicherheit treffen; er ist immer vor einem da. Er kennt alle Neuigkeiten, verkündet sie in autoritärem Ton und ist besser informiert als jeder andere. Die Pferde, die ihn zu den vier tragen . " Die Viertel Roms, die dieser ehrlichen Aufgabe nachgehen, sind die schönsten, die man jemals sehen kann; man würde sagen, er war der Bruder des Königs von Thrakien, der in der Geschichte durch die Geschwindigkeit seiner Renner bekannt ist.

„Dieser Mann", fügt der unversöhnliche Satiriker in einem anderen Brief hinzu, „wurde in tiefster Armut geboren, wuchs unter dem Dach einer Bauernhütte auf und hatte kaum genug Schwarzbrot und Hirse, um seinen Appetit zu stillen; doch jetzt ist er ist anspruchsvoll und schwer zu befriedigen, er verachtet Honig und das feinste Mehl. Als Experte in der Wissenschaft der Tafel kennt er jede Fischart mit Namen, weiß, woher die besten Austern kommen und aus welcher Gegend die Vögel mit dem besten Geschmack kommen . Er kümmert sich nur um das Seltene und Ungesunde. In einer anderen Art von Laster ist er nicht weniger bemerkenswert; seine Manie besteht darin, alten Männern und Frauen ohne Kinder aufzulauern. Er belagert ihre Betten, wenn sie krank sind, und bedient sie auf die ekelhafteste Art und Weise Büros, bescheidener und unterwürfiger als jede Krankenschwester. Als der Arzt hereinkommt , zittert er und fragt mit stockender Stimme, wie es dem Patienten geht und ob es Hoffnung gibt, ihn zu retten. Wenn es Hoffnung gibt, ob die Krankheit geheilt ist, der Priester verschwindet mit Bedauern über die verlorene Zeit und verflucht den elenden alten Mann, der darauf besteht, so alt wie Methusalem zu werden .

Der letzte Vorwurf, der der Kirche in vielen verschiedenen Zeitaltern vorgeworfen wurde, war gerade durch ein Gesetz des Kaisers Valentinian I. besonders verurteilt worden, das alle den Priestern gemachten Vermächtnisse für nichtig erklärte, ein Gesetz, das Hieronymus' wütende Anklage hervorrief , nicht aus sich selbst, sondern aus dem Missbrauch, der es hervorgerufen hat. Dies war eine schwerwiegendere Angelegenheit als der Angriff auf die lockigen Lieblinge der Priesterschaft, die eher Bräutigamen als Priestern ähnelten, die die Neuigkeiten von Boudoir zu Boudoir trugen und ihre Entertainer für die Bibelots und den antiken Nippes, die ihnen am Herzen lagen, um Spenden baten gewünscht. Wohin das Auge blickte, gab es also nichts als Luxus und die Liebe zum Luxus, törichte Zurschaustellung, Extravaganz und Nachahmung in allen Künsten der Verschwendung, ein Leben ohne Schwerkraft, ohne ernsthafte Beschäftigung, in dem es nichts gab, was die Existenz dieser menschlichen Geschöpfe rechtfertigen könnte

Er steht zwischen Erde und Himmel und ist zu so vielen besseren Dingen fähig. Der Abscheu, ein Abscheu, der von Ekel erfüllt war und in seiner neuen Art nicht ohne Extravaganz war, würde mit Sicherheit kommen.

DER PFALTIN, VOM AVENTIN.

DIE RIPETTA.

KAPITEL II.
DER PALAST AM AVENTIN.

Der starke Rückschlag der menschlichen Natur vor jenen verhängnisvollen Elementen, die immer wieder die Zerstörung der gesamten Gesellschaft drohten, ist eines der edelsten Dinge in der Geschichte, ebenso wie eines der göttlichsten im Leben. Es gibt Beweise dafür, dass es selbst bei den bösesten Individuen existiert, und es ist ganz offensichtlich, dass es von Jahrhundert zu Jahrhundert in jedem Gemeinwesen an erster Stelle steht, um eine Gemeinschaft oder eine Nation immer wieder vor der völligen Erniedrigung zu retten. Wenn Verderbtheit zur Regel statt zur Ausnahme wird und nüchterne Grundsätze kurz davor stehen, völlig dem Wirbel der Torheit oder dem Durst nach Maßlosigkeit nachzugeben, dann kann immer damit gerechnet werden, dass ein Funken göttlicher Empörung, ein Schauer der Höhe zu finden ist Der Ekel vor den elenden Befriedigungen der Welt wird sich in der einen oder anderen Gegend entzünden und tausend glimmende Reifen auf der ganzen Erde anzünden. Es ist einer der höchsten Beweise für die Charta unseres Wesens, die unser wertvollster Besitz ist, die Widerspiegelung dieses Bildes Gottes, das trotz aller Erniedrigungen immer noch seinen Platz in der menschlichen Natur behält und nicht zerstört werden wird. Wir können in der Tat darüber trauern, dass eine so kurze Zeitspanne von Jahrhunderten die Erinnerung an das hellste Licht, das jemals unter den Menschen schien, so ausgelöscht hat, dass die Extravaganz einer menschlichen Abscheu und Revolution notwendig wurde, um das bessere Leben der Christenheit zu bewahren und wiederherzustellen. Gleichzeitig ist es unsere Rettung als Rasse, dass solche Revolutionen, so unvollkommen sie an sich auch sein mögen, mit Sicherheit kommen werden
.

Diese Abneigung gegen Laster, Erniedrigung und Böses jeder Art, öffentlicher und persönlicher Art, war im Osten bereits mit dem äußersten Übermaß an Selbstbestrafung und Sparmaßnahmen einhergegangen, wo die Wüsten bereits mit Höhlen und Löchern im Sand vermint waren Einsiedler und Conobiten, die eine Klasse, die in ihrer religiösen Leidenschaft und ihrem Leiden kaum weniger erhaben war als die andere, waren dem Strom des Bösen entkommen, dem sie sich nicht gewachsen fühlten, und lebten und hungerten und quälten sich für die Erlösung ihrer eigenen Familie Seelen und für eine Welt, die in Bosheit liegt. Der Ruhm des Thebaids und seiner Heiligen und Märtyrer, der sich langsam über die großen Entfernungen und das Schweigen hinweg bemerkbar machte, hatte bereits über die Welt gehaucht, als Athanasius, von der Verfolgung aus seinem Sitz und seinem

Land vertrieben, in Begleitung zweier von ihnen nach Rom kam Die Mönche, deren Charakter im Westen noch kaum verstanden wurde, verbreiteten sich und verbreiteten sein eigenes Buch, das Leben des heiligen Antonius der Wüste, ein Werk, das zu dieser Zeit eine ebenso große Wirkung hatte wie die populärste aller Veröffentlichungen in Tausenden von Exemplaren auf der ganzen Welt erhältlich sein könnte. Es stellt den modernen Leser vor ein Rätsel, wie ein Buch auf diese Weise die Welt bewegen und Hunderte von Leben revolutionieren konnte , obwohl es nur als Manuskript existierte und jedes Beispiel sorgfältig und mühsam kopiert werden musste, bevor es auch diejenigen erreichen konnte, die wohlhabend genug waren, um es sich zu sichern selbst solch ein Luxus. Was für gemeinsame Lektüre, welch ernste Kreise von Zuhörern, welch verzückte, intensive Stimmung auf den Lippen des Lesers muss es gegeben haben, bevor irgendein Werk, selbst das heiligste, zur Menge vordrang! – aber für uns scheint der Prozess zweifellos mehr zu sein langsamer und schwieriger als es wirklich war, als es überall Schreiber gab und Manuskripte mit Ehrfurcht und Respekt behandelt wurden. Als Athanasius in Rom Zuflucht fand, was während des Pontifikats geschah, oder besser gesagt – denn die volle päpstliche Autorität hatte noch niemand beansprucht – des Primats – von Liberius , und zwar um das Jahr 341, wurde er von allen Besten aufgenommen in Rom mit großer Gastfreundschaft und Sympathie. Soweit Rom christlich war, war es völlig orthodox, die arianische Häresie hatte dort keinen Platz in der christlichen Gesellschaft gefunden – und es gab einen Mann von Genie und beeindruckendem Charakter, der in diese stagnierende Atmosphäre den Atem einer größeren Welt brachte, die dies geteilt hatte Er war ein Redner, ein Reisender , ein Verbannter mit allen möglichen Interessen, die er in den Räten des Kaisers hatte, und lebte in den Zellen Ägyptens. Er war ein solcher Besucher, wie er selten in der vom Imperium verlassenen Stadt auftauchte. So wie der Mann, der neun Jahrhunderte später mit den Zeichen eines Menschen, der durch Himmel und Hölle gegangen war, durch die Straßen Italiens ging, muss der östliche Bischof den trägen Bürgern erschienen sein, mit dem Braun der Wüste noch auf seinen Wangen. doch so etwas wie ein höfischer Prälat, ein Freund der Fürsten; während seine Begleiter, einer mit der ganzen Wildheit eines Einsiedlers aus der Wüste in seinen Augen und seinem Aussehen, in der ungewohnten Robe und Kapuze – und der andere mild und jung wie der ideale Jugendliche, schüchtern und einfach wie ein Mädchen – wunderbare Erscheinungen waren die ermüdete und *blasierte* Gesellschaft, die sich zwischen all den Verspottungen und Shows ihres ohnmächtigen Lebens über alles nach etwas Neuem, etwas Wirklichem sehnte.

Eines der Häuser, in denen Athanasius und seine Mönche am meisten willkommen waren, war der Palast einer adligen Witwe, Albina, die das große und luxuriöse Leben ihrer Klasse in der vollkommenen Freiheit einer römischen Matrone, einer Christin, führte, jedoch keine Ahnung von ihr hatte Geist des Rückzugs aus der Welt oder des Verzichts auf ihre Freuden. Als Frau von mehr oder weniger lehrreichem Geist und lebhafter Intelligenz empfing sie mit größtem Interesse und Vergnügen diese Fremden, die so viel zu erzählen hatten, den großen Bischof, der vor seinen Feinden floh, die Mönche aus der Wüste. Dass sie und ihr Kreis sich mit jener hingerissenen und schmeichelhaften Aufmerksamkeit um ihn versammelten, der weder der geistesabwesendste Heilige noch der strengste General widerstehen kann, geht aus der Geschichte hervor und wirft einen sanfteren Lichtschein auf den leidenschaftlichen Theologen, der standhaft blieb , „Ich, Athanasius, gegen die Welt" für den geheimnisvollen Glanz der Dreifaltigkeit, gegen den sich der ketzerische Osten erhoben hatte. Im Aufenthaltsraum der römischen Dame, in seinen dunklen und fließenden orientalischen Gewändern, finden wir ihn inmitten der eifrigen Fragen der Frauen, wie er ihnen das seltsame Leben in der Wüste beschreibt, von dem es so ein Wunder war, zu hören — den Abendgesang, der aus ihm erklang jeden Spalt der Erde, während das ägyptische Nachglühen in einem großen Farbkreis um die riesige Himmelskugel brannte und ein unheimliches und mystisches Licht über die fantastischen Felsen und dunklen Öffnungen verbreitete, in denen die Sänger unsichtbar lebten. Was für ein Bild, das sich vor diesem sanften, eifrigen Kreis abspielt, der sich halb von seidenen Sofas erhebt, mit goldenen Stoffen bekleidet ist und vor Juwelen glänzt, deren zarte Wangen in künstlichem Rot und Weiß leuchten und deren kraus gelockte Locken von dem fantastischen, hoch aufragenden Kopfschmuck gekrönt sind was sie belastete!

Unter den Damen war das Kind des Hauses, das kleine Mädchen, das ihrer Mutter als Vorwand diente, um die Freiheit ihrer Witwenschaft zu bewahren, Marcella: ein nachdenkliches und nachdenkliches Kind, das all diese wunderbaren Geschichten verschlang, sich alles anhörte und einen Vorrat an Schweigen ansammelte Vorsätze und Fantasien in ihrem Herzen. Ihre ältere Schwester Asella scheint sich bereits in altkluger Hingabe von der Familie zurückgezogen zu haben oder wird zumindest nicht erwähnt. Die Geschichte, die das allgemeine Gemüt der Zeit mit so seltsamer und starker Begeisterung berührte, fiel in den jungfräulichen Boden dieses jungen Geistes wie der Samen eines neuen Lebens. Aber die kleine Römerin war keine Asketin. Offensichtlich hatte sie nicht den Drang, sich barfuß auf die Suche nach dem Leiden zu machen, wie es bei manchen jungen Anhängern der Fall war. Als Athanasius Rom verließ, hinterließ er in dem Haus, das ihn so freundlich aufgenommen hatte, sein Leben des Heiligen Antonius, die erste Kopie, die in der westlichen Welt gesehen worden war. Dieses Manuskript, vielleicht von der Hand eines dieser wunderbaren Mönche geschrieben, der seltsamsten Gestalten in ihrer luxuriösen Welt, die Marcella kannte, wurde zum Schatz ihrer Jugend. Ein solches Geschenk zu einem solchen Zeitpunkt reichte aus, um die visionäre Stille im Leben eines

Mädchens zu erfüllen, das oft so voller Träume ist, die selbst in ihrer nächsten Umgebung unbekannt und unerforschlich sind. Sie durchlief jedoch den üblichen Alltag einer jungen Dame in Rom. Madame Albina, die Mutter, war zwar voller Interesse und Neugier gegenüber allen intellektuellen und christlichen Dingen, schätzte aber noch mehr den natürlichen Wunsch einer Mutter, ihr einziges verbliebenes Kind edel verheiratet und in der Pracht und Würde zu etablieren, zu der sie geboren wurde . Uns wird gesagt, dass Marcella zu einer der Schönheiten Roms heranwuchs, aber da dies eine unveräußerliche Eigenschaft all dieser schönen Seelen ist, ist es nicht notwendig zu glauben, dass die „ Insignem decorem corporis" bedeutete jede außergewöhnliche Auszeichnung. Sie führte auf jeden Fall ihr natürliches Schicksal aus und heiratete einen reichen und edlen Ehemann, über den wir jedoch keine Einzelheiten wissen, außer dass er einige Monate später starb und sie ohne Kind oder Bindung an das Gewöhnliche zurückließ Leben der Welt, in aller Freiheit der Witwenschaft, schon in sehr jungen Jahren.

Da sie nun die volle Kontrolle über ihr Schicksal hat, scheint sie nie gezögert zu haben, was sie mit sich selbst anfangen soll. Sie wurde natürlich von vielen neuen Bewerbern angegriffen, unter denen ihr Historiker, der kein anderer als der heilige Hieronymus selbst ist, besonders den außergewöhnlich wohlhabenden Cerealis erwähnt („dessen Name unter den Konsuln groß ist"). und der ein so großartiger Verehrer war, dass die Tatsache, dass er alt war, kaum etwas gegen ihn auszusagen scheint. Marcellas Ablehnung dieses großartigen Spiels und aller anderen, die ihr angeboten wurden, beleidigte und entfremdete ihre Freunde und sogar ihre Mutter, und es folgte ein Moment des Schmerzes und der Ratlosigkeit in ihrem Leben. Sie soll einen Teil ihres Besitzes Verwandten geopfert haben, denen es, da sie es nicht schaffte, oblag, den Fortbestand des Familiennamens aufrechtzuerhalten, in der Hoffnung, so ihre Toleranz zu sichern. Und sie erlangte den Ruf einer Exzentrikerin und wahrscheinlich einer *Poseuse* , der zu allen Zeiten so verbreitet ist, wenn eine junge Frau den ausgetretenen Pfad verlässt, wie sie es getan hat, indem sie die lächerlichen Moden und Toiletten der Zeit aufgegeben und das Rouge beiseite gelegt hat Antimon, die unwiderstehliche Pracht goldener Stoffe und das Anlegen eines schlichten Kleides in dunkler Farbe , was ihre Generation zutiefst schockierte. Der Klatsch erhob sich und verbreitete sich von Mund zu Mund in den Marmorsalons, in denen die römischen Damen nach einem neuen Thema schmachteten, oder in den Vorzimmern, in denen junge Priester und Diakone auf das Erwachen ihrer Gönnerinnen warteten oder ihnen zuvorkamen. Es könnte sich um das Hôtel Rambouillet handeln, von dem wir gerade lesen, und um eine feine Dame, die in Port Royal Zuflucht suchte und in diesen antiken Palästen besprochen und in Stücke gerissen wurde. Welche Bedeutung verbarg sich hinter diesem braunen Kleid? War es eine uneingestandene Enttäuschung oder, was noch aufregender war, eine geheime Intrige, eine niederträchtige

Liebe, die sie nicht anzuerkennen wagte? Hatte sie sich zurückgezogen in eine Villa, in die Einsamkeit eines Vorstadtgartens, vor allen Blicken versteckt? und wer war dann der Gefährte von Marcellas Einsamkeit? Die Damen , die über sie sprachen, hatten wenig Vertrauen in Sparmaßnahmen und auch nicht in den Wunsch einer jungen und attraktiven Frau, ganz allein zu leben.

Es ist sehr wahrscheinlich, dass Marcella selbst und ihre Kritiker bald das Gefühl bekamen, dass die Scheinwüste, in die sie die Gärten ihrer Villa verwandelt hatte, tatsächlich eine fiktive Art war, ein heiliges Leben zu führen, und die Verleumdung war umso offensichtlicher Wahrscheinlicher ist es, diesen künstlichen Rückzug in die Hand zu nehmen, als einen Lebenslauf, der in Sichtweite der Welt geführt wird. Sie schlug schließlich einen klügeren und vernünftigeren Weg ein. Ihr natürliches Zuhause war ein Palast am Aventin, in den sie zurückkehrte und einen Teil davon für fromme Zwecke weihte, eine Kapelle für den gemeinsamen Gottesdienst und viel Unterkunft für die Freunde ähnlicher Ansichten und Absichten, die sich sofort um sie versammelten. Es ist offensichtlich, dass es in der besten Gesellschaft Roms bereits viele dieser Frauen gab. Ein lebendiges Gefühl der weiblichen Gesellschaft, der vielfältigen und endlosen Gespräche, Beratungen, Spekulationen, einer Gemeinschaft von Frauen, offen für jede angenehme Neugier und schnell für jedes neue Interesse, erhebt sich unmittelbar vor uns in dieser ersten Siedlung des Mönchtums – oder so Die Kirchenhistoriker nennen es das erste Kloster Roms vor unseren Augen. Es handelte sich letztlich nicht um ein Kloster, sondern eher um ein großes und gastfreundliches Frauenhaus, das über den großen Luxus wunderschöner Räume und Möbel verfügte und über die liberalen Sitten einer großen und wohlhabenden Familie verfügte, mit allem, was am elegantesten, kultiviertesten und erhabensten war , sowie die Frömmsten und Frömmsten. Die „Seelen", um unseren eigenen Jargon zu verwenden, scheinen dort tatsächlich wahrhaftiger vertreten zu sein als die Schwestern unseres modernen Verständnisses, obwohl wir anerkennen dürfen, dass es nur wenige Gemeinschaften von Schwestern gibt, in denen dieses Element nicht stärker vertreten ist oder weniger gedeihen. Christliche Damen, die wie sie selbst von dem Wunsch nach einem wahreren und reineren Leben erfüllt waren, versammelten sich um sie, ebenso wie die französischen Damen in Port Royal, und überall Frauen der gleichen Klasse, wo immer eine Frau mit einflussreichem Charakter den Weg weist.

Der Charakter und die Stellung dieser Damen unterschieden sich vielleicht nicht so sehr von denen am Hofe Ludwigs XIV., wie wir annehmen könnten. oder jede andere historische Periode, in der großer Luxus und viel Verschwendung das Herz aller Guten und Edlen krank gemacht hatten. Dennoch gab es bei ihnen ganz besondere Merkmale. Einige von ihnen waren die Ehefrauen heidnischer Beamter des Imperiums, die manchmal einen ungeschickten und immer aufgeregten Weg durch die Schwierigkeiten eines geteilten Haushalts gingen; und es gab viele junge Witwen, die mit Plänen für eine Wiederverheiratung ratlos waren und von denen einige von den Aussichten in Versuchung geführt wurden eines triumphalen Wiedereintritts in die vollen Freuden des Lebens, obwohl eine größere Zahl wahrscheinlich ablehnend und beunruhigt war und bestrebt war, ihre Freiheit zu behalten oder sich, wie Marcella, einem höheren Leben zu widmen. Modebewusste Frauen, die nicht abgeneigt waren , ihren anderen Ablenkungen eine Hingabe à la mode hinzuzufügen, Frauen mit intellektuellen Ambitionen, Liebhaber der höheren Bildung, Suchende nach einer völlig brillanten und neuen Gesellschaft, ohne besondere Emotionen religiöser Gefühle, erfüllten zweifellos *die* Ränge. „Eine Gesellschaft", sagt Thierry in seinem *Leben des Hieronymus* , „von reichen und einflussreichen Frauen, die größtenteils Patrizierfamilien angehörten, organisierte sich auf diese Weise, und das Oratorium auf dem Aventin wurde zu einem Sitz des Einflusses und der Macht der Laien, die die ..." Die Geistlichen selbst mussten bald damit rechnen.

Die Oberhäupter der Gemeinschaft trugen die edelsten Namen Roms, was jedoch in dieser Zeit des allgemeinen Verfalls nicht immer eine Garantie für eine adelige Herkunft war, da die größten Namen manchmal mit den geringsten Ansprüchen auf ihre Ehre angenommen wurden . Marcellas Schwester Asella , älter als die anderen und eine Art Mutter unter ihnen, hatte lange Zeit zuvor „das Leben" in Dunkelheit und Demut gelebt, und mehrere andere, die in den Aufzeichnungen nicht erwähnt wurden, waren prominente Mitarbeiterinnen. Die tatsächlichen Mitglieder der Gemeinschaft werden jedoch nicht so sehr erwähnt oder erwähnt, sondern vielmehr die Besucher, die kamen und gingen, und nicht alle von ihnen hatten einen konsequent religiösen Charakter, Damen der großen Welt. Eine davon, Fabiola, liefert eine amüsante Episode in der ernsteren Geschichte, den Kontrast eines Schmetterlings der Gesellschaft, einer *Grande Dame* mit faszinierenden Manieren, Allüren und Anmut, unglücklich mit ihren Ehemännern, von denen sie zwei hatte, von denen einer geschieden war – und nicht ganz abgeneigt, sich von der zweiten scheiden zu lassen und ihr Glück noch einmal zu versuchen. Eine andere, eine der bedeutendsten von allen in Familie und Ansprüchen und bei weitem die wichtigste in der Geschichte dieser ständigen Besucher, war Paula, eine Nachfahrin (Nebenwirkung, wobei die Verbindung von der leichtesten und einfachsten Art war, wie es für sie charakteristisch war). Zeit) des großen Æmilius Paulus, der Tochter eines angesehenen Griechen, der behauptete, von Agamemnon abzustammen, und Witwe eines anderen, der Æneas als seinen Vorfahren bezeichnete. Abgesehen von diesen großen Ansprüchen war sie sicherlich eine großartige Dame im wahrsten Sinne des Wortes, zart, luxuriös und allen

Moden der Zeit folgend. Auch sie war eine Witwe mit einer Familie junger Töchter und befand sich in jenem beneidenswerten Zustand der Freiheit, den die römischen Damen nach eigenen Angaben bis zum Äußersten genutzt und genossen hatten, der einzige Zustand, in dem sie völlig frei über ihr eigenes Schicksal bestimmen konnten . Paula ist die interessanteste in der Community, da wir sie am meisten kennen. Keine feine Dame ist exquisiter, anspruchsvoller, prächtiger als sie. Nicht einmal ihr Christentum hatte sie von der überragenden Pracht ihrer römischen Bräuche abbringen lassen. Sie gehörte zu den feinen Damen, die nicht ohne die Unterstützung ihrer Dienerinnen hinausgehen konnten und kaum den Marmorboden von einem seidenen Sofa zum anderen überqueren konnten, ohne unter der Last der schweren, mit Gold durchwirkten Tücher zu wanken. aus dem ihre Gewänder gemacht waren. Mit fünfunddreißig Jahren war sie Witwe und besaß immer noch den Charme des Frauseins und den Sonnenschein des Lebens (obwohl uns gesagt wird, dass ihre Trauer um ihren Mann tief und aufrichtig war) – und ihre kleinen Töchter wuchsen um sie herum auf . Sie ähnelte mehr ihren Schwestern als ihren Kindern und teilte jeden Gedanken. Blæsilla , die Älteste, mit zwanzig Witwe, war wie ihre Mutter eine exquisite Römerin und liebte alles, was schön, weich und luxuriös war. In den liebevollen Spötteleien der Familie wird beschrieben, wie sie ganze Tage vor ihrem Spiegel verbringt und sich allen Extravaganzen der Kleidung und persönlichen Dekoration hingibt, dem Lockenturm auf ihrem Kopf, dem Hauch von Rouge auf ihren Wangen. Eine zweite Tochter, Paulina, stand kurz vor der Hochzeit mit einem jungen Patrizier, der ebenso edel, ebenso reich und, wie sich später herausstellte, ebenso gläubige Christin war wie die Familie, in die er eingeheiratet hatte. Das dritte Mitglied der Familie, Eustochium , ein sechzehnjähriges Mädchen, dessen Charakter stark von dem ihrer schönen Mutter und Schwester, einer Heiligen von Geburt an, abhing, war das Lieblingskind und fast das Kind von Marcella, von der sie unterrichtet wurde Sie hatte sich bereits in ihren frühesten Jahren für ein Klosterleben entschieden und schien im Aventin-Palast zu wohnen, den die anderen so häufig besuchten. Von all dieser entzückenden und brillanten Gruppe ist sie die geborene Einsiedlerin, streng in jugendlicher Tugend, unberührt von den Faszinationen der Welt. Von ihr wird die folgende sehr hübsche und anschauliche Geschichte erzählt, in der wir einen merkwürdigen Einblick in die seltsam gemischte Gesellschaft der damaligen Zeit erhalten.

Obwohl die Familie von Paula christlich und voller religiösem Eifer war oder zumindest vom neuen Geist der Revolte gegen die Korruption der Zeit erfüllt war, war sie eng mit der immer noch existierenden heidnischen Gesellschaft Roms verbunden. Ihre Schwägerin, Schwester ihres Mannes und Tante ihrer Kinder, war eine gewisse Dame namens Prætextata , die Frau von Hymettius , einem hohen Beamten unter Kaiser Julian dem

Abtrünnigen, beide gehörten dazu, mit etwas von der fiktiven Begeisterung ihres Herrn, zum Glauben der alten Götter. Prætextata war zweifellos eine der schärfsten Kritikerinnen dieser Gesellschaft auf dem Aventin und sah mit Ungeduld und Zorn, was sie zweifellos für die künstliche, von ihrer Umgebung inspirierte Ernsthaftigkeit der jungen Nichte hielt, die bereits ihre Absicht verkündet hatte, niemals zu heiraten, und sich ganz von der Welt zurückziehen. Solche Vorsätze von Mädchen, die nichts von der Welt wissen, die sie verlassen, haben die gläubigsten Eltern verärgert, und es war nicht verwunderlich, wenn diese heidnische Dame das für absurd hielt. Die kleine Verschwörung, die sie gegen das ernste Mädchen schmiedete, war jedoch von der gutmütigsten und unschuldigsten Art. Als die ältere Dame feststellte, dass Worte keine Wirkung auf sie hatten, lud sie Eustochium zu einem Besuch in ihr Haus ein. Die junge Vestalin kam in ihrem kleinen braunen Kleid, dem Kostüm der Demut, völlig ahnungslos, hatte aber kaum das Haus ihrer Tante betreten, als sie von den liebkosenden und schmeichelnden Händen der Dienerinnen ergriffen wurde, die als Lieblingsmädchen eines solchen Etablissements an der Verschwörung interessiert waren Er löste ihr langes Haar und drehte es zu Locken und Zöpfen, nahm ihr das bescheidene Kleid ab, kleidete sie in Seide und Stoff aus Gold, bedeckte sie mit Schmuck und führte sie vor den Spiegel, der all diese Reize widerspiegelte, um sie zu blenden Augen mit der Erscheinung ihrer selbst, die sich so sehr von der Gestalt aus dem Schulzimmer unterschied, die sie kannte. Der kleine Plan war ebenso klug wie unschuldig und hätte ohne Zweifel ein Herz von sechzehn Personen höher schlagen lassen können. Aber Eustochium mit ihrem griechischen Namen und ihrem jungfräulichen Herzen war das ernste Mädchen, das wir alle kennen, das eine hier und da im Garten der Mädchen, geboren mit einem natürlichen Ernst, der über solche Versuchungen hinausgeht. Sie ließ sich immer wieder umdrehen, nahm in ihrer sanften Ruhe den Applaus des versammelten Hauses sanft entgegen, betrachtete ihr Bild im Spiegel wie ein Bild – und ging in ihrem kleinen braunen Kleid wieder nach Hause, um ihre Geschichte zu erzählen, die zweifelsohne war es ein endloses Vergnügen und ein Triumph für die Damen auf dem Aventin, das jedem Neuankömmling mit viel Gelächter über die Dummheit der klugen Tante wiederholt wurde, die auf diese Weise gehofft hatte, Eustochium zu verführen – Eustochium, das ernsteste von ihnen das Einkaufszentrum!

Dies war die erste Religionsgemeinschaft in Rom. Es war das natürliche Zuhause von Marcella, in dem sich ihre Freunde versammelten, ohne in den meisten Fällen ihre eigenen Paläste zu verlassen oder ihren eigenen Platz in der Welt aufzugeben – ein Zentrum und ein Zuhause des Herzens, wo sie sich ständig trafen und die Bewohner immer bereit waren, sie zu empfangen , nicht nur ihre engeren Verbündeten, sondern die gesamte Gesellschaft römischer Damen, die von den höheren Bestrebungen des Intellekts und der Frömmigkeit angezogen werden könnten. Von diesem herrschaftlichen

Herrenhaus existiert heute kein Stein mehr, aber es soll in der Nähe der bestehenden Kirche Sta. gestanden haben. Sabina, ein unübertroffenes Reittier mit Weitsicht. Von diesem Berg, der jetzt mit so vielen Ruinen bedeckt war, blickten die Damen auf die noch ungebrochene Pracht der Stadt, weit unten auf Tiber, der unter den Mauern umherschwappte. Palatinus mit den „weißen Dächern" jenes Hauses, auf das Horatius blickte, bevor er sich in den gelben Fluss stürzte, stand immer noch intakt zu ihrer Rechten: und, weit älter und länger erhalten, der Reichtum der Natur, der Ruhm des Römischen Reiches Himmel und Luft, der weiß blühende Seidelbast und die Sternenmyrte und jene Rosen, die so alte Bewohner der Welt sind wie alle anderen, die wir kennen, die ihre Pracht über die Marmorbalustraden werfen und die Terrassen süß machen. Dort gingen sie spazieren und redeten, die Einsiedler entspannt und einfach in ihren braunen Gewändern, die großen Damen, die sich unter der Last ihrer Toiletten unwohl fühlten, aber alle begierig darauf, den letzten Brief aus dem Osten, aus der Wüste zu hören, zu erzählen und zu lesen oder im Kloster, um ihre Erfahrungen auszutauschen und ihre Wohltätigkeitsorganisationen zu planen. Es gibt nichts Asketenhaftes auf dem Bild, das sich sehr von dem der strengen Einsamkeit der Wüste unterscheidet, die es angedeutet und inspiriert hatte – die Dame Paula, die hereinstolpert, mit einem Diener auf beiden Seiten, der sie zur nächsten Couch führt , und die junge Blæsilla, die in all ihrer Tapferkeit einen strahlenden Eindruck macht, mit funkelnden Juwelen, schwebendem durchsichtigem Schleier und mit ihren goldenen Absätzen, die auf den Marmorboden klopfen. So verstehen wir die Atmosphäre eines Klosters nicht; Doch wenn man die Tatsachen gebührend berücksichtigt, waren die größten Klöster zu allen Zeiten sehr ähnlich – die besten Damen liebten immer diesen Verkehr und Kontrast, halb neidisch auf den Frieden ihrer Klausurschwestern, halb erfreut, sie damit zu blenden eine Pracht , die ihnen niemals gehören könnte.

„Keine feste Regel", sagt Thierry in seinem *Leben des heiligen Hieronymus* , „existierte in dieser Versammlung, in der es so viel Individualität gab und in der das klösterliche Leben nicht einmal versucht wurde. Sie lasen gemeinsam die Heiligen Schriften, sangen Psalmen und organisierten sich ." gute Werke, erörterte den Zustand der Kirche, den Fortschritt des geistlichen Lebens in Italien und in den Provinzen und pflegte einen Briefwechsel mit den Brüdern und Schwestern außerhalb eines strengeren klösterlichen Charakters. Mit denen der Mitarbeiter, die das gewöhnliche Leben führten aus aller Welt kamen von Zeit zu Zeit, um sich bei diesen heiligen Zusammenkünften zu erfrischen, und kehrten dann zu ihren Familien zurück. Diejenigen, die frei waren, gaben sich je nach Geschmack und Neigung Andachtsübungen hin, und Marcella zog sich in ihre Wüste zurück. In a Kurze Zeit wurden diese Übungen durch das Streben nach Wissen abwechslungsreich. Alle römischen Damen von Rang beherrschten ein wenig Griechisch, und sei es nur, um zu ihren Favoriten sagen zu können, nach dem von einem Kirchenvater wiederholten Mot von Juvenal : Ζω ὴ κα ὶ ψυχ ὴ , mein Leben und meine Seele: Die christlichen Damen haben es besser und mit einem höheren Motiv studiert. Mehrere spätere Versionen des Alten und Neuen Testaments waren in Italien allgemein im Umlauf und unterschieden sich erheblich voneinander, und genau dieser Unterschied veranlasste ängstliche Gemüter dazu, sich für die Evangelien auf das ursprüngliche Griechisch und für die hebräischen Bücher auf das Griechisch der Septuaginta zu beziehen , der beliebteste Leitfaden westlicher Übersetzer. Die christlichen Damen machten sich daher daran, ihre Griechischkenntnisse zu vervollkommnen, und viele, darunter Marcella und Paula, fügten die hebräische Sprache hinzu, um die Psalmen in den Worten des Prophetenkönigs singen zu können. Durch den intelligenten Vergleich der Texte erlangte Marcella sogar ein so starkes exegetisches Wissen, dass sie oft von den Priestern selbst konsultiert wurde.

Etwa im Jahr 380 wurde diese Einrichtung gegründet. Die oben erwähnte „Wüste von Marcella" war, wie der Leser sich erinnern wird, ein großer Garten in einem Vorort von Rom, den sie zu ihrem Vergnügen frei herumlaufen ließ und in dem diese große römische Dame gelegentlich das Leben eines Einsiedlers nachahmte Einsamkeit und Abstinenz. Paulas Wüste, vielleicht nicht so einfach, war in ihrem eigenen Haus, wo sie außer den drei bereits erwähnten Töchtern ein jüngeres Mädchen, Rufina, hatte, das noch nicht in dem Alter war, in dem sie irgendwelche ausgeprägten Tendenzen zeigte, und einen kleinen Jungen, Toxotius , sie Sein einziger Sohn wurde von seinen heidnischen Verwandten eifersüchtig umsorgt, um zu verhindern, dass er von dieser Flut des Christentums mitgerissen wurde.

AUF DEM PALAT.

Dies war der Zustand des Kreises am Aventin, als in Rom ein großes Ereignis stattfand. Nach vielen Kämpfen und Katastrophen im Osten, vor allem dem immer wiederkehrenden Unglück eines Einheitsbruchs, demonstrierte eine Diözese hier und da ihre Freiheit, indem sie zwei Bischöfe wählte, die gleichzeitig verschiedene Parteien vertraten, und so die Ausübung einer zentralen Autorität forderte – Papst Damasus hatte ein Konzil in Rom einberufen. Er war so gut geeignet, in solchen Fällen als Richter zu fungieren, dass er selbst seinen Sitz mit der Spitze des Schwertes nach einem hart umkämpften Kampf, in dem viel Blut vergossen wurde, und der Kirche S. Lorenzo, dem Schauplatz des Kampf, wurde belagert und eingenommen wie eine Burg. Wenn er gehofft hatte, auf diese Weise die universelle Autorität seines Stuhls zu etablieren, ein Anspruch, der noch nicht entwickelt war, wurde dies sofort vom Bischof von Konstantinopel verhindert, der an diesem Ort sofort einen rivalisierenden Rat einberufen hatte. Das Konzil von Rom ist jedoch für uns von so viel größerer Bedeutung, dass es in der westlichen Welt die große und bemerkenswerte Figur des Hieronymus ins volle Licht rückte, und noch mehr für unsere Aufzeichnungen über die römischen Damen des Aventin, da es plötzlich stellte ihnen den Mann vor, dessen Name für immer mit ihrem verbunden ist, von dem, wie der Leser sehen wird, fälschlicherweise angenommen wird, er sei der Gründer ihrer Gemeinschaft gewesen, der aber fortan der vertrauenswürdigste Führer und Führer im spirituellen Leben wurde.

DIE WÄNDE VON ST. JOHANNES LATERAN.

KAPITEL III.
MELANIA.

Bevor wir mit dieser Erzählung fortfahren, wäre es jedoch vielleicht angebracht, die Geschichte einer anderen römischen Dame zu erzählen, die weder zu ihrer Bande gehörte noch in irgendeiner Harmonie mit ihnen stand und die bereits in der christlichen Welt widerhallte, eine wilde Romanze voller Begeisterung und Abenteuer, in der Der Bruch aller Anstandsregeln des Lebens war nicht weniger bemerkenswert als die Aufgabe seiner Pflichten. Ungefähr zehn Jahre vor der Gründung von Marcellas religiösem Haushalt (die Daten sind noch nicht vollständig bekannt) befand sich eine junge Dame aus Rom, spanischer Herkunft, reich und edel und von höchstem Rang, plötzlich am Anfang eines großartigen und glanzvollen Lebens glückliches Leben, in Trostlosigkeit und Trauer. Ihr Mann, dessen Name nicht bekannt ist, starb früh und hinterließ ihr drei kleine Kinder, und kurz darauf , als sie sich noch nicht von diesem vernichtenden Schlag erholt hatte, traf sie ein weiterer, als ihre beiden ältesten Kinder nacheinander starben. Die junge Frau, erst dreiundzwanzig, so schrecklich betroffen, scheint durch eine Reihe von Katastrophen in ein Fieber der Aufregung und Leidenschaft versetzt worden zu sein, das jeden Geist erdrücken würde. Von ihr wird berichtet, dass sie weder weinte noch sich die Haare riss, sondern mit ausgestreckten Armen, erhobenem Kopf, tränenlosen Augen und etwas wie einem Lächeln auf den Lippen auf das Kruzifix zuging und Gott dankte, der sie nun von allem befreit hatte Bindungen und ließ ihr die Freiheit, sich selbst zu dienen. Ob sie diesen Wunsch schon früher gehegt hatte, oder ob es nur die Verzweiflung der zerstreuten Mutter war, die sich in solchen Worten ausdrückte, erfahren wir nicht. In der Eile und Unruhe ihrer Qual bereitete sie alles für eine große Beerdigung vor, legte die drei Leichen auf eine Bahre und folgte ihnen allein nach Rom zum Mausoleum der Familie, wobei sie ihren kleinen Sohn, das Einzige, was ihr noch blieb, in ihren Armen hielt. Die Bevölkerung von Rom, begierig auf jede öffentliche Show, hatte sich auf dem Weg zu vielen Triumphen zusammengedrängt und viele hochrangige Cäsaren siegreich in die jubelnde Stadt zurückkehren sehen, aber noch nie hatte sie einen solchen Triumphzug wie diesen gesehen: „Der Tod." Eroberer führt seine Gefangenen. Uns wird nicht gesagt, ob die Veranstaltung von überbordenden Wohltätigkeitsspenden, übertriebenen Almosen und Opfergaben an die Armen begleitet wurde, mit denen andere Trauergäste versuchten, ihren Kummer zu lindern, oder ob Melanias Glanz und Einsamkeit in der Trauer durch irgendwelche Wohltätigkeitsdienste nicht gemildert wurde; Letzteres entspricht jedoch eher der außergewöhnlichen Wut und Leidenschaft des Kummers einer Frau, die vom

Himmel verletzt und empört ist und auf den sie so die Aufmerksamkeit der Sphären gelenkt hat.

Der Eindruck, den diese Bestattungspracht und der Anblick der jungen Frau, die tränenlos und verzweifelt mit ihrem letzten verbliebenen Kind im Arm folgte, hinterließ, war den Zuschauern noch nicht entgangen, als in Rom das Gerücht verbreitet wurde, dass Melania ihr letztes Kind verlassen hatte Sie war an das Leben gebunden und ging in die Außenwelt, niemand wusste wohin, und ließ ihr Kind so völlig ohne Vorkehrungen für sein Wohlergehen zurück, dass der mit der Betreuung der Waisenkinder betraute Beamte einen Vormund für diesen Sohn von Senatoren und Konsuln wie für ihn auswählen musste war ein namenloses Findelkind gewesen. Wer könnte sagen, welche Bitterkeit in der Seele hinter solch einer unbegreiflichen Verlassenheit steckte? Es könnte ein Gefühl des Untergangs sein, wie es manche sensiblen Geister überwältigt, als ob alles, was ihnen gehörte, vom Schicksal bestimmt wäre und ihnen nichts übrigbliebe als der tragische Ausweg von Hagar in der Wüste: „Lass mich das Kind nicht sterben sehen." Vielleicht sank der Mut der jungen Frau mit gebrochenem Herzen vor dem Kampf mit heidnischen Verwandten, die nichts unversucht ließ, um diesen letzten Spross der Familie im Glauben oder Unglauben seiner Vorfahren zu erziehen; Vielleicht fehlten ihr in Wirklichkeit jene mütterlichen Instinkte, die das auf die Knie gelegte Kind zum besten Tröster der Frau machen, zu der sie ihren Krieger tot nach Hause gebracht haben. Das war die Erklärung der Welt, die die unglückliche Melania in Stücke riss und sie der allgemeinen Empörung aussetzte. Nicht einmal die Christen, die bereits von der Begeisterung und Leidenschaft des Pilgers und Asketen berührt waren, konnten das plötzliche und mysteriöse Verschwinden einer Frau rechtfertigen, die noch immer eine so starke natürliche Bindung hatte, sie in ihrem Zuhause zu behalten. Aber was auch immer Melanias Charakter sein mochte, ob es ihr an Zärtlichkeit mangelte oder sie nur von Kummer und Trauer abgelenkt war und sich beeilte, ihren tödlichen Schatten von der Wiege ihres Kindes zu entfernen, sie war zumindest gegenüber jedem Argument und jeder Überzeugung unverwundbar. „Gott wird besser für ihn sorgen, als ich es kann", sagte sie, als sie den Säugling seinem Schicksal überließ. Es war wahrscheinlich besser, als wenn er die Obhut dieser scheinbar freundlosen jungen Frau gehabt hätte, mit ihren heidnischen Beziehungen, ihrem kompromisslosen Enthusiasmus und Eigenwillen und mit all den Risiken, die ihre Füße mit sich brachten, die den Weg einer jungen Witwe in Rom ebneten so voller Gefahr; Aber es ist ein Glück für die Welt, dass nur wenige Mütter in der Lage sind, diese Risiken einzuschätzen oder einer Pflicht den Rücken zu kehren, die normalerweise ihr größter Trost ist.

Es besteht jedoch ein Interesse am Charakter und Verhalten einer so außergewöhnlichen Frau, das schon immer die Welt erregt hat und das der nachdenkliche Betrachter kaum mit der üblichen Unterstellung schlichter Herzlosigkeit und Gefühllosigkeit abtun wird. Melania war eine stolze Patrizierin, obwohl sie jede Spur von irdischem Rang oder Reichtum von sich geworfen hatte, und eine übermütige, temperamentvolle Person, obwohl sie sich später in die selbsterniedrigendsten Dienste der Nächstenliebe stürzte. Und diese Charakterzüge wurden durch ihren plötzlichen Verzicht auf alles nicht verändert. Sie trat als meisterhafte Persönlichkeit hervor, entschlossen, wenn auch zweifellos unbewusst, alle Umstände nach ihrem Willen zu beeinflussen, wenn auch in äußerster Selbstverleugnung und mit dem Anschein und der Umgebung der Demut. Dies ist ein Paradoxon, das uns überall begegnet, in den Aufzeichnungen solcher Weltverlassenheiten, wie sie in jeder Geschichte der Anfänge des Klostersystems bekannt sind, in dem sowohl Männer als auch Frauen ständig alles aufgeben, während sie nichts aufgeben, und ihren individuellen Willen durchsetzen und sich durch Umstände hindurchbewegen, die die Ausübung von beidem auszuschließen scheinen.

Das Verschwinden Melanias sorgte in Rom für großes Aufsehen und entmutigte zweifellos den christlichen Eifer und weckte in vielen Gemütern Zweifel, während es anderen gleichzeitig bewies, welch große Opfer für den Glauben gebracht werden konnten. Andererseits hatte der Gegner grenzenlose Gelegenheit, die Lehren zu lästern und anzuprangern, die, wie er mit einiger Berechtigung sagen konnte, so die Grundlagen der Gesellschaft trafen und jedes Band der Natur schwächten. Welchen schrecklicheren Einfluss könnte es geben, als dass eine Frau ihr Kind, den Säugling, den sie zum großen Begräbnis in ihren Armen getragen hatte, vor den Augen ganz Roms, den Sohn ihres Kummers, im Stich ließ? Niemand außer einem hitzköpfigen Enthusiasten konnte selbst unter ihren Mitchristen ihren Standpunkt vertreten, und es scheint auch nicht, dass sie Unterstützung suchte oder sich für sich selbst entschuldigte. Hieronymus, damals ein junger Student und Gelehrter aus dem Osten, befand sich zur Zeit von Melanias Flucht in Rom, im Dunkeln, noch als Katechumene, der sich auf seine Taufe vorbereitete; und obwohl es keinen Beweis dafür gibt, dass er ihr überhaupt bekannt war, und auch keine Wahrscheinlichkeit dafür besteht, dass eine so unbekannte Person etwas mit ihrem Entschluss zu tun haben oder ihren Geist beeinflusst haben könnte, wurde in späteren Zeiten, als er wohlbekannt war, vermutet, dass dass er wahrscheinlich viel zu tun hatte – wer kann das sagen, wenn nicht die mächtigsten und schuldigsten Motive? – bei der Entscheidung über ihre Flucht. Eine solch vulgäre Erklärung passt sich immer dem Humor der Menge an und bietet eine einfache Lösung für die Probleme, die sonst so schwer zu lösen sind. Tatsächlich hatten diese beiden Persönlichkeiten, die sich in Kraft und Geist nicht unähnlich waren, im späteren Teil ihres Lebens viel miteinander zu tun, wenn auch meist in feindseligem Sinne .

Wir finden Melania wieder in Ägypten, wohin sie vermutlich sofort ihre Flucht als Hauptquartier strenger Hingabe und Selbstaufopferung richtete, als sie Rom verließ – soweit es scheint, allein. Das war im Jahr 372 (nichts kann schöner sein, als von Zeit zu Zeit einem Datum wie einem Engel in der vagen Wildnis der Briefe und Erzählungen zu begegnen), als Athanasius, der große Bischof, seinem Ende nahe war. Die junge Flüchtling, deren Ankunft in Alexandria nicht mit einem solchen Geheimnis verbunden sein würde, wie ihre Abreise aus Rom, wurde von der sterbenden Heiligen freundlich empfangen, mit der sie wahrscheinlich in ihren besseren Tagen gekannt hatte und die in seiner Begeisterung für das Leben Die klösterliche Entbehrung und Opferbereitschaft betrachtete ihre Flucht und ihren Entschluss wahrscheinlich gleichermaßen als vom Himmel inspiriert. Er gab ihr hoffentlich seinen Segen und viele gute Ratschläge – zusätzlich zu dem heiligen Schaffell, das das einzige Gewand des heiligen Makarius in seiner Zelle in der Wüste gebildet hatte und das sie als ihren wertvollsten Besitz mit sich nahm . Die große römische Dame setzte dann ihren Weg in die Wildnis fort, die in der Tat eher dem Namen als der Realität nach eine Wildnis war und auf allen Seiten von Gemeinschaften von Männern und Frauen bevölkert war, während in jeder Felsspalte und Höhle Einsiedler eifersüchtig eingeschlossen waren sein Loch, je unzugänglicher, desto besser. Nichts kann widersprüchlicher sein als die verwendeten Begriffe. Diese Wüste der Einsamkeiten erklang über ihre ganze Ausdehnung die Abendhymne, als würden selbst der Sand und die Felsen singen, so viele waren die unsichtbaren Anbeter. Und die Reisende ging sozusagen allein in die Wildnis, in größter Selbstverleugnung und Demut, doch begleitet von einem endlosen Gefolge von Dienern, deren Anwesenheit unerlässlich war, und sei es nur, um den Vorrat an Proviant und Geschenken, den sie mit sich führte, zu transportieren und zu schützen ihr.

Die Vorstellung einer einsamen Gestalt am Rande einer weglosen Sandwüste, die sich allen Gefahren stellt und vielleicht nach anstrengenden Tagen der Einsamkeit einem noch einsameren Einsiedler in seiner Zelle begegnet, um ihr die Gastfreundschaft einer Handvoll Erbsen und eines Schreins zu schenken Das Gebet, das das natürliche Bild ist, das vor uns entsteht, verändert sich stark, wenn man die Einzelheiten untersucht. Melania reiste offenbar mit einer großen Karawanserei, mit Kamelen, beladen mit Getreide und allem, was zum Überleben in diesen Regionen notwendig war. Die Zeiten waren noch unruhiger als sonst. Der Tod von Athanasius war das Signal für einen jener Verfolgungsausbrüche, die die christliche Welt in ihren frühesten Zeiten zerrissen haben, und die leider! Die Kirche selbst hat den Gebrauch nie langsam erlernt. Die unterirdische oder oberirdische Bevölkerung der ägyptischen Wüste war orthodox; die Mächte, die es gab, waren Arianer; und Einsiedler und Cœnobiten gleichermaßen wurden aus ihren Zufluchtsorten gejagt und vor Tribunale geschleppt, wo ihr Fall entschieden wurde, bevor er verhandelt wurde und jede Grausamkeit gegen sie eingesetzt wurde. In einem Land, das von den heftigsten Unruhen so zerrissen war, wirkte Melania wie ein Engel der Barmherzigkeit. Sie wurde zur Vorsehung der gejagten und leidenden Mönche. Sie soll für kurze Zeit in Nitria für fünftausend Dollar gesorgt haben , was beweist, dass ihre Adresse, so geheim ihr Verschwinden aus Rom auch gewesen sein mag, ihren Bankiers oder deren Kollegen gut bekannt gewesen sein muss. Somit ist es offensichtlich, dass ein Gewand aus Sackleinen nicht notwendigerweise Armut bedeuten muss, geschweige denn Demut, und dass eine Frau auf dem traurigsten Pferd umherreiten kann (das Pferd wurde anscheinend gewählt, weil es ein erbärmlicheres Ding war als der gut konditionierte Esel von …). Osten) und benimmt sich dennoch wie eine Prinzessin.

Palladius erzählte Geschichte dieser primitiven Lady Bountiful, die, wenn sie nicht an die Tat des heiligen Paulus unter ähnlichen Umständen erinnern würde, äußerst malerisch wäre. Der Prokonsul in Palästina wusste überhaupt nicht, wer die Pestfrau war, die darauf bestand, die Bevölkerung der Ordensleute zu versorgen und zu verteidigen, die er loswerden wollte – und die sogar so weit ging, sie in seinen Gefängnissen zu besuchen und zu ernähren Sie wurde verhaftet, um sich für ihre Einmischung zu verantworten. Nichts ist wahrscheinlicher, als dass Melania sich an die Methode des heiligen Paulus erinnerte, um seine Richter auf die Beine zu stellen. Sie schickte dem Konsul eine Botschaft, in der sich eine gewisse mitfühlende Verachtung mit Stolz mischt. „Sie schätzen mich aufgrund meines gegenwärtigen Kleides", sagte sie, „es liegt ganz in meiner Macht, es zu ändern, wenn ich will. Passen Sie auf, dass Sie sich nicht durch das, was Sie in Ihrer Unwissenheit tun, in Schwierigkeiten bringen." Dieser Vorfall ereignete sich in Cäsarea , der großen Stadt am Mittelmeerufer, die Herodes erbaut hatte, und wo die gewaltigen Ruinen noch immer in düsterer Pracht liegen und für den Gebrauch des Lebens wiederhergestellt werden können. Der Gouverneur der syrischen Stadt zitterte in seinem vergoldeten Stuhl. Die Namen, die Melania nannte, reichten aus, um ihn ein halbes Dutzend Mal vom Platz zu stoßen, obwohl sie, um die Wahrheit zu sagen, dem distanzierten Schüler nicht ganz klar offenbart werden. Er beeilte sich, die sonnenverbrannte Pilgerin in ihrem braunen Gewand freizulassen und sie sich selbst zu überlassen. „Man muss einem Narren entsprechend seiner Torheit antworten", sagte sie verächtlich, als sie ihre Freiheit akzeptierte. Der Weg dieser Dame durch die verwunschenen Wüsten, ihr Einzug in eine Stadt nach der anderen, mit dem in jedem Notfall einsatzbereiten Rangschild, begleitet von kontinuierlicher Versorgung durch die Verwalter ihrer Ländereien und der Macht, Fülle um sie herum zu verbreiten, wohin sie auch ging, Man könnte kaum sagen, dass sie die Belohnungen von Entbehrungen und Sparmaßnahmen verdient hätte, selbst wenn ihre zarten Füße in grobe

Sandalen gesteckt und das goldene Tuch durch eine Tunika aus grober Wolle ersetzt worden wären.

KOLOSSEUM BEI MONDLICHT.

Melania war vermutlich einige Zeit vor diesem Vorfall von einem Priester namens Rufinus begleitet worden, einem Landsmann, Schulkameraden und lieben Freund von Hieronymus, dem zukünftigen Vater der Kirche, zu dieser Zeit ein junger religiöser Abenteurer, wenn wir das so nennen dürfen Wort: – was in der Tat die einzige Beschreibung zu sein scheint, die auf die Gruppen junger, gläubiger Enthusiasten anwendbar zu sein scheint, die durch die Welt zogen, an keine besonderen Pflichten gebunden, sich, von denen man weiß nicht wie, ihren Lebensunterhalt verdienten und auf, von dem man nicht weiß, was abzielten, außer einer gewissen Hingabe mystisches religiöses Leben oder unbegrenzter christlicher Dienst an der Welt. Das Ziel, ihre Seelen zu retten, war vielleicht für die meisten das vorherrschende Ziel, und die meisten von ihnen hatten mindestens ein oder zwei Jahre in jenen östlichen Wüsten verbracht, in denen der Verzicht auf die Welt bis aufs Äußerste getrieben wurde. Aber sie waren auch hungrig nach Wissen, nach Jüngern und voller jugendlicher Aktivität, die zwangsläufig überall hingeht und alles sieht, ob mit möglichen Mitteln und Motiven oder nicht. Was auch immer sie waren, es waren keine Missionare im wahrsten Sinne des Wortes. Sie wurden überall empfangen, in gläubigen Haushalten hier und da, in einem der frühen Aufsätze in Klöstern, die von Großzügigkeit und christlicher Nächstenliebe lebten, unter den zahlreichen Angehörigen großer Häuser oder vom Bischof oder anderen Geistlichen

Funktionär. Sie waren die Sekretäre dieses Mannes, die Lehrer dieses Mannes – soweit wir sehen können, waren sie selten als Kapläne beschäftigt. Rufinus war tatsächlich Priester, aber nur wenige der anderen waren es, da Hieronymus selbst nur aus Höflichkeit zugestimmt hatte, zum Priester geweiht zu werden, und in keiner Weise die Pflichten des Priestertums erfüllte. Es gab jedoch zweifellos viele für sie geeignete Ämter im Haushalt eines Bischofs, der oft große Wohltätigkeitsspenden verteilte und große Besitztümer verwaltete. Aber es ist offensichtlich, dass immer eine Anzahl dieser Gelehrten-Studenten-Mönche zur Verfügung standen, die sich jeder Reisegruppe anschließen konnten, um ihrem Gönner mit ihrem Wissen über die Wüste und ihrer allgemeinen Erfahrung über die Gebräuche der Welt zu dienen. „Um eine Schwester zu führen ": – Der heilige Paulus hatte vielleicht schon zu seiner Zeit ein gewisses Wissen über die Nützlichkeit eines solchen Beamten und über den vollkommen legitimen Charakter seines Amtes. Rufinus schloss sich Melania auf diese Weise an, allem Anschein nach als der andere Leiter der Expedition, zu vollkommen gleichen Bedingungen, obwohl es ihr Geldbeutel war, der alles Nötige lieferte. Hieronymus selbst (mit einem Gefolge von Brüdern hinter ihm) reiste auf die gleiche Weise mit Paula – Oceanus mit Fabiola. Nichts könnte vollkommener der Mode der Zeit entsprechen. Vielleicht kamen die jungen Männer, wie wir sagen, selbst für ihre Ausgaben auf, aber die Karawane gehörte der Dame und all der immensen und wahllosen Wohltätigkeit, die daraus hervorging.

Rufinus zu verfolgen, genauso wenig wie wir beabsichtigen, die von Hieronymus zu verfolgen, und zwar in der heftigen Kontroverse, die das Hauptglied ist, das ihre Namen verbindet, oder überhaupt in irgendeiner Weise außer der ihrer Verbindung mit den Frauen unserer Geschichte. Rufinus war ein Dalmatiner von der Adriaküste, gebildet genug nach der Mode seiner Zeit, wenn auch nicht so gelehrt wie Hieronymus, und neigte dazu, jene Eleganzen der Literatur zu verachten, die er nicht zu würdigen vermochte. Zweifellos hatte auch er, wie Jerome , eine Gefolgschaft anderer Männer wie er, die zu jedem Abenteuer bereit waren und froh waren, sich zu den Almosenpflegern Melanias zu machen und Teil ihres Gefolges zu sein. Nach unseren modernen Vorstellungen handelt es sich um eine seltsame Konjunktion, und zweifellos gab es vage und flüchtige Verleumdungen, wie sie zu allen Zeiten existierten, die alles Ungewöhnliche oder Geheimnisvolle aus schlechteren Gründen erklärten. Aber es muss daran erinnert werden, dass solche Partnerschaften in jenen Tagen üblich waren, erlaubt durch den Brauch einer Zeit, in der absolute Reinheit der Wahnsinn und Monomanie, wenn man so sagen darf, sowie das Ideal war: und auch die Einsamkeit dieser Zeiten Bei den Pilgern handelte es sich zu allen Zeiten um eine Menschenmenge – der vermeintliche allein fliegende Flüchtling wurde, wie bereits erklärt wurde, in Wirklichkeit auf jeder Etappe des Weges von ausreichend Begleitern begleitet, um ihr Schiff zu füllen und ihre Karawane zu bilden, wohin sie auch ging.

Von Cäsarea , wo Melania die Regierung durch ihren hohen Rang und ihre Verbindungen verunsicherte, ist es nur ein kleines Stück bis nach Jerusalem, wohin die Schritte der Gruppe nach ihrer langen Reise durch die Wüste geleitet wurden. Es war bereits das Ende vieler Pilgerfahrten, der einzige Ort auf der Welt, der die Herzen und die Fantasie der Gläubigen auf der ganzen Welt am meisten anzog; und wir können uns das Gefühl der Wanderer gut vorstellen, als sie diesen grünen Hügel erblickten, der den Schauplatz so vieler Tragödien dominierte, die noch halb zerstörte, aber unsterbliche Stadt, deren Staub den Urchristen teuer war . Wer, der plötzlich in aller Stille auf diese Szene gestoßen ist, ohne beleidigende Führung oder Zirkusherrschaft , hat sich nicht den Namen „Ölberg" mit einer solchen Identifikationsfreude gegeben, die ihn in kaum einer anderen Landschaft der Welt bewegen würde? Am Ende des vierten Jahrhunderts war es noch vergleichsweise jungfräulicher Boden. Die Kaiserin Helena war dort gewesen und hatte, wie wir heute alle meinen, zu einfache und zu genaue Entdeckungen gemacht; aber das Land war noch nicht durch vergebliche Neugierde erforscht worden, und die Ruhe der Einsamkeit war ebenso vollkommen und viel süßer als inmitten des Sandes der Wüsten, war dort noch zu finden. Die Pilger gingen nicht weiter. Jeder von ihnen wählte seinen Standort auf dem sanften Abhang dieses Hügels göttlicher Erinnerungen. Rufinus ließ sich in einer Felsenzelle nieder, Melania wahrscheinlich in einem Haus in der Stadt, während ihre Klöster gebaut wurden. Die große römische Dame mit ihren treuen Verwaltern, die immer diese immer wertvollen Vorräte schickten, sorgte zweifellos für die Kosten beider: und bald entstanden zwei Gemeinschaften nahe beieinander, die die Gemeinschaft ihrer Gründer bewahrten, wo nach einigen Jahren des Reisens und Umherziehens Melania, mit wiederhergestellter Kraft und neuem Mut bezog sie ihren festen Wohnsitz.

Es ist schwierig zu entscheiden, was in dieser Welt der menschlichen List und Selbsttäuschung unter Opferbereitschaft und Selbstverleugnung zu verstehen ist. Es ist sehr wahrscheinlich, dass Melania, wie Paula nach ihr, sich den bescheidensten niederen Ämtern hingab und es, große Dame wie sie war, nicht verschmähte, den hochmütigen Kopf, der den Prokonsul von Palästina zum Zittern gebracht hatte, vor den bescheidensten Notwendigkeiten zu beugen des primitiven Lebens. Vielleicht kochte sie das überschüssige Essen, fegte die kahlen Zellen mit ihren eigenen Händen: Zweifellos würde sie die Herden und die kargen Felder beaufsichtigen, die ihre Gemeinde versorgten. Wir wissen, dass sie das traurigste Pferd ritt und das raueste Gewand trug. Diese Dinge haben im Katalog der Entbehrungen einen hohen Stellenwert, da Entbehrungen in den Geschichten der Heiligen berechnet werden. Und doch ist es fraglich, inwieweit ihr, wenn es sich um ein Verdienst handelte, Selbstaufopferung zuzurechnen ist. Sie hatte die volle Befriedigung ihres eigenen Willens und ihrer Art erreicht, was ein Vorteil ist, der nicht leicht oder oft zu berechnen ist. Sie hatte sich am interessantesten Ort der Welt niedergelassen, inmitten einer Landschaft, die trotz aller natürlichen Dürre und der deprimierenden Auswirkungen der Ruine überall doch voller Schönheit und Interessantem ist. Am allermeisten war sie vielleicht der allerbesten Gesellschaft im Weg und empfing Pilger von höchster Bedeutung, Bischöfe, Gelehrte, Fürsten, manchmal auch Damen von Rang wie sie selbst, die ständig kamen und gingen und die großartigen Neuigkeiten aus der Welt überbrachten von jedem Viertel bis zu den Einsiedlern, die so über alles verfügten, was der Reichtum bieten konnte. Man kann sicher sein, dass Melania und Rufinus , während Jerome und Paula später viele heitere Abende in Bethlehem unter ihren Bäumen verbrachten, oft unter diesen vom Alter doppelt grauen Oliven saßen, über alles im Himmel und auf Erden sprachen und über die Kleinen blickten vom Tal bis zur Mauer, umso malerischer, als es zerbrochen war und hier und da in Trümmerhaufen lag, von Jerusalem, und in den Pausen ihrer Unterhaltung hörten sie das Plätschern dieses kleinen Baches, der so viele heilige Szenen gesehen hat und über den unser Herr und seine Lieblingsjünger in einer Nacht wie der, in der seine Diener saßen und von ihm sprachen, nach Gethsemane gingen. Es ist wahr, dass die verfluchten Arianer und die ernste Nachricht über den Kampf, der zwischen ihnen und den Katholiken stattfand, oder vielleicht die Frage nach der Orthodoxie des Origenes oder wie der Kampf zwischen Paulinus und Meletius in Antiochia verlief, sie möglicherweise mehr beschäftigten als die Heiligen Erinnerungen. Aber es ist sehr zu bezweifeln, ob irgendetwas Erhabenes des römischen Lebens für Melania so wichtig gewesen wäre wie das Kloster auf dem Ölberg, der Strom angesehener Pilger und die Gesellschaft ihrer stets ergebenen Gefährtin und Freundin .

DER TEMPEL DER VESTA

KIRCHEN AM AVENTINE

KAPITEL IV.
DIE GESELLSCHAFT VON MARCELLA.

Das Konzil, das 382 in Rom mit der Absicht abgehalten wurde, über die Fälle verschiedener konkurrierender Bischöfe in entfernten Bistümern zu entscheiden, insbesondere in Antiochia, wo zwei für denselben Sitz gewählt worden waren – ein Konzil, das selbst von denen, in deren Namen es abgehalten wurde, kaum anerkannt wurde , und überhaupt nicht von denen, die ihnen gegenüberstanden, war, wie wir gesagt haben, vor allem deshalb bemerkenswert, weil zum ersten Mal eine der bedeutendsten, malerischsten und einflussreichsten Figuren seiner Zeit als markante und bemerkenswerte Persönlichkeit auftrat – Hieronymus: ein in intellektuellem Eifer unersättlicher Gelehrter, der überall die besten Schulen seiner Zeit aufgesucht hatte und in all ihren Wissenschaften bewandert war: und gleichzeitig ein Mönch und Asket, frisch von den Strapazen der Wüste und einem jener Kämpfe mit denen das Fleisch und die Vorstellungskraft, die das Epos des Einsamen bildeten. Es war nicht unnatürlich, dass das Regime der extremen Enthaltsamkeit, verbunden mit dem völligen Mangel an Beschäftigung und der Konzentration aller Gedanken auf sich selbst und die eigenen Stimmungen und Geisteszustände, alle Feinheiten der Vorstellungskraft erweckt und den grübelnden Geist erfüllt haben sollte Träume jeder wilden und extravaganten Art; Aber es würde uns jetzt nicht in den Sinn kommen, den stürmischen Übergang in ein der Religion gewidmetes Leben als erfüllt von tanzenden Nymphen und Visionen gröbster Sinnesfreuden darzustellen – vor allem im Fall eines Mannes wie Jerome, dessen Hauptversuchungen man hätte fühlte sich etwas ganz anderes an. Dies war jedoch die Mode der Zeit und gehörte mehr oder weniger zum mönchischen Ideal, das die Kraft all dieser niederen fleischlichen Impulse übertrieb, um die Tugend dessen zu steigern, der sie erfolgreich überwunden hatte. Die frühen Väter geißelten sich alle, bis sie in Lebensgefahr waren, wälzten sich im Schnee, lagen auf der kalten Erde und ernährten sich von einer Handvoll getrocknetem Getreide, vielleicht von Gras und Wildkräutern, die in den Spalten von zu finden waren die Felsen, um den Körper unterworfen zu bekommen: was unserer Meinung nach einfacher gewesen wäre, wenn man an die Stelle dieser visionären Versuchungen andere, gesündere Themen gesetzt oder die Lücke der Stunden mit harter Arbeit gefüllt hätte. Aber die Stumpfheit eines englischen Clowns oder Sportlers, bei dem Muskelübungen alle Visionen auslöschen, hätte einem mönchischen Neuling überhaupt nicht in den Sinn gekommen, für den die schärfsten Stiche der Reue und die Qualen der Selbsterniedrigung notwendig waren, sei es er hatte irgendetwas getan, um sie hervorzurufen, oder nicht.

Jerome hatte all diese notwendigen Leiden durchgemacht, ohne sich einen Schmerz zu ersparen. Sein Gesicht war blass vom Fasten und sein Körper war von Buße und Entbehrungen so abgenutzt, dass er fast tot war, und doch hatte er nach dem wahrsten orthodoxen Vorbild das Feuer irdischer Leidenschaften in seiner Seele brennen gefühlt. „Der Sack, mit dem ich bedeckt war", sagt er, „verformte meine Glieder; meine Haut und mein Fleisch waren wie die eines Äthiopiers . Aber in dieser riesigen Einsamkeit, verbrannt von der gleißenden Sonne, erschienen mir alle Freuden Roms." Augen. Skorpione und wilde Tiere waren meine Begleiter, dennoch schien es mir, als würde ich die Chöre tanzender Mädchen hören.

Hilfe fand , warf ich mich Jesus zu Füßen, überflutete sie mit Tränen und trocknete sie mit den Haaren auf meinem Kopf. Ich verbrachte Tag und Nacht damit, mir auf die Brust zu klopfen, ich verbannte mich sogar aus meiner Zelle, als ob sie sich all meiner bösen Gedanken bewusst wäre; und, starr gegen mich selbst, wanderte weiter in die Wüste, auf der Suche nach einer tieferen Höhle, einem wilderen Berg, einem zerklüfteten Felsen, den ich zum Gefängnis dieses elenden Fleisches, zum Ort meiner Gebete machen konnte.

Manchmal versuchte er, Zuflucht in seinen Büchern zu finden, den kostbaren Pergamenten, die er selbst in diesen unwahrscheinlichen Regionen bei sich trug, aber hier kam eine weitere Versuchung ins Spiel. „Unglücklich, dass ich bin", schreit er, „ich habe gefastet und trotzdem Cicero gelesen. Nachdem ich Geld ausgegeben hatte Nächte voller Wachheit und Tränen fand ich Plautus in meinen Händen. Den so bekannten und vertrauten Dramatiker, Redner und Dichter beiseite zu lassen und sich in den unvollkommen bekannten Charakter des Hebräischen, das er lernte, in die unverständlichen Mysterien und den rohen Stil der Propheten zu stürzen, war fast so schrecklich, als würde er das Fasten aufgeben auf der kalten Erde und höre das Rasseln der Knochen in der Haut, die sie kaum zusammenhielt. Doch manchmal gab es Momente der Erlösung: Manchmal, wenn alle Tränen vergossen waren und ich mit trockenen, erschöpften Augen zum Himmel voller Sterne blickte, „fühlte ich mich in die Mitte der Engel versetzt und voller Zuversicht und Freude emporgehoben." erhob meine Stimme und sang: „Wegen des Duftes deiner Salben werden wir dir nachlaufen." So versöhnten sich beide, seine Fantasie wurde von der Versuchung befreit und die Poesie der mürrischen Bücher, die sich so sehr von Cicero unterschieden, entstand plötzlich deutlich in seinen besorgten Augen.

Dies war jedoch nur ein kleiner Teil der Ausbildung von Hieronymus. Als sich sein Geist beruhigte, führte er von seiner Wüste aus eine umfangreiche Korrespondenz, und viele seiner Briefe wurden sofort Teil der Literatur seiner Zeit. Insbesondere ein beredter und rednerischer Appell an einen seiner Freunde, der Brief an Heliodorus , mit seiner ausführlichen

Beschreibung der Übel der Welt und dem leidenschaftlichen Aufruf zum Frieden in der Wüste, ging damit durch die religiösen Kreise der Zeit Die wunderbare Schnelligkeit und Leichtigkeit des Umlaufs, die so schwer zu verstehen ist, und die in Marcellas Palast auf dem Aventin gelesen und von einigen eifrigen Zuhörern auswendig gelernt wurde, für so wertvoll wurden ihre ausführlichen Sätze gehalten. Dieser Brief verkündete kühn den außergewöhnlichen Schritt, den Melania und so viele andere selbstergebene Menschen getan hatten, als das höchste Prinzip des Lebens – und rief jeden Christen in die Wüste, welche Pflichten oder Freuden auch immer ihm im Weg stehen mochten. Vielleicht sind solche Ermahnungen weniger gefährlich, als sie zu sein scheinen, denn die edlen Damen, die diese bewegenden Appelle lasen, bewunderten und auswendig lernten, scheinen von ihnen sonst nicht berührt worden zu sein. Wie das Lied des alten Seefahrers müssen sie sich an die Vorherbestimmten richten, die allein Ohren haben, um zu hören. Heliodorus , dem all diese Beredsamkeit aus erster Hand zuteil wurde, blieb taub und lebte und starb in Frieden unter seinem eigenen Volk, in den Lagunen, wo Venedig noch nicht war, ungeachtet allem, was sein Freund sagen konnte.

„Was machst du im Haus deines Vaters, oh träger Soldat?" schrie diese eifrige Stimme; „Wo sind deine Wälle und Schützengräben, unter welchem Zelt aus Fellen hast du den bitteren Winter verbracht? Die Posaune des Himmels ertönt, und der große Führer kommt auf den Wolken, um die Welt zu besiegen. Lass die Kleinen an anderen Hälsen hängen; lass deine Mutter zerreiße ihr Haar und ihre Kleider; lass deinen Vater sich auf der Schwelle ausstrecken, um dich am Vorbeigehen zu hindern; aber erhebe dich, komm! Bist du nicht zum Opfer auch des Vaters und der Mutter verpflichtet? Wenn du an Christus glaubst, kämpfe mit mir für seinen Namen und die Toten sollen ihre Toten begraben. Es gab viele, die bei diesen Bitten verweilten wie bei einem edlen Lied, das das Herz weckt und das Ohr bezaubert, aber das Gleichgewicht der menschlichen Natur wird durch einen solchen Appell nur selten gestört. Sogar in diesem frühen Alter können wir es in den meisten Fällen zulassen, dass es alle Zuhörer bewegt, ohne große Angst vor dem Thema zu haben.

Hieronymus blieb jedoch selbst nicht lange in seiner Wüste; Er wurde in seiner Zelle von den Echos polemischer Kriegsführung überflutet, die aus der Welt, die er verlassen hatte, hereindrangen, und er wurde aufgefordert, sich für die eine oder die andere Seite auszusprechen, während er, wie er selbst berichtete, noch nicht wusste, worum es ging um. Nach etwa drei Jahren verließ er widerwillig seinen Ruhestand, indem er Virgil auf die Barbarei des Volkes hinwies, das ihm die Gastfreundschaft eines kleinen Sandes verweigerte, und stürzte sich in Antiochia in den Kampf zwischen konkurrierenden Bischöfen und Parteien, die Ketzerei von Apollinaris und all das Wut religiöser Polemik. Es war wahrscheinlich seine genaue Kenntnis aller im Osten so heftig umstrittenen Fragen und seine Fähigkeit, Informationen über Punkte zu geben, die das Westkonzil nur aus zweiter Hand erfahren konnte, die ihn am Vorabend des bereits erwähnten Konzils nach Rom führten , einberufen von Papst Damasus im Jahr 382. Das Hauptziel dieses Konzils bestand darin, Fragen der Kirchenpolitik zu regeln, insbesondere die eigentliche Frage, welcher der Konkurrenten rechtmäßiger Bischof von Antiochia war, sowie andere Fragen, die andere wichtige Bistümer betrafen. Es war keine geringe Annahme seitens der Bischöfe des Westens, eine Annahme, die damals durch kein Dogma über die Vormachtstellung des Bischofs von Rom gestützt wurde, sich in diesem Ausmaß in die Angelegenheiten des Ostens einzumischen. Und es wurde sofort durch das Vorgehen der Kirche im Osten niedergeschlagen, die sofort einen eigenen Rat in Konstantinopel abhielt und alle praktischen Fragen autoritär entschied. Hieronymus war der Freund all jener Bischöfe, deren Anliegen in Rom vertreten worden wären, wenn nicht ihr eigener Teil der Kirche so kurzen Prozess mit ihnen gemacht hätte: und dies empfahl ihm zweifellos die besondere Aufmerksamkeit von Damasus , selbst nach diesen praktischen Fragen wurden beiseite gelegt, und die Häresie des Apollinaris, die als Zweites behandelt werden sollte, wurde zum einzigen Thema vor dem Haus gemacht. Hieronymus war auch über das Thema Apollinaris sehr bewandert. Aufgrund dieser neuen Häresie war sein Platz in Ägypten unhaltbar geworden. Sein Wissen konnte für die westlichen Bischöfe, die in der Regel keine Gelehrten waren und sich auch nicht für die subtilen Überlegungen des Ostens interessierten, von größter Bedeutung sein. Er war daher in Rom sehr willkommen, insbesondere nachdem die Krankheit des großen Ambrosius diesem so viel von seinem Prestige beraubten Konzil fast den einzigen imposanten Namen genommen hatte, der ihm noch verblieben war. Dies war die Gelegenheit für einen Mann wie Jerome, der sich, wie wir bereits sagten, an sich noch nicht viel von den vielen jungen religiösen Abenteurern unterschied, die die Welt bereisten. Er war jedoch bereits ein angesehener Literat: Er war Damasus bekannt , der ihn getauft hatte: Er verfügte über genügend Gelehrsamkeit, um die Mängel eines ganzen Konzils auszugleichen, und ausnahmsweise wurden diese Fähigkeiten voll gewürdigt und fanden ihren richtigen Platz. Kaum war er in Rom angekommen, wurde er zum Sekretär des Konzils ernannt – ein vorübergehendes Amt, das später verlängert und auf das des Sekretärs des Papstes selbst ausgeweitet wurde: So wurde der Fremde sofort zu einem Funktionär von größter Bedeutung in den Verhandlungen des Konzils Sehen Sie Rom und seine Entwicklung als höchste Macht und Autorität in der Kirche.

Es liegt etwas seltsam Vertrautes und Kurioses in dem uns so vollkommen bekannten Erscheinungsbild der Zusammenkunft eines religiösen Kongresses, einer Versammlung oder einer Generalversammlung, bei der jedes bedeutende Haus und jede gastfreundliche Familie bewegt wird, um einen angesehenen geistlichen Besucher zu empfangen – was also der Fall war fand Ende des vierten Jahrhunderts in Rom statt, als noch alles klassisch im Hinblick auf die Ewige Stadt war und die Altäre der Götter noch standen. Die Bischöfe und ihr Gefolge trafen ein und sorgten für ein wenig Aufsehen, manchmal sogar vor den Marmorportiken großer Herrenhäuser, wo der Herr oder die Herrin noch immer eine träge Verehrung für Jupiter oder Merkur bekundete. Hieronymus, von der ägyptischen Sonne braun gebrannt, dürftig und sehnig in seinem abgetragenen Gewand, mit ein oder zwei bescheidenen Brüdern in seiner Schleppe, nahm nach einer kleinen bescheidenen Schwierigkeit die Einladung oder das Kontingent an, das ihn zum Aventin, in den Palast von führte Marcella, wo er bereits bekannt war und wo er, obwohl er beim Anblick aller Damen den Blick mit angemessener Zurückhaltung senkte, es dennoch für richtig hielt, dem Beispiel des Apostels zu folgen und fleißig seine eigene Schüchternheit zu überwinden. Es war vielleicht keine sehr starke Eigenschaft in seiner Natur, und sehr bald wurde seine neue und prächtige Behausung für den Asketen zu einem Heim, das ihm teurer war als alles, was er bisher gekannt hatte.

Es ist merkwürdig festzustellen, wie vollständig das Prinzip der Gemeinschaft und Freundschaft zwischen Mann und Frau, sofern es an engeren Bindungen mangelt, von diesen Mystikern und Asketen übernommen und anerkannt wurde, ohne offensichtliche Angst vor den Kommentaren der Welt oder irgendeiner der selbstbewussten Persönlichkeiten. Bewusstsein, das in der gewöhnlichen Gesellschaft so oft eine solche Beziehung zerstört. Vielleicht lächelten die Gerüchte damals schon über die enge Verbindung von Jerome mit Paula oder Rufinus mit Melania. Im Ausland kam es unvermeidlich zu Verleumdungen der gröbsten Art; aber weder Mönch noch Dame scheinen davon betroffen gewesen zu sein. Das ist in der Geschichte der Kirche immer so gewesen, und es ist interessant, zum Vorteil dieser natürlichen Verbindung solche wiederholten Zeugnisse aus der unwahrscheinlichsten Richtung zu sammeln. Frauen haben von katholischen Ärzten und Heiligen harte Maßnahmen erfahren müssen. Ihre konventionelle Position ist sozusagen die der Verführerin, die immer darauf achtet, die Gedanken der Menschen von höheren Dingen abzulenken. Der Osten und der Westen sind sich darin einig, obwohl sie in anderen Punkten so weit voneinander entfernt sind. Von der Angst der Väter in der Wüste bis hin zu den vermeintlichen Schwierigkeiten des bescheidensten einfachen Priesters der Neuzeit soll der störende Einfluss immer der der Frau sein. So grausam er auch für eine solche Versuchung war, Antonius von Ägypten selbst wurde durch den bloßen Gedanken an sie bis zum Äußersten getrieben: und sie ist es, die in jeder ultraprotestantischen Klage über den Zustand des Priesters als Gefahr oder Opfer auftritt (außer in Irland, einer wunderbaren Insel der Widersprüche! wo Priester und alle

Menschen mehr zum Kämpfen als zur Liebe bewegt sind). Dennoch gab es keinen Gründer kirchlicher Institutionen, keinen Reformator, kaum einen Heiligen, der nicht von der besonderen Freundschaft und Zuneigung einer Frau begleitet worden wäre. Jerome, der, wenn wir es wagen dürfen, diese Worte zu gebrauchen, so sehr das Gegenteil eines Salonhelden war, ein Mann, der eher an Beschimpfungen als an Sanftmut in der Sprache gewöhnt war, oft rau wie die Wüste, aus der er kam, war ein bemerkenswertes Beispiel für diese Regel. Von seiner Ankunft auf dem Aventin bis zu seinem Tod wurde sein Name nie von dem von Paula getrennt, der frommen Dame *schlechthin* der Gruppe, der exquisiten und zarten Patrizierin, die ihren goldenen Schuh kaum fest auf den Boden stellen konnte , aber sie taumelte in Marcellas großes Haus, mit einem Sklaven an beiden Seiten, der sie stützte, in all der trägen Anmut, die damals die höchste Mode war. Dass ein solches Beispiel konventioneller Zartheit und Luxus der bescheidene Freund und Sekretär von Hieronymus hätte werden sollen, und dass er, der fromme Einsiedler, beißend vor Widerstand und Kontroversen, in dieser schönen Blüte der Gesellschaft seinen lebenslangen Begleiter gefunden haben sollte, beides in Arbeit und Leben ist erstaunlicher, als Worte es ausdrücken können.

DIE STUFEN DES KAPITOLS.

Seine Ankunft in Marcellas gastfreundlichem Haus mit seinen zahlreichen weiblichen Besuchern war in jeder Hinsicht ein großartiges Ereignis. Es brachte die Damen mitten in alle kirchlichen Fragen der Zeit: und man kann sich vorstellen, wie sie sich um ihn drängten, als er von den Sitzungen des Konzils zurückkam – vielleicht in der Stille des Abends nach der gefährlichen Stunde des Sonnenuntergangs, als ganz Rom kommt zum Aufatmen hervor – und versammelt sich auf der Marmorterrasse, von der aus diese magische Szene zu ihren Füßen zu sehen war: die lange, sich zurückziehende Strecke jenseits des Flusses, aus der heraus vielleicht ein Schimmer der großen Kirche zu sehen war, die bereits die Gräber bedeckte der Apostel, und das weiße

Wappen des Kapitols ganz in der Nähe, und die Lichter der Stadt verstreuten sich schwach wie Glühwürmchen zwischen den breiten Öffnungen und ebenen Linien klassischer Gebäude, die das Rom dieser Zeit ausmachten. Die besprochenen Themen waren nicht genau diejenigen, die die hellere konventionelle Fantasie, Boccaccio oder Watteau, mit solchen Gruppen in Verbindung gebracht hat, ebenso wenig wie der dunkle Mönch dem Troubadour ähnelte. Aber es waren Themen, die bis heute nie an Interesse verloren haben. Die Debatten des Konzils waren hauptsächlich mit einer äußerst abstrusen Häresie beschäftigt, die sich mit der Menschlichkeit unseres Herrn befasste, inwieweit die Natur des Menschen in ihm in Verbindung mit der Natur Gottes existierte und ob der Erlöser der Menschheit eine solche auf sich genommen hatte bloße ätherische Erscheinung von Fleisch oder ein tatsächlicher menschlicher Körper, der so versucht ist wie wir und allen Einflüssen ausgesetzt ist, die den Menschen beeinflussen. Es handelt sich um eine Frage, die zu verschiedenen Zeiten und auf unterschiedliche Art und Weise immer wieder aufkam, und die Feinheiten einer solchen Kontroverse haben sich für viele Geister als äußerst interessant erwiesen. Hieronymus war nicht der Einzige, der diesen eifrigen Zuhörern den Verlauf der Debatten berichtete und die komplizierten Argumente, mit denen sich diese Versammlung von Geistlichen in glühender Hitze agierte, noch einmal zunichte machte. Der große Bischof Epiphanius, der große Häresiejäger seiner Zeit – der alle falschen Überlegungen aller Schismatiker ergründet hatte und einen theologischen Irrtum auf die Entfernung eines Kontinents entdecken konnte, in welchem Gewand er sich auch immer verbergen mochte – war der Gast von Paula, und zweifellos nahm er zusammen mit seiner Gastgeberin oft an diesen Zusammenkünften teil. Die beiden auf diese Weise zusammengebrachten Ärzte wetteiferten darum, den Frauen den Verlauf der Kontroverse klar zu machen, die mit scharfem Verständnis für jeden Satz und der enthusiastischen Parteilichkeit, die die Debatte anregt, an ihren Lippen hing. Für die feinen Argumente, die eine solche Kontroverse erfordert, könnte es kein besseres Publikum geben. Wie seltsam, sich vorzustellen, dass diese hitzigen Diskussionen im Gange waren und die Blüte der künstlichen Gesellschaft Roms sich eifrig mit einer solchen Frage beschäftigte, während noch der Schatten Jupiters auf dem Kapitol und dem Rom der heidnischen Kaiser, dem Rom von …, verweilte Die große Republik stand weiß und prächtig, ein Schatten und doch mächtig, auf den sieben Hügeln!

Vor seiner Ankunft in Rom war Hieronymus der breiten Welt kaum bekannt. Sein Name war im Zusammenhang mit einigen beredten Briefen gehört worden, die in den besten Kreisen von Hand zu Hand geflogen waren; aber seine wahre Stärke und sein Charakter waren im Osten besser bekannt als im Westen, und es war zum Teil dieses Konzil, das ihm seinen gebührenden Platz in den Reihen der Kirche verschaffte. Er war kein Priester, der in

Bistümer befördert oder in hohe Ämter berufen werden konnte. Er war tatsächlich gegen seinen Willen von einem begeisterten Prälaten geweiht worden, der bestrebt war, seine großen Dienste für die Kirche zu sichern; Aber obwohl er ein Mönch und Asket war, hatte er keine Neigung zum priesterlichen Charakter und hatte unmittelbar nach seiner Priesterweihe nur eine Messe gelesen und nicht mehr. Daher fand er seinen Platz in Marcellas Haus nicht als geistlicher Leiter im üblichen Sinne des Wortes, sondern zunächst zumindest als bloßer Besucher und wahrscheinlich nur für die Zeit des Konzils. Aber der Mann aus der Wüste schien von der ungewohnten Süße dieses sanften Lebens völlig entzückt gewesen zu sein. Er wäre in der Tat schwer zu befriedigen gewesen, wenn er nicht die Anziehungskraft eines solchen Rückzugs gespürt hätte, nicht außerhalb, sondern am Rande der großen Welt, mit ihren Aufregungen und Kriegen in Reichweite, dem fernen Gemurmel der Menge, dem ... Aussicht auf die große Stadt mit ihren Lichtern und Gerüchten, dennoch heilige Stille und entzückendes Mitgefühl im Inneren. Die kleine Gemeinde hatte den Luxus der Zeit aufgegeben, aber sie hätte nicht auf die Feinheiten einer sanften Erziehung, die vornehmen Manieren und die Anmut, den Charme gebildeter Stimmen und eines kultivierten Geistes verzichten können. Und es gab noch mehr als diese Attraktionen, die den Gelehrten befriedigten . Es konnte keine Anspielung auf die Studien gemacht werden, auf die er am stolzesten war, das grobe Hebräisch, das er mühsam erlernt hatte, oder das kunstvolle Griechisch, aber irgendein schneller Verstand würde es aufgreifen; und die Dichter und Weisen ihrer Muttersprache, Cicero und Vergil, von denen er sich nicht einmal in der Wüste entwöhnen konnte, waren ihre eigene Literatur, ihr geschätztes Erbe. Und nicht in der hingebungsvollsten Mönchsgemeinschaft hätte der große Redner eine so ungeteilte Aufmerksamkeit und ein so ungeteiltes Interesse an seiner Arbeit finden können wie bei den Damen des Aventin oder bei Sekretärinnen, die so eifrig und hilfsbereit und so stolz darauf waren, mit ihr verbunden zu sein. Gleichzeitig war er in Reichweite von Bischof Damasus , einem Mann mit vielen Erfahrungen, der ihn offenbar wie einen Sohn geliebt hatte und der ihn nicht nur zu seinem Sekretär, sondern auch zu seinem privaten Ratgeber in vielen Schwierigkeiten und Gefahren machte: und bald auch Hieronymus wurde auch zum Zentrum einer kleinen Gruppe ausgewählter Freunde, angesehener Persönlichkeiten der römischen Gesellschaft, die im Glauben und im Blut mit der Schwesternschaft verbunden waren und von denen er als Daniel, Ananias, Azarias und Misael spricht, von denen einige seine eigenen alten Gefährten waren und Schulkameraden, alle ihm zutiefst verbunden und stolz auf seine Freundschaft. Für die Ruhe und Stärkung eines Mannes, der viele Strapazen erduldet hatte und noch viel mehr zu ertragen hatte, hätte man sich keine erfreulichere Stellung vorstellen können.

Hieronymus blieb fast drei Jahre in diesem glücklichen Rückzugsort, und hier fertigte er den ersten Teil seines großen Werks an, dieser ersten maßgeblichen Übersetzung des gesamten Kanons der Heiligen Schrift, die immer noch ihren Platz in der Kirche von Rom behält – also die Vulgata benannt, als das Latein des Hieronymus, das keineswegs das von Cicero ist, die Sprache der Menge war. In jeder Generation wird die sogenannte höhere Bildung der Frauen von Generation zu Generation als etwas Neues und Überraschendes behandelt, als wäre es die größte Neuheit; aber wir bezweifeln, dass Girton selbst Absolventen hervorbringen könnte, die so fähig sind wie Paula und Marcella, bei dieser Arbeit mitzuhelfen, die Wendung einer Phrase oder die Bedeutung eines schwerverständlichen hebräischen Wortes zu diskutieren und oft ihre eigene Meinung gegen die des gelehrten Schriftstellers zu vertreten, dessen Schreiber Sie waren so bereit dazu. Dieses Unterfangen verlieh dem Leben einen doppelten Reiz, der mit viel Abwechslung und Lebendigkeit verlief, mit Nachrichten aus allen Richtungen, mit der ständigen Aufregung, dass eine neue Wohltätigkeitsorganisation gegründet wurde, eine neue Gemeinschaft gegründet wurde: und auch nie ohne Unterhaltung, viel Wissen über die Sprüche und Taten der Gesellschaft draußen, Besuche der besten Persönlichkeiten und eine tägliche Unterhaltung im Hin und Her der jungen Blæsilla zwischen der Welt und dem Kloster und ihren hübschen Manieren, eine so treue Frau von Welt und dennoch eine vorherbestimmte Heilige : und die Taten von Fabiola, die eines Tages völlig in die Gründung ihres großen Krankenhauses vertieft war, das erste in Rom, und am nächsten Tag nicht mehr so sicher war, ob die Liebe, selbst durch eine zweite Scheidung, nicht über die Hingabe siegen würde . Sogar Paula war in diesen Tagen nur halb entschlossen und kam, eine strahlende Vision in ihren Juwelen und ihrer Krone, um ihre Freunde in all der Pracht herbstlicher Schönheit unter ihren Töchtern zu besuchen, von denen das ernste kleine Mädchen Eustochium die einzige war jemand, der ganz von der Welt losgelöst ist. Denn unter ihren Augen ging nicht auch das sanfte Werben von Pammachius und Paulina vor sich, um der Welt klar zu machen, dass die Damen auf dem Aventin die gewöhnlichen Bande des Lebens nicht völlig diskreditierten, obwohl sie mit St. Paul das andere betrachteten war der bessere Weg? Die Liebenden waren genauso fromm und den guten Werken hingegeben wie alle anderen, und doch zogen sie, wie sogar Jerome einmal in gewisser Weise verzeihen konnte, das gemeinsame Glück des Lebens dem Kloster vor. Diese guten Werke waren das Wunderbarste von allem, denn jedes Mitglied der Gemeinschaft war reich. Ihr Vermögen glich dem Krug der Witwe. Man hört von großen Stiftungen wie der von Fabiolas Krankenhaus und Melanias Versorgung der Mönche in Afrika, für die alles geopfert wurde; Doch schon am nächsten Tag und im nächsten Jahr kam es zu erneuten Wohltätigkeiten, und es gab immer einen treuen Verwalter, einen guten Verwalter, der die großzügigen

Vorräte fortsetzte. In der Tat sind diese Großzügigkeiten so wunderbar und die Details so außergewöhnlich, dass es überraschend ist, dass noch kein gelehrter Deutscher oder anderer Gelehrter versucht hat zu beweisen, dass der wilde und lebhafte Hieronymus nie existiert hat, dass seine Briefe der wahre Beweis dafür waren Arbeit von einem halben Dutzend Händen, und die Themen seiner brillanten Erzählung sind völlig fiktiv – Melania und Paula sind nur mythische Wiederholungen desselben Vorfalls, gehüllt in die Farben der Fabel. Diese Hypothese könnte als durchaus möglich erscheinen, wenn sie nicht vielleicht etwas zu spät in den Jahrhunderten für die Wirkungsweise dieser eigenmächtigen Kritik wäre und Jerome selbst eine sehr schwer zu erkennende Tatsache wäre.

Doch der große Reichtum dieser Damen bleibt einer der einzigartigsten Umstände der Geschichte. Wenn sie alles verkaufen und opfern, ist es klar, dass es sich dabei nur um ihre fließenden Besitztümer handeln darf, wobei die Hauptstadt, wie wir sagen sollten, oder die Ländereien, vielleicht, was gerechter ist, die wohlhabende Quelle, aus der der kontinuierliche Strom floss, unberührt blieben. Dies verlieh dem Haus am Aventin Glanz und Wohnraum. Es bestand keine Notwendigkeit, einen Bittsteller leer wegzuschicken, da Almosen die Regel des Lebens sind, und noch war dem höchsten Geist noch nicht der Gedanke gekommen, dass es für sie unzweckmäßig sei, den Armen etwas zu geben, und dazu geeignet sei, eine arme, abhängige und abhängige Klasse zu etablieren bereit, so zu sein. Diese Damen füllten mit gleichmäßiger und offener Hand jeden Geldbeutel und jeden Mund. Sie nahmen Waisenkinder auf, sie sorgten für Witwen, sie füllten die Armenviertel unterhalb des Hügels – wo sich alle Werktätigen der Marmorata in der Nähe des Flussufers in den Dachkammern und Innenhöfen der alten Häuser versammelten – mit Asylen und Zufluchtsorten. Das elende und müßige Volk, von dem der Historiker so verächtlich spricht, die Kerle, die in den Zirkussen herumlungerten und keinen Namen hatten außer den Spitznamen des gröbsten Slangs, die Kohlfresser, die Wurstesser usw., die Porringers und Vielfraße, wurden ihnen zweifellos umso mehr Freiheit gelassen, ihren eigenen schmutzigen Machenschaften zu folgen; aber die armen Frauen, die vielleicht am meisten unter der Entwürdigung der Bevölkerung leiden, und die unglücklichen kleinen Kinderschwärme, die vielleicht alles andere als unschuldig sind, profitierten von diesem universellen Balsam der Nächstenliebe und wuchsen hoffentlich zu etwas Besserem heran als ihre Väter . Denn wie auch immer das Heidentum in der höheren Klasse noch vorhanden sein mochte, die große Mehrheit war alle dem Namen nach Christen. Sie pilgerten zu den Gräbern der Apostel und nicht zu den vierhundert Tempeln der Götter. „Trotz seiner Vergoldung sieht das Kapitol schmuddelig aus", sagt Jerome selbst in einem seiner Briefe; „Jeder Tempel in Rom ist mit Ruß und

Spinnweben bedeckt, und die Menschen strömen an diesen halb zerstörten Schreinen vorbei, um die Gräber der Apostel zu besuchen."

Das Haus von Marcella befand sich in dem Zustand, den wir zu beschreiben versuchten, als Jerome sein Gast wurde. Es war in seinen Gesetzen keineswegs strenger als am Anfang. Die kleine *Ecclesia Domestica* , wie er sie gerne nannte, schien gänzlich ohne Regel oder klösterliche Ordnung gewesen zu sein. Sie sangen gemeinsam Psalmen (manchmal wird uns das vorgetäuscht, im Original-Hebräisch, das zu diesem Zweck gelernt wurde — aber es müssen nur wenige gewesen sein, die diese Höhe erreichten), sie lasen gemeinsam, sie hielten ihre kleinen Konferenzen über Punkte der Lehre und vieles mehr Konsultation gelernter Texte; aber es gibt nicht einmal eine Erwähnung eines regelmäßigen Gottesdienstes, geschweige denn von Matinen und Vespern und Nones und Komplet und den anderen rituellen Unterteilungen eines klösterlichen Tages; denn in der Tat war noch keine Regel für die Cœnobiten des Westens erfunden worden. Wir hören nicht einmal von einer täglichen Messe. Oft kam es zu Fahnenfluchten, manchmal zog sich ein junges Mädchen aus dem gesellschaftlichen Umfeld zurück, manchmal zog sich eine junge Witwe zurück in den Strudel der Modewelt. Aber im Großen und Ganzen ist die Geschichte der kleinen Hauskirche mit ihrer Leibwache aus treuen Freunden und Dienern draußen und Hieronymus , ihrem Stolz und ihrer Krone der Herrlichkeit im Inneren, die eines heiteren und glücklichen Lebens, würdig durch alles, was in der Kirche am besten war antike Welt.

Nach der Ankunft von Hieronymus ereignete sich die kleine Tragödie um Blæsilla , die älteste Tochter von Paula, die ihre sanften Herzen zerriss. „Unsere liebe Witwe", wie Jerome sie nannte, hatte keine Ahnung von einer zweiten Ehe. Der erste schien nicht glücklich gewesen zu sein; und Blæsilla , schön, reich und jung, war fest entschlossen, ihre Freiheit, ihre schönen Kleider und alle Freuden ihrer Jugend zu genießen. Sicher unter den Fittichen ihrer Mutter untergebracht, mit den tadellosen Freunden des Aventin um sie herum, berührte kein Klatsch ihren sanften Namen. Die Gemeinde amüsierte sich mit ihrer unbeschwerten Art. „Unsere Witwe liebt es, sich zu schmücken. Sie steht den ganzen Tag vor ihrem Spiegel", sagt Jerome, und seine Stimme hat keinen harten Ton. Aber mitten in ihrem fröhlichen und unschuldigen Leben erkrankte sie an Fieber, was nichts Ungewöhnliches war. Es dauerte jedoch mehr als einen Monat und nahm eine gefährliche Form an, so dass die Ärzte zu verzweifeln begannen. Als sich die Dinge an diesem Punkt befanden, hatte Blæsilla im Fieber einen Traum oder eine Vision, in der ihr der Erretter erschien und sie aufforderte, aufzustehen, wie er es mit Lazarus getan hatte. Es war die Krise der Krankheit, und sie begann sich sofort zu erholen, in dem tiefsten Vertrauen, dass sie durch ein Wunder geheilt worden war. Der Schmetterling war über alle Maßen berührt von diesem göttlichen Eingreifen, da sie davon überzeugt war, dass es ihr zugute kam , und sobald es ihr wieder gut ging, beschloss sie, sich Gott zu widmen. „Es ist etwas Außergewöhnliches passiert", ruft Jerome. „ Blæsilla hat ein braunes Kleid angezogen! Was ist das für ein Skandal!" Daraufhin beginnt er mit einer Schmährede über die eleganten Damen, deren Gesichter aus Gips wie Götzenbilder sind, die es nicht wagen, auch nur eine Träne zu vergießen, um ihre bemalten Wangen nicht zu verderben, und die den wahren Skandal für das Christentum darstellen hat in den Gewohnheiten des jungen Büßers stattgefunden. Sie, deren unschuldiges Haupt mit Locken und Zöpfen gequält und mit der modischen *Mitella gekrönt wurde* , findet nun einen Schleier, der ihr genügt. Sie liegt auf dem Boden, der die weichsten Kissen hart fand, und steht morgens als Erste auf, um mit ihrer silbernen Stimme Halleluja zu singen.

Die Bekehrung hallte in Rom umso mehr wider, als bekannt war, dass Blæsilla keine Neigung zu Sparmaßnahmen im Leben hatte. Ihre Verwandten, halb heidnisch und ganz und gar weltlich, waren scharf gegen den fanatischen Mönch, der nach dem üblichen Glauben das ganze Haus, in dem er so freundlich aufgenommen worden war, tyrannisierte , und gegen die schwachsinnige Mutter, die sich seinen Machenschaften ergeben hatte. Die Frage erregte in Rom Aufsehen und wurde unter jedem Portikus und überall dort, wo sich Männer oder Frauen versammelten, zum Diskussionsthema. War diese neue Torheit, sich der Ehe zu widersetzen und das Zölibat als einen glücklicheren und heiligeren Staat darzustellen, rechtmäßig, gab es dafür eine rechtliche oder historische Berechtigung? Es war gegen jede Tradition der Rasse; Es riss Familien in Stücke, entzog der Gesellschaft ihre brillantesten Mitglieder, entfremdete das Erbe der Familien, mischte sich in die Nachfolge und jedes Naturrecht ein. In der Aufregung, die dieses Ereignis auslöste, kam es zu einer lautstarken öffentlichen Kontroverse. Zwei Angreifer stellten sich vor, einer ein Priester, der eine Zeit lang Mönch gewesen war, und einer ein Laie, um den Volkskanon, die Überlegenheit der Ehe und das natürliche Leben der Welt aufrechtzuerhalten. Diese Argumente hatten eine große Wirkung auf die öffentliche Meinung, die von Natur aus dazu neigte, vor jedem Eingriff in ihre Naturgesetze Angst zu haben. Sie hatten zu einem späteren Zeitpunkt sowohl im Leben von Paula als auch im Leben von Hieronymus sehr schwerwiegende Folgen, und es schien, als drohten sie eine Zeit lang ernsthaften Schaden für die neu gegründeten Klöster, die Marcellas Gemeinschaft überall gegründet hatte und aus denen halbherzige Schwestern hervorgingen nutzten diese Gelegenheit, um sich zu trennen. Es ist amüsant zu sehen, dass Jerome in seiner empörten und nicht immer gemäßigten Verteidigung durch eine merkwürdige und wütende Wendung der üblichen Argumentation zu kämpfen hat beschreibt diese Deserteure als alt und hässlich und unfähig, trotz der verzweifeltsten Bemühungen einen Ehemann zu finden. Dies wird häufig als Grund für die Selbsthingabe von Nonnen angeführt: Und es ist immer eine praktische Rakete, die man abwerfen kann.

Jerome war nicht der Mann, der eine so schöne Gelegenheit für eine Kontroverse ungenutzt ließ. Er stürzte sich donnernd von den Höhen des Aventin auf seine Gegner und zerschmetterte die schwachen Schriftsteller, die sich ihm widersetzten. Helvidius, der oben erwähnte Laie, hatte sich mit der Frage der Jungfrau beschäftigt – einer Frage, die immer beleidigend und schädlich für natürliche Gefühle und Vorurteile ist, sogar religiöse Gefühle ausschließt und deren Berührung, egal welche Meinung vorherrscht, immer profan sein muss Maria selbst und die Existenz von Personen, die Brüder und Schwestern unseres Herrn genannt werden. Jerome antwortete ihm mit einer Flut wütender Beredsamkeit und brachte einige überzeugende Argumente vor – obwohl Argumente, so stark sie auch sein mögen, zu einem solchen Thema unerträglich sind. Und er brachte dem anderen, Jovinian, dem falschen Mönch, den berühmten Brief über die Jungfräulichkeit vor, der nominell an Eustochium gerichtet war und in dem eines der prägnantesten Bilder jemals von der Gesellschaft, sowohl der Laien- als auch der Geistlichkeit, gemacht wurde – die Gewohnheiten, die Ideen, die Torheiten des heruntergekommenen und gefallenen Roms – ist von weitaus größerer Kraft und Bedeutung als das Argument und bietet uns ein solches Spektakel, wie es nur sehr wenige Schriftsteller zu irgendeiner Zeit und an jedem Ort der Welt vor Augen führen können. Aus dieser wunderbaren Komposition habe ich bereits das Porträt des beliebten Priesters zitiert.

Die törichte Jungfrau, die den Anschein der Gleichgültigkeit gegenüber weltlichen Dingen erweckt und „unter dem Banner eines heiligen Bekenntnisses die Achtung der Menschen auf sich zieht", wird mit gleicher Strenge behandelt.

Wir vertreiben und verbannen die Jungfrauen aus unserem Blickfeld, die nur so aussehen wollen. Ihre Gewänder haben nur einen schmalen Purpurstreifen, ihre Haare hängen ihnen über die Schultern, ihre Ärmel sind kurz und schmal und an ihren Füßen tragen sie billige Schuhe. Das ist ihre ganze Heiligkeit. Sie machen durch diese Vorspiegelungen einen höheren Preis für ihre Unschuld. Vermeiden Sie, lieber Eustochium, den geheimen Gedanken, dass Sie, nachdem Sie aufgehört haben, in Goldgewändern Aufmerksamkeit zu erregen, dies möglicherweise in schäbiger Kleidung tun könnten. Wenn Sie in eine Versammlung der Brüder und Schwestern kommen, wählen Sie nicht wie manche den niedrigsten Platz und behaupten Sie nicht, dass Sie eines Fußschemels nicht würdig seien. Sprechen Sie nicht mit stockender Stimme, als ob Sie vom Fasten erschöpft wären, und stützen Sie sich nicht auf die Schultern Ihrer Nachbarn, als wären Sie ohnmächtig. Es gibt einige, die ihr Gesicht auf diese Weise verunstalten, damit sie den Menschen, die fasten, erscheinen. Sobald sie gesehen werden, fangen sie an zu stöhnen, sie schauen nach unten, sie verdecken ihre Gesichter, alle bis auf ein Auge. Ihre Kleidung ist düster , ihre Gürtel sind aus Sackleinen. Andere nehmen die Miene von Männern an und erröten, weil sie als geborene Frauen geboren wurden, die ihr Haar kurz schneiden, mit Frechheit ins Ausland gehen und die Welt mit den unverschämten Gesichtern von Eunuchen konfrontieren ... Ich habe einen gesehen, werde aber keinen nennen Sie gehörte zu den Edelsten Roms, die in der Basilika des seligen Petrus an der Spitze ihres Dienergefolges mit eigenen Händen Almosen gab, dabei aber eine arme Frau ins Gesicht schlug, die ihr zweimal die Hand ausgestreckt hatte. Fliehe auch die Männer, die eine eiserne Kette tragen, die langes Haar haben wie Frauen gegen die Herrschaft des Apostels, ein elendes schwarzes Gewand, die barfuß durch die Kälte gehen und zumindest äußerlich einen Anschein von Traurigkeit und Angst haben.

Die folgende Skizze einer verheirateten Frau, die über die Dinge der Welt nachdenkt und darüber nachdenkt, wie sie ihrem Mann gefallen kann, während es den Unverheirateten freisteht, Gott zu gefallen, hat in dem Licht, das sie auf das zeitgenössische römische Leben wirft, ein Interesse, das die Kontroverse lange überdauert.

Glauben Sie, dass es keinen Unterschied gibt zwischen jemandem, der seine Zeit mit Fasten verbringt und sich Tag und Nacht im Gebet demütigt – und jemandem, der sein Gesicht auf die Ankunft seines Mannes vorbereiten, sich schmücken und eine faszinierte Miene aufsetzen muss? Die erste verschleiert ihre Schönheit und die Anmut, die sie verachtet; die andere malt sich vor einem Spiegel, um sich schöner zu machen , als Gott sie geschaffen hat. Dann kommen die Kinder, weinen und toben, hängen ihr um den Hals und warten auf ihren Kuss. Ausgaben folgen ohne Ende, sie verbringt ihre Zeit damit, ihre Rechnungen zu erstellen, die Handtasche immer offen in der Hand. Hier gibt es eine Truppe von Köchen, deren Kleidung wie Soldaten für den Kampf gegürtet ist, die hacken und dämpfen. Dann drehen und plappern die Frauen. Anon kommt der Ehemann, gefolgt von seinen Freunden. Die Frau fliegt wie eine Schwalbe von einem Ende des Hauses zum anderen, um zu sehen, dass alles in Ordnung ist, die Betten gemacht, die Marmorböden glänzend, Blumen in den Vasen, das Abendessen zubereitet. Steckt in all dem, frage ich, ein Gedanke an Gott? Sind das glückliche Häuser? Nein, die Gottesfurcht fehlt dort, wo die Trommel erklingt, die Leier geschlagen wird, wo die Flöte atmet und die Becken klirren. Dann gibt der Parasit Scham und Ruhm darin auf, wenn er den Gastgeber, der ihn eingeladen hat, amüsiert. Die Opfer der Ausschweifung haben bei diesen Festen ihren Platz; Sie erscheinen halbnackt in durchsichtigen Gewändern, durch die unreine Augen hindurchsehen. Welche Rolle spielt die Frau bei diesen Orgien? Sie muss lernen, sich an solchen Szenen zu erfreuen, sonst bringt sie Zwietracht in ihr Haus.

In einem anderen Brief malt er für uns ein Begleitbild der wiederverheirateten Witwe.

Kaum ist Ihr Ehevertrag geschrieben, werden Sie auch schon dazu gezwungen, Ihr Testament zu verfassen. Ihr neuer Ehemann gibt vor, sehr krank zu sein und macht ein Testament zu Ihren Gunsten , in dem er verlangt, dass Sie dasselbe tun. Aber er lebt, und du bist es, der stirbt. Und wenn Sie aus Ihrer zweiten Ehe Söhne haben, bricht in Ihrem Haus ein Krieg aus, ein häuslicher Streit ohne Frist und Ende. Diejenigen, die dir das Leben verdanken, darfst du nicht gleichermaßen und vollständig lieben. Der Zweite beneidet Sie um die Liebkosungen, die Sie dem Sohn des Ersten entgegenbringen. Wenn er hingegen Kinder von einer anderen Frau hat, werden Sie, auch wenn Sie die liebevollste aller Mütter sind, von der ganzen Rhetorik der Komödien, Pantomimen und Redner als Stiefmutter verurteilt. Wenn Ihr Stiefsohn Kopfschmerzen hat, haben Sie ihn vergiftet. Wenn er nichts isst, lässt man ihn verhungern, und wenn man ihm sein Essen serviert, ist es noch schlimmer. Welche Entschädigung gibt es in einer zweiten Ehe, um so viele Nöte auszugleichen?

Dieser gewaltige Ausbruch und andere ähnlicher Art erweckten natürlich starke Gefühle gegen Hieronymus. Es war unwahrscheinlich, dass die Originale dieser prägnanten Skizzen dem Mann, der sie als Abbild an den Mauern Roms anbrachte, so leicht verzeihen würden. Dass die Bilder identifiziert wurden, geht aus einem anderen Brief hervor, in dem er fragt, ob er niemals von einem Laster oder einer Torheit sprechen dürfe, um nicht einen gewissen Onasus zu beleidigen, der alles für sich genommen habe . Es war ihm egal , wen er beleidigte oder welcher verärgerte Jade zusammenzucken würde. Aber schließlich bezähmten die Vorwürfe seiner Freunde seine Wut. „Wenn du das liest , wirst du die Brauen hochziehen und meine Freiheit prüfen und einen Finger auf meinen Mund legen, um mich am Sprechen zu hindern", schrieb er an Marcella. Es war an der Zeit, dass die umsichtige Herrin des Hauses, in dem ein solcher Champion lebte, eingreifen sollte.

Blæsillas aus der Welt entfacht worden war und der sich so zu der weit wichtigeren allgemeinen Frage zwischen der Reformpartei in der Kirche und den damaligen Puritanern ausgeweitet hatte als jeder Einzelfall – damals besonders dargestellt durch die neue Entwicklung des Mönchtums – und die Welt, die es alle erhabenen Seelen aufgeben sollte: Es ereigneten sich Vorfälle, die das fröhliche Haus am Aventin in Trauer stürzten und ein anderes Adelshaus in Rom verödeten. Die junge Konvertitin in der Blüte ihrer jugendlichen Hingabe, die, wie alle dachten, auf wundersame Weise aus ihrem Krankenbett erweckt worden war, damit sie ihr Leben Christus weihen konnte, wurde erneut von einer Krankheit heimgesucht, und dieses Mal ohne jegliches Eingreifen Ein Wunder. Blæsilla starb in voller Jugend, kaum zweiundzwanzig Jahre alt, und betete nur um Vergebung dafür, dass sie im Dienst ihres Herrn nicht das tun konnte, was sie sich gewünscht hatte. Sie war eine großartige Dame, obwohl sie ihre natürliche Pracht verloren hatte , und mit dem ganzen Prunk einer patrizischen Beerdigung wurde sie zu ihrer Ruhe getragen. Es ist erneut Hieronymus, der uns die traurige Szene dieser Beerdigung und die Gefühle der Menge gegenüber den strengen Reformatoren sichtbar macht, die durch ihre grausamen Forderungen diese Blüte der römischen Gesellschaft vor ihrer Zeit abgeschnitten hatten. Paula, die trauernde Mutter, folgte, wie es Brauch war, der Bahre ihrer Tochter durch die überfüllten Straßen Roms, war in der Tiefe ihrer Trauer kaum in der Lage, sich zu ernähren, und fiel schließlich ohnmächtig in die Arme der Diener und tat es bewusstlos nach Hause getragen werden. Bei diesem Anblick , der ihre Herzen berührt haben könnte, schrie die Menge mit einer Stimme gegen die zerstreute Mutter auf. „Sie weint, die Tochter, die sie durch Fasten getötet hat ", riefen sie. „Warum werden diese abscheulichen Mönche nicht aus der Stadt vertrieben? Warum werden sie nicht gesteinigt oder in den Fluss geworfen? Sie sind es, die diese elende Frau gegen ihren Willen dazu verführt haben, selbst Mönchin zu werden – deshalb weint sie um ihr Kind noch nie hat eine Frau geweint. Hoffen wir, dass Paula diese Wutschreie der Bevölkerung nicht gehört hat. Die Straßen hallten von ihnen wider, die Bevölkerung war immer zum Aufruhr bereit und die angewiderten und wütenden Adligen ermutigten jeden Impuls zur Revolte. Zweifellos hatten viele der höheren Klassen mit Sorge und Besorgnis der neuen Bewegung zugesehen, die so viele schöne Erbschaften unter den Armen verschwendete und drohte, sie aus der Welt zu vertreiben, deren Schmuck sie so viele von ihnen gewesen waren angesehene Frauen. Jeder plötzliche Aufstand, der den pestilenten Mönch töten oder verbannen oder die unruhige Gemeinschaft zerstreuen könnte, würde in ihren Augen natürlich Gunst finden.

DER LATERAN VOM AVENTIN.

PORTIKUS VON OCTAVIA.

KAPITEL V.
PAULA.

Paula war eine Frau mit ganz anderem Charakter als die leidenschaftliche und strenge Melania, die ihr in vielen Details ihrer Karriere vorausging und ihr ähnelte. Voller zärtlicher und doch lebhafter Humor , voller Liebe und Sanftmut und menschlicher Güte, eine wahre, gütige und gnädige Mutter, doch mit jenen Individualitäten lebendiger Intelligenz, Verständnis und Sympathie, die dieses milde Ideal beleben und alle Elemente der Freundschaft und der Freundschaft einbringen gesellschaftliches Leben – sie war die wichtigste dieser Besucher und Mitarbeiter, die das Haus am Aventin zur Mode machten und es mit dem Besten Roms füllten. Obwohl ihre Abstammung ein wenig trügerisch erscheint und ihre Beziehung zu Æmilius Paulus sich in einer Abstammung von seiner Schwester durch ihre eigene Mutter auflöst, ist es doch offensichtlich, dass ihr Anspruch auf die höchste Geburt und Position voll und ganz anerkannt wurde und dass keine römische Matrone eine solche innehatte höheren oder ehrenvolleren Platz. Sie war reich wie sie alle, eng verbunden, die Liebling der Gesellschaft, vernachlässigte keines ihrer Gesetze, hatte aber stets eine Liebe zum intellektuellen Verkehr und einen Hang zur Hingabe. Welche dieser Tendenzen sie zuerst zu Marcella und ihrer kleinen Gesellschaft hinzog, können wir nicht sagen. Aber es ist offensichtlich, dass beide dort Befriedigung fanden und durch den starken Impuls, den Jerome ihnen gab, als er aus den Schulen und aus der Wildnis kam, belebt wurden. Gelehrter und Einsiedler zugleich, in dieses Haus der Freundschaft, die Ecclesia Domestica von Rom. Dass all diese steigende Flut des Lebens, die Bücher, das literarische Werk, die stets unterhaltsame Gesellschaft sowie der höhere Einfluss eines Lebens der Selbstverleugnung und des Verzichts, wie man es damals verstand, zunächst einen Reiz verliehen haben sollten Sogar für die Existenz an seiner Grenze ist das Leben, in dem alle Motive dem neuen Gesetz widersprachen, sehr offensichtlich. Viele große Damen, die tief in alle Geschäfte der Welt vertieft sind, haben die gleiche Anziehung verspürt, das intensive Vergnügen, dem fröhlichen Trubel zu entfliehen, der im Licht des anderen Lebens so unbedeutend und ermüdend erscheint, das Gefühl von Ruhe und Frieden Ruhe und etwas Höheres, Reineres in der Luft – was der Rückkehr in die Welt vielleicht zunächst einen Schwung verlieh, an sich wiederum eine Erleichterung von dieser höheren Spannung und diesen tieferen Anforderungen. Auch der Prozess, durch den die Anziehung wuchs, ist sehr nachvollziehbar. Gemeinsame Freuden und alberne Gespräche über die Gesellschaft werden immer langweiliger im Vergleich zu den Gesprächen voller Wunder und Offenbarungen, die alle Fähigkeiten in Bewegung halten würden, dem gegenseitigen Studium, der Ehrfurcht und doch Erheiterung gegenseitiger Gebete und Psalmen, der Verwirklichung spiritueller Dinge . Und zweifellos muss die so früh fixierte Seele des frommen Kindes, der kleinen Tochter, die von der Wiege an an nichts anderes gedacht hatte als an den Dienst an Gott, die immer zärtliche, immer mitfühlende Mutter noch näher zum Mittelpunkt von allem geführt haben . Die schöne Mutter unter ihren Mädchen, die eine verlobt, die andere selbstgeweiht , die eine in der fröhlichen Emanzipation einer frühen Witwenschaft, bietet das bezauberndste Bild unter den ernsteren Frauen – Frauen, die einander in ihrer Natur alle so nahe stehen und wechselseitig verwandt sind. Mitglieder einer Gemeinschaft, verbunden durch jedes Band der gemeinsamen Verbindung und Tradition.

Als Blæsilla nach ihrer Genesung ihre Fröhlichkeit und ihren Putz ablegte, das braune Kleid anzog und alle Regeln der Gemeinschaft übernahm, wurde das Leben der zwischen zwei Sphären zitternden Paula von einem stärkeren Impuls als je zuvor erschüttert. Aber wie schwer war jede Entscheidung unter ihren Umständen! Sie hatte ihren Jungen und ihr Mädchen noch unentwickelt zu Hause – ihren einzigen Jungen, der so weit wie möglich auf die andere Seite gezerrt wurde und überzeugt war, seine Mutter für eine Fanatikerin und seine Schwestern für Narren zu halten. Paula tat alles, was sie konnte, um die beiden Leben zu vereinen, und gönnte sich vielleicht ein Übermaß an Sparmaßnahmen unter dem Gewand aus Gold und Juwelen, die sie als Symbole ihres Standes und Ranges noch nicht ablegen konnte. Der Tod von Blæsilla war der Schock, der ihr Leben in Stücke brach. Selbst die groben Vorwürfe der Straße zeigen uns, mit welcher Trauer sie dieser erste Bruch in ihrer Familie überwältigte. „Deshalb weint sie um ihr Kind, wie noch nie zuvor eine Frau geweint hat", rief die Menge und verwandelte ihre Trauer in eine Anklage, als hätte sie damit ihre eigene Schuld eingestanden, als sie Blæsilla Entbehrungen überließ, die sie nicht ertragen konnte . Hat der grausame Tadel vielleicht ein Echo in ihrem Herzen geweckt, das wie alle Herzen in diesem Moment der Niederwerfung bereit ist, sich selbst die Schuld für etwas Vernachlässigtes, etwas Falsches zu geben? Zumindest würde es Paula daran erinnern, dass sie selbst nie vollständig dieses Opfer gebracht hatte, das ihr Kind mit so fataler Wirkung gebracht hatte. Sie war völlig überwältigt von ihrer Trauer: Ihr Schluchzen und Schreien zerriss die Herzen ihrer Freunde. Sie verweigerte jede Nahrungsaufnahme und verfiel, als sie von den Anfällen heftiger Trauer erschöpft war, in eine Lethargie der Verzweiflung, die noch besorgniserregender war. Als alle anderen versucht hatten, sie aus diesem Übermaß an Kummer zu befreien, griffen die Damen in ihrer Not zu Jerome: Denn es war klar, dass Paula aus diesem Zusammenbruch allen Mutes und aller Hoffnung erweckt werden musste, sonst musste sie sterben.

Hieronymus weigerte sich nicht, auf die Bitte zu antworten: Obwohl selbst die ängstlichste Zuneigung angesichts dieses Kummers der Mutter, der nicht getröstet werden kann, hilflos ist, tat er, was er konnte; Er schrieb ihr aus dem Haus ihrer Freunde, die ihren Kummer teilten, ihn aber nicht stillen konnten, einen Brief voller Kummer und Mitgefühl, in der verzweifelten Hoffnung, sie wieder zum Leben zu erwecken. Solche Briefe sind, wie Gott weiß, häufig genug. Wir alle haben sie geschrieben, und die meisten von uns haben sie angenommen, und in ihren zärtlichen Argumenten, in ihren Versicherungen des letzten Guten und der gegenwärtigen Mitgefühle fanden sie nur neue Wehwehchen und zusätzliche Herzkrankheit. Doch Jeromes Brief war nicht von gewöhnlicher Art. Niemand hätte das schrumpfende Herz sanfter berühren können als dieser wilde Kontroversist, dieser feurige und unbarmherzige Verfechter: denn er verfügte über einen noch wirksameren Zauber, um den Trauernden zu bewegen, da er selbst ein Trauernder war, nicht viel weniger tief berührt als er sie. „Wer bin ich“, schreit er, „die Tränen einer Mutter zu verbieten, die selbst weint? Dieser Brief ist in Tränen geschrieben. Er ist nicht der beste Tröster, den sein eigenes Stöhnen beherrscht, dessen Wesen unbemannt ist, dessen gebrochene Worte.“ zu Tränen destillieren. Ja, Paula, ich rufe Christus Jesus zum Zeugen auf, dem unsere Blæsilla jetzt folgt, und die Engel, die jetzt ihre Gefährten sind, könnte auch ich, ihr Vater im Geiste, ihr Ziehvater in der Zuneigung, mit sagen Du – verflucht sei der Tag, an dem ich geboren wurde. Große Wellen des Zweifels strömen über meine Seele wie über deine. Auch ich frage mich, warum so viele alte Männer weiterleben, warum die Gottlosen, die Mörder, die Sakrilegien leben und gedeihen vor unseren Augen, während blühende Jugend und Kindheit ohne Sünde in ihrer Blüte abgeschnitten werden.“ Erst nachdem er so mit ihr geweint hat, nimmt er einen strengeren Ton an. „Sie verweigern sich selbst Nahrung, nicht aus Fastenhunger, sondern aus Kummer. Wenn Sie glauben würden, dass Ihre Tochter am Leben ist, würden Sie nicht so betrauern, dass sie in eine bessere Welt ausgewandert ist. Haben Sie keine Angst, dass der Erretter es Ihnen sagen könnte? „Bist du wütend, Paula, dass deine Tochter meine Tochter geworden ist? Bist du verärgert über meinen Beschluss und gönnst du mir mit rebellischen Tränen den Besitz von Blæsilla?“ Beim Klang deiner Schreie fragt Jesus, allgütig: „Warum weinst du? Das Mädchen ist nicht tot, sondern schläft .“ Und wenn du dich verzweifelt am Grab deines Kindes ausstreckst, fragt der Engel, der dort ist, streng: „Warum sucht ihr die Lebenden unter den Toten?“

Abschließend fügt Jerome ein wunderbares Gelübde hinzu: „Solange der Atem meinen Körper belebt, solange ich im Leben bleibe, verpflichte ich mich, erkläre und verspreche ich, dass Blæsillas Name für immer auf meiner Zunge bleiben wird und dass meine Arbeit ihr gewidmet sein wird . “ Ehre und meine Talente sind ihrem Lob gewidmet. Es war das letzte Wort, das der Enthusiasmus der Zärtlichkeit sagen konnte: und zweifellos spendeten die Inbrunst und Wärme des Versprechens, das besser gehalten wurde, als solche Versprechen normalerweise sind, der traurigen Seele ein wenig Trost.

Als Paula nach dieser schrecklichen Pause zu den Wohltätigkeiten und Hingaben des Lebens zurückkehrte, entstand zwischen ihr und Jerome ein Band neuer Freundschaft. Sie hatten gemeinsam geweint, sie hatten gemeinsam den Vorwurf ertragen, das junge Geschöpf, das sie verloren hatten, möglicherweise mehr Entbehrungen ausgesetzt zu haben, als sie ertragen konnte, wenn ihre zitternden Herzen vielleicht glauben könnten, dass daran etwas Wahres dran war. Aber es ist unwahrscheinlich, dass diese moderne Verfeinerung der Gefühle diese hingebungsvollen Seelen beeinflusst hat; denn solche Entbehrungen waren in ihren Augen die höchsten Privilegien des Lebens, und durch das Fasten wurde der Mensch dazu ermutigt, die Nahrung der Engel zu sich zu nehmen. Auf jeden Fall knüpfte Blæsillas Tod ein neues Band zwischen ihnen, das Band einer gemeinsamen und kostbaren Erinnerung, die niemals vergessen werden sollte.

Diese natürliche Folge eines gemeinsamen Kummers entfachte die Wut des Volkes gegen Hieronymus bis zur wildesten Wut. Paulas Verwandte und Verbindungen, von denen die Hälfte, wie in den meisten Fällen in den höheren Rängen der Gesellschaft, immer noch heidnisch waren – die nun die fast sichere Entfremdung von Paulas Reichtum von wohltätigen und religiösen Zwecken vor sich sahen, verfolgten ihn mit Verleumdung und Empörung und taten es auch Zögern Sie nicht, der Dame und dem Mönch eine beschämende Beziehung und jedes Verbrechen vorzuwerfen. Um die Sache noch schlimmer zu machen, starb Damasus , dessen Freund und Sekretär, fast sein Sohn, Hieronymus gewesen war, einige Monate nach Blæsilla und beraubte ihn damit sofort der hohen Stellung, zu der ihn die Gunst des Papstes natürlicherweise erhoben hatte. Er beklagt sich darüber, dass seine enge Verbindung zu Paulas Familie die allgemeine Meinung über ihn verändert habe. „Alle, fast ausnahmslos, hielten mich für würdig, die höchste Priesterposition zu bekleiden; es gab nur ein Wort für mich auf der Welt. Durch den Mund des gesegneten Damasus war ich es, der sprach. Die Menschen nannten mich heilig, demütig, beredt." Aber all das hatte sich seit den jüngsten Ereignissen in Paulas Haus geändert. Sie ihrerseits, zutiefst verletzt durch die Vorwürfe, die ihr entgegengebracht wurden, und die schändlichen Verleumdungen, deren Gegenstand sie war und die ihr zweifellos zu neuem Leben und neuer Energie verholfen hatten, entschloss sich zu einem Schritt, der stärker war als der, sich dem anzuschließen Sie kündigte ihre Absicht an, Rom zu verlassen, in der heiligen Stadt Jerusalem Zuflucht zu suchen und den Staub ihres Heimatlandes, in dem sie so verunglimpft worden war, von ihren Füßen zu schütteln. Dieser Entschluss wurde Jeromes wie erwartet zur Rechenschaft gezogen, und als der Tod seines Schutzpatrons ihn schutzlos zurückließ, wurden alle Feinde, die er sich jemals gemacht hatte, und zweifellos waren es viele, losgelassen. Er, den die Höflinge gesucht hatten, dessen Hände geküsst worden waren und dessen Gunst von allen angefleht worden war, die etwas vom Papst verlangten, wurde nun, als er auf den Straßen erschien, mit heftigen Rufen wie „Grieche", „Betrüger", „Mönch" usw. begrüßt Seine Anwesenheit wurde zu einer Gefahr für das friedliche Haus, in dem er Zuflucht gefunden hatte.

Es ist kaum möglich, Jerome wirklich zu bemitleiden. Er hatte kein Blatt vor den Mund genommen; Er hatte Verleumdungen und Satiren verbreitet , die viele getroffen und verletzt haben müssen, und in solchen Angelegenheiten sind Repressalien unvermeidlich. Aber Paula hatte keinen Schaden angerichtet. Selbst wenn man zugibt, dass Blæsillas Gesundheit durch das Fasten ruiniert worden war, hatte die Mutter selbst die gleichen Entbehrungen durchgemacht und sich darüber gefreut; und ihr einziger Fehler bestand darin, dass sie mit Begeisterung den neuen Lehren und Geboten des Göttlichen gefolgt war und mit ihnen sympathisiert hatte Leben in der Form, die zu ihrer Zeit am höchsten geschätzt wurde. Kein Schrei dieser stillen Frau kommt in die alte Welt, die von so vielen Aufschreien erfüllt ist, wo die rohe römische Menge Beschimpfungen hervorbrüllte, und die Damen auf ihren seidenen Sofas einander den Skandal von Paulas Liaison zuflüsterten und die Männer spotteten und höhnten über ihre Bankette bei dem bloßen Gedanken, dass eine solche Freundschaft unschuldig sein könnte. Einer ihrer Feinde wagte es, die abscheuliche Anschuldigung öffentlich zu äußern oder niederzuschreiben, und wurde sofort von Hieronymus zur Rechenschaft gezogen und schwörte öffentlich auf den Skandal, den er verbreitet hatte. „Aber", wie Hieronymus sagt, „eine Lüge ist schwer zu töten; die Welt liebt es, eine böse Geschichte zu glauben: Sie vertraut auf die Lüge, aber nicht auf den Widerruf." Und die Lage der Dinge wurde so, dass auch er keinen Ausweg mehr für möglich hielt, als Rom zu verlassen. Es schien, als ob er in Lebensgefahr gewesen wäre oder sich eingebildet hätte, und seine Anwesenheit stellte zweifellos eine Gefahr für seine Freunde dar. Ein Mann mit geduldigerem Temperament und ruhigerem Gemüt hätte vielleicht gedacht, dass Paulas Entschluss, wegzugehen, ein Grund für ihn sei, zu bleiben und so den Skandal und die Empörung allein zu ertragen, zumindest bis sie sicher außerhalb ihrer Reichweite war – was nicht möglich war Anlass für den Gegner, zu lästern. Aber Jerome war offensichtlich nicht zu einer solchen Selbstverleugnung geneigt, und es ist tatsächlich sehr wahrscheinlich, dass seine Position unerträglich geworden war und dass seine einzige Möglichkeit darin bestand, aufzubrechen. Im Sommer 385, fast drei Jahre nach seiner Ankunft in Rom – im August, sieben Monate nach dem Tod von Damasus und kein Jahr nach dem von Blæsilla – verließ er „Babylon", wie er die turbulente Stadt nannte Er schrieb seinen

Abschied mit Tränen der Trauer und des Zorns an Lady Asella , heute eines
der ältesten und wichtigsten Mitglieder der Gemeinschaft, und dankte Gott,
dass er des Hasses der Welt für würdig befunden wurde. Wir neigen dazu, so
zu sprechen, als ob das Reisen eine Erfindung unserer Zeit wäre: Tatsächlich
gab es damals jedoch kaum schlechtere Möglichkeiten zum Reisen als die,
die wir selbst vor dreißig oder vierzig Jahren besaßen, und es war keine
seltsame oder ungewöhnliche Reise von Ostia aus die Mündung des Tiber,
vorbei an den sanften Mittelmeerküsten, vorbei an den schroffen Felsen der
Sirenen im glühenden Wetter, nach Zypern, der Insel der Klöster, und
Antiochia, einer gequälten und von Ketzerei befleckten Stadt, aber voller
Freunde und Beistand . Hieronymus hatte eine Gruppe treuer Anhänger um
sich und wurde von einer weinenden Menge bis zum Punkt seiner
Einschiffung begleitet, doch er verließ Rom in einer Leidenschaft der
Empörung und des Kummers.

**TEMPEL DER VENUS UND ROM AUS DEM KOLOSSEUM
(1860).**

Während er auf den Moment der Abreise im Schiff wartete, der ihn von
seinen Freunden und dem Leben, das er liebte, wegbringen sollte, wurden
Jeromes Briefe an Asella geschrieben. Sie waren voller Wut und Kummer,
der Ausdruck eines verletzten und verletzten Herzens, eines Mannes, der fast
zur Verzweiflung getrieben war. „Man sagt von mir", schreit er, „ich sei eine
berüchtigte Person, ein Betrüger voller Arglist, ein Betrüger mit allen
Künsten Satans an seinen Fingern ... Diese Männer haben meine Hände
öffentlich geküsst und gestochen." Sie erbarmen mich im Verborgenen mit

dem Zahn einer Viper; sie haben Mitleid mit mir mit ihren Lippen und freuen sich in ihren Herzen. Aber der Herr sah sie und verspottete sie und behielt sie bei, mit mir, seinem unglücklichen Diener, beim Jüngsten Gericht zu erscheinen. Einer von sie verspotten meinen Gang und mein Lachen; ein anderer macht meine Gesichtszüge zum Gegenstand der Anklage; für einen anderen ist die Einfachheit meiner Manieren das Böse; und ich habe drei Jahre in der Gesellschaft solcher Männer gelebt!" Er setzt seine empörte Selbstverteidigung wie folgt fort:

„Ich habe umgeben von Jungfrauen gelebt, und einigen von ihnen habe ich, so gut ich konnte, die göttlichen Bücher erklärt. Mit dem Studium kam ein zunehmendes Wissen voneinander und mit diesem Wissen gegenseitiges Vertrauen. Lassen Sie sie sagen, ob sie jemals etwas darin gefunden haben." Mein Verhalten ist für einen Christen unwürdig. Habe ich nicht alle Geschenke, ob groß oder klein, abgelehnt? Gold hat nie in meiner Handfläche geklungen. Haben sie von meinen Lippen irgendein zweifelhaftes Wort gehört oder in meinen Augen einen kühnen oder gefährlichen Blick gesehen? Niemals und nein Man wagt es, das zu sagen. Der einzige Einwand gegen mich ist, dass ich ein Mann bin: und dieser Einwand kam erst auf, als Paula ihre Absicht verkündete, nach Jerusalem zu gehen. Sie glaubten meinem Ankläger, als er log; warum glaubten sie ihm nicht, als er sich zurückzog? Er ist heute derselbe Mann wie damals. Er hat mir falsche Verbrechen unterstellt, jetzt erklärt er mich für unschuldig. Was ein Mann unter Folter gesteht, ist wahrscheinlicher wahr als das, was er in einem Moment der Fröhlichkeit preisgibt: Aber Menschen sind mehr neigen eher dazu, eine solche Lüge zu glauben als die Wahrheit.

„Von allen Damen in Rom hat nur Paula in ihrer Trauer und ihrem Fasten mein Herz berührt. Ihre Lieder waren Psalmen, ihre Gespräche waren vom Evangelium, ihre Freude galt der Reinheit, ihr Leben war ein langes Fasten. Aber als ich anfing Als ich sie verehrte, respektierte und verehrte, wie es ihre herausragende Tugend verdiente, verließen mich alle meine guten Eigenschaften auf der Stelle.

„Wären Paula und Melania zu den Bädern geeilt und hätten ihren Reichtum und ihre Stellung ausgenutzt, um sich parfümiert und geschmückt in einer einzigen Anbetung Gottes und ihres Reichtums, ihrer Freiheit und ihres Vergnügens zu vereinen, wären sie als große und heilige Damen bekannt gewesen; aber jetzt Es heißt, sie trachten danach, in Säcken und Asche bewundert zu werden, und fahren mit Fasten und Demütigungen beladen in die Hölle hinab: als hätten sie nicht genauso gut mit den anderen unter dem Applaus der Menge verdammt werden können. Wenn es Heiden wären und Juden, die sie verurteilten, hätten sie den Trost gehabt, von denen gehasst zu werden, die Christus hassten, aber das sind Christen oder Männer, die unter diesem Namen bekannt sind.

„Lady Asella , ich schreibe diese Zeilen in Eile, während das Schiff seine Segel ausbreitet. Ich schreibe sie mit Schluchzen und Tränen und danke Gott dafür, dass er des Hasses der Welt für würdig befunden wurde. Grüßt Paula und Eustochium, meine in . " Christus, ob es der Welt gefällt oder nicht, grüße Albina, deine Mutter, Marcella, deine Schwester, Marcellina , Felicita: Sag ihnen, dass wir uns vor dem Richterstuhl Gottes wiedersehen werden, wo die Geheimnisse aller Herzen offenbart werden. Erinnere dich an mich, oh Beispiel der Reinheit! Und mögen deine Gebete den Tumult des Meeres vor mir beruhigen !"

TRINITA DE' MONTI.

Man kann sich leicht vorstellen, mit welcher Aufregung die Damengemeinschaft einen solchen Brief aufgenommen haben muss. Sie waren besser als alle anderen in der Lage, die Redlichkeit und Ehre des Schriftstellers zu beurteilen, der so lange unter ihnen gelebt hatte: und ohne Zweifel waren all diese Stürme, die umher tobten, die verletzenden und beleidigenden Anschuldigungen, all die bösen Zungen Roms, die auf ihn losgelassen wurden harmloses Haus, das in ihre Privatsphäre eingegriffen und ihre Ruhe gestört hat, müssen während des gesamten Verlaufs des beklagenswerten Vorfalls die Ursache für Schmerz und Unruhe gewesen sein, die für die sanfte Gesellschaft am Aventin unaussprechlich ist. Es ist offensichtlich, dass Marcella alles getan hatte, was sie konnte, um Hieronymus den Mund zu halten, als der Ärger begann; Vielleicht ist der

Abschiedsbrief aus diesem Grund an den älteren Asella gerichtet , vielleicht einen milderen Richter.

Paulas Vorbereitungen hatten begonnen, bevor Jerome noch an seine abruptere Abreise gedacht hatte. Sie waren nicht so leicht herzustellen wie die eines Einzelgängers, der bereits von der Welt losgelöst war. Sie hatte alle ihre Familienangelegenheiten zu regeln und, was noch schwieriger war, sich von ihren Kindern zu trennen, was das Schwierigste von allen war, und den besonderen Punkt in ihrem Verhalten, mit dem wir kein Verständnis haben können . Aber es muss daran erinnert werden, dass Paula, eine makellose Matrone, mit den schändlichsten Verleumdungen gebrandmarkt worden war, dass sie von der Menge als Mörderin ihrer Tochter beschimpft und von der Gesellschaft beschuldigt worden war, ihren Namen entehrt zu haben . Sie war, wie wir sagen würden, Gegenstand eines Falles wegen Verleumdung vor den öffentlichen Gerichten gewesen, und obwohl der Verleumder seine Unwahrheit gestanden hatte (anscheinend unter dem Einfluss von Folter, nach den Worten von Hieronymus), war die Anschuldigung, blieb, wie in den meisten Fällen, bestehen. Es ist durchaus möglich, dass sie empört und zutiefst verletzt war und dachte, es sei gut für ihre jüngeren Kinder, sie zu verlassen, damit sie nicht unter den Fittichen einer Mutter blieben, deren Name in aller Munde war von Männern. Ihre Tochter Paulina war zu diesem Zeitpunkt mit dem guten und treuen Pammachius verheiratet , dessen Schutz für das jüngere Mädchen und den jüngeren Jungen möglicherweise von größerem Nutzen war als ihr eigener. Und Paula war sich der zärtlichen Gnade ihrer heidnischen Verwandten und des Einflusses bewusst, den diese wahrscheinlich sogar in ihrem eigenen Haus auf sie ausüben würden. Die biedere junge Eustochium , ernst und ruhig, klammerte sich an die Seite ihrer Mutter, ihr jugendliches Haupt war bereits vom Schleier der geweihten Jungfrau bedeckt , eine gelassene und unerschütterliche Gestalt inmitten aller Aufregungen des Abschieds. Ganz Rom strömte herbei, um sie zum Hafen zu begleiten: Brüder und Schwestern mit ihren Frauen und Ehemännern, weniger nahe Verwandte, eine Menge Freunde. Den ganzen Weg entlang der gewundenen Ufer des Tiberufs überhäuften sie Paula mit Bitten, Vorwürfen und Tränen. Sie gab ihnen keine Antwort. Sie sprach immer langsam, wie die zarte Chronik berichtet. „Sie erhob ihren Blick zum Himmel, fromm gegenüber ihren Kindern, aber noch frommer gegenüber Gott." Sie behielt ihre Selbstbeherrschung, bis sich das Schiff vom Ufer zu entfernen begann, wo der kleine Toxotius , der zehnjährige Junge, stand und ihr in einem letzten Appell die Hände entgegenstreckte, während seine Schwester Rufina schweigend mit wehmütigen Augen neben ihm stand Seite. Paulas Herz wollte platzen. Sie wandte den Blick ab und konnte diesen grausamen Anblick nicht ertragen, während Eustochium fest und standhaft ihre schwächere Mutter in ihren Armen hielt.

War es eine grausame Fahnenflucht, eine herzlose Pflichtaufgabe? Wer kann es sagen? Es gibt Desertionen, Grausamkeiten dieser Art, die das höchste Opfer und manchmal den bittersten Beweis der Selbstergebenheit darstellen. Hat Paula in ihrem Herzen geglaubt, der schmerzlichste Gedanke, der einer Mutter in den Sinn kommen kann, dass es ihrem Jungen ohne sie besser gehen würde, wenn er in Frieden unter seinen Onkeln und Erziehungsberechtigten aufgewachsen wäre, die, wenn sie dort gewesen wäre, sein Leben zu einem kontinuierlichen Leben gemacht hätten? Kampf zwischen zwei Seiten? War es wahrscheinlicher, dass Rufina in der Obhut ihrer sanften Schwester glücklicher war, als wenn ihr Geist durch die religiösen Gelübde ihrer Mutter und alles, was damit zusammenhing, gestört und vielleicht auch ihre Ehe ruiniert war? Sie könnte mit dieser Annahme falsch liegen, so wie wir alle oft mit unseren besten und am mühsamsten erwogenen Plänen falsch liegen. Aber die Verurteilung ist sehr einfach und bereitet so wenig Schwierigkeiten – es gibt sicherlich ein Wort, das auf der anderen Seite der Frage gesagt werden muss.

Wenn diese Pilger Rom verlassen , haben sie keinen Anteil mehr an der Geschichte der großen Stadt, mit der wir zu tun haben. Doch ihr weiteres Schicksal lässt sich in wenigen Worten beschreiben. Es ist nicht nötig , der großen Dame auf ihrer Reise über Land und Meer ins Heilige Land mit all ihren Assoziationen zu folgen, wo Jerusalem, geschmückt mit einem neuen klassischen Namen, bereits wieder aus seinen Ruinen in das Wissen und die Verehrung der Welt emporstieg . Das waren zwar nicht die Zeiten der Ausflugszüge und Dampfer; Aber die Zahl der Pilger, die jemals zu diesen mehr als klassischen Küsten, diesen heiligen Orten, die von höherer Hoffnung beseelt sind, kamen und gingen, war vielleicht im Verhältnis zur geringeren Größe und geringeren Bevölkerung der bekannten Welt größer als bei unseren vielen Pilgerfahrten heute Das kommt mir so seltsam vor, das zu sagen. Aber gibt es nicht noch einen Murray, einen Baedeker, aus dem vierten Jahrhundert, den *Itinéraire de Bordeaux à Jerusalem* , unbestritten und authentisch, der den sorgfältigsten Bericht über Gasthäuser, Zufluchtsorte und Reisearten für die Pilger enthält? Es ist möglich, dass die Dame Paula diese alte Rolle in ihrer Tasche hatte oder sie ihrer Dienerin zur ständigen Bezugnahme um die Schultern gehängt hatte. Ihr Schiff war allein von ihrer eigenen Gruppe besetzt und beförderte zweifellos viel Gepäck und viele Lebensmittel, wie es bei einer Auswanderung auf Lebenszeit natürlich der Fall wäre; Soweit wir hören, wurde die Fahrt durch keine Stürme behindert, sondern nur durch eine große Windstille, die das Schiff sehr verzögerte und die Reise ermüdend machte, was den Einsatz der Ruder der Galeere erforderlich machte, was den Damen aber höchstwahrscheinlich am besten gefallen würde hielt sie noch so viele Tage auf dem Meer. Schließlich erreichten sie Zypern, diese heilige Insel, die jetzt mit Klöstern bedeckt ist, wo Epiphanius, einst Paulas Gast in Rom, sie mit allen Ehren erwartete und empfing , und wo Mönche und Nonnen in ihren neuen Niederlassungen viele Besuche abstatten mussten Lieblingsvergnügen des Klosters. Anschließend setzten die Damen ihre Reise nach Antiochia fort, wo sie Hieronymus trafen; und setzten ihre Reise fort, nachdem sie wahrscheinlich genug vom Meer hatten, entlang der Küste, vorbei an Tyrus und Sidon, an Herodes' prächtiger Stadt Cäsarea und Joppa mit seinen Erinnerungen an die Apostel – nicht ohne einen Gedanken an Andromeda und ihr Monster zu werfen, als sie hinschauten über die dunklen und gefährlichen Riffe, die dem Reisenden immer noch Angst machen : denn sie liebten die Literatur, ungeachtet ihrer Trennung von der Welt. Zu dieser Zeit bildeten sie eine große Karawanserei, die, um die Wahrheit zu sagen, einer jener Gruppen nicht unähnlich war, die wir so gerne verachten, unter der Leitung von Führern und Begleitern, die die Livree von Cook tragen. Aber eine solche Expedition war damals weitaus würdevoller und wichtiger. Hieronymus und seine Mönche bildeten mit den römischen Damen und ihren Anhängern, die so tapfer alle Strapazen und Gefahren des Weges ertrug, nur eine Familie von Schwestern und Brüdern. Paula, die Pilgerin, war nicht länger eine schwankende, feine Dame, sondern die lebhafteste und interessierteste aller Reisenden , mit keinem bloßen Auftrag der Einsiedlerjagd wie Melania, sondern mit echter menschlicher Begeisterung für all die sagenumwobenen Szenen, die sie durchquerte. Als sie Jerusalem erreichten, ging sie voller Tränen und Begeisterung von einer der heiligen Stätten zur anderen, küsste den zerbrochenen Stein, der angeblich gegen die Tür des Heiligen Grabes gerollt worden war, und folgte ihm mit frommer Ehrfurcht Erfreuen Sie sich an den Schritten von Helena in die Höhle, in der das Wahre Kreuz gefunden wurde. Die Legende war damals noch frisch und Zweifel gab es nicht. Der Enthusiasmus von Paula, die Verzückung und Begeisterung, die sich in Strömen von Tränen, in Ekstasen heiliger Emotionen, Freude und Gebeten äußerte, bewegten die ganze Stadt, die von Pilgern, gläubigen und anderen, bevölkert war, für die die große römische Dame ein Wunder war : Die Menge folgte ihr von Punkt zu Punkt und staunte über ihre Hingabe und die Wärme des natürlichen Gefühls, die sie unter allen Umständen auszeichnete. Der Leser kann nicht anders, als immer noch mit bewunderndem Interesse einer so frischen, so unkonventionellen, von all diesen heiligen und heiligen Assoziationen so tief berührten Figur zu folgen. Inmitten so vieler Menschen, die in spirituellen Gedanken fast abstrakter dargestellt werden, als es die Natur zulässt, sind ihre offenen Emotionen und ihre zärtliche, natürliche Begeisterung immer eine Erfrischung und ein Zauber.

Wir stoßen hier auf einen Bruch in der bisher überflüssigen Geschichte. Als die anderen Pilger ankamen, waren Melania und Rufinus im Besitz ihrer Klöster und bereits vollständig auf dem Ölberg ansässig; und es besteht kaum ein Zweifel daran, dass die eine römische Dame der anderen sowie die alten Gefährten des Hieronymus ihrer Freundin jede Gnade der Gastfreundschaft entgegenbrachten. Aber im Laufe der folgenden Jahre stritten sich diese lieben Freunde erbittert, nicht über persönliche Angelegenheiten, wie es scheint, sondern über Fragen der Lehre, und gerieten in einen so langwierigen Krieg wütender und stechender Worte, dass sie mehr verletzten als Schläge. Durch diese Intimität wussten sie alles, was jemals voneinander gesagt oder geflüstert worden war, und scheuten sich in der Hitze des Konflikts nicht, jede alte Andeutung, jede Andeutung zu nutzen, die verletzen oder verletzen konnte. Der Kampf nahm einen so großen Umfang an, dass der Nachfrieden beider Parteien dadurch ernsthaft beeinträchtigt wurde; und eines ihrer bedeutendsten Ergebnisse war, dass Jerome, ein Mann, der groß genug und klein genug für alles war, sei es Boshaftigkeit oder Großmut, in seinen Briefen und Annalen jede Erwähnung dieser frühen Friedensperiode und jeden Hinweis darauf strich Melania, die er in seinem ersten Gemütszustand so hoch gelobt haben soll, dass es ihm im zweiten unmöglich wurde, diese Freundschaftsbekundungen mit ihrem Namen in Verbindung zu bringen. Dies ist eine melancholische Erklärung für das Schweigen, das über die erste Zeit von Paulas Aufenthalt in Palästina herrscht, aber sie ist eine sehr natürliche: und beide Seiten waren gleichermaßen schuldig. Der Streit ereignete sich jedoch Jahre nach dem ersten Besuch, bei dem wir allen Grund zu der Annahme haben, dass er nur aus Freundlichkeit und Frieden bestand.

Nach dieser ersten Pause in Jerusalem machte sich die Karawanserei wieder auf den Weg und begab sich auf eine lange Reise durch alle Schauplätze des Alten Testaments, die sagenumwobenen Wüsten und Ruinen Syriens, die dem Anschein nach nicht viel weniger alt und viel weniger deutlich waren als heute . Das war im Jahr 387, zwei Jahre nach ihrer Abreise aus Rom. Selbst jetzt, mit all unseren erweiterten Reisemöglichkeiten – neutralisiert durch die Tatsache, dass diese wilden und wüstenartigen Gebiete wahrscheinlich nie an moderne Methoden angepasst werden werden – wäre die Reise eine sehr lange und ermüdende Angelegenheit. Jerome und seine Gruppe „gingen überall hin", wie wir sagen sollten; Sie ließen sich von keinen Schwierigkeiten einschüchtern. Keine moderne Dame im Hirschjägerkostüm hätte vor einer gefährlichen Straße weniger zurückschrecken können als die einst anspruchsvolle Paula. Sie hielten überall an und empfingen die bereitwillige Gastfreundschaft der Klöster bei jedem schrecklichen Übergang über die Felsen und die steinige Wüste, wo solche Bußhäuser errichtet wurden. Diese Ruinenwüsten, aus denen unsere eigenen Entdecker sorgfältig eine Überlieferung von Gilgal oder von Ziklag , einer Festung der Philister oder einer jüdischen Zufluchtsstadt, herausgesucht haben, wurden von diesen Abenteurern vor vierzehnhundert Jahren erkundet, als die Überlieferungen vielleicht noch frischer waren. aber keines der Hilfsmittel der Wissenschaft, um zu entschlüsseln, was ihnen mit zunehmendem Alter noch uralter vorkommt als uns. Wie unbedeutend erscheinen uns in unseren

Forschungsvorstellungen die luxuriösen Partys des 19. Jahrhunderts, die höchstens für ein paar Monate vom Alltagsleben abgeschnitten sind und auf die alle Ressourcen der Zivilisation zurückgreifen können, verglichen mit denen dieser geduldigen Wanderer. Sie aßen arabisches Brot und geronnene Milch und alles, was zu bekommen war, fanden Zuflucht bei den dunkelhäutigen Asketen der Wüstengemeinden, suchten Zuflucht in der Höhle, in der ein oder zwei Tage zuvor ein Heiliger gelebt hatte, und wanderten überall hin , über Urruine und jüngstes Heiligtum!

Als sie aus dieser wilden Wildnis in das grüne Bethlehem zurückkehrten, das auf seinem Hügel über den schönen Feldern stand, ging ihnen die Ruhe und Süße des Ortes ins Herz. An diesem heiligen Ort beschlossen sie, sich niederzulassen und ihre beiden Klöster zu errichten, das Hieronymus-Kloster auf dem Hügel in der Nähe des Westtors und das Paula-Kloster auf der lächelnden Ebene darunter. Er soll alles verkauft haben, was er hatte, einige Reste seines persönlichen Eigentums in Dalmatien, das ihm selbst und seinem Bruder, der sein treuer und ständiger Begleiter war, gehörte, um seinerseits die Kosten für das Gebäude zu decken; und zweifellos ergänzte Paulas üppiger Reichtum alles, was fehlte. Nach und nach entstand an dieser Stelle eine Klostersiedlung, wie sie das Ideal der Zeit war. Nachdem ihr eigenes Kloster fertiggestellt war, baute Paula in der Nähe zwei weitere, die bald mit engagierten Schwestern gefüllt waren. Und sie baute ein Hospiz für die Aufnahme von Reisenden , damit, wie sie mit zärtlichem Lächeln und Tränen sagte: „Wenn Josef und Maria nach Bethlehem zurückkehren sollten, würden sie sicher sein, dass sie in der Herberge Platz für sie finden würden." Diese sanfte Rede scheint wie ein zarter Lichtschein auf die kleine heilige Stadt mit all ihren Erinnerungen und zeigt uns die große Dame von einst in ihrer anmutigen Güte, voller edler natürlicher Güte, und sieht in jedem armen Pilger, der diesen Weg passiert, einen Anschein von diesem einfachen Paar, das das Licht der Welt zu Davids kleiner Stadt in den Hügeln trug.

Alle diese Häuser der Frömmigkeit und Nächstenliebe werden hinweggefegt, und nicht einmal die Überlieferung ihres Ortes ist übriggeblieben; aber es gibt einen geschichtsträchtigen Raum, der noch immer von allen mit dem wärmsten Interesse erfüllt ist. Es ist der felsige Raum in einer der Halbhöhlen, Halbausgrabungen, die der der Geburt Christi naheliegen und mit ihr durch grob behauene Treppen und Gänge verbunden sind, in dem Hieronymus sich niederließ, während sein Kloster gebaut wurde, das er sein Paradies nannte. und das für immer mit der dort geleisteten großartigen Arbeit verbunden ist. Alle anderen Traditionen und Erinnerungen verblassen angesichts der großen und heiligen Bedeutung des Ortes. Doch selbst dort wird es für den Zuschauer, der ihre Geschichte kennt, unmöglich sein, ungerührt in der Szene zu stehen, praktisch unverändert seit ihrer Zeit, als Hieronymus an seiner großartigen Übersetzung arbeitete und Paula und

Eustochium seine täglichen Arbeiten kopierten, verglichen und kritisierten . Ein großer Teil der Vulgata war in Rom fertiggestellt worden, aber seit Hieronymus diese Stadt verlassen hatte, hatte er seine Hebräischkenntnisse erheblich erweitert und ließ sich während seiner Reisen keine Gelegenheit entgehen, die Sprache bei jedem gelehrten Rabbi, dem er begegnete, zu lernen und sich viele Informationen anzueignen Respekt vor den Ansichten und Lesarten der Rechtsanwälte. Er nutzte seinen Ruhestand in Bethlehem, um das bereits Erreichte zu überarbeiten und die Arbeit zu Ende zu bringen. Seine beiden Freunde hatten beide mehr oder weniger gut Hebräisch gelernt, bevor sie Rom verließen. Zweifellos hatten sie ihm unterwegs seine Studien mitgeteilt. Sie lasen täglich mit ihm einen Teil der Heiligen Schrift im Original; und auf ihre Bitte hin und mit ihrer Hilfe begann er mit der Übersetzung der Psalmen, die so sehr zu dieser Szene passten, in der man fast die Stimme des Hirten von Bethlehem hören konnte, der sang, als er seine Herde über die kleinen Hügel führte . Ich zitiere von M. Amédée Thierry eine sympathische Beschreibung der Methode dieser Arbeit, wie sie in der Felsenkammer von Bethlehem oder im nahegelegenen Kloster ausgeführt wurde.

Seine beiden Freunde beauftragten sich mit der Aufgabe, alle Materialien zu sammeln, und diese mit ihrer Sorgfalt erstellte Ausgabe ist diejenige, die unter dem Namen Hieronymus in der Kirche verbleibt. Wir haben ihnen für dieses Werk seine eigenen Anweisungen gegeben, sogar bis hin zu den Linien, die er für eine größere Genauigkeit nachgezeichnet hat, und die Erklärung der Zeichen, die er bei der Zusammenstellung der verschiedenen Versionen mit seinem Text übernommen hatte, manchmal eine unterstrichene Linie, manchmal ein Obelisk oder … Sternchen. Ein Komma gefolgt von zwei Punkten deutete auf das Weglassen überflüssiger Wörter aus einer Paraphrase der Septuaginta hin; ein Stern, gefolgt von zwei Punkten, zeigte hingegen an, wo Passagen aus dem Hebräischen eingefügt werden mussten; Eine andere Markierung bezeichnete Passagen, die der Übersetzung von Theodosius entlehnt waren und sich hinsichtlich der Einfachheit der Sprache geringfügig von der Septuaginta unterschieden. Beim Lesen dieser verschiedenen Symbole ist es angenehm, an die beiden edlen römischen Damen zu denken, die vor dem riesigen Schreibtisch saßen, auf dem die zahlreichen griechischen, hebräischen und lateinischen Manuskripte ausgebreitet waren – der hebräische Text der Bibel, die verschiedenen Ausgaben der Septuaginta, die Hexapla von Origenes, Theodosius, Symmachus, Aquila und die italienische Vulgata – während sie den Psalter des heiligen Hieronymus, den wir immer noch singen, zumindest zum größten Teil, mit Frömmigkeit und Freude untersuchten, verglichen und unter ihren Händen in Ordnung brachten davon in der lateinischen Kirche der Gegenwart.

Es ist in der Tat eine rührende Verbindung mit dem Teil der Heiligen Schrift, der den Gläubigen neben dem Evangelium am meisten am Herzen liegt, nämlich dass die Übersetzung, die in den Kirchen Kontinentaleuropas immer noch täglich verwendet wird, die klangvollen und edlen Worte inmitten des ganzen Geschwätzes verschiedener Sprachen ist immer noch eine große universelle Sprache bilden, von der alle zumindest ein konventionelles Verständnis haben – hätten auf diese Weise transkribiert und für den Gebrauch durch Generationen perfektioniert werden sollen. Hieronymus ist kein sanftmütiger Held, und um ehrlich zu sein, wurde er in der Kirche, die ihm doch so viel zu verdanken hat, nie besonders geliebt. Doch es gibt kein anderes Werk dieser Art, das so viele sanfte und zärtliche Assoziationen mit sich bringt. Die Höhle von Bethlehem eignet sich ebenso wenig als Schauplatz für diese häusliche Kombination, wie Hieronymus von Natur aus dazu geeignet ist, ihr Zentrum zu sein . Und zweifellos gibt es unfreundliche Kritiker, die diesen strengen, aber schönen Innenraum als die Werkstatt zweier armer Sklavinnen beschreiben, die von der Tyrannei ihres grimmigen Zuchtmeisters hinter ihm hergeschleppt wurden, um seine Arbeit für ihn zu erledigen. Keine dieser Vorstellungen stimmt mit den Aufzeichnungen überein. Die sanfte Paula war eine Frau mit hohem Geist und viel Anmut und Höflichkeit, Standhaftigkeit und Humor , letzteres die ungewöhnlichste Eigenschaft von allen. Die fantasievolle Hingabe, die sie dazu gebracht hatte, Hebräisch zu lernen, um die Lieder des Psalmisten im Original in der kleinen Schar von Seelen unter Marcellas vergoldetem Dach zu singen, hatte ihre natürliche Entwicklung in dem sanften Druck, der auf Jerome ausgeübt wurde, sie zu einer Autorität zu machen Übersetzung: Und wo hätte ein so passender Ort für dieses Werk gefunden werden können wie in der herrlichen Ruhe nach dem Ende ihrer Reise, genau in der Szene, in der diese heiligen Lieder zum ersten Mal begonnen wurden? Es wäre fast ebenso unverschämt und töricht anzunehmen, dass in Paulas Gedanken moderne Zweifel an ihrer Echtheit existierten, als anzunehmen, dass es sich dabei um erzwungene und trostlose Arbeiten handelte , zu denen sie von einem geistigen Tyrannen getrieben wurde. Unserer Meinung nach verleiht diese gegenseitige Arbeit und dieses gemeinsame Studium ihrer Kameradschaft den letzten Reiz. Die lebhafte, sanfte Frau, die so viel Licht auf dieses seltsame, selbstverleugnende und doch selbstgefällige Leben wirft, und die ernste junge Tochter, die nie von ihrer Seite wich, deren sanfter Schatten eins mit ihr ist, so dass wir sie, solange Paula lebte, nicht unterscheiden können Abgesehen davon müssen sie in diesem entzückenden Verkehr und bei dieser Arbeit ein stilles Glück gefunden haben, das über alles hinausgeht, was sie sich erhofft hatten. Ihr Geist und ihre Gedanken waren vom Charme edler Poesie, vom Rätsel der zu klärenden und richtig zu kombinierenden Wörter und von der ständigen Beschäftigung mit einer Angelegenheit beschäftigt, die sie so sehr interessierte und die vielleicht die beste von allen ist – müssen sich näher gekommen sein und immer näher, Mutter dem Kind und Kind der Mutter, aber auch dem Freund und Vater, dem sie gerne dienten und dessen großer Intellekt und Wissen sie in ständiger Sympathie – nicht ohne ab und zu ein wenig Widerstand – am Laufen hielten, und die angenehme Aufregung einer unabhängigen Meinung.

Es ist richtig, Jerome selbst, der in Streit und Kontroversen so erbittert ist, den Vorzug dieser sanften Lampe zu geben, die für immer in seinem kleinen Paradies brennt. Und das kann jeder Angenommen , Paula, einst so einfühlsam und exquisit, jetzt stark und kraftvoll in der Einfachheit dieses Rückzugs, mit allen Händen und Verstand, viel zu denken, viel zu tun, hätte nicht auch ihren Vorteil? Das Leben wäre ideal, wenn sie nicht mit der Zeit an die Jungen gedacht hätte, die in Rom zurückgeblieben waren, und daran, was mit ihnen geschah. Sie war in der Tat immer wieder von Trauer über den Tod ihrer Töchter dort, eine nach der anderen, niedergeschlagen und trauerte mit einer Bitterkeit, die uns fragen lässt, ob es sich dabei um quälende Zweifel und Selbsttadel handelte, die ihrer Trauer in den letzten Jahren vielleicht noch einen zusätzlichen Stich verliehen hatten Der Fall von Blæsilla dürfte ihr Herz nicht noch einmal überwältigt haben, wenn auch aus einem gegenteiligen Grund – der Zweifel, ob die Sparmaßnahmen, die sie auferlegte und teilte, vielleicht tödlich für jemanden gewesen waren, der widersprüchliche Zweifel, ob man sie dem gewohnten Lebenslauf überlassen sollte, vielleicht nicht für die anderen tödlich. Eine solche Frau hat nicht das Selbstvertrauen, das so viele gegen das Schicksal wappnet – und da sie nichts findet, was für die Sicherheit derer, die sie liebt, wirksam ist, weder eine heilige Hingabe noch die Zustimmung zum alltäglichen Glück, das das gewöhnliche Ideal der Pflicht einer Mutter ist, kann durchaus manchmal in Verzweiflung geraten – eine Verzweiflung, die viele zitternde Herzen zu allen Zeiten stillschweigend teilen, deren beste Pläne, obwohl sie gegensätzlich sind, gleichermaßen in Untergang und Bestürzung geraten.

AUS DEM AVENTINE.

Aber sie hatte ihre Entschädigungen. Sie hatte auch ihren kleinen Ruhm in den Büchern, die aus dieser Abgeschiedenheit in Bethlehem hervorgingen und ihren Namen trugen, der ihr und ihrem Kind vom größten Schriftsteller der Zeit eingeschrieben wurde. „Du, Paula und Eustochium , die du die Bücher der Hebräer so gründlich studiert hast, nimm es, dieses Buch Esther, und prüfe es Wort für Wort; du kannst erkennen, ob etwas hinzugefügt oder etwas zurückgenommen wurde: und kannst treues Zeugnis ablegen , ob Ich habe diese hebräische Geschichte richtig in Latein wiedergegeben." Nur wenige Frauen würden einen solchen Tribut verachten, und noch weniger würden sie den Platz dieser beiden Frauen im Paradies dieses mühsamen Studiums und vor den Türen dieses wunderschönen Hospizes an der Straße nach Jerusalem verachten, wohin Joseph und Maria gekommen wären, wenn sie wiedergekommen wären keine Gefahr, Platz zu finden!

Sie starben alle drei nacheinander und wurden in dem reinen und gesunden Felsen in der Nähe des heiligen Ortes der Geburt Christi beigesetzt. Es gibt eine rührende Geschichte darüber, wie Eustochium nach dem Tod ihrer Mutter, als Hieronymus von Trauer überwältigt war und nicht in der Lage war, zu einer seiner früheren Beschäftigungen zurückzukehren, mit dem noch unübersetzten Buch Ruth in der Hand zu ihm kam, das zugleich ein Versprechen war und eine Bitte. „Wohin du gehst , werde ich gehen. Wo du wohnst, werde ich wohnen" – und gleichzeitig eine Fortsetzung des gesegneten Werkes, das ihre Seelen am Leben hielt.

DAS KAPITOL VOM PFALTIN.

KAPITEL VI.
DAS MUTTERHAUS.

Inmitten all dieser Veränderungen verharrte das Haus am Aventin – das Mutterhaus, wie es im modernen Sprachgebrauch genannt würde – in geschäftiger Stille, nicht mehr sichtbar in dem grellen Licht, das auf den Weg eines Mannes wie Jerome fällt und seine Stille tut Wir arbeiten stetig und sind an vielen Dingen beteiligt, von denen die meisten wohltätig sind, was in Rom geschah. Albina, die Mutter von Marcella, und Asella , ihre ältere Schwester, starben in Frieden; und jüngere Seelen störten und belebten mit bewegenderen Lebensabschnitten den Frieden des Klosters, das doch kein Kloster war, sondern allen Einflüssen des Lebens offen stand. Aufrechterhaltung einer umfangreichen Korrespondenz und eines vielfältigen und vielfältigen Verkehrs mit der damaligen Gesellschaft. Im ersten Eifer der Ansiedlung in Bethlehem schrieben sowohl Paula als auch Hieronymus (sie durch seine Hand) an Marcella und forderten sie auf, sich ihnen anzuschließen und die Welt auf eine Weise zu verlassen, die sie bisher noch nicht getan hatte. „... Du warst der Erste, der das Feuer in uns entfachte" (der Brief stammt nominell von Paula und Eustochium): „Der Erste, der uns durch Gebot und Beispiel dazu drängte, unser jetziges Leben anzunehmen. Wie eine Henne ihre Hühner sammelt, die Fürchte dich vor dem Falken und zittere vor jedem Schatten eines Vogels, also hast du uns unter deine Fittiche genommen. Und willst du uns jetzt wahllos umherfliegen lassen, ohne dass eine Mutter in unserer Nähe ist?"

Dieser Brief ist nicht nur voller liebevoller Bitten, sondern auch voller entzückender Bilder ihres eigenen zurückgezogenen und friedlichen Lebens. „Wie soll ich Ihnen beschreiben", sagt der Autor, „die kleine Höhle Christi, die Herberge Mariens? Schweigen ist respektvoller als Worte, die nicht ausreichen, um ihr Lob auszudrücken. Es gibt keine Reihen edler Kolonnaden, keine Mauern." geschmückt mit dem Schweiß der Armen und der Arbeit der Sträflinge, keine vergoldeten Dächer, die den Himmel blockieren. Siehe, in dieser armen Erdspalte, in einem Felsspalt, wurde der Erbauer des Firmaments geboren." Sie fährt mit rührender Eloquenz fort, jedes Argument vorzubringen, um ihre Freundin zu bewegen.

Lesen Sie die Apokalypse des heiligen Johannes und sehen Sie dort, was er über die in Scharlach gekleidete Frau sagt, auf deren Stirn Gotteslästerung geschrieben steht, und über ihre sieben Hügel und vielen Wasser und das Ende Babylons. „Geht aus ihr heraus, mein Volk", sagt der Herr, „damit ihr nicht Anteil an ihren Sünden habt." Es gibt tatsächlich eine heilige Kirche; Es gibt die Trophäen der Apostel und Märtyrer, das wahre Bekenntnis Christi, den von den Aposteln gepredigten Glauben, das mit Füßen getretene

Heidentum und den Namen des Christen, der sich jeden Tag in die Höhe erhebt. Sondern sein Ehrgeiz, seine Macht, die Größe der Stadt, das Bedürfnis, alle Massen der Welt zu sehen und gesehen zu werden, zu grüßen und gegrüßt zu werden, zu loben und abzulehnen, zu hören oder zu reden, sogar gegen seinen Willen – Diese Dinge sind dem Klosterberuf fremd und haben Rom verdorben, sie alle stellen ein unüberwindliches Hindernis für die Ruhe des wahren Mönchs dar. Menschen besuchen dich: Wenn du deine Türen öffnest, ist Abschied von der Stille; wenn du sie schließt, bist du stolz und unfreundlich. Wenn Sie ihre Höflichkeit erwidern, geschieht dies durch stolze Portale, durch eine Schar murrender, unverschämter Lakaien. Aber in der Hütte Christi ist alles einfach, alles ist rustikal: außer den Psalmen ist alles Stille: kein leichtfertiges Gerede stört dich, der Pflüger singt Alleluja, während er seinem Pflug folgt, der schweißüberströmte Schnitter erfrischt sich, indem er einen Psalm singt , und es ist David, der den Weingärtner in seinen Weinbergen mit einem Lied versorgt . Das sind die Lieder des Landes, seine Liebeslieder, gespielt auf der Hirtenflöte. Wird nie die Zeit kommen, in der uns ein atemloser Kurier die gute Nachricht überbringt, dass Ihre Marcella in Palästina gelandet ist? Was für ein Freudenschrei unter den Chören der Mönche, unter allen Kapellen der Jungfrauen! In unserer Aufregung warten wir nicht auf eine Kutsche, sondern gehen zu Fuß auf dich zu, um deine Hand zu ergreifen und dein Gesicht zu betrachten. Wann wird der Tag kommen, an dem wir gemeinsam den Geburtsort Christi betreten werden, wenn wir uns über das göttliche Grab beugen und mit einer Schwester, einer Mutter weinen, wenn unsere Lippen das heilige Holz des Kreuzes berühren, wenn wir auf dem Ölberg sind? unsere Herzen und Seelen erheben sich gemeinsam im Auferstehen unseres Herrn? Würdest du nicht Lazarus aus seinem Grab kommen sehen, gefesselt in sein Leichentuch? und das Wasser des Jordan gereinigt zum Waschen des Herrn? Dann werden wir zu den Hirtenhürden eilen und am Grab Davids beten. Hören Sie, es ist der Prophet Amos, der von der Höhe seines Felsens aus in sein Hirtenhorn bläst; wir werden die Denkmäler Abrahams, Isaaks und Jakobs und der drei berühmten Frauen sehen, und Samaria und Nazareth, die Blüte Galiläas, und Silo und Bethel und andere heilige Orte, begleitet von Christus, wo überall Kirchen wie Banner der Siege aufragen von Christus. Und wenn wir in unsere Höhle zurückkehren, werden wir immer zusammen singen und manchmal werden wir weinen; Unsere Herzen sind vom Pfeil des Herrn verwundet und wir werden einander sagen: „Ich habe den gefunden, den meine Seele liebt; ich werde ihn festhalten und ihn nicht gehen lassen!“

Ähnliche Worte über das Glück des Landlebens und den Ruhestand hatte Jerome zuvor an Marcella gerichtet. Er hatte sie vor der Gefahr des turbulenten Meeres des Lebens gewarnt und davor, dass die zerbrechliche Barke, die von den Wellen geschlagen wird, den Schutz des Hafens suchen sollte, bevor der letzte Hurrikan ausbricht. Das Bild war noch wahrer, als er es sich vorgestellt hatte; aber er sprach nicht von den Gefahren Roms in der schrecklichen Zeit des Krieges und der Belagerung, die nahten, sondern von den üblichen Gefahren des gewöhnlichen Lebens für die Frömmigkeit des Einsiedlers. „Der Hafen, den wir Ihnen anbieten, ist die Einsamkeit der Felder", sagt er:

Schwarzbrot, von unseren eigenen Händen gegossene Kräuter und Milch, die köstlichste des Landes, versorgen unsere rustikalen Feste. Bei einer solchen Kost haben wir keine Angst vor Schläfrigkeit im Gebet oder Schweregefühl beim Lesen. Im Sommer suchen wir den Schatten unserer Bäume; im Herbst laden uns das milde Wetter und die reine Luft dazu ein, auf einem Bett aus gefallenen Blättern auszuruhen; Im Frühling, wenn die Felder mit Blumen geschmückt sind, singen wir zwischen den Vögeln unsere Psalmen. Wenn der Winter kommt, mit Kälte und Schnee, versorgt das Holz des nächsten Waldes unser Feuer. Möge Rom seine Aufruhr, seine grausame Arena, seinen verrückten Zirkus, seine luxuriösen Theater behalten; Lassen Sie den Senat der Matronen seine täglichen Besuche abstatten. Es ist gut für uns, am Herrn festzuhalten und unsere ganze Hoffnung auf ihn zu setzen.

Doch Marcella blieb gegenüber diesen Bitten taub. Vielleicht liebte sie immer noch den Senat der Matronen, die Treffen der Seelen, das Einströmen sanfter Besucher, das Gemurmel aller Geschichten Roms und die heiklen Schwierigkeiten der Ehe und Wiederverheiratung, die sie um Rat und Führung bat. Die Anspielungen in diesen beiden Briefen deuten auf eine solche Schlussfolgerung hin, und es gibt keinen Grund, warum dies nicht der Fall sein sollte. Die Oberin eines Klosters hat auf diese Weise in viel späteren Zeiten wichtigere Aufgaben erfüllt als die sanfte Nonne auf dem Feld. Auf jeden Fall blieb diese Dame in ihrem Zuhause, ihrem natürlichen Platz, und schüttete weiterhin ihre Großzügigkeit an die Armen ihrer Heimatstadt aus: Viele würden zustimmen, dass dies vielleicht der bessere, wenn auch sicherlich nicht der sicherere Weg war. Der Tod ihrer Mutter, der eine Veränderung in ihrem Leben mit sich brachte und eine noch stärkere Auflösung aller alten Bräuche und Bindungen hätte rechtfertigen können, war vielleicht der Anlass für diese liebevollen Auseinandersetzungen; Aber Marcella selbst wäre nicht mehr jung und in einer Position, die der einer Mutter in ihrer eigenen Person, der vertrauenswürdigen Freundin vieler in Rom und ihrer engsten Verbindung zu einem spirituelleren und besseren Leben, sehr ähnlich wäre. Das Licht eines Gastes wie Jerome, der alle Blicke auf das Haus lenkte und es in die Aufzeichnungen der Literaturgeschichte einbezog, die einzige Möglichkeit, das tägliche Leben eines Haushalts vor dem Vergessen zu retten, war tatsächlich erloschen und hatte das Leben vielleicht ein wenig flach zurückgelassen und leer, sicherlich viel weniger aufgeregt und für die Außenwelt sichtbar als damals, als er aus dem Schutz seiner friedlichen Mauern Feuer und Flammen auf jeden Gegner ausschüttete. Aber sonst hatte sich nichts an den Umständen geändert, unter denen Marcella ihren Palast einigen geweihten Schwestern öffnete und ihn zu einem allgemeinen Oratorium und einem Ort frommer Beratung und Zuflucht für die Damen Roms machte. Dieselben frommen Lesungen, dasselbe Singen von Psalmen (manchmal im Original), dasselbe Leben gemischter Frömmigkeit und Intellektualismus müssen weitergegangen sein wie zuvor: und andere feine Damen , vielleicht nicht weniger interessant als Paula, müssen mit ihren Geständnissen und Vertraulichkeiten gesucht haben das Ohr der erfahrenen Frau, die, wie Paula in Bezug auf sich selbst und ihre Töchter sagt, „zuerst den Funken des Lichts in unsere Herzen trug und uns wie Hühner unter ihre Fittiche nahm." Sie war dieselbe, „unsere sanfte, unsere süße Marcella, süßer als Honig", offen für jede Nächstenliebe und Freundlichkeit: Sie weigerte sich anscheinend nicht, sowohl Besuche als auch besucht zu werden, und war bereit, „das Leben ohne" zu leben jegliche gewöhnlichen Bindungen oder Traditionen der Existenz aufgeben. Aus diesem Grund gibt es weniger von ihr zu erzählen, aber vielleicht auch nicht weniger zu loben.

Marcella hatte zweifellos ihren Anteil daran, den Geist der beiden jüngeren Geister zu formen, die von der Wiege an dem vollkommenen Leben der Jungfräulichkeit geschworen hatten, der zweiten Paula, Tochter von Toxotius und seiner christlichen Frau; und die jüngere Melania, ebenfalls Tochter des Sohnes, den seine Mutter als Kleinkind verlassen hatte. Es ist eine merkwürdige Antwort auf die strenge Tugend, die diesen beiden römischen Damen vorwirft, dass sie ihre Kinder grausam im Stich gelassen haben, wenn man feststellt, dass diese beiden Kinder, erwachsene Männer, die Berufung ihrer Töchter erlaubten oder förderten und stolz auf den heiligen Ruf waren die Mütter, die sie ihrem Schicksal überlassen hatten. Die geweihten Töchter hinterlassen jedoch nur eine schwache Spur, ebenso wie die zwei makellosen Katechumenen in der Geschichte. Vorfälle aufregenderer Art unterbrachen hin und wieder die Ruhe des Lebens im Palast am Aventin. M. Thierry gibt uns in seinem Leben als Hieronymus vielleicht eine zu unterhaltsame Skizze von Fabiola, einer der Damen, die mehr oder weniger mit dem Haus Marcella verbunden sind, einer ständigen Besucherin, einer Büßerin der Zeiten, einer Enthusiastin für Wohltätigkeit, einer Frau, die sich für die Liebe interessiert So schien es zumindest das Beste aus beiden Welten zu schaffen. Sie hatte schon früh etwas geschlossen, was wir, mangels eines besseren Ausdrucks, als Liebesheirat bezeichnen könnten, von der sie bitter enttäuscht worden war. Dass eine Scheidung folgte, war nach damaliger Meinung sowohl natürlich als auch rechtmäßig, und Fabiola hatte bereits eine neue Bindung aufgebaut und beeilte sich , erneut zu heiraten. Aber die zweite Ehe war eine noch größere Enttäuschung als die erste, und dieses wiederholte Scheitern scheint sie verwirrt und zu Problemen angeregt zu haben, die zunächst keineswegs klar waren, wahrscheinlich sogar für sie selbst. In der Zerstreuung ihres Lebens machte sie einen plötzlichen und unangekündigten Besuch in Paulas Kloster in Bethlehem, wo sie eine willkommene und entzückende Besucherin war, die alle persönlichen Neuigkeiten mit sich brachte, die sich nicht niederschreiben lassen, und die liebenswürdigen Wege einer gebildeten Frau der Welt. Angeblich hatte sie bei diesem Freundschaftsbesuch ein eigenes privates Objekt, aber die Atmosphäre und die Beschäftigungen an diesem Ort müssen Fabiola beeindruckt haben, und obwohl ihr Objekt in einem kunstvollen Netz aus Fiktionen verborgen war, wagte sie nicht den Mut, es preiszugeben es, entweder dem strengen Jerome oder der sanften Paula. Was sie tat, war, sich für beide erfreulich zu machen in der kleinen Gesellschaft, über die wir so viele Schattenseiten haben und die zweifellos, obwohl sie so mühsam und voller Entbehrungen war, eine sehr entzückende Gesellschaft war, keine bessere, mit einem solchen Mann wie Jerome, voller intellektueller Kraft und menschlicher Erfahrung, an der Spitze, und Damen von höchster Bildung wie Paula und ihre Tochter, um seine einfachen Gewohnheiten zu regulieren. Uns wird von einer hübschen Szene erzählt, in der – inmitten des Gesprächs, das sich zweifellos über das Glück dieses friedlichen Lebens inmitten der angenehmen Felder drehte, wo die begünstigten Hirten das Lied der Engel hörten – plötzlich die Stimme des Neuankömmlings erklang, der mit dem Lied rezitierte Eine äußerst bezaubernde Schmeichelei ist ein berühmter Brief , den Hieronymus lange zuvor an seinen Freund Heliodorus geschrieben hatte und der in allen Klöstern gelesen und als Meisterwerk literarischer Schönheit und heiliger Begeisterung von Hand zu Hand weitergegeben worden *war* . Fabiola, schnell, geschickt und gefühlvoll, hatte es auswendig gelernt, und Jerome wäre mehr als ein Mensch gewesen, wenn er nicht den Reiz einer solchen Schmeichelei gespürt hätte.

unruhigen und aufgeregten Leben den Hafen des Friedens erreicht zu haben . Ihre Hand war voll und ihr Herz großzügig: Sie verbreitete ihre Wohltätigkeit weit und breit unter armen Pilgern und armen Bewohnern mit jener unbestrittenen Großzügigkeit, die das Almosengeben als eine der ersten christlichen Pflichten betrachtete. Aber ob die wenig geschäftige Gesellschaft mit der Zeit verblasste oder ob es die große Angst vor dem Gerücht , dass die Hunnen kommen würden, war, die Fabiola in Angst und Schrecken versetzte, können wir nicht sagen, und auch nicht genau, wie lange ihr Aufenthalt dauerte. Ihr Kommen und Gehen verlief innerhalb von mindestens zwei Jahren. Sie war nicht dazu gezwungen, sich mit der Überarbeitung von Manuskripten wie ihre Freunde zufrieden zu geben, obwohl sie sich ebenso wie diese ins Hebräische vertieft hatte und über beachtliche Kenntnisse verfügte. Sie schien dies jedoch eher durch neugierige und etwas frivole Fragen als durch irgendeine Unterstützung bei der laufenden Arbeit bewiesen zu haben. Nichts könnte freundlicher und väterlicher sein als Jerome gegenüber der kleinen Gruppe von Frauen um ihn herum. Er beklagt sich allerdings darüber, dass Fabiola manchmal Probleme vorbrachte und nicht auf eine Antwort wartete und dass er gelegentlich antworten musste, dass er es nicht wisse, wenn sie ihn mit diesem schnellen Strom von Fragen verwirrte. Aber es ist auch offensichtlich, dass er sein Bestes tat, um ihre Neugier zu befriedigen, als wäre es die aufrichtigste Sache der Welt gewesen. Zum Beispiel wurde sie von dem Wunsch erfasst, die symbolische Bedeutung der Tracht des Hohepriesters bei den Juden zu erfahren, und um diesen Wunsch zu befriedigen, verbrachte Hieronymus eine ganze Nacht damit, einem seiner Schriftgelehrten eine kleine Abhandlung zu diesem Thema zu diktieren, die wahrscheinlich nahm sich die feine Dame kaum Zeit zum Lesen. Nichts kann charakteristischer sein als die Hinweise dieser aufgeweckten und charmanten Besucherin, die Widerspiegelungen von allem, was um sie herum vor sich ging, ausstrahlte, so brillant, dass sie besser zu sein schienen als die Realität, die an der Oberfläche ihres Lebens flatterten und alles in ihren Bann zog .

Es scheint jedoch wenig Grund für die Annahme von M. Thierry zu geben, dass es im Interesse von Fabiola war, dass Amandus , ein Priester in Rom, einen Brief schrieb, in dem er Hieronymus einen Gewissensfall vorlegte, nämlich den einer Frau, die sich von ihrem Ehemann scheiden ließ wieder verheiratet, und die jetzt über ihre Pflicht besorgt war; ob der zweite Ehemann völlig rechtswidrig war und ob sie nach dieser Ehe in voller Gemeinschaft mit der Kirche bleiben konnte? Wenn sie die Person war, auf die Bezug genommen wurde, konnte niemand sagen, was die Frage bedeutete – ob sie eine dritte Ehe im Sinn hatte oder ob ein völlig unnötiger Anfall von Gewissensbissen sie erfasst hatte; denn in der Tat waren ihr infolge ihrer zweiten Ehe nie irgendwelche Schmerzen oder Strafen von der Kirche auferlegt worden. Jerome gab jedoch, wie man es von ihm erwarten konnte, in seiner Antwort keinen unsicheren Laut von sich. Nach Angaben der Kirche, sagte er, könne es nur einen Ehemann geben, den ersten. Was auch immer seine Unwürdigkeit gewesen sein mag, ihn durch einen anderen zu ersetzen hieße, in Sünde zu leben. Ob es diese Antwort war, die über ihr Handeln entschied, oder ob sie durch die mächtige Gemeinschaft von Bethlehem dazu bewegt worden war, auf den aufregenderen Lauf des weltlichen Lebens zu verzichten , zumindest ist es sicher, dass sich Fabiolas Karriere von diesem Zeitpunkt an verändert hat. Vielleicht war es ihr Wunsch, den zweiten Ehemann loszuwerden, der sie bewegte. Jedenfalls verkündete sie bei ihrer Rückkehr nach Rom dem Bischof, sie fühle sich einer großen Sünde schuldig und wolle diese öffentlich büßen.

SAN BARTOLOMMEO.

Dementsprechend am Vorabend des Osterfestes, als sich die Büßer unter der Vorhalle der großen Laterankirche versammelten, inmitten all der wilden und hageren Gestalten, die dort auftraten, Mördern und Verbrechern aller Art, die zarte Fabiola mit herabhängenden Haaren Ihre Schultern, Asche auf ihrem Kopf und auf dem dunklen Gewand, das sie bedeckte, ihr Gesicht bleich vom Fasten und den Tränen, standen dazwischen, ein Anblick für die Welt. Unter vielen Aspekten hatte ganz Rom diese Tochter des großen Fabian-Geschlechts gesehen, in der Pracht ihrer weltlichen Verlobungen und bei all den großen Schauspielen und Vergnügungen einer Stadt, die der Zurschaustellung und dem Vergnügen gewidmet war. Ihr Schmuck, ihre prächtigen Kleider, ihre schönen Equipagen waren wohlbekannt. Mit welcher Neugier würden sich all ihre alten Bewunderer, ihre Rivalen in Sachen Pracht , diejenigen, die ihren Luxus und ihre hohe Stellung beneidet hatten, versammeln, um sie jetzt in ihrer freiwilligen Demütigung zu sehen, wie sie auf die niedrigste Ebene hinabstieg, wie sie es bisher gewesen war höchste Spitze der Gesellschaft! Ganz Rom, wie uns erzählt wird, war dort und blickte, staunte und verfolgte seine Bewegungen unter dem Portikus, inmitten dieser ungewohnten Begleiter. Vielleicht könnte es für den Büßer eine äußerste phantastische Befriedigung sein – mit dem Verlangen nach Sensation, das die Erschöpfung aller Arten von Triumphen und Freuden mit sich bringt –, wenn er so von einem Extrem ins andere übergeht, eine Befriedigung in dem Gedanken, dass Rom, das sie angebetet hatte Schönheit und Pracht blickten nun entsetzt auf ihre nackten Füße und zerzausten Haare. An der Sensation, die die *Tota erlebte,* besteht kein Zweifel *urbe spectante Romana* . Es lohnte sich, religiöse Zeremonien zu besuchen, wenn ein solcher Anblick möglich war! Fabiola – einst mit kleinen Schritten und prachtvoll gekleideten Dienern an beiden Händen – träge die großen Marmorstufen von ihrem Palast zu der vergoldeten Kutsche hinab, in die sie erschöpft sank, als dieser kurze Kurs vorüber war, die Mitella auf ihrem Kopf, die in Gold glänzte , Ihr Gewand war in allen Farben des Regenbogens zu metallischer Pracht aus Gold- und Silberfäden gewebt. Und jetzt sah ich sie inmitten dieser Menge von Raufbolden aus der Campagna und unglücklichen Frauen aus den Vorstädten der Stadt, ihr prächtiges Haupt unbedeckt, ihre dünnen Hände in den rauen Ärmeln des Büßergewandes verschränkt! Für manche mag es vielleicht ein heilsamer Anblick sein – andere große Damen, die noch schwerere Sünden auf dem Kopf haben als Fabiola, dazu zu bewegen, den Stich der Reue zu spüren; obwohl es zweifellos ebenso möglich ist, dass sie glauben, sie und die neue Form der Selbstdarstellung, die die ganze Welt anstarrte, durchschaut zu haben. Uns wird nicht gesagt, ob Fabiola im Haus am Aventin bei Marcella Zuflucht fand, die das Feuer des christlichen Glaubens sowohl in ihrem Herzen als auch in dem von Paula entzündet hatte, oder ob sie wie Marcella in ihrem eigenen Haus blieb und schuf Es ist ein weiteres Zentrum guter Werke. Aber auf jeden Fall war ihr Leben von diesem Moment an ganz der Nächstenliebe und spirituellen Dingen gewidmet. Ihre Verwandten und edlen Nachbarn , die immer noch mehr oder weniger heidnisch waren, waren erfüllt von Zorn und Empörung und jenem scharfen Ekel über den Verlust von so viel gutem Geld für die Welt, der so viel mit erbittertem Widerstand zu tun hatte: aber die Christen waren tief beeindruckt, die Hommage einer solch großen Dame an den Glauben und ihr Widerruf ihrer Fehler, die viele berührten, als ein wahres Märtyrertum.

Wenn es wirklich die Reue über die Sünde der zweiten Ehe war, die sie so bewegte, würde ihre Position der des *feinen Glanzes* der französischen Gesellschaft, wie sie sich gegenwärtig darstellt , in ihrer enormen Opposition zum Scheidungsrecht, das jetzt in Frankreich gesetzlich zulässig ist, sehr ähneln das 19. Jahrhundert, wie es im Rom des 4. Jahrhunderts war – aber alles, was im Land vornehm ist, widersetzte sich mit einer großartigen Bigotterie des Gefühls, völlig unabhängig von der Moral oder sogar der Vernunft. Fabiolas Scheidung war völlig rechtmäßig und im Einklang mit allen Lehren und Traditionen ihrer Zeit gewesen. Die Kirche hatte bisher noch keine Stimme dagegen erhoben. Sie war nicht einmal aus der Gesellschaft der Frömmsten ausgeschlossen oder zu irgendeiner Buße oder Entbehrung verurteilt worden. Nicht einmal Hieronymus (bis er zu einer kategorischen Antwort gezwungen wurde) und auch nicht der reinste Kreis gläubiger Frauen in Bethlehem hatten ihr irgendwelche Privilegien verweigert. Ihre Aktion war einzigartig und beispiellos als Protest gegen das geltende Recht des Landes sowie gegen universelle Sitten und Traditionen. Uns ist nicht bekannt, ob es eine nachhaltige Wirkung hatte oder einen Präzedenzfall für andere Frauen darstellte. Zweifellos förderte es die Bildung von Scheidungsgesetzen, die ihren Ursprung in der Kirche selbst hatten, aber in den vergangenen Jahrhunderten eine zweifelhafte Macht innehatten, die von allen Seiten durch päpstliche Dispensen gebrochen wurde, bis sie sich jetzt in einem eisernen Band niedergelassen haben das Gewissen der Gläubigen – vor allem der Frauen, insbesondere der Edelfrauen – im katholischen Europa, wo sie wie zu Fabiolas Zeiten erneut gegen das Gesetz des Landes verstoßen.

Der unwürdige zweite Ehemann, wie wir erfahren, war bereits vor Fabiolas öffentlichem Bußakt gestorben; aber in ihrer zukünftigen Karriere sind keine weiteren Bewegungen in Richtung der Welt oder der gewöhnlicheren Lebensweisen erkennbar. Ob sie mit verschleiertem Kopf und nackten Füßen der Buße ins Leben zurückkehrte oder ob sie, wie Marcella, einen Großteil des gewöhnlichen gesellschaftlichen Treibens wieder aufnahm, ist uns nicht bekannt. Aber sie war die Gründerin des ersten öffentlichen Krankenhauses in Rom, neben den üblichen Klöstern, und baute in Zusammenarbeit mit Pammachius ein Hospiz in Ostia an der Mündung des Tibers, wo vermutlich Fremde und Reisende aus allen Teilen der Welt aufgenommen wurden das Vorbild jenes Pilgerhospizes, das Paula gegründet hatte. Und sie war selbst die führende Krankenschwester in ihrem eigenen Krankenhaus und scheute vor keinem Amt der Wohltätigkeit zurück. Die Kirche hat solche praktischen Akte der Selbsthingabe immer und unter allen Umständen gefördert.

Die Damen des Aventin und alle Freunde des Hieronymus waren kurz zuvor durch die Ankunft eines Fremden in Rom beunruhigt worden, der ebenfalls ein angeblicher Freund des Hieronymus war und zunächst sehr bereit war, sich unter diesem Titel zu schützen: Rufinus, der sie mitbrachte ihn – nach einem Moment trügerischer Liebenswürdigkeit, in dem er fast die Auserwählten selbst getäuscht hätte – ein Sturm jener wilden Stürme polemischer Kriegsführung, die seit einiger Zeit mit frevelhafter Wucht und Unangemessenheit vom Ölberg selbst widerhallten. Die Aufregung, die er in Rom in Bezug auf die Lehren des Origenes hervorrief, verursachte große Aufregung in der Gemeinde, die ebenso sehr von Nachrichten über die Kirche und Berichten über alles, was in der Theologie vor sich ging, lebte wie vom täglichen Brot ihrer Wohltätigkeit und Freundlichkeit . An Marcella schrieb Jerome, als er, nachdem ihm von allem, was geschehen war, berichtet worden war, mit der flammenden Bombe seiner wütenden Rhetorik die erfundenen Aussagen von Rufinus explodierte, durch die er als Anhänger von Rufinus dargestellt wurde Origenes. Auf diese heiße und heftige

Kontroverse müssen wir uns nicht einlassen. Niemand kann das Leben des Hieronymus studieren, ohne sich mit dieser Episode vertraut zu machen und herauszufinden, wie sehr der Zorn eines Kirchenvaters dem Zorn anderer Männer ähnelt, wenn nicht sogar noch heftiger; Aber da Rom glücklicherweise nicht der Geburtsort dieses heftigen Streits war, ist er für unser Thema oder unsere Geschichte völlig unerheblich. Es erfüllte das Haus Marcella eine Zeit lang mit Ärger und Zweifel, später mit Empörung, als die Fakten der Kontroverse besser bekannt wurden; aber so interessant es auch für die eifrigen Theologen dort gewesen sein muss, die ihre Säle mit endlosen Diskussionen und Alarmen füllten, damit diese neue Aufregung nicht die Ruhe ihres Freundes beeinträchtigen könnte, ist es jetzt nur noch für den Studenten interessant. Rufinus wurde schließlich entlarvt und vom Bischof von Rom verurteilt, hauptsächlich durch die Bemühungen von Marcella, die Oceanus, der direkt vom Schauplatz der Kontroverse zurückgekehrt war, und Paulinian, der Bruder des Hieronymus, in seinen wahren Charakter eingewiesen hatten. In dieser kleinen christlichen Gesellschaft gab es in diesem Moment viele Ereignisse. Der so entfachte Tumult der Kontroversen und die ganze Hitze und Leidenschaft, die er mit sich brachte, waren kaum verflogen, als die Ohren der römischen Welt von der wunderbaren Geschichte von Fabiola zum Klingen gebracht wurden und die Menge herbeiströmte, um sie im Portikus des Roms zu sehen Lateran ihr seltsames Aussehen als Büßerin; und die Aufregung um dieses Ereignis hatte kaum nachgelassen, als ein weiterer wunderbarer Vorfall in der Zeitgeschichte auftauchte und das Haus mit Wehklagen und Kummer erfüllte.

Die junge Paulina, die den Damen des Aventins in jeder Hinsicht lieb war, als Tochter ihrer Mutter und als Ehefrau ihres Mannes (denn Pammachius , der Freund und Schulkamerad von Hieronymus, war einer der engen Freunde und Ratgeber der Gemeinschaft). Was ihre eigenen Tugenden betrifft, so starb sie in der Blüte des Lebens und des Glücks, eine reiche und edle junge Matrone, die in ihrem eigenen Haus und inmitten der gemeinsamen Pflichten des Daseins alle edlen Grundsätze des christlichen Glaubens zur Schau stellte. Sie hatte nicht den Weg gewählt, den diese geweihten Frauen für den besseren Weg hielten, sondern auf ihre eigene Weise und inmitten einer Welt, die in Bosheit lag, jene weiße Blume eines tadellosen Lebens entfaltet, die sogar Mönche und Nonnen dankbar als lebensfähig anerkennen konnten hier und da inmitten weltlicher Pracht und Beschäftigungen. Sie hinterließ keine Kinder, so dass ihr Mann Pammachius frei von den Ängsten und Nöten sowie der Freude und dem Stolz einer Familie war, die es zu regeln und zu versorgen galt. Seine junge Frau überließ ihm ihr gesamtes Vermögen unter der Bedingung, dass es unter den Armen verteilt werden sollte, und als er dieses Vermächtnis erfüllt hatte, zog sich der traurige Ehemann selbst aus dem Leben zurück und trat in ein Kloster ein, im Gehorsam gegenüber dem starken Impuls, der so viele beeinflusste .

Bevor dies jedoch geschah, wurde „ganz Rom" von einem weiteren großen Schauspiel erschüttert. Die ganze Stadt war zur Beerdigung von Paulina eingeladen, als wäre es zu ihrer Hochzeit gewesen, obwohl die Anwesenden nicht dieselben verwunderten Kreise waren, die sich um das Laterantor drängten, um Fabiola in ihrer Demütigung zu sehen. Es waren die Armen Roms, die durch Trompetenklänge in jeder Straße aufgerufen wurden, sich um die große Kirche St. Peter zu versammeln, wo sich die Gräber der Apostel befanden, die jeder Christ als heiligste aller Schreine besuchte, und wo Paulina war auf ihrer Bahre niedergelegt, die Herrin des Festes. Der Brauch war alt, und an den großen Katakomben und allen Bestattungsstätten waren Kammern für diese Begräbnismahlzeiten angebracht. Das Begräbnisfest von Paulina bedeutete jedoch mehr als gewöhnliche Feiern dieser Art, da der Ort, an dem es stattfand, eindrucksvoller und imposanter war als ein gewöhnliches Grab , wie prächtig es auch sein mag. Sie muss in einer feierlichen Prozession durch die Straßen getragen worden sein, von den Höhen, auf denen die Paläste ihrer alten Rasse standen, über die Brücke und am Grab von Hadrian vorbei zu der großen Basilika, in der die Apostel lagen, gefolgt von ihrem Ehemann und seinen Freunden die Bahre: und aller Wahrscheinlichkeit nach waren auch Marcella und ihre Schleppe dort und ersetzten die entfernte Mutter. Es erübrigt sich zu erwähnen, dass St. Peter nicht der St. Peter war, den wir kennen; Aber es war schon damals eine große Basilika mit weitläufigen Portiken und Plätzen und einem hohen Dach, obwohl das Gebäude kaum ganz von dem Felsen gelöst war, aus dem der hintere Teil der Kathedrale gehauen worden war.

ST. PETER, AUS DEM JANICULUM.

Zentrum der zivilisierten Welt war, wurden viele seltsame Anblicke gesehen , und dieser, der uns als einer der seltsamsten erscheint, war keineswegs ungewöhnlich oder widersprach den Traditionen der Zeit, in der er sich ereignete. Die Kirche selbst und ihre gesamte Umgebung, das Kirchenschiff, die Gänge und die Säulenhallen sowie der Platz dahinter waren mit Tischen gefüllt, und zwar aus allen vier Vierteln Roms, aus dem Zirkus und den Bänken des Kolosseums, wo die Elenden schliefen Und aus den sonnigen Gehwegen und allen Höhlen und Schlupfwinkeln der Armen am Ufer des Tibers lauerten die Massen, in jenen unvorstellbaren, aber malerischen Lumpen, die das Elend des Südens bekleiden. Sie wurden feierlich zu ihren Plätzen geführt, die Ehrfurcht vor dem Ort, hoffen wir, brachte die Stimmen einer profanen und erniedrigten Bevölkerung zum Schweigen und überwältigte die flüsternde, raschelnde, vielfarbige Menge . Draußen würden die späteren Ankömmlinge ungezügelter sein, und das Gebrüll, wenn auch gedämpft, der drängenden Menschheit muss seltsamerweise in die Stille der großen Kirche und der Trauernden eingedrungen sein, die darauf aus waren, Paulina auf diese seltsame Weise die Ehre zu erweisen . Lag sie da, erhoben auf ihrer hohen Bahre, um ihre Gäste zu empfangen? Oder war Pammachius mit gebrochenem Herzen der Gastgeber, der bleich auf den Stufen über dem Grab der Apostel stand? Als sie mit Essen und Wein „gesättigt" waren, verließ die erste Versammlung ihre Plätze und wurde von einer anderen abgelöst, wobei jeder, der wegging, aus den Händen von Pammachius selbst eine Geldsumme und ein neues Gewand empfing. „Glücklicher Geber, unermüdlicher Verteiler!" heißt es in der Akte. Den ganzen Tag dauerte dieser Prozess; Ein Wintertag in Rom, nicht immer warm, nicht immer angenehm, sehr kalt draußen auf dem Platz unter der Abendbrise, und zweifellos wurde es immer lauter, je mehr eine Musikkapelle die andere ablöste und die ersten Gäste herumlungerten und ihre Gaben verglichen , und hoffend, dass am Ende vielleicht noch ein paar Reste von der reichlichen und oft erneuerten Mahlzeit gesammelt werden. Es gab, wie wir bereits sagten, bei niemandem Zweifel daran, ob die Empfänger dieser Gaben Armut fördern oder demoralisieren sollten ; Vielleicht wäre es schwierig gewesen, diese Bettelordenschar noch weiter zu demoralisieren . Aber man muss sich fragen, wie der Frieden gewahrt wurde, ob Soldaten oder eine Art klassische Polizei im Einsatz waren, um für Ordnung zu sorgen, oder ob die angewiderten Senatoren sich aufraffen mussten, um zu verhindern, dass dieser wilde christliche Karneval der Trauer und Barmherzigkeit zur Gefahr wurde zum öffentlichen Frieden.

Uns wird gesagt, dass es der Verkauf von Paulinas Juwelen und ihren prächtigen Toiletten war, die die Kosten für dieses außergewöhnliche Begräbnisfest deckten. „Die wunderschönen, mit Goldfäden gewebten Kleider wurden in warme Wollgewänder verwandelt, um die Nackten zu bedecken; die Edelsteine, die ihren Hals und ihr Haar schmückten, erfüllten die Hungrigen mit guten Dingen." Arme Paulina! Allen Berichten zufolge hatte sie ihren Schmuck sehr bescheiden getragen; es hatte keinem Zweck der Koketterie gedient. Der Leser hat das Gefühl, dass etwas

Sympathischeres als diese grobe und laute Menge, die die Kirche mit ihren Missbildungen und Abscheulichkeiten füllte, ihr Begräbnis gefeiert haben könnte. Aber nicht so war das Gefühl der Zeit; Dass sie elender waren, als Worte es ausdrücken könnten, abscheulich, abscheulich und unrein, bildete ihren Anspruch auf das Recht auf all diese Gaben – ein Anspruch, dem ihre lautstarke und grobe Obszönität, ihre heisere Gotteslästerung und Undankbarkeit nichts anhaben konnten. Die Nächstenliebe war in den ersten Jahrhunderten stärker ausgeprägt als in unserer anspruchsvollen Zeit. „Wenn all die Feste, die deine Senatoren für dich ausrichteten, so gewesen wären", rief Bischof Paulinus, der Historiker dieser Episode, „oh Rom, wärst du vielleicht den Übeln entgangen, die dir in der Apokalypse angeprangert wurden." Wir müssen uns daran erinnern, dass, wie auch immer die spätere Meinung ausging, im vierten Jahrhundert kein christlicher Geist daran zweifelte, dass Rom die scharlachrote Frau aus der Offenbarung des heiligen Johannes war und dass ein schreckliches Schicksal ihren Luxus und Stolz überwältigen sollte .

Pammachius auf diese Weise die Wünsche seiner Frau erfüllt hatte, die Herzen der trauernden Mutter und Schwester in Bethlehem mit trauriger Befriedigung erschütterte und die ängstlichen Zuschauer auf dem Aventin erbaute, führte er ihren Willen bis zum endgültigen Ende aus, indem er ein wurde Mönch, aber mit der merkwürdigen Mischung aus Hingabe und Unabhängigkeit, die zu dieser Zeit üblich war, zog sich in kein Kloster zurück, sondern lebte in seinem eigenen Haus, erfüllte seine Pflichten und erschien sogar im Senat in Talar und Kutte, die so ganz anders waren als das prächtige Gewand des Tag. Zweifellos gehörte er zu den Armenvertretern dieser erhabenen, aber kaum aktiven Versammlung und verbrachte fortan seine ganze Freizeit mit gemeinnützigen und religiösen Organisationen , dem Bau religiöser Häuser und dem Schutz der Christen in allen Lebensnotwendigkeiten.

Wir haben gesagt, dass Rom in diesen Tagen so offen mit der Scharlachroten Frau der Apokalypse identifiziert wurde, wie es in späteren Zeiten jemals ein Reformator oder Puritaner getan hat. Für Jerome war sie genauso Babylon und in jeder Hinsicht so verdammenswert und schuldig, als wäre er ein Oranier oder Bündnispartner gewesen. Milde war weder im Reden noch im Denken allgemein; in religiösen Kontroversen war sie selten so. Es ist in der Tat merkwürdig zu sehen, wie die Kirche, so nah am Ursprung des Christentums, bereits dazu gekommen war, sich mit Fragen der Lehre auseinanderzusetzen und für Diskussionen philosophischer Subtilität die Kraft aufzuwenden, die für den moralischen Vorteil der Welt nötig war . Aber das war zweifellos einer der Mängel des großen Prinzips der Selbsthingabe, das darauf abzielte, den Geist von allem Weltlichen und Praktischen zu entleeren und ihn ganz auf spirituelle Themen zu konzentrieren und sie so an die Stelle der gröberen Hindernisse zu setzen, die das gewöhnliche Leben beschäftigten gröbere Naturgewalten.

ST. PETER, AUS DEM PINCIO.

Doch nun bewegten sich alle Dinge schnell auf eine der größten Katastrophen der Zeit zu. Obwohl das Christentum jung war, war das gesamte Regierungssystem der Welt alt und stand kurz vor dem Untergang. Rom war tot, oder so gut wie tot, und all das alte Prestige, der alte Stolz und die Anmaßung seiner Rasse gingen kläglich in den letzten Vulgaritäten des Luxus und der Zurschaustellung zugrunde, die alles waren, was ihr noch übrig war. Es ist zweifellos wahr, dass der Zerfall aller gemeinsamen Bindungen, der in ihrem Schoß unter der Invasion der mönchischen Missionare aus dem Osten und dem Einfluss von Athanasius, Hieronymus und anderen stattfand, schon seit einiger Zeit ihre Einheit untergrub . und dass die Kluft zwischen dem Teil der Aristokratie Roms, der immer noch am bröckelnden System des Heidentums festhielt, und denen, die den neuen Glauben angenommen hatten, nun vollständig war. Rom, der Sitz des Imperiums, das Zentrum , von dem aus Gesetz und Macht über die ganze Erde ausgegangen waren, die Verkörperung der höchsten Kräfte der Menschheit, der Stolz des Lebens, die Bedeutung von Familie und Blut – sah nun seine höchste Bedeutung Namen, die freiwillig seltsamen neuen Gesetzen der Demütigung unterworfen werden, ganze Haushalte, die schweigend im Gewand von Dienern irgendwohin in die Wüste ziehen, auf Pilgerfahrten ins Heilige Land oder ein Leben voller Not und Entbehrungen und der Loslösung von allen öffentlichen Interessen führen Paläste, die einst Sitze der Autorität waren. Ihre Patrizier zogen schweigend in den groben Sandalen und den schäbigen Mönchsgewändern durch die Straßen ; ihre großen Damen fuhren nicht mehr strahlend wie Venus auf ihrem Wagen hinaus, sondern standen wie reuige Magdalena auf den Stufen einer Kirche; und Bräutigam und Braut lebten nicht mehr mit Blumenkränzen, sondern mit der geknoteten Schnur der Klosterherrschaft verbunden, wie Vestalinnen Seite an Seite. Was sollte aus einer so zerrütteten und untergrabenen Gesellschaft werden, die keine Erlösung kannte außer ihrem völligen Untergang und sich unbewusst auf einen drohenden Umsturz vorbereitete? Der Interpret der dunklen Sprüche der Prophezeiung geht durch ein Zeitalter nach dem anderen, hält die Drohungen der göttlichen Gerechtigkeit für still und immer unerfüllt und wird sich nie damit zufrieden geben, dass es irgendetwas anderes als die gegenwärtige Wirtschaft ist, die mit dem Fluch und dem Tod gezeichnet ist drohte der Untergang apokalyptischer Denunziationen. Aber niemand konnte daran zweifeln, dass der Wein in diesem Kelch des Zorns Gottes, den die Stadt so vieler Sünden in ihrer Hand hielt, rot war. Die Stimme, die rief: „Komm aus ihr heraus, mein Volk", hatte in unverkennbarem Ton laut erklangen und die besten ihrer Söhne und Töchter von ihrer Seite gerufen; ihre natürlichen Waffen waren ihren kraftlosen Händen entfallen; Sie hatte nicht einmal mehr den Mut, sich zu verteidigen, sie, die einmal nur ihre Hand gehoben hatte, und die Luft hatte bis an die Grenzen der bekannten Welt geprickt, als wäre ein loderndes Schwert gezogen worden. Es bedarf nur wenig Vorstellungskraft, um jede Strophe der großartigen Ode im 18. Kapitel der Offenbarung auf die Lage Roms am Vorabend der Invasion Alarichs abzustimmen. In diesem großen Gedicht gibt es Erinnerungen an ein anderes, an das Erwachen der Hölle, um dem König des ehemaligen Babylon zu begegnen, was aus den Nebeln der Antike von den Lippen des hebräischen Propheten widerhallt. Wieder lag dieser Schrei in der Luft – wieder einmal war der Nervenkitzel der nahenden Zerstörung wie das Zittern der Hitze in der großen Atmosphäre himmlischen Blaus, die die weißen Dächer, die leuchtenden Tempel, die alten, noch unberührten Foren und die neuen Basiliken umgab noch kaum fertiggestellt, von Rom. Die alte Ordnung sollte sich endgültig ändern und der neuen Platz machen.

Alles wird durch die Geschwindigkeit und den Niederschlag des herabsinkenden Verderbens verwirrt. Wir können die letzten Stunden verfolgen, in denen Paula sicher und ruhig in ihrem Rückzugsort in Bethlehem starb, und sogar die der weniger sanften Melania; Aber wenn wir versuchen, den Verlauf der Ereignisse zu verfolgen, die die Heimat des frühen Glaubens auf dem Aventin erschütterten, erfüllt das Durcheinander von Sturm und Plünderung und schrecklichen Leiden und Schrecken die Luft mit Schwärze. Jahrelang hatte es eine ständige Abfolge von Gefahren und Gnadenfristen gegeben, von bedrohlichen Heerscharen (die sogenannten Freunde, nicht viel besser als die Feinde) um die Mauern der dem Untergang geweihten Stadt, große Gestalten von Eroberern mit ihren

Armeen, die jetzt kamen und gingen Barbar, jetzt der römische Feldherr auf dem Höhepunkt der Schlachtwelle, die Stadt konnte nur um Haaresbreite entkommen, dann stürzte er erneut in Schrecken. Und Marcellas Haus hatte mit den anderen gelitten. Zweifellos war mit dem Wandel der Zeit ein Großteil der Fröhlichkeit und des entzückenden Intellektualismus dieses angenehmen Zufluchtsortes verschwunden. Das Alter hatte die Lebendigkeit und Helligkeit einer Gemeinschaft gedämpft, die immer noch voller Korrespondenzen und des vielen Briefschreibens war, das Frauen lieben. Marcellas Gefährten waren an ihrer Seite gestorben; Das Leben erschöpfte sich in diesen Tagen der Aufregung schneller, und sie selbst, die junge und brillante Gründerin dieser Seelengemeinschaft, muss sechzig oder älter gewesen sein, als der schreckliche Alarich, eine Geißel Gottes wie sein Vorgänger Attila, nach Rom kam. Was aus dem Rest geworden ist, wird uns nicht gesagt, und auch nicht, ob die Relikte der Gemeinschaft, die aufgrund ihres Alters und ihrer geringeren Bedeutung namenlos waren, noch da waren: Die einzige, die erwähnt wird, ist eine junge Schwester namens Principia, ihr Adoptivkind und ihre Begleiterin. Nichts kann wahrscheinlicher sein, als dass der Rest der Gemeinde auf der Suche nach Sicherheit oder, was wahrscheinlicher ist, nach einem unbekannten Tod in weniger auffälligen Vierteln der Stadt geflohen war als im großen Palast des Aventin mit seinem patrizischen Flair von Reichtum und möglichen Schätzen. In diesem großen Haus blieben, soweit es den Anschein hat, nur seine Herrin, deren Seele für jedes Martyrium aufgelöst war, und das Mädchen, das sich an sie klammerte. Wenn sie es überhaupt wagten, von der Marmorterrasse, von der aus sie so oft auf das weiß im Sonnenschein strahlende Rom mit all seinen gemessenen Linien und großen Proportionen, seinen Säulen und Kuppeln geblickt haben mussten, zu blicken, was für ein schreckliches Bild musste sich ihnen geboten haben , Rauchwolken und wilde Flammenscheine und das Gebrüll des Aufschreis und des Gemetzels, das in die Luft steigt und den ganzen Himmel beschmutzt. Dorthin waren die größten Damen Roms in ihrer ganzen Pracht gekommen, um den pikanten Kontrast und die noch pikanteren Gespräche zu genießen, die Philosophien, die sie gerne durchdrangen und verstanden, die Gelehrsamkeit, die über ihre Köpfe hinwegging. Dort hatte Jerome, umgeben von sanften Schmeicheleien und Provokationen, sein Bestes gegeben und aus seinem Vorrat die Wundergeschichten erzählt, die er aus östlichen Zellen und Höhlen mitgebracht hatte, sowie das gesamte Wissen der Schulen, um die Amateure des römischen Gynäzeums zu verblüffen . Was für fröhliche, was für aufregende, was für glückliche Erinnerungen! — vermischt mit der Süße der Erinnerung an die sanfte Paula, die tot war, an die tote Asella , an Fabiola in all ihren Faszinationen und Launen, die, soweit es den Anschein macht, ebenfalls tot war — und zweifellos an diese dreißig Jahre, seit Marcella ihr Haus zum ersten Mal für den besonderen Dienst Gottes geöffnet hat, viele weitere; Bis jetzt war sie allein zurückgeblieben, mit grauem Haar, auf der Höhe, wohin die wilden Goten kamen, tobend, Feuer und Flammen um sie herum blitzend, mit dem Mädchen, das sie nicht verlassen wollte, dem jungen Mädchen in ihrer stimmlosen Sanftmut, das wir sehen Nur in diesem schrecklichen Moment, sie, die möglicherweise eine schlimmere Qual als den Tod vor sich hat, das schrecklichste aller Martyrien.

Ein letzter Triumph blieb jedoch für Marcella. Wir wissen nicht, mit welchen wunderbaren Mitteln es ihr gelang, sie zu retten, indem sie betete und weinte, indem sie auf den Knien an die rohen Goten appellierte, die nach ihrer Art Christen waren, und manchmal die hilflosen Opfer verschonte und manchmal auf das Gebet einer Frau hörte Ihre junge Begleiterin vor ihrer Empörung zu bewahren und sie irgendwie in den Unterschlupf der nächsten Kirche zu schleppen, wo sie in Sicherheit waren. Aber sie war in ihrem Alter und ihrer Schwäche sie selbst, wurde gefoltert, ausgepeitscht und mit äußerster Grausamkeit behandelt, damit sie das Versteck preisgeben konnte, in dem sie ihren Schatz versteckt hatte. Der Schatz des Hauses des Aventins war nicht da: Er hatte die Armen ernährt und den Bedarf der Kranken in allen elendsten Winkeln Roms gestillt. Die Tritte und Schläge der ratlosen Plünderer konnten das längst verbrauchte Gold und Silber nicht wieder zusammenbringen. Aber diese Leiden waren nichts im Vergleich zu dem heiligen Triumph der Rettung der jungen Principia, der letzten und nicht minder wunderbaren Arbeit ihres Lebens. Die Soldaten, die die Herrin des verlassenen Hauses geschlagen und geschlagen hatten, waren von ihrer Geduld und Tapferkeit überwältigt . „Christus erweichte ihre harten Herzen", sagt Hieronymus. „Die Barbaren brachten Sie und sie zur Basilika, damit Sie einen sicheren Ort oder zumindest ein Grab finden könnten." Nichts kann inmitten dieser schrecklichen Szene des Blutbads und der Vergewaltigung außergewöhnlicher sein, als zu wissen, dass die Kirchen Zufluchtsorte waren, zu denen selbst die gröbsten Angreifer es nicht wagten, eine Hand zu rühren, und dass die hilflosen Frauen, die vor Angst halb tot waren, eine von ihnen waren Blutend und verwundet durch die grausame Behandlung, die sie erlitten hatte, waren in Sicherheit, sobald sie über die heilige Schwelle gezerrt worden waren.

TEMPEL DER VESTA.

Die Kirche, in der Marcella und ihr junger Begleiter Zuflucht fanden, war die große Basilika St. Paul *fuori le mura* jenseits des Ostian- Tors. Sie wurden von ihren Entführern selbst dorthin geführt, einem mitfühlenden Gallier oder Franken, dessen rohe Ritterlichkeit durch das Schauspiel des Kampfes der alten Dame um ihr Kind berührt worden war. Was für ein schrecklicher Flug durch die Dunkelheit muss das gewesen sein „in der verlorenen Schlacht, die von den Fliegen niedergemetzelt wurde", inmitten der Züge zitternder Flüchtlinge, die alle auf diesen einen sicheren Ort aus waren, während die Düsternis durch die Scheine der brennenden Stadt dahinter erhellt wurde. die Luft voller Schreie und Schreie der Hilflosen, der Tiber rast schnell und kraftvoll am Weg entlang, um jeden hilflosen Wanderer zu verschlingen, der von stärkeren Flüchtlingen beiseite gedrängt wird. Die beiden Damen erreichten halbtot die große Kirche am Rande der Campagna, die letzte Zuflucht der Elenden, in der sich die Wracks der römischen Gesellschaft drängten, sowohl Heiden als auch Christen, Patrizier und Sklaven, die in der Gleichheit des Untergangs zusammengepfercht waren . Einige Tage später starb Marcella in der Kirche selbst oder in einigen ihrer Nebengebäude. Ihr Palast lag in Trümmern, ihre Gefährten waren tot oder geflohen, sie ging zusammen mit dem alten Rom unter, gegen dessen Laster sie protestiert hatte, das sie aber geliebt hatte und das sie nicht aufgeben wollte: dessen Arme sie mit ihrem Vermögen ernährt hatte, dessen Gesellschaft sie versucht hatte Läuterung, und in der sie ein so ehrenhaftes und edles Leben geführt hatte – dürfen wir das nicht auch glauben, trotz all ihrer Strenge, in dem braunen Kleid, das fast ein Skandal war, und den mageren Mahlzeiten, die Leib und Seele kaum zusammenhielten? – ein so glückliches Leben . Von dem edlen Herrenhaus, das sie einem so hohen Zweck widmete, ist jetzt keine Spur mehr , und nur wenige der vielen Pilger, die es lieben, alles Interessante an den Relikten Roms zu entdecken, haben überhaupt den Namen Marcella gehört – „ Illam" . mitem , illam Suavem , illam omni melle et dulcedine dulciorem " – deren Beispiel „in höhere Welten lockte und den Weg ebnete". Aber ihre angenehme Erinnerung bleibt auf dem grünen Kamm des Aventins, wo sie lebte und wo heute die Kirche Santa Sabina steht: und ihr milder Schatten liegt darauf Große Kirche vor den Toren, oft zerstört, oft restauriert, das Heiligtum des Apostels Paulus, wo sie verwundet und gebrochen, aber immer ihrem Vertrauen treu, starb. Die Geschichte des ersten gewidmeten Haushalts, des ersten Klosters, der Ecclesia *Domestica* , das ein so strahlender Mittelpunkt des Lebens im alten Rom war, das noch nicht ganz christlich war, wird so zu einem perfekten Bericht abgerundet. Es begann etwa im Jahr 380 und endete im Jahr 410. Seine Geschichte ist nur ein dunkles Kapitel in den unruhigen Chroniken der Zeit; aber es gibt keine makellosere und kaum eine, die so heiter strahlend und hell ist.

Pammachius starb bei der Belagerung, ob unter den Verteidigern der Stadt oder im allgemeinen Blutbad, ist nicht bekannt, „zusammen mit vielen anderen Brüdern und Schwestern, deren Tod uns mitgeteilt wird", sagt Hieronymus, den diese schreckliche Nachricht in einen Zustand des Grauens versetzte und Elend, so dass es einige Zeit dauerte, bis er die Einzelheiten verstehen oder herausfinden konnte, wer gerettet wurde und wer verlor. Tatsächlich gab es nur sehr wenige Gerettete und viele Verluste. Die junge Paula, die Enkelin der ersten, das Kind von Toxotius , die ebenfalls glücklich vor diesen Schrecken gestorben war, hatte einige Jahre in Bethlehem friedlich gelernt, wie sie den Platz der älteren Paula einnehmen und dem Leben des alten Propheten Süße verleihen konnte in seiner felsigen Kammer in Bethlehem und vom Grab Eustochium in ihrem Kloster. Auch die junge Melania, die in der gleichen Beziehung wie die Heldin dieses Namens stand, deren Ruhm weniger süß ist, war in Sicherheit. Sie und viele bescheidenere Mitglieder der Gemeinschaft waren auf der Flucht inmitten der aufgeregten Menschenmassen geflohen, die seit langem aus Italien in Richtung Osten strömten, einige aus reiner Panik, andere aufgrund des Gelübdes der Selbsthingabe und des Rückzugs aus der Welt. Wie man gesehen hat, entkamen noch viel mehr in Rom selbst, bevor seine Qual begann, auf dem noch wirksameren Weg des Todes. Nur Marcella, die erste von allen, die Schülerin des Athanasius, der Mutter und Geliebten so vieler geweihter Seelen, fiel auf der empörten Schwelle ihres eigenen Hauses, über das sie dreißig Jahre lang gegangen war, mit diesen schönen Füßen auf den Bergen,

die Füße derer, die frohe Botschaft bringen und Barmherzigkeit und Güte
an jede Tür bringen.

PORTA SAN PAOLO.

BUCH II.
Die Päpste, die das Papsttum geschaffen haben.

DIE STUFEN VON SAN GREGORIO.

KAPITEL I.
Gregor der Große.

Als Rom in die letzten Tiefen der Dekadenz, des Luxus, der Schwäche und des Lasters gefallen war, kam die Zeit heftiger und feuriger Prüfungen. Die große Stadt war wie eine hilflose Frau ihren Feinden ausgeliefert – oder vielmehr jedem neuen Eindringling ausgeliefert, der ihre Paläste plünderte und ihre Mauern niederriss, ohne auch nur den Vorwand eines Streits mit der allzu wohlhabenden und luxuriösen Stadt , die für ihre letzte Periode zumindest niemandes Feind gewesen war außer ihr eigener. Alarich, der mit dem höchsten Lösegeld nicht zufrieden war, kehrte zurück, um mit all den Schrecken und Grausamkeiten durch ihre Straßen zu wüten, die noch kein Fortschritt in der Zivilisation jemals vollständig von dem schrecklichen Namen der Belagerung getrennt hat: Attila, dessen Angst vor dem Schicksal seines Vorgängers und der ... Gemeinsamer Bericht über Morde und Vorzeichen, der heilige Petrus mit einem Flammenschwert, der seine Stadt bewacht, und andere Zeichen, die dazu bestimmt waren, die Herzen der Hunnen selbst in ihrer Brust zum Schmelzen zu bringen, wurden auf Distanz gehalten: gingen vorbei, ohne der niedergeworfenen Stadt Schaden zuzufügen. Aber Geiserich und seine Vandalen ließen sich durch solche Schrecken nicht zurückhalten. Das antike Rom mit all seinen prächtigen Relikten der Kaiserzeit verfiel und wurde von einem Sieger nach dem anderen in der wilden Zügellosigkeit des barbarischen Triumphs mit Füßen getreten. Ihre geheimen Schatzkammern, ihr Gold und Silber, ihre prächtigen Gewänder, ihre Kunstschätze fielen wie ihre wunderschönen Gebäude in die rohen Hände, die nichts respektierten, weder die Schönheit noch die Traditionen einer glorreichen Vergangenheit. Wie steht die Stadt einsam da, die voller Menschen war! All die erbärmlichen und wunderbaren Klagen des hebräischen Propheten über einen noch heiligeren und älteren Ort, der mit Füßen getreten und in eine Wüste verwandelt wurde, kommen uns während dieser Leidenschaft und Qual des kaiserlichen Roms in den Sinn. Aber die Herrin der Welt hatte keine so erbitterte Bande von Patrioten, die Stück für Stück für ihre heiligen Stätten kämpfte wie das alte Jerusalem. Es gab nur wenige, die zur Verteidigung ihr Blut für sie vergossen hätten . Das Blut, das floss, war das Blut ermordeter Schwachheit, nicht das freiwillig vergossene tapfere Männer.

Während dieser schrecklichen Zeit des Blutes und der Empörung und der Leidenschaft und des Leids stand eine einzige Institution inmitten der Ruinen standhaft, erpresste selbst den wildesten Barbaren eine gewisse Huldigung und errichtete inmitten von Plünderung und Belagerung einen Zufluchtsort, den die Elenden finden konnten Unterschlupf finden. Als jedes andere öffentliche Amt und jede andere Macht fiel, erhob die Kirche eine unerschrockene Front und übernahm unter dem unterdrückten und unterdrückten Volk zugleich den Platz der Autorität und des Beistands . Es ist üblich, dies als den Beginn jener scharfsinnigen und politischen Weisheit Roms zu bezeichnen, die die Stadt im Mittelalter fast zu einer größeren Macht als in ihrer Kaiserzeit und gleichermaßen zur Herrin der Welt machte. Es gibt jedoch kaum Hinweise darauf, dass bereits ein großer Plan zur Vergrößerung der Kirche oder zur Errichtung ihrer Vormachtstellung ausgearbeitet worden war oder dass die frühen Päpste ein größeres Ziel im Sinn hatten, als in dieser Position ihr Bestes zu geben für die sie eintraten, um Katastrophen abzuwenden, das Christentum zu verbreiten und die ihnen anvertrauten Menschen so weit wie möglich zu schützen. Bisher wurde noch kein formeller Anspruch auf die Vorherrschaft über den Rest der Kirche erhoben: Tatsächlich wurde er am Ende des sechsten Jahrhunderts vom großen Gregor offiziell als unbefugter Anspruch zurückgewiesen, der jedoch nur von ihren Feinden den Bischöfen von Rom zugeschrieben wurde Noch empörter wird es angeprangert, wenn es von einer anderen kirchlichen Autorität wie dem Patriarchen von Konstantinopel vorgebracht wird. In einem seiner Briefe heißt es, dass Petrus die Verantwortung für die ganze Kirche übertragen wurde, aber seine Nachfolger bezeichneten sich aus diesem Grund nicht als Herrscher der Gesamtkirche – und schon gar nicht als Bistum des Ostens, das keine solch ruhmreichen Vorfahren hatte !

War aber der Anspruch auf den Primat noch nicht erhoben, so war die praktische Situation entstanden, die die Bischöfe von Rom zu einer Art Souveränität der Stadt aufrief. Die Beamten des Reiches, ein entfernter Exarch in Ravenna, ein schwacher Prätor in Rom, hatten weder die Macht, zu schützen noch zu retten. Der Bischof wurde instinktiv, fast unfreiwillig, wann immer er ein starker oder angesehener Mann war, in die Bresche gedrängt. Was auch immer durch Verhandlungen erreicht werden konnte, zu tun war er, ein Mann des Friedens, natürlich berufen. Innozenz erwirkte von Alarich, dass die Kirchen selbst bei der ersten und schrecklichsten Belagerung von Angriffen verschont blieben; Dort fanden verwundete Männer und fliegende Frauen Zuflucht in der heißesten Plünderung, und Marcella kämpfte und betete um die Befreiung ihrer jungen Nonne durch die brutale Menschenmenge, die in ihr Haus eingedrungen war, und war, wie wir gesehen haben, mit ihrem Schützling in Sicherheit. sobald sie sich in das Heiligtum hineinschleppen konnten. Das war bereits eine große Sache in diesem schrecklichen Konflikt zwischen Macht und Schwäche – und das blieb mehr oder weniger auch in all den aufeinanderfolgenden Feuer- und Flammenwellen der Fall, die über Rom hinwegzogen. Und als die schreckliche Flut der Verwüstung vorüber war, nahm ein patriotischer Papst zumindest die heiligen Gefäße aus Gold und Silber, die zusammen mit den Menschen in ihren Heiligtümern gerettet worden waren, und schmolz sie ein, um Brot für die Überreste zu beschaffen, und erlöste so doppelt die Herde hat sich seiner Obhut anvertraut. Diese Tatsachen wirkten sich im Stillen, und es scheint keinen Grund zu der Annahme zu geben, außer zunächst unbewusst, auf die Bildung der Großmacht hin, die Rom erneut zum Zentrum des Imperiums machen sollte. Der Historiker ist allzu geneigt, in jeder Handlung ein früh entstandenes und lange verborgenes Projekt zu erkennen, das auf ein großes Ziel hinzielt; und es ist üblich, diese kluge Politik und diesen immer reiferen, immer größer werdenden Plan zu erkennen , selbst in den Missionsexpeditionen der Kirche sowie in dem unmittelbaren Schutz, der rund um ihren Sitz ausgeübt wird. Aber weder Leo noch Gregory benötigen eine solche Erklärung ihrer Motive; Ihre Pflicht bestand darin, die Menschen zu beschützen, zu befreien und Tag und Nacht für das Wohlergehen der Menschen zu arbeiten, die keine anderen Beschützer hatten: So wie es ihre erste Pflicht war, das Evangelium zu verbreiten und alle Nationen gemäß dem Auftrag ihres Meisters zu lehren. Es ist schwer, ihnen die Anerkennung jener Maßnahmen abzusprechen, die zugleich ihre natürliche Pflicht und ihre Freude waren, um alle ihre Barmherzigkeitsämter der Errichtung einer universellen Autorität unterzuordnen, auf die keiner von ihnen einen Anspruch erhob .

Während Rom inmitten aufeinanderfolgender Invasionen noch hilflos lag, bald in den Händen eines Eroberers, bald in den Händen eines anderen, befand sich gegen die Mitte des sechsten Jahrhunderts ein junger Mann adliger Abstammung – dessen Vater und Mutter beide Christen waren, wobei ersterer einen hohen Beamtenposten innehatte Seine Stellung erlangte, wie es auch bei dem Sohn in seinen früheren Jahren der Fall war, unter seinesgleichen eine bemerkenswerte Stellung, und zwar auf die einzige Art und Weise, die ein hohes Ziel und eine edle Bedeutung zu dieser Zeit offenbar annehmen konnten . Vielleicht hätte ein Geist wie Gregory niemals kriegerisch sein können; Dennoch ist es merkwürdig, dass kein patriotischer Retter seines Landes, kein Verteidiger Roms möglich gewesen zu sein scheint, der in der vergoldeten Jugend einen Geist hervorgerufen und die antike römische Kraft zur Befreiung der Stadt geweckt hätte in diesem Zeitalter der Degeneration. In der Asche des Geschlechts, das einst die Welt beherrschte, war kein Makkabäus zu finden. Was an Exzellenz darin verblieben war, wurde der neuen Leidenschaft des Klosters gewidmet, dem Instinkt des Opfers und des Verzichts statt des Widerstands und der Verteidigung . Man könnte sagen, dass der eine Weg gleichermaßen wie der andere zu jener Macht führte, die dem Menschen immer am Herzen liegt; dennoch ist es außergewöhnlich, dass inmitten all der glorreichen Traditionen Roms – ungeachtet des Ruhmes großer Vorfahren, der immer noch an jedem hängt Adelshaus und die Hingabe, die die Stadt selbst damals wie heute bei ihren Kindern hervorrief, ein Gefühl, das viele kleinere Orte unverwundbar gemacht hat, solange es einen einheimischen Arm gab, der ihnen einen Schlag versetzte, gab es keinen einzigen mutigen Versuch Es wurde nie ein individueller Standpunkt vertreten, kein patriotischer Volksrausch, der jemals zur Verteidigung der alten Kaiserin der Welt entfacht wurde. Die Bevölkerung war vielleicht zu völlig degradiert, um einen solchen Versuch zu ermöglichen, aber der wahre Held rechnet nicht, wenn er auftaucht, und ist in der Lage, seine glorreiche Leistung mit manchmal den schlechtesten Mitteln zu vollbringen. Es erübrigt sich jedoch, eine Erklärung für solch ein außerordentliches Versagen gerade der Eigenschaften zu suchen, die den römischen Namen berühmt gemacht hatten. Die Verzweiflung muss das Herz der Rasse erfasst haben. Diese Rasse selbst war durch jahrhundertelange Eroberungen, wiederholte Gefangennahmen und Stürze und all die schrecklichen, aber eintönigen Wechselfälle des Desasters, eine Gewalttat nach der anderen und das schreckliche Gefühl der Ohnmacht, das das ganze Wesen zermalmt, verunreinigt und mit niederen Elementen vermischt worden. wächst mit jeder neuen Katastrophe. Den Kindern der alten Eroberer muss es so vorgekommen sein, als gäbe es für sie keine Zuflucht oder Hoffnung außer in diesem Königreich, das nicht von dieser Welt war, das sich erhoben hatte, während alles andere unter ihren Füßen zusammenbrach, das in der Stille der alten Zeit gewachsen war Die Wirtschaft verfiel in Schutt und Asche und versprach allein eine Auferstehung und Erneuerung, die höchsten Hoffnungen würdig war.

Dieses Ideal hatte sich auf der ganzen Welt ausgebreitet und war vor Gregors Geburt in fast alle Regionen der Christenheit eingedrungen. Fast hundertfünfzig unglückliche Jahre waren vergangen, seit Marcella ihr frommes Leben inmitten des Feuers und der Flammen der ersten Belagerung beendete; Aber die Zeiten hatten sich so wenig geändert, dass sich das klösterliche Leben zunächst unter dem gleichen Aspekt, der diese römische Dame und so viele ihrer Zeitgenossen anzog, für den jungen Patrizier Gregorius im Haus seiner Eltern, der römischen Villa, empfahl am Rande jenes malerischen und prächtigen Waldes mit großen Eichen, der dem Cœlian -Hügel seinen ersten Titel „Mons Querquetulanus“ gab . Es war von Beginn seines Lebens an ein frommes Haus gewesen, erfüllt von der Präsenz und dem Einfluss dreier heiliger Frauen, die später alle heiliggesprochen wurden : seiner Mutter Silvia und den Schwestern seines Vaters. Dieser Vater selbst war seiner Umgebung zumindest nicht unfreundlich, obwohl er das übliche Leben eines edlen Römers voller Pracht und Prahlerei führte und seinerseits große Ämter im Staat ausübte, oder zumindest den Namen und den äußeren Prunk der Ämter, die ihm zufielen war einmal großartig gewesen. Einige Relikte antiker Tempel, die durch die Bäume hinter den Gärten der Villa schimmerten, müssen in den einst heiligen Hainen noch existiert haben; und die riesigen Gebäude der alten Ökonomie, das Kolosseum dahinter, die zerstörten und dachlosen Paläste des Palatins, waren von der Terrasse aus sichtbar, auf der der meditative Jüngling umherwanderte und über Rom zu seinen Füßen und die große Welt dahinter nachdachte Es gab endlose Märsche und Gegenmärsche barbarischer Armeen, eine zum Widerstand gegen die andere gerufen, Hunnen und Vandalen aus einer Gegend, unwiderstehliche Franken, fremde Rassen, alle dem Krieg ergeben, während das Geheimnis und die Seele des Friedens in dieser unruhigen und isolierten Festung lagen Er, dessen Königreich nicht von dieser Welt war. Gregory kann beim Nachdenken keinen Gedanken daran gehabt haben, wie wir es einem edlen jungen Mann unter solchen Umständen instinktiv in den Sinn bringen sollten, auf den zerbrochenen und bröckelnden Mauern seines Landes zu sterben oder eine verlassene Hoffnung zu führen; und wenn seine Fantasie stattdessen weit von den Schauplätzen des Kampfes und der Unruhe abschweifte und sich den Klosterzellen und stillen Bruderschaften zuwandte, wo angewiderte und herzkranke Menschen eintreten und beten konnten, so hatte er doch weder den Gedanken noch die Absicht, ihrem Beispiel zu folgen. Er erzählt uns selbst, dass er der „Gnade der Bekehrung" so lange wie möglich widerstand und tatsächlich in das öffentliche Leben seiner Zeit eintrat, indem er in die Fußstapfen seines Vaters trat und sich selbst ähnelte Gordianus , *Prätor urbis* zu seiner Zeit, als er die frühe Blüte seines Mannesalters erreicht hatte. Die Daten seines Lebens sind zweifelhaft, bis wir zu seinen späteren Jahren kommen, aber es wird angenommen, dass er um 540 geboren wurde; und er wurde von Kaiser Julius für das Prätoramt empfohlen, was vor 573 gewesen sein muss, zu diesem Zeitpunkt hätte er das Alter von dreiunddreißig Jahren erreicht, dieser im Leben des Menschen so bedeutsamen Zeit, die Grenze, wie man glaubt, der Existenz unseres Herrn auf Erden und nahe an jenem *Mezzo del Cammin* , den der Dichter als Wendepunkt des Lebens gefeiert hat. In seinen prächtigen Gewändern, begleitet von seiner Schar von Dienern, dürfte er sich zweifellos mit den besten Beamten eines Staates auseinandergesetzt haben, der kaum etwas anderes als verschwenderische Zurschaustellung und Pracht hatte, um seinen Regierungsanspruch zu rechtfertigen ; aber wir hören weder von der frühen Frömmigkeit noch von der frühen Obszönität, die im Allgemeinen den einen oder anderen Anfang eines vorherbestimmten Heiligen auszeichnen. Der Sohn von Gordianus und Silvia war weder verschwenderisch noch gläubig und machte seiner Erziehung alle Ehre, auch wenn er deren strengere Gewohnheiten nicht übernahm. Aber als sein Vater starb, begann die Anziehungskraft, die so viele zum Kloster zog, auch auf Gregory zu wirken. Als der ganze Reichtum in seine Hände gelangte, als seine fromme Mutter sich in die Zelle ihrer Nonnen auf dem Aventin, in der Nähe der alten Basilika S. Sabba , zurückzog und die Welt aufgab, blieb der junge Mann im vollen Besitz seines Erbes und zurück Als er in die Wohnung seiner Väter zurückkehrte, schien es, als sei in seinem Leben eine ernsthafte Pause eingetreten. Gab er einen großen Teil seines Vermögens dafür, Klöster im fernen Sizilien zu stiften, so weit abseits, so könnte man sagen, so weit wie möglich, indem er Kompromisse mit seinem

Gewissen einging und sich selbst vor der Welle der Strömung rettete, die begonnen hatte? um seine Füße zu fangen? Vielleicht war es eine familiäre Verbindung zu Sizilien – dort befanden sich, wie manche meinen, Ländereien, die dazu führten, dass er seine Schenkungen dieser fernen Insel zuführte; Aber das ist reine Spekulation, und alles, was uns die Behörden sagen, ist, dass er in Sizilien sechs Klöster gegründet und gestiftet hat, ohne einen Grund dafür anzugeben. Dies war sein erster Schritt in Richtung des Lebens, dem sich später alle seine Wünsche und Interessen widmeten.

Es scheint jedoch, dass die Idee, dass die sizilianischen Stiftungen eine Art Lösegeld für ihn selbst und das persönliche Opfer der Welt waren, das sein wachsender Eifer von ihm verlangte, wenn überhaupt etwas Wahres daran ist, dass das Mittel keinen Erfolg hatte . Er widerstand der Gnade der Bekehrung nicht lange; aber es ist merkwürdig, dass er so lange danach das gleiche Mittel annahm, das für seine Vorgänger in einem früheren Zeitalter ein Mittelweg gewesen war, indem er das Haus seines Vaters in ein Kloster umwandelte. Der heilige Benedikt, der erste Klostergründer Europas, war kaum geboren, als Marcella zum ersten Mal die wenigen frommen Jungfrauen und Witwen um sich rief, die ihren ständigen Haushalt in Rom bildeten; Doch zur Zeit Gregors war der Orden Benedikts zu einer der großen Tatsachen und Institutionen der Zeit geworden – und seine Villa war bald von einer regulären Gemeinschaft schwarz gekleideter Mönche mit ihrem Abt und anderen Führern gefüllt. Er blieb im geliebten Schutz seines natürlichen Zuhauses und wurde Mitglied dieser Gemeinschaft. Er behielt nicht einmal, wie Marcella es tat, die Regierung des neuen Establishments in seiner eigenen Hand, sondern diente demütig, ohne ein Amt inne zu haben, als ein unwürdiger Bruder. Es fiel ihm nicht leicht, sich zu diesem Schritt zu entschließen. In dem Brief an Leander, der die Widmung seines Kommentars zu Hiob bildet, gibt er einen kurzen und vagen Bericht über seine eigenen Bedenken und Zweifel. Die Liebe zu den ewigen Dingen, sagt er, habe seinen Geist erfasst, während die Sitten ihn dennoch so sehr in Ketten gelegt hätten, dass er sich nicht entschließen konnte, sein äußeres Gewand zu ändern. Aber der neue Einfluss war so stark, dass er sich nur noch scheinbar dem Dienst an der Welt widmete und sein Ziel und seine Neigung sich mehr und mehr dem Kloster zuwandte. Als der Strom der Gefühle und der spirituellen Erregung ihn über all diese Widerstände und Bedenken hinaus trug und er schließlich „den Zufluchtsort des Klosters suchte", nachdem er, wie er sagt, „alles, was von der Welt war, wie ich es damals vergeblich getan hatte, zurückgelassen hatte." glaubte, ich sei nackt aus dem Schiffbruch des menschlichen Lebens hervorgekommen." Seine Absicht in dieser Krise bestand offensichtlich nicht darin, sich für die großen Ämter der Kirche zu qualifizieren oder einen der tatsächlich größten Berufe der Zeit zu ergreifen, nämlich das Priestertum, das neben dem des Soldaten am geeignetsten war für den Fortschritt. Wie Hieronymus neigte auch Gregor dazu, Mönch und nicht Priester zu werden, und er sagt uns ausdrücklich, dass „die Tugend des Gehorsams meiner eigenen Neigung gegenübergestellt wurde, um mich dazu zu bringen, den Dienst am heiligen Altar zu übernehmen", wozu er verpflichtet war mit der Begründung anzunehmen, dass die Kirche ihn brauchte. Diese Abneigung gegen den Eintritt in das Priestertum ist umso bemerkenswerter, als Gregor offenbar als geborener Prediger geboren wurde und diese Begabung schon früh in seinem Klosterleben entwickelt zu haben scheint. Die Aufklärung eines so schwierigen und mysteriösen Buches wie Hiob wurde von seinen Brüdern zu Beginn seiner Karriere von ihm verlangt.

Wir haben keine Angaben zu Daten, anhand derer wir wissen könnten, wie lange er in dem dem heiligen Andreas geweihten Kloster verbrachte, nachdem er es von einer Palastvilla in Klosterzellen und Kreuzgänge umgewandelt hatte; aber die Legende, die mehr oder weniger in jedem Heiligenleben hier vorkommt, bietet uns ein oder zwei entzückende Vignetten, um die Geschichte zu veranschaulichen. Seine Mutter Silvia in der Zelle ihrer Nonne, umgeben von ihrem kleinen Garten, in S. Sabba , schickte täglich, so die Geschichte – und es gibt keinen Grund, an ihrer Wahrheit zu zweifeln – ihrem Sohn auf dem Cœlian ein von ihr zubereitetes Gemüsegericht eigene zarte Hände. Man kann sich einen schockierten Römer eines Laienbruders, eines alten Dieners oder eines Dieners vorstellen, der Tag für Tag allein über die steinigen Wege, über das tiefe Tal zwischen den beiden Hügeln stapft, mit der einfachen Schüssel in der Serviette, die vielleicht welche hatte Duft von Heimat und Kindheit, die Fürsorge der Mutter für ihren Jungen.

Eine andere, weniger originelle Geschichte erzählt, wie Gregor, nachdem er alles verkauft und sein ganzes Geld den Armen gegeben hatte, von einem schiffbrüchigen Seemann bedrängt wurde, der immer wieder zu ihm in die Zelle kam, in der er schrieb, und zu dem er schließlich nichts mehr hatte Als er Geld verdiente, gab er das einzige Wertvolle, das ihm noch geblieben war, eine silberne Schüssel, die ihm seine Mutter geschenkt hatte – vielleicht genau die Schüssel, in der ihm Tag für Tag sein Kräuteressen geschickt wurde. Unnötig zu erwähnen , dass der geheimnisvolle Seemann später eine prächtigere Gestalt annahm, und Gregory stellte fest, dass er Almosen gegeben hatte, wenn auch nicht wie in den meisten Fällen seinem Herrn, so doch zumindest einem dienenden Engel. Dann entstanden in diesen ruhigen Jahren auch andere visionäre Legenden, die von der Taube, die auf seiner Schulter saß und ihm Inspiration ins Ohr hauchte, und die von der Madonna, die zu ihm sprach, während er nachdenklich saß – eine Madonna, die nicht von sterblichen Händen gemalt wurde, sondern an der Wand entstehen – eine süße und tröstende Vision im Licht, das es nie auf dem Meer oder an der Küste gab. Dies sind die notwendigen Ergänzungen jeder Heiligenlegende. Es ist nicht notwendig, dass wir darauf bestehen ; aber sie helfen uns, den Aspekt des jungen Römers zu erkennen , der nach einigen Kämpfen endlich die „Gnade der Bekehrung" erlangt hatte, die den Verzicht auf jeden weltlichen Vorteil ermöglicht, der aber immer noch friedlich in seinem eigenen Haus lebte und es bewohnte Die Zelle, die er für sich selbst gewählt hatte, hatte etwas von dem Bewusstsein des Hausherrn, obwohl er unter seinen Brüdern keine Rangüberlegenheit hatte, und fand zweifellos einen wunderbaren neuen Lebensaufschwung in der Abfassung seiner Predigten und das Gefühl, ein Höherer zu sein Sein Arbeits- und Wirkungskreis öffnete sich so vor seinen Füßen.

Die Zelle des heiligen Gregor und sein Marmorstuhl, in dem er arbeitete und ruhte, werden noch immer zur Bewunderung der Gläubigen auf der rechten Seite der Kirche, die seinen Namen trägt, gezeigt; aber weder Kirche noch Kloster gehören zu seinem Gebäude, obwohl sie besetzen Sie die von ihm dem Dienst Gottes geweihten Stätten. „Hier war das Haus Gregors, das er in ein Kloster umgewandelt hatte", heißt es in der Inschrift auf dem Portikus. Und an einer Stelle sind zumindest noch die Schritte des zum Mönch gewordenen römischen Herrn in der Abendfrische und im Morgentau zu spüren – im Garten, aus dem sich noch immer die benachbarten Gipfel der sonnenverwöhnten Stadt vor dem verzückten Betrachter erheben mit all ihren Erinnerungen und ihren Ruinen. Zu Gregors Zeiten gab es noch größere Ruinen, Ruinen, die immer noch von Belagerung und Feuer rauchten, Paläste ohne Dächer, die die ernste Lektion vom Ende einer großen Reichsperiode, vom Sturz einer mächtigen Macht und von neuen rohen, überwältigenden Kräften erzählten, mit denen kein Mensch rechnen konnte Sie kommen in Anarchie und Blutvergießen herein, um die Welt auf den Kopf zu stellen. Wir alle ziehen unsere eigenen, etwas konventionellen Vergleiche und Überlegungen zu dieser bemerkenswerten Szene an und moralisieren nach Belieben über das Heiden und das Christliche und alles, was ein solcher Umsturz und eine solche Transformation für die Welt bedeutet haben. Aber Gregorys Gedanken, als er auf seiner Gartenterrasse auf und ab ging, müssen ganz andere gewesen sein als unsere. Zweifellos verspürte er einen Schauer der Freude, als er die entweihten Orte betrachtete, über die Goten und Vandalen getobt hatten, in dem Gedanken, dass das friedliche Dach des Hauses seines Vaters sicher war, ein Zufluchtsort für die auserwählten Seelen, die der Welt abgeschworen hatten; und zurückgezogen von all diesen Konflikten und Nöten, sinnierte er in seinem Herzen über die neue Welt, die andämmerte, unter der zärtlichen Fürsorge der Kirche und dem Dienst jener aller Dinge entblößten Mönche, deren einzige Inspiration die Liebe zu sein sollte Gott und der Beistand der Menschheit. Die Welt könnte nicht weitermachen, wenn sich nicht jede neue Wirtschaft einen so glorreichen Traum vom endgültigen Triumph des Guten, des Edlen und des Wahren ausgedacht hätte. Das große Rom lag zerstört da und endete vor den Augen des Patriziermönchs, der sich in dieser neuen Hoffnung und dem neuen Leben im Kloster aus der ganzen Bitterkeit der Besiegten befreit hatte. Sah er bereits, wie seine Brüder, die Boten des Glaubens, mit ihrem Evangelium in alle dunkelsten Winkel der unbekannten Welt aufbrachen und wie neue Himmel und neue Länder sich dem Glanz des neuen Tages entgegenstellten? – oder mit tieferen Gedanken voller Ehrfurcht, noch heiliger in geheimnisvoller Freude, hielt er den Atem an, um darüber nachzudenken, was all diese Wutausbrüche der Nationen und der Sturz der Mächte bedeuten könnten, die glorreiche Ära, in der alles Elend enden sollte und der Herr in den Wolken kommen würde, um die Erde zu richten und sein Volk rechtfertigen? Die Mönche haben wie die Kaiser seit Gregors Tagen versagt – die Päpste haben keine sicherere Lösung für die Probleme der Erde gefunden als die Philosophen. Aber auf einem dieser sieben Hügel Roms ist es vielleicht natürlicher, an dieses letzte große Ereignis zu denken, das alle Dinge erfüllen und schließlich diese tödliche Spirale menschlicher Angelegenheiten entwirren wird, als an jedem anderen Ort der Erde außer dem Mystiker Ölberg, von dem aus die letzten sichtbaren Stufen des Menschensohnes aufstiegen.

Wir wissen nicht, wie lange dieses ruhige Leben dauerte oder ob er noch lange Zeit hatte, seine Predigten in seiner Zelle zu schreiben, in seinem Garten zu sinnieren und seine überschüssige Mahlzeit aus den Händen seiner Mutter zu erhalten, das Durcheinander von Linsen oder Bohnen usw Artischocken, die sein einziges Gericht sein würden; aber es ist offensichtlich, dass er selbst in dieser Abgeschiedenheit den Autoritäten der Kirche die Zusicherung gegeben hatte, ein Mann zu sein, und dass er als eine ihrer Hoffnungen angesehen wurde. Er hatte, wie gesagt, nicht den Wunsch, Priester zu werden, sondern verspürte vielmehr eine fast abergläubische Angst davor, zum Dienst am heiligen Altar berufen zu werden, ein Gefühl, das in jenen Tagen unter Männern der Welt, die sich zu einer Liebe zum Altar bekehrten, sehr üblich war das Leben des Gebets und der Buße, aber nicht des priesterlichen Amtes oder der Profess. Es ist in der Tat merkwürdig, wie wenig sich die sakramentale Idee damals in den Köpfen der Frömmsten entwickelt hatte. Die Herrschaft Benedikts verlangte die Abhaltung der Messe nur an Sonn- und Feiertagen, und von den feierlicheren Gottesdiensten zur Zeit des Hieronymus, der trotz seines Willens Priester war und nie nur eine Messe hielt, gibt es kaum Erwähnung in seinem Leben. Es ging darum, „das Leben zu leben", wie im Fall eines bemerkenswerten Bekehrten von irdischen Berufen zum mystischen Religionismus, dem sich der verstorbene Prätor , der weltliche Dinge satt hatte, widmete: und nicht, in eine neue Kaste einzutreten, gegen die die Die Tradition, die alle Priestertümer und den unwürdigen Charakter vieler ihrer Mitglieder diskreditiert, hat immer ein Vorurteil aufrechterhalten, das heute wie damals existiert.

Aber Gregor konnte sich nicht gegen das Mandat seiner kirchlichen Vorgesetzten wehren und war fast gezwungen, die ersten Befehle entgegenzunehmen. Nach viel Mühe und Sichtung der Beweise kamen die stets sorgfältigen Bollandisten zu dem Schluss, dass dieses Ereignis im Jahr 578 oder 579 stattfand – während Baronius , vielleicht weniger bigott in seiner Genauigkeit, es im Jahr 583 festlegte. Dieser Schritt wurde auch nicht ohne einen klaren Zweck unternommen; Für diesen Mann gab es auf der Welt mehr zu tun, als in den kleinen römischen Kirchen Predigten zu halten und die Heilige Schrift zu erläutern. Man suchte jemanden, der Papst Benedikt den Ersten in Konstantinopel vertrat, jemand , der die Welt kannte und das Gesicht keines Kaisers fürchten würde; Und um ihn offenbar in die Lage zu versetzen, das Amt des Apocrisarius oder Nuntius zu bekleiden, wurden Gregor eilig Diakone übertragen und er erhielt die Position, die später als die eines Kardinaldiakons bekannt wurde. Es ist ein wenig verfrüht und passt schlecht zu den anderen Merkmalen des Mannes, ihn als einen echten mittelalterlichen Nuntius zu bezeichnen, mit all den subtilen Kräften und arroganten Annahmen des Roms des Mittelalters . Dies ist jedoch Gibbons Beschreibung von ihm, ein kühner Anachronismus, der den Ansprüchen, die im sechsten Jahrhundert keineswegs zu einer solchen Entwicklung gekommen waren, um mehrere Zeitalter vorausging. Er beschreibt den Apokrisarius von Papst Benedikt als jemanden, „der im Namen des heiligen Petrus kühn einen Ton unabhängiger Würde annahm, der für den berühmtesten Laien des Reiches kriminell und gefährlich gewesen wäre.“

Es besteht kaum ein Zweifel daran, dass Gregor eine originelle und bemerkenswerte Figur unter den Speichelleckern des kaiserlichen Hofes sein würde, wo sich die Laster des Ostens mit denen des Westens vermischten und alles käuflich, korrupt und entwürdigend war. Gregory war der Repräsentant einer wachsenden Macht, voller Leben und der Aussicht auf eine grenzenlose Zukunft. Bisher gab es weder ein Papsttum noch Theorien über einen universellen Primat, und er wurde in Konstantinopel mit kirchlichen Funktionären konfrontiert, die so hohe Ansprüche stellten, wie er nur aufstellen konnte; Dennoch hatte der Bischof von Rom eine einzigartige Stellung, und die Interessen der gesamten westlichen Kirche durften nicht anders wahrgenommen werden, als mit Würde und einer kühnen Front gegenüber jedem, der sich widersetzen sollte.

VILLA DE' MEDICI.

Es gab jedoch noch eine andere Seite im Leben des Nuntius, die bemerkenswert und für den Mann sehr charakteristisch ist. Auf seiner Mission war er von einer kleinen Schar Mönche begleitet worden; denn diese Coenobiten waren überaus gesellig, und ihre Einsamkeit wurde immer durch den sprichwörtlichen Begleiter gemildert, dem sie sagen konnten, wie herrlich es sei, allein zu sein. Dieser kleine private Kreis bildete ein Zuhause für den Vertreter von St. Peter, in den er sich mit Freude von den ermüdenden Audienzen, Intrigen und Zeremonien des kaiserlichen Hofes zurückzog. Ein anderer Gesandter, Leander, ein edler Spanier, später Bischof von Sevilla und einer der beliebtesten Heiligen Spaniens, war zur gleichen Zeit in Konstantinopel und hatte den Auftrag, von Rom aus eine hohe Mission zu erfüllen, „die den Glauben der Westgoten berührte", deren Bekehrung von Der Arianismus war hauptsächlich das Werk dieses apostolischen Arbeiters . Und auch er fand Zuflucht im Haus von Gregory unter den dort versammelten Freunden und brachte wahrscheinlich sein eigenes kleines Gefolge im gleichen benediktinischen Gewand mit. „In ihre Gesellschaft floh ich", sagt Gregory, „wie in den Schoß des nächstgelegenen Hafens vor dem rollenden Wellengang und den Wellen der irdischen Besetzung; und obwohl das Amt, das mich aus dem Kloster entzog, mit der Spitze seiner Anstellungen erstochen worden war." meine frühere Ruhe im Leben, doch in ihrer Gesellschaft wurde ich wiederbelebt. Sie lasen und beteten gemeinsam, wobei sie die geliebten punctilios der Klosterregel einhielten, die Brüder mit ununterbrochener Aufmerksamkeit, der Nuntius und der Bischof, soweit es ihnen in den Pausen ihrer öffentlichen Arbeit möglich war. Und im kühlen Atrium eines orientalischen Palastes, mit dem plätschernden Brunnen in der Mitte und den Marmorbänken rundherum, flehte die kleine Gesellschaft ihren Vorgesetzten mit einem Atemzug an, für sie die Gaben der Darlegung und Erläuterung einzusetzen, deren er sich bereits bewährt hatte Meister. „Damals schien es diesen Brüdern gut, und auch Sie haben, wie Sie sich erinnern werden, Ihren Einfluss eingebracht, mich durch die Aufdringlichkeit ihrer Bitten zu verpflichten, das Buch des gesegneten Hiob vorzulegen – und soweit die Wahrheit mich inspirieren sollte , um ihnen diese Geheimnisse zu offenbaren. Wir kommen nicht umhin zu denken, dass es eine merkwürdige Entscheidung der Brüder war, inmitten dieser seltsam glitzernden Welt von Konstantinopel zu treffen, wo die kirchlichen Nachrichten alle von der Verfolgung von Arianern und perversen östlichen Bischöfen handelten und wo es allerlei subtile Häresien gab, beides doktrinäre und persönlich, lagen in der Luft, feine, haarsträubende Auseinandersetzungen darüber, wie viel oder wie wenig von der gemeinsamen Menschlichkeit in der heiligen Person unseres Herrn steckte, sowie Fragen nach dem genauen Tag, an dem Ostern und andere Vorschriften eingehalten werden sollten gleiche Wichtigkeit. Doch auf keine dieser Angelegenheiten richteten die Mönche im Exil ihre Gedanken. „Sie machten auch dies zu einer zusätzlichen Bürde, die mir ihre Bitte auferlegte, dass ich nicht nur die Worte der Geschichte im allegorischen Sinne entwirren würde, sondern dass ich dem allegorischen Sinn auch die Wendung einer moralischen Übung geben würde: mit die Hinzufügung von etwas noch Schwierigerem, dass ich die unterschiedlichen Bedeutungen durch analoge Passagen verstärken würde und dass diese, falls sie zufällig involviert sein sollten, mithilfe zusätzlicher Erklärungen entwirrt werden sollten.

Dieses abstruse Werk war die Erholung, mit der seine Brüder den aktiven Geist Gregors inmitten seiner öffentlichen Ämter und aller Ablenkungen des kaiserlichen Hofes versorgten. Es muss nicht gesagt werden, dass er sich dem Thema nicht kritisch oder mit den Lichtblicken jener späten Gelehrsamkeit näherte, die es so sehr erschwert hat, sich einem Thema mit Einfachheit zu nähern. Es wird nicht einmal angenommen, dass er das Original kannte oder überhaupt irgendeine Gelehrsamkeit besaß. Der Nuntius und seine Mönche ließen sich von Fragen zu dieser wunderbaren Szene, in der Satan vor Gott steht, nicht beunruhigen. Sie nahmen es mit einer Ruhe auf, die sich weder um seine poetische Größe noch um seine seltsamen Anregungen kümmerte. Diese außergewöhnliche Offenbarung einer antiken Welt, die so wunderbar von uns entfernt und jenseits aller Reichweite der Geschichte liegt, war für sie das einfachste Vorwort zu einem Bericht spiritueller Erfahrungen, voller Belehrungen für sich selbst, Lektionen in Geduld und Glauben und allen Tröstungen Gott. Nichts ist wahrscheinlicher, als dass es unter den Männern, die sich um Gregor in seinem östlichen Palast drängten, einige gab, die wie

Hiob miterlebt hatten, wie alles, was ihnen lieb war, zugrunde ging, und Gesundheit, Reichtum, Haus und Kinder unter der Asche geplünderter Menschen begraben hatten brennendes Rom. Wir könnten uns sogar vorstellen, dass dies der Grund war, warum dieses geheimnisvolle Gedicht mit all seinen wunderbaren Reden als Thema ausgewählt wurde, das in einer so ausgewählten Versammlung behandelt werden sollte. Wenn überhaupt, wären nur wenige dieser Männer friedliche Söhne des Klosters, aufgewachsen in der Stille des Klosterlebens; Es ist auch nicht wahrscheinlich, dass sie Gelehrte oder Geistliche wären. Es waren Männer, die aus einer Welt gerettet wurden, die noch schrecklicher und zerstörerischer für das individuelle Glück war, traurig über den Verlust, gedemütigt in allen Gefühlen des Familien- oder Nationalstolzes, die gefallenen Söhne einer großen Rasse, die vor allem versuchten, sich über die Zerstörung zu trösten jeder menschlichen Hoffnung. Und die Darlegung Hiobs ist zu diesem Zweck geschrieben, mit seltsamen neuen Erläuterungen und Interpretationen aus dem Neuen Testament, das noch nicht sechshundert Jahre alt war, und kaum einer Darstellung eines Unterschieds zwischen ihnen: Denn die Heilige Schrift war nicht sowohl für den Trost als auch für die Belehrung gedacht der Menschheit? Und war dies nicht das oberste Ziel von allem – nicht, antiquarische Fragen aufzuwerfen oder den Geist mit metaphysischen Argumenten zu trainieren, sondern ein wenig Balsam für die Wunden zu sammeln und eine kleine Stütze für die Schwäche arbeitender und schwer beladener Männer zu bilden ? *Moralia* : „Das Buch der Moral des heiligen Papstes Gregor" ist der Titel des Buches – eine Sammlung von Lektionen, wie man erträgt und leidet, wie man hofft und glaubt, wie man standhaft bleibt – in der Gewissheit eines Glaubens, der überwindet alle Dinge, selbst im Angesicht des Schicksals.

„Wer über Gott spricht", sagt Gregory, „muss darauf achten, gründlich herauszufinden, was auch immer seinen Zuhörern moralische Belehrung liefert; und er sollte davon ausgehen, dass dies die richtige Methode ist, seine Rede zu ordnen, die es ihm ermöglicht, wenn Gelegenheit zur Erbauung es erfordert, um für einen nützlichen Zweck von dem abzuweichen, worüber er zu sprechen begonnen hatte. Wer heilige Schriften behandelt, sollte dem Weg eines Flusses folgen: Denn wenn ein Fluss, während er entlang seines Kanals fließt, auf offene Täler an seiner Seite trifft, in Diese ändert sofort den Lauf seines Stroms, und wenn sie sofort reichlich zugeführt werden, ergießt es sich wieder in sein Bett. So sollte es zweifellos mit jedem sein, der sich mit dem göttlichen Wort befasst, damit er, wenn er über irgendein Thema spricht, zufällig darauf stößt Er sollte bei jeder Gelegenheit zu einer angemessenen Erbauung die Strömungen des Diskurses sozusagen in Richtung des angrenzenden Tals lenken und, wenn er sich genug auf dessen Unterrichtsebene ausgebreitet hat, in den Diskurskanal zurückfallen, den er sich selbst vorgeschlagen hatte.

Wir wissen nicht, was der Leser über Gregors Geographie denken wird; Aber gewiss setzt er seine diskursiven Ansichten in vollem Umfang um und füllt jedes Tal, in das er zufällig gelangt, mit Teichen und Bächen – zweifellos erfrischende Wasser für die Seelen, die ihn umgaben und die ihn stets bedrängen wollten. Ein auf diese Weise durch die Notwendigkeiten des Augenblicks hervorgerufener Kommentar, der in erster Linie vor ängstlichen Zuhörern gesprochen wird, die ihn mit großem Druck verlangt hatten und mit einer Mischung aus Beifall und Kritik darüber nickten, als wäre er halb sein eigener, hat einen besonderen Charakter für sich selbst und erfordert kaum wissenschaftliche oder wissenschaftliche Hilfe. Ein großer Teil davon wurde so geschrieben, wie er von seinen Lippen kam, und ohne Überarbeitung, wie uns Gregory mitteilt, „weil die Brüder, die mich zu anderen Dingen hinzogen, keine Zeit ließen, dies mit großer Genauigkeit zu korrigieren.“

Ein Hauch von Humor überzieht das Bild, als er seine Position in dieser Gruppe abhängiger und applaudierender Anhänger beschreibt, die dennoch mehr oder weniger die Herren seines Freizeit- und Privatlebens waren. „Ich habe mein Ziel verfolgt, ihren Anweisungen zu gehorchen, *von denen ich zugeben muss, dass sie ausreichend zahlreich waren* , und habe diese Arbeit abgeschlossen“, sagt er. Der Humor ist ein wenig reumütig, die Situation voller Wucht und Natur. Die kleine Gruppe geringerer Männer hätte zweifellos völlig eingestanden, dass sie dem beredten Bruder, ihrem Gründer, ihrem Lehrer, der in jeder Hinsicht ein so viel größerer Mann war als sie selbst, unterlegen waren, aber dennoch nicht in der Lage waren, ohne die Hinweise von Bruder John oder … weiterzukommen Bruder Paul, der tolle Vorschlag des Cellarius und die Fragen und klugen Bemerkungen der anderen haben uns sehr geholfen . Die Anweisungen der Brüder! Wer erkennt die Szene nicht , das Seitennicken, die Einwände, die freiwilligen Informationen und Anweisungen, wie man dies oder das sagt, was er so viel besser sagen konnte als jeder andere von ihnen! während er die ganze Zeit da saß und zuhörte, sich um jede Kritik kümmerte, hier und da einen Hinweis aufnahm, mit dieser merkwürdigen Alchemie aus guter Laune und Genialität, die langweiligen Bemerkungen zum Nutzen umwandelte, doch immer mit einem Augenzwinkern über diese Ratschläge. hinreichend zahlreich“, die darauf abzielte, ihn zu lehren, wie man sie lehrt, eine Position, die seitdem viele Geistliche und viele Redner erkannt haben müssen. Gregory offenbart völlig unfreiwillig, dass er sich der Sachlage bewusst ist , und nichts liegt ihm ferner, als seinem ehrwürdigen und heiligen Bruder etwas so Menschliches und Fehlerhaftes wie ein Lächeln zu verraten; und es ist klar, dass er die Kritiken mit ebenso viel Gutmütigkeit wie Humor gut aufnahm . Es ist sehr schwierig, die Gesichtszüge desselben Mannes in Gibbons Bild eines arroganten Priesters zu erkennen, der mehr annimmt, als jeder Laie annehmen darf. Der Historiker hat seine Studie offenbar anhand von

Modellen durchgeführt, die einige hundert Jahre weiter unten in der Aufzeichnung liegen.

unter zwei verschiedenen Päpsten – Benedikt I. und Pelagius II. – zweimal die Stelle des Apocrisarius innegehabt zu haben; aber ob er zwischen den beiden nach Rom zurückkehrte, ist nicht klar. Ein Teil seines Auftrags von Pelagius bestand darin, die Hilfe des Kaisers gegen die Langobarden zu sichern, die Rom bedrohten. Interessant ist der Brief des Papstes mit seinem beklagenswerten Bericht über den unverteidigten und hilflosen Zustand der Stadt und der Dringlichkeit, mit der er seinen Vertreter bittet, die Bitte eines zu diesem Zweck entsandten Sondergesandten zu unterstützen. Es wird von einem gewissen Sebastian, „unserem Bruder und Koadjutor", an Gregor geschickt, der mit dem General Decius in Ravenna war und daher in der Lage ist, dem Kaiser aus erster Hand die schreckliche Lage der Dinge zu schildern . „Solches Unglück und Leid", sagt der Papst, „sind uns durch die Treulosigkeit der Langobarden wider ihren eigenen Eid zugefügt worden, die niemand beschreiben kann. Sprechen und handeln Sie daher so, dass Sie uns in unserer Gefahr schnell entlasten. Denn die Der Staat ist so eingeengt, dass wir, wenn Gott es unserem frommsten Fürsten nicht ins Herz legt, Mitleid mit seinen Dienern zu zeigen und uns Geld und einen Befehlshaber und Anführer zu gewähren, in der äußersten Not zurückbleiben Die Bezirke rund um Rom sind wehrlos und der Exarch nicht in der Lage, irgendetwas zu tun, um uns zu helfen. Deshalb möge Gott den Kaiser überreden, uns schnell zu Hilfe zu kommen, bevor die Armeen dieser verfluchtesten Rasse unser Land überrannt haben.

Was für ein seltsamer Umsturz aller Dinge wird deutlich, wenn ein solch jämmerlicher Appell an das bereits ins Wanken geratene Oströmische Reich gerichtet wird, von dem, was einst kaiserliches und triumphales Rom war!

Im Jahr 586, vier Jahre vor dem Ende des Lebens von Pelagius, kehrte Gregor nach Hause zurück. Der Abt seines Klosters, Maximianus , war zum Bischofssitz von Syrakus befördert worden, allerdings wissen wir nicht, ob dies aus unabhängigen Gründen geschah oder um Platz für Gregor in dieser angenehmen Position zu schaffen; und dem Nuntius gelang es bei seiner Rückkehr auf natürliche Weise, den vakanten Platz einzunehmen. Ob er dem Kloster jetzt oder zu einem früheren Zeitpunkt alle seine Gewänder, Juwelen usw. schenkte, ist schwer zu entscheiden, denn es scheint immer eine gewisse Reserve an Geschenken gegeben zu haben, die zu einem späteren Zeitpunkt herauskommen sollten Wir haben von einem scheinbaren Opfer aller Dinge für die eine oder andere Wohltätigkeitsstiftung gehört. Auf jeden Fall war Gregorys Wohltätigkeit endlos und dauerte sein Leben lang an.

Für den Mann, der im öffentlichen Leben eine so herausragende Stellung eingenommen hatte, war nun jedoch kein Rückzug mehr in den Schatten des

Klosters möglich. Er wurde zum Sekretär des Papstes ernannt und verband dieses Amt mit den Pflichten als Oberhaupt seines Klosters. Außerdem schien er der beliebteste Prediger in Rom gewesen zu sein, dem bewundernde Menschenmengen von einer Kirche zur anderen folgten und das Volk mit allen bewegten die Kraft dieser religiösen Redekunst, die mächtiger ist als jede andere Beschreibung von Beredsamkeit: obwohl wir, um die Wahrheit zu sagen, in seinen Reden, wie sie uns überliefert sind, nur wenig Spur dieser unwiderstehlichen Kraft finden. So beliebt er auch war , scheint er weder für seine Gelehrsamkeit noch für seinen literarischen Stil einen besonderen Ruf gehabt zu haben.

Eine der bekanntesten historischen Anekdoten ist die Geschichte von Gregors Begegnung mit der Gruppe englischer Kinder, die als Sklaven nach Rom gebracht wurden und die er, wie wir sagen, zufällig auf einem seiner Spaziergänge sah. Es gehört aller Wahrscheinlichkeit nach zu dieser Zeit seines Lebens und bildete zweifellos eine Episode auf seinem täglichen Weg von der St.-Andreas-Kirche auf ihrem Hügel zum Palast des Bischofs von Rom, der damals an die große Kirche des Laterantors angeschlossen war. In diesem frühen Zuhause des Oberhaupts der römischen Hierarchie gab es neben dem kargen Hof des primitiven Papstes zweifellos Unterkunft für Pilger und Fremde, aber wahrscheinlich wenig Vorfreude auf die Pracht des Vatikans, von der man noch nicht geträumt hatte . Gregory setzte seinen nachdenklichen Weg fort, eine freundliche Gestalt voller fröhlicher Beobachtung und Interesse an allem um ihn herum, als er plötzlich von einer Gruppe angezogen wurde, die anders war als die anderen, als er eine Straße oder einen Platz überquerte, inmitten der Menge dunkler Köpfe und dunkler Gesichter , von schönen sächsischen Jungen, langgliedrig und schlank, mit ihren rosafarbenen Tönen und goldenen Locken. Der große Geistliche erscheint uns hier auf einmal in einem neuen Licht, nach allem, was wir von ihm unter seinen Mönchsbrüdern kennengelernt haben. Es scheint, dass er einer der eingefleischten Witzbolde war, die es unter Geistlichen in großer Zahl gibt, und außerdem ein sanftherziger Mann voller väterlicher Instinkte. Er blieb stehen, um die armen Kinder anzusehen, die so anders waren als alles, was er kannte. Wer waren sie? Winkel. „Nein, eher wie Engel", sagte er in seinem freundlichen Ton, ohne Zweifel mit einem Lächeln als Gegenleistung für die verwunderten Blicke, die plötzlich auf ihn gerichtet waren. Und ihr Land? Deiri . Ah, ein glückliches Zeichen! *de ira Eruti* , dazu bestimmt, sich aus dem Zorn in die Seligkeit zu erheben. Und ihr König? Die Jungen selbst mochten inzwischen vielleicht dazu bewegt sein, dem freundlichen Mönch zu antworten, der sie so zärtlich ansah. Ella – Alle, wie es im Lateinischen heißt, mildert den engeren Vokal. Und waren das ferne Land und der unbekannte unhöfliche Monarch und die Eltern dieser Engelskinder noch immer heidnisch? Dann könnte es bald sein, mein Gott, dass Halleluja überall dort erklingen würde, wo das barbarische Alle herrschte! Vielleicht lächelte er beim Weggehen über sein eigenes Wortspiel, wie es die Wortspiele oft tun, aber wir können uns nicht sicher sein, ohne einen Anflug von Segen auf den leuchtenden gelbbraunen Köpfen der kleinen sächsischen Löwen. Aber Lächeln war nicht alles, was dabei herauskam. Der Gedanke verfolgte ihn, als er seinen Weg fortsetzte, durch den großen Rundgang des halb zerstörten Kolosseums, das damals wahrscheinlich noch ruinöser war als heute, und die lange Straße hinunter zum lateinischen Tor, wo Pelagius und die ganze Arbeit seines Sekretariats auf ihn warteten. Der Papst war alt und brauchte Aufmunterung, besonders in jenen dunklen Tagen, als der Eindringling so oft draußen tobte und Tiber innerlich langsam anschwoll und Zorn und Unheil murmelte; Es gab zwar keine Kraft, die gegen den einen oder anderen Feind eingesetzt werden konnte, außer den Gebeten einiger alter Männer. Gregor erzählte die Geschichte seiner Begegnung und brachte den alten Papst vielleicht zum Lachen über den so von Hingabe gemilderten Witz, bevor er darum bat, eine Gruppe von Missionaren in diese unbekannten Regionen zu schicken, um diese schöne und wundervolle blonde Rasse zu bekehren. Pelagius war sehr bereit, seine Zustimmung zu geben; Aber wo gab es Männer, die sich und ihr Leben auf einer so weit entfernten Expedition unter den Wilden dieser unbekannten Insel riskierten? Als sich herausstellte, dass niemand eine so gefährliche Mission unternehmen würde, bot sich Gregory an, der natürlich nach jeder Zurückweisung entschlossener geworden wäre; Und irgendwie gelang es ihm, eine Zustimmung des Papstes zu erpressen, die er sofort ausnutzte, indem er sich sofort mit einer Gruppe treuer Brüder auf den Weg machte, unter denen sich zweifellos einige von denen befanden, die ihn begleitet hatten, als er Nuntius war anders und drängten ihn mit ihren Ratschlägen und ihrer Kritik, während er ihnen die Geheimnisse der Heiligen Schrift offenbarte. Sie mögen in ihren Vorschlägen tyrannisch sein, aber zweifellos war der Impuls der Apostel – „Lasst uns mit ihm sterben" – stark in ihren Herzen.

Kaum wurde jedoch in Rom bekannt, dass Gregor die Stadt auf einer so fernen und gefährlichen Mission verlassen hatte, erhob sich das Volk plötzlich in Aufruhr. Sie stürmten aus allen Teilen der Stadt in aufgeregten Scharen zum Lateran, umzingelten den Papst mit wütenden Schreien und Protesten und forderten die Abberufung des Predigers, dessen Beredsamkeit und seine große Wohltätigkeit für die Armen ihn zu den Massen gemacht hatten die bedeutendste Persönlichkeit der Kirche. Aus Angst vor diesem Tumult gab der Papst der Forderung nach und schickte in großer Eile Boten los, um den angehenden Missionar zurückzubringen. Das Bild, das uns seine Biographen bieten, ist weniger bekannt als die vorherigen Vorfälle, aber dennoch voller Charakter und malerischer Details. Die kleine Truppe hatte drei Tage auf ihrer Reise hinter sich – man fragt sich, von welchem Hafen aus sie einschiffen wollte, denn Ostia, der natürliche Weg, war nur ein paar

Stunden von Rom entfernt –, als sie wie üblich mittags Halt machten, um sich zu erfrischen und auszuruhen. in den Feldern." Gregory hatte sich mit einem Buch in den Schatten eines Baumes gesetzt, um die warmen und verweilenden Stunden zu verschönern. Und als er so saß und las, während das ganze Treiben des kleinen Lagers um ihn herum herrschte, während Männer und Pferde in der freien Natur die Ruhe, den Schatten und die nötige Nahrung genossen, ließ sich plötzlich eine Heuschrecke auf seiner Seite nieder, auf der Pergamentrolle, die darin lag dann die Form der neuesten Ausgaben. Ein solcher Besucher bleibt normalerweise für einen Moment stehen und nicht länger; Aber Gregory war ein zu sanfter Beobachter allen Lebens, um das Insekt abzuwehren, und es blieb dort mit einer Beständigkeit und „Mannlichkeit", die ganz anders war als die Gewohnheiten des Geschöpfes. Der gute Mönch begann interessiert zu sein, zu sinnieren, Wortspiele zu machen und sich schließlich zu wundern. „Locusta", sagte er zu sich selbst und suchte nach einer Bedeutung, „ loca sta." Was könnte es bedeuten, aber dass er an diesem Ort bleiben musste? Er rief seinen Begleitern zu, sich mit aller Eile bereit zu machen und weiterzumachen, begierig darauf, der Reichweite der Verfolger zu entkommen; Doch bevor der beschwerliche Zug wieder in Gang gesetzt werden konnte, trafen die Boten des Papstes „blutig vor Sporen, feuerrot vor Eile" ein und die Missionare waren gezwungen, nach Rom zurückzukehren. Damit hätte sein erster Versuch zur Bekehrung Englands unternommen werden können , wenn er sein Ziel allein erreicht hätte.

Es gibt auch eine merkwürdige Geschichte, die von Gregor auf seinen Spaziergängen durch Rom erzählt wird und deren Ausgabe noch bemerkenswerter wäre, wenn ein ungläubiges Zeitalter ihr Glauben schenken würde. Eines Tages, als er am Trajansforum vorbeikam – damals zweifellos ein Ort, der noch viel verfallener war als heute, obwohl zwischen umgestürzten Denkmälern und zerbrochenen Säulen noch einige seiner großen Galerien und Gebäude standen –, erzählte ihm jemand die Geschichte von Trajan und dem Witwe, was die mittelalterliche Vorstellungskraft stark beeinflusst haben muss, seit Dante es in seinem großen Gedicht eingeführt hat. Das an den Kaiser auf seinem Weg in den Krieg gerichtete Gebet war dasselbe wie das der Witwe im Gleichnis: „Räche mich an meinem Widersacher." „Das werde ich tun, wenn ich zurückkomme", antwortete der Kaiser . „Aber wer wird mir versichern, dass du jemals zurückkehren wirst?" sagte die aufdringliche Witwe; Daraufhin erkannte der Kaiser die Berechtigung des Einspruchs und stoppte seinen kriegerischen Vormarsch, bis er die erforderliche Rache an einem seiner eigenen Beamten (ist es nicht eine Autorität, die sagt, sein eigener Sohn?) getan hatte, der ihr Unrecht getan hatte . Gregory war von dieser Geschichte ebenso beeindruckt wie Dante. Er beklagte sich weiterhin darüber, dass ein solcher Mann, der so gerecht, so tolerant gegenüber Störungen und so bereit ist, das Richtige zu tun, von der göttlichen Barmherzigkeit abgeschnitten werden sollte. Dieses Bedauern trug er bis zum Grab der Apostel mit sich, wo er sich auf die Knie warf und von ganzem Herzen betete, dass der gute Trajan, der Mann, der das Richtige tat, entsprechend dem Licht, das in ihm war, überhaupt Kosten sollen eingespart werden. Einige Versionen der Geschichte fügen hinzu, dass er bereit war, jede Strafe zu tragen, die ihm für seine Anmaßung auferlegt werden könnte, und dass er bereit war, jede Strafe auf sich zu nehmen, um sich diesen großen Segen zu sichern. Es kann in dieser Welt nie bewiesen werden, ob Gregors Bitte erhört wurde oder nicht, aber seine Mönche und Biographen waren sich dessen sicher, und einige von ihnen behaupten, dass seine eigenen körperlichen Leiden und seine Schwäche die Strafe waren, die er freudig für die Erlösung akzeptierte dieser großen Seele. Die Geschichte beweist zumindest die intensive Menschlichkeit und Sehnsucht nach dem Unglücklichen, die in seinem Herzen herrschte. Ob er mit den Objekten seiner Sympathie in zärtlichem Humor spielte und Wortspiele machte oder sich in tiefstem Mitgefühl mit ihnen in den Abgrund der Hoffnungslosigkeit stürzte, dass er sich wünschen konnte, wie Paulus um seiner Brüder willen verflucht wurde – Gregorys Wesen war voller brüderlicher Liebe und inbrünstiges Gefühl, eine Liebe, die sogar über die Grenzen des sichtbaren Lebens hinausging.

Die vier Jahre, die zwischen seiner Rückkehr in sein Kloster und seiner Wahl zum Papst (oder besser gesagt zum Bistum Rom) vergingen, waren Jahre voller Schwierigkeiten. Dazu kommt die ständige Gefahr einer Invasion, das Elend, selbst wenn man dieser entgangen ist, die Geschichten, die die Flüchtlinge, die dort aus dem ganzen umliegenden Land Zuflucht gesucht haben, nach Rom gebracht haben, in jeder Verschärfung der Armut und des Elends, und die Anstrengungen, die das mit sich brachte zu ihrer Hilfe geschaffen werden sollte – eine große Überschwemmung des Tiber, eine bekannte, aber schreckliche Katastrophe, vor der sich Rom bis heute nicht schützen konnte, ereignete sich gegen Ende der Periode, gefolgt von einer schrecklichen Pest, deren natürliche Folge. Zur Zeit dieser Heimsuchung erklärte Gregor in einer der römischen Kirchen den Propheten Hesekiel. Aber als die Pest zunahm, konnte seine traurige Seele keine Bindung an Worte oder Gedanken ertragen, abgesehen von den schrecklichen Bedürfnissen des Augenblicks, und als er das Buch schloss , Er schüttete dem ehrfürchtigen und zitternden Volk sein Herz aus und ermahnte alle, Buße zu tun und sich der Barmherzigkeit Gottes anzuvertrauen, damit die Pest gestoppt werde. In all diesen schrecklichen Notfällen ist es der Drang der menschlichen Natur, Zuflucht zu etwas zu suchen, das getan werden kann, und dieser Drang selbst ist zweifellos von Nutzen, um die erdrückende Last der Verzweiflung zu lindern, welche Form sie auch immer annehmen mag.

SAN GREGORIO MAGNO UND ST. JOHANNES UND ST. PAUL.

Heutzutage putzen, schrubben und tünchen wir und glauben an diese Methoden, die Dämonen aufzuhalten; Aber im alten Rom war der Hilferuf zumindest eindrucksvoller und stärkte wahrscheinlich die Seelen der Leidenden, wie es nicht einmal die Schönfärberei vermochte. Die Art und Weise, wie Gregor versuchte, das schreckliche Blatt zu wenden, bestand in einem direkten Appell an den Himmel. Er organisierte eine große gleichzeitige Prozession aus allen Teilen Roms, um sich in einem großen, vereinten Schrei zu Gott um Gnade an der „Kirche der Jungfrau" zu treffen – wir wissen nicht, welche. Die septiforme Litanei, wie sie genannt wurde, wurde durch die verlassenen Straßen gesungen, wobei sich die Reihen nach und nach näherten, die Männer verheiratet und unverheiratet, die Priester und Mönche, jeder in einer eigenen Gruppe, die sich näherten; während aus anderen Kirchen die Frauen in all ihren Unterabteilungen kamen, die Ehefrauen, die Witwen, die Jungfrauen, die geweihten Jungfrauen, Ancillæ Dei, jede Reihe lief zur Mitte hin, jede folgte zweifellos aus Fenstern, in denen die Sterbenden mit Tränen und Tränen lagen Echos von Gebeten. Im alten Rom gab es viele großartige Sehenswürdigkeiten, aber nur wenige hätten melancholischer und beeindruckender sein können. Wir hören von keinem Wunderbild, keinem heiligen Idol wie in späteren Zeremonien, sondern nur von den sieben Prozessionen mit ihren langgezogenen monotonen Bußtönen, die Männer allein, die Frauen allein, die trauernden Witwen, die verschleierten Nonnen usw Die jüngere Generation, Jungen und Mädchen, ist das wertvollste von allen. Dass Gregor die Gabe hatte, einen leuchtenden Engel auf Hadrians Grab zu sehen oder zu glauben, dass er ihn sah, der innehielt und sein Schwert in die Scheide steckte, als die lange Reihe von Bittstellern näher kam, ist sehr beruhigend und menschlich. Warum sollte er, frisch von seinen Studien über Hesekiel oder Hiob, obwohl er von der gegenwärtigen Not zu sehr erschöpft war, um sie fortzusetzen, daran zweifeln, dass der Hörer des Gebets auf diese Weise ein sichtbares Zeichen der Annahme geben könnte, die er versprochen hatte? Heutzutage erwarten wir solche Visionen nicht, noch streben wir sie mit so intensiver und vereinter Absicht an; aber dieselbe Legende verbindet sich mit vielen solchen Perioden nationaler Extremitäten. Noch während der Großen Pest von London wurde berichtet, dass eine ähnlich große Gestalt, die in himmlischem Weiß strahlte, gesehen wurde, als die Pest nachließ und in derselben Bildsprache ein loderndes Schwert in die Scheide steckte.

Die Geschichte der septiformen Litanei erzählt, wie hier und da auf den Straßen, während sie marschierten, Tote und Sterbende aus den Reihen der Bittsteller herausfielen. Doch der Engel steckte sein Schwert in die Scheide. Es fällt einem Pilger von heute schwer, sich an das prächtige Hadriansdenkmal mit seinen glänzenden Murmeln und Statuen zu erinnern, wenn er sich dem riesigen, aber stumpfen und schweren Rundgang der Burg St. Angelo nähert; Aber es erfordert keine so große geistige Anstrengung, sich an die Szene zu erinnern, als der große Engel, der sich gegen den Himmel abhob, nur in Gregors ängstlichen Augen existierte und sich in den Tränen Tausender verzweifelter Zuschauer widerspiegelte, die zitternd dazwischen standen Allmacht, die in einem Augenblick retten konnte, und der schreckliche Tod, der sie ergriff und tötete, während sie zusahen. Kein menschliches Herz kann sich weigern, bei einem solchen Spektakel schneller zu schlagen – der gute Mann in seiner Verzückung von Liebe und Ernsthaftigkeit, sein Gesicht dem strahlenden römischen Himmel zugewandt, und all die dunklen Reihen der Menschen, die auf ihrem Marsch festgehalten wurden, starrten ebenfalls zu, während der Gesang erstarb von ihren Lippen, während der weiße Engel einen Moment innehielt und das Schwert des Gerichts über ihre Köpfe steckte.

Erst viele Jahrhunderte später, als jedes Relikt der Herrlichkeit des Grabes des großen Kaisers von seinen Wänden gerissen worden war, wurde der Engel aus Marmor, dem später der jetzige Engel aus Bronze folgte, auf dem Gipfel des Schlosses errichtet St. Angelo, der von diesem Vorfall seinen Namen hat – ein Name, der mittlerweile mit vielen anderen Assoziationen beladen ist und uns allen bekannt ist.

Papst Pelagius war eines der Opfer dieser großen Pest; und aus allen aufgezeichneten Umständen geht hervor, dass Gregor bereits die prominenteste Persönlichkeit in Rom war und nicht nur in Angelegenheiten wie der öffentlichen Buße, sondern in allen notwendigen Schritten, um einem so großen Unglück zu begegnen, die Hauptrolle einnahm. Seine Befugnisse als Verwalter waren nicht nur sehr groß, er verfügte auch über die Fähigkeit, an die heiligen Horden kirchlichen Reichtums, die Gold- und Silberschätze der Kirche, heranzukommen, die ein weltlicher Herrscher nicht hätte antasten dürfen. Gregorys eigene Großzügigkeit war die beste Lektion, und obwohl er bereits so viel geopfert hatte, schien es, als hätte er immer noch über etwas Eigenes verfügen müssen, was wir zweifellos bereits in so vielen Fällen festgestellt haben Renten oder Erträge aus Gütern, die nicht veräußert werden konnten, obwohl alles, was sie produzierten, freiwillig abgegeben wurde. Der Reichtum der Kirche war bereits beschlagnahmt worden, um die Flüchtlinge zu versorgen, die vor den Langobarden in Rom Zuflucht gesucht hatten. Diese Reichtümer waren nun jedoch durch die Bedürfnisse des unorganisierten Gemeinwesens fast erschöpft, in dem jede Industrie und jeder Beruf außer Kraft gesetzt worden war und nichts als Not und Elend, geschwächte Körper und entmutigte Herzen zurückblieben . Es war unvermeidlich, dass in einer solchen Zeit Gregor der einzige Mann sein würde, auf den sich alle Augen als Nachfolger des Pelagius richteten. Der Klerus, der Adel und das Volk, alle gewohnt, an der Wahl des Bischofs mitzuwirken, sprachen sich mit einer Stimme für ihn aus. Es ist eine Art Brauch unter den Heiligen, dass sich jeder nacheinander den Ehren , die man ihm auferlegen möchte, widersetzt und sie ablehnt; aber in Gregorys Fall gab es zumindest genügend Grund zum Widerstand. Denn der apostolische Stuhl, der zu keiner Zeit ein Zuckerschlecken war, war in dieser Zeit der Not und Gefahr einer der belastendsten Posten der Welt.

Pelagius starb im Januar 590, doch erst spät im selben Jahr wurde sein Nachfolger auf die vakante Stelle gezwungen. In der Zwischenzeit hatte sich Gregor an den Kaiser gewandt und ihn gebeten, sich der Wahl zu widersetzen und ihn in seinem Widerstand zu unterstützen. Dieser Brief fiel in die Hände des Präfekten von Rom, der ihn abfing und in seinem eigenen Namen und dem des Volkes ein gegenteiliges Gebet verfasste, in dem er den Kaiser Maurice anflehte, ihre Wahl zu genehmigen und ihr Autorität zu verleihen. Erst als die Antwort einging, die die Wahl bestätigte, wurde Gregory auf den Trick aufmerksam, der ihm angetan wurde; Und all seine natürliche Abneigung verstärkte sich durch dieses betrügerische Vorgehen, er zog sich heimlich aus der Stadt zurück und versteckte sich, wie es heißt, in einer Höhle im Wald. Ob dies bedeutet, dass er sich auf den Weg in die Berge gemacht hatte und diesen Zufluchtsort in den Ruinen von Tusculum oder in einer Waldgrotte um Albano gefunden hatte, oder dass einige der Hirtenhütten an der Campagna inmitten der zerbrochenen Bögen der Aquädukte diese Zuflucht erhalten hatten ihn verbarg, es ist unmöglich zu sagen. Es wird gesagt, dass der Ort seines Rückzugs durch ein Licht vom Himmel bekannt gemacht wurde, das ihn in seiner steinigen Zuflucht erleuchtete, denn die Legende ist schonungslos in der Breite ihrer Wirkungen und eignet sich leicht das große Wunder an, das im Alten Testament vorkommt begleitet den Übergang einer ganzen Nation in den Dienst eines Einzelnen, ohne den Sinn für Proportionen, der in älteren Aufzeichnungen zu finden ist. Dieses Licht deutet irgendwie auf die Weite der Campagna hin, deren fernes Leuchten schon von weitem zu sehen war, von den Zinnen Roms selbst und nicht von den weiter entfernten Hügeln. Und wir müssen hoffen, dass dieser direkte Verrat des Himmels an seinem Versteck Gregor zeigte, dass die Ernennung, gegen die er kämpfte, tatsächlich die Zustimmung der höheren Mächte hatte.

In vielen seiner Werke spricht er jedoch von der großen Abneigung, die er empfand, als er die Sorgen eines solchen Amtes auf sich nahm. Er hatte sich widerstrebend zum Diakon weihen lassen, und zwar nur offenbar mit der Absicht, dass er sich nach dem Ende der Notlage, die seine Dienste erforderte, wieder in sein Kloster zurückziehen dürfe. Sein bereits erwähnter Brief an Leander ist voll von Klagen darüber, dass „als der Dienst am Altar eine so schwere Last war, mir die weitere Bürde des pastoralen Amtes aufgebürdet wurde, die ich jetzt umso schwerer zu tragen finde." Ich fühle mich dem nicht gewachsen und kann keinen Trost in einem angenehmen Selbstvertrauen finden. Gegenüber einem anderen Korrespondenten protestiert er gegen die Kritik, die ihm entgegengebracht wurde, weil er versucht hatte , einem so schweren Vorwurf zu entgehen. Dieses Zögern ähnelt nicht den großen Männern der Kirche, die normalerweise Ehrungen verweigern, denn es ist nicht das Bekenntnis der Demut, das Gregor bewegt, sondern sein überwältigendes Gespür für die Schwierigkeiten und Gefahren, denen der Hauptpastor der Kirche ausgesetzt ist müsste zwangsläufig aufgedeckt werden. Seine Vorstellung von seiner Position unterscheidet sich in der Tat stark von der derjenigen, die ihn als einen der Ersten betrachten, der den großen Plan des Papsttums konzipierte und eifrig und zielstrebig an den Grundlagen einer Institution arbeitete, von der er erwartete, dass sie Hunderte von Jahren bestehen würde von Jahren und um die Geschicke der Welt zu beeinflussen. Er war im Gegenteil völlig davon überzeugt, dass alle Zeichen der Zeit stattdessen das Ende der Welt und den endgültigen Abschluss der Menschheitsgeschichte vorhersagten. Die Apostel hatten das schon vor ihm geglaubt, und alle nachfolgenden Zeitalter hatten das Gefühl, dass die Katastrophe nur eine kleine Weile auf sich warten ließ. Unter seinen Augen erhob sich eine Nation gegen die andere, Erdbeben zerstörten die Städte der Erde und Seuchen verwüsteten ihre Bevölkerung. Es hatte Zeichen am Himmel gegeben, über die allgemein berichtet und geglaubt wurde, feurige Reihen von Kämpfern, die sich in einem Kampf am Himmel trafen, und jedes Zeichen des Gerichts, das kurz vor dem Fall stand. An eine triumphale und mächtige kirchliche Wirtschaft, die alles beherrschen sollte, dachte er kaum. „Da ich unwürdig und schwach bin, habe ich die Sorge für das alte und ramponierte Schiff auf mich genommen", sagt er in einem seiner Briefe, die er kurz nach seiner Wahl schrieb; „Die Wellen dringen von allen

Seiten ein, und die morschen Planken, die von täglichen und heftigen Stürmen zerschmettert wurden, drohen unmittelbaren Schiffbruch." Als altes und ramponiertes Schiff hatte es die Strapazen von sechs Jahrhunderten über sich ergehen lassen – eine lange Zeit für diejenigen, die nichts von den kommenden Zeitaltern wussten – und kämpfte nun, von Winden und Wellen gepeitscht, auf seinem Weg, ohne zu wissen, wann der schreckliche Moment kommen würde, den es erwartete Es könnten viele Generationen kommen, in denen sich die Sonne in Dunkelheit und der Mond in Blut verwandeln würde – die einzigen Zeichen, die noch für das Herannahen dieses großen und schrecklichen Tages fehlten. Wie sehr unterschieden sich diese Erwartungen von jedem bewussten Plan einer Eroberung oder eines spirituellen Imperiums? Und wie viel gerechtfertigter wäre es angesichts all dessen, was rund um diese kaputte, leidende, arme, atemlose und hoffnungslose Hauptstadt der Welt geschah!

Dennoch ist es offensichtlich genug, dass dieser entschlossene Mann, der sich auf jede erdenkliche Weise für den Schutz der Menschen um ihn herum einsetzte, der Stadt, die so viele Erschütterungen überstanden hatte, ein gewisses Herz schenkte. Überfüllt mit Flüchtlingen, dezimiert durch die Pest, viele Monate lang ohne einen fähigeren Kopf zurückgeblieben als die halbherzigen Prätoren und Beamten des Staates und der ferne Exarch in Ravenna, mit denen alle, laut Gregorys eigener Zeugenaussage, mit der Eintreibung von Steuern beschäftigt waren war das Hauptziel – ein starker und standhafter Herrscher inmitten dieses zerstreuten Volkes veränderte die Lage der Dinge in jeder Hinsicht. Zum einen scheint er von Anfang an die Fürsorge und Ernährung der Armen übernommen zu haben. Es war seit ihren frühesten Tagen der Grundsatz der Kirche, dass Almosen eine der ersten Pflichten und die Fürsorge für die Armen ihr unveräußerliches Recht sei; Aber eine solche Zeit der Katastrophe erforderte etwas Heldenhafteres als die üblichen Almosen und Wohltätigkeitsorganisationen. Ein großer Teil der Bevölkerung Roms kam in die Hände Gregors, um sich ernähren und versorgen zu lassen. Listen der mittellosen Armen, ihrer Häuser und Umstände wurden mit größter Sorgfalt geführt; und uns wird gesagt, dass, bevor der Papst sich zu einer Mahlzeit niederließ, zunächst die Tische für die Armen draußen gedeckt wurden. Wie schrecklich ist für jeden Philanthropen diese einfache und sachliche Speisung der Hungrigen! aber es war die Art des Christentums, die in der Frühzeit am meisten verstanden und anerkannt wurde und an der selbst die aufgeklärtesten Politiker nichts auszusetzen hatten. Dies war der erste Gedanke in jeder evangelischen Seele, aber es war keineswegs die Grenze von Gregors Bemühungen. In den Erfahrungen seines vergangenen Lebens hatte er sowohl Diplomatie als auch Wohltätigkeit gelernt, und alle seine Fähigkeiten und sein Wissen waren für die Rettung der ansonsten hoffnungslosen Stadt erforderlich. In der ganzen Würde seines geistlichen Amtes und doch mit allen Künsten eines

Staatsmannes können wir ihn gleichsam vor den Toren Roms stehen sehen, wie Horatius am Ufer des Tiber. Manchmal wendet er sich an Konstantinopel, manchmal an das Heer der Invasoren, um zu erklären, zu argumentieren und auf der einen und anderen Seite um die Sicherheit seiner Stadt und seines Volkes zu bitten. Seine Briefe an den Kaiser und die Kaiserin einerseits und die an Königin Theodolinda andererseits, die Frau des Eindringlings, zeigen, mit welcher Beharrlichkeit und Ernsthaftigkeit er Rom und sein Volk verteidigte , das sein besonderer Schützling und seine Herde war der außer sich selbst weder Herrscher noch Verteidiger hatte. Dies sei eine seiner Methoden gewesen, die Macht des Papsttums zu etablieren, heißt es; es war gleichzeitig und vor allem das Vortreten des einzigen Mannes, der sich an die Spitze einer desorganisierten und zitternden Schar ohne Anführer und Verteidiger stellen konnte oder wollte. Er, nur er, stand fest, um für sie zu kämpfen und die über ihren Köpfen schwebende Zerstörung abzuwehren, und es wäre in der Tat eine merkwürdige Tatsache in der menschlichen Natur, wenn ein solcher Mann seine erste Pflicht für ein späteres, noch ungeformtes Imperium erfüllen würde Hunderte von Jahren waren vergangen. Er hatte Erfolg mit den Barbaren und bewahrte Rom vor Angriffen, die oft angedroht, aber nie ausgeführt wurden; aber er brachte Maurice wenig Gutes, der seinerseits nur wenige Truppen hatte, die er entsenden konnte, und keinen General, der in der Lage war, einen erfolgreichen Feldzug gegen die Langobarden zu führen. Die Offiziere und die Armeen des Imperiums waren nützlich, um Steuern für die Reichskasse einzutreiben, aber nicht, um sich einem energischen Eindringling zu widersetzen oder ein wehrloses Volk zu retten.

Keiner seiner Biographen oder Bewunderer behauptet, Gregor sei ein gelehrter Mann gewesen oder habe sich auch nur besonders für die Bewahrung von Briefen oder den Fortschritt des intellektuellen Lebens interessiert. Gelehrsamkeit und Philosophie waren das Erbe der griechischen Kirche, die der sehr anmaßende und arrogante Rivale Roms und die Wiege der meisten Häresien und aller schwierigen und heiklen Fragen war, die den Frieden der Kirche gestört hatten. Ihm wird, allerdings ohne ausreichende Beweise, vorgeworfen, eine Bibliothek lateinischer Dichter verbrannt zu haben, was er seiner Meinung nach auch ohne großes Schuldgefühl hätte tun können. Es gab nie ein Zeitalter, in dem bestimmte Bücher nicht dieser Reformation durch Feuer ausgesetzt waren, und das Prinzip ist heute genauso stark wie im sechsten Jahrhundert, daher brauchen wir uns nicht die Mühe zu machen, Gregor von einer solchen Anschuldigung zu befreien. Er liebte nicht wie Hieronymus die Literatur, die voller klassischer Bilder und Anspielungen war. Weder Cicero noch Platon hätten ihn dazu verleitet, sich mit vergeblichen Studien zu beschäftigen. „Derselbe Mund", sagt er, „sollte nicht den Namen Jupiter und den Namen Christi aussprechen;" doch gleichzeitig bringt er sein tiefes Bedauern darüber zum Ausdruck, dass die

Briefe aus Rom trotz all der Turbulenzen, die es durchgemacht hatte, ausgestorben waren. Inmitten des allseits zu hörenden Barbarenjargons sei das Griechische, so klagt er, fast in Vergessenheit geraten. Es gab nur wenige Menschen, die gebildet genug waren, um eine Frage der Lehre anhand des Originaltextes der Heiligen Schrift zu klären. „Die, die wir haben, taugen zu wenig, außer Wort für Wort zu übersetzen; sie sind nicht in der Lage, den Sinn zu erfassen, und es fällt uns schwer, ihre Übersetzungen zu verstehen." Er schätzt sich nicht auf seinen eigenen Stil ein, der in der Tat alles andere als ciceronisch ist. Er beklagt sich am Ende seiner Widmung an Leander in seiner Moralia mit großer Einfachheit über die „Kollisionen des Metakismus ", eine Schwierigkeit beim Buchstaben *m* , *die* in unserer Zeit ebenso problematisch gewesen zu sein scheint wie der Buchstabe *h* ; und nimmt Kritik vorweg, indem er zugibt, dass er die „Fälle von Präpositionen" vernachlässigt hat. „Denn ich halte es für weit davon entfernt", sagt er, indem er, wie wir in Schottland sagen würden, „das erste Wort des Fliegens" nimmt und mit hoher Hand „die Worte des göttlichen Orakels den Regeln des (der) unterwirft." Grammatiker) Donatus." Wer soll sagen, dass Lindley Murray nichts mit der Sprache einer Predigt zu tun hat? Das war viel zu sagen für einen Mann, zu dessen frühen Leistungen die Überzeugung und Bekehrung des Eutychius durch Argumente gehörte , dessen Ketzerei in Bezug auf den Körper der Auferstehung (ein ausreichend entferntes und weit entferntes Thema, um zu stören) war der Kirche (aber solche Verdrehungen einer unmöglichen Lehre haben schon immer einige Geister beeinflusst) überlebte sich selbst –, der jedoch mit seinem letzten Atemzug zugab, dass er Unrecht hatte und Gregor Recht hatte.

zur Erbauung und Stärkung des Glaubens der Kaiserin Theodolinde geschrieben wurden , sind nichts anderes als fromme Diskussionen und Sanktionen über die von den Heiligen vollbrachten Wunder , von dem wir befürchten, dass es in unserer Zeit eine sehr gegenteilige Wirkung haben würde, wenn es veröffentlicht würde. Seine Werke über das pastorale Gesetz und die Disziplin der Kirche sind die wertvollsten und wichtigsten seiner Werke; Allerdings unterscheidet sich auch hier sein Standpunkt außerordentlich von unserem und er rät zu einer Art und einem Grad der Toleranz, von der es etwas erschreckend ist, davon zu hören. In seinen Anweisungen an Augustinus und seine Gruppe von Missionaren beispielsweise weist Gregor sie an, sich so wenig wie möglich in die Bräuche der Menschen einzumischen, zu denen sie geschickt wurden, insbesondere in Bezug auf religiöse Bräuche. Sie sollten die vertrauten Begleitungen der einheimischen Riten und Zeremonien ihrer Konvertiten nicht aufgeben. Die alten Tempel von Woden und Thor sollten nicht aufgegeben, sondern einer neuen und besseren Nutzung zugeführt werden; Selbst das Opfersystem für diese Götter sollte nicht völlig abgeschafft werden. „Es soll keine Opfer mehr für Dämonen geben", sagt er mit seltsamer Kasuistik, „sondern sie sollen töten und essen und Gott danken; denn du musst ihnen einige materielle Freuden hinterlassen, damit sie viel leichter in die Freuden der Welt eintauchen können." Seele." Andererseits tragen seine Anweisungen an einen Bischof von Sardinien einen merkwürdig anderen Charakter. Er empfahl diesem Prälaten, einen mehr oder weniger sanften Druck auf die dort noch heidnischen Bauern auszuüben, und zwar in Form einer Erhöhung der Pacht und der Steuern, bis sie Christen würden. „Obwohl die Bekehrung nicht mit Gewalt erfolgt", sagt er mit scharfsinnigem Zynismus, „doch werden die Kinder dieser Söldnerkonvertiten in ihrer Unschuld getauft werden und bessere Christen sein als ihre Väter." ein Argument, das sicherlich viel wirtschaftliche Wahrheit verkörpert, wenn auch nicht gerade den Geist des Evangeliums.

DIE PIAZZA DEL POPOLO.

Merkwürdig anders als diese weltlichen Vorschläge sind jedoch die von Beda zitierten detaillierten Anweisungen für die pastorale Arbeit in Gregors Antwort auf die Fragen des Augustinus, in denen das künstliche Gewissen des Beichtstuhls plötzlich in voller Entfaltung zur Seite steht diese seltsamen Ratschläge einer noch halbheidnischen Zeit. Nichts kann bemerkenswerter sein als dieser Kontrast, der von den Gläubigen eine mehr als levitische punctilio der Einhaltung verlangt, während er dem Profanen jede Tür offen lässt. Obwohl er mit so großem Widerwillen in die Seelsorge der Kirche einstieg, hat niemand detailliertere Anweisungen für die Heilung von Seelen gegeben. Es scheint in Wirklichkeit eines der Dinge gewesen zu sein, die ihn am meisten interessierten. Sein Geist war in mancher Hinsicht der eines Staatsmannes voller Sinn für Zweckmäßigkeit und Machbarkeit sowie für Toleranz und Kompromisse, die so weit gingen, dass sie uns mit Bestürzung erfüllen; auf der anderen Seite war es die eines Gemeindegesetzgebers, eines Ermittlers persönlicher Details, für den keine Kleinigkeit unwichtig war und die phantastischsten Bestimmungen einer rituellen Reinigung von ebenso großer Bedeutung wie die Moral selbst waren.

Im Gegensatz zu den Briefen, in denen kaum mehr als eine Zwangskonvertierung empfohlen wurde und die häufig als Beispiele für die Skrupellosigkeit der frühen Missionare angeführt wurden, müssen wir hier einige pastorale Anweisungen Gregors zitieren, in denen der wahre Geist eines Pastors zum Ausdruck kommt strahlt hervor. „Nichts", sagt er in einem seiner Briefe an die Bischöfe, mit denen er ständigen Kontakt pflegte, „ist eine so schwere Last für einen Priester, dass er die Kraft seines eigenen Geistes in Mitleid beugen könnte, um Seelen zu verändern (*cum*) . *personis supervenientibus animam mutare*) mit jeder neuen Person, die sich ihm nähert; Dennoch ist dies sehr notwendig." Nichts könnte glücklicher im Ausdruck oder schöner im Gefühl sein, und es zeigt, wie vollständig der Mönchspapst im Kloster und auf dem Thron den wesentlichen Charakter seines großen Berufs verstand. Noch bemerkenswerter, umso mehr In persönliche Angelegenheiten verwickelt, ist sein Rat an Augustinus, der ihn zu den Unterschieden im Gottesdienst zwischen den gallikanischen und denen römischen Kirchen konsultiert hatte.

„Du kennst, mein Bruder, den Brauch der römischen Kirche, in der du aufgewachsen bist. Aber es wird mich freuen, wenn du, sei es in der römischen oder gallikanischen oder irgendeiner anderen Kirche, etwas gefunden hast, das für den Allmächtigen annehmbarer sein könnte Gott, du wirst sorgfältig deine Wahl treffen und die Kirche der Engländer, die noch neu im Glauben ist, eifrig lehren, was auch immer du an Gutem aus den verschiedenen Kirchen lernen kannst. Denn Dinge darf man nicht um ihrer selbst willen lieben von Orten, sondern Orte um der guten Dinge willen. Wählen Sie daher aus jeder Kirche die Dinge, die fromm, religiös und aufrichtig sind, und wenn Sie sie sozusagen in ein System gebracht haben, sollen sich die Geister der Engländer daran gewöhnen. "

Dies ist sicherlich die wahrste und höchste Toleranz.

Das Papsttum Gregors begann in Schwierigkeiten und Bedrängnis; Rom war desorganisierter , elender, verwirrter und hilfloser als fast je zuvor, obwohl es bereits viele schreckliche Krisen durchgemacht hatte; und er war vor der schrecklichen Aufgabe zurückgeschreckt, sie wieder in Ordnung zu bringen. Aber als er diese Aufgabe einmal übernommen hatte, zeigte sich weder Schwäche noch Zögern in der Art und Weise, wie er sie ausführte. Die öffentliche Buße und Demütigung, zu der er das Volk bewegte, die septiforme Litanei mit ihren singenden und weinenden Menschenmengen, die unaufhörlichen Gebete und Fürbitten in der Kirche waren nicht alle, wenn auch für Gregor zweifellos der wichtigste Teil der Methoden, mit denen er durchhielt den Mut, oder besser gesagt, das Herz in die zerrüttete Bevölkerung zu stecken, so dass ausnahmsweise einmal Widerstand geleistet wurde, als die Langobarden die Stadt bedrohten. Und seine ängstlichen Verhandlungen hörten nie auf. Der Kaiser , fern und gleichgültig, um nicht zu sagen hilflos, in Konstantinopel, hatte keine Ruhe vor den ständigen Vorwürfen und Appellen des stets wachsamen Bischofs. Gregor beklagte sich zu Recht darüber, dass keine oder zumindest nur fiktive Anstrengungen unternommen wurden, um Rom zu helfen, und dass die Gleichgültigkeit oder Feindseligkeit des Kaisers für Rom gefährlicher sei als die Waffen der Langobarden. Andererseits wandte er sich an das Hauptquartier der

Invasoren und wählte als seine Vorkämpferin – wie es seine Sitte war, wie es seit jeher die Sitte des Kirchenmannes war – die Königin Theodolinde, die katholisch geworden war und dort ihren Sohn taufte Trotz des Widerstands ihres arianischen Mannes glaubte sie an ihren Glauben und war daher eine sehr passende und natürliche Fürsprecherin. „Was für eine überwältigende Anklage!" Er ruft einem seiner Korrespondenten zu, „sofort mit der Aufsicht der Bischöfe und des Klerus, der Klöster und des gesamten Volkes belastet zu sein und die ganze Zeit über jedes Unternehmen des Feindes im Auge zu behalten und auf der Hut vor ihm zu sein." Raub und Ungerechtigkeit unserer Herrscher." Es war tatsächlich eine Last, der nur wenige Männer hätten standhalten können.

Gregor scheint keine Bewegung des Feindes vernachlässigt zu haben, jede Forderung und jeden Verrat aus Konstantinopel zur Kenntnis genommen zu haben, sich an jeden Bischof in den entlegensten Gegenden zu erinnern und an jeden nacheinander seine Forderungen, seine Bitten und seine Zurechtweisungen gerichtet zu haben . Uns wurde in unserer Zeit von der überwältigenden Last der Geschäfte erzählt (die den Möglichkeiten der Post und der täglichen Kommunikation zugeschrieben wird), die einen englischen Erzbischof fast erdrücken würde, obwohl dieser Würdenträger neben der Fürsorge für die Kirche sich nur so sehr um öffentliche Angelegenheiten kümmert wie es ein gewissenhafter Berater haben muss. Aber Gregor war für alles verantwortlich, das Leben und, soweit möglich , die Freiheiten seiner Stadt und seines Volkes, ihr tägliches Brot, ihre Sicherheit, ihre Existenz selbst, abgesehen von der Seelsorge, die seine besondere Beschäftigung war. Die Fülle an Korrespondenz, die er neben all seinen anderen Arbeiten, ohne etwas zu vergessen, zu Ende bringen konnte, reicht aus, um jeden modernen Verfasser hastiger Notizen und knapper Geschäftsbriefe in den Schatten zu stellen. An dieser Stelle mag ein Wort der Entschuldigung für den vielgeplagten Papst in Bezug auf den einen Moment in seiner Geschichte gesagt werden, in dem sein Verhalten von seinem wärmsten Bewunderer nicht verteidigt werden kann. Seine Gebete und Appelle wurden in Konstantinopel mit Verachtung behandelt, einer Verachtung, die sich nicht nur auf seine eigene Person bezog, sondern auch auf Rom und die Kirche, um die sich Kaiser Maurice nicht einmal kümmerte. Und als dieser Kaiser plötzlich hinweggefegt wurde, war es ganz natürlich, dass ein Gefühl der Erleichterung, ein Hauch von Hoffnung in den neuen Mann eindrang, der trotz des Verrats und der Grausamkeit des ersten Schrittes seiner Karriere vielleicht besser werden würde als sein Vorgänger. hätte einem distanzierten und vielleicht zunächst unvollkommen informierten Betrachter, dessen Interessen so sehr im Mittelpunkt standen, durch den Kopf leuchten sollen. Die Selbstgefälligkeit, mit der Gregor an Phokas schrieb, die erstaunlichen Ausdrücke, mit denen er diesen Mörder und Tyrannen bezeichnete, werden für immer der dunkelste Fleck auf seinem Ruf sein. Unter Maurice waren die

Minister des Reiches repressiver gewesen als die Invasoren. Vielleicht könnte man unter Phokas bessere Dinge erhoffen. Das ist alles, was man über diesen unglücklichen Moment seiner Karriere sagen kann; aber es ist trotzdem etwas.

Erst im Jahr 597, als er sein Bistum sieben Jahre lang innehatte, gelang es Gregor, den lang gehegten Plan der Mission nach England, der ihm seit vielen Jahren so am Herzen lag, in die Tat umzusetzen. Es wird gesagt, dass er selbst einige der gefangenen Jungen, die ihm auf der Straße auffielen, gekauft und sie in der christlichen Lehre und im christlichen Glauben geschult hatte, damit sie als Dolmetscher fungieren und die Missionare ihrem Volk empfehlen konnten, ein Hilfsmittel, das er nicht erfüllen konnte Dieser Grundsatz wurde in den letzten Missionen weitgehend befolgt (und natürlich als origineller Gedanke gerühmt). Diese Jungen hatten zu diesem Zeitpunkt bereits das Mannesalter erreicht, und vielleicht war dies der Auslöser für den Zeitpunkt, zu dem Augustinus und seine Gefährten ausgesandt wurden. Sie wurden feierlich in der Kapelle des Klosters auf dem Cœlian- Hügel geweiht, Gregors geliebtem Zuhause, zu dem er immer mit so großer Zuneigung zurückkehrte und zu dem auch sie gehörten, Mönche desselben Hauses. Ihre Namen sind in der Veranda der heutigen Kirche nach denen ihres Herrn eingraviert, mit Bezeichnungen, die unseren britischen Ohren seltsam vertraut sind – S. Augustinus, Apostel von England; S. Lawrence, Erzbischof von Canterbury; S. Mellitus aus London und Canterbury; S. Justus aus Rochester; S. Paulinus aus York erscheint in den Aufzeichnungen, die ersten Lehrer und kirchlichen Würdenträger des sächsischen Englands. Die Kirche, in der diese Weihe stattfand, existiert nicht mehr; das heutige Gebäude, sein dritter oder vierter Nachfolger, stammt erst aus dem 18. Jahrhundert und ist S. Gregory selbst gewidmet; Aber die kleine Piazza, die jetzt von so vielen Pilgern besucht wird, ist unverändert geblieben, und von diesem kleinen Platz, einem so winzigen Punkt inmitten der historischen Orte Roms, machte sich die Missionarsgruppe auf den Weg, Augustinus und seine Brüder knieten unten, während der Papst Er stand am Ende der Treppe und gab ihnen seinen Abschiedssegen. Zweifellos befanden sich die jungen Angles mit ihren goldenen, zu rostroten Tönen gereiften Kindheitslocken, die Gregorys Geist mit so vielen Gedanken erfüllt hatten , in der Gruppe, hinter den schwarz gekleideten Benediktinerbrüdern, deren Führer und Dolmetscher sie sein sollten.

Dies ist eine Vereinigung, die für jeden Engländer von großem Interesse ist und viele Pilger aus der Nation angezogen hat, deren Glaube so viele Wechselfälle erlebt hat und in der die Autorität des Papstes in einem Zeitalter ebenso vehement verunglimpft wie in einem anderen energisch hochgehalten wurde; Aber was auch immer unsere Meinung zu diesem Punkt sein mag, es kann hier nichts anderes geben als eine liebevolle und dankbare Erinnerung an den Mann Gottes, der den Plan so lange gehegt hatte und den er schließlich mit väterlichem Segen und Freude im Herzen verwirklichen konnte aus. Er selbst hätte diese Mission schon vor vielen Jahren gern unternommen; Aber die Fürsorge aller Kirchen und die Schwierigkeiten einer zerstreuten Welt hatten dies für immer unmöglich gemacht, und er wurde nun alt, war gesundheitlich schwach und hatte nur noch wenige Jahre Arbeit vor sich. Die Herzen der Missionare waren nicht so stark wie die dieses großen Dieners der Diener Gottes, der sie mit seinem Segen wegschickte. Der Schrecken des Meeres und der Wildnis, die lange Reise und die wilden Stämme am Ende waren in ihren Herzen. Als sie ihre Reise fast hinter sich gebracht hatten und sich ein wenig ausruhten, um unter den Galliern wieder gesund zu werden – zwar wild genug, aber immer noch mit Heiligtümern des Friedens und heiligen Brüdern unter ihnen –, bevor sie den schrecklichen Kanal überquerten, schrieb Augustinus flehende Briefe und bettelte zurückgerufen werden. Aber hoffen wir, dass diese Schrecken sie im Moment der Einweihung kaum erfasst hatten. Und für Gregory war dieser Anlass ein Anlass voller Zufriedenheit und Freude. Der Papst trug damals nicht die weißen Gewänder, die heute seine Würde auszeichnen. Gregory war vermutlich gegenüber solchen Zeichen und Zeichen gleichgültig; denn auf dem Porträt von ihm, das in der Beschreibung von Johannes dem Diakon noch vorhanden ist, trägt er ein Kleid, das kaum von der gewöhnlichen Kleidung eines Laien zu unterscheiden ist. Aber als er, getrennt von allen Anwesenden, auf den Stufen vor der Kirche stand und segnend die Hände hob, ist die Szene eine, die jeder Maler begehren könnte und die auch so mancher Besucher von diesen fernen Inseln der Meere begehren wird machen die kleine Piazza di San Gregorio in ihrer Einfachheit interessanter als jeden anderen Ort im historischen Rom.

Es würde zu viel Zeit in Anspruch nehmen, hier seine langen und sorgfältigen Briefe an die Bischöfe des Westens im Allgemeinen zu zitieren – von Sizilien, das immer Gegenstand seiner besonderen Sorgfalt gewesen zu sein scheint, bis hin zu denen in Gallien und seinen Missionaren in England. Es ist klar, dass er eine unbestrittene Autorität über sie annahm, eine Autorität, die der Bischof von Rom viele Generationen vor ihm mehr oder weniger ausgeübt hatte, und dass er über die Ansprüche Johannes von Konstantinopel, Universalbischof genannt zu werden, aufrichtig empört war auch sicher. Diese Tatsachen beweisen jedoch keineswegs, dass ein großer Plan der päpstlichen Autorität in seinem Kopf allen seinen Unternehmungen zugrunde lag. Wenn die Historiker davon sprechen, dass Gregor durch seine Missionen, insbesondere durch die Mission nach England, von der ich gerade gesprochen habe, die Vorherrschaft der Kirche von Rom verbreitete, vergessen sie, dass die Erlösung der in der Dunkelheit liegenden Seelen ein Motiv ist, das die Menschen bewegt hat in jedem Zeitalter zu den größten Opfern gebracht, und dass wir keinen Grund in der Welt haben zu glauben, dass es nicht der Glaube Christi, sondern die Vorherrschaft Roms war, was Gregors Ziel war. Von den Aposteln selbst könnte man in gleicher Weise sagen, dass sie ihre eigene Vormachtstellung verbreiteten, als sie dem Befehl ihres Meisters folgten, die ganze Welt zu durchqueren und jedem Geschöpf das Evangelium zu predigen. Die eine Souveränität war tatsächlich in der anderen impliziert – aber es erfordert einen sehr starken Glauben an ein vorgefasstes Dogma und ein sehr geringes Verständnis der menschlichen Natur, um das glauben zu können, als der meditative Mönch mit Mitgefühl und Interesse auf seinem Spaziergang innehielt Als er die Engelsjungen ansah und mit Tränen in den Augen zärtlich über ihre Namen, ihre Nation und ihren König sprach, kam ihm sofort die Idee in den Sinn, nicht dass Alleluja in den Herrschaftsgebieten von König Alleluja gesungen werden sollte, sondern in diesem wilden Land Mitten in den Meeren verloren gegangene Menschen sollten unter ein noch nicht entworfenes spirituelles Zepter gebracht werden.

Gregor dachte wie die Apostel, dass die Tage der Welt gezählt seien und dass die Aufzeichnungen seiner eigenen Generation geschlossen werden könnten. Das ist eine Idee, die noch nie einen würdigen Mann daran gehindert hat, sich für das Wohl der Welt einzusetzen – aber es war ein Glaube, der besser begründet war und viel mehr allen Theorien und Dogmen der Zeit entsprach als ein Plan der universellen Herrschaft für die Welt Kirche, wie sie ihm zugeschrieben wird. Er erfüllte seine Pflicht in allen Richtungen äußerst energisch und energisch, ohne Angst davor zu haben, sich einzumischen, und nutzte das Ansehen des Apostolischen Stuhls frei für jeden kirchlichen Zweck. Und er wurde Fürst in Rom, ein absoluter Souverän aufgrund der Umstände und weil jede andere Herrschaft und Autorität versagt hatte. Ob sich diese praktischen Notwendigkeiten vor dem Ende seines Lebens vage in Visionen eines spirituellen Imperiums verwandelten, lässt sich nicht sagen, ebenso wie es unmöglich ist, zu sagen, welche Träume von Glück oder Größe in das Gehirn eines armen Mannes eindringen können. Aber ein so großer und weltumfassender Plan kommt selten vollständig in den Sinn, und in seinen Worten hat er nie irgendeinen Anspruch dieser Art behauptet, nein, vehement bestritten und zurückgewiesen. Es ist merkwürdig, wie schwierig es ist, die Welt davon zu überzeugen, dass ein Mann, der eine Position mit großer Verantwortung an der Spitze einer Institution innehat, zuallererst von dem Wunsch angetrieben wird, seine Arbeit zu erledigen, was auch immer die späteren Ergebnisse sein mögen .

Gregors Aktivität war grenzenlos, obwohl seine Gesundheit schwach und seine Leiden zahlreich waren. Das Fasten in seiner Jugend und die allzeitige Vernachlässigung wirkten sich schon früh auf seine Konstitution aus. Das Kräuteressen, das ihm seine Mutter täglich schickte und das manchmal als ungekocht beschrieben wird – nämlich der Salat, der einen so großen Teil des Lebensunterhalts der italienischen Armen ausmacht – ist eine Art Kost, die einer empfindlichen Verdauung nicht gewachsen ist; aber er hat sich aus diesem Grund nichts gespart, obwohl er so schwach geworden war, dass er schließlich, wie er bitter beklagt, überhaupt nicht mehr fasten konnte, selbst am Osterabend, wenn selbst kleine Kinder auf Essen verzichten. Neben all den Arbeiten , die ich bereits erwähnt habe, gibt es noch ein Detail, das vielleicht mehr als alle anderen dazu beigetragen hat, die Allgemeinheit mit seinem Namen vertraut zu machen; und das ist die Reformation in der Musik, die er neben all seinen anderen Arbeiten vollbrachte . Kirchenmusik ist der einzige Zweig der Kunst, von dem wir authentische Aufzeichnungen haben, die so weit zurückreichen, und der gregorianische Gesang existiert noch immer unter uns, mit jenem besonderen Klageton, der sich mit seinen feierlichen Takten vermischt, der für jede primitive Musik charakteristisch ist.

„Vier Tonleitern", sagt Herr Helmore im *„Dictionary of Music"* , „die traditionell dem heiligen Ambrosius zugeschrieben werden, existierten vor der Zeit des heiligen Gregor. Diese sind als authentische Tonarten bekannt und seit dem 13. Jahrhundert nach dem Altgriechischen benannt." Die Tonleitern, von denen sie abgeleitet werden sollten, lauten wie folgt: 1, dorisch; 2, phrygisch; 3, lydisch; 4, mixo -lydisch. Zu den vier authentischen St. Gregory fügte vier plagal hinzu, *db* Neben- oder relative Modi. Jeder steht eine Quarte unter dem entsprechenden Original und trägt denselben Namen mit dem Präfix hypo (ὑ π ό , unten), wie folgt: 5, Hypo- Dorium ; 6, Hypo-Phrygisch; 7, Hypo-Lydisch; 8, Hypo- Mixo -Lydisch.... Händels „Hanover" unter den modernen Melodien, das von F bis F reicht, hat sein Finale auf B b . „Should auld acquantance be forgot" ist ebenfalls ein Beispiel für eine Melodie im absteigenden Plagal-Modus eine Quarte unter ihrem Schlusston und erhebt sich darüber nur sechs Noten und schließt mit dem Schlusston ab.

Das mag für den Durchschnittsleser etwas zu gelehrt sein, aber es ist interessant herauszufinden, wie weit der Einfluss des vielbeschäftigten alten Papstes, der an jedem Kuchen seine Finger im Spiel hatte, gehen konnte. Es gibt einen sehr merkwürdigen Kommentar von Johannes dem Diakon, dem späteren Biographen Gregors, zu diesem neuen Musiksystem und seiner Einführung in ganz Europa, der ein gutes Pendant zur wissenschaftlichen Beschreibung darstellt. Die Italiener scheinen damals wie heute eine schlechte Meinung von deutschen Gesangsweisen gehabt zu haben.

„Diese Musik wurde von den Germanen und Galliern leicht erlernt, aber sie konnten sie nicht behalten, weil sie eigene Ergänzungen machten und auch wegen ihrer barbarischen Natur. Ihre Alpenkörper hallten bis in ihre Tiefen mit dem Donner ihrer Stimmen wider." Geben Sie die Süße der Modulation richtig zum Ausdruck, die wilde Rauheit ihrer saugfähigen Kehle, wenn sie versucht, eine zarte Spannung von sich zu geben, und erzeugen dabei ziemlich harte Klänge mit einem natürlichen Krachen, als würden Waggons verwirrt über die Tonleiter klingeln .

Das ist nicht schmeichelhaft; aber man kann sich vorstellen, dass etwas ganz Ähnliches aus den Lippen eines italienischen Maestro unserer Zeit kommt. Die Überlieferung besagt, dass Gregor selbst die Chorsänger unterrichtete, für die er Schulen gegründet hatte, von denen jeder sein kleines Eigentum hatte, eine im Bezirk von St. Peter, die andere in der von St. John im Lateran, wo sich sein eigener Wohnsitz befand. Und noch ist ein Sofa zu sehen, auf dem er lag, während er den Unterricht gab oder leitete, und sogar die Peitsche, mit der er den Sängern gedroht haben soll, wenn sie falsche Noten machten. Letzteres stimmt kaum mit dem Charakter des Papstes überein, und wir können uns kaum vorstellen, wie eine Peitsche in der Hand Gregors in der Luft klingelt; aber es ist wahrscheinlich genauso wahr wie andere angenehmere Umstände der Legende. Man kann jedoch kaum glauben, dass er inmitten seiner vielfältigen Beschäftigungen Zeit für mehr als eine Stippvisite in die Schulen gehabt hätte, wie sehr sie ihn auch interessierten.

Er beschränkte seine rituellen Bemühungen auch nicht auf die Gestaltung der Musik. Uns wird gesagt, dass das Missale von Papst Gelasius, das damals in der Kirche verwendet wurde, von ihm überarbeitet wurde und dass er viel wegnahm, einiges änderte und ein wenig hinzufügte, unter anderem ein Glaubensbekenntnis oder Credo aus seiner *eigenen* Schrift etwas zwischen dem Athanasianischen und dem Nicänischen Glaubensbekenntnis. Das Ordinarium der Messe bleibt heute bestehen, wie uns ein anderer Autoritätsmann mitteilt, so wie es aus seinen Händen stammte. So bleiben seine unmittelbare Autorität und der Eindruck seines Geistes auf Dinge bestehen, die noch im täglichen Gebrauch sind.

MONTE PINCIO, VON DER PIAZZA DEL POPOLO.

Und es könnte keine bekanntere oder charakteristischere Figur in Rom geben als die dieses Mönchs-Papsts, der sich überall durch die vertrauten Straßen schlängelt, in denen es mehr Ruinen gab und die alle frisch und schrecklich in ihren Andeutungen eines zerstörten Lebens waren – als jetzt: die Sanftmütigen Betrachter voller Meditation, der in der Gruppe der Sklaven verweilte und die sächsischen Jungen sah und liebte und ihnen zulächelte: die am Trajansforum vorbeigingen, das wir alle so gut kennen, diesem Feld zerbrochener Säulen, die damals noch nicht vollständig abgerissen und geputzt waren die Ordnung eines Freilichtmuseums, aber wild in der Vernachlässigung der Natur: und hörte die Geschichte des Kaisers und liebte ihn auch und schüttete seine Seele vor Gott für die großen Heiden aus, so dass die Tore des Hades aufgestoßen wurden und die befreite Seele – seltsames Gleichnis von brüderlicher Güte als vorherrschendem Prinzip des Herzens und Lebens. Wir können ihm durch alle Listen der Armen folgen, die in seinen Scrivii abgelegt sind, wie die Kataloge der in Schatullen eingeschlossenen Bücher in einer altmodischen Bibliothek – mit sorgfältiger Aufzählung aller halb zerstörten Mietshäuser und heruntergekommenen Paläste, die die Elenden gefunden hatten Unterschlupf: oder zwischen den Menschenmengen hindurchgehen, die ihre Portionen vor und nicht nach dem Papst in den Bezirken der großen Basilika erhielten; oder „modulieren" mit einer durch Alter und Schwäche gebrochenen Stimme die neuen Töne seiner Musik, die die „saugfähigen Kehlen" der Barbarenbekehrten in

Donner verwandelten und aus denen sogar seine eigenen Chorsänger, so nachlässig sie auch gebrauchen, machen würden Zwietracht, bis die Peitsche des Meisters in der Luft zitterte, den langgezogenen Tönen des Monotons den Stachel eines schärferen Klangs hinzufügte und jeden rücksichtslosen Tenor und leichtfertigen Sopran zur Aufmerksamkeit zwang. Dies sind seine einfacheren Aspekte, das niedere Leben des großen Benediktiners, das Bild des Papstes, wie er sich in der populären Vorstellung beliebt machte, um das sich allerlei zarte Legenden rankten. Sein Aussehen ist weniger vertraut, aber nicht weniger wahr, wenn er an der Spitze der Angelegenheiten sitzt und mit seiner eigenen Hand die unzähligen Briefe diktiert oder schreibt, die jedes Thema unter dem Himmel behandeln, von der Sicherheit Roms bis zum Kreuz, das herumgehängt werden soll der Hals eines königlichen Säuglings oder der Amethystring für den Finger einer kleinen Prinzessin; von den Ansprüchen von Johannes von Konstantinopel, dem Möchtegernoberhaupt der Kirche, bis hin zu dem Esel, den der ungeschickte Intendant aus Sizilien geschickt hat. Nichts war zu groß, nichts zu klein für seine Fürsorge. Er musste mit der Minze und dem Kreuzkümmel klarkommen , ohne schwerwiegendere Dinge ungeschehen zu machen.

Und der Leser, der Muße hat, kann ihm in das Labyrinth jener Dialoge folgen, in denen Petrus der Diakon als Fragesteller fungiert und der Papst, um seine Unwissenheit zu verbessern, sanft über all die wunderbaren Dinge spricht, die die Heiligen hauptsächlich in Italien getan haben. indem er jedes Naturgesetz auf den Kopf stellt: Oder folgen Sie ihm durch die winzigen und endlosen Regeln seines Buches der Disziplin und beachten Sie die fein ausgearbeiteten Skrupel, mit denen er sich auseinandersetzen muss, die seltsamen Gewissensfälle, für die er sorgt, die Punctilio von übertriebene Reue, die in so seltsamem Gegensatz zu den anderen rauen und schnellen Methoden steht, mit den Unkonvertierten umzugehen, denen er die Zustimmung seiner Empfehlung gibt. Er war ein Mann seiner Zeit, nicht unserer Zeit: Er schmeichelte Phokas, während seine Hände noch nass vom Blut seines Vorgängers waren – obwohl wir immer noch hoffen können, dass Gregor aus dieser Entfernung nicht wusste, was alles passiert war oder was für ein Grobian das war wen er so ansprach. Er schrieb liebevoll und voller Hingabe an Königin Brunhild, ohne sich mit dem Charakter dieser Dame zu befassen, den er zweifellos perfekt kannte. Wenn es um das Wohl Roms ging, sei es der Stadt oder der Kirche, schreckte er vor nichts zurück. Ich habe keine Lust, ihn als fehlerlos darzustellen. Aber die Männer, die fehlerlos sind, wenn es welche gibt, hinterlassen nur einen begrenzten Bericht, und über Vollkommenheit lässt sich kaum mehr sagen, als dass sie perfekt ist. Gregory war nicht so. Er wurde manchmal sehr wütend, auf Bischöfe in Sizilien, auf dumme Intendanten, vor allem auf diesen östlichen Johannes – und manchmal, was noch schlimmer ist, war er unterwürfig und nachgiebig, wenn er wütend sein und einen Verbrecher hätte anzeigen sollen. Aber andererseits war er der erste der großen geistlichen Fürsten, die das moderne Rom berühmt gemacht haben – er war in der Lage, durch das größte aller Wunder, der elenden Stadt, die sich von allen Wilden überrennen ließ, ein Herz zu verleihen und standzuhalten zwischen ihr und der ganzen Schöpfung, der der ganzen Welt die Gewissheit eines Mannes gibt und mit jeder Waffe, die ihm in die Hand kommt, für sie kämpft. Indem er alles tat, was er für richtig hielt, legte er den Grundstein für diese große Macht, die sich noch immer über die ganze Welt erstreckt. Ich glaube nicht, dass er nach einem Plan handelte oder die Vorherrschaft des Pontifikats im Sinn hatte oder irgendeine Idee eines kirchlichen Reiches hatte, das das Universum umfassen sollte. Zu sagen, dass die Mission nach England, die ihm so lange am Herzen lag, beispielsweise mit der Idee unternommen wurde, die Macht des Papsttums auszuweiten, scheint eine dieser Torheiten des Theoretikers zu sein, die keiner Antwort bedarf. Man könnte dem heiligen Paulus genauso gut vorwerfen, dass er die Absicht hatte, ein spirituelles Reich zu verbreiten, als er in seinem Traum diesen Mann aus Mazedonien sah und sofort seine Schritte dorthin lenkte, indem er der Vision gehorchte. Was Gregor hoffte und betete, war, eine neue Nation, wie er es für eine edle und kraftvolle Rasse hielt, zum Christentum zu führen. Und das gelang ihm: mit so sekundären Konsequenzen wie den Entwicklungen der Zeit, den Gesetzen des Fortschritts und dem Lauf der Vorsehung.

Es liegt ein gewisser Humor in der mehrfach erwähnten Empörung, mit der er sich gegen den Patriarchen von Konstantinopel und seinen Anspruch auf eine Vorherrschaft wandte, die dem Bischof von Rom natürlich im höchsten Maße zuwider war. Die östliche und die westliche Kirche hatten sich bereits weit voneinander entfernt, die eine genährte und unterwarf sich im Schatten eines Hofes, in einer Muße, die sie jeder Verfeinerung und jeder Versuchung, sei es der Askese oder der Häresie, offen ließ – von denen es beides im Überfluss gab: der andere kämpfte hart um sein Leben inmitten der gröbsten und praktischsten Gefahren und war gezwungen, wie Nehemia an den Mauern Jerusalems zu arbeiten und zu kämpfen, mit dem Werkzeug in der einen und dem Schwert in der anderen Hand. Johannes der Schnellere, der sich durch die freiwilligen Entbehrungen, die er sich selbst auferlegte, so auszeichnete, bildet einen der verblüffendsten Kontraste dieses Zeitalters zu Gregor, der von Arbeit und Krieg erschöpft war und dessen karge und einfache Mahlzeit selbst am Vorabend nicht ausgelassen werden durfte Ostern. Dass der, der auf dem Stuhl des heiligen Petrus sitzt, mit der ganzen Fürsorge der Kirche und des Landes auf seinen Schultern, dem die halbe Welt gehorcht, der aber in Worten keinen solchen Anspruch erhebt, durch die verliehene Würde fast unerträglich gekränkt sein sollte, oder angenommen von dem anderen Bischof, dessen Sitz nicht apostolisch, sondern lediglich die Schaffung eines Kaisers war, und der von ihm und dem von ihm einberufenen Rat auf allgemeinen Gehorsam erhobene Anspruch ist sehr natürlich; Dennoch birgt Gregorys Zorn ein zutiefst menschliches Gefühl der Verletzung in sich, ein gekränktes Individuum, dem wir unser Mitgefühl nicht verleugnen können. „Es besteht kein Zweifel", sagt er würdevoll, als er dem Kaiser zu diesem Thema schreibt, „dass Petrus die Schlüssel des Himmels, die Macht des Bindens und Lösens und die Fürsorge für die ganze Kirche gegeben wurden; und doch ist er es." nicht als Universalapostel bezeichnet. Es beeinträchtigt auch nicht die Ehre des Stuhls, dass die Sünden Gregors so groß sind, dass er leiden sollte; denn es gibt keine Sünden von Petrus, die ihn so behandeln sollten. Die Ehre von Petrus besteht nicht darin erniedrigt werden wegen uns, die wir ihm unwürdig dienen." „Oh tempora , oh mores!" er ruft aus; „Europa liegt erschöpft unter der Macht der Barbaren. Seine Städte sind zerstört, seine Festungen niedergerissen, seine Provinzen entvölkert, der Boden hat keine Arbeiter mehr, um ihn zu bearbeiten; und doch streben Priester danach, die sich mit Tränen im Staub demütigen sollten." vergebliche Ehrungen und verherrlichen sich mit neuen und profanen Titeln!" An Johannes selbst schreibt er mit größerer Strenge und erinnert ihn an die Pracht Luzifers in Jesaja: „Ich werde meinen Thron über die Sterne des Himmels erhöhen." Jetzt seien es Bischöfe, sagt er Sterne des Himmels, sie leuchten über den Menschen; sie sind Wolken (die Metaphern sind gemischt), die Worte regnen lassen und von den Strahlen guter Werke erhellt werden. „Was denn", fragt er, „ist die Tat eurer Vaterschaft? auf sie herabblicken und sie zur Unterwerfung zwingen, aber dem Beispiel des alten Feindes folgen? Wenn ich das sehe , weine ich, dass der heilige Mann, der Lord John, ein Mann, der so für seine Selbstaufopferung bekannt ist, so handeln sollte. Sicherlich war Petrus der Erste in der ganzen Kirche. Andreas, Jakobus und die anderen waren nur Oberhäupter des Volkes; doch alle bildeten einen Körper, und keiner wurde Universal genannt."

DAS FORUM

Das Argument, mit dem Gregor auf einen Brief von Eulogius , dem Bischof von Alexandria, antwortet, der sich gewünscht hatte, dass er einen ähnlichen Titel annehmen würde, ist merkwürdig. Der Apostolische Stuhl bestehe, so sagt er, aus drei Bistümern, die alle vom heiligen Petrus gehalten werden: dem von Antiochia, dem von Alexandria und dem von Rom , und die Ehre des Titels sei zwischen ihnen geteilt. „Wenn du mir mehr gibst, als mir zusteht", fügt er hinzu, „beraubst du dich selbst. Wenn ich zum Papst ernannt werde, gibst du zu, dass du kein Papst bist. So etwas darf zwischen uns nicht genannt werden. Meine Ehre ist die Ehre des Universalen . " Kirche. Ich fühle mich durch die Ehre geehrt , die meinen Brüdern zuteil wird." Nichts könnte entschiedener sein als diese oft wiederholte Ablehnung. Dennoch versäumt er es nicht, hinzuzufügen, dass es Peters Recht war. Das Konzil von Chalkedon, sagt er, habe der Kirche von Rom diesen höchsten Titel angeboten, die ihn jedoch abgelehnt habe. Um wie viel größer war dann die Schuld des Johannes, dem sie nie angeboten wurde, der sie aber auf sich nahm, indem er allen Priestern Schaden zufügte, indem er sich über sie stellte, und dem Reich selbst durch eine ihm überlegene Stellung? Dies waren die Gefühle Gregors, in dem der Zorn eines natürlichen Erben, der auf diese Weise durch einen Usurpator ersetzt wurde, jeder Anklage Glut verleiht. Der französische Historiker Villemain weist darauf hin, was dem Leser natürlich einfallen wird, dass viele dieser Argumente später von Luther und seinen Anhängern mit Wirkung gegen die Annahmen der Kirche von Rom verwendet wurden. Man wird sich auch daran erinnern, dass Jerome den Fall noch schärfer formulierte und die Scharlachrote Frau mit ebenso viel Inbrunst anprangerte wie jeder Pop-No-Redner.

Aber während er alle derartigen Titel ablehnte und nur diesen für sich selbst annahm, empfand er es zweifellos in aller Demut und aufrichtiger Bedeutung, trug es aber später mit einem Stolz, der den eines jeden irdischen Monarchen übertraf, nämlich von Servus Als Servorum Dei, der Diener der Diener Gottes, beschäftigte sich Gregor, wie gesagt wurde, in voller Ausübung der Autorität und Gerichtsbarkeit eines Aufsehers mit der Fürsorge für alle Kirchen, zumindest für die westliche Hälfte der Christenheit. Er wollte keine eitlen Titel haben, und wir können nicht an seiner Aufrichtigkeit zweifeln, als er sie ablehnte; aber die Realität der pastoralen Aufsicht, die niemals despotisch, sondern kontinuierlich war, entsprach eindeutig seiner Vorstellung von seinen eigenen Rechten und Pflichten. Man hat gesehen, welche Freiheit er Augustinus bei der Regulierung der neuen englischen Kirche überließ. Gegenüber den reichen und energischen gallikanischen Bischöfen handelte er mit ebenso umsichtiger Großzügigkeit, verlangte nie einen allzu unterwürfigen Gehorsam, unterbrach aber nie die Oberaufsicht über alle. Aber er scheint nicht den geringsten Anspruch auf politische Unabhängigkeit erhoben zu haben, selbst wenn ihm diese durch seine isolierte und unabhängige Position aufgezwungen wurde und er sich gezwungen sah, mit den lombardischen Invasoren eigene Vereinbarungen zu treffen. Im Augenblick seiner Wahl zum Bischof von Rom legte er beim Kaiser Berufung gegen die Volksernennung ein, und erst als die kaiserliche Entscheidung gegen ihn fiel, ließ er sich aus seiner Einsamkeit reißen. Und einer seiner Vorwürfe gegen Johannes von Konstantinopel war, dass seine Übernahme das Reich selbst in seiner höchsten Autorität verletzte. Daraus können wir schließen, und ich denke sogar, dass es notwendig ist, zu dem Schluss zu kommen, dass Gregors angebliche Theorie der universellen päpstlichen Macht ebenso wenig real war wie die meisten derart ausgefeilten Absichtserklärungen, die lange vor dem Ereignis erdacht wurden. Den Beweisen zufolge hatte er nicht die Absicht, sich zum Schiedsrichter zwischen Königen und zum Richter über die Handlungen und Bewegungen der Welt zu machen. Er hatte genug und zu viel eigene Arbeit, die er unbedingt erledigen wollte, so energisch und mit größtmöglicher Wirkung – bei der Ausführung dieser Arbeit war es notwendig, Einfluss zu nehmen, zu versöhnen, zu appellieren und zu appellieren befehlen und überreden: mit Barbaren Frieden schließen, mit Kaisern Vorwürfe machen, aber auch die kleinsten Fragen der Bischöfe beantworten und ihnen den richtigen Kurs vorlegen, den sie einschlagen sollten. Nichts ist so einfach, den großen Geistern unter den Menschen tiefgründige Pläne zuzuschreiben. Ich glaube nicht, dass Gregory Zeit für solch ehrgeizige Projekte hatte. Er musste für die von ihm abhängigen Menschen leben, die in großer Zahl waren, um sie zu verteidigen, zu ernähren, zu führen und zu lehren. Er hatte nie eine freie Minute und arbeitete in jedem Moment genug für ein halbes Dutzend Männer. Dass es seine Pflicht war, alles zu überwachen und zu leiten, was in der Kirche und in seiner unmittelbaren Diözese geschah, soweit sinnvoll und durchführbar, war eindeutig seine Überzeugung, und der Leser mag es ein wenig schwierig finden, zu verstehen, warum Er hätte diese Macht so eifersüchtig hüten und dennoch ihren Namen ablehnen sollen: aber das ist alles, was jede vernünftige Kritik erreichen kann.

Was wie eine uralte Beschwerde gegen Gregor erscheint, taucht in der von Platina in seinem Leben *der Päpste gegebenen Lebensskizze* auf, in der er beschreibt, dass er „von einigen unwissenden Männern getadelt wurde, als ob die alten Herrschaftsgebäude auf seinen Befehl abgerissen worden wären". , damit Fremde, die aus der Verehrung Roms kommen, die geweihten Stätten nicht weniger betrachten und ihren ganzen Blick auf Triumphbögen und Denkmäler der Antike richten. Auf diesen merkwürdigen Vorwurf antwortet der Autor mit Worten, die ich aus einer fast zeitgenössischen Übersetzung zitiere, die durch ihr gewaltsames Englisch sehr auffällig ist. „Kein solcher Vorwurf", sagt Platina in der energischen Version von Sir Paul Rycant , Knight, „kann mit Recht diesem großen Bischof angelastet werden, besonders wenn man bedenkt, dass er aus der Stadt stammte und einer war, der nach Gott der Seinige war." Das Land war ihm das Liebste, sogar mehr als sein Leben. Es ist sicher, dass viele dieser zerstörten Gebäude von der Zeit verschlungen wurden, und viele könnten, wie wir täglich sehen, abgerissen werden, um neue Häuser zu bauen; und im Übrigen ist es wahrscheinlich, dass Wegen des Messings, das in der Konkavität der Bögen und den Verbindungen des Marmors oder anderer quadratischer Steine verwendet wurde, könnten sie nicht nur von den barbarischen Nationen, sondern auch von den Römern, wenn Epiroten, Dalmatinern, Pannoniern usw. zerschlagen oder verunstaltet werden Andere traurige Menschen, die aus allen Teilen der Welt hierher kamen, könnten Römer genannt werden.

Dies ist ein fadenscheiniges Argument, das nicht weit dazu beitragen würde, Gregors Unschuld zu beweisen, wenn er ernsthaft angeklagt würde: Aber für die Anschuldigung gibt es ebenso wie für die Anschuldigung, klassische Manuskripte verbrannt zu haben, keinen Beweis. Es bedarf jedoch kaum einer Erklärung, um die Ruinen einer Stadt zu erklären, die mehrere Belagerungen erlebt hat. Man kann ohne Zweifel davon ausgehen, dass Gregory sich, wie es jedermann tat und zu allen Zeiten getan hat, großzügig an den Materialien bedient hätte, die in den zerstörten Palästen, für deren Restaurierung niemand die Mission hatte, so bequem zur Hand lagen; denn er war ein Mann, der viel zu beschäftigt und zu beschäftigt war, um sich mit Fragen der Kunst zu befassen oder einen hohen Preis auf die Marmorsäle von Patrizierhäusern zu legen, wie interessant ihre Assoziationen auch sein mochten oder wie schön ihre Struktur auch sein mochte. Aber er baute nur wenige neue Kirchen, wie uns ausdrücklich gesagt wird, obwohl er jedes Jahr sorgfältig darauf achtete, den Zustand aller bestehenden Kirchengebäude zu überprüfen und sie reparieren zu lassen. Es ist wahrscheinlich, dass dieser Vorwurf gegen einen späteren Gregor erhoben wurde. Zur Zeit Gregors des Ersten waren diese Ruinen neu und es war nur zu wahrscheinlich, dass sie jeden Moment erneut von einer neuen Horde skrupelloser Bilderstürmer überrannt werden könnten.

Es kam jedoch eine Zeit, in der der leidende und abgemagerte Körper des Papstes diese so belastende Last nicht mehr ertragen konnte. Er war viele Jahre lang krank gewesen, hatte an verschiedenen Beschwerden gelitten und litt vor allem an einer Verdauungsschwäche. Im Laufe des Jahres schien er völlig zusammengebrochen zu sein. Agelulphus, der an seinen Toren donnerte, hatte beendet, was das frühe Fasten und die ständige Arbeit eines mühsamen Lebens begonnen hatte, und mit sechzig Jahren legte sich Gregory zu seinem Bett, aus dem er, wie er sich in einem seiner Briefe beklagt, drei Tage lang kaum aufstehen konnte Stunden an den großen Festen der Kirche, um die Messe zu feiern. Er war auch gezwungen, den Kommentar zu Hesekiel, der so oft unterbrochen worden war, abrupt zu beenden und die letzte Vision des Propheten unausgesprochen zu lassen, was er umso mehr bedauerte, als es eine solche war Sie gehörten zu den dunkelsten und schwierigsten und bedurften dringend einer Darstellung. „Aber wie", sagt er, „kann ein Geist voller Schwierigkeiten solche dunklen Bedeutungen aufklären? Je mehr sich der Geist mit weltlichen Dingen beschäftigt, desto weniger ist er in der Lage, das Himmlische zu erläutern." Aus Hesekiel predigte Gregor, als in Rom die Pest wütete, die seinen Vorgänger Pelagius dahingerafft hatte, und als er das Buch zuschlug, das mit seinen dunklen Sprüchen nicht mehr ausreichte, um die Sorgen der Zeit zu lindern, zu dem er gerufen hatte das Volk mit einer Stimme, die wie die ihres eigenen Herzens war, umzukehren. Sein ganzes Leben als Papst war vom Studium dieses Propheten geprägt. Er schloss das Buch wieder und schließlich, als ganz Rom glaubte, dass eine weitere Invasion unmittelbar bevorstehe, und sein Mut in dieser letzten Notlage versagte. Es ist merkwürdig, den Namen eines solchen Mannes, der so voller natürlichem Leben und Zuneigung, so humorvoll, so freundlich und so bereit ist, sich für alles zu interessieren, was ihm begegnet, mit diesen beiden traurigsten Gestalten in der gesamten Heiligengeschichte in Verbindung zu bringen , der tragische Patriarch Hiob und der verbannte Prophet, der aufgefordert wurde, jedes Leid zu ertragen, um seinem Volk und seiner Generation ein Zeichen zu sein. Liegt es daran, dass gerade das Überströmen von Leben und Mitgefühl in ihm Gregory dazu brachte, in den Klagen dieser beiden melancholischen Stimmen einen Ausgleich zu seiner eigenen Lebensfreude zu suchen? Oder war es das Unglück seiner Zeit, so zerstreut und voller elender Aufregung, das ihn zumindest zu Letzterem führte, dem Propheten einer gefallenen Nation, des Unglücks, der Verbannung und der Buße?

So lag er nach seinen langen Aktivitäten da, litt schwer und sehnte sich nach der Erlösung durch den Tod, obwohl er angeblich nicht älter als zweiundsechzig war, als das Ende kam. Von seinem Krankenbett aus schrieb er an viele seiner Freunde und bat sie, für ihn zu beten, damit seine Leiden verkürzt und seine Sünden vergeben würden. Er starb schließlich am 12. März, seitdem er seinem Namen geweiht wurde, im Jahr . Dieses Ereignis muss im Lateranpalast stattgefunden haben, der damals die übliche Residenz der Päpste war. Hier konnte der kranke und sterbende Mann auf eine der schönsten Szenen der Welt blicken : die erhabene Linie der Albaner Berge, die sich über die weite Ebene der Campagna erhebt, mit all ihren unterbrochenen Aquäduktlinien und Ruinenmassen. Die Merkmale der Landschaft sind die gleichen, obwohl jedes Zubehörteil verändert wurde, und sowohl der Palast als auch die Basilika im Staub der Jahrhunderte verfallen sind, um durch immer wieder andere Gebäude ersetzt zu werden, die den Faden der historischen Kontinuität über alle Generationen hinweg weitergeben. Vom Palast der Päpste selbst sind kaum noch Überreste vorhanden, abgesehen von einem berühmten Mosaik, das von einem noch früheren Mosaik kopiert wurde und in dem ein kürzlich erschienener gelehrter Kritiker die Eroberung der Welt durch das päpstliche Rom bereits deutlich dargelegt sieht. Aber wir können kaum hoffen, dass irgendein Gedanke an den ersten Gregor dem Geist des Lesers bis in die Bezirke von St. John of the Lateran Gate folgen wird. Seine Erinnerung bleibt an einem anderen Ort, an der Stelle, wo das Haus seines Vaters stand, wo er die hohen Gemächer des römischen Adels in Benediktinerzellen verwandelte und in der Demut eines gehorsamen Bruders lebte, schrieb und sinnierte. Aber noch mehr wohnt es auf der kleinen dreieckigen Piazza vor der Kirche St. Gregorio, von wo aus er die Mission nach England mit Problemen aussandte, die er nie hätte ahnen können – denn wer hätte damals sagen können, dass der Wilde Hätten die Winkel die Welt weiter überrannt, als jemals eine römische Standarte getragen wurde? Der Schatten des großen Papstes liegt auf den alten Stufen, auf denen er stand und seine Brüder segnete, mit Feuchtigkeit in seinen Augen und Freude in seinem Herzen, indem er sie auf den schwierigen und gefährlichen Weg schickte, den er selbst gehen wollte, aber vor dem ihr Geist zurückschreckte. Wir alle haben das heilige Recht, hierher zurückzukehren, um den Segen des Heiligen zu teilen, uns an die ständige Zuneigung zu erinnern, die er uns entgegenbrachte, an seine Hingabe, wenn es erlaubt wäre, an seinen nie endenden Gedanken an seine Engelsjungen, die zu uns gekommen sind so wunderbare Themen. Er wäre ein attraktiverer Apostel gewesen als Augustinus, wenn er seine erste Absicht in die Tat umgesetzt hätte; Dennoch finden wir hier sein Bild , väterlich, voller natürlicher Zärtlichkeit, Interesse und Mitgefühl, das über ein Dutzend

Jahrhunderte hinweg auf uns zurücklächelt, die alles verändert haben – außer der historischen Aufzeichnung von Papst Gregors Segen und seinem starken Wunsch und seiner Hoffnung.

Er wurde zusammen mit seinen Vorgängern im Petersdom beigesetzt, aber sein Grab wurde, wie so viele andere auch, beim Wiederaufbau der großen Kirche zerstört, und es ist kein Denkmal mehr vorhanden.

PONTE MOLLE.

DER PFALTIN.

KAPITEL II.
DER MÖNCH HILDEBRAND.

Es ist eine traurige Sache, in den Tiefen der Geschichte zurückzublicken und festzustellen, wie langsam der Fortschritt von einem Zeitalter zum anderen ist, selbst wenn er überhaupt verfolgt werden kann, und wie, trotz der Gefahren und Übel, denen sie ausgesetzt sind Die Veränderung ihres Charakters von Zeit zu Zeit, ihr Ernst, ihre Schädlichkeit und ihre Rebellion gegen alles, was in der Moral am besten und für die Menschheit am vorteilhaftesten ist, nehmen kaum ab, wie völlig sich auch die Bedingungen ändern mögen. Wir könnten fast daran zweifeln, ob die gewaltigen und noch unbestimmten Möglichkeiten des Kampfes, der in unseren Tagen begonnen hat, zwischen dem, was man Kapital und Arbeit nennt , den gegen alle Erfahrung und Vernunft gerichteten Theorien eines aufstrebenden Sozialismus und der verrückten Torheit des Anarchismus, der ist ihr unmittelbarer Höhepunkt – sind für den Frieden der Nationen nicht ganz so gefährlich wie die Unruhen einer Zeit, in der jeder Mensch nach der unfehlbaren Regel handelte

Er sollte nehmen, wer die Macht hatte

Und er sollte behalten, wer kann –

Das Prinzip ist völlig dasselbe, obwohl die Methoden unterschiedlich sein können. Diese seltsame Dauer der Unruhen, von gleicher Intensität, aber unterschiedlicher Form, kommt besonders in einer Geschichte zum Ausdruck, wie wir sie von einem Zeitalter zum anderen in einer so bemerkenswerten Entwicklung des Lebens und der Regierung wie dem mittelalterlichen Rom durchlaufen. Wir verlassen die Stadt von manchen Sorgen befreit, von manchen Nöten gelindert, von viel Barmherzigkeit genährt und weinen scheinbar ehrliche Tränen über Gregor den ersten dieses Namens – obwohl dieser große Mann kaum tot war, als der Menge beigebracht wurde, zu glauben, er sei verarmt die Stadt, indem sie sie ernährten, und wurden kaum daran gehindert, als kluge und passende Rache seine Bibliothek zu verbrennen. Dennoch hätte man erwarten können, dass Rom und sein Volk einen Schritt auf das Podest eines solchen Lebens wie dem Gregors vorgerückt wären: Und tatsächlich hinterließ er viele Übel behoben, das Gemeinwesen sicherer und die Kirche reiner.

Aber wenn wir die Seite umblättern und vierhundert Jahre später auf das Leben eines anderen Gregor stoßen, öffnen wir unsere Augen für eine turbulente Welt: Was für ein Blut, welches Feuer, welche Schreie und Schreie des Konflikts, welche Grausamkeit und Schande es gibt herrschte dazwischen und blieb immer stärker als jeder Einfluss guter Männer oder jede Verbesserung des Wissens! Das Heidentum, mit Ausnahme dessen, was tief im Herzen des Menschen verwurzelt ist, war vergangen. Es gab keine Kämpfe mehr mit den Relikten der klassischen Vergangenheit: Die Barbaren, die in ihren Horden herbeikamen, um die Zivilisation zu stürzen , hatten sich in sesshafte Nationen mit allen staatlichen Utensilien und großer kaiserlicher Autorität verwandelt – sie wechselten tatsächlich von einer Rasse zur anderen, aber stets einen zentralen Standard wahren. Die gesamte bekannte Welt war dem Namen nach christlich. Es war voll von Mönchen, die sich dem Dienst Gottes widmeten, von Priestern, den Spendern der Sakramente und von Bischöfen, die genauso wichtig waren wie alle weltlichen Adligen – doch was für eine Szene ist das, auf das wir durch den endlosen Rauch von Schlachten und Zusammenstößen blicken Schwerter! Rom, vor dessen Toren einst Alarich und Attila donnerten, war heute fast weniger sicher und weniger leicht zu besuchen als zu der Zeit, als Hunnen und Goten das umliegende Land überrannten. Es war von Burgen räuberischer Adliger umgeben, die jede Straße heimsuchten und manchmal die Pilger auf dem Weg nach Rom mit ihren großen und kleinen Opfergaben beschlagnahmten, manchmal erlangten sie diese Opfergaben auf gründlichere Weise in Besitz, indem sie einen Untertanen zum Papst wählten ihrer Familien und immer bereit, bei jeder Gelegenheit ihre Schwerter in die Waagschale zu werfen und alles wie Freiheit oder Reinheit in der Kirche oder in der Stadt zu zerstören. Zu Beginn des elften Jahrhunderts gab es in Rom zwei, wenn nicht drei Päpste. „Benedikt IX. amtierte in der Kirche St. Johannes im Lateran, Sylvester III. in der Kirche St. Peter und Johannes XX. in der Kirche St. Marien", sagt Villemain in seinem Leben über Hildebrand: Der Name des letzten gilt nicht erscheinen in den Listen von Platina, aber die Tatsache dieser profanen Rivalität steht außer Zweifel.

Der Konflikt wurde durch eine sehr merkwürdige Transaktion vorerst beendet. Ein gewisser würdiger Geistlicher, Gratiano mit Namen, der Kardinal-Erzdiakon von St. John Lateran, der zufällig reich war, entsetzt über diesen Kampf und nicht ausreichend aufgeklärt über die Torheit und Sünde, Böses zu tun, damit immer Gutes kommen könnte, Wie alle Chroniken zuzulassen scheinen, kaufte er aus den besten Motiven die beiden Konkurrenten auf und sorgte für seine eigene Wahl unter dem Titel Gregor VI. Doch dieser fehlgeleitete, aber gut gemeinte Akt hatte nur kurzen Erfolg. Denn bei der Ankunft Kaiser Heinrichs III. im Jahr 1046. In Italien wurde Gregor auf einem auf seinen Wunsch hin einberufenen Rat wegen des seltsamen Handels, den er gemacht hatte, oder laut Baronius wegen der gewaltsamen Mittel, die zu seiner Durchsetzung ergriffen wurden, verurteilt und dementsprechend zusammen mit seinen beiden Vorgängern abgesetzt. Es war dieser Papst, der in seinem Exil und seiner Entbehrung zum ersten Mal ein Universum zu Gesicht bekam, zu dessen Herrschaft er geboren war, ein junger Mönch aus Cluny, Hildebrand – deutscher Name, aber italienischer Herkunft und Herzblut –, der bereits viel bewegt hatte über die Welt mit der außergewöhnlichen Freiheit und dem allgemeinen Zugang überall hin, die wir Mönchen gemeinsam finden, egal wie bescheiden ihre Herkunft ist. Von seinem klösterlichen Zuhause in Rom aus hatte er mehr als einmal die Alpen überquert; Er war am kaiserlichen Hof empfangen und bekannt geworden und pflegte freundliche Beziehungen zu vielen großen Persönlichkeiten, obwohl er selbst nur ein bescheidener Bruder seines Klosters war. Kein jugendlicher Geistlicher in unserer modernen Welt würde heutzutage überall einen solchen Zugang finden, obwohl es immer noch möglich ist, dass beispielsweise ein junger Jesuit, der von seinen Vorgesetzten wegen seiner Fähigkeiten oder seines Genies geschätzt wird, von einer Autorität zur anderen weitergegeben wird, bis er den höchsten Kreis erreicht . Aber es ist überraschend zu sehen, wie frei in ihren Bewegungen, wie abenteuerlustig in ihrem Leben die jungen Mitglieder einer Bruderschaft waren, die damals unter der strengsten Herrschaft standen.

Hildebrand war, wie so viele andere große Kirchenmänner, ein Kind des Volkes. Er war der Sohn eines Zimmermanns in einem toskanischen Dorf, der jedoch eine jener Verbindungen zur größeren Welt besaß, die ein aus dem Volk rekrutierter Klerus dem Geringsten, einem Bruder oder einem anderen nahen Verwandten, der Vorgesetzter eines Klosters war, entgegenbringt in Rom. Dorthin machte sich der kleine toskanische Bauer schon in jungen Jahren auf den Weg, um Briefe zu studieren, nachdem er bereits große Intelligenz unter Beweis gestellt hatte, die das Dorf beeindruckte und Prophezeiungen über den höchsten bevorstehenden Fortschritt hervorrief. Seine frühe Ausbildung führt uns zurück zum heiligen Berg Aventin, auf dem wir bereits so viele interessante Versammlungen gesehen haben. Das Kloster St. Maria hat ebenso wenig überdauert wie das Haus Marcella, obwohl angenommen wird, dass in der Kirche S. Maria Aventina möglicherweise noch Teile der ursprünglichen Gebäude vorhanden sind. Aber der wunderschöne Garten des Priorato , der bei den Liebhabern des Malerischen so beliebt ist, bewacht für uns in dieser Treue der Natur, die die Zeit nicht zerstören kann, genau den Ort, an dem dieser scharfäugige Junge gespielt haben muss, wenn er jemals gespielt hat , oder muss zumindest die Träume eines ehrgeizigen jungen Visionärs geträumt haben und vielleicht, als er nachdenklich zu den Gräbern der Apostel blickte, die in der Ferne auf der anderen Seite des Tiber leuchteten, das Erbe dieser langen Hoffnung und Vision erhalten haben, die Langsam wuchs in den Köpfen von Päpsten und Priestern die Hoffnung, die Kirche zur Herrin und Schiedsrichterin der Nationen zu machen, zum obersten und aktiven Richter in allen Wirren der irdischen Politik und Machtwechsel. Er wurde von Kindheit an im Haus des Heiligen Petrus genährt, sagt der Biograph der Acta Sanctorum. Es wäre leichter, die Macht des Apostels und seiner Nachfolger auf diesem Berg der Vision zu erkennen, wo Tag und Nacht, bei Sonne und Mond der große Tempel der Christenheit, der Mittelpunkt des geistlichen Lebens, vor seinen Augen leuchtete . als an jedem anderen Ort. Diese wunderbare visionäre Souveränität, die große Vorstellungskraft einer zentralen Macht, die sich über alle Störungen des weltlichen Lebens erhebt und auf der ganzen Welt streng für Recht und Unrecht urteilt – unvoreingenommen, unbeeinflusst von niederträchtigeren Motiven – das große Gericht, von dem Gerechtigkeit und Barmherzigkeit ausgehen sollten Gehe über die ganze Erde – könnte es ein herrlicheres Ideal geben, um das Gehirn eines leidenschaftlichen Jungen zu bearbeiten? Es kommt selten vor, dass ein solches Ideal anerkannt wird oder solche Träume wie diese geglaubt werden. Wir wissen, wie wenig das Papsttum es verwirklicht hat und wie die Fehler und Schwächen selbst großer Männer ihm über viele Jahrhunderte hinweg jede Möglichkeit genommen haben. Doch während diese wunderbare Einrichtung noch völlig möglich war, die andächtigste aller Vorstellungen, ein Traum, wie er an Glanz und Herrlichkeit nie übertroffen worden war, blickte der junge Hildebrand auf das Gefängnis des Petrus auf dem Janiculum gegenüber und von dort auf das Grab des Petrus. und träumte von Peters weißem Thron der Gerechtigkeit, der die Dunkelheit und die Selbstsucht einer unruhigen Welt beherrschte.

Das Kloster St. Marien, ein Benediktinerhaus, muss zu seiner Zeit bemerkenswert gewesen sein. Zu den Lehrern, die seine Neulinge unterrichteten, gehörte derselbe Giovanni Gratiano, von dem wir gerade gesprochen haben, der Erzpriester, der sein Vermögen dem nicht unehrenhaften Zweck widmete, zwei falsche und unmoralische Päpste loszuwerden: obwohl seine Beweggründe vielleicht geringer gewesen wären falsch ausgelegt, wenn er nicht an ihrer Stelle gewählt worden wäre. Und auch in jenen Tagen gab es im Kloster viele gute Gesellschaften – Bischöfe reisten mit ihren Gefolgsleuten aus dem Süden und Norden, um nach langer Verbannung aus dem intellektuellen Leben die Kultur und Frömmigkeit Roms kennenzulernen – und mindestens einen großen Abt, wichtiger als ein Bischof , Odilon von Cluny, an der Spitze einer der größten Klostergemeinschaften. Alle diese großen Männer würden zweifellos den jungen Neffen des Oberen bemerken, den Günstling des Klosters, auf den bereits viele Hoffnungen zu gründen begannen und an dessen Erziehung jeder gern mitwirken wollte. Einer dieser Bischöfe soll ihm später magische Künste beigebracht haben, was zumindest beweist, dass sie sich an der Ausbildung des Klosterkindes beteiligten. In welchem Alter er nach Cluny versetzt wurde, lässt sich nicht sagen. Daten gibt es in Hildebrands Geschichte erst, wenn er im größeren Verkehr der Welt sichtbar wird. Er wurde zwischen 1015 und 1020 geboren – das kommt der Genauigkeit am nächsten, was wir erreichen können. Mit der Absetzung Gratianos (Gregor VI.) im Jahr 1045 erscheint er im vollen Licht der Geschichte. In der

Zwischenzeit hat er viele Entwicklungen durchlaufen. Wahrscheinlich der junge Mann – begierig darauf, die Welt zu sehen, begierig auch darauf, seine Berufung zu erfüllen, sich auf die Demütigungen und Selbsterniedrigungen einer Mönchslaufbahn einzulassen und „das Fleisch zu unterwerfen" auf wahrhaft mönchische Weise, ebenso wie durch die Strapazen eines Mönchs Reisen und der Erwerb von Gelehrsamkeit – folgte Odilon und seinem Zug über *i monti* , ein Favorit und Vertrauter, als der Abt von Rom nach Cluny zurückkehrte. In den Mönchschroniken durfte es selbst einem Charakter wie dem strengen Hildebrand, der nur aus Hirn und Geist bestand, nicht zugestanden werden, dass er kein Fleisch hatte, das er zu unterwerfen hätte. Und wir sind nicht darüber informiert, ob er die Gelübde in seinem frühen Zuhause auf dem Aventin oder im großen französischen Kloster ablegte. Die Herrschaft von Cluny war besonders streng. Eine knappe halbe Stunde am Tag war alles, was den Brüdern zum Ausruhen und Gespräch gewährt wurde. Für den jungen Hildebrand, der voller Arbeitsfreude und tausender Gedanken war, dürfte das aber nicht viel ausmachen, sollten wir uns vorstellen.

Wie ein Jugendlicher seines Alters an den Hof gelangte und vom großen Kaiser Heinrich III., dem Oberhaupt der Christenheit, gehört und gelobt wurde, ist nicht bekannt. Vielleicht begleitete er seinen Abt, vielleicht als bescheidener Schreiber einiger älterer Brüder, der eine Beschwerde oder einen Appell überbrachte; Die Legende besagt, dass er der Erzieher und Spielkamerad des kleinen Prinzen, Heinrichs Sohn, wurde, bis der Kaiser einen Traum hatte, in dem er den Fremden mit zwei Hörnern auf dem Kopf sah, mit denen er seinen Spielkameraden in den Schlamm stieß – bedeutsame und alarmierende Vision, die einen vernünftigen Grund für die sofortige Verbannung Hildebrands darstellte. Die Daten machen diese Geschichte jedoch nicht zuletzt unmöglich, denn der vierte Heinrich wurde nicht innerhalb des genannten Zeitraums geboren. Auf jeden Fall war der junge Mönch ausreichend angesehen, um in die Aufmerksamkeit des Kaisers gebracht zu werden und vor ihm zu predigen, obwohl uns an anderer Stelle nicht mitgeteilt wird, dass Hildebrand einen Ruf als Prediger hatte. Er war zweifellos voller Ernsthaftigkeit und starker Überzeugung und jener jugendlichen Glut, die auf den Geist nüchterner Männer oft so anziehend wirkt. Heinrich erklärte, er habe noch nie jemanden gehört, der das Wort Gottes mit so viel Glauben predigte: und die kaiserliche Meinung dürfte seine Bedeutung unter seinen Zeitgenossen erheblich gesteigert haben. Andererseits müssen die große Welt Deutschlands und ihre Verhältnisse dem jungen Mann viele und seltsame Offenbarungen beschert haben . Nirgends waren die Prälaten so groß und mächtig, nirgends gab es so wenig Unterschied zwischen Kirche und Welt. Viele Geistliche waren verheiratet und überließen ihren Söhnen manchmal ihre Pfarrer, oft ein durch Gebühren für geistliche Ämter angehäuftes Vermögen; und Pfründe wurden wie

Häuser und Ländereien mit ebenso wenig Verschleierung gekauft und verkauft. Ein in Rom aufgewachsener Jugendlicher würde sich nicht so leicht über die Gesetzlosigkeit der Adligen und Untertanenfürsten des Reiches wundern, doch die Bedeutung einer zentralen Autorität, die stark genug ist, um einen so großen Bereich und so viele widersprüchliche Mächte zu bändigen und zu beeinflussen, muss es gewesen sein prägte ihm noch eindringlicher das höchste Ideal einer noch mächtigeren spirituellen Herrschaft ein, die die Nationen kontrollieren sollte, wie ein großer Kaiser die Kurfürsten kontrollierte, die alles andere als Könige waren. Und wir wissen, dass er gerade jetzt zum ersten Mal zu dieser großen Empörung über die Simonie und die geistliche Zügellosigkeit getrieben wurde, die allgemein geduldet, wenn nicht sogar als die gewöhnliche Regel der Zeit anerkannt wurden. Es war höchste Zeit, dass ein Reformer auftrat.

Es dauerte jedoch bis zum Jahr 1046, anlässlich der Absetzung Gregors VI. Für Simony war Hildebrand der erste, der ans Tageslicht kam. Merkwürdigerweise fand die erste Vorstellung dieses großen Reformators der Kirche, des geschworenen Feindes alles Simonischen , im Gefolge dieses Papstes statt, der wegen dieser Sünde abgesetzt wurde. Aber aller Wahrscheinlichkeit nach ist die Simonie Gregors VI. war ein harmloser Fehler und resultierte eher aus einem Mangel an Wahrnehmung als aus einer bösen Absicht, von der er offensichtlich nichts im Sinn hatte. Er entschädigte die Rivalen, die Rom als Lehen hielten, für die Abgaben, Tribute und Opfergaben, die ihnen nur am Herzen lagen, indem er sein eigenes Vermögen opferte. Wenn er nicht selbst davon profitiert hätte und jemand anders zum Papst gewählt worden wäre, hätte sein Name keinen Makel hinterlassen; und er scheint seine Würden ohne Murren niedergelegt zu haben: aber sein Herz war gebrochen vor Scham und bittere Überzeugung, dass das, was er zum Guten gedacht hatte, in Wirklichkeit genau das Böse war, das er am meisten verurteilte. Nachdem Heinrich den Papst abgesetzt hatte, marschierte er weiter nach Rom und nahm offenbar Gregor mit. Dort ernannte er ohne Protest des zum Schweigen gebrachten und verängstigten Volkes einen eigenen deutschen Bischof zur päpstlichen Würde, aus dessen Händen er später selbst die Würde empfing imperiale Krone. Dann kehrte er nach Deutschland zurück und riss die abgesetzten und die neu gewählten Päpste mit sich, wobei Hildebrand den ersteren schweigend und traurig begleitete, der nie den Glauben an ihn verlor und bis zu seinem Lebensende von ihm als seinem Meister sprach.

Eine seltsamere Reise hätte kaum sein können. Die triumphierenden deutschen Priester und Prälaten, die das neue Oberhaupt der Kirche umgaben, und die Handvoll niedergeschlagener Italiener, die dem gefallenen Schicksal des anderen folgten, müssen eine seltsame und nicht sehr friedliche Verbindung eingegangen sein. „Hildebrand wollte seinem Herrn Ehrfurcht erweisen", heißt es in einer der Chroniken. So begann seine Karriere in tiefster Demütigung und Demütigung, der erzwungenen Unterwerfung der Kirche, deren Sieg sein höchstes Ziel und seine Hoffnung war, unter die absolute Macht des Imperiums und der Mächte dieser Welt.

Papst Gregor erreichte mit seinem melancholischen Gefolge in tiefer Demut seinen Verbannungsort am Rheinufer; aber dieses Exil sollte nicht lange dauern. Er starb dort innerhalb weniger Monate und sein Nachfolger folgte ihm bald ins Grab. Für eine kurze und katastrophale Zeitspanne schien Rom in den Berechnungen überhaupt nicht berücksichtigt worden zu sein, und der Kaiser ernannte einen weiteren deutschen Bischof, den er unter der Obhut des Marquis, Markgrafen oder Herzogs der Toskana nach Rom schickte – denn er wird von ihm berufen alle diese Titel. Dieser Papst war jedoch noch von kurzer Dauer und starb angeblich drei Wochen nach seiner Proklamation durch Gift. Es ist nicht verwunderlich, dass die deutschen Bischöfe vor dieser großartigen Nominierung Angst bekamen. Ob es nun das Gericht Gottes war, das man am meisten fürchten musste, oder das Gift der raffinierten und intriganten Römer, die Aussicht war nicht ermutigend. Die dritte Wahl Heinrichs fiel auf Bruno, den Bischof von Toul, einen Verwandten von ihm und eine heilige Person von beeindruckender Erscheinung und edlem Benehmen. Wie selbstverständlich schreckte Bruno vor dem Amt zurück, gab aber nach Tagen des Gebets und Fastens nach und wurde den Botschaftern aus Rom als ihr neuer Papst vorgestellt. So wurde das Oberhaupt der Kirche zum dritten Mal vom Kaiser ernannt und das alte Privileg seiner Wahl durch den römischen Klerus und das römische Volk aufgehoben.

Aber Henry sollte nun nicht mehr völlige Unterwerfung und Nachgiebigkeit erfahren, wie er es zuvor getan hatte. Der junge Hildebrand hatte kein rebellisches Gefühl gezeigt, als sein Herr abgesetzt wurde: Er muss, wie Gregory, die Entscheidung als gerecht empfunden haben. Und nachdem er bis zum Tod des Verbannten treu gedient hatte, hatte er sich nach Cluny, in sein Kloster, zurückgezogen und über viele Dinge nachgedacht. Uns wird nicht gesagt, was ihn in dieser Krise nach Deutschland zurückführte, sei es, dass er geschickt wurde , um das Geschehen zu beobachten, oder auf einer bescheideneren Mission, oder durch die bloße Unruhe eines fähigen jungen Mannes, der nach Arbeit dürstete, und der Instinkt zu wissen, wann und wo er gesucht wurde. Während dieses Verfahrens tauchte er jedoch plötzlich wieder am kaiserlichen Hof auf; und zweifellos beobachtete er die summarische Ernennung des neuen Papstes mit Empörung, verletzt in seinem Patriotismus und in seiner Kirchenkunst gleichermaßen, durch eine Wahl, an der Rom nicht beteiligt war, obwohl er ansonsten nicht unzufrieden mit dem germanischen Bischof war, der sowohl für seine Frömmigkeit als auch für seine Frömmigkeit bekannt war Lernen. Der Chronist macht eine

Pause, um Hildebrands plötzliche Wiedereinführung in die große Welt zu beschreiben. „Er war ein Jugendlicher von edler Gesinnung, klarem Verstand und ein heiliger Mönch " , wird uns erzählt. Als Bischof Bruno noch voller Verwirrung und Zweifel war, erschien dieser unerwartete Berater, ein zwar junger, aber bereits bekannter Mann, der in Rom ausgebildet worden war und eine Autorität auf dem Gebiet der Bräuche und Präzedenzfälle des Heiligen Stuhls hatte. Er war einer der engsten Mitarbeiter eines Papstes und wusste alles über dieses hohe Amt – es konnte keinen besseren Berater geben. Der besorgte Bischof schickte nach dem jungen Mönch, und Hildebrand beeindruckte ihn so sehr mit seinem klaren Verstand und seiner hohen Auffassung von den päpstlichen Pflichten, dass Bruno ihn anflehte, ihn nach Rom zu begleiten.

Er antwortete kühn: „Ich kann nicht mit dir gehen." "Warum?" sagte der germanische Prälat erstaunt. „Denn ohne kanonische Institution", sagte der kühne Mönch, „sind Sie mit der alleinigen Macht des Kaisers dabei, die Kirche von Rom zu erobern."

Bruno war von dieser kühnen Rede sehr überrascht. Es ist möglich, dass er in seinem weit entfernten Provinzbistum keine genauen Kenntnisse über die kanonischen Modalitäten der Papsternennung hatte. Es gab viele Besprechungen zwischen dem Mönch und dem gewählten Papst, dem jungen Mann, der nicht zum Zögern geboren war, sondern klar vor sich hatte, was zu tun war, und seinem Ältesten und Vorgesetzten, der weder so gut informiert noch so begabt war. Bruno, wenn auch weniger fähig und entschlossen, muss ein Mann von großzügigem und aufrichtigem Geist gewesen sein, der darauf bedacht war, seine Pflicht zu erfüllen, und der bereit war, Anweisungen über die beste und gleichzeitig edelste Methode dafür anzunehmen Weg, seine Schwierigkeiten zu überwinden. Er erschien vor dem großen Reichstag oder Konzil in Worms und verkündete seine Annahme des Pontifikats, allerdings nur unter der Bedingung, dass er vom Klerus und dem Volk Roms gemäß ihren alten Privilegien in das Pontifikat gewählt würde. Es ist nicht ersichtlich, ob es Widerstand gegen diese Bedingung gab, aber es kann kein ernsthafter Charakter gewesen sein, denn kurz darauf, nachdem er sich von seinem eigenen Episkopat und Kapitel verabschiedet hatte, machte er sich auf den Weg nach Rom.

Dies ist der Bericht über den Vorfall, den Hildebrand selbst gegen Ende seiner Karriere als großer Papst Gregor gab. Es war seine Gewohnheit, seinen Begleitern die Geschichte seines Lebens in all seinen mannigfaltigen Schauplätzen zu erzählen, in der unruhigen Muße seines Endes, wie es alte Männer so oft gerne tun. „Einen Teil habe ich selbst gehört, einen Teil davon haben mir viele andere berichtet", sagt einer der Chronisten. Es gibt einen anderen Bericht über dieselbe Episode, der keine solche absolute Autorität besitzt, aber nicht unvernünftig oder unwahrscheinlich ist. Darin wird uns erzählt, dass Bischof Bruno auf dem Weg nach Rom abwandte, um Cluny zu besuchen, dessen Prior Hildebrand war Der Mönch griff den Papst kühn an und warf ihm vor, dass er aus der Hand eines Laien ein so großes Amt angenommen und damit gewaltsam in die Leitung der Kirche eingedrungen sei. Auf jeden Fall war Hildebrand der Hauptakteur und Initiator eines zugleich frommen und politischen Verhaltens Brunos. Die päpstlichen Gewänder, die er bei seiner ersten Ernennung in Worms angenommen hatte, wurden abgelegt, die bescheidene Kleidung eines Pilgers angelegt und mit reduziertem Gefolge und in bescheidener Gestalt machte sich der gewählte Papst auf den Weg nach Rom. Sein bischöflicher Rat habe dieser Verhaltensänderung zugestimmt , sagt ein anderer Chronist, was zeige, wie allgemein der Eindruck von Hildebrands Beredsamkeit und der Leidenschaft seiner Überzeugungen gewesen sein müsse. Es war eine langsame Reise über die Berge, die fast zwei Monate dauerte, mit vielen Aufenthalten unterwegs in gastfreundlichen Klöstern und Städten, in denen der Cousin des Kaisers ein willkommener Gast sein musste. Hildebrand, der die große Verantwortung für die von ihm empfohlene Tat gespürt haben musste, schickte Brief für Brief, wann immer sie auf dem Weg innehielten, nach Rom und beschrieb, zweifellos mit all dem Geschick, das ihm zur Verfügung stand, wie anders dieser deutsche Bischof sei von den anderen, wie gewissenhaft er war, dass seine Wahl, wenn überhaupt, frei erfolgen sollte, mit welcher Demut er, eine Persönlichkeit von so hohem Rang und so vielen Begabungen, nach Rom ging, und wie wichtig es war, dass eine ordnungsgemäße Aufnahme erfolgte sollte einem so guten, so gebildeten und in jeder Hinsicht so geeigneten Kandidaten für den päpstlichen Thron gegeben werden. In der Zwischenzeit war Bischof Bruno vor allem darauf bedacht, sich würdig zu benehmen und sich auf seinen großen Auftrag vorzubereiten, und täuschte den Weg mit Gebeten und frommen Betrachtungen, nicht ohne eine gewisse Scheu, wie es bei seinem Empfang schien. Doch diese Schüchternheit erwies sich als völlig unangebracht. Sein bescheidenes Aussehen, gepaart mit seinem hohen Ansehen als Verwandter des Kaisers und die besorgten Briefe Hildebrands hatten alles für Brunos Empfang vorbereitet. Die Bevölkerung strömte von allen Seiten herbei, um seinen Vormarsch zu begrüßen. Einige der Deutschen waren vielleicht ein wenig empört über diese unnötige Demut, aber der engagierte Benediktiner durchdrang und lenkte alles, während der neue Papst, wie es sich am Vorabend der Übernahme einer so großen Verantwortung gehörte, in heilige Gedanken und Gebete vertieft war. Die Gruppe musste am anderen Ufer des Tibers, der überschwemmt war, einige Tage lang warten, einen Moment ängstlicher Spannung, in dem die Pilger mit Ungeduld und nicht ohne Ungeduld auf die Mauern und Türme der großen Stadt blickten, in der ihr Schicksal lag Alarm. Aber sobald das Wasser fiel, was mit wundersamer Schnelligkeit geschah, marschierte die ganze Stadt, mit dem Klerus an der

Spitze, den Neuankömmlingen entgegen, und Leo IX., einer der schönsten Namen in den päpstlichen Listen, Er trat barfuß und in aller Demut durch die großen Tore des Petersdoms ein, wurde sofort einstimmig gewählt und empfing die aufrichtige Huldigung ganz Roms. Man kann sich vorstellen, mit welch großer Befriedigung Hildebrand den vollen Erfolg seines Plans miterlebt haben muss, den Blick stets auf die Zukunft gerichtet und zufrieden mit dem Fehlen gegenwärtiger Erfolge.

Dieses Ereignis ereignete sich, wie Villemain uns erzählt (die frühen Chronisten gehen, wie gesagt, mit Daten sehr sparsam um), im Jahr 1046, einem Jahr voller Ereignisse. Muratori gibt es in seinen Annalen zwei Jahre später an. In beiden Fällen konnte Hildebrand noch nicht das dreißigste Jahr erreicht haben. Er stand bei dem neuen Papst, für den er ein so kluger Führer gewesen war, so hoch in der Gunst , dass er sofort zum Amt des Economico , einer Art Schatzkanzler am römischen Hof, ernannt wurde Mit dieser Zeit wurde er zum Kardinal-Erzdiakon und Abt von St. Paul's ernannt, dem großen Kloster außerhalb der Mauern. Platina erzählt uns, dass er diesen Auftrag so empfing, als ob der Papst „mit ihm die Verwaltung der Schlüssel geteilt hätte, von denen der eine die Kirche St. Peter und der andere die des heiligen Paulus verwaltete".

Obwohl diese große Kirche nach dem Brand, der sie vor siebzig Jahren zerstörte, nur ein modernes Gebäude ist und am Rande der verlassenen Campagna steht, ist sie immer noch ein allgemein besuchtes Heiligtum. Die Campagna war zu Hildebrands Zeiten nicht verlassen, und die Kirche war von höchster Bedeutung, nicht nur weil sie an der Stelle des Martyriums des Heiligen Paulus erbaut wurde, sondern auch wegen ihrer eigenen Pracht und Schönheit. Es ist immer noch imposant, obwohl es so modern ist und so wenige Relikte der Vergangenheit aufweist. Aber der Pilger von heute, der sich vielleicht daran erinnert, dass sich Marcella, bereits halb tot, über die Schwelle schleppte, in den Frieden Gottes, den das Heiligtum inmitten der Plünderung und der Folterungen Roms gewährte, könnte, wenn er so ist, noch eine weitere Assoziation hinzufügen gesinnt im Gedanken an den großen Geistlichen, der hier viele Jahre lang regierte und voller Eifer und eifrigem Wunsch nach allgemeiner Reform inmitten einer faulen Schar verdorbener Mönche ankam, die zugelassen hatten, dass ihre edle Kirche in den Zustand der Ungerechtigkeit verfiel ein Stall, während sie selbst – eine mysteriöse und schreckliche Beschreibung, die für uns aber vielleicht nicht so beunruhigend ist wie für sie – „im Refektorium von Frauen bedient wurden", das erste und vielleicht einzige Beispiel für weibliche Dienerinnen in einem Kloster. Hildebrand machte mit diesen Ministranten kurzen Prozess. Er hatte einen Traum – der zweifellos große Auswirkungen auf die Mönche haben würde, die immer von spirituellen Eingriffen eingeschüchtert waren, egal wie materiell sie im Geiste oder in ihren Gewohnheiten waren –

, in dem ihm der heilige Paulus erschien, der hart daran arbeitete, seine entweihten Sünden zu beseitigen und zu reinigen Kirche. Der junge Abt machte sich sofort an die vom Apostel angedeutete Arbeit: „Er beseitigte alle Unreinheit", sagt sein Chronist, „und versorgte ihn mit einer ausreichenden Menge gemäßigter Nahrung und versammelte eine Schar ehrlicher Mönche, die ihrer Herrschaft treu blieben, um sich."

Hildebrands große Geschäftsfähigkeit ermöglichte es ihm, sozusagen, sehr bald, die Angelegenheiten des Klosters in Ordnung zu bringen. Die Lage des Klosters außerhalb der Stadttore und Verteidigungsanlagen und sein völlig ungeordneter Zustand hatten es allen Überfällen und Angriffen benachbarter Adliger ausgesetzt, die die korrupten und undisziplinierten Mönche als leichte Beute empfanden; Doch bald stellten sie fest, dass sie in dem neuen Abt einen ganz anderen Gegenspieler hatten. In diesen Berufen verbrachte Hildebrand mehrere Jahre und baute sein Kloster auf den stärksten Grundlagen der Disziplin, Reinheit und des Glaubens auf. Reform war das, was die Kirche in fast jedem Detail ihrer Arbeit forderte. Inmitten der Aufregung und der ständigen Unruhen draußen war es nicht möglich gewesen, die Ordnung im Inneren aufrechtzuerhalten, und ein Abt, der seinen Posten gekauft hatte, würde es wahrscheinlich auch nicht versuchen: und ein großer Teil der Äbte, Bischöfe und großen Beamten der Kirche hatten gekauft ihre Beiträge. In der vorherigen Generation war es die Regel gewesen. Es war zur Selbstverständlichkeit geworden und störte offenbar niemanden im Gewissen. In der Kirche war jedoch offensichtlich die Überzeugung entstanden, dass dieser Zustand ungeheuerlich sei und ein Ende haben müsse, und zwar aufgrund von Einflüssen, die wir nicht kennen, die aber durch das Handeln Hildebrands und seines Papstes Leo in Flammen aufging. Dasselbe Erwachen hat in der Kirche leider immer wieder stattgefunden, je nachdem es notwendig geworden war: und nie war es notwendiger als jetzt. Unter den strengen Falten des Mönchsgewandes war jede Art von Unmoral verborgen; Die Pfarrer, insbesondere in Deutschland, lebten mit ihren Frauen in stiller Missachtung aller diesbezüglichen Gesetze der Kirche. Dies, was uns als das geringste ihrer Vergehen erscheint, war in den Augen der neuen Rasse der Kirchenreformer nicht der Fall. Sie hielten es für schlimmer als gewöhnliche unmoralische Beziehungen, als Fälschung und Anspruch auf den Titel einer rechtmäßigen Verbindung; und um diesem großen Verfall von der Herrschaft der Kirche und dem noch größeren Skandal der Simonie abzuhelfen, richtete der neue Papst nun seine größte Energie darauf.

PYRAMIDE DES CAIUS CESTIUS.

Eine sehr bemerkenswerte Reformationsoffensive, was wirklich der treffendste Begriff zu sein scheint, fand im ersten Regierungsjahr Leos IX. statt. Wir finden Hildebrand nicht als Begleiter auf seinen Reisen erwähnt – wahrscheinlich war er bereits zu sehr mit der physischen und moralischen Säuberung der Pauluskirche beschäftigt, um Rom zu verlassen, für das er sich übrigens in all seinen äußerlichen Belangen gekümmert hatte sowie spirituelle Interessen, während der Abwesenheit des Papstes: Aber zweifellos war er die Hauptinspiratorin des Plans und hatte bei der Organisation aller Einzelheiten mitgeholfen. Etwas von der subtilen Falle, in die sein eigener Gönner Gregor geraten war, war in dem Plan enthalten, mit dem Hildebrand, der aus Leiden Weisheit gewann, seinen Papst aussandte. Nachdem er in Italien verschiedene kleinere Konzile abgehalten hatte, reiste Leo über die Berge nach Frankreich, wo er gegen den Wunsch des Kaisers in Reims eine große Versammlung abhielt. Der nominelle Anlass des Besuchs war die Weihe der damals neu erbauten Kirche St. Remy, die immer noch zu den Glanzstücken einer Stadt zählt, die so reich an architektonischem Reichtum ist. Der Leichnam des Heiligen Rémy wurde in vielen wunderbaren Prozessionen aus dem Kloster, in dem er lag, getragen, um die Mauern der mittelalterlichen Stadt herum und durch ihre Straßen mit Gesängen und Psalmen, mit Banner und Kreuz, bis er schließlich dort war feierlich auf einem Altar im neuen Gebäude niedergelegt, das nun so alt und ehrwürdig ist. Halb Frankreich war zu diesem großen Fest nach Reims geströmt, folgte den Fußstapfen des Papstes und behinderte seinen Fortschritt – denn immer wieder war er nicht in der Lage, den großen Menschenmengen zu entkommen , die jede Straße blockierten. Obwohl es sich um eine prächtige Zeremonie handelte, die offensichtlich großen Eindruck auf die Menge machte, handelte es sich dabei doch nur um das Vorkapitel. Nach der Weihe kam eine völlig unerwartete Visitation, das Konzil von Reims, das sich nicht wie die meisten anderen Konzile mit Fragen der Lehre, sondern mit Fragen der Gerechtigkeit und Disziplin befasste. Der Thron für den Papst wurde in der Mitte des Kirchenschiffs der Kathedrale errichtet – nicht, wie man kaum sagen muss , der alten, aber prachtvollen Kathedrale, die heute existiert – und in einem Kreis von den Sitzen der Bischöfe und Erzbischöfe umgeben. Als alle versammelt waren, wurde das Ziel des Konzils dargelegt – die Abschaffung der Simonie und der Usurpation des Priestertums und des Altars durch Laien sowie der verschiedenen unmoralischen Praktiken, die sich in den Schatten der Kirche geschlichen hatten und dort toleriert oder genehmigt wurden . In seiner Eröffnungsrede beschwor der Papst seine versammelten Berater, ihm zu helfen, das Unkraut auszurotten, das das göttliche Korn erstickte, und flehte sie an , wenn einer von ihnen sich der Sünde der Simonie schuldig gemacht hätte, sei es durch den Verkauf oder den Kauf von Pfründen, dann möge er dies tun er sollte ein öffentliches Bekenntnis seiner Sünde ablegen.

Schrecklicher Moment für die Bischöfe und anderen Prälaten, die in alle Angelegenheiten ihrer Zeit vertieft und nicht besser als andere Männer sind! Der Leser kann nach all diesen Jahrhunderten kaum umhin, den Schauer der Besorgnis, der Scham oder des bitteren Entsetzens zu spüren, der diese schreckliche Sitzung durchzogen haben muss, als die Männer einander ins Gesicht blickten und blass wurden. Der Erzbischof von Trèves stand als erster auf und erklärte, seine Hände seien sauber, ebenso der Erzbischof von Lyon und Besançon . Gut für sie! Aber der aus Reims in seiner eigenen Kathedrale, der in diesen wenigen triumphalen Festtagen an der Spitze von allem gestanden haben muss, geriet ins Wanken, als er an die Reihe kam. Er bat darum, die Diskussion auf den nächsten Tag zu vertagen und ihm zu gestatten, den Papst privat zu sehen, bevor er seine Erklärungen abgab. Es muss mit einer Art grimmiger Güte und schrecklicher Duldung geschehen sein, dass der Aufschub gewährt wurde und die Inquisition weiterging, während diese große Persönlichkeit, einer der ersten Magnaten der Versammlung, schweigend dasaß und darüber nachdachte, was alles gegen ihn und ihn war wie wenig er zu seiner Verteidigung zu sagen hatte . Danach wurde der Rat mit Vorwürfen und Gegenvorwürfen lebhafter . Der Bischof von Langres erwirkte die Absetzung eines Abtes in seiner Diözese wegen unmoralischen Verhaltens; aber am nächsten Tag wurde er selbst der Simonie, des Ehebruchs und der Anwendung von Folter zur Erpressung von Geld bezichtigt. Nach ein oder zwei Tagen der Diskussion floh dieser Prälat und wurde schließlich exkommuniziert. Mit Papst Leo war nicht zu spaßen. Und so wurde die lange Reihe der Prälaten im Laufe der Tage mit vielen katastrophalen Folgen durchlaufen.

Es ist weniger befriedigend, dass er leicht Rebellen und Gegner des Kaisers exkommuniziert , deren Waffen zu erfolgreich waren oder deren Feindschaft zu wichtig war. Selbst die besten Priester und Päpste irren sich manchmal – und eine solche Waffe wie die Exkommunikation wie einen Blitz zur Hand zu haben, muss sehr verlockend gewesen sein. Gleichzeitig exkommunizierte Leo auch das Volk von Benevent, das gegen den Kaiser rebelliert hatte , und den Erzbischof von Ravenna, der gegen sich selbst rebellierte.

Die Reisen und Aktivitäten dieses Papstes während seiner Vernehmungs- und Bestrafungsrunde waren außergewöhnlich. Er taucht in einem Teil Italiens nach dem anderen auf: im äußersten Süden, in den Ebenen des Mittellandes, hält überall Konzile ab, setzt Bischöfe ab und geißelt die Kirche. Erneut ist er über den Hügeln seines eigenen Landes und trifft den Kaiser, ebenso aktiv wie er selbst und fast genauso ernsthaft in seinem Wunsch, die Kirche von der Simonie zu reinigen – er zieht hier und da hin und führt alle möglichen heiligen Funktionen aus, von der Feier eines Fest zur Exkommunikation einer Stadt. Sein letztes und sich als verhängnisvoll erweisendes Unterfangen war ein Feldzug gegen die Normannen, die einen großen Teil Süditaliens in Besitz genommen hatten und gegen die der Papst an der Spitze einer Armee, die aus den meisten Normannen bestand, höchst unpassend vorging heterogene Elemente, und die angesichts des Feindes zusammenbrachen. Leo selbst wurde entweder gefangen genommen oder flüchtete in die Stadt Benevent, die kürzlich durch einen Handel mit dem Kaiser in den Besitz des Heiligen Stuhls übergegangen war. Hier wurde er mehr oder weniger freiwillig fast ein Jahr lang festgehalten, und als er sich schließlich mit einer starken Eskorte der Normannen und allen Ehrenzeichen nach Rom aufmachte, geschah dies mit gebrochener Gesundheit und nachlassender Kraft . Er starb kurz nachdem er sein Ziel erreicht hatte, in seiner eigenen großen Kirche, nachdem er sich dorthin tragen ließ, als es ihm schlechter ging; Und nichts könnte imposanter sein als der Schauplatz seines Todes im Petersdom, der für dieses große und feierliche Ereignis ganz mit Schwarz geschmückt und mit Tausenden von Trauerlichtern beleuchtet war. Ganz Rom war Zeuge seiner letzten Stunden und sah ihn sterben. Er war einer der großen Päpste, auch wenn er selbst bei seiner eigenen Kirchenreform nicht den vollen Erfolg hatte und scheiterte, als er unglücklicherweise das Schwert in die Hand nahm . Allerdings ließ sich kein Wort gegen die Reinheit seines Lebens und seiner Motive sagen, und diese wurden allgemein anerkannt, insbesondere unter den Normannen, gegen die er seine unglückliche Armee führte und die ihren voreiligen Eindringling verehrten, während sie ihn wahrscheinlich gefangen hielten.

Während der acht Jahre von Leos Papsttum hatte Hildebrand die Geschäfte in Rom geleitet, wo irrende Priester und simonische Bischöfe nicht weniger streng zur Rechenschaft gezogen wurden als anderswo. Er scheint den Papst auf keiner seiner zahlreichen Expeditionen begleitet zu haben; Aber mit Hilfe eines neuen Mitstreiters, der kaum weniger mächtig und fähig war als er selbst, tat Peter Damian, damals Abt von Fontavellona und später Bischof von Ostia, unter Leo sein Bestes, um die kirchliche Welt im Allgemeinen so zu reinigen, wie er es getan hatte fegte seine eigene Kirche St. Paul sauber. Als Leo starb, war Hildebrand einer der drei Legaten, die den Kaiser über die Wahl eines anderen Papstes beraten sollten. Dies war eine lange und schwierige Angelegenheit, da die Empfindlichkeiten der Römer, die darauf bedacht waren, ihr eigenes tatsächliches oder scheinbares Wahlprivileg zu wahren, mit den Ansprüchen Heinrichs in Einklang gebracht werden mussten, der nicht daran dachte, sie in irgendeiner Weise aufzugeben, und der hatte die Macht auf seiner Seite. Die Auswahl schien letztlich von Hildebrand und nicht von Heinrich getroffen worden zu sein und erfolgte durch Gebehard , den Bischof von Aichstadt , einen weiteren wohlhabenden deutschen Prälaten, der ebenfalls mit dem Kaiser verwandt war . Warum er dieser Mission jedoch zugestimmt haben sollte, war derjenige, der sich so entschieden geweigert hatte, Leo als Kandidat des Kaisers zu folgen , und es zur Bedingung seines Dienstes gemacht hatte, dass der neue Papst demütig als Pilger nach Rom gehen sollte Dort gewählt wurde, kann von keinem der Historiker erklärt werden.

Im Frühjahr 1055 kam das römische Konklave nach langen Verzögerungen und langem Warten zurück und brachte seinen Papst mit. Aber Viktor II. war wie so viele seiner deutschen Vorgänger nur von kurzer Dauer. Seine Regierungszeit dauerte nur zwei Jahre, die Hälfte davon verbrachte er offenbar in Deutschland. „Er war keiner, der die Mönche liebte", und wahrscheinlich stellte Hildebrand fest, dass er mit jemandem, dessen Herz scheinbar auf der *anderen* Seite geblieben war, nur wenig anfangen würde *monti* – wie die Alpen immer wieder genannt werden. Für einen Nachfolger wurde kein zweiter Botschafter an den kaiserlichen Hof geschickt, denn im schicksalhaften Jahr 1056 starb auch der Kaiser , einige Monate vor Victors Tod. Ohne sich die Zeit zu nehmen, den deutschen Hof zu konsultieren, wählten der römische Klerus und das römische Volk mit einer Eile, die ihre große Sorge beweist, sich wieder zu behaupten, Friedrich, den Abt von Monte Cassino und Bruder des derzeitigen Fürsten der Toskana – Gottfried von Lothringen, den zweiten Ehemann von Beatrice von der Toskana und Stiefvater von Matilda, der eigentlichen Erbin dieses mächtigen Herzogtums. Vielleicht vermischte sich mit dieser Entscheidung ein gewisser Wunsch, an der einzigen Macht in Italien festzuhalten, die sie überhaupt vor einem verärgerten Kaiserhof schützen konnte: Aber es war eine vollkommen natürliche und würdige Entscheidung. Leider lebte Friedrich nur wenige Monate und enttäuschte viele Hoffnungen. Er hatte Hildebrand an den kaiserlichen Hof geschickt, um seine Wahl zu erklären und zu rechtfertigen, aber als er feststellte, dass sich sein Gesundheitszustand zu verschlechtern begann, schien ihn eine Art Panik erfasst zu haben und alle Vertreter von Priestern und Leuten, die es sein könnten, versammelten sich um ihn Er ließ sie bei Androhung der Exkommunikation schwören, bis zur Rückkehr Hildebrands keinen Nachfolger zu wählen. Er starb kurz darauf in Florenz.

In diesen kurzen Aufzeichnungen liegt etwas Eintöniges: ein großer Aufruhr, der fast die Länge eines Krampfs um die Wahl erreicht, und dann eine kurze und aufgeregte Zeitspanne, ein oder zwei Jahre, manchmal nur ein oder zwei Monate, und alles ist vorbei und das Neue Papst reiht sich wieder in die lange Reihe seiner Vorgänger ein. Es handelte sich auch nicht um alte Männer, wie sie in späteren Zeiten so oft gewählt wurden, ehrwürdige Kirchenväter, deren Alter sie dem Grab näher brachte als dem Thron: – es waren alles Männer in der Blüte ihres Lebens Alter, wahrscheinlich nach aller menschlichen Wahrscheinlichkeit, lange zu leben. Es war nicht verwunderlich, wenn die deutschen Bischöfe Angst vor diesem gefährlichen Aufstieg hatten, der ein unausweichliches Schicksal mit sich zu bringen schien.

Hildebrand war am deutschen Hof, als ihn diese traurige Nachricht erreichte. Er befand sich in der für die meisten Männer faszinierenden Position – und in dieser Hinsicht war er anderen nicht überlegen – des Vertrauten und Ratgebers einer Prinzessin in der interessanten Position einer jungen Witwe mit einem Kind, auf dessen Kopf das zukünftige Imperium bereits geworfen hatte sein Schatten. Die Position der Kaiserin Agnes war zweifellos eine der schwierigsten, die eine Frau einnehmen konnte, umgeben von mächtigen Fürsten, die vom Kaiser , der ihnen jedoch kaum ebenbürtig war, kaum unterworfen werden konnten ihr Souverän – und überhaupt nicht bereit, die Vorherrschaft einer Frau zu akzeptieren. Es gibt nichts auf der Welt, in dem Frauen so gute Leistungen erbracht haben wie in der großen Regierungskunst, aber Kaiserin Agnes war keine solche. Sie musste auf die Unterstützung des Klerus inmitten des rauen Kreises von Potentaten zurückgreifen, mit dem sie zu kämpfen hatte, und der Besuch Hildebrands mit seinen hohen Ansichten, seinen großen Hoffnungen, seinem stürmischen Entschluss, das Böse mit dem Guten zu besiegen, Wenn auch vielleicht nicht auf die von den Aposteln empfohlene Art und Weise, war es für sie zweifellos eine wunderbare Erfrischung und ein interessantes Erlebnis inmitten all ihrer Kämpfe. Aber es war wie ein Donnerschlag, der zu ihren Füßen einschlug, als sie vom Tod Friedrichs (unter den Päpsten Stephan IX.) hörten und von dem schnell folgenden Ausbruch in Rom, als in einem Moment kein Geist mehr vorhanden war, der stark genug war, ihn zu kontrollieren Sie setzten die alten Methoden in Kraft, und einige der römischen Adligen, die immer bereit waren, eine Gelegenheit zu nutzen – mit solchen Unterstützern in der Stadt, die durch Terror oder Bestechung gesichert werden konnten, und die das Volk überraschten – sorgten für die eilige Wahl von ein Papst ohne jegliche Qualifikation für das Amt. Nichts könnte dramatischer sein als die gesamte Episode. Ein junger Graf von Tusculum, einer Festung inmitten der Ruinen der alten römischen Stadt oberhalb von Frascati, einer Familie, die damals offenbar die Position innehatte, die später die Orsinis und Colonnas innehatten , war der Anführer dieser Verschwörung und der Kandidat war ein gewisser Mincio , Bischof von Velletri, ein Mitglied derselben Familie. Die Beschreibung bei Muratori *Die Annalen* sind zwar kurz, aber sehr charakteristisch.

„Gregorio, Sohn des Albanio Graf Tusculano aus Frascati, stürmte zusammen mit einigen anderen mächtigen Römern, nachdem er durch Bestechung einen großen Teil des Klerus und des Volkes gewonnen hatte, nachts mit einer Gruppe bewaffneter Anhänger in die Kirche St. Peter , und dort wählte er unter großem Tumult den Papst Giovanni, den Bischof von Velletri, der später Mincio genannt wurde (ein Wort, das vielleicht aus dem Französischen *Mince* stammt und wahrscheinlich das Original der jetzt verwendeten Phrase *Minciono , Minchione war*), der den Namen annahm Benedikt X. Er war ein Mann ohne Buchstaben.“

Der plötzliche Überfall in der Nacht, bei dem ganz Rom still und schlafend ist, mit Ausnahme der unruhigen und hastig erwachten Straßen, durch die die Gruppe von jenseits der Campagna und ihrer Räuberfestung zwischen den Ruinen des klassischen Tusculum eingedrungen war, ergibt ein höchst merkwürdiges und dramatisches Bild. Unter den Verschwörern befanden sich bestimmte sogenannte Volksvertreter, darunter einige Äbte, die ihre Sitze unter einem reformierenden Papst unsicher fühlten, und einige Priester, denen es sehr am Herzen lag, jede neue und beunruhigende Autorität auszuschließen. Sie versammelten sich hastig in der Kirche, die plötzlich mit Fackelschein und Kerzenlicht in die Dunkelheit leuchtete, während der Eindringling *Mincio* , ein hagerer und fantastischer Bischof mit affektierten Posen und Haltungen, wie sein Spitzname andeutet, zur Kirche gebracht wurde Altar durch seine unhöflichen Gönner und Diener. Er wurde von dem verängstigten Erzpriester von Ostia geweiht, den die Frascati-Gruppe irgendwo gewalttätig angegriffen hatte und der halb betäubt vor Angst durch das Amt schlenderte. Es war das Privileg des Bischofs von Ostia, der amtierende Prälat bei der großen Feierlichkeit der Papstweihe zu sein. Als er nicht zu haben war, dachten die sorglosen und profanen Barone zweifellos, dass sein Untergebener es stattdessen sehr gut machen würde.

Die Nachricht wurde vom kaiserlichen Hof allerdings mit Entsetzen, doch mit würdevoller Zurückhaltung aufgenommen. Hildebrand machte sich sofort auf den Weg nach Florenz, um sich mit den dortigen Herrschern zu beraten, einer königlichen Familie von großer Bedeutung in der Geschichte Italiens, bestehend aus der verwitweten Herzogin Beatrice, ihrem zweiten Ehemann Gottfried von Lothringen und ihrer kleinen Tochter Matilda, der eigentlichen Erbin von das Fürstentum, alle überzeugten Anhänger der

Kirche und Freunde Hildebrands. Dass er in dieser plötzlichen Krise das Kommando übernehmen sollte, scheint von allen Seiten als selbstverständlich angesehen worden zu sein. In Siena wurde ein Rat aus vielen „deutschen und italienischen" Bischöfen einberufen, wo er von einer Abordnung aus Rom empfangen wurde, die darum bat, geeignete Schritte zur Bewältigung der Notlage zu unternehmen, und ein rechtmäßiger Papst gewählt wurde. Die Wahl dieses Konzils fiel auf den Bischof von Florenz, „der aufgrund seiner Weisheit und eines guten Lebens einer solch erhabenen Würde würdig war"; und der neue Papst wurde von einer starken Gruppe toskanischer Soldaten, die stark genug waren, um jeden Aufruhr und jede Rebellion in der Stadt niederzuschlagen, nach Rom eskortiert. Die Expedition machte Halt in Sutri , einer kleinen Stadt direkt innerhalb der Grenzen des päpstlichen Besitzes, die aus diesem Grund bereits Schauplatz des verwirrenden und schmerzhaften Konzils gewesen war, das Gregor VI. entthronte. die Festungen der Grafen von Tusculum in der Nähe dieses Ortes zu zerstören und ihrer Macht ein Ende zu machen. Mincio jedoch, der arme fantastische Schatten, hatte weder den Mut, sich einem ordnungsgemäß gewählten Papst zu stellen, noch das scharfe Auge Hildebrands, und verzichtete sofort auf seine unrechtmäßig erworbene Macht. Seine so sarkastisch angedeutete vage Gestalt hat eine gewisse halb komische, halb reumütige Wirkung, wenn sie inmitten all dieser wichtigeren Formen und Dinge auftaucht, zuerst im Glanz des Mitternachtsbüros und dann in einem dunstigen Zwielicht der Dunkelheit, das sich davonschleicht Er wird nicht mehr gesehen, außer von den eifrigen Land- und Stadtbewohnern seines abgelegenen Bistums, die ihm, *Burlando* – so scherzhaft, wie man froh ist, zu hören, dass sie es inmitten all ihrer Tumults und Schwierigkeiten tun konnten – seinen Spitznamen gaben und ihn so herabschickten der Nachwelt die fantastische Vision des jetzigen Papstes mit seiner kleinkarierten Art – kein schlechter Gegenpapst, obwohl er *als* Benedikt Chronik der Zeit.

Die turbulente Öffentlichkeit Roms, die sich so oder so nicht sonderlich darum kümmerte, die diese Wahl des Papstes jedoch als ihren einzigen verbliebenen Anspruch auf Wichtigkeit empfand, murrte und murrte lautstark über die Einmischung der Toskana, eines noch beleidigenderen Nachbarn, wenn es darum ging sie selbst wirkt eher souverän als ein entfernter und vage prächtiger Kaiser; und es gab einen Aufschrei gegen Hildebrand, der gemeinsam mit Beatrice und ohne Zustimmung der Römer „ein neues Idol" errichtet hatte. Doch in Wirklichkeit war es Hildebrand selbst, der nun im Schatten eines weiteren unbedeutenden und kurzlebigen Papstes regierte. Nikolaus II. und Alexander II. die ihnen folgten, waren nur die formellen Machthaber; Die wahre Herrschaft lag fortan in den Händen des stets wachsamen Mönchs, Kardinal-Erzdiakons, Stellvertreters und Vertreters des Heiligen Stuhls. Es ist eines der wenigen in den Aufzeichnungen der Welt zu findenden Beispiele für die Erhebung eines

Mannes, der – wie Carlyle es so eindringlich predigte – in die Position gelangen *kann* , *die ihm von Natur aus zusteht.* Während Hildebrand die Welt durchstreifte, kam ein abenteuerlustiger junger Mönch *an mir vorbei Monti* überquert als junger Abenteurer jetzt rücksichtslos den Atlantik, öfter als man zählen kann – während er mit dem ganzen Eifer seines ersten praktischen Aufsatzes in Sachen Reform seinen Stall in St. Paul's aufräumte und seine Anwesenheit spürbar machte die Ausgaben und Einnahmen Roms – es gab, wie wir gesehen haben, einen Papst nach dem anderen auf dem Stuhl des Apostels, die meisten von ihnen würdig genug, zumindest einer, Leo IX., heldenhaft in seinem Einsatz und seiner Hingabe – aber keiner von ihnen geboren, um die Kirche durch eine große Krise zu führen. Die Stunde und der Mann waren nun gekommen.

Es dauerte nicht lange, bis die Anwesenheit eines neuen und großen Gesetzgebers deutlich sichtbar wurde. Eine der ersten Amtshandlungen Hildebrands unter Nikolaus bestand darin, 1059 in Rom ein Konzil abzuhalten, auf dem viele wichtige Dinge beschlossen wurden. Dem Leser wird es an keinem Argument mangeln, das beweist, dass eine dringende Notwendigkeit einer etablierten und sicheren Regel für die Wahl der Päpste bestand, eine Notwendigkeit, die immer wiederkehrt und zu einem ständigen Kampf führt. Es war das Privileg des römischen Klerus und Volkes gewesen; es war ein Vorrecht der Kaiser geworden ; es wurde von beiden gemeinsam ausgeübt, wobei der eine sich mit einer fiktiven Zusammenarbeit und Zustimmung zu dem, was der andere tat, begnügte, aber keiner von ihnen damit zufrieden war und jede freie Stelle die Ursache eines erbitterten und oft schändlichen Kampfes war. Die nominelle Wahl durch den Klerus und das Volk war in der Regel unmöglich und bedeutete nur den vorübergehenden Triumph der Partei, die im Moment am stärksten oder reichsten war und am besten für die süßesten Stimmen der Menge bezahlen oder sie am besten einschüchtern und einschüchtern konnte Gegner. Andererseits war das Handeln der weltlichen Macht, die Auswahl oder zumindest Ernennung eines Papstes – gegebenenfalls mit Armeen im Rücken, um seine Wahl auszuführen – durch den Kaiser jenseits der Alpen eine Transaktion, die den gewöhnlichen weltlichen Machthabern unterstand Gesetze, die einen Vorgesetzten in jedem Bereich der Angelegenheiten dazu veranlassen, den Mann zu wählen, der für sich selbst und seine Interessen am nützlichsten sein dürfte – Interessen, die sich sehr von denen unterscheiden, die die Ziele der Kirche sind. Niemand hatte die Gefahren und Schwierigkeiten dieser gespaltenen und inkonsistenten Autorität besser erkannt als Hildebrand, und seine Entschlossenheit, eine standhafte und endgültige Methode für die Auswahl und Wahl des ersten großen Beamten der Kirche festzulegen, war sowohl klug als auch vernünftig. Vielleicht hatte er nicht ohne Rücksicht auf die Zweckmäßigkeit, sich von allen Präzedenzfällen zu lösen und so den Weg für eine neue Methode zu bereiten, scheinbar aus eigener Kraft das übertragen, was wir die Schirmherrschaft des Heiligen nennen könnten Sehen Sie, in die Toskana. Der Zeitpunkt war für einen solchen Wandel günstig, denn es gab keinen Kaiser, den Erben Heinrichs III. Er war noch ein Kind und seine Mutter hatte nicht die Macht, sich einzumischen.

TRINITA DE MONTI.

Das von Hildebrand eingeführte und vom Rat verabschiedete neue Gesetz entsprach in seinen allgemeinen Bestimmungen weitgehend dem noch bestehenden. Es gab kein feierliches, geheimnisvolles Konklave, und die Einzelheiten waren einfacher ; aber die Wahlregeln waren praktisch die gleichen. Die Kardinalbischöfe trafen zunächst ihre Wahl, die sie dann den anderen Kardinälen niedrigeren Ranges vorlegten. Wenn beiden zugestimmt wurde, wurde der Name des gewählten Papstes dem endgültigen Urteil des

Volkes vorgelegt, zweifellos eine bloße Formel. Dies ist unseres Erachtens nominell immer noch der letzte Schritt des Verfahrens. Der Name wird vorgelegt, *das heißt* , er wird der eifrigen Menge im Petersdom bekannt gegeben, die applaudiert, und das ist alles, was von ihnen verlangt wird: und alles ist erledigt. Dieses Dekret wurde *salvo debito* verabschiedet *honore et reverentia delecti Filii nostri Henrici* , eine Bedingung, die geschickt durch das Versprechen geschützt wird, denjenigen seiner Nachfolger, denen der Heilige Stuhl persönlich das gleiche Recht zugestanden hat, die gleiche Ehre zu verleihen (das heißt, bei der Wahl eine Stimme zu haben). Somit war es der Heilige Stuhl, der die Kaiser ehrte , indem er ihnen ein Privileg gewährte, und nicht die Kaiser, die das Recht hatten, für den Heiligen Stuhl zu nominieren, geschweige denn zu wählen.

Weitere Maßnahmen von großer Bedeutung für die Reinigung und innere Disziplin der Kirche wurden auf diesem Konzil im April 1059, dem Jahr der Thronbesteigung von Nikolaus II., gesetzlich verankert. aber keiner von so grundlegender Bedeutung wie dieser oder so kühn in seinem Anspruch auf spirituelle Unabhängigkeit. Hildebrand muss sich zu diesem Zeitpunkt auf dem Höhepunkt seines Lebens befunden haben, ein etwa vierzigjähriger Mann, der bereits durch viel Erfahrung gereift war und begann, die Träume und Pläne seiner Jugend zu systematisieren und zu ordnen. Zu diesem Zeitpunkt muss er bereits genau gewusst haben, was er wollte und was seine Mission in der Welt war oder zumindest sein sollte. Wir sind jedoch der Meinung, dass es sehr zweifelhaft ist, ob ihm diese Mission so erschienen ist, wie sie seither allen Historikern erschienen ist – ein tiefgründiger und alles überwältigender Plan für die Errichtung des Papsttums auf einem solchen Gipfel, wie ihn das gekrönte Haupt nie hatte erreicht. Seine Absichten, wie er sie selbst verstand, waren erstens die Reinigung der Kirche – die Beseitigung all des fleischlichen Schmutzes, der sich in ihr angesammelt hatte, wie in seiner eigenen edlen Basilika, wodurch sie unbrauchbar wurde und ihre Schönheit verbarg; und zweitens die Zerstörung dieses Systems des Kaufs und Verkaufs, der im Heiligen Tempel vor sich ging – schlimmer als der Geldwechsel und der Verkauf von Tauben, der Verkauf der Altäre selbst an jede unwürdige Person, die dafür bezahlen konnte. Dies waren seine ersten und größten Ziele – die Kirche rein und frei zu machen, wie sie es vielleicht nie war, wie sie es vielleicht, leider auch nie ganz sein wird: aber dennoch das höchste Ziel, das jeder wahre Kirchenmann verfolgen sollte.

TITUSBOGEN.

Diese Ziele wurden in seinem Geist durch den edlen und schönen Gedanken erhöht und erweitert, auf diese Weise die einzige große, desinteressierte Macht auf der Welt vorzubereiten und zu entwickeln, die nichts zu gewinnen hat und die in jedem Streit schlichten, konkurrierende Ansprüche ausgleichen und Frieden auf Erden bringen sollte , statt des Klirrens der Schwerter; das wahre Werk des Nachfolgers von Petrus, dem Stellvertreter Christi in der Welt. Dies war nicht nur ein Traum Hildebrands. Dreihundert Jahre später träumte die große Seele Dantes immer noch von diesem Papa Angelico, der Hoffnung aller Zeiten, der eines Tages aufstehen und alles in Ordnung bringen könnte. Hildebrand war nicht vom Typ Engel. Er war nicht der Hohepriester, der aus gütiger Nächstenliebe und Liebe zu allen

Menschen bestand – über den die mittelalterlichen Weisen sinnierten. Aber wer wird sagen, dass auch sein Traum nicht der edelste oder sein Ideal weniger großmütig und groß war? Ein solcher Schiedsrichter wurde gesucht – welche Worte könnten wie viel ausdrücken? – in all diesen unruhigen und turbulenten Königreichen, die gegeneinander kämpften, überwanden und überwunden wurden, immer in Unordnung, und ihr menschliches Schicksal unter ständiger Begleitung menschlicher Stöhnen und Stöhnen ausführten Leiden und Tränen – jemand, der alles in Ordnung bringen würde, der die Sache der Armen und Freundeslosen richten würde, der die Macht hätte, einen Tyrannen zu stürzen und an seiner entehrten Stelle mit Segen und Ehre einen neuen Thron der Gerechtigkeit zu errichten . Brauchen wir jetzt weniger einen Papa Angelico? Aber leider [1] haben wir den Glauben an seine Möglichkeit verloren, ein Schicksal, das von Zeitalter zu Zeitalter so vielen hohen Idealen widerfährt.

Sehnte sich Hildebrand, ein stolzer und starker Mann, ein Mann voller Ehrgeiz, voller Bewusstsein großer Mächte, danach, die Zügel des Universums selbst in die Hand zu nehmen? die Streitwagen der Sonne zu steuern, alles zu lenken, alles zu regieren, mehr als ein König zu sein und Kaiser zitternd vor sich zu halten? Es ist sehr gut möglich: In jedem großen Geist muss etwas von diesem Wunsch vorhanden sein, bis er völlig desillusioniert ist. Aber dass es sich nicht nur um einen ehrgeizigen Plan handelte, sondern um ein großes Ideal, dessen Verwirklichung seiner Meinung nach das Leben eines Menschen wert war, daran kann unserer Meinung nach kein vernünftiger Zweifel bestehen.

So begann er seine Herrschaft, in Wirklichkeit, wenn auch nicht per Titel, in Rom. Die Klöster wurden gereinigt und die Integrität der Kirche bestätigt, allerdings nicht durch einen dauerhaften Prozess, sondern durch einen Prozess, der in jedem Kapitel ihrer Geschichte immer wieder wiederholt werden musste. Die Päpste wurden nach einigen stürmischen Experimenten auf die Art und Weise gewählt, die er beschlossen hatte, und die Wahlfreiheit wurde etabliert und geschützt – bis zu einem gewissen Grad und in wenigen Augenblicken entsprach sein Papsttum, diese wunderbare Institution, seinem Ideal und versprach, seinen Traum zu erfüllen : Bis die Zeit kam, die allen Menschen gemeinsam war, als die Hoffnung scheiterte und er sich dem Staub und Sumpf der gestürzten Absicht stellen musste. Aber in der Zwischenzeit dachte er nicht an solche Gedanken , da er sich mit der ganzen Begeisterung seiner Fähigkeiten und mit ungeheurem Eifer und großer Mühe um seine eigenen Angelegenheiten kümmerte, die in jenen Tagen für den Erzdiakon von Rom die Sorge um alle Kirchen bedeuteten. Die Briefe des Papstes im Konzil, in denen der Name des bescheidensten seiner Söhne und Diener, Hildebrand, hinzugefügt wurde, enthielten die Befehle eines Souveräns, von dem Hildebrand träumte, an Bischöfe und Erzbischöfe auf der ganzen Welt. Hier ist einer dieser Briefe.

Obwohl dem Apostolischen Stuhl mehrere ungünstige Berichte in Bezug auf Ihre Bruderschaft zugegangen sind, die nicht ohne Nachfrage zurückgewiesen werden können – wie zum Beispiel, dass Sie unsere Feinde begünstigt und päpstliche Verordnungen vernachlässigt haben – haben Sie sich dennoch gegen diese Anschuldigungen durch die Bruderschaft verteidigt Da Sie die Aussage eines Zeugen von Gewicht gemacht haben und sich zu Ihrer Treue zum heiligen Petrus bekannt haben, sind wir bereit, diese Berichte zu ignorieren und zu hoffen, dass die Aussage zu Ihren Gunsten wahr ist. Sorge daher in Zukunft für ein Leben, damit deine Feinde keine Gelegenheit haben, uns deinetwegen zu betrüben. Bemühen Sie sich, die Hoffnungen zu erfüllen , die der Apostolische Stuhl in Sie gesetzt hat: Weisen Sie Ihren glorreichen König zurecht, flehen Sie ihn an und warnen Sie ihn, damit er nicht von den Ratschlägen der Bösen korrumpiert wird, die unter dem Deckmantel unserer eigenen Probleme hoffen, der apostolischen Verurteilung zu entgehen. Er soll dafür sorgen, dass er sich den heiligen Kanonikern widersetzt, oder vielmehr dem heiligen Petrus selbst, und dadurch unseren Zorn gegen ihn erregt, der ihn lieber wie unseren Augapfel lieben möchte.

Das waren hohe Worte für einen zweifelhaften, nicht so selbstbewussten Erzbischof, der einen sehr hohen Platz in der Kirche innehatte und mächtig im Guten wie im Bösen war: Aber Hildebrand nahm kein Blatt vor den Mund, was auch immer er zu sagen hatte.

In der Zwischenzeit setzte der gute Papst Nikolaus seine Wohltätigkeitsorganisationen fort, während sein Kardinal-Erzdiakon in seinem Namen donnerte. Am Ende seines Lebens begab er sich mit seinem Hofstaat auf einen Besuch bei den Normannen, die dies schon seit einiger Zeit getan hatten – seit sie Papst Leo vor den Toren von Benevent besiegt hatten und unter den Charme des päpstlichen Einflusses gerieten, wenn auch in der Person ihres Gefangenen – wurden zu den ergebensten und großzügigsten Dienern des Papsttums: Das verlieh ihnen tatsächlich Titel auf die Souveränität jedes zufälligen Fürstentums, das sie sich zu eigen machten – was ein gutes Äquivalent war. Als die Truppen von Guiscard Seine Heiligkeit zurück nach Rom eskortierten, waren sie so zuvorkommend, dass sie ein oder zwei Schlösser dieser räuberischen Adligen zerstörten, die alle Straßen heimgesucht und die Pilger ausgeraubt hatten und inmitten aller größeren Angelegenheiten wie ein Nest waren giftige Wespen um die Ohren der römischen Staatsmänner und Gesetzgeber – insbesondere der stets unruhigen Familie Tusculum, der Grafen von Frascati, die von weitem die nördlichen Tore und jeden Pilgerweg bewachten. Dieser Papst starb bald darauf im Jahr 1061 in Florenz, seinem ehemaligen Bischofssitz, den er oft besuchte und liebte.

Und nun bot sich für Hildebrand die Gelegenheit, sein eigenes kühnes Gesetz umzusetzen und sofort mit den jetzt legalen Methoden ein neues Oberhaupt der Kirche zu wählen. Aber seine Koadjutoren hatten wahrscheinlich nicht seinen eigenen Mut: und obwohl sie unter seiner Inspiration mutig genug waren, dieses Gesetz zu erlassen, zögerten sie, es auszuführen. Es wird auch gesagt, dass es in Rom selbst den starken Widerstand einer deutschen Partei gab, die wirklich der kaiserlichen Ordnung verbunden war oder davon überzeugt war, dass die Kirche ohne die starke Unterstützung des Reiches nicht bestehen könne. Widerwillig stimmte Hildebrand zu, einen Boten zu schicken, um den kaiserlichen Hof zu konsultieren, wo sofort heftige Proteste und Appelle von den Germanen und Langobarden vorgebracht wurden, die ebenso wenig an einem italienischen Papst interessiert waren wie die Römer an einem germanischen Papst. Die Kaiserin Agnes war wahrscheinlich durch Gerüchte über ihre Entfernung aus der Regentschaft beunruhigt worden. Sie war durch die Berichte seiner Feinde von Hildebrand entfremdet worden und hatte zweifellos den Eindruck erweckt, dass die Rechte ihres Sohnes leiden müssten, wenn irgendeine Neuerung zugelassen würde. Sie vergaß in ihrer Panik ihre übliche Frömmigkeit und wollte Hildebrands Boten nicht einmal empfangen, der als einziger von all den vielen Deputationen, die mit demselben Auftrag eintrafen, fünf Tage (oder sieben) vor den Toren des Palastes warten musste – " „Sieben Tage lang wartete er im Vorzimmer des Königs", sagt Muratori – während die anderen eingelassen und angehört wurden. Das war zu viel für Hildebrand, zu dem sein Gesandter, Kardinal Stefano, natürlich voller Verzweiflung zurückkehrte. Die Kardinäle gingen dann mit Schüchternheit, aber getragen von Hildebrands großem Mut und Entschlossenheit, zur Wahl über, die von dem im Petersdom versammelten Volk ordnungsgemäß bestätigt wurde und daher nach dem neuesten Gesetz völlig legal war. Uns wird jedoch viel über den aufgeregten Zustand Roms während der Wahl erzählt und über die Abneigung des Volkes gegenüber der Horde von Mönchen, von denen viele Bettelmönche und sogar mehr oder weniger Vagabunden waren, die auf die Stadt losgelassen wurden. Wahlkampfagenten der gewalttätigsten Art, die die Straßen und Kirchen mit Lärm erfüllen . Diese wilde Armee, die den Bürgern widerlich war, war Hildebrand ergeben und beeinträchtigte seine Ansichten in der Menge mehr, als dass sie sie förderte.

„Hier erhielten die Römer völlige Freiheit bei der Wahl der Päpste", sagt Muratori , dessen Recht, zu einem solchen Thema zu sprechen, unbestritten ist, mit dem Zusatz, dass sie für ihre Weihe nicht einmal die Zustimmung der Kaiser abwarten mussten; eine Unabhängigkeit, die seitdem bis in unsere Tage erhalten bleibt." Dieser gewagte Akt führte zu einer wunderbaren

Revolution in der Politik Roms: Es war die erste Errichtung der Unabhängigkeitsfahne Roms. Die Kirche verfügte weder über Truppen noch Vasallen, auf die sie sich verlassen konnte, und den Kräften des Imperiums so offen die Stirn zu bieten, war ein gewaltiger Schritt. Die Gefahr drohte nicht nur von Deutschland aus. Die Lombardei und der gesamte Norden Italiens waren mit Ausnahme der Toskana in Waffen gegen den kühnen Mönch. Nur die ritterlichen Wilden der Normannen, die jedoch genauso gute Soldaten waren wie alle Deutschen, konnten als Treue zum Heiligen Stuhl angesehen werden: und Gottfried von Toskana stand *fidelissimo* zwischen Rom und seinen Feinden , bereit, jeden Schlag abzuwehren.

Die Wahl verlief ruhig und Alexander II. (Anselm, der Bischof von Lucca) nahm seinen Platz ein, wobei jede Einzelheit seiner Annahme der neuen Würde sorgfältig umgesetzt wurde, als ob in Zeiten tiefsten Friedens. In Deutschland sorgte die Nachricht jedoch für großes Aufsehen und Aufruhr. In Basel wurde ein Landtag abgehalten , der in erster Linie der Krönung des jungen, inzwischen zwölfjährigen Königs Heinrich diente – vor allem aber der sofortigen Beilegung dieses beispiellosen Aufstands. Als diese Zeremonie vorüber war, ging das Gericht zur Wahl eines Papstes über, wobei es den Vorgängen in Rom gegenüber eine verächtliche Gleichgültigkeit zeigte. Dieser Gegenpapst hat keinen Respekt vor der Geschichte. Eine Autorität sagt, er sei ausgewählt worden, weil sein böses Leben ihn vor einer Reformwut schützte, die dazu führte, dass unvorsichtige Prälaten und Priester auf allen Seiten unter die Rute Hildebrands fielen. Muratori , dessen prägnante kleine Sätze nach der Fülle der Mönchschroniken immer so erfrischend sind, ist sehr verächtlich gegenüber diesem Prätendenten, dessen Name Cadalous oder Cadulo war , ein undifferenzierter und schlecht klingender Name. „Der Gegenpapst Cadaloo oder Cadalo beschäftigte sich den ganzen Winter dieses Jahres" (sagt Muratori) „mit der Sammlung von Truppen und Geld, um nach Rom zu ziehen, um den legitimen Nachfolger des heiligen Petrus zu vertreiben und sich dort weihen zu lassen." . Einige nehmen an, dass er bereits zum Papst geweiht worden war und den Namen Honorius II. angenommen hatte, aber es gibt keinen Beweis dafür. Und wenn er seinen Namen nicht änderte, ist das ein Zeichen dafür, dass er nie geweiht worden war . " Andere Autoritäten geben ihm kühn den Titel Honorius II., aber in der Geschichte wird er allgemein als Gegenpapst Cadalous bezeichnet .

Es kam sofort zu einem Konflikt zwischen den beiden Parteien. Cadalous erschien an der Spitze einer Armee vor Rom, aber erst nachdem Hildebrand seinen Papst, der im Moment schwächer war als der Papst des Kaisers, in der Toskana unter den Schutz von Beatrice und ihrem Ehemann Godfried gestellt hatte . Dann folgte eine stürmische Zeit der Märsche und Gegenmärsche rund um die Stadt, in der manchmal die Eindringlinge, manchmal die Verteidiger erfolgreich waren. Schließlich kamen die Toskaner zu Hilfe, mit den beiden Gräfinnen in ihrer Mitte, die Hildebrand immer so treu ergeben waren, Beatrice in der Reife ihrer Schönheit und ihres Einflusses und der jungen Matilda, der wahren Herrscherin der toskanischen Staaten, fünfzehn Jahre alt Jahre alt, voller Hoffnung und Enthusiasmus und erweckte den Geist der Florentiner und toskanischen Soldaten. Cadalous zog sich von dieser Begegnung zurück, indem er mit Godfried so viel wie möglich vereinbarte , unter vielen Gebeten und großen Geschenken, so dass er nach Parma, seinem Bistum *Testa* , fliehen durfte *Bassa* . Dennoch sind die Aufzeichnungen in diesen Punkten nicht ganz klar, sagt Muratori . Es werden Zweifel an der Loyalität Herzog Godfrieds geäußert . Er soll die Normannen eingeladen haben, dem Papst zu Hilfe zu kommen, und dann in deren Gebiete eingedrungen sein, was keine sehr ritterliche Vorgehensweise war: Aber in diesem besonderen Moment sind weder die Normannen noch eine andere Streitmacht als die von Normannen zu sehen die toskanische Armee mit der jungen Gräfin Matilda und ihrer Mutter, die Licht und Mut in die Reihen bringen.

Der Gegenpapst, wenn er diesen Titel verdiente, störte die legitimen Autoritäten nicht lange. Er wurde plötzlich von den Deutschen in der Aufregung einer Revolution fallen gelassen, deren Ursprung im Diebstahl des kleinen Monarchen Heinrich lag, den der Bischof von Köln seiner Mutter Agnes raubte, da es lange Zeit später zu einem angenehmen Staatsstreich wurde, ihn zu entführen von ihren Müttern, den jungen vaterlosen Jameses der schottischen Geschichte. Der junge Heinrich wurde auf die gleiche Weise davongetragen, und Agnes wurde vom teutonischen Adel gedemütigt und verstoßen, der in der Hitze seiner eigenen Angelegenheiten so eine Kleinigkeit wie einen Papst völlig vergaß. Erst als diese Angelegenheit geklärt war, hielt der Erzbischof, der der Hauptagent bei der Entführung Heinrichs gewesen war und nun der erste an der Macht war, in Köln einen Rat ab. Über diesen Rat scheint es keine maßgeblichen Aufzeichnungen zu geben. Erst aus der von Peter Damian veröffentlichten Antwort auf seine Überlegungen, in der dieser fähige Kontroversist naturgemäß einen leichten Sieg über die andere Seite erringt, weiß man etwas darüber. Ob Cadalous früher von diesem Rat abgesetzt wurde, ist nicht bekannt; er wurde jedoch von den Behörden des Imperiums abgesetzt, was zu einem ähnlichen Ergebnis kam.

Ungeachtet dessen unternahm dieser überstürzte Prätendent einen weiteren vergeblichen Versuch, den päpstlichen Thron zu erobern, wobei er von verschiedenen Partisanen in Rom selbst ermutigt wurde, durch deren Mittel er den Petersdom in Besitz nahm, wo der unglückliche Mann eine unruhige Nacht verbrachte und solche Appelle an ihn richtete Gott und seinen Unterstützern, wie man es sich vorstellen kann, und heimlich die verschiedenen Aufgaben des nächtlichen Gottesdienstes verrichtete, vielleicht nicht ohne ein Gefühl der Entweihung in den Köpfen derer, die sich in die große Dunkelheit und Stille der Basilika geschlichen hatten, um ihn zu treffen eher eine politische als eine hingebungsvolle Absicht. Am nächsten Tag hörte ganz Rom die Nachricht, und der Aufstand ergriff seine Waffen und vertrieb seine Handvoll Verteidiger aus der Stadt. Cadalous wurde von einem seiner Anhänger, Cencio oder Vincencio „Sohn des Präfekten", nach St. Angelo gebracht, wo er zwei Jahre lang gegen die Römer widerstand und viele Entbehrungen erlitt; und von dort entkommt er unter Schmerzen seines Lebens nach anderen Abenteuern und verschwindet in der Dunkelheit, um nicht mehr gesehen zu werden.

Dieser erste deutliche Konflikt zwischen Rom und dem Imperium war der Beginn des lang andauernden Kampfes, der Italien über Generationen hinweg zerrissen hat – der Streit der beiden Parteien, die Guelfen und Ghibellinen genannt werden, die eine für das Imperium, die andere für die Kirche, mit allen die Auswirkungen dieser großen Frage.

das Jahr, in dem Cadalous zum ersten Mal in Rom erschien, nämlich das Jahr 1062, zeichnete sich durch einen ganz anderen Besucher aus. Die ihres Sohnes und ihrer Macht beraubte Kaiserin Agnes hatte mit den unterworfenen Fürsten, die sich gegen sie gewandt hatten, nichts mehr zu tun. Sie beschloss, wie entthronte Monarchen es oft tun, die Welt, die sie abgelehnt hatte, zu verstoßen, und kam nach Rom, um den Papst um Verzeihung zu bitten und für sich Zuflucht vor dem Lärm und Tumult zu finden. Sie war schon einmal in Rom gewesen, eine junge Frau im ganzen Prunk und Stolz des Imperiums, die inmitten einer prächtigen Prozession durch die Straßen geführt wurde, während ihr Mann gekrönt wurde. Die stärksten Kontraste erfreuten die Fantasie dieser Tage. Sie betrat Rom zum zweiten Mal als Büßerin in einem schwarzen Gewand und bestieg das traurigste Pferd – „es war kein Pferd, sondern wie ein Lasttier, ein Esel, nicht größer als ein Esel." Es ist ein merkwürdiges Zeichen der Demütigung und der damit einhergehenden Erhebung des Geistes, aber es ist nicht das erste Mal, dass wir von einem Pilger hören, der auf einem elenden Weg nach Rom kam, als wäre das das höchste Zeichen der Demut. Sie wurde trotz ihrer letzten feindseligen Taten mit Begeisterung empfangen, und bald erstrahlten die Wände vieler Kirchen vor der Beute ihrer kaiserlichen Toiletten, mit Juwelen besetzten Brokaten aus Gold und Silber und Wunderwerken aus kostbaren Stoffen, die sogar Peter Damian mit sich trug Es fällt mir schwer, den vollendeten Stift zu beschreiben. „Sie hat alles hingegeben, alles zerstört, um in ihrer Entbehrung und doch Freiheit die Braut Christi zu werden." Uns wird nicht gesagt, ob Agnes in ein Kloster eintrat oder nur das Leben einer religiösen Person in ihrem eigenen Haus führte; aber sie hatte häufig die Gesellschaft von Hildebrand und Peter Damian sowie des Bischofs von Como, der sich offenbar ihrem Dienst ergeben hatte; und vielleicht war sie wie andere Büßer in ihrer Demut nicht so schlecht dran und so von all den Unruhen befreit, gegen die sie jahrelang so vergeblich versucht hatte, sich durchzusetzen.

DIE VILLA BORGHESE.

Während diese kleineren Angelegenheiten – denn selbst der Gegenpapst schien trotz seiner vielen Bemühungen, den Frieden der Kirche zu stören – nie wirklich gefährlich für Rom gewesen zu sein schien, war es die Welt der Christenheit, die diesen einen stabilen, wenn auch ständig umkämpften Thron des Papsttums umgab überall in Aufruhr . Es scheint seltsam, in einem Atemzug von Hildebrands großem und edlem Ideal eines Throns zu sprechen, der stets für Gerechtigkeit steht, und von einem heiligen Monarchen, der über allen weltlichen Beweggründen steht und Gerechtigkeit und Frieden spendet, und im nächsten Atemzug seine völlige Zustimmung dazu zu bekennen , und in der Tat die Ermutigung zum Unternehmen Wilhelms des Eroberers, ein so offensichtlicher Akt der Tyrannei und des Raubes und Eingriff in die Rechte einer unabhängigen Nation, ein Unternehmen, das sich nur von dem der Räuber aus Tusculum und anderen Räuberburgen unterscheidet, die die Burgen geplündert haben Straßen nach Rom, durch die Tatsache seiner viel höheren Bedeutung und seinen vollen Erfolg. Die Päpste hatten die Überfälle der Normannen in Italien genehmigt und ihnen die Besitztümer, die sie von der starken Hand genommen hatten, durch Rechtstitel bestätigt: vielleicht in der Überzeugung, dass eine starke Herrschaft besser sei als das ständige Blutvergießen der Auseinandersetzungen zwischen den Bestehenden Rassen – der Herzog hier, der Marquis dort, alle auf der Suche nach ihrem eigenen, und niemand denkt an den Vorteil seines Nachbarn oder seines Volkes. Aber die inneren Zwistigkeiten Englands lagen zu weit entfernt, um die Beobachtung des Papstes zu sichern, und die bloße Tatsache des Verzichts Harolds zugunsten Wilhelms war für uns , obwohl dies ein so fadenscheiniger Vorwand zu sein schien, in den Augen der Priester bei weitem nicht der Fall Der wichtigste Vorfall in dieser Angelegenheit war ein Gelübde, das am Altar abgelegt wurde und dessen Erfüllung die Diener des Altars daher zwangsläufig herbeiführen mussten. Diese beiden Gründe waren jedoch genau solche, die die Nachteile dieses großen päpstlichen Ideals zeigten, das in Hildebrands Gehirn brannte; Denn ein Papst, der die heilige Vollmacht besitzt, aufzurichten und niederzureißen, sollte nie zu weit entfernt sein, um die volle Berechtigung irgendeiner Frage zu verstehen, sei es in den entlegensten Teilen der Erde, und er sollte weit über der Möglichkeit stehen, sein Urteil zu fällen verwirrt durch ein ausgemachtes kirchliches Vorurteil zugunsten eines ungerechten Gelübdes.

Hildebrand gewährte Wilhelm jedoch nicht nur in seinem großen Vorhaben, ein Imperium zu errichten, die enorme Unterstützung der Autorität des Papstes, sondern unterstützte ihn auch in vielen seiner selbstherrlichsten und willkürlichsten Verfahren gegen die sächsischen Prälaten und reichen Abteien, die der Eroberer ihm verdorben hatte Vergnügen. Im Hinblick auf diese letztgenannten Plünderungen darf nicht vergessen werden, dass der interne Krieg, der in der Kirche auf der ganzen Welt tobte, zwischen der neuen Rasse der Reformatoren und der Masse des einfachen Klerus – der viele kirchliche Verbrechen begangen hatte, die manchmal Sie hatten sogar geheiratet und fühlten sich in dem Genuss einer trägen Duldung wohl oder knüpften Verbindungen, die von einer verächtlich mitfühlenden Welt ignoriert wurden. oder die ihre großen und kleinen Pfründe durch ein verwickeltes System von Geschenken, Gnaden und Ablässen sowie durch die kühnste Simonie erkauft hatten – machten jede Art von Revolution innerhalb der Kirche möglich und führten auf allen Seiten zu endlosen

Absetzungen und Ersetzungen. Wenn, wie wir gesehen haben, der Bischof eines großen kontinentalen Bischofssitzes im Zentrum der Zivilisation aufgrund der Verurteilung wegen eines dieser gewöhnlichen Verbrechen unbarmherzig aus seinem Bistum vertrieben und ins Kloster gezwungen werden konnte, um seine Lebensgewohnheiten zu ändern und seinem Leben ein Ende zu setzen, dann ist das der Fall Es ist kaum wahrscheinlich, dass mehr Rücksicht auf einen unbekannten Prälaten weit entfernt jenseits der nördlichen Meere genommen würde, obwohl es sich eher um Insubordination als um irgendein kirchliches Laster handelte, das dem sächsischen Klerus hauptsächlich zur Last gelegt wurde. Dieses erste Beispiel des päpstlichen Rechts, die Revolution zu sanktionieren und einen Antragsteller durch einen anderen zu ersetzen, ist vielleicht der stärkste Beweis, der für die Unmöglichkeit dieses Ideals und des so über menschlichen Thronen errichteten Tribunals gefunden werden konnte und Menschenrechte. Der päpstliche Stuhl wurde so dazu verleitet, eine der blutigsten Invasionen und eine der grausamsten Eroberungen aller Zeiten zu genehmigen und aufrechtzuerhalten – und tat dies mit Zuversicht und Gewissheit, in einer Unwissenheit und mit einer Voreingenommenheit, die dem Ende ein Ende macht all diese hohen Ansprüche an vollkommene Unparteilichkeit und ein Urteil jenseits aller Einflüsse der Leidenschaft, die allein ihre Existenz rechtfertigen könnten.

Am Firmament hatte sich seit den Tagen Leos IX. eine große Veränderung vollzogen. reinigte die Kirche in Reims und hielt dieses wunderbare Konzil ab, das so viele der Mächtigen von ihren Sitzen verdrängte . Heinrich III., der Feind der Simonie, war tot und die Welt hatte sich verändert. Wie wir oft bemerken werden, war die päpstliche Herrschaft der Gerechtigkeit und Reinheit stark und erfolgreich – solange die Kräfte der weltlichen Mächte damit einverstanden waren. Doch als die Kirche im Laufe der Zeit mit diesen weltlichen Mächten in Konflikt geriet, kam es zu einer ganz anderen Situation.

Das Vorgehen Roms gegen den jungen Heinrich IV. war ebenso legitim wie die allgemeine Zustimmung und Billigung seines Vorgängers. Die Jugend dieses Monarchen hatte sich ganz anders entwickelt als die seines Vaters, und unter seiner langen Minderjährigkeit wurden alle Übel, die Heinrich III. der sich ehrlich dagegen gewandt hatte, tauchte mit voller Wucht wieder auf. Ob es nun darum ging, dass er sich von der natürlichen und zumindest reinen Regierung seiner Mutter entfernte oder von seiner angeborenen Veranlagung, die keine Autorität oder Ausbildung unter solchen Umständen unterdrücken konnte, der junge Heinrich wuchs ausschweifend und bösartig auf, und sein Hof war der Zentrum einer wilden und desorganisierten Gesellschaft. Als er mit zwanzig Jahren verheiratet war, dauerte es nicht lange, bis er mit den unrühmlichsten Mitteln versuchte, seine junge Frau loszuwerden, und als ihm das nicht gelang, berief er einen Rat ein oder ließ ihn von einem gefälligen Erzbischof einberufen, um ihn loszuwerden ihrer. Rom verlor keine Zeit und entsandte Peter Damian als Legaten zu diesem Rat, dessen Sprachbegabung so unbestreitbar war, dass er gelegentlich sogar die schlechtere Sache als die bessere Sache erscheinen ließ. Aber seine Sache im vorliegenden Fall war ausgezeichnet und seine Beredsamkeit nicht weniger, und er hatte alles Kluge sowie alles Kluge und Gute in Deutschland auf seiner Seite, ungeachtet der Nachgiebigkeit der Priester. Der Legat protestierte, ermahnte, drohte. Das, was Heinrich wollte, war eines Christen unwürdig, es war ein verhängnisvolles Beispiel für die Welt; Schließlich würde keine Macht der Welt den Papst, dessen Hände allein diese Weihe verleihen könnten, dazu bewegen, einen Mann zum römischen Kaiser zu krönen, der so offensichtlich gegen die Gesetze Gottes verstoßen hatte. Die großen deutschen Adligen fügten praktische Argumente hinzu, die auf ihre Weise nicht weniger dringend waren; und Heinrich, der von allen Seiten mit Warnungen umgeben war, musste nachgeben. Aber dieser Untergang hatte zunächst wenig Einfluss auf das Verhalten des jungen Potentaten, und seine Laster waren so groß, dass seine unmittelbaren Vasallen in seinem eigenen Land am Rande einer allgemeinen Rebellion standen, ohne dass die Burg, die Güter, die Frau oder die Tochter eines Mannes sicher waren. Die Kirche, deren Reinigung und Läuterung sein Vater so viel Mühe und Mühe gewidmet hatte, verfiel wieder in die ärgste Simonie, in der jede Bude in einer Kathedrale und jeder Pfarrer in einem Bistum gleichartige Waren verkaufte. Als der junge Monarch das volle Erwachsenenalter erreichte, war es im natürlichen Lauf der Dinge an der Zeit, in die endgültige Kaiserwürde befördert und als solcher geweiht zu werden – ein Ritus, den nur der Papst durchführen konnte, und das war zweifellos der Fall Im vollen Bewusstsein der Macht, die somit beim Heiligen Stuhl liegt, und infolge zahlreicher informeller, aber eifriger Appelle an den Papst gegen die immer größer werdenden Übel seiner Herrschaft unternahm Hildebrand einen Schritt, der noch nie gewagt worden war schon früher von den kühnsten Kirchenmännern. Er forderte Heinrich offiziell auf, vor dem päpstlichen Gericht zu erscheinen und sich gegen die gegen ihn erhobenen Anschuldigungen zu verteidigen. „Wegen der Häresie der Simonie", heißt es in dem päpstlichen Brief, wobei es sich hierbei um das große kirchliche Verbrechen handelte, das unmittelbar zur Kenntnis des Papstes gelangte.

Dieses Zitat, das an den größten damaligen Monarchen gerichtet war und von einer Macht stammte, die sich seiner Autorität nur knapp entzog und ihm dennoch eine gewisse Treue schuldete, reichte aus, um die Welt von einem Ende bis zum anderen zu begeistern. So etwas hatte es nach Wissen des Menschen noch nie gegeben. Aber bevor wir auch nur anfangen, von der erzielten Wirkung zu hören, verstarb der Papst, der, zumindest nominell, die Vorladung erlassen hatte, der gute und heilige Alexander II., nachdem er das

Papsttum zwölf Jahre lang innehatte, am 21. April . 1073. Seine damalige Regierungszeit war zu einem großen Teil die Herrschaft Hildebrands gewesen, des immer wachsamen, stets fleißigen Erzdiakons, der, egal wie der Papst reisen ließ, wie er wollte – und seine Expeditionen durch Italien waren zahlreich – immer wachsam auf seinem Posten war , immer im Mittelpunkt des Geschehens, mit offenen Augen und Ohren für alles und einem Geist, der stets auf sein Ziel bedacht ist. Hildebrands großartige Vorstellung von der Stellung und den Aufgaben des Heiligen Stuhls hatte sich in diesen zwölf Jahren stark weiterentwickelt. Vor allem in den Augen derjenigen, die seiner Unterstützung bedurften, schien es eine Tatsache zu sein. Überall glaubten und vertrauten die Normannen daran, und das aus gutem weltlichen Grund, und sie waren im Augenblick eine große Macht auf der Erde, besonders in Italien. Hätte sie in den Gedanken der Menschen nicht bereits eine Bedeutung und Kraft erlangt, die subtiler und weniger leicht zu erlangen wäre als äußere Macht, wäre es für den Kühnsten unmöglich gewesen, eine Vorladung an den größten König der Christenheit, den zukünftigen Kaiser, zu richten. Es war bereits der erste Schritt zu jener großen visionären Macht getan worden, von der Dichter und Weise sowie Geistliche so lange geträumt hatten.

Seit dem Jahr 1055, als er Viktor II. über die Alpen brachte, stand Hildebrand quasi an der Spitze der Geschäfte. von ihm selbst gewählt, dessen Handlungen und Politik ihm gehörten. Hätte er es so gewollt, hätte er mehr als einmal selbst zum Papst werden können, aber er hatte sich beharrlich von diesem Rang zurückgehalten und gleichzeitig die Macht behalten. Aber jetzt wäre Demut Feigheit gewesen, und angesichts des gewaltigen Wettbewerbs, zu dem er eingeladen hatte, blieb ihm nichts anderes übrig, als die volle Verantwortung zu übernehmen. Noch bevor die Zeremonien der Beerdigung des Papstes abgeschlossen waren, während Alexander aufgebahrt war, stürmten Volk und Priester zur Laterankirche, wo Hildebrand an der Bahre stand und rief: „Hildebrand! Der selige St . Peter hat Hildebrand gewählt .“ Eine seltsame Szene gemischter Begeisterung und Aufregung durchbrach die Trauerstille in der großen, feierlichen Kirche, inmitten ihres Waldes von Säulen, die ganz mit Schwarz behängt waren und mit den silbernen Ornamenten glitzerten, die zur Trauer angemessen sind, während noch immer der Katafalk stand, auf dem der tote Papst lag erhob sich imposant vor dem Altar. Hildebrand war erschrocken und wollte gerade die Kanzel besteigen, um sich an das Volk zu wenden, wurde aber von einem eifrigen Bischof daran gehindert, der vor ihm her eilte, um das Ereignis feierlich anzukündigen. „Der Erzdiakon ist der Mann, der seit der Zeit des heiligen Papstes Leo durch seine Weisheit und Erfahrung am meisten zur Erhöhung der Kirche beigetragen und diese Stadt vor großer Gefahr bewahrt hat“, rief er. Das Volk antwortete mit Rufen: „Der heilige Petrus hat Hildebrand erwählt!“ Wir alle wissen, wie völlig trügerisch diese Art ist, die

Gefühle eines Volkes zu testen; aber dennoch war es der alte Weg, die Methode, die in jenen früheren Zeiten angewandt wurde, als jeder Christ ein erprobter und erprobter Mann war, der selbst viele Leiden für den Glauben auf sich genommen hatte.

Es scheint, dass Hildebrand gezögert hat, was bei einem solchen Mann seltsam erscheint; jemand, der, wenn es überhaupt einen Menschen gab, den Mut zu seinen Ansichten hatte und wahrscheinlich nicht vor der Position zurückschrecken würde, die er selbst geschaffen hatte; und es ist fast unglaublich, dass er, wie Muratori feststellt, eine Art Appell an Heinrich selbst – genau die Person, die er so kühn vor das Tribunal der Kirche gerufen hatte – geschickt haben sollte, in der er ihn aufforderte, seine Zustimmung zur Wahl zu verweigern . Wir freuen uns, dass Muratori die Beweise für diese seltsame Aussage für zweifelhaft hält. Jedenfalls gab Hildebrand nach kurzem Zögern den Bitten des Volkes nach. Der Erlass, in dem seine Wahl festgehalten wird, ist in seiner Erzählung absolut einfach.

„Am Tag der Beerdigung unseres Herrn, des Papstes Alexander II. (22. April 1073), versammelten wir uns in der Basilika San Pietro in Vincoli , [2] Mitglieder der Heiligen Römischen Kirche, katholische und apostolische, Kardinäle, Bischöfe , Geistliche, Akolythen, Subdiakone, Diakone, Priester – in Anwesenheit der ehrwürdigen Bischöfe und Äbte, mit Zustimmung der Mönche und begleitet von den Zurufen einer zahlreichen Menge beiderlei Geschlechts und verschiedener Orden wählen wir zum Pfarrer und souveräner Papst, ein Mann der Religion, stark in der doppelten Erkenntnis menschlicher und göttlicher Dinge, der Liebe zu Gerechtigkeit und Gerechtigkeit, mutig im Unglück, gemäßigt im Glück, und den Worten des Apostels folgend, ein guter Mann, keusch, bescheiden, gemäßigt, gastfreundlich, sein eigenes Haus gut regierend, seit seiner Kindheit im Schoß der Kirche edel ausgebildet und unterrichtet, durch die Verdienste seines Lebens zum höchsten Rang der Kirche befördert, dem Erzdiakon Hildebrand, der für die Zukunft und für Immer wählen wir; und wir nennen ihn Gregor, Papst. Wirst du ihn haben? Ja, wir werden ihn haben. Sind Sie mit unserer Tat einverstanden? Ja, wir stimmen zu.“

Nichts kann anschaulicher sein als dieses unkomplizierte Dokument, und nichts könnte einen klareren und malerischeren Blick auf die ursprüngliche Volkswahl vermitteln. Die große Menschenmenge dahinter, sowohl Frauen als auch Männer, ein höchst bemerkenswertes Detail, füllte bis zu den Türen die gesamte Länge der Basilika. Die kleine Gruppe von Kardinälen und ihren Gefolgsleuten ließ in der Mitte ein buntes Leuchten entstehen: Die Masse der Geistlichen in der Mitte des großen Kirchenschiffs wurde von Bischöfen und Äbten in ihren markanten Gewändern beleuchtet und verdunkelte sich im umgebenden Hintergrund aus fast unzähligen Mönchen: während Die ganze Versammlung lauschte atemlos dieser einfachen, aber erhabenen

Erklärung, nur wenige verstanden die Worte, obwohl alle die Bedeutung
kannten, die großen lateinischen Phrasen, die ihnen über den Kopf rollten:
bis sie zu dem wohlbekannten Namen Hildebrands – Ildebrando – kamen,
der plötzlich aufwachte Sturm von Rufen und Geschrei. Willst du diesen
Mann haben? Ja, wir werden ihn haben! Sind Sie damit einverstanden?
Genehmigt ! Genehmigt ! schrie und kreischte die Menge. So fanden die Wahlen
lange Jahre später in Venedig unter den düsteren Bögen von St. Marco statt;
Doch als sich diese großartige Szene abspielte, war Venedig noch ein
verstreutes Dorf am Rande einer Lagune.

WO DAS GHETTO STAND.

Hildebrand war zu dieser Zeit ein Mann zwischen fünfzig und sechzig und
verbrachte die letzten achtzehn Jahre seines Lebens damit, die
Angelegenheiten Roms zu leiten und zu leiten . Er war ein kleiner, magerer
Mann mit äußerst enthaltsamen Gewohnheiten, der sich in den Hallen des
Laterans ebenso wenig Ablass gönnte wie in einer Klosterzelle. Sein Essen
bestand aus Gemüse, obwohl er kein Vegetarier in unserem modernen Sinne
des Wortes war, sondern dieses Essen aß, um das Fleisch abzutöten, und aus
keinem besseren Grund. Kurz zuvor gab er das reumütige und für uns
komische Geständnis ab, dass er „letztendlich auf Lauch und Zwiebeln
verzichtet habe, weil er wegen ihres Geschmacks , der ihm gefiel, Skrupel
hatte". Die Skrupellosigkeit gegenüber den Freuden dieser Welt könnte
kaum größer sein. Wir sind jedoch froh, dass er, der jetzt der große Papst
Gregor war, sich diese Zwiebel verweigerte. Es war eine würdevolle Tat und
ein Opfer für die Notwendigkeiten seiner großen Stellung.

AUS SAN GREGORIO MAGNO

KAPITEL III.
DER PAPST GREGOR VII.

Die Karriere Hildebrands bis zu seiner Besteigung des päpstlichen Throns kann kaum als erfolgreich bezeichnet werden. Er hatte viele seiner Ziele erreicht. Er hatte den größten Teil der Kirche zum Bewusstsein für die Laster erweckt, die in ihrer Mitte entstanden waren, das Leben ihrer Priester in vielen Bereichen gereinigt und den Geist und das Ideal der Christenheit erhöht. Aber so schlimm die Laster des Klerus auch waren, der herrschende Fluch der Simonie war noch schlimmer für einen Mann, dessen vorherrschender Traum und Hoffnung der einer großen Macht war, die inmitten des Unrechts über die ganze Welt die Maßstäbe der Wahrheit und Gerechtigkeit hochhält und Behauptungen von Männern. Ein armer deutscher Priester, der sich in seiner entfernten Ecke an die bescheidene Frau oder die halb erlaubte weibliche Begleiterin klammerte, deren Anwesenheit Gesetz und Barmherzigkeit zwinkerte, war in der Tat ein schrecklicher Gedanke, der für den strengen Mönch Schande und Sakrileg bedeutete ; sondern die Bischöfe und Erzbischöfe über ihm, die sich kaum von den wilden Baronen, ihren Verwandten und Standesgenossen unterschieden, die sich ihre Wohltaten durch dieselben Intrigen, dieselben Tribute und Unterwürfigkeiten , dieselbe Gewalt verschafft hatten, durch die diese Barone in vielen Fällen herrschten Wie war es möglich, dass solche Männer das Gleichgewicht der Gerechtigkeit wahren und Frieden und Reinheit sowie die Herrschaft Gottes über die Welt fördern konnten? Dass sie in irgendeiner Weise bei der großen Mission helfen würden, die der neue Papst vom Oberhaupt der Kirche erhalten hatte, war fast außer Hoffnung. Sie quälten seine Seele, wohin er sich auch wandte, Männer ohne Motiv, ohne Inspiration außer der ihrer Mitmenschen, bereit, Pläne zu schmieden und für die Vergrößerung der Kirche zu kämpfen, wenn man so will – für die Vergrößerung ihrer eigenen Größe und Macht und der der Kirche Korporationen, die ihnen unterworfen waren, aber sich dieses anderen und heiligeren Ehrgeizes, dieser Hoffnung und des Traums einer Herrschaft der Gerechtigkeit, ebenso wenig bewusst waren wie ihre Kameraden und Brüder, die Herzöge und Grafen, die kämpfenden Männer, die ehrgeizigen Fürsten Deutschlands und der Lombardei. Bis die Ordnung der Oberhäupter und Fürsten der Kirche gereinigt werden konnte, hatte Hildebrand gewusst, und Gregory spürte bis ins Mark, dass nichts Wirksames getan werden konnte.

Der Kardinal-Erzdiakon von Rom hatte unter Päpsten, die weniger inspiriert waren als er selbst – die jedoch, wenn auch nicht stark genug, um etwas zu bewirken, so doch nachgiebig und bereit, das, was er tat, anzunehmen und zu sanktionieren, einen heiligen Krieg gegen die Simonie geführt, wo immer sie auftauchte. Er hatte es durch wiederholte Konzilien verurteilt, er hatte jede Art von Appell an das Gewissen der Menschen und Ermahnungen zur Reue ausgesprochen, ohne großen Eindruck zu machen. Trotz ihm wurden die größten Ämter verkauft. Sie wurden tonsurierten Raufbolden und Ausschweifungen gegeben, die keinen anderen Anspruch hatten als ihren Reichtum, um in die hohen Ränge der Kirche aufzusteigen, und die, kurz gesagt, nur weltliche Adlige der besonderen Art waren, mit der fatalen Hinzufügung eines fast unglaublichen Zynismus. wenn auch manchmal mit abergläubischen Schrecken vermischt. Hildebrand hatte mit allen Mitteln, die ihm zur Verfügung standen, verzweifelt gegen diese Männer und ihren Einfluss gekämpft, und Papst Gregor war, wenn möglich, mit stärkeren Mitteln dazu verpflichtet, das Böse auszurotten. Dies hatte ihm eine Phalanx von Feinden auf allen Seiten aufgedrängt, wo immer es einen Würdenträger der Kirche gab, dessen Titel nicht klar war, oder einen Fürsten, der einen Teil seiner Einnahmen aus dem Handel mit kirchlichen Ämtern bezog. Der degenerierte junge König, noch nicht Kaiser, der jeden seiner Plünderungs- und Eroberungspläne mit dem Gold der ehrgeizigen Priester unterstützte, die er nach seinem Willen zu Prälaten machte, war natürlich der erste dieser Feinde: Guibert von Ravenna, näher und offensivlicher , einer der mächtigsten kirchlichen Adligen Italiens, saß wachsam da, ob er den neuen Papst beim Stolpern erwischen oder irgendeine Gelegenheit finden könnte, ihn zu beschuldigen: Robert Guiscard, der größte der Normannen, der so sehr der Diener und Parteigänger des Papstes gewesen war Die verstorbenen Päpste blieben mürrisch und distanziert und gaben dem keine Treue: Rom selbst war von einem wilden und kühnen Adel umgeben, der immer die natürlichen Feinde des Papstes gewesen war, es sei denn, er war zufällig ihr Kandidat, und anstößiger als sie selbst . So war die Welt voller dunkler und finsterer Gesichter. Ein Kreis der Feindseligkeit sowohl vor seinen Toren als auch in der Ferne blickte ihn unfreundlich an, als das Zeitalter Hildebrands zu Ende ging und das Zeitalter Gregors begann. All seine großen Sorgen und Leiden fanden in diesem letzten Teil seines Lebens statt. Bis zu diesem Zeitpunkt war ihm noch nichts in Form eines Scheiterns widerfahren. Ihm wurde großer Respekt und Ehre entgegengebracht , seine Verdienste und seine Macht waren fast schon in seinen frühesten Jahren anerkannt worden. Große Fürsten und große Männer – Heinrich selbst, der Vater des jetzigen degenerierten Heinrich, ein edler Kaiser, der die Kirche verehrte und sich für ihre Reinigung einsetzte – hatten sich durch die Freundschaft des Mönchs geehrt gefühlt, der weder Familie noch Vermögen hatte, um ihn zu empfehlen. Doch als Papst Gregor seine lange Probezeit hinter sich ließ und das päpstliche Zepter in die Hand nahm , hatte sich all das geändert. Ob er sich durch irgendeine Vorahnung der dunkleren Tage bewusst war, in die er jetzt geraten war, wer kann das sagen? Es ist sicher, dass er, als er ihnen gegenüberstand, weder das Geringste noch die Hoffnung aufgegeben hat .

Er erscheint uns zunächst als sehr vorsichtig, sehr darauf bedacht, dem Gegner keinen Anlass zur Lästerung zu geben. Die im Namen des verstorbenen Papstes an Heinrich gerichtete Vorladung, die ihn aufforderte, in Rom zu erscheinen und sich zu den gegen ihn erhobenen Anschuldigungen zu äußern, scheint nach Alexanders Tod und als seine Boten über die Alpen kamen und fragten, welches Recht ein Papst habe, fallen gelassen worden zu sein Obwohl er ohne seine Zustimmung geweiht worden war, gab Gregor eine milde Antwort, dass er nicht geweiht sei, aber nicht auf die Nominierung, sondern auf die Zustimmung des Kaisers warte und dass er die letzten Riten erst dann durchführen werde, wenn diese eingegangen sei. Diese wurden schließlich mit einer Art Einwilligung Heinrichs durch seinen weisen und umsichtigen Botschafter am Fest des heiligen Petrus, dem 29. Juni 1073, durchgeführt. Gregor tat offenbar, was er konnte, um diese milde Behandlung Heinrichs fortzusetzen bei allem Respekt für seine große Stellung und Macht. Er versuchte, einen sehr vertraulichen Rat einzuberufen, um den Stand der Dinge zwischen dem König und ihm zu besprechen: einen Rat von einzigartiger Struktur, bei dem die Fragen nach dem Einfluss und der Stellung der Frauen jedoch so alte Fragen wie die Geschichte sind und bestehen wurde von jedem Zeitalter nach keinem formalen Gesetz, sondern nach dem Charakter der Menschen vor ihnen entschieden, könnte in Gregors Gedanken als Beispiel für die Erleuchtung vor seiner Zeit angesehen werden. Er lud Herzog Rudolf von Schwaben , einen der größten Untertanen Heinrichs, einen Mann mit religiösem Charakter und großer Ehrfurcht vor dem Heiligen Stuhl, ein, nach Rom zu kommen, und gemeinsam mit ihm selbst die Kaiserin Agnes, die beiden Gräfinnen der Toskana, den Bischof von Rom Como (der Beichtvater von Agnes) und andere gottesfürchtige Personen, um über die Krise nachzudenken, in der sich die Kirche befand, und um die Absichten und Projekte des Papstes anzuhören und Ratschläge zu geben. Der französische Historiker Villemain diskreditiert diese geplante Konsultation „eines ehrgeizigen Vasallen des Königs von Deutschland und drei Frauen, von denen eine einst im Lager Heinrichs III. gefangen gewesen war, die andere von Kindesbeinen an dort aufgewachsen war." Hass auf das Reich und Liebe zur Kirche, und die letzte war eine gefallene Kaiserin, die eher die Büßerin Roms als die Mutter Heinrichs war." Dies scheint jedoch eine aussichtslose Aufzählung zu sein. Es könnte sicherlich keinen besseren Verteidiger für einen angeklagten Sohn geben als seine Mutter, von der wir keinen Grund haben anzunehmen, dass sie sich jemals von ihm persönlich entfremdet hat, und die kurz darauf eine Gesandtschaft bei ihm aufsuchte und mit allen Ehren empfangen wurde . Beatrice hingegen war die Gefangene seines Vaters, des großen Kaisers, und nicht des jungen Heinrich, dessen Verwandter und Freund sie war und zwischen dem und dem Papst, wie alle guten Staatsmänner gesehen haben müssen, eine Auseinandersetzung bestand die größte Bedeutung für Europa, dass Frieden herrscht; während jedes starke persönliche Gefühl, das vorhanden sein könnte, von Gregor selbst, von Raymond von Como und den weisesten Häuptern Roms modifiziert würde.

Aber dieser Beratungs- und Schlichtungsausschuss hat nie getagt, daher brauchen wir uns nicht zu seinen möglichen Begleiterscheinungen zu äußern. In jedem seiner ersten Jahre zeigte Gregory jedoch den Wunsch, Henry zu versöhnen, anstatt sich ihm zu widersetzen. Der junge König hatte alle Hände voll zu tun, und sein großer Kampf mit den sächsischen Adligen und dem sächsischen Volk drehte sich im Moment nicht zu seinen Gunsten . Und er hatte verschiedene natürliche Verteidiger und Parteigänger am römischen Hof. Der Abt Hugo von Cluny, einer von Gregors engsten Freunden, war der Lehrer des jungen Königs gewesen und hegte eine starke Zuneigung zu ihm. Wir haben keinen Grund zu der Annahme, dass der Einfluss von Agnes nicht ausschließlich auf der Seite ihres Sohnes lag, wenn nicht, um seine Taten zu unterstützen, so doch zumindest, um sie zu mildern und zu entschuldigen. Da einer von ihnen in seinem intimsten Rat war und der andere ein aufmerksamer Beobachter draußen war, der beide sein Ohr und seine Aufmerksamkeit beherrschte , wäre es seltsam gewesen, wenn Gregory nicht bereit gewesen wäre, irgendetwas zu hören, das zu Henrys Gunsten war

.

Und tatsächlich scheint zwischen dem neuen Papst und dem jungen König, der unbedingt die Kaiserkrone gewinnen wollte und sich bewusst war, dass Gregors Hilfe für ihn von größter Bedeutung war, fast mehr als eine vollständige Versöhnung zustande gekommen zu sein. Heinrich seinerseits schrieb einen Brief an seinen „liebsten Herrn und Vater", seinen „höchst erwünschten Herrn", und atmete dabei einen so vorbildlichen Geist, so viel Reue und Unterwerfung ein, dass Gregory ihn als „voller Sanftmut und Gehorsam" beschreibt: „Während Der Papst entfernte zwar nicht ganz das Schwert, das über Heinrichs Kopf hing, nahm seine Mitteilungen aber zumindest gnädig auf und gab ihm Zeit und Ermutigung, seine Meinung zu ändern und der vertrauenswürdigste Leutnant des Heiligen Stuhls zu werden. Dem König blieb es daher frei, seine eigenen Angelegenheiten und seinen großen Kampf mit den Sachsen zu verfolgen, ohne dass weitere kirchliche Einmischungen in Frage kamen, während Gregor das ganze darauffolgende Jahr mit einer Visitation in Italien und viel Korrespondenz und Konferenzen zum Thema Simonie und Simonie verbrachte andere Missbräuche in der Kirche. Als er nach Rom zurückkehrte , versuchte er vergeblich, als Friedensstifter zwischen Heinrich und den Sachsen zu fungieren. Und erst im Juni des Jahres 1074, als er das erste Laterankonzil einberufen hatte, eine später jährlich erneuerte Versammlung, eine Art potenzielle Einberufung, wurden weitere Schritte unternommen. Damit wurde der erste Ton des folgenden großen Krieges angeschlagen. Die Ernsthaftigkeit der Briefe, mit denen er seine Mitglieder zusammenrief, zeigt hinreichend, welche Bedeutung ihm beigemessen wurde.

„Die Fürsten und Statthalter dieser Welt, die ihr eigenes Interesse verfolgen und nicht das von Jesus Christus, treten die ganze Verehrung, die sie der Kirche schulden, mit Füßen und unterdrücken sie wie einen Sklaven. Die Priester und diejenigen, denen das Verhalten der Kirche obliegt." Opfer, das Gesetz Gottes, verzichten auf ihre Verpflichtungen gegenüber Gott und ihren Herden, streben in kirchlichen Würden nur nach dem Ruhm dieser Welt und verzehren mit Pomp und Stolz, was der Erlösung vieler dienen sollte. Das Volk, ohne Prälaten oder Weisen Ratgeber, die sie auf dem Weg der Tugend führen, und die durch das Beispiel ihrer Vorgesetzten in allen verderblichen Dingen unterwiesen werden, irren sich auf jeden bösen Weg und tragen den Namen Christen ohne seine Werke, ohne auch nur das Prinzip des Glaubens zu wahren Aus diesen Gründen haben wir im Vertrauen auf die Barmherzigkeit Gottes beschlossen, eine Synode einzuberufen, um mit Hilfe unserer Brüder nach einem Heilmittel für diese Übel zu suchen, damit wir in unserer Zeit nicht den unwiederbringlichen Untergang und die Zerstörung erleben der Kirche. Darum bitten wir dich wie einen Bruder und ermahnen dich im Namen des seligen Petrus, Fürst der Apostel, an dem festgesetzten Tag zu erscheinen und durch diesen Brief und durch deine eigenen, deine Weihbischöfe einzuberufen; denn wir können die Freiheit der Religion und der kirchlichen Autorität mit viel größerer Sicherheit und Kraft verteidigen, je mehr wir von den Ratschlägen Ihrer Klugheit und von der Anwesenheit unserer Brüder umgeben sind."

Einige italienische Fürsten, Gisulfo von Salerno, Azzo d'Este , Beatrice und Matilda von Toskana, wurden in den Rat berufen und hatten dort Sitze inne. Die beschlossenen Maßnahmen waren sehr explizit und klar. Sie verurteilten den simonischen Klerus in allen Rängen, setzten sie von ihren Ämtern ab und befahlen ihnen, sich von den Diensten am Altar zurückzuziehen. Das gleiche Urteil wurde über diejenigen gefällt, die mit Frauen oder Konkubinen zusammenlebten. Beide Klassen wurden außerhalb der Kirche verbannt, und dem Volk war es bei Androhung, sein Schicksal zu teilen, verboten, die Sakramente von ihnen zu empfangen oder ihnen Gehorsam zu erweisen. Gründlicher und weitreichender geht es nicht. Bisher waren die Päpste durch Untersuchungsgerichte vorgegangen, durch Vernehmungen einzelner Personen, wobei dem Prälaten, der vielleicht unabsichtlich in diese Verbrechen verwickelt war, immer die Alternative der Reue und des Verzichts offen stand. Aber solch sanfter Umgang hatte nur teilweise Erfolg gehabt. Hier und da war ein Erzbischof oder großer Abt von seinen

Amtskollegen verurteilt und von seinem hohen Stand abgesetzt worden – hier und da war eine große Persönlichkeit an seiner Stelle aufgestiegen und hatte ein Geständnis abgelegt. Einige hatten sich ins Kloster zurückgezogen, all ihren Prunk und Ruhm beiseite gelassen und ein gutes Ende gefunden. Aber wie es nach jeder religiösen Wiederbelebung üblich ist, hatte sich das Leben wieder erholt und seinen gewohnten Lauf genommen, und die so geräumten Bistümer waren wahrscheinlich an den Meistbietenden verkauft oder dem heftigsten Angreifer überlassen worden, als hätte es eine solche Reformation nie gegeben .

Für solche gelegentlichen Erleichterungen war die Sache inzwischen zu weit gegangen; und Gregor schlug auf die ganze Schar stolzer Prälaten ein, Herren von weltlicher und kirchlicher Größe, Männer, deren Stellung in der Politik und den Angelegenheiten des Reiches ebenso einflussreich war wie die der Fürsten und Markgrafen, die mit ihnen verwandt waren und die sie pflegten Natürlich unterstützt – so wie die anderen sie bei ihrem Aufstieg zur Macht mit Geld und Einfluss unterstützt hatten: Sie hatten aber sehr wenig Zeit für die Angelegenheiten der Kirche und noch weniger für die Wahrung des Friedens und die Wiedergutmachung von Unrecht.

Die anderen auf diesem Rat verabschiedeten Maßnahmen waren noch weitreichender; Sie richteten sich gegen die Unruhen, in die der Klerus geraten war, und vor allem gegen das, was für Gregor und seine Anhänger das große Verbrechen der verheirateten Priester war, die in der Kirche in großer Zahl vorhanden waren. Dabei wurden vor allem die unteren Ränge des Klerus angegriffen, denn die wichtigeren Mitglieder der Hierarchie heirateten nicht, obwohl sie sonst möglicherweise bösartig wären. Aber die Landpriester, die wenig gebildeten und wenig angesehenen Beamten, die es in jeder Stadt und jedem Dorf gab, waren ganz allgemein von dem Laster – wenn es überhaupt ein Laster war – der Ehe, die halb legal war und weithin toleriert wurde, und ihrer Entschlossenheit betroffen Es nicht aufzugeben war wütend. Versammlungen des Klerus, um sich dieser Verurteilung zu widersetzen, fanden überall statt und endeten oft in Aufruhr, wobei die Priester erklärten, dass ihnen nichts von den guten Dingen der Kirche zufiel, sondern dass sie, anstatt ihre Frauen, ihre einzige Entschädigung, aufzugeben, sie würden sterben. Dies würde Gregors Vorgehen wahrscheinlich nicht weniger entschlossen machen, aber man kann sich leicht vorstellen, welch ungeheure Erschütterung ein solches Edikt in der kirchlichen Welt auslösen würde.

Beichtvater dazu benutzt wurde, diese Dekrete an Heinrichs Hof zu bringen; dies scheint jedoch von den älteren Autoritäten, die die Mission von Agnes in Auftrag geben, nicht genehmigt zu werden im Vorjahr, und betrachten es insgesamt als ein Zeichen des Friedens und der Versöhnung. Aber Henry blieb weiterhin in einer versöhnlichen Stimmung. Seine eigenen

Angelegenheiten liefen nicht gut und er war bestrebt, inmitten seiner Konflikte mit seinen Untertanen die Unterstützung des Papstes zu behalten. Auch die großen Würdenträger scheinen keinen öffentlichen Protest oder Widerstand geleistet zu haben: Es waren die armen Priester, auf die dieses Edikt individuell schwer lastete und die fast bis zum Aufstand aufgerüttelt wurden.

Eine der merkwürdigsten Auswirkungen des Dekrets war der Geist, der unter den Laien geweckt wurde und dadurch ermutigt wurde, die Dienste eines unwürdigen Priesters zu verurteilen und sogar abzulehnen. Ihr unmittelbares Verhalten wurde nicht nur durch geistliche Insubordination beeinflusst, sondern es scheint auch eine grundlegende Veränderung in ihrer Vorstellung vom Charakter des Priesters stattgefunden zu haben. Zweifellos muss Gregors Gesetzgebung jene entschlossene, wenn auch unlogische Opposition gegen ein verheiratetes Priestertum und Abscheu gegen die Idee hervorgerufen haben, die seitdem in katholischen Ländern eine so einzigartige Macht ausgeübt hat und von der wir glauben, dass sie im gegenwärtigen Moment irgendeine Änderung in der Welt bewirken würde Der zölibatäre Charakter des Priestertums wäre unmöglich, selbst wenn alle anderen Schwierigkeiten überwunden wären. Uns ist nicht bekannt, dass es zuvor in irgendeiner Form existiert hat. Die Sache war fast zu alltäglich, als dass man sie erwähnen könnte, und es scheint keinen heftigen Widerstand gegen das Prinzip gegeben zu haben. Es entstand nun allmählich, aber mit einer Gewalt, die außer Kontrolle geraten war: Es gab viele Fälle, in denen Laien ihre Kinder selbst tauften, anstatt sie in die Hände eines verunreinigten Priesters zu geben – bis aufgrund der Auferstehung fast die Gefahr einer allgemeinen Gleichgültigkeit gegenüber diesem Sakrament entstand Überzeugung, dass die Hände, die es verwalteten, unwürdig waren; und andere religiöse Bräuche wurden in gleicher Weise vernachlässigt, eine Wirkung, die das Gegenteil von allem gewesen sein muss, was der Papst beabsichtigt hatte. Bis heute vermischt sich in allen katholischen Ländern ein unaussprechlicher Abscheu vor dem Gedanken, sogar mit der Theorie, dass die Gesellschaft vielleicht verbessert werden könnte, wenn der Priester verheiratet und bisher gezwungen wäre, sich mit den Angelegenheiten seines eigenen Hauses zufrieden zu geben . Wahrscheinlich lag es an Gregors heftiger Verurteilung und an seiner Aufforderung an das Volk, so verschmutzte Menschen nicht zu verehren und ihnen nicht zu gehorchen; ebenso an der von der Kirche seit langem gepflegten und mittlerweile zum Dogma gewordenen Überzeugung, dass das asketische Leben in allen Menschen existierte In den allerheiligsten Fällen entstand dieses starke allgemeine Gefühl, das bei der Entscheidung über die Existenz eines zölibatären Klerus eine größere Wirkung hatte als alle kirchlichen Verordnungen der Welt.

Auf dem zweiten Laterankonzil im nächsten Jahr, zu Beginn der Fastenzeit, verabschiedete die Kirche neben der Wiederholung der Gesetze in Bezug auf Simonie und Priestertum ein feierliches Dekret gegen die Laieninvestitur. Dieses Gesetz verlagerte den Kampf auf eine höhere Ebene. Es handelte sich nun nicht mehr um Bischöfe und Prälaten aller Stände, nicht mehr um einfache Priester, sondern um die größten Herrscher, die alle wie selbstverständlich auch kirchliche Pfründen wie Feudalherren vergeben hatten . Das Gesetz lautete wie folgt:

„Wer aus den Händen eines Laien ein Bistum oder eine Abtei erhält, soll weder zu den Bischöfen und Äbten gezählt noch an deren Privilegien teilhaben. Wir verbieten ihm den Eintritt in die Kirche und die Gnade des heiligen Petrus, bis er …" soll die so durch Ehrgeiz und Ungehorsam erworbene Würde, die dem Götzendienst gleichkommt, aufgegeben haben. Auch wenn sich ein Kaiser, Herzog, Marquis, Graf oder eine andere weltliche Autorität anmaßen sollte, die Einweihung eines Bistums oder einer anderen Würde der Kirche zu verleihen, lass ihm ist klar, dass ihm die gleiche Strafe auferlegt werden soll."

Damit änderte sich die Lage zwischen Papst und Kaiser grundlegend. Der Vater Heinrichs, ein viel treuerer Sohn der Kirche, hatte fast ohne Widerstand aus eigenem Willen Päpste gemacht, während seinem Sohn nun die Ernennung eines einzigen Bischofs untersagt wurde. Das Übel war vielleicht groß genug für dieses große Heilmittel, und Gregory, der so weit gegangen war, wurde nun durch keine klugen Vorsichtsmaßnahmen davon abgehalten, so weit wie möglich vorzugehen. Der Tag der Klugheit war vorbei; Er hatte einen Weg eingeschlagen, auf dem es kein Zurück mehr gab. Dass dies nicht leichtfertig oder ohne tiefes und schmerzliches Nachdenken und ein tiefes Gefühl der Gefahr und des drohenden Unglücks geschah, geht aus dem folgenden Brief hervor, in dem sich der Papst dem Oberhaupt seines ehemaligen Klosters, dem großen Hugo von Cluny, vorstellt sein eigener herzlicher Freund und gleichzeitig Henrys Lehrer und ständiger Verteidiger.

„Ich bin (schreibt) von großem Kummer und Kummer überwältigt. Wohin ich auch schaue, nach Süden, Norden oder Westen, ich sehe keinen einzigen Bischof, dessen Beförderung und Verhalten legal sind und der das christliche Volk aus Liebe zu Christus regiert. und nicht aus zeitlichen Ambitionen. Was weltliche Fürsten betrifft, so gibt es niemanden, der die Ehre Gottes seiner eigenen oder Gerechtigkeit dem Interesse vorzieht. Diejenigen, unter denen ich lebe – die Römer, die Langobarden, die Normannen – sind es, wie ich erzähle ihnen ins Gesicht, schlimmer als Juden und Heiden. Und wenn ich in mich selbst zurückkehre, bin ich von der Last des Lebens so überwältigt, dass ich keine Hoffnung mehr auf etwas anderes als auf die Barmherzigkeit Christi verspüre."

Ungeachtet der überragenden Bedeutung dieser Frage und trotz Gregors tiefem Gespür für den ungeheuren Charakter des Kampfes, den er damit begonnen hatte, wurden Fragen der öffentlichen Moral auf andere Weise diesem großen Verfahren nicht zugunsten der Ehre der Kirche geopfert. Er übernahm nicht nur selbst die Pflicht und Notwendigkeit, sich umgehend für Gerechtigkeit und öffentliche Ehrlichkeit einzusetzen, sondern forderte auch alle ihm unterstellten geistlichen Autoritäten auf. Die folgenden Briefe wurden durch einen bemerkenswerten Verstoß gegen diese Gesetze der Ehrlichkeit und des Schutzes gegenüber Fremden und Reisenden hervorgerufen, die Grundregeln der Gesellschaft sind. Dabei handelte es sich um die Plünderung gewisser Kaufleute, die auf ihrer Durchreise durch Frankreich beraubt wurden und von denen der Papst den jungen König Philipp I. beschuldigt, „ wie ein Räuber eine ungeheure Geldsumme" gestohlen zu haben. Gregor wendet sich mit folgender Warnung und Bitte an die Bischöfe Frankreichs:

„Da es nicht möglich ist, dass solche Verbrechen dem Urteil des Obersten Richters entgehen, bitten wir Sie und warnen Sie mit wahrer Nächstenliebe, vorsichtig zu sein und nicht den Fluch des Propheten auf sich zu ziehen: ‚Wehe dem, der sein Schwert zurückweist.‘ aus Blut‘ – das heißt, wie ihr gut versteht, wer das Schwert des Wortes nicht zur Zurechtweisung weltlicher Menschen benutzt; denn ihr seid schuldig, meine Brüder, ihr, die ihr, anstatt diesen abscheulichen Vorgängen mit allen entgegenzutreten die Strenge des Priestertums, ermutige die Bosheit durch dein Schweigen. Es ist sinnlos, von Angst zu sprechen. Vereint und bewaffnet, um die Gerechten zu verteidigen, wird deine Kraft so groß sein, dass du böse Leidenschaften in Buße stillen kannst. Und selbst wenn es welche gäbe Gefahr, das ist kein Grund, die Freiheit Ihres Priestertums aufzugeben. Wir bitten Sie also und ermahnen Sie durch die Autorität der Apostel, sich im Interesse Ihres Landes, Ihrer Ehre und Ihres Heils in einer Gemeinschaft zu vereinen und einstimmiger Rat. Gehe zum König und erzähle ihm von seiner Schande, von seiner Gefahr und der seines Königreichs. Zeigen Sie ihm ins Gesicht, wie verbrecherisch seine Taten und Beweggründe sind, und versuchen Sie , ihn mit allen Mitteln zu bewegen, damit er den Schaden, den er angerichtet hat, wiedergutmachen kann.

„Wenn er aber nicht auf dich hören will und den Zorn Gottes verachtet und seiner eigenen königlichen Würde, seinem eigenen Heil und dem seines Volkes gleichgültig gegenübersteht und in der Härte seines Herzens verstockt ist, dann lass ihn hören aus unserem Mund, dass er dem Schwert der apostolischen Strafe nicht mehr lange entkommen kann."

Dies sind nicht solche Worte, die Petrus jemals in der Heiligen Schrift vorbringen sollte; Aber wenn man alle Ansprüche der Nachfolger Petri in Kauf nimmt, wie es so viele gute Christen tun, ist es keine unedle Stimme, die sich so zur Warnung erhebt und so die Rache der Kirche gegen den Übeltäter anprangert, sei es Bischof, Clown oder König . Gregor verfügte weder über Armeen noch über großen Reichtum, um seinen Eingriff in den Lauf der Welt zu unterstützen – er hatte nur Recht und Gerechtigkeit und einen tiefen Glauben an seine Mission. Er riskierte alles – sein Leben (eine so kleine Sache!), seine Position, sogar die Sicherheit der Kirche selbst, die diese Machthaber unter ihren gepanzerten Schuhen hätten zermalmen können; Aber dass es eine Stimme geben sollte, die nicht lügen würde, einen Verfechter, der sich nicht abwenden ließ, einen Zeugen für das Gute, immer und überall, gegen das Böse, war sicherlich ein ebenso edler Anspruch wie nie zuvor unter dem Himmel. Alle Historiker sagen , dass es darum ging , die Macht Roms auszuweiten ; was er zweifellos tun wollte. Aber ob es sein erstes Ziel war, die Macht Roms auszudehnen, oder ob er Schuld, Grausamkeit und Falschheit über die Grenzen der Welt hinaus verfolgen wollte, wenn ein Mann sie vertreiben könnte, das kann nur Gott beurteilen. Wenn es jedoch zwei offensichtliche Motive gibt, ist es nicht immer klug zu glauben, dass man sich für das Schlimmste entscheiden muss.

Im merkwürdigsten Gegensatz zu diesen großartigen und gewagten Äußerungen steht der Vorfall, der ganz vorübergehend und ohne wirkliche Bedeutung in seinem Leben war und Papst Gregor genau in dem Moment widerfuhr, als er eine im Bösen liegende Welt mit den Blitzen Roms bedrohte . Die Stadt, die so viele Erschütterungen durchgemacht hatte und nun das Zentrum der Pilgerfahrten der Welt war, war in ihrer Form und Bauweise immer noch das antike Rom und mehr oder weniger eine Ruinenstadt. Die riesigen Freiflächen, Foren, Zirkusse, großen Plätze und Amphitheater , die das alte Rom so weitläufig und prächtig machten, existierten immer noch und existieren bis zu einem gewissen Grad noch. Aber unter den Päpsten hatte sich noch kein großer Baumeister hervorgetan, niemand, der reich genug war oder die Muße hatte, die Stadt neu zu gestalten, ihr eine moderne Form zu geben oder sie auf die für ihre begrenzte Bevölkerung notwendigen Ausmaße zu verkleinern. Es war immer noch ein großer Steinbruch für die Welt, voller Schätze, die weggetragen werden konnten, ein Reservoir und ein Lagerhaus für Reliquien, aus denen sich jeder bedienen konnte. Professor Lanciani , der versierte und gelehrte Gelehrte, dem wir so viele Informationen über die antike Stadt verdanken, hat uns gezeigt, wie viel mittelalterliche Begierde auf diese Weise mit dem tatsächlichen Verschwinden antiker Gebäude Stein für Stein zu tun hatte. Dies war jedoch nicht der einzige Verstoß gegen die Denkmäler der Vergangenheit. Die großen Bauten des klassischen Zeitalters wurden oft, nicht ohne Vorzüge im Sinne des Malerischen, in Hochburgen des Adels verwandelt, manchmal fast genauso isoliert inmitten der großen Ruinenlücken wie in der Campagna außerhalb. Die einzigen Gebäude dieser Zeit waren Klöster, die im Allgemeinen von starken Mauern umgeben waren und einer mächtigen

Gemeinschaft Schutz bieten konnten und in denen die Armen und Armen in schwierigen Zeiten Zuflucht finden konnten. Diese Einrichtungen und die mittelalterlichen Festungen und Türme, die inmitten der Ruinen errichtet wurden, waren mit vielen wilden Räumen dazwischen besetzt, in denen die üppige Vegetation umgestürzte Säulen und zerbrochene Fundamente begrub, die Ödnis der Verwüstung, die die Hälfte des Stadtgebiets ausfüllte. Die Bevölkerung scheint sich am östlichen Ende der Stadt angesiedelt zu haben; Das gesamte Leben, von dem man liest, scheint, mit Ausnahme eines gelegentlichen Tumults um St. Peter und nördlich von St. Angelo, an den Hängen oder im Schatten der Aventin- und Cœlian-Hügel verlaufen zu sein, von dort bis zum lateinischen Tor und dem Dort befand sich der Papstpalast, das Zentrum der Regierung und des Staates – und auf dem Hügel des Kapitols, wo sich noch immer das Volk versammelte, wenn es einen Grund für eine Volksversammlung gab. Die einfache Bevölkerung muss sich in allen halbzerstörten Baracken alter Paläste oder schäbigen Hütten neuer Bauart, die an ihren Rändern hingen, in diesen Vierteln zusammengedrängt haben und sich auf der Suche nach Wärme und Sicherheit versammelt haben, während der Rest der Stadt verwüstet lag , übersät mit Ruinen und verlassenen Wegen, mit großen Häusern hier und da, in denen die seltsam gemischte Rasse, die die oft selbst angeeigneten Namen antiker römischer Patrizierfamilien trug, lebte und raubte und kleine Kriege führte und sich gegenseitig in ihren Festungen belagerte Wände.

Eines dieser befestigten Häuser oder Türme, die an oder auf der Brücke von St. Angelo errichtet wurden – in denen der edle Besitzer wie eine Spinne saß und Fliegen mit seinem Netz anlockte und von jedem Fremden, der auf diesem Weg nach Rom kam, seinen Tribut forderte –, gehörte dazu ein gewisser Cencio [3] oder Cencius aus der Familie von Tusculum, der Sohn des Präfekten von Rom. Der Präfekt war im Gegensatz zu seiner Familie einer der ergebensten Anhänger der Päpste; In dem seltsamen Blick, den uns die Geschichte gewährt, ist er in der Tat eine der seltsamsten Figuren, die in diesem überfüllten Vordergrund vorkommen. Als mittelalterlicher Adliger und hoher Beamter war er gleichzeitig ein Laienprediger, dem es Freude bereitete, seine Gabe einzusetzen, wenn die legitimere Predigt aus irgendeinem Grund scheiterte, und offenbar nur zu stolz darauf, seine eigene Stimme auf der Kanzel zu hören . Dass sein Sohn eine ganz andere Veranlagung haben sollte, war vielleicht nicht verwunderlich. Cencius war ebenso unruhig wie sein Vater fromm; aber er muss ein angesehener Soldat gewesen sein, da er den Posten des Hauptmanns von St. Angelo innehatte und in dieser Funktion während einer langen Belagerung den Gegenpapst Cadalous oder Honorius II. aufrechterhalten hatte, von dem, Räuber wie er Er forderte ein hohes Lösegeld, bevor er dem unglücklichen und zu ehrgeizigen Prälaten erlaubte, sich wie ein Dieb in der Nacht davonzustehlen, als seine Chance offensichtlich vorbei war. Cencius schien seinen Posten in

St. Angelo verloren zu haben, aber er behielt seinen Räuberturm am anderen Ende der Brücke bei und war einer der gefährlichsten und turbulentesten dieser inneren Feinde Roms. Während einer Zeit der Verbannung nach einem mehr als gewöhnlich grausamen Mord hatte er Deutschland besucht und sich am Hofe des jungen Heinrich mit vielen Menschen getroffen, denen Papst Gregor zuwider war, von Gottfried dem Glöckner, dem Ehemann der Gräfin Matilda, bis hin zu Papst Gregor der junge König selbst. Es ist jedoch nicht bekannt , ob das, was folgte, das Ergebnis einer Verschwörung war oder ob es sich um einen Ausbruch wahnsinniger Rache seitens Cencius selbst oder um den bloß berechnenden Impuls eines Freibeuters handelte, um ein gutes Lösegeld zu erpressen. Eine Verschwörung mit Godfrey an der Spitze, nicht ohne die Unterstützung Heinrichs und zumindest des Wissens des Erzbischofs von Ravenna und Robert Guiscard, die alle über die jüngsten Vorgänge des Papstes zutiefst verärgert waren, war damals natürlich die beliebteste Idee . Eine klare Erklärung der Motive konnte jedoch nie erreicht werden, es sind nur die Fakten bekannt.

An Heiligabend war es die Gewohnheit der Päpste, eine Mitternachtsmesse in der großen Basilika Sta. Maria Maggiore in einem damals einsamen und gefährlichen Viertel , allerdings nicht weit von der Laterankirche und dem Palast entfernt. Gewöhnlich war es Anlass für einen großen Zustrom von Menschen aus allen Teilen der Stadt, angezogen von der stets beliebten Mitternachtsfeier. Doch am Weihnachtsabend des Jahres 1076 (Muratori sagt 1075) brach ein großer Sturm über der Stadt aus, als die Stunde für die Zeremonie näher rückte. Regenströme, fast tropisch in ihrer Heftigkeit, wie Regen so oft in Rom vorkommt, ergossen sich aus der Schwärze des Himmels und löschten sogar die Fackeln aus, mit denen der Papst und seine kleinere Prozession zur großen Kirche gingen und fröhlich loderten alle seine beleuchteten Fenster in die Nacht. Außer den Priestern folgte nur eine sehr kleine Zahl des Volkes, und es gab kein solches Murmeln und Rascheln des Mitgefühls und der Herzenswärme, wie es eine solche Versammlung normalerweise hervorruft. Aber der große Altar war weihnachtlich geschmückt, und der Papst war in sein Gewand gekleidet, und innen erstrahlte alles in Licht und Helligkeit, obwohl draußen der Sturm tobte. Die Messe war fast zu Ende, hatten Gregory und die Priester verständigt , die versammelte gläubige Gesellschaft empfing ihren bescheideneren Anteil am heiligen Fest, und in wenigen Minuten wäre das Gottesdienst beendet, als plötzlich die Kirche von Lärm und Lärm erfüllt war bewaffnete Männer. Es gab niemanden, der die Priester am Altar verteidigen konnte, selbst wenn es bei der Plötzlichkeit des Angriffs möglich gewesen wäre, dies zu tun. Cencius' Bande bestand aus Raufbolden aus allen Regionen, die nur in ihrer Gesetzlosigkeit und ihrem Verbrechen einig waren; Sie packten den Papst am Altar, einer von ihnen verletzte ihn leicht an der Stirn. Es heißt, er habe weder um Gnade gebeten, noch eine Beschwerde geäußert, noch nicht einmal einen Vorwurf geäußert, sondern sich wortlos aus der Kirche gezerrt, seiner Robe beraubt, auf ein Pferd hinter einem der Soldaten gesetzt und getragen Weg in die Nacht, ohne zu wissen, wohin.

All dies geschah, bevor die verängstigten Priester und Menschen – von denen viele wahrscheinlich arme Frauen aus den umliegenden Hütten waren – ihre Überraschung wiedererlangten. Die wilde Schar, mit dem Papst in der Mitte, galoppierte hinaus in die Dunkelheit und den Regen, vorbei an Gartenmauern und den Türmen stiller Klöster, wo die Mönche, die zu sehr an solche Geräusche gewöhnt waren, um sie aufmerksam zu bemerken, das Rauschen hörten der Pferde und der unhöflichen Stimmen in der Nacht mit Dankbarkeit, dass kein Donner an den Toren des Klosters sie dazu aufforderte, den Freiberuflern Schutz zu gewähren. Es scheint, dass dieser große Preis nicht zu Cencius' Festung auf der Brücke, sondern zum Haus eines seiner Gefolgsleute gebracht wurde. Hier wurde Gregory, in der Soutane, die er unter seinem prächtigen päpstlichen Kleid getragen hatte, nass und blutend aus der Wunde an seiner Stirn, ohne Umstände in einen leeren Raum geworfen. Die Geschichte besagt, dass ein frommer Mann in der Menge und eine römische Dame, die zufällig Zeuge der Ankunft der Bande waren, sich mit ihnen hineinschlichen und ihren Weg zu dem Ort fanden, an dem der Papst lag, indem sie ihn mit ihren eigenen Pelzen bedeckten Mäntel und kümmert sich um seine Wunde. Und so verbrachten wir den Weihnachtsmorgen im Elend dieser grausamen Kälte, die zwar selten, aber nirgends bitterer ist als in Rom.

SANTA MARIA MAGGIORE.

In der Zwischenzeit ist die verängstigte Gemeinde in Sta. Maria Maggiore war wieder zu sich gekommen, und Boten eilten in alle Richtungen, um den Weg der Freibeuter aufzuspüren und die Nachricht von der Entführung des Papstes zu verbreiten. Der Sturm war zu diesem Zeitpunkt vorüber und die Menschen konnten am Vorabend des großen Festes leicht geweckt werden. An allen düsteren Wegen begannen Fackeln zu leuchten, und die Bevölkerung strömte in der Vorfreude auf ein großes Ereignis herbei. Es scheint, dass in der ganzen turbulenten und streitsüchtigen Stadt nur ein einziger Gedanke des Entsetzens über das Sakrileg und der Entschlossenheit herrschte , den Papst zu retten, wenn es noch möglich wäre. Gregor war nicht wie sein großer Vorgänger, der erste dieses Namens, das Idol seines Volkes. Er verfügte nicht über den Reichtum, mit dem sich viele große Geistliche die Huldigung der oft ausgehungerten Menge gesichert hatten; und als strenger Mann ohne besondere Genialität und mit Ansichten, die so weit über die lokalen Interessen Roms hinausgingen, scheint er nicht der Typ Herrscher zu sein, der sich die Gunst des Volkes gesichert hätte . Doch noch nie war die Stadt einmütiger und entschlossener in ihrem Beschluss. In dieser aufregenden Nacht wurde in allen Teilen Roms das Tocsin erklingen lassen; Jeder Soldat wurde herbeigerufen, an allen Toren wurden Wachen aufgestellt, damit der Papst nicht aus der Stadt gebracht würde; und die aufgeregte Menge strömte zum Kapitol, dem einzigen der sieben Hügel Roms, wo irgendeine Art von Reparatur und Wiederherstellung versucht worden war, um Reiche und Arme, Volk und Adlige zusammen zu beraten, was zu tun sei. An diesen Ort kamen die Kundschafter, die auf der Suche nach Informationen ausgesandt wurden, um ihre Entdeckungen zu melden. Sie hatten herausgefunden, dass der Papst immer noch in Rom war und wo er sich befand – ein Gefangener, aber noch unversehrt.

Mit einem einzigen Impuls stürmten die Menschen von Rom, die sich zu einer unwürdigen, aber begeisterten Armee formierten, von ihrem Versammlungsort zur Burg des Räubers hinab. Wir hören von Kriegsmaschinen und all den umständlichen Hilfsmitteln einer Belagerung und den Mitteln, die Mauern zu durchbrechen, als ob diese Geräte alle zur Vorbereitung auf jeden Notfall bereit gewesen wären. Obwohl der Palast stark war, konnte er dem Angriff der gesamten Bevölkerung nicht standhalten, und bald war es notwendig, den Papst aus seinem Gefängnis zu holen und ihn an einem Fenster zu zeigen, um die Angreifer zu beruhigen. Cencius tat alles, was ein Raufbold unter solchen Umständen natürlich tun würde. Er versuchte zunächst, den Schrecken des Papstes Geld und Ländereien zu entreißen, und warf sich dann vor Gregor auf die Knie und flehte um Vergebung und Schutz. Der erste Versuch war nutzlos, denn Gregory hatte keine Angst; die zweite war erfolgreicher, denn der Papst war gegenüber den Verbrechern, deren böse Taten oder Vorbilder der Kirche Schaden zufügten, unbarmherzig, gegenüber gewöhnlichen Sündern war er gnädig genug und hatte noch nie einen Menschen zum Tode verurteilt. „Was du mir angetan hast, verzeihe ich dir als Vater; aber was du gegen Gott und die Kirche getan hast, muss gesühnt werden", sagte Gregory, der immer noch jedem unhöflichen Gefährten in dieser Schurkenbande ausgeliefert war, und er befahl seinen Entführer, eine Pilgerreise nach Jerusalem zu unternehmen, um sich von dieser Sünde zu reinigen. Der Papst wurde von der aufgeregten und enthusiastischen Menge aus seinem Gefängnis getragen, die schrie und weinte, halb vor Freude, halb beim Anblick der immer noch blutenden Narbe auf seiner Stirn. Aber so schwach und erschöpft, ohne Essen, nach einer Nacht und fast einem Tag voller Aufregung, in denen er von einer Stunde zur anderen nicht gewusst hatte, was passieren würde, hilflos in den Händen seiner Feinde, hatte Gregory nur einen Gedanken – um seine Messe zu beenden, die er noch nicht beendet hatte, als er am Altar unterbrochen wurde. Er ging in seiner Soutane, bedeckt mit dem pelzigen Umhang des Fremden, den gleichen wilden Weg zurück, über den er in der Dunkelheit geeilt war; und gefolgt von der gesamten Bevölkerung, die in jede Ecke strömte und jeden Eingang blockierte, kehrte er in die große Basilika zurück, wo er noch einmal die Altarstufen hinaufstieg, die Messe beendete, Gott seinen Dank darbrachte und zuvor seine Erlöser segnete und dankte Er suchte in der schnell hereinbrechenden Dämmerung des Wintertages den Rest seines eigenen Hauses auf.

Es ist üblich, die Wirkung dieser höchst malerischen Szene zu verstärken, indem man Gregor als einen alten Mann beschreibt, alt und erschöpft, inmitten seiner wilden Feinde; aber er war kaum sechzig und immer noch in voller Kraft, obwohl er durch viele Fasten und noch mehr Ängste abgemagert und geschrumpft war. Dass er nichts von seiner Kraft verloren hatte, ist offensichtlich, und tatsächlich war der Vorfall, obwohl er von den Historikern nie als dramatische und aufschlussreiche Episode vergessen wurde, ein bloßer Vorfall ohne jegliche Bedeutung in seinem Leben.

In der Zwischenzeit Kaiser Heinrich, der durch die Bemühungen seiner Mutter und durch die Nöte seiner eigenen Lage während eines zweifelhaften und gefährlichen inneren Krieges, in dem sich damals alle gegen ihn zu stellen schienen, zu Demut und Reue geneigt war , hatte die Sachsen unterworfen und die Oberhand wiedererlangt und war, so siegreich in seinem eigenen Land, nicht mehr geneigt, seinen Hals unter irgendeinem geistigen Joch zu beugen. Er hatte weder auf Gregors Gebote in Bezug auf die Simonie noch auf die Verordnung gegen die Laieninvestitur geachtet, die aus dem Konzil von 1075 hervorgegangen war; sondern hatte im Gegenteil mehrere Bistümer auf die alte Art und Weise aufgefüllt, weiterhin die exkommunizierten Adligen aufgenommen und Gregors Dekrete so behandelt, als hätte es sie nie gegeben. Seine Empörung über die Einmischung des Papstes – jene Empörung, die jeder weltliche Fürst immer gezeigt hat, wenn er vom

Heiligen Stuhl eingegriffen hat, und die die erhabenen Titel des Nachfolgers des heiligen Petrus, des Stellvertreters Christi, so leicht in eine heftige Verurteilung übersetzt Der „italienische Priester", den die Fürsten des Mittelalters fürchteten und hassten, wurde durch seine überragenden Ansprüche als Kaiser nur noch verstärkt und nahm an Virulenz zu, als Gregors unerschrockene Front und die fortgesetzte Ausübung der Waffen der Kirchendisziplin, soweit es mit Anathemas möglich war, Bestand hatten stetig vor ihm. Es ist sehr wahrscheinlich, dass das völlige Unbehagen über Cencius' Angriff auf die Freiheit oder das Leben des Papstes, an dem Heinrich angeblich beteiligt war, und die Schande und Lächerlichkeit dieses Scheiterns den jungen Monarchen irritierten und verärgerten, und dass er dies fortan spürte Mit dem Mann, den er nicht vernichten konnte, konnten keine Bedingungen eingehalten werden.

Da Gregor jedoch feststellte, dass alle seine Bemühungen, die Unterwerfung Heinrichs zu erreichen, erfolglos blieben, hatte er erneut den energischen Schritt unternommen, ihn vor dem jährlichen Konzil zu Beginn der Fastenzeit in Rom aufzufordern, um sich dort für seine Gleichgültigkeit ihm gegenüber zu verantworten seine bisherigen Entscheidungen. Der folgende Brief wurde kurze Zeit nach dem Versuch an Henry geschickt Cencius , in dem jedoch kein Wort von diesem Versuch erwähnt wird, ist ein bemerkenswertes Beispiel für Gregors würdevolle und unnachgiebige Haltung:

„Gregor, Diener der Diener Gottes.

„Herr Heinrich, König, grüße und segne die Apostel, wenn er dem Apostolischen Stuhl gehorcht, wie es sich für einen christlichen König gehört."

Fürst der Apostel übertragen hat, senden wir Ihnen voller Zweifel unseren Apostolischen Segen, da wir davon überzeugt sind Sie leben in enger Gemeinschaft mit Männern, die durch das Urteil des Apostolischen Stuhls und die Kritik der Synode exkommuniziert wurden. Wenn dies wahr ist, werden Sie selbst erkennen, dass Sie die Gnade des göttlichen oder apostolischen Segens nicht empfangen können, bis Sie aus Ihrem Amt entlassen wurden Wenn Sie diese exkommunizierten Personen ehren oder sie dazu zwingen, ihre Reue auszudrücken, haben Sie selbst durch Buße und Sühne Absolution erlangt. Wir raten Ihrer Hoheit, wenn Sie in dieser Hinsicht schuldig sind, unverzüglich den Rat eines frommen Bischofs einzuholen. der Ihnen unter unserer Autorität Anweisungen geben wird, was zu tun ist, und Sie freisprechen wird, indem er uns mit Ihrer Zustimmung von Ihrer Buße unterrichtet."

Der Papst weist weiter darauf hin und erinnert Heinrich an die Versprechen, die er gemacht hatte, und die gegebenen Zusicherungen – wie sehr sich sein Verhalten von seinen Bekenntnissen unterschied.

„Was die Mailänder Kirche betrifft, wie Sie die Verpflichtungen eingehalten haben, die Sie mit Ihrer Mutter und den Bischöfen, unseren Kollegen, eingegangen sind, und mit welcher Absicht Sie diese Versprechen gemacht haben, zeigt das Ereignis selbst. Und nun, um Wunde um Wunde hinzuzufügen, Sie haben die Kirchen von Spoleto und Fermo veräußert. Ist es möglich, dass ein Mann es wagt, eine Kirche an uns unbekannte Personen zu übertragen oder zu verschenken, während die Handauflegung nicht erlaubt ist, außer an diejenigen, die gut bekannt und anerkannt sind? Ihr Deine eigene Würde verlangt, dass du, da du dich Sohn der Kirche nennst, den ehrst, der an ihrer Spitze steht, das ist der heilige Petrus, den Fürsten der Apostel, zu dem, wenn du aus der Herde des Herrn gehörst, Sie wurden offiziell durch die Stimme und Autorität des Herrn anvertraut – dessen, zu dem Christus sagte: „Weide meine Schafe." Solange wir, sündig und unwürdig wie wir sind, seinen Platz in seinem Amt und seiner apostolischen Regierung behalten, ist er es, der alles empfängt, was Sie uns schreiben oder sprechen, und während wir Ihre Briefe lesen oder Ihren Worten zuhören „Er ist es, der mit durchdringendem Auge sieht, was für ein Herz es ist, aus dem sie kommen."

In dieser würdevollen und ernsthaften Protestkundgebung findet sich kein Wort über die persönliche Beleidigung und Beleidigung, die der Papst selbst erlitten hat. Er geht über Cencius und seine vereitelte Schurkerei hinweg, als hätte es sie nie gegeben; Aber während Gregor vergessen konnte, konnte Heinrich es nicht: und Historiker haben das Scheitern dieses verzweifelten Versuchs, den allzu kühnen, allzu standhaften Papst zu unterwerfen oder auszulöschen, auf den neuen Geist zurückgeführt – der Impuls ebenso verzweifelter Wut und Rache –, der Besitz ergriff der Monarch, der nach all seinen Siegen feststellte, dass es hier einen Gegner gab, den er nicht besiegen konnte, dessen Stimme die ganze Christenheit erreichen konnte und der Strafen in seiner unbewaffneten Hand trug, über die kein gekröntes Haupt zu lächeln vermochte. Den kühnen Priester niederzuschlagen, wenn nicht durch den niederträchtigen Dienst römischer Bravos, dann durch die kaum reineren Hände deutscher Barone und exkommunizierter Bischöfe, war der Impuls, der nun Henrys Geist erfüllte. Er berief einen Monat nach dem Scheitern in Rom ein Konzil in Worms ein, an dem nicht nur eine große Zahl deutscher Adliger, sondern auch großer Geistlicher teilnahm, die nirgendwo mehr Macht, Reichtum und Einfluss hatten als in den germanischen Ländern. Die Hälfte von ihnen war von Gregor wegen Simonie oder anderen Lastern verurteilt worden, viele von ihnen waren sich bewusst, dass ihnen ähnliche Strafen drohen. Der reformatorische Papst, der nach den vielen

Zögern und Halbheiten seiner Vorgänger nun der Oberste war und bei seiner großen Mission, die Kirche zu reinigen, vor nichts zurückschreckte, war eine ständige Gefahr und Angst für diese großen mittelalterlichen Adligen, die mit der Farbe überzogen waren Namen von Kirchenmännern. Ein Schlag war gescheitert, aber ein anderer war durchaus möglich, den der große König Heinrich, der über alle seine Feinde triumphierte, mit ihrer Hilfe und Zustimmung sicherlich durchführen konnte.

Die geistlichen und weltlichen Adligen, die Fürsten, die das Eingreifen eines Priesters verachteten, und die Priester, die den Verlust all ihrer Ehren und die Schande und Demütigung fürchteten, mit der der Papst ihnen drohte, versammelten sich in Scharen, um ihren Feind von seinem zu vertreiben Thron. Seit die Christenheit sich zu der Völkergemeinschaft entwickelt hatte, die sie jetzt war , war noch nie ein so kühner Versuch unternommen worden . Cencius hatte den Papst in der Nacht und im Dunkeln von den Altarstufen geholt: Heinrich und sein Hof versammelten sich am helllichten Tag unter allen Umständen von Pomp und Publicity, um ihn von seinem geistlichen Thron zu zerren. Es wäre schwer zu sagen, ob die Palme der Wildheit und Brutalität dem Räuber der Hügel von Tusculan oder dem großen König, den Fürsten, Erzbischöfen und Bischöfen des Deutschen Reiches verliehen werden sollte. Cencius fluchte in seinem Bart, was seit Generationen nicht mehr vorgekommen war; die anderen, die weniger Glück hatten, haben die Art ihrer Worte schriftlich festgehalten. Dies ist die feierliche Urkunde, die von allen Mitgliedern der Versammlung unterzeichnet wurde und mit der der Papst sein Schicksal verkünden sollte. Es ist eine lange und wütende Schelte vom Anfang bis zum Ende.

„Hildebrand, der den Namen Gregor annimmt, ist der erste, der ohne unser Wissen, gegen den Willen des von Gott erwählten Kaisers, entgegen der Gewohnheit unserer Vorfahren, entgegen den Gesetzen, allein durch seinen Ehrgeiz in das Land eingedrungen ist Papsttum. Er tut, was ihm gefällt, richtig oder falsch, gut oder böse. Als abtrünniger Mönch erniedrigt er die Theologie durch neue Lehren und falsche Interpretationen, verändert die heiligen Bücher, um sie seinen persönlichen Interessen anzupassen, vermischt das Heilige mit dem Profanen und öffnet seine Ohren dafür Dämonen und Verleumdungen und macht sich selbst zum Richter, Zeugen, Ankläger und Verteidiger zugleich. Er trennt Ehemänner von Ehefrauen, bevorzugt unbescheidene Frauen gegenüber keuschen Ehefrauen und ehebrecherische und ausschweifende und inzestuöse Verbindungen zu legitimen Verbindungen; er erhebt das Volk gegen seine Bischöfe und Priester. Er erkennt nur diejenigen als rechtmäßig geweiht an, die das Priestertum aus seinen Händen erbettelt haben oder die es mit den Werkzeugen seiner Erpressung erkauft haben; er täuscht das Gewöhnliche durch eine vorgetäuschte Religion, die in einem weibischen Senat erfunden wurde: Das ist es Er bespricht die heiligen Geheimnisse der Religion, ruiniert das Papsttum und greift gleichzeitig den Heiligen Stuhl und das Reich an. Er begeht sowohl göttliche als auch menschliche *Majestätsbeleidigung und möchte unserem geweihten Kaiser und gnädigen Souverän das Leben nehmen und ihn in den Rang heben.*

„Aus diesen Gründen erklären ihn der Kaiser, die Bischöfe, der Senat und das christliche Volk für abgesetzt und werden die Schafe Christi nicht länger der Obhut dieses fressenden Wolfes überlassen."

In den nach Rom geschickten Dokumenten wird dieser unverschämte Akt ausführlicher wiederholt, begleitet von verschiedenen Ansprachen an die Bischöfe und das Volk sowie zwei Briefen an den Papst selbst, von denen wir einige Sätze aus einem der am wenigsten unverschämten zitieren.

„Heinrich, König von Gottes Gnaden, an Hildebrand.

„Während ich von Ihnen die Behandlung eines Vaters erwartete und mich Ihnen in allem unterwarf, zum großen Unmut meiner treuen Untertanen, habe ich von Ihrer Seite im Gegenzug die Behandlung erfahren, die ich von dem verderblichsten Feind hätte erwarten können mein Leben und mein Königreich.

„Zuerst haben Sie mich durch ein unverschämtes Verfahren der erblichen Würde beraubt, die mir in Rom zusteht, und dann sind Sie noch weiter gegangen – Sie haben versucht, mir durch abscheuliche Kunstgriffe das Königreich Italien zu entfremden. Damit nicht zufrieden, haben Sie Ihr Recht aufgegeben Hand an die ehrwürdigen Bischöfe, die mit mir als die kostbarsten Glieder meines Leibes verbunden sind und sie durch Beleidigungen und Ungerechtigkeit gegen alle menschlichen und göttlichen Gesetze zermürbt haben. Ich bin der Meinung, dass dieser beispiellosen Unverschämtheit durch Taten begegnet werden sollte, nicht durch Mit anderen Worten, ich habe auf eigenen Wunsch eine Generalversammlung aller Größten meines Königreichs einberufen, und als ihnen öffentlich Dinge vorgetragen wurden, die bis zu diesem Moment aus Angst oder Respekt verborgen waren, haben ihre Erklärungen die Unmöglichkeit offenbar gemacht Sie im Heiligen Stuhl zu behalten. Darum halte ich mich an ihr Urteil, das mir vor Gott und den Menschen gerecht und lobenswert erscheint, und verbiete Ihnen die Jurisdiktion des Papstes, die Sie ausgeübt haben, und befehle Ihnen, vom Apostolischen Stuhl abzutreten von Rom, dessen Überlegenheit mir durch die Gabe Gottes und die Zustimmung und den Eid der Römer zusteht."

Der andere Brief endet mit der folgenden Beschwörung, die der König einleitet, indem er die Worte des heiligen Paulus zitiert: „Wenn euch ein

Engel vom Himmel eine andere Lehre predigt als die, die wir euch gepredigt haben, so sei er verflucht":

„Ihr, die ihr von diesem Fluch getroffen und durch das Urteil der Bischöfe und unseres eigenen verurteilt werdet, steigt herab, verlässt den apostolischen Stuhl; lasst einen anderen den Thron des heiligen Petrus besteigen, nicht um Gewalt mit dem Mantel der Religion zu verhüllen, sondern um die Lehre des gesegneten Apostels zu lehren. Ich, Heinrich, König von Gottes Gnaden, und alle meine Bischöfe, wir befehlen euch: Komm herab, komm herab!"

Diese Briefe wurden von Graf Eberhard nach Rom geschickt, dem gleichen, der zwei Jahre zuvor gekommen war, um sich über die Wahl Gregors zu erkundigen, und sie im Namen seines Herrn bestätigt und ihr zugestimmt hatte. Er selbst war einer der exkommunizierten Barone, die Gregor wegen der simonischen Gewährung von Pfründen geschlagen hatte; aber er hatte nicht den Mut, Feuer und Flamme bis in den Haushalt des Papstes zu tragen. Er tat jedoch so viel Schaden, wie er konnte, indem er den Inhalt der Briefe veröffentlichte, die er in den großen italienischen Städten trug, wo jeder schuldige Priester frohlockte, wenn er dachte, er sei so den Händen des schrecklichen Gregor entgangen. Doch als er in die Nähe von Rom kam, verlor der große deutsche Baron den Mut. Er fand einen Ersatz in einem Priester von Parma, einem hitzköpfigen Partisanen, einem jener Werkzeuge der Bosheit, die gegenüber der Gefahr einer brennenden Zündschnur oder einer plötzlichen Explosion unempfindlich sind. Die Verschwörer rechneten mit einem Gespür für die Dramatik, das bei ihrer Nationalität kaum zu erwarten war und das eher der Inspiration des Italieners selbst ähnelte, dass er am Vorabend des jährlichen Konzils im Lateran in Rom eintreffen würde Beginn der Fastenzeit. Diese jährliche Synode war überdurchschnittlich wichtig; denn bereits war die Nachricht von der Wormser Entscheidung in Italien bekannt, und eine große Zahl kleiner und großer Geistlicher war nach Rom geströmt. Als Anwesende werden 110 Prälaten sowie viele andere Würdenträger gezählt. Unter ihnen saßen, wie bei solchen Gelegenheiten üblich, Beatrice und Mathilde von Toskana, die einzigen weltlichen Beschützer Gregors, des größten und engsten italienischen Herrschers. Ihre Anwesenheit zielte in dem seltsam missbräuchlichen Wormser Edikt darauf ab, das Konzil zu einem weiblichen Senat zu machen, und es war auch Matildas Fall, der in der Anschuldigung angesprochen wurde, der Papst habe Ehemänner von ihren Frauen getrennt. Die Aufregung der Erwartung lag in der Luft, als alle Fremden in Rom und das Volk, das wie die Athener stets von dem Wunsch getrieben war, etwas Neues zu hören, sich in den Korridoren und Vorkapellen des Laterans, dem großen Portikus und dem Platz, drängten waren für den Moment das Zentrum Roms. Wieder erhebt sich die riesige Basilika, die raschelnde mittelalterliche Menschenmenge in all ihrem Farbenglanz und der malerischen Gruppierung vor uns. Selbst an diesem Ort vieler Geschichten hat es noch nie eine erschreckendere und dramatischere Szene gegeben.

Der Papst hatte sich auf den Stuhl des heiligen Petrus gesetzt, die lange halbkreisförmige Reihe der großen Prälaten erstreckte sich zu beiden Seiten der langen Basilika entlang, die Fürsten auf einer Tribüne getrennt mit ihren Dienern, und die Menge der Priester füllte jeden Ecke und Spalte: Der *Veni Creator* war gesungen worden, und die Verhandlung begann gerade – als Roland von Parma zweifellos mit viel Höflichkeit und Zeremonie als Überbringer der Briefe des Kaisers vorgestellt wurde. Als ihm jedoch diese Briefe abgenommen wurden, blieb der Gesandte, anstatt sich zurückzuziehen, wie es ihm gebührte, am Fußende des Stuhls des Papstes stehen und wandte sich, wie man annehmen kann, zur Bestürzung der Versammlung, an Gregor. „Der König, mein Herr", rief er, „und alle Bischöfe, ausländische und italienische, befehlen dir, sofort aus der Kirche von Rom und dem Stuhl Petri auszutreten." Dann wandte er sich schnell an die erstaunte Versammlung: „Meine Brüder", rief er, „Sie werden hiermit gewarnt, zu Pfingsten in der Gegenwart des Königs zu erscheinen, um Ihren Papst von ihm zu empfangen; denn dies ist kein Papst, sondern ein verschlingender Wolf."

Allein die Intensität der Überraschung kann die Möglichkeit erklären, dass der schnellste Redner so viele Worte vorbrachte, bevor die Versammlung ihn aufforderte, seinen unverschämten Mund zu halten. Der Bischof von Porto war der erste, der aufsprang und rief: „Ergreift ihn!" Aber zweifellos waren hundert Hände an seiner Kehle , bevor die Prätorianergarde mit ihren nackten Schwertern eine scharfe Linie aus Stahl durch die Schatten der überfüllten Basilika zog, die jetzt voller Geschrei und Tumult war und durch die Tore hereinkam . Der Unglückliche warf sich dem Papst zu Füßen, den er in diesem Augenblick beleidigt hatte, und der anscheinend eilig heruntergekommen war, um ihn vor der Wut der Menge zu retten, und konnte nur mit Mühe unter den Schutz der Soldaten gebracht werden. Es ist nicht schwer, sich die große Aufregung vorzustellen, die die Kirche erfüllt haben muss, als sie mit ihrem Gefangenen verschwanden und die aufgeregte Versammlung sich wieder ihrem Kopf, dem beleidigten Papst, zuwandte. Gregory war nicht der Mann, der in einer solchen Notlage versagen würde. Er forderte die Versammlung auf, Gelassenheit und Ruhe zu bewahren. „Meine Kinder", sagte er, „lasst den Frieden der Kirche nicht durch euch zerstören. Gefährliche Zeiten, sagt uns das Evangelium selbst, werden kommen: Zeiten, in denen die Menschen selbstliebend, habgierig, prahlerisch und ungehorsam sein werden." an die Eltern. Es muss notwendig sein, dass Beleidigungen kommen, und der Herr hat uns wie Schafe inmitten der Wölfe geschickt. Wir haben lange in Frieden gelebt, aber es kann sein, dass Gott jetzt sein wachsendes Korn mit dem Blut von Märtyrern bewässern würde.

Wir sehen, wie sich die Macht des Teufels endlich auf freiem Feld gegen uns zeigt. Nun lasst uns nun, wie es sich für die Jünger Christi mit zum Krieg geübten Händen gehört, ihm begegnen und tapfer mit ihm kämpfen, bis der heilige Glaube durch ihn erreicht wird Praktiken, die auf der ganzen Welt aufgegeben und verachtet zu sein scheinen, werden, wenn der Herr durch uns kämpft, wiederhergestellt werden."

wunderbaren Ei geäußert haben soll, das angeblich in der Nähe der Kirche St. Peter gefunden worden war und auf dessen Oberfläche ein seltsames Muster angebracht war – a Schild mit der Figur einer Schlange darunter, die mit gesenktem Kopf und zappelndem Körper darum kämpft, sich zu befreien. Dies schien jedoch ein wunderbares Vorzeichen für ganz Rom zu sein, und obwohl seine modernen Historiker Gregor dafür tadeln, dass er das Wunderkind zweifellos vorbereitet und einen verabscheuungswürdigen Vorteil daraus gezogen hatte, scheint es nicht den geringsten Grund zu der Annahme zu geben, dass Gregor sich dessen schuldig gemacht hat dies, oder dass er so wenig ein Mann seiner Zeit war, dass er selbst davon nicht so beeindruckt war wie alle anderen dort. An Erscheinungen, wie sie ein Zeitalter auf der Suche nach Vorzeichen erkennen und erkennen lassen kann, mangelt es in keiner Zeit. Die Menge antwortete mit Schreien, dass er, der Vater der Kirche, der Oberste sei und dass der Gotteslästerer von der Kirche und von seinem Thron ausgeschlossen werden sollte.

Die Sensation wurde nicht gemildert, als der vollständige Text [4] Von Henrys Briefen, aus denen wir bereits Teile zitiert haben, wurde am nächsten Tag dem wieder versammelten Rat vorgelesen . Die Worte, mit denen ihr Papst – ihr Oberhaupt, das so viele Jahre lang die Vorsehung und der Führer Roms gewesen war – mit verächtlicher Beschimpfung als „Mönch Hildebrand" bezeichnet wurde, müssen diese Versammlung zutiefst bewegt haben. Der Rat forderte einstimmig von Gregor die Exkommunikation des Kaisers und der gottlosen Bischöfe, die jedes Gelübde gebrochen hatten und es gewagt hatten, ein Anathema gegen das rechtmäßige Oberhaupt der Kirche auszusprechen. Dementsprechend wurde gegen Heinrich das feierliche Urteil der Exkommunikation verhängt: Seine Untertanen wurden von ihrem Treueeid befreit und seine Seele von der Kirche abgeschnitten, die er zu entzweien versucht hatte. Exkommunikationen waren in diesen Tagen so üblich geworden, dass die Ehrfurcht vor der außergewöhnlichen Zeremonie deutlich nachgelassen hatte: Aber es handelte sich, wie allen bewusst war, nicht um bloße spirituelle Entbehrung, sondern um das schrecklichste Urteil, das gegen einen Mann verhängt werden konnte, der sich seiner Siege noch nicht sicher war über seine eigenen rebellischen Nebenflüsse, und dessen Thron von der Treue mächtiger Vasallen abhing, von denen viele von der Haltung des Papstes viel mehr beeindruckt waren als von der des Königs.

So begann nach so vielen Vorbereitungen, Friedensverträgen und Kriegserklärungen der große Konflikt zwischen Papst und Kaiser, zwischen Kirche und Staat. Die lange Fehde, die sich über alle lokalen Kanäle erstreckte und jede mittelalterliche Stadt durch die Kämpfe der Guelfen und Ghibellinen zerriss, entstand inmitten von Ereignissen, die die Welt erschütterten. Die Synode von Worms und das Konzil von Rom bildeten mit ihrem plötzlichen und außergewöhnlichen Höhepunkt in der Konferenz von Canossa den ersten Akt eines Dramas, das auf einer größeren Bühne und mit bemerkenswerteren Begleitungen gespielt wurde als kaum ein anderes auf der Welt.

Die Wirkung von Heinrichs Exkommunikation war außergewöhnlich. Die Welt der Christenheit, die über die Sphäre von Heinrichs unmittelbarem Umfeld und seinen Parteigängern hinausblickte, spürte offensichtlich mit fast einstimmigem Impuls, dass der Bann, den eine teilweise Laienversammlung und ein weltlicher König gegen einen regierenden Papst ausgesprochen hatten, der unangreifbar an Tugend, ein Mann der Macht und Macht war Seiner Position entsprechendes Genie war eine Art grimmiger Scherz, dessen Ausgang mit großer Spannung verfolgt werden konnte, an dessen Ergebnis es jedoch kaum Zweifel gab, da der Schrecken der Obszönität den schlimmsten Punkt in der Sache darstellte. Aber niemand zweifelte an der Macht Gregors, den beleidigenden König im Rahmen seines rechtmäßigen Rats zu exkommunizieren und aus der Kirche auszuschließen. Schon bevor die Fakten bekannt wurden, hatten viele Bischöfe und andere Geistliche in Deutschland zaghafte Proteste gegen das Gesetz geschickt, dem sie in einigen Fällen gezwungen waren, ihren Namen hinzuzufügen: und gegen die öffentliche Meinung der Welt, wenn ein solcher Ausdruck überhaupt sein kann verwendet wurde, war zweifellos auf Gregorys Seite. Henrys triumphale Karriere geriet ins Stocken. Nicht nur das Urteil der Kirche und die Meinung seiner Kollegen, sondern auch die Mächte des Himmels schienen gegen ihn zu sein. Einer seiner größten Verbündeten und Unterstützer, Gottfried, mit Nachnamen Il Gobbo, der Sohn jenes Gottfrieds von Lothringen, der Beatrice von Toskana geheiratet hatte und der der jungen Matilda, der Tochter von Beatrice, seinen buckligen Sohn zum Ehemann aufgezwungen hatte, wurde sofort ermordet nach. Der Bischof von Utrecht, einer der wichtigsten Berater und Vertrauten des Königs in seinem Krieg mit Gregor, starb in Elend und Verzweiflung und erklärte in seinem letzten Atemzug, dass er sein Bett von Dämonen umgeben sah und dass es sinnlos sei, Gebete zu sprechen für ihn. Die kirchentreuen Großherzöge von Schwaben , Bayern und Kärnten hingegen verließen den exkommunizierten König. Einige der größeren Bischöfe, die vor dem gerechten Zorn des Papstes zitterten, den sie getragen hatten, vertraten die gleiche Seite. Der halb beruhigte Aufstand der sächsischen Provinzen brach mit größerer Wucht als je zuvor aus. Heinrich hatte weder Waffen noch Unterstützer mehr, um weitere Siege zu erringen, und die Luft des Reiches war voller Briefe Gregors, in denen all seine Versuche, den jungen König für bessere Wege zu gewinnen, und all die Beleidigungen, die dieser König ausgestoßen hatte, dokumentiert waren gegen den Heiligen Stuhl erhoben wurden. Die Strafe, wie sie von allen Seiten erschien, folgte dem Vergehen wie Blitze vom Himmel.

Während Henry vor Bestürzung und Besorgnis zögerte und nicht wusste, welchen Schritt er tun sollte, als er sah, wie seine Freunde, sowohl Laien als auch Geistliche, ihn auf allen Seiten im Stich ließen, folgten noch entscheidendere Konsequenzen. Die Großfürsten trafen sich zu einer eigenen Versammlung in Ulm, ohne sich auf Heinrich zu beziehen, den sie in ihren Protokollen als Ex-König bezeichneten, und beschlossen später ein weiteres, formelleres Treffen, um einen neuen Herrscher zu wählen. Diese Machthaber wurden in ihrer plötzlichen Abscheu doppelt religiös, doppelt katholisch. Sie umgaben die Legaten Gregors mit Ehrfurcht, mieden jeglichen Verkehr mit simonischen Prälaten und sogar – was den neuen Einfluss des Papstes am weitesten ausdrückte – mit den verheirateten Priestern, gegen die er lange vergeblich gewettert hatte. Eine Reformation aller Übel schien bevorzustehen. Sie verurteilten den exkommunizierten Heinrich offiziell in allen moralischen und politischen Punkten, und obwohl sie über den großen Schritt der drohenden Wahl eines Königs an seiner Stelle zögerten, verkündeten sie ihm, dass es ihm nicht gelingen würde, sich vor Beginn des Jahres von dem Interdikt zu befreien Als sie im folgenden Jahr beschlossen hatten, einen Reichstag in Augsburg einzuberufen, um die Frage zu klären, würde sein Sturz vollständig und ohne Heilung sein. Gleichzeitig luden sie offiziell und feierlich die Anwesenheit des Papstes in Augsburg ein, um den Vorsitz zu führen und ihre Schlussfolgerungen zu bestätigen . Gregor nahm diese Einladung sofort an, und Heinrich, der keine andere Wahl hatte, stimmte zu, auch vor dem Tribunal seiner Untertanen zu erscheinen und aus deren Händen und denen des Papstes, den er so beleidigt und empört hatte, das Urteil entgegenzunehmen sein Schicksal. Seine Demütigung war vollkommen.

Die Versammlung, die diese gewaltige Entscheidung treffen sollte, wurde für den 2. Februar 1077, das Fest der Reinigung, in Augsburg einberufen. Gregor hatte die Einladung der deutschen Potentaten ohne Furcht angenommen; Aber in Rom herrschte große Beunruhigung bei dem Gedanken an eine solche Reise – an die Reise durch die aufständische Lombardei, an die schrecklichen Alpen und ihre Gefahren und am Ende an all die wilden deutschen Fürsten, die nicht immer treu blieben, und wem Vielleicht hätten sich die Geister vor dieser Zeit wieder ihrem einheimischen Prinzen zugewandt. Der Papst machte sich jedoch unter der Bewachung von Matilda von Toskana und ihrer Armee auf den Weg, um die ihm versprochene Eskorte von jenseits der Alpen zu treffen. Andererseits war Heinrich von allen Seiten von Gefahren umgeben. Er war gezwungen gewesen, seine eigenen besonderen Freunde aufzugeben, die wie er selbst exkommuniziert worden waren; er hatte keine Waffen, keine Truppen, kein Geld; Die Frist, die ihm eingeräumt worden war, um mit dem Papst Frieden zu schließen, verging schnell, und der schreckliche Moment, in dem es sein Schicksal sein würde, vor seinen empörten Untertanen zu stehen und ihre Entscheidung zu erfahren, erschien ihm in all seiner Demütigung und Schande . Verschiedene Straftäter hatten sich bereits privat über die Berge geschlichen, um sich Gregory zu unterwerfen. Es schien der einzige Weg zu sein, den der verzweifelte König einschlagen konnte. Endlich, nach langem Zögern, fasste er seinen Entschluss und floh wie ein Flüchtling aus der Stadt Spires, in die er sich zurückgezogen hatte, und machte sich mitten in einem strengen Winter und unter unglaublichen Schwierigkeiten auf den Weg über die Alpen. mit der Hilfe und unter der Vormundschaft Adelaides von Susa, seiner Schwiegermutter, die ihn jedoch, wie es heißt, für ihre Hilfe einen hohen Preis zahlen ließ. Er hatte den Papst um eine Audienz in Rom gebeten, aber dies wurde ihm verweigert, und in teilweiser Verzweiflung und Verwirrung machte er sich daran, seine verhasste Mission irgendwie zu erfüllen, ohne zu wissen, wo und mit welchen Mitteln. Auf seinen Reisen empfand Henry jedoch einen Hauch von Trost. In der Lombardei wurde er mit offenen Armen empfangen, wo die empörten Bischöfe ihn eifrig als ihren Befreier von Gregor und seinen Sparmaßnahmen willkommen hießen. Doch für eine so einfache Lösung der Angelegenheit stand zu viel auf dem Spiel.

In der Zwischenzeit reiste Gregory nach Norden, umgeben von der ganzen Kraft der Toskana, begleitet von der brillanten und hingebungsvollen Matilda, einer verliebten und bejahrten Tochter, der Schülerin und jugendlichen Freundin, zweifellos der liebsten und geliebten Begleiterin eines Mannes, dessen Alter und Beruf und Charakter scheinen selbst den Verleumdern des Mittelalters jede andere Idee unmöglich gemacht zu haben. Matilda aus der Toskana hatte ein großes Schicksal: Sie war nicht nur das Idol ihres eigenen Volkes und die Bewundererin ihrer Zeit – ein so unmögliches und absurdes Stück Verleumdung wie das, das den Namen einer schönen jungen Frau mit dem Namen der Frau verband Der strenge und betagte Gregor war offenbar der Einzige, der sich jemals gegen sie ausgesprochen hatte: – aber die großen Dichter ihres Landes haben ihr die süßere Seite eines dienenden Engels des Himmels gegeben, die andere die heroischste von allen weibliche Kriegerinnen auf dem Höhepunkt des poetischen Ruhms. Matilda am Ufer dieses heiligen Flusses von Lethe, wo alles Unglückliche vergessen ist, die für Dante nur einen Grad weniger heilig ist als seine eigene Beatrice im Paradies: und Clorinda, die Kriegerin von Tasso, haben das Bild dieses Adligen getragen Prinzessin in den Herzen vieler späterer Zeitalter. Der bucklige Ehemann, der ihr in ihrer extremen Jugend auferlegt wurde, die enge Verbindung zwischen ihr und ihrer Mutter Beatrice, der unabhängige

Hof, den diese beiden Damen innehatten, ihre herausragende Stellung unter allen großen Geistern ihrer Zeit – und nicht zuletzt die treue Freundschaft beider mit dem großen Gregory, machen diese junge Prinzessin zu einer der interessantesten Figuren ihrer Zeit. Der gewohnte Trost des Lebens war ihr zu Beginn durch ihre lieblose Ehe abgeschnitten worden. Sie hatte keine Kinder. Sie war in dieser Phase ihrer Karriere allein auf der Welt, da ihre Mutter kürzlich gestorben war, und folgte Il Gobbo ganz nah bis zum Grab. Fortan hatte Matilda mehr auf dem Feld und im Ratssaal zu tun als mit den gewöhnlichen Freuden des Lebens.

Der Papst hatte Rom mit vielen Ängsten verlassen, war sich der Gefahren der vor ihm liegenden Reise voll bewusst und wusste nicht, ob er die geliebte Stadt jemals wiedersehen würde. Während er unterwegs war, erreichte ihn die Nachricht, dass Heinrich, den er in Rom nicht empfangen wollte, auf dem Weg über die Alpen sei, und da wahrscheinlich die Einzelheiten dieser schmerzhaften Reise unbekannt waren, und die erste Idee wäre, dass die Als der König mit einem Heer in voller Stärke anrückte, mussten unter den Anhängern des Papstes noch größere Ängste, wenn nicht sogar Alarme geweckt worden sein. Noch besorgniserregender war es, festzustellen, dass die deutsche Eskorte, die ihn in Mantua hätte treffen sollen, nicht geschickt worden war, da die Herzen der Fürsten im Stich gelassen worden waren und ihre Pläne durch die Nachricht von der Flucht des Königs durcheinander geraten waren. Heinrich war in der Lombardei mit Begeisterung aufgenommen worden, immer rebellisch, und könnte jeden Tag auftauchen, um die Ritterlichkeit der Toskana zu überwältigen und das Leben des Papstes und der Prinzessin in Gefahr zu bringen. Sie waren auf dem Weg nach Mantua, als diese Nachricht sie erreichte, und in dem besorgten Kriegsrat, der sofort abgehalten wurde, wurde beschlossen, dass die starke Burg von Canossa, die als uneinnehmbar galt, zumindest für den Moment als Zufluchtsort des Papstes dienen sollte und Ruhestätte. Eine der großen Festungen Italiens, wie so viele andere auf einem gewaltigen Felsvorsprung erbaut, der an sich fast unzugänglich war, und von drei Reihen befestigter Mauern umgeben, unter denen sich zweifellos die einfachen kleinen Behausungen einer Schar von Gefolgsleuten befanden – die Lage Der Name dieses beeindruckenden Ortes versprach vollständigen Schutz: und der Name des toskanischen Schlosses ist seitdem zu einem der bekanntesten Namen der Geschichte geworden, da der folgende Vorfall einige der malerischsten und bemerkenswertesten Szenen beinhaltete, die jemals aufgezeichnet wurden. Das Schloss hatte bereits eine romantische Geschichte; es hatte vielen Flüchtlingen Zuflucht gewährt; Verlassene Prinzessinnen hatten in seinen Mauern Zuflucht vor der Verfolgung von Freiern oder Feinden gesucht, von denen einer genauso gefährlich war wie der andere. Er wurde in seiner Sänfte auf diesen steilen und gefährlichen Wegen mühsam nach oben getragen, von einer schmalen Plattform der

Klippe zur nächsten, wobei sich der weite Abschnitt der Landschaft immer weiter ausdehnte, je höher er einen höheren Punkt erreichte, und das weite Himmelsgewölbe sich zu einem noch größeren Horizont rundete , der Papst erlangte diesen sicheren Horst, dieses Adlernest in den Wolken.

Wir hören von keinem Luxus, nicht einmal vom intellektuellen und spirituellen Diskurs, der für viele Asketen das Glück des Lebens in diesem Rückzugsort Gregors mit seiner schönen Gastgeberin inmitten seiner und ihrer Freunde darstellte, und zwar gut . An seiner Seite war tatsächlich Hugo, Abt von Cluny, einer seiner geschätztesten und lebenslangen Begleiter; aber der Papst verbrachte seine zurückgezogenen Tage mit Gebeten und besorgten Gedanken. Sollte die große Ebene, die zu seinen Füßen lag, erneut mit christlichem Blut überschwemmt werden, sollte Bruder gegen Waffenbruder antreten und Italien unter dem unbarmherzigen Fuß zermalmt werden, den selbst der geduldigere Germane nicht ertragen konnte? In dieser großen Festung, umgeben von allen Wällen der Natur und der Kunst, gingen Gregory zweifellos viele melancholische Gedanken durch den Kopf. Er hatte – bevor man den Namen „Kreuzzug“ noch gehört oder daran gedacht hatte – von einem Feldzug nach Jerusalem an der Spitze aller geträumt, die den Herrn liebten, wobei er selbst in seinem Alter und seiner Schwäche der Anführer einer Armee war, die aus tapferen und großzügigen Herzen bestand jeden Teil der Welt, um das Grab des Herrn zu erlösen und die aufstrebende Macht der Sarazenen zu zerschlagen. Dies war seit einigen Jahren die Lieblingseinbildung seines Geistes gewesen – obwohl sie bei seinen Mitmenschen bislang wenig Mitgefühl hervorrief. War es möglich, dass die Christen anstelle dieses edlen Vorstoßes, vielleicht teilweise durch seine Schuld, im Begriff waren, einander an die Kehle zu gehen und die Welt erneut durch einen inneren Krieg auseinandergerissen zu werden ? Aber solche Gedanken waren nicht die Gedanken des elften Jahrhunderts. Gregor konnte bei dem Gedanken an Blutvergießen vor seinem Gott Tränen vergießen; aber dass seine Stellung in der Gegenwart des Höchsten die einzig richtige und die seines Gegners die gefährlichste falsch war, war zweifellos seine sichere Überzeugung. Er wartete mit unruhigem Herzen auf den Fortgang der Ereignisse und wusste genauso wenig wie der bescheidenste Soldat, was passieren würde.

Dennoch wurde die Zurückgezogenheit dieser ersten Tage durch viele eilige Ankünfte unterbrochen, die mehr oder weniger ein gutes Omen waren. Einer nach dem anderen stiegen die stolzen deutschen Bischöfe, die in Gregors Exkommunikationsakten besonders ernannt wurden, und noch hochmütigere Adlige unter der gleichen Last die steilen Pfade von Canossa hinauf und drangen von Tor zu Tor ein, barfüßige Pilger, die sich jeder Spur von Macht entledigten. „Verflucht sei, wer sein Schwert vom Blut abwendet“, das heißt, wer bei der Vollstreckung eines göttlichen Urteils schwach innehält – war eine von Gregors Maximen. Er empfing diese aufeinanderfolgenden Bitten eher mit Strenge als mit Freundlichkeit. „Barmherzigkeit", sagte er, „kann denen, die ihre Sünden anerkennen und bedauern, niemals verweigert werden; aber langer Ungehorsam kann wie Rost auf einem Schwert nur durch das Feuer einer langen Reue ausgebrannt werden." und er schickte sie einen nach dem anderen in Einzelkammern, in denen sie mit der spärlichsten Nahrung über ihre Sünden nachdenken konnten. Nach ausreichender Abgeschiedenheit wurden sie jedoch befreit und weggeschickt, gerügt und doch gesegnet – zumindest die Laien unter ihnen. Es blieb nun abzuwarten, was Henry tun würde.

DRUSUSBOGEN (1860)

Henry befand sich nicht mehr am Tiefpunkt seines Vermögens. Die Fürsten von Deutschland waren zum Stillstand gekommen: Sie hatten nicht die versprochene Eskorte für den Papst geschickt; Sie waren unentschlossen und wussten nicht, welchen Schritt sie als nächstes tun sollten. Und die ganze Lombardei hatte sich erhoben, um den König willkommen zu heißen. Er hatte die Unterstützung jedes schismatischen Bischofs, jedes getadelten Priesters und des aufgeregten Volkes, das den Ansprüchen Roms oder vielmehr der strengen Reinheit Gregors, die so kompromisslos und entschlossen war, feindlich gegenüberstand. Aber durch eine unerklärliche Hemmung seines Hochmuts ließ sich Heinrich vorerst weder durch die Unterstützung einer lombardischen Armee in seinem Rücken noch durch die Hoffnungen seiner wieder erstarkenden Anhänger zu Hause zu einer weiteren Rebellion bewegen. Er wurde von seiner Frau und ihrer Mutter, Adelaide von Susa, begleitet, und vielleicht berührten ihn die Verehrung der

Frauen für die Autorität der Kirche und die Angst vor ihren Strafen, obwohl er die Frau, mit der er es versucht hatte, nicht liebte so schwer loszuwerden. Was auch immer die Erklärung war, es ist zumindest sehr offensichtlich, dass sein Geist eingeschüchtert war und dass er nichts anderes als Unterwerfung vor sich sah. Er reiste wahrscheinlich mit einem kleinen und unbewaffneten Gefolge weiter nach Parma und ließ seine turbulenten lombardischen Anhänger zurück. Unterwegs schickte er verschiedene Boten vor sich her und bat um ein Interview mit Matilda, was den Papst voraussichtlich zu seinen Gunsten bewegen würde . Uns wird nicht gesagt, wo das Treffen stattfand, aber wahrscheinlich war es in einem verwunderten Dorf am Fuße des Hügels, wo der fürstliche Zug aus der Burg, die große Contessa, der noch größere Abt, Hugo von Cluny, und „viele von ihnen" zusammenkamen „Die bedeutendsten italienischen Fürsten" trafen auf die umherziehende Pilgergruppe, ohne Anzeichen oder Anzeichen von Königtum – Heinrich und seine Königin, die Marchesa Adelaide von Este, ihr Sohn Amadeo und andere große Persönlichkeiten in der gleichen Verkleidung der Demut . Die Damen auf beiden Seiten waren miteinander verwandt und gehörten alle dem engen Kreis der herrschenden Klasse an, in dem jeder Mann seinen Nachbarn Bruder oder Cousin nennt. Hugo von Cluny war der Pate des Königs und liebte ihn, und Adelaide war, obwohl sie auf der Seite ihres Schwiegersohns stand und nun sein eifriger Verfechter war, eine treue und treue Tochter der Kirche. Heinrich hingegen erklärte seinen besorgten Freunden, dass die Anschuldigungen der Deutschen nicht wahr seien, dass er nicht so sei, wie sie ihn dargestellt hatten, und flehte ihre Fürsprache beim Papst an, nicht um eines zeitlichen Vorteils willen, sondern einzig und allein, um davon befreit zu werden der Anathema, der auf seiner Seele lastete. Und Matilda und die anderen waren nur zu sehr darauf bedacht, Frieden zu schließen und auf alles zu vertrauen, was er sagte.

Es ist sehr wahrscheinlich, dass Gregor keiner dieser Beteuerungen glaubte, aber jetzt oder nie, sicherlich war er verpflichtet, seine eigene Maxime zu erfüllen und sein Schwert aus dem Blut nicht zurückzuziehen. Alle Argumente von Heinrichs Freunden konnten ihn nicht dazu bewegen, beim ersten Wort des Königs eine einfache Absolution zu erteilen. Schließlich stimmte er zu, ihn als Büßer aufzunehmen, jedoch in keiner anderen Rolle. Wahrscheinlich war es, während die Gebete und Bitten von Matilda und Abt Hugo noch im Schloss liefen, als Heinrich Tag für Tag barfuß in einer bescheidenen Tunika aus Wollstoff vorbeikam und am Tor wartete, um das Ergebnis zu erfahren. Es war ein „grausamer Winter", wie er noch nie zuvor gesehen worden war, mit ständigen Schneestürmen, und die schroffen Wege und Treppen hinauf zur Klippe, die nie einfach waren, waren mit Reif bedeckt. Zweimal kletterte der König mit nackten Füßen bis zum zweiten Mauerring, wurde aber abgewiesen. Es grenzt an ein Wunder, dass ein solcher Mann unter solchen Umständen so durchhalten konnte. Am dritten

Tag hatten die Bitten im Inneren Erfolg gehabt, und Henry wurde zugelassen, mit der großzügigen Garantie von Matilda, die es auf sich nahm, für ihn zu antworten, dass seine Reue echt war. Schließlich wurde der Täter vor den Papst geführt . Er musste verschiedene Besserungsversprechen abgeben, die nicht aufgrund seines Eides, einer letzten und höchsten Demütigung, angenommen wurden, sondern aufgrund der Verpflichtung verschiedener seiner Freunde, die – man kann nicht anders, als voreilig zu denken – auf die Reliquien der Heiligen schworen Der König würde seine Versprechen halten. Dies ist das Dokument, das diese großzügigen Freunde besiegelten.

„Ich, Heinrich, König, werde den Klagen der Erzbischöfe, Bischöfe, Herzöge, Grafen und anderen Fürsten des Deutschen Reiches und aller , die ihnen folgen, innerhalb der vom Herrn Papst bestimmten Frist Gerechtigkeit widerfahren lassen sein Urteil zu erfüllen oder gemäß seinem Rat Frieden zu schließen, wenn kein unvermeidliches Hindernis eintritt; und in diesem Fall werde ich, sobald das Hindernis beseitigt ist, bereit sein, mein Versprechen zu erfüllen. Außerdem, wenn der Herr Papst Gregor die Alpen überqueren möchte oder in andere Länder reisen, so soll er von meiner Seite und von denen, denen ich befehle, vor jeder Gefahr des Todes, der Verstümmelung oder der Gefangenschaft geschützt werden, sowohl für ihn selbst als auch für diejenigen, die ihn begleiten, sowohl während der Reise , Solange er bleibt und bei seiner Rückkehr, soll ich nichts tun, was seiner Würde zuwiderläuft, und wenn andere etwas tun, werde ich ihm nach Treu und Glauben meine Hilfe gewähren, je nach meiner Macht.“

Dies scheint keine sehr große Bindung zu sein.

Am nächsten Tag, dem 25. Januar 1077, kam Heinrich erneut im gleichen Bußgewand, diesmal jedoch gemäß der offiziellen Verabredung. Er betrat den Raum, in dem der Papst ihn erwartete, gefolgt von allen exkommunizierten Fürsten in seinem Gefolge, barfuß und halb erfroren von dem mühsamen Aufstieg über die felsigen Pfade; Er warf sich vor Gregory auf den Boden und bat ihn um Verzeihung, die Gregory gewährte, wobei er viele Tränen über die Büßer vergoss. Anschließend wurden sie mit allen gebührenden Zeremonien wieder in die Kirche aufgenommen, der Papst in seinen Gewändern, die Büßer nackt bis zur Hüfte, aller Schmuck und Würde beraubt. In der Schlosskirche, von der heute nur noch die Grundmauern übrig sind, sprach Gregor der elenden Gesellschaft feierlich die Absolution und spendete ihnen die Kommunion. Bei diesem Akt ereignete sich eine sehr seltsame Szene. Der Papst, der große Angreifer von Simony, war selbst dafür angeklagt worden, so lächerlich die Anschuldigung in einem Fall wie dem seinen war, von dem alle Umstände so genau bekannt waren, und formal von Heinrich selbst in dem bereits zitierten unverschämten Befehl, die Sache aufzugeben päpstlich sehen. Im Moment der Kommunion, im feierlichsten

Teil des Gottesdienstes, wandte sich der Papst an Heinrich, der mit der Hostie in den Händen vor dem Altar stand. Er appellierte an Gott auf die nach damaliger Sitte eindrucksvollste Art und Weise.

„Sie haben mich schon lange und oft beschuldigt", sagte der Papst, „den apostolischen Stuhl durch Simony usurpiert zu haben ... Ich halte jetzt den Körper des Erlösers in meinen Händen, den ich im Begriff bin , zu nehmen. Er sei der." Zeuge meiner Unschuld: Gott selbst, allmächtig, möge mich heute von dem mir zur Last gelegten Verbrechen freisprechen, wenn ich unschuldig bin, oder mich mit dem plötzlichen Tod treffen, wenn ich schuldig bin." Dann, nach einer feierlichen Pause, fügte er hinzu: „Mein Sohn, tue, was ich getan habe: Wenn du dir deiner Unschuld sicher bist, wenn dein Ruf durch die Lügen deiner Rivalen fälschlicherweise angegriffen wird, befreie die Kirche Gottes vor einem Skandal und dich selbst." Misstrauen; nimm den Leichnam unseres Herrn, damit deine Unschuld Gott zum Zeugen habe, damit der Mund deiner Feinde verstopft werde und ich – von nun an dein Fürsprecher und treuester Verteidiger deiner Sache – dich mit deiner versöhne Adlige, gebt euch euer Königreich zurück, damit der Sturm des Bürgerkriegs, der den Staat so lange heimgesucht hat, von nun an zur Ruhe kommt."

Würde ein schuldiger König in diesen ungläubigen Tagen ein solches Versprechen wagen? Zumindest Henry war dazu nicht in der Lage. Er wagte es nicht, Gott als Zeugen gegen die Wahrheit aufzurufen und lehnte zitternd und murmelnd verwirrte Ausreden ab, sich dieser höchsten Prüfung zu unterziehen. Die Messe wurde ohne die Kommunion des Königs abgehalten; aber nichtsdestotrotz wurde er freigesprochen und das Anathema von seinem Kopf genommen.

In einem unmittelbar darauf verfassten Brief teilte Gregor den deutschen Fürsten mit, was er getan hatte, und fügte hinzu, dass er immer noch den Wunsch hege, die Alpen zu überqueren und ihnen bei der Lösung der noch verbleibenden großen Frage behilflich zu sein, da Heinrich erklärtermaßen von ihm als Büßer empfangen worden sei. aber in keiner Weise als wiederhergestellter König.

Dieses große historische Ereignis, das Gegenstand so vieler Kommentare und Diskussionen war und einen so großen Schritt in der Macht und den Ansprüchen der Päpste markieren sollte, hatte in Wirklichkeit keine unmittelbare Auswirkung auf die Geschichte. Henry ging wütend und verärgert hinaus , gedemütigt, aber nicht gedemütigt, und dachte an nichts so sehr, als wie er Gregory die Schande zurückgeben könnte, die er selbst erlitten hatte. Und Gregory blieb in seiner Festung ebenso wenig überzeugt von dem erzielten Vorteil, wie er von Henrys Reue gewesen war. Den sächsischen Gesandten, die ihm seine Milde vorwarfen, soll er mit einer grimmigen, fast zynischen Beruhigung geantwortet haben. „Er geht schlechter zurück, als er gekommen ist", sagte der Papst. Es war in der Tat unmöglich, dass das Auge eines Mannes, der mit Menschen so vertraut war wie Gregory, nicht hätte erkennen können, wie völlig diplomatisch und zielstrebig die Handlungsweise seines Büßers war und was für eine feierliche Farce Henry spielte, als er barfuß im Schnee stand Er erhielt die Absolution, die seine einzige Chance für Deutschland war. Es ist durchaus zulässig zu glauben, dass es sich dabei nicht nur um die Entschlossenheit handelte, „sein Schwert vom Blut nicht abzuwenden" oder es nicht zu versäumen, jedes punctilio der Buße zu fordern, sondern auch um einen natürlichen Impuls der Verachtung für die theatralische Zurschaustellung, die dem großen Publikum zugute kam über die Alpen, veranlasste den Papst, den König an diesen eisigen Toren hängen zu lassen. Dass in Gregorys Geist neben dieser Überzeugung auch vorübergehend die Hoffnung nachließ , dass das Herz des Büßers wirklich berührt werden könnte, war ebenso natürlich, und dass es einer dieser plötzlichen Impulse war, der ihn zu dem überraschenden und feierlichen Appell bewegte Gott über die sakramentale Hostie, die ein so bemerkenswertes Ereignis im Zeremoniell darstellte, kann als selbstverständlich angesehen werden. In dieser Zeit waren Wunder mehr als üblich, sie wurden gesucht und erwartet; und zu allen Zeiten ist das Wunder, das wir Bekehrung nennen, die plötzliche und unerklärliche Bewegung eines Herzens, das in einem Augenblick berührt und vom Bösen zum Guten umgewandelt wird, bekannt und bewiesen worden. Dass ein Priester am Altar hoffen würde, dass er durch irgendein brennendes Wort oder eine Tat diese unaussprechliche Berührung zum Ausdruck bringen könnte, war eine sehr menschliche und natürliche Hoffnung; und doch wusste Gregory bei seinem späteren Blick auf das, was geschehen war, sehr wohl, dass das falsch war Der Büßer ging schlimmer weg, als er kam. Er schrieb jedoch einen Bericht über die Angelegenheit an die deutschen Fürsten, die zitternd vor den Konsequenzen zusahen und wahrscheinlich den Papst für eine Handlung verantwortlich machten, die alle ihre Verbindungen zerstören könnte – in dem er ihnen Heinrichs Reue und sein Versprechen beschrieb, allerdings nicht was einen Zweifel an der Aufrichtigkeit beider impliziert, aber mit einer vollständigen Feststellung der Tatsache, dass die dem Mann gewährte Absolution keinen Unterschied in Bezug auf den König machte.

„Da die Dinge so arrangiert sind [schreibt der Papst], um mit Gottes Hilfe den Frieden der Kirche und die Einheit des Königreichs zu sichern, die wir uns so lange gewünscht haben, sind wir bestrebt, unsere Reise in Ihre Länder fortzusetzen Bei der erstmöglichen Gelegenheit; denn wir möchten, dass Sie wissen, wie Sie aus den schriftlichen Vereinbarungen ersehen können, dass alles noch in der Schwebe ist, so dass unser Eintreffen bei Ihnen und die Einstimmigkeit Ihres Rates absolut notwendig sind, um die Angelegenheit zu regeln. Seien Sie daher Ich bin sehr darauf bedacht, so weiterzumachen, wie

Sie im Glauben und in der Liebe zur Gerechtigkeit begonnen haben, und verstehen, dass wir nichts für den König getan haben, außer ihm zu sagen, dass er darauf vertrauen kann, dass wir ihm in solchen Dingen helfen, die sein und sein Heil berühren könnten Ehre , mit Gerechtigkeit und mit Barmherzigkeit, ohne unsere und seine Seele in Gefahr zu bringen."

In der Zwischenzeit hatte Heinrich genug damit zu tun, die aufständischen Langobarden wieder auf seine Seite zu ziehen, die seine Unterwerfung unter den Papst, so künstlich sie auch sein mochte, als ein Verlassen ihrer Sache ansahen und ihm die Tore ihrer Städte verschlossen, die vor seinem Besuch verschlossen waren nach Canossa war völlig offengelegt worden. Er hatte sie offenbar, wenn auch nur für einen Moment, verloren, während er die Sympathien Deutschlands nicht wiedererlangt hatte. Es blieb nichts anderes übrig als ein erneuter Abfall vom Glauben, das Aufgeben seiner Versprechen und die Wiedererlangung der Führung der schismatischen Partei, wodurch die Position Gregors von dem wütenden Meer lombardischer Rebellion umgeben wurde, das gegen die Basis seiner felsigen Festung schlug , ein sehr gefährliches. Während des gesamten Frühjahrs 1077 war der Papst unter der wachsamen Obhut von Matilda mehr oder weniger auf die Burg von Canossa oder andere ähnliche Festungen beschränkt. und von diesen starken Orten aus schrieb er eine Reihe bemerkenswerter Briefe an die Adligen Deutschlands, die sich mit Nachdruck an den Landtag hielten, in dem die Angelegenheiten des Königreichs auf eine dauerhafte Grundlage gestellt werden sollten, und nun damit begannen, ihre Pläne zu verwirklichen ohne auf die Anwesenheit Gregors, den sie eingeladen hatten, oder Heinrichs, dessen Interessen auf dem Spiel standen, zu warten. Gregory tat sein Möglichstes, um den Landtag zu verzögern, bis er dabei sein konnte. Er war auch bestrebt, jeden großen Schritt in der Betrachtung hinauszuzögern, bis die Stimmung des Landes etwas weniger ängstlich und beunruhigt war; und er wünschte, dabei zu sein, nicht nur in der Position des Schiedsrichters, sondern auch, um mit seinen Ratschlägen zu moderieren Erregte Geister und verhindere, wenn möglich, jede große Katastrophe.

Wir dürfen zugeben, dass Gregor die Absicht hatte, in solchen Angelegenheiten die Zuständigkeit der Päpste zu begründen und der Welt klar zu machen, dass Throne und Fürstentümer zur Verfügung der Kirche standen, was zu den Konventionalitäten der Geschichte gehört. Aber gleichzeitig wurde Gregory, wie alle Menschen, hauptsächlich von der unmittelbaren Frage bewegt, die vor ihm lag, und er war ein Mann, der sich aufrichtig mit dem beschäftigte, was sowohl für die Kirche als auch für den Staat am besten war, der die Unbesonnenheit einer wütenden und aufgeregten Versammlung fürchtete und sich erinnerte sein Versprechen, für seinen unwürdigsten Büßer zu tun, was er konnte; und wir sehen keinen Grund zu der Annahme, dass seine Absichten gemäß seiner Wahrnehmung seiner Pflicht nicht ehrlich und edel waren. Er hielt an seiner Hoffnung fest, so lange wie möglich nach Deutschland weiterzureisen, und bat immer wieder um den versprochenen Führer und die versprochene Eskorte und bat Heinrich sogar um sicheres Geleit durch das jetzt von ihm gehaltene Gebiet. Selbst nach der Wahl von Rudolf von Schwaben zum König an der Stelle Heinrichs in Forchheim forderte er die Legaten, die er zu dieser Versammlung geschickt hatte, weiterhin auf die Notwendigkeit seiner Anwesenheit auf. Und er tat dies zweifellos auf höchstem Niveau und brachte sein Recht, in der Angelegenheit zu urteilen, mit den deutlichsten Worten zum Ausdruck. Er bittet seine Boten im Namen des heiligen Petrus, die Oberhäupter beider Parteien, Heinrich und Rudolf, herbeizurufen, um seine Reise zu ermöglichen.

„Mit dem Rat des Klerus und der gottesfürchtigen Laien wollen wir durch die Gnade Gottes zwischen den beiden Königen urteilen und zeigen, welcher der beiden Parteien am gerechtesten die Regierung des Staates anvertraut werden sollte. Sie sind es." Wir sind uns bewusst, dass es unsere Pflicht ist und dass es zur göttlichen Weisheit des Apostolischen Stuhls gehört, die Regierungen der großen christlichen Königreiche zu richten und sie unter der Inspiration der Gerechtigkeit zu regeln. Die Frage zwischen diesen beiden Fürsten ist so ernst, und Die Folgen können so gefährlich sein, dass, wenn wir es aus irgendeinem Grund vernachlässigen würden, es nicht nur für uns und sie, sondern für die gesamte Kirche großes und bedauerliches Unglück bringen würde. Wenn also einer dieser Könige sich weigert um unserer Entscheidung nachzugeben und sich unseren Ratschlägen anzupassen, und wenn er, indem er die Fackel des Stolzes und der menschlichen Begierde gegen die Ehre Gottes entzündet, in seiner Wut die Verwüstung des Römischen Reiches anstrebt, widerstehe ihm auf jede Weise und mit allen Mitteln , wenn nötig, bis zum Tod , in unserem Namen und durch die Autorität des seligen Petrus."

In einem weiteren Brief appelliert der Papst nicht mehr an die herrschende Klasse, sondern an das gesamte Volk. Er teilt „allen Gläubigen Christi im Deutschen Reich" mit, dass er seine Legaten zu beiden Königen geschickt habe, um von beiden „entweder in eigener Person oder durch ausreichende Boten" zu verlangen, ihm den Weg für seine Reise nach Deutschland freizumachen die Hilfe Gottes, um die Frage zwischen ihnen zu beurteilen.

„Unser Herz ist voller Traurigkeit und Kummer, wenn wir daran denken, dass für den Stolz eines einzigen Mannes so viele tausend Christen dem zeitlichen und ewigen Tod ausgeliefert werden, die christliche Religion in ihren Grundfesten erschüttert und das Römische Reich in den Ruin gestürzt wird." Diese beiden Könige bitten uns um Hilfe, oder besser gesagt, um Hilfe beim Apostolischen Stuhl, den wir innehaben, obwohl wir unwürdig sind; und wir, im Vertrauen auf die Barmherzigkeit des allmächtigen Gottes und die Hilfe des seligen Petrus, mit der Hilfe Ihres Rats, Sie die Gott fürchten und die Kirche lieben, sind bereit, das Recht auf beiden Seiten sorgfältig zu prüfen und dem zu helfen, den die Gerechtigkeit notorisch zur Verwaltung des Königreichs beruft ...

„Ihr wisst, liebe Brüder, dass wir seit unserem Wegzug aus Rom inmitten von Gefahren unter den Feinden des Glaubens gelebt haben; aber weder aus Angst noch aus Liebe haben wir dem einen oder anderen dieser Könige irgendeine Hilfe, sondern Gerechtigkeit versprochen." . Wir ziehen es vor, wenn nötig zu sterben, als aus eigenem Willen zuzustimmen, dass die Kirche Gottes von ihrem Platz verdrängt werden sollte; denn wir wissen, dass wir ordiniert und auf den apostolischen Stuhl gesetzt wurden, um in unserem Leben zu suchen nicht unsere eigenen Interessen, sondern die Christi, und durch tausend Mühen in die Fußstapfen der Väter zu treten, um durch die Barmherzigkeit Gottes in die Zukunft und zur ewigen Ruhe zu gelangen."

Der Leser muss bedenken, dass Gregor für alles, was er sagte, sehr gute Gründe hatte und dass ungeachtet der Ansprüche der Kirche ein kluger und unparteiischer Schiedsrichter in einem solchen Moment für Deutschland von größter Bedeutung gewesen sein könnte; auch, dass seine Dienste in dieser Eigenschaft in Anspruch genommen worden seien und dass er daher das Recht habe, auf Anhörung zu bestehen. Die von ihm beanspruchte Stelle sei ihm angeboten worden; und er hatte das Recht zu verlangen, dass eine so wichtige Angelegenheit nicht in seiner Abwesenheit geklärt werden sollte.

Die Einwände, die der Papst weiterhin mit seiner eigenen Stimme und denen seiner Legaten vorbrachte, solange eine Einwendung möglich war, wurden jedoch von keiner der Parteien berücksichtigt. Weder die Autorität Roms noch die sichtbare Weisheit, eine Frage zu regeln, die die Welt erschüttern und Deutschland in Stücke reißen müsste, friedlich und auf der Grundlage der Gerechtigkeit, wenn das möglich wäre, wie Gregor es forderte, konnten sich durchsetzen und haben sich auch nie durchgesetzt ähnlicher Anlass gegen die Leidenschaften und Ambitionen der Menschen. Es war eine fromme Fantasie, die hier und da bestimmte Geister durch die höchsten Beweggründe ansprach, und natürlich durch ganz andere Motive für alle interessierten Seelen, die davon profitieren könnten, die immer die Rückseite der Medaille bilden; Aber Männer mit Waffen in der Hand und all den Aufregungen von Fraktion und Partei, von imperialen Verlusten und Gewinnen um sie herum warteten kaum auf ein strenges und unparteiisches Urteil. Die deutschen Bischöfe protestierten ihrerseits merkwürdig gegen die Aufnahme von Heinrichs Bußbekenntnissen durch Gregor, und auf beiden Seiten befand sich eine Schar von Geistlichen, vermutlich nicht nur gut oder nur schlecht, was jedes Urteil verwirrte.

Mit den blutigen Kämpfen Rudolfs und Heinrichs haben wir zum Glück nichts zu tun. Als dieser sich erneut auf den Weg über die Alpen machte, um seine Rechte zu verteidigen, trug er die Eiserne Krone bei sich, die Gregor durch seine Weigerung nicht annehmen konnte. Er nahm sie jedoch mit, obwohl er nicht wagte, sie aufzusetzen, eine merkwürdige Mischung Von Schüchternheit und verstohlenem Wagemut geprägt – kehrte der Papst, der bis zu diesem Moment praktisch im Umkreis der Bergfestungen der Toskana gefangen war, nach Rom zurück, wo er weiterhin von ständigen und wiederholten Bitten angegriffen wurde, sich auf die eine oder andere Seite, die seine, zu stellen eigener Lateranrat, der sich Heinrich zuneigte. Aber nichts brachte ihn von seiner Entschlossenheit ab, diese Frage von einem Landtag unter seinem eigenen Vorsitz und nur von diesem allein entscheiden zu lassen . Diese Frage zieht sich von Jahr zu Jahr durch die gesamte Geschichte dieser Zeit. Kein Konzil – und zusätzlich zu dem üblichen jährlichen Konzil, das immer zu Beginn der Fastenzeit im Lateran abgehalten wurde, scheint es in der Zwischenzeit verschiedene andere gegeben zu haben, die durch die Unruhen der Zeit obligatorisch wurden – konnte ohne das Eintreffen des Konzils stattfinden zwei Gruppen deutscher Gesandter, einer von Heinrich und der andere von Rudolf, sollten sich für die Sache ihrer jeweiligen Herren einsetzen, wobei beide allen Gehorsam bekundeten und durch jedes Argument eine Entscheidung zu ihren Gunsten forderten; aber keiner unternahm auch nur einen einzigen Schritt, um das herbeizuführen Eines verlangte der Papst: eine rechtmäßige Versammlung, um die Frage zu klären.

Es gibt keinen Anspruch darauf, dass Gregor sie mit etwas anderem als der strengsten Unparteilichkeit behandelte oder dass er zu irgendeinem Zeitpunkt von der Bedingung abgewichen wäre, die er von Anfang an vorgeschlagen hatte – der einzige Vorzug, der einem gegenüber dem anderen gegeben wurde, bestand darin, dass er angeblich seine eigenen geschickt hatte Der apostolische Segen gilt Rudolf, einem tugendhaften Fürsten und seinem Freund, und nicht Heinrich, dem Abtrünnigen und falschen Büßer, was kaum wunderbar ist. Aber es ist leicht zu verstehen, in welcher Aufregung die ständige Ankunft dieser Botschafter Rom gehalten haben muss, eine Stadt, die so anfällig für Aufregung ist und in deren Mauern so viele Parteien, aufrührerische Adlige und undisziplinierte Priester und immer ruhelose eine immer aufrührerische Bevölkerung, die ständig um etwas Neues kämpft. Die Gesandten Heinrichs schienen mehr oder weniger die Gunst der Bevölkerung gehabt zu haben : Sie waren wahrscheinlich eine auffälligere Truppe als die schwereren Sachsen: und Heinrichs Name und das Ansehen seines großen Vaters und all die königlichen Shows, an die man sich noch erinnern muss In der Stadt müssen die Krönung des ehemaligen Heinrich in St. Peter und alle damit verbundenen Zeremonien und Ausgaben seinem Namen ein gewisses Interesse beigemessen haben. Auch Agnes, die Kaiserin, die erst vor kurzem im Ruf der Heiligkeit unter ihnen gestorben war , musste, ob sie ihn liebte oder nicht, eine gewisse Voreingenommenheit zugunsten ihres Sohnes hinterlassen haben . Und die Menge ergriff zweifellos Partei, und in ihrem Drängen und Drängen, die Fremden auf dem großen Lateranplatz oder vor den Toren ihrer Unterkunft zu sehen, formierte sie sich zu Gruppen, die durch einen Blick oder ein Lächeln angezogen und durch eine Eile zu Feinden gemacht wurden Wort und bereitete sich auf die größeren Schwierigkeiten und Konflikte vor, die bald kommen würden.

Inmitten dieser ständigen An- und Abreisen und während die Trompeten der sächsischen oder deutschen Partei noch in der Luft klangen und der Samt und die Juwelen der Botschafter kaum aufgehört hatten, zwischen den dunklen Gewändern der Geistlichen zu glänzen, kam etwas andere Angelegenheiten zu besprechen, die den heiligen Gerichten und den Interessen der Kirche besser entsprechen. Berengarius von Tours, ein milder und spekulativer Denker, der sich ebenso oft davon überzeugte, dass er falsch lag, als auch bewies, dass er Recht hatte, erschien vor dem Konzil von 1079, um sich für bestimmte Häresien in Bezug auf die Eucharistie zu verantworten, die oft bereits in Frage gestellt worden waren. Seine Meinungen waren die von Luther, dessen Vorläufer er immer genannt wird: Aber in diesem sanften Ketzer, der bereits öffentlich widerrufen hatte und dann seine eigentümlichen Lehren wieder aufnahm, war von Luthers Stärke wenig zu spüren, und zwar mit einer Einfachheit, die die Kritik eine Zeit lang entwaffnete . Gregory war immer sein Freund und Beschützer gewesen, der seine Ansichten tolerierte, wenn nicht sogar teilte, die die Kirche im Augenblick nicht tief bewegten oder interessierten: denn die Zeit war nicht ketzerisch, und das Beispiel eines so aufrichtigen Täters, der dies nicht tat Sein Versuch, den gegen ihn vorgebrachten Argumenten zu widerstehen, war eher erbaulich als sonst. Zumindest gab es zu Gregors Zeiten keine theologischen Argumente wie Feuer und Schwert, keine Folter und Scheiterhaufen für den Ketzer. Der Druck des theologischen Urteils wurde jedoch zu stark, als dass der Papst widerstehen konnte, da er mit anderen Angelegenheiten beschäftigt war, und Berengarius war erneut gezwungen, zu widerrufen, was er herzlich tat, mit dem gleichen Ergebnis wie zuvor.

Für das wachsame Oberhaupt der Kirche war es eine angenehmere Aufgabe, über die Verbreitung des Glaubens zu wachen, als die innere Zucht der Herde Christi durch Strafverfolgungen wegen Häresie zu fördern. Sein Blick durchdrang die Nebel des hohen Nordens, und wir sehen, wie Gregor den Missionaren unserer Zeit zuvorkam (wie es tatsächlich sein großer Vorgänger, der erste Gregor, vor ihm getan hatte), indem er junge Eingeborene ausbildete, um den Glauben unter ihren Landsleuten zu predigen. worüber man sich in der heutigen Zeit sehr freute, als es in den letzten Tagen zum ersten Mal übernommen wurde, da es sich um eine völlig neue und insgesamt weise Sache handelte. Gregor der Große hatte es bereits mit seinen angelsächsischen Jungen praktiziert : und Gregor VII. empfahl es Olaf, dem König von Norwegen, dem er schrieb, dass er gerne eine ausreichende Anzahl von Priestern in sein fernes Land geschickt hätte: „Da dies aber aufgrund der großen Distanz und der unterschiedlichen Sprache sehr schwierig ist, bitten wir Sie, Wie wir auch den König von Dänemark gebeten haben, einige junge Adlige Ihres Landes an unseren apostolischen Hof zu schicken, damit sie unter den Fittichen des heiligen Petrus und des heiligen Paulus mit Sorgfalt in göttlichem Wissen genährt und dorthin zurückkehren können euch die Ratschläge des Apostolischen Stuhls, der nicht als Unbekannte, sondern als Brüder unter euch ankommt – und euch die Pflichten des Christentums predigt, nicht als Fremde und Unwissende, sondern als Männer, deren Sprache eure ist und die noch geschult und geschult sind mächtig in Wissen und Moral." Während sich zu Hause die Mühsal um seine Füße sammelte und das älteste Zentrum des Christentums bereit war, ihn als Flüchtling auszutreiben, weitete der große Papst die unsichtbaren Bande der christlichen Treue bis an die Enden der Welt aus.

Im Jahr 1080, drei Jahre nach den Ereignissen von Canossa, unternahm Gregor den nächsten Schritt. In dieser langen Zeitspanne hatte er nie aufgehört, auf der einzig rechtmäßigen Möglichkeit zur Beilegung des Streits zu bestehen, *nämlich* auf der Versammlung aller am stärksten betroffenen Personen in Deutschland , um die ganze Angelegenheit feierlich zu prüfen und auf der Grundlage wichtiger Gründe zu einem endgültigen Abschluss zu kommen fester als der Appell an die Waffen, der das Reich verwüstete und der, ständig schwankend, bald der einen, bald der anderen Seite den vorübergehenden Sieg bescherte. Das Zeitalter war noch lange nicht reif für ein Mittel wie ein Schiedsverfahren, und der Waffengang war seine natürlichste Methode: Dennoch war der Vorschlag in erster Linie von den deutschen Fürsten selbst ausgegangen und entsprach völlig den deutschen Gesetzen und Gesetzen primitives Verfahren. Und außer dem Papst oder einem anderen großen Kirchenmann gab es keinen möglichen Präsidenten eines solchen Landtages oder jemanden , der auch nur den Anschein von Unparteilichkeit hätte erwecken können . Er war der einzige Mann, der das Gleichgewicht aufrechterhalten und für Gerechtigkeit sorgen konnte, selbst in der Theorie: Denn die Ehrfurcht vor seiner Anwesenheit und seinen spirituellen Kräften hätte diese wilden Fürsten und Barone möglicherweise zurückhalten und eine vernünftige Diskussion ermöglichen können. Aus all diesen Gründen und zweifellos auch, um den Anspruch, den er für sich und seine Nachfolger erhoben hatte, als Richter der Erde zu fungieren und alle derartigen Streitigkeiten als Vertreter Gottes beizulegen, praktisch durchzusetzen, war er nicht bereit, das Projekt aufzugeben. Es war jedoch im Frühjahr 1080, als die Fastenzeit begann und das übliche Laterankonzil zusammentrat, klar geworden, dass Heinrich diesem Landtag niemals zustimmen würde, und zwar aus der Diskussion von Ansprüchen, die er für göttlich hielt und unfehlbar. Rudolf, sein Rivale, war genauso darauf bedacht wie der Papst oder gab dies vor, obwohl er nie einen Schritt unternommen hatte, um Gregors Reise über die Alpen zu ermöglichen. Aber schließlich schien es, als hätten alle Parteien den Gedanken an ein solches Mittel zur Friedensstiftung aufgegeben. Die Lage in Deutschland wurde von Tag zu Tag ernster, und als die Gesandten Rudolfs nach vielen erfolglosen Besuchen in Rom endlich mit einer Art Ultimatum erschienen und forderten, dass einige entscheidende Schritte unternommen werden sollten, um der Ungewissheit ein Ende zu setzen Eine weitere Verzögerung war nicht mehr möglich. Heinrich sandte bei derselben Gelegenheit auch Gesandte, die jedoch zu spät kamen und nicht empfangen wurden. Das Laterankonzil tagte zweifellos mit vielen Herzensfragen und einer großen Aufregung, die die Versammlung erfüllte, wo Angelegenheiten von so wichtiger Bedeutung geklärt werden sollten und eine Entscheidung anstand, die noch nie zuvor von einem Papst verlangt worden war vom Stuhl des heiligen Petrus an eine halb gläubige, halb rebellische Welt übergeben. Ob irgendjemand wirklich geglaubt hat, dass eine Frage der Reichsnachfolge auf diese Weise gelöst werden könnte, lässt sich nicht sagen: außer den Gesandten Rudolfs, dessen Waffen vorerst siegreich gewesen waren und der Heinrich gerade als Flüchtling vertrieben hatte vor ihm appellierten mit fast tragischer Heftigkeit an den Papst, als an jemanden, dessen Macht und Verantwortung in dieser Angelegenheit außer Zweifel standen. Die Stellungnahme zu ihrem Fall vor dem Rat lautete wie folgt:

„Wir Gesandten unseres Herrn, des Königs, Rudolf, und der Fürsten, wir beklagen uns vor Gott und vor dem heiligen Petrus bei euch, unserem Vater, und diesem heiligen Rat, dass Heinrich trotz eurer apostolischen Autorität aus dem Königreich entlassen wurde.“ Dein Verbot ist in das besagte Königreich eingedrungen und hat alles ringsum durch Schwert und Feuer und Plünderung verwüstet; er hat mit gottloser Grausamkeit Bischöfe und Erzbischöfe aus ihren Sitzen vertrieben und ihre Würden als Lehen unter seinen Anhängern verteilt. Werner heiligen Andenkens , Erzbischof von Magdeburg, ist durch seine Tyrannei umgekommen; Aldebert , Bischof von Worms, wird entgegen der apostolischen Ordnung immer noch im Gefängnis festgehalten; viele tausend Männer wurden von seiner Fraktion abgeschlachtet, viele Kirchen geplündert, niedergebrannt und zerstört. Die Angriffe Heinrichs Es gibt keine Zahl, die auf unsere Fürsten lastet, weil sie ihm gemäß dem Befehl des Apostolischen Stuhls ihren Gehorsam entzogen haben. Und die Versammlung, die Sie, Heiliger Vater, zur Herstellung der Wahrheit und des Friedens einberufen wollten, ist nicht abgehalten worden , allein durch die Schuld Heinrichs und seiner Anhänger. Aus diesen Gründen flehen wir in unserem eigenen Namen und dem der Heiligen Kirche Gottes um Ihre Gnade an, um dem gotteslästerlichen Übertreter der Kirche Gerechtigkeit widerfahren zu lassen."

Es wird bemerkt werden, dass die ganze Schuld des Kampfes hier auf die Kirche geschoben wird: – wie in der Protestkundgebung der sächsischen Bischöfe, die kein Wort über ihre nationalen Beschwerden gegen Heinrich sagen, die dennoch zahlreich und groß und real waren Sie führten dies jedoch vollständig auf die Handlung Gregors zurück, der sie exkommunizierte und ihnen erlaubte , dem König ihre Huldigung zu entziehen. Wir denken, niemand kann die chaotische und verwirrende Geschichte der Zeit lesen, ohne zu erkennen, wie bloß ein Vorwand war und wie wenig in Wirklichkeit die Beschwerden der Kirche mit dem mörderischen Kampf zu tun hatten. Das Merkwürdige ist jedoch, dass Gregory, sei es aus politischer Absicht oder aus Selbsttäuschung, die gesamte Verantwortung übernimmt und bereit ist, als Ursache und Urheber dieser tödlichen Kriege angesehen zu werden, als ob der Kampf nur ein Kampf zwischen der Kirche und dem König gewesen wäre . Offensichtlich war sein Verantwortungsgefühl stark ausgeprägt, als er sich bei diesem großartigen Anlass in der atemlosen Stille, die auf die Klage und den Appell von Rudolfs Abgesandten folgte, von seinem Präsidialstuhl erhob. Im Konzil hatte sich keine Stimme zur Verteidigung Heinrichs erhoben, was zeigt, dass sich das Konklave darüber im Klaren war, dass eine weitere und verzweifeltere Phase des Streits erreicht war, da in früheren Versammlungen viele Stimmen zu seinen Gunsten geäußert worden waren.

Gregory selbst hatte einen Moment lang still dagesessen, überwältigt von der Ehrfurcht vor der großen Krise. Als er sich erhob, geschah dies mit gebrochener Stimme und Tränen in den Augen, und die Form der Befreiung war ebenso bemerkenswert wie ihr Tenor. Gregor wandte sich nicht an das Konzil, sondern mit einem außergewöhnlichen Gefühlsausbruch an den Apostel, in dessen Namen er das Urteil verkündete und auf dessen Stuhl er saß. Nichts hätte beeindruckender sein können als dieser plötzliche und offensichtlich spontane Wechsel von der Rede, die die ehrfürchtige und aufgeregte Versammlung von ihm erwartet hatte, zu der persönlichen Aussage und Erklärung, die er mit zitterndem Akzent, aber mit erhobenem Kopf und zum Unsichtbaren gerichteten Blick vorbrachte großer Machthaber an himmlischen Orten, dessen Repräsentant er zu sein glaubte. So vage das Bild des Apostels in anderen Augen auch sein mag, für Gregor war der heilige Petrus sein lebender Hauptmann, der Vorgesetzte der Kirche, dem sein Stellvertreter Bericht über sein Vorgehen gegenüber dem Feind erstatten musste. Das Erstaunen dieser großen Versammlung, die Ehrfurcht, die sich plötzlich selbst auf die große Schar von Priestern richtete, die vielleicht zu vertraut mit heiligen Dingen waren, um leicht beeindruckt zu werden – und noch mehr auf die überraschten Laien, Rudolfs Gesandten und ihre Diener, die durch diese abstrakte Ansprache plötzlich aufkamen Mitten in der gespannten Versammlung einem unsichtbaren Zuhörer zuzuhören, muss außergewöhnlich gewesen sein. Es markierte, wie nichts anderes hätte tun können, die Erkenntnis in Gregors Geist einer Situation von außerordentlicher Bedeutung, eines solchen Notfalls, wie er seit der Gründung der Kirche in ihrer Geschichte selten oder nie zuvor vorgekommen war. Er stand vor der zitternden Welt, selbst ein einsamer, zutiefst erschütterter Mann, und forderte seinen großen Vorgänger auf, sich daran zu erinnern, dass er diesen Thron nicht aus eigenem Willen bestiegen oder diese Verantwortung übernommen hatte – dass es Petrus war, oder vielmehr der zwei große Führer der Kirche zusammen, Petrus, der Fürst der Apostel, Paulus, der Lehrer und Lehrer der Nationen, die ihn erwählt hatten, nicht den, der sich an ihre Stelle gesetzt hatte. Diesen erhabenen Zuhörern erzählte er alles, die ganze Geschichte des Kampfes, die Sünden Heinrichs, seine Unterwerfung und Absolution, seine erneute Rebellion, immer gegen die Kirche, gegen die Apostel, gegen die kirchliche Autorität: während die atemlose Versammlung um ihn herum ging Draußen in diesem feierlichen Gespräch saß er eifrig da, saugte jedes Wort auf, überwältigt vom Wunder der Situation, der seltsamen Haltung der strahlenden Gestalt in der Mitte, die nicht einmal betete, sondern seinem unsichtbaren General oben Bericht erstattete und ihm jedes Detail erklärte . Heinrich war ein schlechter König, ein grausamer Unterdrücker , ein Eindringling aller Rechte gewesen: und es wäre die beste Politik des Kirchenmannes gewesen, diese wirksamen Argumente für seinen Sturz vorzubringen. Aber davon gibt es kein Wort. Er war ein Rebell gegen die Kirche, und durch die Hand der Kirche war es gerecht und richtig, dass er fiel.

Man kann nicht umhin, in der Diktion des folgenden Satzes ein Absteigen von diesem hohen und visionären Boden zu spüren, einen Satz, der jetzt nicht zum ersten Mal gehört wurde und von dem vielleicht niemand dort das letzte Wort hatte, so gewaltig seine Äußerung auch war in diesem großen Streit.

„Deshalb vertraue ich auf das Urteil und die Barmherzigkeit Gottes und der Heiligen Mutter Gottes und bewaffnet mit deiner Autorität. Ich verurteile Heinrich, den König, und alle seine Mitsünder, und binde sie mit den Ketten des Anathemas. und seitens des allmächtigen Gottes und Deiner Seite, indem ich ihn von nun an aus den Königreichen Deutschlands und Italiens ausschließe, entziehe ich ihm alle königliche Macht und Würde; ich verbiete jedem Christen, ihm als König zu gehorchen; und ich entbinde sie von ihnen geschworene Versprechen an alle, die ihm Treue geschworen haben oder leisten werden. Möge dieser Heinrich mit seinen Mitsündern keine Kraft im Kampf haben und keinen Sieg im Leben erringen!"

Nachdem der Papst Rudolf mit gleicher Feierlichkeit das Königreich Deutschland (Italien wird nicht genannt) mit allen königlichen Rechten verliehen hat, schließt er seine Ansprache an die geistlichen Oberhäupter der Kirche auf Erden im Himmel:

„Heilige Väter und Herren! Lassen Sie jetzt die ganze Welt wissen und verstehen, dass Sie, wie Sie im Himmel binden und lösen können, auch auf Erden jedem nach seinen Verdiensten geben und nehmen können: Reiche, Königreiche, Fürstentümer, Herzogtümer, Marquisate, Landkreise und alle Besitztümer. Du hast den Perversen und Unwürdigen schon oft patriarchalische Sitze, Primatschaften, Erzbistümer und Bistümer genommen, um sie religiösen Menschen zu verleihen. Wenn du so in geistlichen Dingen urteilst, mit wie viel mehr Macht? Solltest du das nicht in weltlichen Dingen tun! Und wenn du die Engel verurteilst, die die Herren der stolzesten Fürsten sind, was kannst du dann nicht mit den Fürsten, ihren Sklaven, tun! Lass es die Könige und Großen der Erde heute wissen Wie groß du bist und wie groß deine Macht ist; lass sie sich fürchten, die Verordnungen der Kirche zu vernachlässigen! Urteile schnell über Heinrich, damit es für die Augen aller offensichtlich ist, dass es nicht durch Zufall, sondern durch deine Entscheidung auf ihn fällt Doch möge sich seine Verwirrung in Reue verwandeln, damit seine Seele gerettet werde am Tag des Herrn.“

Ob die Ekstase seiner eigenen Verzückung und abstrakten Verbindung mit dem Unsichtbaren, diese subtile Inspiration eines Unsichtbaren, die zu klar konzipiert war, als dass menschliche Schwächen sie ertragen könnten, Gregory zu Kopf gestiegen war und ihn dazu gebracht hatte, diese außergewöhnliche Behauptung und diesen Anspruch jenseits aller Vernunft vollständiger zum Ausdruck zu bringen: oder ob die seit langem festgelegte Theorie seines Lebens auf diese Weise eine vollständige Entfaltung fand, ist schwer zu sagen. Diese Annahmen waren in der Tat das einfache und praktische Ergebnis bereits erhobener Ansprüche und übernommener Verantwortlichkeiten: Ansprüche, die bereits zuvor von anderen Päpsten schwach in die Tat umgesetzt worden waren. Aber noch nie waren sie so lebendig und feierlich in Worte gefasst worden. Gregory selbst hatte bisher nur das Recht beansprucht, an der Spitze eines Nationalparlaments zu urteilen und zu schlichten. Soweit wir sehen können, hatte er bis zu diesem Zeitpunkt nicht allein und unkontrolliert die angeblichen Rechte des Petrus in Anspruch genommen. Er hatte England England an William übergeben, aber nur auf Grund der Bindung Harolds, der vor dem Altar feierlich geschworen hatte. Er hatte die bereits durch die Eroberung von Robert Guiscard und anderen normannischen Eroberern begründeten Ansprüche legitimiert. Aber der im Laterankonzil von 1080 aufgestellte Standard war weitaus zwingenderer Art und wurde schließlich durch Peter und Paul, seine heiligen Väter und Herren, durchgesetzt, eine absolute und kompromisslose Autorität, die das Gehirn in Aufruhr versetzte. Diese außergewöhnliche Ansprache muss eine Schar von Menschen, darunter zweifellos viele gewöhnliche Männer, die kein so hohes Ideal wie sein eigenes hatten, zurück zu ihren Bistümern und Schützlingen geschickt haben, angeschwollen von einem Gefühl geistlicher Größe und Macht, das keine Beförderung vermitteln konnte, eine Inspiration, die Wenn es hier und da einen hohen Geist auf die Notwendigkeiten einer großen Stellung aufmerksam machte, war es mindestens genauso wahrscheinlich, dass es aus gemeineren Menschen kleine Tyrannen und Unterdrücker machte. Die einzige rettende Klausel in einer Anklage, die so voller bösartiger Elemente ist, besteht darin, dass sie für die Mehrheit der Durchschnittsmenschen kaum eine persönliche Bedeutung haben würde.

INSEL AM TIBER.

Von diesem Zeitpunkt an war nichts anderes mehr möglich als ein Krieg auf Leben und Tod zwischen Gregor und Heinrich, dem abgesetzten König, der so wenig bereit war, seine Absetzung anzunehmen, wie irgendein Anathema sie durchsetzen konnte. Wir haben dies bereits bei verschiedenen Gelegenheiten bemerkt, und es ist schrecklich, von der Höhe einer so beeindruckenden Szene und so vielen großartigen Worten herunterzukommen, sie wiederholen zu müssen: Und doch ist es trotz der schrecklichen Bilder, die wir hatten, sehr offensichtlich Angesichts der

Wucht dieser Anathemas hatten sie kaum einen Unterschied im Leben der Welt. Es gab immer genug schismatische oder rebellische Priester, die dem Papst zum Trotz jene sichtbaren Zeremonien und religiösen Ämter ausübten, die für die allgemeine Lebensordnung unverzichtbar sind. Es gab zweifellos große individuelle Leiden unter den Gläubigen, aber die Gewohnheiten des gewöhnlichen Lebens hätten nur dann beeinträchtigt werden können, wenn jeder Bischof und jeder Priester dem Papst treu gewesen wäre, was bei weitem nicht der Fall war.

Zum Abschluss dieses Konzils soll Gregor die berühmte Kaiserkrone mit der Inschrift an Rudolf geschickt haben

Petra dedit Petro, Petrus diadema Rodolpho ,

worüber Villemain die schäbige Bemerkung macht: „Nachdem Gregor VII. die Entscheidung für ungewiss gehalten und seinen Anteil an der Wahl Rudolfs bestritten hatte, beanspruchte Gregor VII. ihn jetzt, da er durch Erfolg bestätigt wurde, für sich und die Kirche."— eine Schlussfolgerung, die weder mit den Tatsachen noch mit dem Charakter des Mannes übereinstimmt.

Dass Heinrich diese Entscheidung demütig hinnehmen sollte, war natürlich unmöglich. Erneut versuchte er, auf einer Versammlung in Brixen im darauffolgenden Juni Vergeltungsmaßnahmen zu ergreifen, indem er die kleine Zahl von dreißig Bischöfen, hauptsächlich exkommunizierte Personen und natürlich ohne das Recht, über ihren Vorgesetzten Gregor zu urteilen, einsetzte er selbst wurde erneut abgesetzt, exkommuniziert und von der Gemeinschaft dieser Geistlichen und ihrer Anhänger abgeschnitten. In dem von dieser dürftigen Truppe gefällten Urteil wird Gregor beschuldigt, der Häresie des Berengarius gefolgt zu sein, dessen Widerruf ein Jahr zuvor im Lateran eingegangen war, und außerdem , ein Nekromant und Zauberer zu sein und von einem bösen Geist besessen zu sein. Diese exquisiten Gründe sind die Hauptvorwürfe gegen ihn und der Hauptgrund, mit dem seine Aussage gerechtfertigt wurde. Guibert von Ravenna, lange Zeit sein Feind und einer der Exkommunizierten, wurde von demselben inkompetenten Gericht wie der Papst an seiner Stelle gewählt, natürlich ohne die kanonischen Voraussetzungen für eine solche Wahl; Uns wird jedoch gesagt, dass Heinrich den Bischof von Ostia, dessen Privileg es war, bei der Weihe der Päpste amtieren zu dürfen, und der damals im Ausland als Legat fungierte, gewaltsam angegriffen hat, um der Wahl einen gewissen Anschein von Rechtmäßigkeit zu verleihen. Guibert jedoch, der weniger gewissenhaft war als der frühere Eindringling Cadalous , nahm sofort den Titel Clemens III. an. Der große Vorteil eines solchen Schrittes bestand neben der Süße der Rache zweifellos darin, dass er das päpstliche Verbot, soweit es das Wissen des Vulgären betraf, praktisch aufhob: Solange es Priester gab, die amtieren

konnten, einen Bischof, der den Vorsitz führte, und ein Papst, der segnen
und verfluchen kann, wie sollten die ungebildeten Menschen wissen, dass ihr
Land unter einem verhängnisvollen Verbot stand? Um eine solche weltweite
Exkommunikation zu ermöglichen, musste die gesamte Priesterschaft der
einzigen Autorität in der Kirche unterworfen und treu gewesen sein.

Unglücklicherweise für das Ansehen Gregors war Heinrich im folgenden
Jahr in all seinen Unternehmungen viel erfolgreicher, und es war Rudolf, der
Freund und Auserwählte des Papstes, und nicht sein Gegner, der nach einer
Schlacht starb, die ansonsten nicht entscheidend war. Dieses Ereignis muss
ein großer Schlag und eine Enttäuschung sowie eine unmittelbare und
drohende Gefahr gewesen sein. Eine Zeit lang ging das Leben in Rom jedoch
seinen gewohnten Gang , und Gregor freundete sich durch verschiedene
Verhandlungen und zweifellos auch aufgrund seines eigenen Bewusstseins
für die dringende Notwendigkeit eines Fürsprechers und Unterstützers
wieder mit Robert an Guiscard, der sich bemühte, die Streitigkeiten zwischen
ihm und seinen Nachbarn beizulegen und ihn so durch gute Dienste für die
päpstliche Seite zu gewinnen. Um diese Erneuerung der Freundschaft zu
vervollständigen, unternahm Gregor trotz seiner Krankheit und inmitten all
dieser Turbulenzen, die die Last der Jahre zu spüren begannen, eine Reise
nach Benevent, das zum Heiligen Stuhl gehörte, und traf dort seinen
ehemaligen Büßer und Gegner, den Tapferen und Schlauen Normannisch.
Das Gespräch zwischen ihnen fand vor den Augen einer großen Menge von
Anhängern beider und der Bewohner der gesamten Region statt, die sich in
gemischter Neugier und Ehrfurcht versammelten, um eine so großartige
Szene zu sehen. Der Normanne, befreit von den Exkommunikationen, unter
denen er wegen früherer Vergehen gelitten hatte, und ausgestattet mit der
Zustimmung und dem Segen des Papstes, schwor Gregor Treue und
Gehorsam und versprach, von nun an der Vorkämpfer der Heiligen Kirche
zu sein, ihr Eigentum und ihre Diener zu beschützen und zu bewahren ihren
Rat und erkennt ihre Autorität an.

„Von dieser Stunde an und für die Zukunft werde ich der Heiligen
Römischen Kirche, dem Apostolischen Stuhl und Ihnen, meinem Herrn
Gregor, dem universalen Papst, treu sein. Ich werde Ihr Verteidiger und der
der Römischen Kirche unterstützend sein." Sie gemäß meiner Macht, die
Gebiete von St. Peter und seine Besitztümer gegen alle Ankömmlinge zu
behaupten, zu besetzen und zu verteidigen, wobei ich nur die Mark von
Fermo, von Salerno und von Amalfi vorbehalte, über die noch keine
endgültige Vereinbarung getroffen wurde gemacht."

Diese letzten, und besonders die Stadt Salerno, eine der Städte *la piu bella e
piu deliziosa* Italiens, sagt der alte Muratori , sei kürzlich von Guiscard ihrem
Prinzen Gisolfo , einem *Schützling* und Freund des Papstes, genommen
worden, der sie ausschließt Die gleiche vorsichtige Art und Weise gegenüber

der Sanktion, die Roberts anderen Eroberungen erteilt wurde . Gregorys Investiturakt ist insgesamt ein sehr vorsichtiges Dokument:

Ich, Gregor, Papst, verleihe Dir, Herzog Robert, alle Ländereien, die Dir meine Vorgänger heiligen Andenkens, Nikolaus und Alexander, geschenkt haben. Was die Ländereien Salerno, Amalfi und einen Teil der Mark Fermo betrifft, die zu Unrecht von Ihnen gehalten werden, so ertrage ich dies vorerst geduldig, im Vertrauen auf Gott und auf Ihre Ehrlichkeit, und dass Sie sich in Zukunft für die Ehre verhalten werden Gottes und des heiligen Petrus auf eine Art und Weise, wie es Ihnen gebührt und wie ich es ertragen kann, ohne Ihre oder meine Seele aufs Spiel zu setzen.

Es ist unwahrscheinlich, dass Gregory von Guiscards Redlichkeit so sehr hoffte, dass er dieses *Citta aufgeben würde deliziosa* , gewonnen durch seinen Bogen und seinen Speer. Damals wusste er auch nicht, wie sein eigener Name und alle damit verbundenen Assoziationen in Salerno bleiben würden, sein Hauptmerkmal in allen kommenden Zeitaltern.

Das Leben von Gregory war nie von Frieden oder Ruhe geprägt . Sein ganzes Leben lang war er ein Kämpfer gewesen, aber größtenteils ein erfolgreicher Mann. Die Jahre, die ihm noch blieben, waren jedoch ein einziger langer Verlauf der Unruhen, des Aufruhrs und der Revolution. Im Jahr 1081 überquerte Heinrich, der kaum Erfolg mit Waffen hatte, sich aber der großen Entmutigung der rivalisierenden Partei durch den Tod Rudolfs bewusst war, erneut die Alpen, und nachdem er Matilda besiegt, ihr Herzogtum verwüstet und sie in den Schutz von Canossa getrieben hatte, marschierte er nach Rom . Guibert von Ravenna, der Gegenpapst, begleitete ihn mit vielen Bischöfen und Priestern seiner Partei. Bei seinem ersten Auftritt vor Rom hatten die Energie Gregors und seine Erwartung eines solchen Ereignisses die Stadt ausnahmsweise zum Widerstand inspiriert, so dass die königliche Armee nicht weiter als bis zu den „Feldern von Nero" außerhalb der Mauern der Stadt gelangte leoninische Stadt nördlich von St. Peter, auf deren Seite sie sich Rom genähert hatten. Heinrich ließ sich von seinem Gegenpapst in seinem Zelt zum Kaiser krönen, eine Tat, die auf Anraten seiner schismatischen Bischöfe und zur großen Verwunderung, Aufregung und zum Interesse der umliegenden Menschen vollzogen wurde, die von diesem großen Titel eingeschüchtert waren, den er nicht besaß doch gewagt, anzunehmen. Diese vergebliche Krönung war in der Tat eine Tat, mit der er sich in den folgenden Jahren von Zeit zu Zeit vergnügte. Doch die Hitze des Sommers und das Fieber Roms trieben die Eindringlinge bald zurück. Im Jahr 1082 griff Heinrich erneut an, jedoch immer noch vergeblich. Im Jahr 1083 war er erfolgreicher und eroberte den Teil Roms, der Leoninische Stadt genannt wurde, zu dem auch der Petersdom und die Gräber der Apostel gehörten, das große Heiligtum, das dem Ganzen Heiligkeit verlieh. Der Papst, der bis zu diesem Zeitpunkt frei war, obwohl er ständig von seinen

Feinden bedroht wurde und immer noch, so gut er konnte, die allgemeinen Angelegenheiten der Kirche weiterführte, war nun gezwungen, sich nach St. Angelo zurückzuziehen. Er war in diesem Moment ohne Verteidiger oder Champion auf irgendeiner Seite. Die tapfere, stets treue Matilda wurde im uneinnehmbaren Canossa eingesperrt. Nachdem Guiscard von Gregor alles bekommen hatte , was er wollte, war er seinen eigenen Sorgen nachgegangen und kämpfte nun darum, in Griechenland Fuß zu fassen, gleichgültig gegenüber der Gefahr des Papstes. Die Römer waren nach der kurzen Inspirationspause, die ihnen den Mut gab, für den Papst und die Integrität ihrer Stadt einzustehen, in ihre gewohnte Schwäche zurückgefallen, geblendet von Heinrichs Kaisertitel und eingeschüchtert von der Anwesenheit seiner Deutschen vor ihren Toren. Sie hatten nie einen Widerstandsgeist besessen, und von einer korrupten und wankelmütigen Bevölkerung, die seit Jahrhunderten daran gewöhnt war, Spielzeug der Umstände zu sein, war kaum zu erwarten, dass sie jetzt eine edlere Karriere beginnen würden. Und dort blieb der Papst, eingeschlossen in dieser einsamen Festung, mit Blick auf die lauten und belebten Straßen, die von ausländischen Soldaten und dem Lärm der Waffen überfüllt waren, während in der nahegelegenen Kirche St. Peter Guibert, der Scheinpapst, einen Scheinrat einberufen hatte befreien Sie den neuen Kaiser von allen Anathemas, die auf sein Haupt folgten.

Es gab viele Diskussionen und Debatten über dieses Thema in dieser seltsamen Versammlung, in der zumindest jeder zweite Mann in seinem geheimen Herzen ein Gefühl des Sakrilegs gehabt haben musste. Sie leugneten offenbar nicht die rechtliche Bedeutung dieser Anathemas , die sie als Wurzel und Ursprung aller folgenden Unglücke erkannten ; Sie hielten jedoch an der schwachen Behauptung fest, dass das Verfahren Gregors unregelmäßig gewesen sei, da Henry nie die Gelegenheit gehabt hatte, sich zu verteidigen. Ein weiterer Anspruch, den ihre Feinde der römischen Kirche zuschrieben, und dieses Mal mit Wahrheit, da er tatsächlich Teil ihres Kodex geworden ist, wurde, wie es scheint, bei dieser Gelegenheit zum ersten Mal und von den Schismatikern aufgestellt. Gregor hatte dem Volk verboten, die Sakramente aus den Händen bösartiger oder simonischer Priester anzunehmen . Guibert, genannt Clemens III., und sein fiktiver Rat erklärten mit vielen gelehrten Zitaten, dass die Sakramente an sich alles in allem und die Administratoren nichts seien; und dass die Riten der Kirche, obwohl sie von einem Trunkenbold, einem Ehebrecher oder einem Mörder gegeben wurden, gleichermaßen wirksam waren. Noch seltsamer war jedoch, dass in dieser Versammlung, die aus Schismatikern bestand, von denen sich viele genau dieser Praktiken schuldig gemacht hatten, ein zaghafter Protest gegen genau die Sünden erhoben wurde, die sie vom Rest der Kirche getrennt hatten und die Gregor begangen hatte verbrachte sein Leben im Kampf. Dem Papst war es weder gelungen, die Simonie abzuschaffen noch das

Zölibat und die Enthaltsamkeit unter den Geistlichen aufrechtzuerhalten, aber er hatte eine allgemeine öffentliche Meinung geweckt, ein Gefühl, das stärker war als er selbst und das sogar im Bewusstsein seines Gegners und Waffenrivalen Platz fand .

So griff der Usurpator die Handlungen des Papstes zaghaft mit Argumenten an, die entweder unbedeutend oder moralisch gefährlich waren, wiederholte aber zaghaft seine Doktrin: mit der Miene eines Prätendenten, der durch die bloße Nähe eines unglücklichen, aber rechtmäßigen Monarchen alarmiert ist. Guibert war schon früher mutig genug gewesen; Er wirkte jetzt wie ein verstohlener Eindringling, der davor zitterte, bei jedem Geräusch den Schritt des wahren Meisters zu hören, der in sein entweihtes Haus zurückkehrte.

Das nächste Ereignis in diesem seltsamen Kampf ist noch außergewöhnlicher. Es ist offensichtlich, dass Heinrich selbst vom schwachen Charakter dieser nicht genehmigten Versammlung beeindruckt gewesen sein muss , ungeachtet der Tatsache, dass der neue Papst von ihm selbst geschaffen wurde und das Konzil unter seiner Schirmherrschaft abgehalten wurde; oder vielleicht hoffte er, durch den Anschein von Offenheit und Unparteilichkeit etwas zu gewinnen, auch wenn es so spät am Tag war. Auf jeden Fall schlug er unmittelbar nach dem Ende des fiktiven Konzils den Bürgern und Beamten, die noch die anderen Teile der Stadt hielten, im Namen Gregors vor, seine Truppen zurückzuziehen, alle Straßen nach Rom frei zu lassen und … seine Sache einem anderen Rat vorzulegen, der von Gregor geleitet wird und zu dem, wie in gewöhnlichen Fällen, alle höheren Ränge des Klerus eingeladen werden sollten. Es ist unmöglich, sich einen außergewöhnlicheren Widerspruch zu allem, was zuvor geschehen ist, vorzustellen. Der Vorschlag, so seltsam er auch erscheinen mag, wurde jedoch angenommen und umgesetzt. Im November 1083 wurde diese Versammlung einberufen. Heinrich zog sich mit seiner Armee in Richtung Lombardei zurück, alle friedlichen Straßen wurden wieder geöffnet, und Bischöfe und Äbte aus allen Teilen der Christenheit eilten zweifellos zitternd, aber dennoch aufgeregt nach Rom. Heinrich übte trotz seiner Großzügigkeit freundlicher Angebote eine beträchtliche Aufsicht über diese Reisenden aus, denn wir hören, dass er die Abgeordneten, die die deutschen Fürsten zu ihrer Vertretung geschickt hatten, sowie viele angesehene Prälaten, von denen zwei ihm besonders anvertraut worden waren, angehalten hatte Mutter Agnes, zusammen mit einem der Legaten des Papstes. Der Versuch, die Versammlung auf diese Weise zu packen oder zumindest von ihren bemerkenswertesten Mitgliedern zu befreien, war jedoch erfolglos, und trotz aller Gefahren der Reise wurde eine große Zahl von Geistlichen versammelt.

Das Treffen war melancholisch, überschattet von der Hoffnungslosigkeit einer Lage, in der sich alle Rechten auf der einen und alle Macht auf der anderen Seite befanden. Nach dreitägiger Beratung, die zu keinem Ergebnis führte, wandte sich der Papst – es war das letzte Mal in Rom – an seine treuen Berater. „Er redete eher mit der Zunge eines Engels als mit der Zunge eines Menschen " und forderte sie auf, standhaft und geduldig zu sein, am Glauben festzuhalten und sich wie Menschen aufzugeben, wie dunkel die Tage auch sein mochten, in die sie gefallen waren. Als der alte Mann schloss, brach die gesamte Versammlung in Tränen aus.

Aber Gregory ließ sich gegenüber seinem Verfolger nicht zu einer Gnade bewegen. Er gab so weit nach, dass er seinen Bann nicht noch einmal gegen ihn verhängte, indem er nur diejenigen exkommunizierte, die mit Gewalt oder List umgekehrt waren, und diejenigen festhielt, die auf dem Weg zum Rat waren. Aber er wollte nicht damit einverstanden sein, Heinrich zum Kaiser zu krönen, was der rebellische Monarch – ungeachtet seiner früheren Krönung in seinem Zelt durch Guibert und einer noch früheren Krönung, wie es heißt, in Brixen unmittelbar nach der Ernennung des Gegenpapstes – war immer noch erwünscht; Er würde auch nicht dem scheinbaren Zwang der Umstände nachgeben und Frieden schließen, ohne dass Heinrich Reue zeigen würde. Keine Umstände könnten einen solchen Mann zwingen. Der fruchtlose Rat dauerte nur drei Tage und trennte sich, ohne dass sich an der Situation etwas änderte. Die Römer, vielleicht durch den kurzen Freiheitsentzug, den sie auf diese Weise zu haben schienen, wieder aufgeweckt, erhoben sich gegen Heinrichs Garnison und erlangten wieder Besitz von der leoninischen Stadt, die er gehalten hatte: und so wurde jeder einzelne Kampf von neuem begonnen und wiederholt .

Dieser außergewöhnliche Versuch, nach allem, was passiert war – nach dem Konzil, in dem Heinrich Gregor abgesetzt hatte, dem Konzil in St. Peter selbst, das vom Gegenpapst abgehalten wurde, und all den Beschimpfungen, die er über „den Mönch Hildebrand" ausgestoßen hatte Er hatte den Papst immer wieder zum Papst ernannt – indem er eine Versammlung zuließ, in der dem beleidigten Pontifex alle seine Autoritäten und Ehren zurückgegeben werden sollten , um Gregor zu bewegen, ihn anzunehmen und zu krönen, ist eines der wunderbarsten Dinge in der Geschichte. Aber der Versuch war der letzte, den er jemals unternommen hat, da er der vergeblichste war. Nach dem einen Energieschub, mit dem Rom den Kampf erneuerte, und einer weiteren Periode erneuter Angriffe und Rückzüge, wurde Heinrich Herr der Stadt, jedoch nie der Burg St. Angelo, wo Gregor unbeugsam saß und kein Jota seiner Entschlossenheit nachließ und stark wie immer in seiner Weigerung, seinen Fluch von Henry zurückzunehmen, es sei denn, er bereute ihn völlig. Verschiedene Burgen und befestigte Orte wurden weiterhin im Namen des Papstes gehalten, sowohl innerhalb als auch außerhalb der Mauern der Stadt. Diese Tatsache wirft ein merkwürdiges Licht auf ihr bestehendes Aussehen: aber diese Überreste der Verteidigung hatten wenig Macht, den Eroberer zurückzuhalten seine große Armee.

Und dann erlebte Rom erneut einen dieser Anblicke, der ihm von Zeitalter zu Zeitalter vertraut geworden war: den Triumph der Waffen und der überwältigenden Macht vor den Augen des gefangenen Herrschers der Stadt. Der so lange verlassene Lateranpalast erwachte, um einen königlichen Gast zu empfangen. Die nüchternen Höfe des päpstlichen Hauses erstrahlten in prachtvollen Kostümen und hallten von Jubel und Triumph wider. Die erste der großen Zeremonien war die Krönung des Erzbischofs Guibert zum Clemens III., die in der Passionswoche des Jahres 1084 stattfand. Vier Monate zuvor war Gregor von seiner Festung herabgestiegen, um das Konzil abzuhalten, bei dem Heinrich noch zu überzeugen gehofft hatte oder ihn zur Nachgiebigkeit zwingen, indem er Guibert leichtfüßig wegschleudert; Doch die Hoffnungen des Königs waren gescheitert und Guibert war erneut das vorübergehende Symbol jener spirituellen Kraft, ohne die er sich nicht behaupten konnte. Am folgenden Ostersonntag strömten erneut drei große Prozessionen über die Brücke von St. Angelo, möglicherweise unter den Augen Gregors, der hoch oben auf den Zinnen seiner Festung stand oder zumindest mit den Rufen und Jubelrufen, die sie kennzeichneten, in seine Abgeschiedenheit vordrang Fortschritt – die Prozession des falschen Papstes, die des Königs, die von Bertha, der Frau des Königs, die alle Bemühungen von Gregor und seinen treuen Bischöfen erfordert hatten, um sie vor einer grausamen Scheidung zu bewahren: sie, die ihre Mägde mit dem Stab eingesetzt hatte und Stab, um diesen falschen Ehegatten und unzüchtigen Ritter bei seinem Versuch, sie zu verraten, bis zur Hälfte zu schlagen. Die Welt hatte über die Kirche gesiegt, die Mächte der Dunkelheit über die des Lichts, ein falscher und verräterischer Despot, dessen Wort selbst seine eigenen Anhänger für nichts hielten, über den standhaften, reinen und hochgesinnten Priester, der, was auch immer wir wollen Denken Sie an seine Motive – und kein Urteil über Gregory kann jemals einstimmig sein – hatte sein Leben einem hohen Ziel gewidmet und hielt durch Triumph und Demütigung unbewegt und unerschütterlich daran fest. Während er die fröhlichen Prozessionen beobachtete, war sich Gregor seiner großen Position jetzt ebenso sicher, als Stellvertreter Christi, der den Auftrag hatte, alle Ansprüche der Menschen zu binden und zu lösen, unparteiisch und gerecht über alle Ansprüche zu urteilen und das Gleichgewicht zwischen Recht und Unrecht aufrechtzuerhalten vorbeiziehen, und hörte die Herolde ihre Trompeten ertönen lassen und den Gegenpapst, das Geschöpf von Heinrichs Willen, vorbeigehen, um seinem Herrn (zum dritten Mal) die lang ersehnte Kaiserkrone zu verleihen, als ob er selbst Herr innerhalb des Reiches gewesen wäre die Zinnen von Canossa und erhob diesen flehenden König von seinen Füßen zu den Möglichkeiten eines Imperiums.

Es ist ein merkwürdiges Detail, das der Ironie, die sich mit so vielen menschlichen Triumphen und Niedergängen vermischt, einen Hauch verleiht, dass die tatsächliche Kaiserkrone zumindest einmal in Gregors

Obhut gewesen zu sein scheint. Während des gescheiterten Konzils, für das er drei Tage lang in den Lateran zurückgekehrt war, bot er an, obwohl er sich weigerte, es auf seinen Kopf zu setzen, es Heinrich in die Hände zu geben, indem er es mit einer Schnur von einem Fenster der St . Angelo. Dieses Angebot, das kaum anders als ironisch sein könnte, scheint abgelehnt worden zu sein; Es gibt jedoch keine Informationen darüber, ob Gregor es in St. Angelo behielt oder es dem zurückkehrenden König in der Schatzkammer des Lateran zurückließ. Wenn es sich um eine fiktive Krone handelte , die Heinrich vom fiktiven Papst aufgesetzt wurde, wäre die seltsame Travestie vollständig. Und die Geschichte sagt nicht einmal, warum die Zeremonie, die zuvor von denselben Händen am Ufer des Tiberufs durchgeführt wurde, als etwas Unerwartetes aus der Erinnerung verschwunden sein sollte.

Während dieser ganzen Zeit hatte man nichts von Robert Guiscard gehört, der so feierlich das Amt des Verfechters des Heiligen Stuhls und Ritters von St. Peter übernommen hatte. Er war seinen eigenen Angelegenheiten nachgegangen, hatte seine Eroberungen fortgeführt und war bestrebt, neue Königreiche für sich und seine Söhne zu errichten. Doch schließlich wurden die Appelle des Papstes zu stark, als dass er ihnen widerstehen konnte. Heinrich, dessen Armeen während des ziellosen Krieges, der das Gewissen vieler mehr oder weniger belastet haben muss, und der für die Nordländer ungesunden heißen Sommer zweifellos nicht an Stärke gewonnen hatten, wartete nicht auf die Ankunft dieses neuen und furchtbaren Feindes. Matildas Toskaner waren leichter zu besiegen als Guiscards Veteranen der nördlichen Rasse. Er rief seine Männer von all den kleinen Belagerungen herbei, die sie ermüdeten, und von der Mauer, die er die Römer mit ihren eigenen erbärmlichen Händen als Stützpunkt für Angriffe auf St. Angelo errichten ließ, und zog sich eilig zurück und verließ die Stadt verängstigte Bürger, die er für seine Partei gewonnen hatte, die ebenso wenig waffenfähig waren wie ihre Vorfahren, und die inmitten einer halb zerstörten Stadt — deren starke Stellungen noch immer die Freunde des Papstes innehatten — zu tun hatten was sie konnten, gegen die gefürchtetsten Truppen der Christenheit. Die Katastrophe war sicher, bevor sie eintrat. Der Widerstand der Römer gegen Robert Guiscard war kaum mehr als nominell, reichte aber nur aus, um die Normannen zu erzürnen und ihren bewaffneten Horden die schreckliche Freiheit der Belagerer zu verschaffen. Sie befreiten den Papst, plünderten aber die Stadt, die hilflos in ihren Ruinen zu ihren Füßen lag; Nicht einmal die Kirchen blieben verschont, noch wurde ihr Recht auf Zuflucht sechshundert Jahre vor Attila anerkannt. Und das ist alles die Schuld des Papstes, denn wer könnte sich wundern, wenn die Leidenden weinten? Er war es, der diese Wilden über sie gebracht hatte, wie er es auch war , der sie zuvor der Feindseligkeit Heinrichs ausgesetzt hatte. Kaum hatte Gregor seine Zitadelle verlassen und war in seinen Palast zurückgekehrt, als Rom voller Blut- und Gemetzelszenen war, die an die Invasionen der

Hunnen und Vandalen erinnerten. Die Flammen der brennenden Stadt erleuchteten den Himmel, als er voller Trauer herauskam, befreit von seiner Knechtschaft, aber ein trauriger und belasteter Mann. Die Chronisten erzählen uns, dass er sich Guiscard zu Füßen warf und ihn anflehte, die Stadt zu verschonen, und schrie, dass er Papst sei, um die Stadt zu erbauen und nicht, um sie zu ruinieren. Und obwohl sein Gebet bis zu einem gewissen Grad erhört wurde, besteht kaum ein Zweifel daran, dass hier am Ende das Herz Gregors und sein Mut gebrochen wurden und dass, obwohl seine Entschlossenheit nie erschüttert wurde, seine Kraft kaum mehr aushalten konnte. Dies war das größte und ungerechtfertigteste Unglück seines Lebens.

In den folgenden Tagen hielt er im verlassenen Rom einen seltsamen Rat ab, bei dem er sein Anathema gegen Heinrich, Guibert und alle Geistlichen wiederholte, die in Rebellion oder Sünde lebten. Aber es scheint, dass selbst in einem solchen Moment der Rat nicht einstimmig war und dass der Geist seiner Anhänger gebrochen und eingeschüchtert war und nur wenige ihm in der Standhaftigkeit seines eigenen unveränderlichen Geistes folgen konnten. Und als diese zitternde und unruhige Versammlung zu Ende war, die unter solch außergewöhnlichen Umständen abgehalten wurde, bildeten wilde Normannen, wilde Sarazenen die Wache des Papstes, Feuer und Zerstörung und die Schreie der Opfer, die noch immer die einst friedliche Luft störten – Gregor, im Herzen krank, kehrte der geliebten Stadt den Rücken, für die er so hart gearbeitet hatte , um sie erneut zur Herrin der Welt zu machen. Vielleicht war ihm nicht bewusst, dass er Rom für immer verließ ; Aber die Bedingungen dieser letzten Wiederherstellung hatten ihm das Herz gebrochen. Er bringt Blutvergießen und Raub! Er, der Papst war, um aufzubauen und nicht zu zerstören! Es war mehr, als der Mann ertragen konnte, der alles andere ertragen hatte. Zweifellos war es ein krönender Triumph für Guiscard, den geretteten Pontifex mit sich fortzuführen und sich vor aller Welt als Gregors Befreier darzustellen. Die Reise selbst war jedoch nicht ohne Gefahren. Die Campagna und das ganze wildere Land dahinter, rund um die Pontinischen Sümpfe, waren voll von Freibeuterbanden, Henrys Partisanen , wie sie sich selbst nannten, die den Marsch mit Guerillaangriffen belästigten. In einem solchen Flugkampf wurde ein Mönch aus Gregors eigenem Gefolge getötet, und der Papst musste wie die Bewaffneten reiten, mal bei Tagesanbruch losziehen, mal bis tief in die Nacht reisen. In Monte Cassino, in dem großen Kloster, in dem sein Freund Desiderius, der sein Nachfolger werden sollte, regierte, gab es eine willkommene Pause, und er hatte Zeit, sich unter seinen alten Freunden, den wahren Brüdern und Gefährten seiner Seele, zu erfrischen. Die Legenden der Mönche – oder war es das Mitleid der Zeitalter, die bereits zu erwachen begannen und einen großen Höhepunkt menschlicher Reue erreichten, als die frühen Historiker begannen, seine Geschichte zu schreiben? – gewähren ihm hier jenen Ausgleich der göttlichen Anerkennung

, der Das Herz erkennt als einzige Heilung für solche Wunden. Einer der Mönche von Monte Cassino sah eine Taube über seinem Kopf schweben, als er die Messe las. Möglicherweise handelte es sich lediglich um eine Verwechslung mit der Legende von Gregor dem Großen, seinem Vorgänger, dem dieses Attribut zugeschrieben wurde; vielleicht ein sanfter Bruder, dessen Herz vor Mitgefühl für den leidenden Papst schmerzte, dessen Augen und Augen glitzerten und sahen.

Gregor setzte seine Reise fort, gezogen von der Armee von Robert Guiscard wie in einem Streitwagen, der nun, als er die süditalienischen Küsten erreichte, zu einem Triumphwagen wurde. Alle Städte und Dörfer auf dem Weg kamen heraus, um den Papst zu begrüßen und um seinen Segen zu bitten. Der Bischof von Salerno und sein Klerus kamen ihm in einer feierlichen Prozession mit leuchtenden Gewändern und heiligen Standarten entgegen. Weder Papst noch Prinz hätten einen schöneren Rückzugsort vor den Nöten einer bösen Welt finden können. Die schöne kleine Stadt, halb sarazenisch, in der ganzen Pracht ihrer Kathedrale, noch neu und weiß und voller Farben wie eine Blume, lag am Rande dieser schönsten Küste, das Meer wogte wie Saphir in vielen Schaumlinien, den Wellen Sie klatschen in die Hände wie in den Psalmen, und darüber erheben sich die mit Olivenbäumen bedeckten Hügel sanft zum blauen Himmel, auf jeder Spitze ein weißes Dorf, ein kleiner Kirchturm und die Klostermauern, die in der Sonne glänzen. Es ist immer noch eine Region, die dem Paradies so nahe kommt, wie die menschliche Vorstellungskraft es nur fassen kann, schöner als jede Szene, die wir kennen. Man fragt sich, ob das Herz des Papstes noch genügend Kraft hatte, um ein wenig Freude an dieser wunderbaren Verbindung von Erde, Meer und Himmel zu empfinden. Aber an solche Freuden dachte man zu seiner Zeit nicht viel, und es ist sehr gut möglich, dass er es wie eine Sünde empfand, sein Herz solchen fleischlichen Freuden hingeben zu lassen.

Aber zumindest kam etwas von seiner alten Energie zurück, als er sich an diesem wunderbaren Ort des Exils niederließ. Er sandte seine Legaten in die Welt aus, beauftragt mit Briefen an die Gläubigen überall, um den Stand der Dinge zu erklären und wie in seinem letzten Atemzug zu behaupten, dass all diese Verschwörungen auf seinen Entschluss zurückzuführen seien, die Kirche zu reinigen hatte sich gegen ihn erhoben – was trotz aller Entwicklungen, die die Frage mit sich brachte, tatsächlich die absolute Wahrheit war. Denn es war Gregors fester und treuer Entschluss, die Kirche von der Simonie zu reinigen, ihre Geistlichen und Beamten aufgrund ihres Wertes und ihrer Tugend sowie ihrer Macht, ihre Herden zum Guten zu führen und zu beeinflussen, ausgewählt zu bekommen, und nicht, weil sie Reichtum hatten, für den sie bezahlen mussten ihre Würde und deren Wahrung, was den Beginn des Konflikts darstellte. Heinrich, der den

Gehorsam verweigerte und mit den heiligsten Ämtern Geschäfte machte, und diese degenerierten und rebellischen Priester, die sich unter Missachtung aller kirchlichen Gesetze und Strafen weiterhin in reiche Bistümer und Abteien einkauften, waren die ursprünglichen Täter, und das sollte zumindest vor der Nachwelt der Fall sein die Hauptlast tragen.

Es ist vielleicht indiskret, mit solchen Worten von einem Ereignis zu sprechen, das das moderne Leben weitgehend beeinflusst, aber es gibt eine skurrile Ähnlichkeit, die ein Lächeln zwischen der Aktion eines großen Teils der Church of Scotland vor fünfzig Jahren und dem Leben hervorrufen kann Kampf Gregors. Im ersteren Fall handelte es sich um die Ernennung von Geistlichen zu kirchlichen Pfründen durch Laienautorität, wie auch immer verschleiert durch die angebliche Zustimmung des Volkes, die als Verletzung der göttlichen Rechte der Kirche und der Oberhauptschaft Christi durch einen Ordensmann angesehen wurde Körperschaft vielleicht verächtlicher und verurteilender als irgendein anderer gegenüber allem, was mit einem Papst zu tun hat. In Schottland ging man nicht davon aus, dass die bescheidenen Kandidaten für ein armes schottisches Leben ihren Aufstieg erkauften; aber das Prinzip war dasselbe.

Im Fall Gregors waren die auf diese Weise gekauften und verkauften Positionen von sehr großer weltlicher Bedeutung und brachten viel Reichtum, Macht und äußere Bedeutung mit sich, was im anderen Fall nicht der Fall war; aber in keinem Fall wurden die Kandidaten nach kanonischen Grundsätzen oder aufgrund ihrer Eignung für die Aufgabe ausgewählt, sondern aus sachfremden Beweggründen und entgegen den Entscheidungen der Kirche. Dies sollte die Stellung des Petrus als Oberhaupt, die Autorität seines Stellvertreters und die Rechte des heiligen Bräutigams Christi zerstören. Beide Behauptungen waren vollkommen ehrlich und wahr. Aber Gregor war im Gegensatz zu einem weitaus größeren Groll, der die gesamte Christenheit erfasste, der weitaus angesehenere Beichtvater, da er der größere Märtyrer der Heiligen Sache war.

Denn dies war zweifellos die erste Ursache aller Leiden des Papstes, der Beleidigungen, mit denen er überhäuft wurde, des Unrechts, das er ertragen musste, des Exils, in dem er starb. Wir glauben, dass die Frage in jedem Land, selbst in den zutiefst christlichen Ländern, gegen ihn entschieden wurde. Schottland hat sich in der Tat dadurch durchgesetzt, dass es seinen eigenen Weg ging, aber das liegt daran, dass es keine wichtigen Pfründen hat, die weltliche Ränge und Privilegien beinhalten. In England hat sich noch nie eine Stimme zur Verteidigung der Simonie erhoben , aber der *Congé d'élire* wäre für Papst Gregor eine ebenso große Beleidigung und für Dr. Chalmers eine ebenso große Sünde gewesen wie in einem Fall der Kauf eines Erzbistums oder die Unterbringung eines unbeliebten Predigers bei einem anderen. Der Autoritätsanspruch des Papstes über Kirche und Welt, der ursprünglich und im Wesentlichen auf seinen Rechten als Nachfolger Petri beruhte, entwickelte sich daraus als Frucht aus der Blüte. Aus religiöser Sicht wäre die Position unangreifbar, wenn wir sicherstellen könnten, dass alle Päpste, Kandidaten für kirchliche Ämter und Wähler derselben weise und gute Männer wären; aber da dies nicht der Fall ist, scheint die Frage es kaum wert zu sein, dafür den Lebensunterhalt eines Menschen aufs Spiel zu setzen, geschweige denn sein Leben. Aber vielleicht hatte seither kein Mensch, wenn es nicht seine Nachfolger im Papsttum wären, so schwere Gründe, sein Leben dafür zu opfern wie Gregor, denn niemand hat jemals einen härteren Kampf gehabt.

Diese kleinere Frage, obwohl sie die grundlegende ist, wurde jedoch in dem daraus resultierenden Kampf zwischen dem Papst und dem Kaiser – den geistlichen und weltlichen Mächten – fast vergessen. Der Anspruch, nicht nur darüber zu entscheiden, wer Erzbischof, sondern auch wer König sein sollte, erlangte eine Bedeutung, die alle anderen in den Schatten stellte. Dies wurde nicht von Gregor ins Leben gerufen, aber durch ihn wurde es zur großen Frage des Zeitalters und spaltete die Welt in zwei Teile. Die beiden großen Institutionen des Papsttums und des Imperiums waren oder schienen eine ideale Methode zur Regierung der Welt zu sein, wobei die eine an der Spitze aller spirituellen Belange stand, die andere jede weltliche Macht und den gesamten Fortschritt der Christenheit befehligte. Tatsächlich hatten die Umstände und die zunehmende Unabhängigkeit und Macht in anderen Nationen die Sphäre des Imperiums eingeschränkt, während das Papsttum auf die gleiche Weise an Einfluss gewonnen hatte. Dennoch war das Reich das Oberhaupt der christlichen Völkerwelt, so wie der Papst das Oberhaupt jener geistlichen Fürstentümer war, die sich zu so großer Bedeutung entwickelt hatten. Wenn die Interessen so seltsam vermischt waren, war es sicher, dass es irgendwann zu einem Zusammenstoß kommen musste. In Zeiten, als die Macht des Imperiums zu groß für alles andere als einen vorübergehenden Widerstand seitens des Papstes war, hatte es häufig zu Einbrüchen gekommen. Aber als der entscheidende Moment kam und der Kampf unausweichlich wurde, war Gregory – ein Mann, der dieser Situation vollkommen gewachsen war – da, um sich ihm zu stellen. Sein Erfolg, so wie er war, galt späteren Generationen. Für ihn persönlich brachte es nur die Krone der Tragödie ein, ohne dass er auch nur das geringste Bewusstsein für den gewonnenen Sieg hatte.

Der Papst lebte nicht ganz ein Jahr in Salerno. Er starb in dieser Welt der Freude an der Süße des Mai, wenn an diesen blumigen Hügeln und an diesem strahlenden Ufer alles doppelt süß ist. Zu seinen letzten Worten gehörten diese: „Meine Brüder, ich mache keinen Rechenschaftsbericht über meine guten Werke. Meine einzige Zuversicht ist, dass ich immer Gerechtigkeit geliebt und Ungerechtigkeit gehasst habe – und dafür sterbe ich im Exil", fügte er vor seinem Ende hinzu . In der Stille und der zunehmenden Dunkelheit rief einer seiner Diener: „Wie kannst du im Exil sagen, mein Herr, dass du, der Stellvertreter Christi und der Apostel, alle Nationen und die Welt als dein Erbe angenommen hast?" Deine Domain?" Mit diesen Worten im Ohr reiste der Papst in das Land, das die Hoffnung jeder Seele ist, wo es keine Ungerechtigkeit gibt und Gerechtigkeit herrscht.

Er starb am 25. Mai 1085, noch nicht einmal siebzig Jahre alt. Er war erst zwölf Jahre lang Papst gewesen und hatte während dieser Zeit in ständiger Gefahr gelebt und stets für die Kirche gegen die Welt gekämpft. Als leidender und melancholischer Mann hatte sein Leben keinen der Trost, der den Allergemeinsten und Ärmsten geschenkt wird. Seine liebsten Freunde waren weit von ihm entfernt: Die Hoffnung seines Lebens war verloren; er glaubte zweifellos, dass sein Standard mit ihm fiel und dass auch die Mühen seines Lebens verloren waren und zu nichts geführt hatten. Aber dem war nicht so; Gregor VII. ist nach diesen Jahrhunderten immer noch einer der größten Päpste Roms: und obwohl die Zeit dieses große Ideal des Schiedsrichters und universellen Richters verwüstet hat, das niemals in die praktische Realität umgesetzt werden konnte, wenn die Welt und die Kirche nicht davon überzeugt gewesen wären Nachfolge der weisesten und heiligsten Männer – er sicherte dennoch eine Zeit lang so etwas wie eine gewaltige Position für eine Reihe seiner Nachfolger und schuf in der gesamten Christenheit die Meinung und das Gefühl, dass die Reformen, auf denen er bestand, umgesetzt werden sollten, was fast der Fall ist dass die Menschheit der universellen Reformation am nächsten kommen kann. Die Kirche, die er verließ, schien in hundert Teile zerbrochen zu sein, und er starb im Exil und machtlos; aber dennoch eröffnete er die größte Ära ihres Bestehens für das, was immer eine der weisesten war, und bleibt immer noch eine der stärksten Institutionen der Welt, gegen die es trotz vieler Fehler und vieler Schwierigkeiten nie in der Lage war Macht der Pforten der Hölle, sich durchzusetzen.

IN DER VILLA BORGHESE.

DER BRUNNEN DER SCHILDKRÖTE

KAPITEL IV.
UNSCHULDIG III.

hier eine Geschichte Roms oder seiner Päpste oder der turbulenten Welt des Mittelalters zu erzählen, in der ein paar Persönlichkeiten von Päpsten und Fürsten aus der stets überfüllten Welt hervorstechen . Ein sich ständig verändernder Hintergrund, der uns hilft, inmitten des wilden Durcheinanders von klirrenden Schwertern und zersplitternden Lanzen, von Kriegsschreien und Schreien der Wut und des Triumphs zu hören – und inmitten von Nebel und Rauch, Feuer und Flammen, dem Staub durchbrochener Mauern usw. zu sehen fallende Häuser. Unsere Absicht besteht lediglich darin, diejenigen unter den Oberhäuptern der Kirche hervorzuheben, die für die große Stadt von größter Bedeutung sind, die, obwohl sie sich immer gegen sie auflehnte, immer eine kaum durchbrochene Linie der Opposition und des Widerstands fortsetzte, in ihren Händen immer noch passiv war Was die Nachwelt betrifft, wurde sie ins Licht gezerrt oder in der Dunkelheit liegen gelassen, je nachdem, wie ihre Herrscher waren. Man sagt gewöhnlich, dass die große Zeit der Kirche, das Zeitalter ihres größten Aufstiegs, in der Zeit zwischen Gregor VII. und Gregor VII. lag. und Innozenz III., von denen der erste seinen Anspruch als universeller Schiedsrichter und Richter geltend machte, wie es noch nie jemand zuvor getan hatte, während der zweite diesen Anspruch in seiner bemerkenswerten Regierungszeit auf den Höhepunkt brachte – einer Herrschaft, die allumfassend, fast allmächtig war , so etwas wie eine universelle Vorherrschaft und Herrschaft über die ganze Erde, als jemals zuvor oder seitdem bekannt war. Der Leser hat gesehen, welche Auswirkungen der große Hildebrand auf seine Welt hatte: wie er arbeitete , wie er seine große Mission verkündete, mit welch überwältigendem Glauben er daran glaubte und, das muss hinzugefügt werden, mit wie wenig Erfolg ihm zugestanden wurde es auszuführen. Dieser große Papst, der als Nachfolger Petri sein Recht auf so etwas wie eine Weltherrschaft und die Macht, alle Arten von Thronen, Fürstentümern und Mächten zu errichten und zu errichten, geltend machte, lebte in einem Kampf um den Boden, auf dem er stand unaufhörlicher Kampf nicht nur mit dem Reich, sondern mit jedem ungebildeten und unedlen Kleingericht seiner Nachbarschaft , mit den Raubrittern der umliegenden Hügel, mit den Bürgern in seinen Straßen, mit den Dorfbewohnern auf seinem Land – und nachdem er mehr als gehabt hatte Nachdem sein unabhängiges Reich auf die starken Mauern von St. Angelo beschränkt war, musste er schließlich aus Sicherheitsgründen seine Stadt verlassen und im Exil, weit entfernt von dem Rom, das er liebte, sterben.

Wir müssen nun das Leben des anderen nachzeichnen, soweit es möglich ist, den Faden inmitten der gewaltigen Unruhen, katastrophalen Kriege und Wirren seiner Zeit zu verfolgen, in denen sein Name so stark vermengt ist, dass man ihn nicht unterscheiden kann Um seine Geschichte zu erzählen, muss der Student bereit sein, sich durch das zu kämpfen, was wirklich die Geschichte der Welt ist, da es kaum einen Winkel dieser Welt gibt — zumindest keinen, mit dem die Geschichte damals vertraut war –, der nicht von Innozenz durchdrungen war, obwohl wir nur an wenige denken dass sein Einfluss eine solche Macht hatte, wie allgemein angenommen wird.

Dieser Papst war nicht wie Hildebrand ein Mann des Volkes. Er hatte einen Nachnamen und bereits einen angesehenen. Lothario Conti, Sohn von Trasimondo , dem Herrn von Ferentino , aus der Familie der Herzöge von Spoleto, wurde im Jahr 1161 in der kleinen Stadt Anagni geboren , wo seine Familie residierte, ein Ort, der ihm immer am Herzen lag und dem in der In den Tagen seiner Größe liebte er es, sich zurückzuziehen, um Zuflucht vor der Sommerhitze Roms oder anderen greifbareren Gefahren zu suchen. Er war somit ein Mitglied des Adels, mit dem er später so viel Ärger hatte, der widerspenstigen Nachbarn , die jeden Weg nach Rom gefährlich machten, und die Oberhoheit des Papstes war in vielen Fällen eine bloße Fiktion. Der junge Lothario hatte drei Onkel in hohen Positionen in der Kirche, die schließlich alle Kardinäle waren, und war von Geburt an für den kirchlichen Beruf bestimmt, in dem er sich so sicher war, dass er dort aufsteigen würde; Er wurde teilweise in Rom an der Lateranschule des Heiligen Johannes erzogen, die speziell für die Ausbildung des Klerus bestimmt war, und verbrachte daher seine Kindheit im Schatten des Palastes, der in späteren Jahren sein Zuhause sein sollte. Von Rom aus ging er an die Universität von Paris, eine der größten Schulen überhaupt, und studierte Kirchenrecht, um sich auf diesem Gebiet, einem der damals spannendsten und wichtigsten Zweige der Wissenschaft, eine Autorität zu erarbeiten. Er liebte die „nützlichen Aufgaben" und vielleicht auch die Freiheit und Frische des Universitätslebens, wo die Bindungen des geistlichen Standes wahrscheinlich weniger spürbar waren als anderswo, obwohl Innozenz in dieser Hinsicht nie Nachsicht verlangt zu haben scheint. Neben seiner Lektüre des kanonischen Rechts studierte er mit großer Hingabe die Heiligen Schriften und ihre Auslegung, wobei er auf die ausgefeilte und höchst künstliche Art und Weise seiner Zeit achtete, indem er jeden Text in eine Vielzahl von Kapiteln unterteilte und die komplexesten Argumente in einem einzigen Satz zusammenfasste mit spiritueller, zeitlicher, scholastischer und imaginärer Bedeutung. Dort schloss er mehrere herzliche Freunde, unter anderem Robert Curzon, einen Engländer, der ihm später in verschiedenen hohen Ämtern diente, nicht so sehr wegen ihrer Ehre in späteren Zeiten, sondern wegen der Treue ihrer Freundschaft.

Bildungszentrum einen hervorragenden Ruf erarbeitete . Kurz gesagt, er genoss die beste Ausbildung, die seine Zeit zu bieten hatte, und kehrte in seine kirchliche Heimat Rom und unter den Schutz seiner Kardinal-Onkel zurück, ein vollkommen gut ausgebildeter und fähiger junger Mann, der in allen Gelehrsamkeiten seiner Zeit bewandert war , mehr oder weniger vertraut mit der Welt und bereit für jeden Dienst, den die Kirche, der er sich ganz ergeben hatte, von ihm verlangen könnte. Er war auf jeden Fall ein junger Mann, dem eine Beförderung sicher war. Kaum hatte er die ersten Befehle entgegengenommen, wurde er zum Kanoniker des Petersdoms ernannt, was an sich schon eine wichtige Position darstellte, und schon bald taucht sein Name auf, als er in verschiedenen Fällen tätig war, die an Rom appellierten – Ansprüche von Klöstern, Beschwerden unter anderem die Mönche von Canterbury in einer vergessenen Frage, wo er der Verfechter der Beschwerdeführer war, die ihn später in so große Schwierigkeiten bringen sollten. Diese Berufungen fanden ständig statt und nahmen einen großen Teil der Zeit und Gedanken des gelehrten und geschäftigen Gerichts von Rom, des Konsistoriums, in Anspruch, das später unter Innozenz selbst zum einzigen großen Berufungsgericht der Welt wurde.

Zwischen dem Tod des großen Papstes Gregor, des Mönchs Hildebrand, und dem Eintritt von Lothario Conti in das öffentliche Leben waren etwa hundert Jahre vergangen; aber wenn der Leser den Zustand dieses wogenden Meeres der Gesellschaft überblickt – der überfüllten, kämpfenden, kämpfenden, unruhigen Welt, dann erweckt das den Eindruck, dass es überfüllter, voller wildem Leben und wilder Gewalt, mit ständiger Bewegung und Aufruhr ist als in unserer Ruhigere Tage, obwohl die Fakten zweifellos genau das Gegenteil sind – er wird kaum eine Veränderung in der gewaltigen Szene feststellen. So wie Gregor die Nationen in endlosen Kriegen und Kämpfen zurückließ, so fand sein großer Nachfolger sie vor – König kämpfte gegen König, Prinz gegen Prinz, Graf gegen Graf, Stadt gegen Stadt, ja, Dorf gegen Dorf, mit einem breiten Spielraum für persönliche Kämpfe um ihn herum. und ein allgemeiner Krieg mit der Kirche, der von allen geführt wird. Ein Panorama der Königreiche der Welt und ihrer Herrlichkeit, hätte man es jedem Betrachter bieten können, hätte seine kleinsten Trennlinien durch die Beleuchtung verheerender Feuer und Flammen, durch den Lärm zusammenstoßender Armeen und durch wilde Freibeuter gezeigt in umherziehenden Banden und kleinen Feudalkriegen in jedem Bezirk: Jeder Mann auf der Suche nach etwas, das seinem Nachbarn gehörte, vielleicht nur seinem Leben, einer kleinen Angelegenheit – vielleicht seiner Frau, vielleicht seinem Land, möglicherweise der bloßen Befriedigung einer Fehde, die es immer gab zur Hand, um die Lücken wichtigerer Kämpfe zu füllen.

Mit immer verzweifelterer Feindseligkeit stellen sich die Städte paarweise gegeneinander, alle blühende, geschäftige Orte, voller Industrie, voller

Erfindungsreichtum, aber noch voller Wut gegen den Bruder in der Nähe, der gleichen Sprache und Rasse, Mailand gegen Parma , Pisa gegen Genua, Florenz gegen alle Konkurrenten. Größere Kriege verwüsteten andere Regionen, insbesondere Deutschland mit all seinen vielen Unterteilungen, wo es unmöglich zu glauben scheint, dass es jemals einen Laib Brot oder eine Tasse Wein heimischer Herkunft geben könnte, so dass jedes Herzogtum unaufhörlich verwüstet und jedes Fürstentum in den Ruin getrieben wurde . Zwei Kaiser, die die Treue zu diesem riesigen, unmöglichen heiligen Reich beanspruchten, das sich vom nördlichen Meer bis zu den sanften Küsten Siziliens erstreckte, und zwei Päpste, die sich selbst als Oberhäupter der Kirche bezeichneten, waren alltägliche Angelegenheiten. Die Kaiser hatten im Allgemeinen jeder einen Anschein von Recht; aber die Gegenpäpste waren, obwohl sie jeweils eine Partei hatten, insgesamt falsche Funktionäre ohne jeglichen Rechtsanspruch zu ihren Gunsten , im Allgemeinen bloße Geschöpfe des Reiches, wenn auch oft für einen Moment siegreich. Zu Gregors Zeiten Heinrich IV. und Rudolf waren die konkurrierenden Kaiser. In denen von Innozenz waren es Philip und Otho. Es waren zweifellos unterschiedliche Prinzipien im Spiel, aber die Wirkung war die gleiche; In beiden Fällen waren die Päpste zutiefst besorgt und machten jeweils ein Vorrecht geltend, das Recht, zwischen den konkurrierenden Kandidaten zu wählen und den Streit zu beenden. Dieses Vorrecht war von Gregory mutig beansprucht und geltend gemacht worden; im darauffolgenden Jahrhundert hatte jeder Papst es erneut bekräftigt und mit aller Kraft versucht, es durchzusetzen; Aber obwohl Innozenz allgemein als der Größte und Mächtigste von allen gilt, die dies getan haben, und als Mitverantwortlicher für fast alles Böse, das daraus resultierte, sehe ich selbst nicht, dass sein Eingreifen viel größeres Potenzial hatte als das von Gregory worüber ebenfalls so viel gesagt wird, dem aber zu seiner Zeit so ständig widersprochen, vereitelt und widersprochen wurde. Soweit es das Reich betraf, verfügten die Päpste sicherlich über ein Recht und Privileg, das ihrem Anspruch eine gewisse Stütze verlieh, denn bis zur Krönung durch den regierenden Pontifex hatte kein Kaiser den vollen Besitz seiner Krone; dies hatte jedoch keine Auswirkungen auf die anderen christlichen Königreiche was Innocent beanspruchte und versuchte, das gleiche Vorrecht auszuüben. Der Zustand der Dinge ist für den Betrachter jedoch in dem einen Jahrhundert sehr ähnlich wie im anderen. Das Zeitalter des Sturms und Drangs für die Welt der Christenheit erstreckte sich von einem zum anderen; Zweifellos wurden Fortschritte gemacht, Grundlagen gelegt und Möglichkeiten langsam in die Tat umgesetzt, deren Anfänge selbst bei all dem Lärm und Staub der Kriege erkennbar sind; aber äußerlich war der Zustand Europas unter Innozenz im Großen und Ganzen derselbe wie unter Gregor: Sie hatten die gleichen Schwierigkeiten zu bewältigen und die gleichen Prüfungen zu ertragen.

Mehrere kurzlebige Päpste folgten einander auf dem päpstlichen Thron, nachdem Innozenz begann, die Stufen der kirchlichen Würde zu erklimmen, die dem Neffen von drei Kardinälen so leicht fielen. Mit kaum mehr als einundzwanzig Jahren wurde er Kanoniker von St. Peter. Papst Lucius III. Papst Gregor VIII. beschäftigte ihn an seinem Hof. machte ihn zum Subdiakon von Rom. Papst Clemens III. war sein Onkel Octavian, und machte ihn zum Kardinal von „St. Sergius und St. Bacchus", eine merkwürdige Kombination, die besser zu einem fröhlicheren Priester hätte werden können. Dann herrschte eine leichte, vorübergehende Kälte über den Aussichten des aufstrebendsten und wohlhabendsten jungen Geistlichen Roms. Sein Onkel wurde auf den päpstlichen Stuhl von einem gewissen Kardinal abgelöst, einem alten und frommen, aber in der Geschichte wenig bekannten Kardinal, einem Mitglied der Familie Orsini und feindlich gegenüber den Conti, so dass unser junger Kardinal ein wenig in den kalten Schatten zurückfiel. In dieser Zeit soll es gewesen sein, dass er seine Gedanken der Literatur zuwandte und sein erstes Buch schrieb, ein einzigartiges für sein Alter und seine Position – und doch vielleicht nicht so unähnlich wie die Äußerungen einer triumphalen Jugend unter ihrem ersten Test, wie man annehmen könnte – *De contemptu mundi, sive de miseriis humanæ „conditionis"* ist der Titel. Es war in der Tat die Weltanschauung, die zu seiner Zeit jeder überlegene Geist einnehmen sollte, da sie bei uns wieder zur letzten Jugendmode geworden ist; Aber der junge Kardinal Conti hatte eine größere Berechtigung als unsere jungen Propheten des Bösen. Sein Werk ist, wie es in seinen reifen Jahren stets der Fall ist, voll von künstlichen Konstruktionen, die Paris und Bologna lehrten und die das Zeitalter der Gelehrten charakterisieren : und es ist nicht anzunehmen, dass er viel Neues hatte Sagen wir von diesem immerwährenden Thema, das im zwölften Jahrhundert ebenso abgedroschen war wie im neunzehnten. Nachdem er erklärt hat, dass „jedes männliche Kind bei seiner Geburt A und jedes weibliche E schreit; und wenn man A mit E sagt, ergibt das Eva, und was ist Eva, wenn nicht heu ! ha! – leider!" – fügt er eine Beschreibung von hinzu die Nöte des Lebens, die nicht ganz so fantasievoll sind.

„Wir betreten das Leben inmitten von Schmerzen und Schreien, ohne einen angenehmen Aspekt zu bieten, sogar schlechter als Pflanzen und Gemüse, die zumindest einen angenehmen Geruch verströmen . Die Lebensdauer wird von Tag zu Tag kürzer; nur wenige Männer erreichen ihr vierzigstes Lebensjahr, eine sehr kleine Zahl. " Erreiche den Sechzigsten ... Und wie schmerzlich ist das Leben! Der Tod bedroht uns ständig, Träume machen uns Angst , Erscheinungen beunruhigen uns, wir zittern um unsere Freunde, um unsere Verwandten; bevor wir darauf vorbereitet sind, ist das Unglück gekommen: Krankheit überrascht uns, Der Tod durchschneidet den Faden unseres Lebens. Alle Jahrhunderte haben nicht einmal die Wissenschaft der Medizin über die verschiedenen Arten von Leiden aufgeklärt, denen die

Zerbrechlichkeit des Menschen ihn aussetzt. Die menschliche Natur wird von Tag zu Tag korrupter; die Welt und unser Körper alt werden. Oft werden die Schuldigen freigesprochen und die Unschuldigen bestraft ... Jeder Gedanke, jede Handlung, alle Künste und Mittel werden zu keinem anderen Zweck eingesetzt, als den Ruhm und die Gunst der Menschen zu sichern. Um Ehre zu erlangen, bedient er sich der Schmeichelei , er betet, er verspricht, er versucht jeden Untergrundweg, wenn er nicht durch direkte Maßnahmen erreichen kann, was er will; oder er nimmt es mit Gewalt, wenn er sich auf die Unterstützung von Freunden oder Verwandten verlassen kann. Und was für eine Last sind diese hohen Würden! Wenn der ehrgeizige Mann den Höhepunkt seiner Wünsche erreicht hat, kennt sein Stolz keine Grenzen, seine Arroganz ist zügellos; er hält sich für einen umso besseren Mann, je höher seine Position ist; Er verachtet seine Freunde, erkennt niemanden an, verachtet seine ältesten Verbindungen, geht stolz mit erhobenem Haupt, unverschämt in seinen Worten, der Feind seiner Vorgesetzten und der Tyrann seiner Angehörigen.

Der junge Kardinal scheut in seinen Kritiken keine Klasse, aber die Reichen werden eher als Warnungen dargestellt als die Armen, und die Eitelkeit der elenden Söhne Adams ist es, die ihn am meisten abstößt. Hier ist eine Passage, die uns in das Innenleben dieses stark zerstörten, oft zerstörten Roms entführt, das dennoch in seinen unruhigsten Momenten nie ganz der Pracht und dem Luxus entbehrte, die es liebte.

„Hat der Prophet nicht seinen Bann gegen Luxus in der Kleidung ausgesprochen? Und doch ist das Gesicht mit künstlichen Farben gefärbt , als ob die Kunst des Menschen das Werk Gottes verbessern könnte. Was kann vergeblicher sein , als die Haare zu locken, die Wangen zu bemalen, um die Person zu parfümieren? Und wozu bedarf es eines Tisches, der mit einer reichen Decke geschmückt ist und mit Messern aus Elfenbein und Vasen aus Gold und Silber gedeckt ist? Was wäre vergeblicher, als die Räume zu streichen und die Türen mit feinem Gold zu bedecken ? Schnitzereien zu machen, Teppiche in den Vorzimmern auszulegen, sich auf einem Bett aus Daunen auszuruhen, das mit seidenen Stoffen bedeckt und mit Vorhängen umgeben ist?“

Einige historische Kommentatoren halten dieses Bild für erfunden und für die damalige Zeit zu luxuriös; Aber schließlich muss ein Mann dieser Zeit besser gekannt haben als selbst Muratori, unseren unschätzbaren Führer: Und wir finden in den Beschreibungen der Beute in den Kriegen immer wieder Berichte über die Einrichtung der Zelte der Eroberten, Silber- und Goldvasen und kostbare Tischdekorationen, die, wenn sie herumgetragen würden, um das Wandern und das kurze Leben eines Feldzugs zu verschönern, sicherlich noch wahrscheinlicher unter den Reichtümern eines besiedelten Wohnortes auftauchen würden. Kardinal Lothario beschränkte sich jedoch nicht gänzlich auf Dinge, von denen er genaue Kenntnis hatte, denn eine seiner Illustrationen ist die einer unzufriedenen Frau, eine Figur, von der er keine persönliche Erfahrung haben konnte: Das Bild stimmt auf skurrile Weise mit konventionellen Präzedenzfällen überein; Es ist das etablierte Stück, mit dem wir zu allen Zeiten so gut vertraut sind.

diese nicht bekommt, beklagt sie sich, sie weint, sie murrt und murrt die ganze Nacht. Dann sagt sie: „So und so." ist viel teurer als ich, und alle respektieren sie; während ich, weil ich arm bin, mich über die Schulter hinweg verächtlich ansehen.' Niemand außer sich selbst darf gelobt oder geliebt werden; wenn jemand anderer geliebt wird, glaubt sie, gehasst zu werden; wenn jemand gelobt wird , glaubt sie, verletzt zu sein. Sie besteht darauf, dass jeder lieben sollte, was er liebt, und hassen sollte, was er hasst; sie wird sich nichts unterwerfen sondern beherrscht alles; ihr sollte alles erlaubt und nichts verboten sein. Und schließlich (fügt der zukünftige Papst hinzu) muss sie, was auch immer sie sein mag, hässlich, krank, verrückt, herrisch, schlecht gelaunt, was auch immer ihre Fehler sein mögen gehalten werden, wenn sie nicht unkeusch ist; und selbst dann , wenn der Mann sich von ihr trennen mag, darf er keine andere annehmen."

Das hört sich an, als wäre der junge Kardinal in der Scheidungsfrage weniger streng gewesen als seine geistlichen Nachfolger. Das Buch ist jedoch recht konventionell und gibt uns wenig Einblick in die Art und Weise, wie er ein Mensch war. Dennoch gibt es einige tatsächliche Gedanken in der immerwährenden und oft wiederholten Auseinandersetzung, etwa wenn er die düstere Lehre von der ewigen Strafe mit den Worten aufrechterhält : „Erlösung wird in der Hölle nicht möglich sein, denn die Sünde bleibt eine Neigung, auch wenn sie nicht getragen werden kann." aus." In der Stille dieser frühen Tage schrieb er auch ein Buch über die Messe; Er war fleißig bei der Erfüllung seiner Pflichten und besuchte die Armen, denen er stets große Nächstenliebe entgegenbrachte.

Als der alte Papst starb, schien es jedoch keinen Moment Zweifel darüber gegeben zu haben, wer seine Nachfolge antreten sollte. Der Kardinal Lothario war erst siebenunddreißig Jahre alt, seine Fähigkeiten und seine Gelehrsamkeit waren zwar bekannt, hatten aber noch keine großen Ergebnisse gebracht: Seine Familie war vornehm, aber nicht stark genug, um das Konklave zu beeindrucken, und nichts als der Eindruck, den sie auf die Gemüter hinterließ Seine Zeitgenossen konnten anhand seines Charakters und seiner Fähigkeiten seinen frühen Aufstieg erklären. Papst Celestine hatte im Sterben mit großer Beharrlichkeit den Kardinal John Colonna als seinen Nachfolger empfohlen; aber dies scheint von den Kurfürsten kaum berücksichtigt worden zu sein, die nun, gemäß Hildebrands Institution, die durch die nachfolgenden Päpste etwas modifiziert wurde, ihr Amt ohne den Anspruch ausübten, Priester oder Volk zu konsultieren, und noch weniger mit Bezug auf den Kaiser . Die Wahl fand nicht am üblichen Ort statt, sondern in einer heute nicht mehr auffindbaren Kirche, „Ad Septa Solis", irgendwo in der Nähe des Kolosseums. Das Ziel der Wahl der Kardinäle dort war die Sicherheit, da die deutschen Truppen des Kaisers zu dieser Zeit das gesamte umliegende Land bis zu den Toren Roms im Besitz hatten und durchaus in der Lage waren, einen Überfall auf den Lateran zu unternehmen Stoppen Sie alle Verfahren, die für ihren Herrn unangenehm sein könnten. denn die kaiserlichen Behörden ihrerseits hatten nie aufgehört, ihr Recht geltend zu machen, bei der Wahl eines Papstes konsultiert zu werden. Lothario leistete den orthodoxen Widerstand, ohne den vielleicht kein früher Papst jemals den päpstlichen Thron bestiegen hatte, indem er seine eigene Unfähigkeit für ein so großes Amt beteuerte; Aber die Kardinäle bestanden darauf und gewährten ihm nicht einmal einen Tag Zeit, darüber nachzudenken. Der erste der Kardinaldiakone, Gratiano, ein alter Mann, schenkte ihm das Pluvial und begrüßte ihn als Unschuldigen, wobei er ihm offenbar keine Wahl ließ, nicht einmal hinsichtlich seines Namens. So bestieg der ernste junge Mann, so gelehrt und so streng, in der Fülle seiner Männlichkeit den Stuhl des Heiligen Petrus. Man muss nicht annehmen, dass in seinem momentanen Widerstand Heuchelei steckte; Die päpstliche Krone war alles andere als eine Rosenkrone, und ein junger Mann, selbst wenn er sich auf diese Position gefreut hatte und wusste, dass er dafür qualifiziert war, könnte durchaus einen Moment zögern, als sie ihm auf den Kopf gesetzt werden sollte.

DAS CAPITOL.

Als der Menge draußen die Wahl angekündigt wurde, wurde sie mit Freudenschreien aufgenommen: und die gesamte Menge – zweifellos zu einem großen Teil aus dem Klerus bestehend, vermischt mit den immer reichlich vorhandenen Massen des einfachen Volkes – begleitete die Kardinäle und den gewählten Papst zum Lateran, obwohl diese Kirche, wie man annehmen könnte, immer noch vom alten Papst auf seiner Bahre bewohnt und mit den Symbolen der Trauer geschmückt gewesen sein muss: denn es war genau am Tag von Celestine Tod, dass die Wahl stattgefunden hat. Muratori vermutet einen Datenfehler. „Entweder muss Papst Coelestin einen Tag früher gestorben sein, oder Innozenz wurde einen Tag später gewählt", sagt er. Nachdem der Bericht über die Zeremonien der Wahl, der prächtige Umzug und die jubelnde Menge ausführlicher als gewöhnlich erzählt wurde, verstummt die Stille, und sechs Wochen lang hört man nichts mehr von ihnen. Während dieser Zeit wartete Lothario auf die Rogation Tage, die richtige Zeit für Ordinationen; denn obwohl er in der Kirche bereits so hoch aufgestiegen war, war er noch kein Priester, sondern nur im Auftrag eines Diakons, was in so vielen Fällen der Fall gewesen zu sein scheint. Die beiden Ordinationen fanden an zwei aufeinanderfolgenden Tagen statt, am 22. und 23. Februar 1198.

Als er die endgültige Weihe erhalten und mit allen Symbolen seines hohen Amtes ausgestattet worden war – dem höchsten der Welt für sein eigenes tiefes Bewusstsein und für den Glauben aller, die ihn umgaben –, rief Papst Innozenz III. Er erhob sich von dem päpstlichen Stuhl, den er gerade in Besitz genommen hatte, und sprach vor der riesigen Versammlung. Ob dies zur Sitte geworden war, wissen wir nicht. Innocent war, soweit aus seinen Schriften hervorgeht, kein im Himmel geborener Prediger, dennoch scheint er sehr bereit gewesen zu sein, seine Gabe, so wie sie war, auszuüben; Es scheint seine Gewohnheit gewesen zu sein, sich in allen wichtigen Phasen seines Lebens zu erklären, und es könnte keinen größeren Anlass als diesen geben. Er stand auf den Stufen seines Throns in der ganzen Pracht seiner leuchtenden Gewänder, über der dunklen und eifrigen Menge, und hielt dort eine Ansprache an sie, in der die höchsten Ansprüche und doch der demütigste Glaube miteinander verbunden sind und die sich sehr deutlich zeigt deutlich, mit welchen Absichten und Ideen er die Verantwortung für die Christenheit und die höchste Autorität nicht nur in der Kirche, sondern in der Welt auf sich nahm. Er war während der Weihezeremonien zutiefst erregt gewesen und hatte viele Tränen vergossen; aber jetzt hatte er seine Fassung und Ruhe wiedergefunden.

Unter seinen Werken gibt es vier Predigten, die den Titel *In tragen consecratione Romani Pontificis* . Ob sie alle für diesen Anlass geschrieben wurden, in wiederholten Aufsätzen, bevor er sich mit dem, was er zu sagen hatte, zufrieden gab, ist unbekannt. Möglicherweise wurden einige von ihnen anlässlich der Weihe anderer großer Würdenträger der Kirche verwendet; aber das ist nur eine Vermutung. Wir haben auf jeden Fall aus eigener Hand die Gedanken, die einem solchen Mann im Augenblick einer solchen Erhebung in den Sinn kamen: die Vorstellung von seiner neuen und großen Würde, die er sich mit dem Glauben absoluter Überzeugung gebildet und gehalten hatte: und die Ziele, mit denen er seine Arbeit begann. Sein Text, wenn Text für eine so persönliche Rede notwendig war, waren die Worte unseres Herrn: „Wer ist denn dieser treue und weise Verwalter, den sein Herr zum Herrscher über sein Haus machen wird, um ihnen zu gegebener Zeit ihren Anteil an Fleisch zu geben?" " Wir zitieren natürlich aus unserer eigenen autorisierten Version: Die von Innozenz verwendeten Worte der Vulgata stellen diesen Satz nicht in die Form einer Frage. Seine Untersuchung der Bedeutung des Wortes „Haus" ist der erste Teil der Argumentation.

„Er hat in der Fülle seiner Macht die Vormachtstellung des Heiligen Stuhls geschaffen, damit niemand so mutig sein kann, sich der Ordnung zu widersetzen, die Er errichtet hat, wie Er selbst gesagt hat: ‚Du bist Petrus und auf diesem Stein . ‘ Ich werde meine Kirche bauen; und die Pforten der Hölle werden sie nicht überwältigen.‘ Denn da Er es ist, der den Grundstein der Kirche gelegt hat und selbst dieser Grundstein ist, konnten die Pforten der Hölle sie durch nichts überwältigen. Und dieser Grundstein ist unbeweglich: Wie der Apostel sagt, kann kein Mensch einen anderen Grundstein legen als diesen das gelegt ist, das ist Jesus Christus ... Dies ist das Gebäude, das auf einem Felsen steht, von dem die ewige Wahrheit gesagt hat: „Der Regen fiel und der Wind wehte und schlug gegen dieses Haus; aber es stand fest, denn es wurde gebaut." auf einem Felsen", das heißt auf dem Felsen, von dem der Apostel sagte: „Und dieser Felsen war Christus." Es ist offensichtlich, dass der Heilige Stuhl durch Widrigkeiten keineswegs geschwächt wird, sondern durch die göttliche Verheißung gestärkt wird, die mit dem Propheten sagt: „Du hast mich auf dem Weg der Trübsal geführt." Sie stürzt sich voller Zuversicht auf die Verheißung, die der Herr den Aposteln gegeben hat: „Siehe, ich bin bei euch allezeit, bis ans Ende der Welt." Ja, Gott ist mit uns, wer kann dann gegen uns sein? Denn dieses Haus ist nicht von Menschen, sondern von Gott, und noch mehr von Gott, der Mensch geworden ist: Der Ketzer und der Dissident, der böse Wolf versucht vergeblich, das Haus zu verwüsten Weinberg, um das Gewand zu zerreißen, um die Lampe zu ersticken, um das Licht auszulöschen. Aber wie Gamaliel sagte: „Wenn das Werk von Menschen ist, wird es umsonst sein; wenn es von Gott ist, könnt ihr es nicht umstürzen; damit ihr nicht glücklich seid." sollte feststellen, dass du gegen Gott kämpfst.‘ Der Herr ist mein Vertrauen. Ich fürchte nichts, was die Menschen mir antun können. Ich bin der Diener, den Gott über sein Haus gestellt hat; möge ich klug und treu sein, um das Fleisch zur rechten Zeit zu geben!"

Anschließend beschreibt er die Stellung des treuen Verwalters.

„Ich stehe über diesem Haus. Gott gebe, dass ich durch meine Verdienste ebenso herausragend war wie durch meine Position. Aber es ist umso mehr eine Ehre für den mächtigen Herrn, wenn Er seinen Willen durch einen schwachen Diener erfüllt; denn dann ist alles so." zu seiner Ehre, nicht durch menschliche Kraft, sondern durch göttliche Kraft. Wer bin ich und was ist das Haus meines Vaters, dass ich über Könige gesetzt werden sollte, dass ich den Ehrensitz einnehmen sollte? Denn von mir hat der Prophet sagte: „Ich habe dich über Menschen und Königreiche gesetzt, um sie zu zerreißen und zu zerstören, um aufzubauen und zu pflanzen." Von mir hat der Apostel gesagt: „Ich habe dir die Schlüssel des Himmelreichs gegeben; alles, was du auf Erden bindest , ist im Himmel gebunden." Und wieder gilt es für mich (obwohl es vom Herrn allen Aposteln gemeinsam gesagt wird): „Die Sünden, die ihr auf Erden verlasst, sollen vergeben werden; und diejenigen, die ihr behältt, sollen behalten werden." Aber als er allein zu Petrus sprach, sagte er: „Was du auf Erden bindest , soll im Himmel gebunden sein." Petrus mag andere binden, aber er selbst kann nicht gebunden werden.

„Sie sehen nun, wer der Diener ist, der über dem Haus steht; es ist kein anderer als der Stellvertreter Jesu Christi, der Nachfolger Petri. Er ist der Mittler zwischen Gott und den Menschen, unter Gott und doch über den Menschen, viel niedriger als Gott mehr als die Menschen; er richtet alle, wird aber von niemandem beurteilt, wie der Apostel sagt: „Gott ist mein Richter." Aber wer zum höchsten Grad an Wertschätzung erhoben wird, wird durch die Funktionen eines Dieners wieder herabgestuft, damit die Demütigen erhoben und die Größe gedemütigt werden kann – denn Gott widersteht den Stolzen, schenkt aber den Demütigen Gnade. O Größter der Weisen Ratschläge – je größer du bist, desto tiefer musst du dich vor ihnen allen demütigen! Du bist da wie ein Licht auf einem Leuchter, das alle im Haus sehen können; wenn dieses Licht dunkel wird, wie dick ist dann die Dunkelheit? Du bist der Salz der Erde: Wenn dieses Salz geschmacklos wird , womit wirst du gewürzt? Es nützt nichts anderes, als hinausgeworfen und mit Füßen getreten zu werden. Aus diesem Grund wird viel von dem verlangt, dem viel gegeben wird. "

So begann Innocent seine Karriere, im feierlichen Bewusstsein der Größe seiner Position. Aber der Leser wird erkennen, dass nichts evangelischer sein könnte als seine Lehre. So sehr er auch die hohen Ansprüche des Petrus verherrlicht, begeht er nie den Fehler, ihn für den Fels zu halten, auf dem die Fundamente der Kirche gelegt sind. Andererseits ist seine Vorstellung, dass der Papst unter Gott, aber über den Menschen steht, niedriger als Gott, aber größer als die Menschen, verblüffend. Der Engel, der den heiligen Johannes in seinem Gottesdienst daran hinderte, sich selbst zu einem der Brüder der Apostel, den Propheten, zu erklären, erhob keinen solchen Anspruch. Aber Innozenz war sich stark darüber im Klaren, dass er selbst, der Schiedsrichter auf Erden über alle Belohnungen und Strafen, sowohl der Richter der Engel als auch der Menschen war und eine höhere Position in der Hierarchie des Himmels innehatte als jeder andere von ihnen.

Der erste Akt von Innozenz' Papsttum war der durchaus legitime Versuch, seine eigene Autorität und Unabhängigkeit im eigenen Land zu etablieren. Das lange Bestehen der Vorstellung, dass nur ein Papst-König mit genügend sicherer weltlicher Macht, um ihn zumindest vor dem Einfluss anderer Herrscher zu schützen, bei der Ausübung seiner geistlichen Funktionen sicher sein könnte, ist merkwürdig, wenn wir an die Ewigkeit denken zweifelhafte Stellung der Päpste, die bis zu diesem Zeitpunkt und sogar noch lange danach in ihrer eigenen Metropole, der Stadt, die ihre ganze Bedeutung von ihnen verdankte, den unsichersten Stand hatten. Es dauerte viele Jahrhunderte, bis die römischen Bürger lernten – falls ihnen das je beigebracht wurde –, dass der Sitz einer großen Institution wie der Kirche, der Hof eines Monarchen, der in allen Teilen der Welt Autorität beanspruchte, eine viel wichtigere Sache war als nur eine bloße Sache Italienische Stadt, jedoch geprägt von Erinnerungen und Relikten der Vergangenheit. Wir bezweifeln stark, ob der große Innozenz, der mächtigste der Päpste, zu Beginn seiner Karriere eine größere Kontrolle über die Heimat und das Zentrum seiner angeblichen Herrschaftsgebiete hatte als Papst Leo XIII., enteignet und selbst inhaftiert, jetzt, oder hätte es vielleicht getan, wenn er wollte. Niemand kann daran zweifeln, dass Innocent sich dafür entschieden hat – und das mit der ganzen Kraft und Willenskraft eines ungewöhnlich mächtigen Charakters –, Herr in seinem eigenen Haus zu sein: und es gelang ihm mehrmals; aber wie andere Päpste war er zu keinem Zeitpunkt mehr als vorübergehend erfolgreich. Zweimal oder öfter wurde er durch die Notwendigkeit der Umstände, wenn nicht sogar durch tatsächliche Gewalt, aus der Stadt vertrieben, und obwohl er nie ganz die Kontrolle über die Stadt verlor, wie es mehrere seiner Vorgänger getan hatten, war dies mit großen Schwierigkeiten verbunden und Anstrengung und mit der Spitze des Schwertes, dass er seinen Platz in Rom behielt.

Allerdings war er im ersten Anflug seiner Macht fast triumphierend. Es gelang ihm, die schwankende Verfassung des römischen Gemeinwesens zu ändern, das bisher von einem Präfekten geleitet worden war , der dem Kaiser verantwortlich und an dessen Dienste gebunden war, zusammen mit einer vagen Gruppe von Senatoren, die mal größer, mal kleiner an der Zahl waren und Einfluss hatten durch jede Volksdemonstration oder jeden Aufstand – die bestmögliche Maschinerie für die Reihe kleiner Revolutionen und Politikänderungen, an denen Rom erfreut war. Es war in jeder Hinsicht das Beste für die Interessen der Stadt, dass sie gelernt hatte, die Auszeichnung als Sitz der Kirche zu akzeptieren, nachdem alle anderen untergegangen waren. Denn Rom war zu dieser Zeit, wie man sagen könnte, der allgemeine Berufungsgerichtshof für Europa; Vor dem Konsistorium oder seinen Delegierten wurde jede Art von Sache noch einmal verhandelt; und eine Schar von Berufungsklägern, Personen aller Klassen und Länder, hielt sich immer in Rom auf, viele von ihnen waren vor Ort völlig unbekannt und nur auf die Hilfe und Führung angewiesen, die Geld beschaffen konnte, Geld, das schon immer das große Ziel war Wunsch ist für die meisten Gemeinschaften das Mittel zu Größe und Erhabenheit, wenn auch zu großer Erniedrigung. Es darf jedoch nicht angenommen werden, dass der Papst ein solch niederträchtiges Motiv ausnutzte, um die Stadt an sich zu binden. Er schützte sich tatsächlich vor den Gefahren einer solchen Situation, indem er sich energisch bemühte , seinen Hof, seinen Palast, seine Umgebung von allem zu befreien, was an Luxus überflüssig war, von allem, was in Bezug auf Diener und Dienstleistungen nur protzig war, und so weiter das war Söldnertum unter den Beamten. Als es ihm gelang, die Loyalität des Präfekten vom Kaiser auf sich selbst zu übertragen, erließ er gleichzeitig die strengsten Gesetze gegen die Annahme von Geschenken oder Honoraren durch diesen Präfekten und seine untergeordneten Beamten und sicherte sich so, soweit möglich , die Integrität der Stadt und ihrer Herrscher sowie deren Gehorsam. Und sei es in der Überraschung der Gemeinde, mit der so summarisch umgegangen wurde, oder in ihrer Zufriedenheit mit der Menge an Geschenken, die Innozenz, wie alle anderen Päpste, der Stadt bei seiner Weihe schenkte, es gelang ihm, diese Veränderungen durchzuführen ohne Widerstand und sicherte sich so, bevor er weiterging, einen gewissen Schutz und Sicherheit innerhalb der Mauern Roms.

Dann richtete er seinen Blick auf den Kirchenstand, das berühmte Erbe des heiligen Petrus, das der heilige Petrus in dieser Zeit der Geschichte noch lange nicht besaß. Bestimmte deutsche Abenteurer, denen der Kaiser die Lehen gewährt hatte, die Innozenz als Eigentum des Heiligen Stuhls bezeichnete, wurden zunächst aufgefordert, dem Papst als ihrem Lehnsherrn zu huldigen, dann mit der Exkommunikation bedroht, dann mit dem Bann belegt: und schließlich – Markwald und Der Rest blieb unüberzeugt und nicht unterworfen und wurde mit Waffengewalt aus seinem unrechtmäßig erworbenen Land vertrieben, was sich als der wirksamste Weg erwies. Die Existenz dieser deutschen Herren war das stärkste Argument für die päpstliche Herrschaft und war überall wirksam. Die kleinen und großen Städte, die über die Mark Ancona, das Herzogtum Spoleto und den wohlhabenden Bezirk Umbrien verstreut waren, empfingen den Papst und seine Gesandten als ihre Befreier. Die Tedeschi waren im Italien des 12. Jahrhunderts genauso verhasst wie in jüngster Zeit; Und das aus noch größerem Grund, denn ihre Grausamkeit und ihre Forderungen waren unbeschreiblich. Und der bürgerliche Geist, der in Ermangelung eines größeren Patriotismus die italienische Rasse am energischen Leben hielt und in jedem kleinen Zentrum der Existenz eine Sehnsucht nach zumindest kommunaler Freiheit und Unabhängigkeit hervorrief, begrüßte mit Jubelrufen die Ankunft des Oberhaupts der Kirche, ein Lehnsherr, der zumindest ehrenhafter und prächtiger war als die unhöflichen germanischen Adligen, die die Rasse, über die sie herrschten, verachteten.

Dieser Geist war in den wichtigeren Städten Norditaliens bereits sehr stark ausgeprägt. Der lombardische Bund bestand bereits seit einigen Jahren, und ein ähnlicher Bund wurde nun von den toskanischen Städten gebildet, die auch Innozenz beanspruchte, im Recht auf das Erbe, das die große Gräfin

Mathilde der Kirche mehr als hundert Jahre zuvor hinterlassen hatte , dem Freund Hildebrands, der jedoch noch nie dem Heiligen Stuhl zugesichert worden war. Die Toskaner waren Matilda selbst zu ihrer Zeit keine sehr gehorsamen Vasallen gewesen; und sie hätten den Päpsten wahrscheinlich nicht viel Unterstützung zukommen lassen, wenn die Kirche jemals in den vollen Genuss von Matildas großartigem Erbe gekommen wäre. Aber im gemeinsamen Geist des Hasses gegen die Tedeschi, die grausamen und wilden deutschen Häuptlinge, denen der Kaiser frei über die großen Ländereien, Burgen und reichen Städte dieses wundervollen Landes verfügt hatte, wurde die Vorherrschaft der Kirche vorerst freudig angenommen. und alle möglichen Eide und Versprechen der Treue und Unterstützung gegenüber dem neuen Papst. Als Innozenz erschien, wie im Herzogtum Spoleto, in Perugia und anderen großen Städten, wurde er mit Freude empfangen Retter des Volkes. Uns wird nicht gesagt, ob er Assisi besuchte, wo Franziskus zu dieser Zeit Scharen von Anhängern auf seine Seite zog und die Idee eines großen Klosterordens aus der kleinen Kirche, der Portiuncula, am Fuße des Flusses erwuchs Hügel: aber wohin er auch ging, wurde er mit Freude empfangen. Als in Perugia die päpstliche Prozession durch die überfüllten Tore strömte und den alten Palazzo erreichte, der ihr als Unterkunft diente, entsprang plötzlich ein Brunnen, der an diesem Ort so dringend benötigt worden war, eine Quelle mit frischem Wasser, die von nun an und für immer als die Quelle bekannt war Fontana di Papa. Diese Städte schlossen sich alle dem toskanischen Bund gegen die Deutschen an, mit Ausnahme von Pisa, das immer arrogant und eigensinnig war und für dieselben Deutschen eintrat, vielleicht weil ihre Rivalen auf allen Seiten gegen sie waren. Zu dieser Zeit, so sagen einige, und unter der hervorragenden Autorität Muratori unter ihnen, kamen die Titel Guelfen und Ghibellinen zum ersten Mal allgemein in Gebrauch, wobei die Partei des Papstes Guelfen war und die des Reiches Ghibellinen – diejenige, die von der abgeleitet war Das Haus Este stammte auf weiblicher Seite von der alten germanischen Rasse der Guelfen ab, das andere, Waiblingen , stammte von dem der Staufer ab, das ebenfalls auf weiblicher Seite von einem traditionellen deutschen Helden abstammte. Es ist merkwürdig, dass diese entfernten Vorfahren als Paten eines Kampfes ausgewählt wurden, mit dem sie nichts zu tun hatten und der so lange nach ihrer Zeit begann.

PORTA MAGGIORE.

Innozenz war jedoch kein so guter Guelfe wie seine Partei, denn der Papst war während seiner unruhigen königlichen Kindheit der Vormund und Hauptverteidiger von Friedrich von Sizilien, dem späteren Kaiser Friedrich II., allerdings zu Beginn der Herrschaft von Papst Innozenz ein sehr hilfloser kleiner Prinz, vaterlos und bald auch mutterlos und umgeben von raubgierigen Deutschen, von denen jeder für seinen eigenen Plan kämpft, um die unsichere Krone auf sein eigenes Haupt zu übertragen oder sie zumindest zu rauben sowohl Macht als auch Einnahmen. Der Papst stand seinem hilflosen Mündel in den sehr kurzen Jahren seiner Minderjährigkeit mit großer Standhaftigkeit zur Seite – denn Friedrich scheint ein verheirateter Mann und ehrgeiziger Autokrat in einem Alter gewesen zu sein, in dem gewöhnliche Jungen gerade erst mit dem Studium beginnen – und hatte schließlich einen großen Anteil daran seine Erhebung auf den Kaiserthron: ungeachtet der Tatsache, dass er dem großen Haus angehörte, das sich seit Generationen standhaft den Ansprüchen des Papsttums widersetzt hatte. Es muss jedoch hinzugefügt werden, dass die großen Unternehmungen der ersten Jahre Innozenz' nicht hätten aufgegriffen oder zumindest nicht zu einem so einfachen und summarischen Ergebnis geführt werden können – ganze Länder erholten sich, die Kandidaten des Kaisers wurden vertrieben , die Städte gegen ihre ständigen Eindringlinge und Unterdrücker verbündet – hätte es auf der ganzen Welt einen wilden Kaiser gegeben ? *Monti* war bereit, in das immer kämpfende, aber immer wieder eroberte Italien vorzudringen. Heinrich VI., der Sohn Barbarossas, war im Jahr zuvor, 1198, in der Blüte seines Zeitalters gestorben und hinterließ nur den kleinen Friedrich, den Erben des Königreichs Sizilien im Recht seiner Mutter, als Nachfolger seiner riesigen Herrschaft Besitztümer. Aber die Krone Deutschlands war, zumindest nominell, eine Wahlkrone und nicht erblich; Und obwohl der Kaiser von seinen Fürsten einen trügerischen Treueeid auf sein Kind abgelegt hatte, dachte damals niemand auch nur daran, ihn einzuhalten. Damit wurde die Untätigkeit der Streitkräfte des Imperiums erklärt; Den Inhabern kaiserlicher Lehen in Italien wurde es überlassen, ihre eigenen Schlachten zu schlagen, und so konnten sich der Papst mit sehr gemäßigten Kräften und die Städte Toskana und Umbrien, jede für sich, durchsetzen und die Unterdrücker vertreiben. Und es gab eine Zeit der Hoffnung und des vergleichsweisen Friedens.

Innocent jedoch, der die Angelegenheiten der Welt in seinen Händen hatte und sich nicht lange auf die des Erbes von St. Peter beschränken konnte, geriet bald mitten in die immer wiederkehrenden Kämpfe in Deutschland, die in jeder Hinsicht nicht allzu wichtig waren um seine größte Aufmerksamkeit zu erregen. Die Situation war im Großen und Ganzen dieselbe wie die, in der Gregor VII. hatte sich darin wiedergefunden, allerdings mit dem großen Unterschied, dass beide Konkurrenten um die deutsche Krone neue Männer waren und weder Verbrechen gegen die Kirche noch frühere Exkommunikationen auf ihrem Kopf hatten. Philipp von Schwaben , der Bruder Heinrichs VI., war von ihm mit jenem merkwürdigen Vertrauen in die Möglichkeit der Selbsthingabe anderer betraut worden, das Sterbende so oft an den Tag legen, obwohl sie selbst dazu nie fähig sind die Fürsorge und Vormundschaft für sein Kind und seine Interessen und die unmögliche Aufgabe, Frederic, der noch kaum sprechen konnte, auf einem so wichtigen und so schwierigen Thron zu etablieren. Es heißt, Philipp tat sein Bestes, um sein Vertrauen zu erfüllen, und eilte zu diesem Zweck von Sizilien ins Herz Deutschlands, sobald sein Bruder gestorben war; aber die Fürsten seiner Partei fürchteten einen jungen Monarchen, und er selbst wurde im Jahr 1199 auf den vakanten Sitz gewählt. Unter den gegebenen Umständen scheint dies kein Verbrechen zu sein, denn der kleine Frederic war ohnehin unmöglich; Aber Philip hatte einen Hass geerbt, den er persönlich nicht verdient hatte. „Die Italiener waren durch die barbarische Regierung Friedrichs I. und seines Sohnes Heinrich VI. so erbittert gegen die Deutschen, dass Philipp überall, wo er hinkam, sei es durch die Toskana oder irgendeine andere Gegend, misshandelt wurde und in Lebensgefahr geriet „Viele seiner Gefährten wurden getötet", sagt Muratori . Er hatte daher in Italien starke Gefühle gegen sich, unabhängig von seinen eigenen Fehlern.

Es ist jedoch ein wenig schwer zu verstehen, warum Papst Innozenz, der so auf die Interessen des kleinen Königs in Sizilien bedacht war, sich so entschieden und beharrlich gegen seinen Onkel gestellt haben sollte. Philipp war der Besitz des Herzogtums Toskana zuerkannt worden, das der Papst als sein Eigentum beanspruchte, und möglicherweise hatte er in diesem Zusammenhang ein Vergehen sowie den Anschein eines Bannbanns, das einer von Innozenz' Vorgängern aus dem gleichen Grund gegen ihn verhängt hatte der Papst gegen ihn; aber es ist kaum möglich, dies als ausreichenden Grund für seinen entschlossenen Widerstand zu betrachten.

Der rivalisierende Kaiser Otho, der von der Guelfenpartei gewählt wurde, war der Sohn Heinrichs des Löwen, der Neffe von Richard Plantagenet aus England, dem Cœur de Lion unserer nationalen Geschichte, und einer Familie, die sich stets der Kirche verschrieben hatte. Die beiden Männer waren beide jung und vielversprechend, gleichermaßen edel und von großer Abstammung, in einem entfernten Grad miteinander verwandt, auf ähnliche Weise ausgebildet, jeder von ihnen durchaus geeignet für den Platz, den sie einnehmen sollten. Dem Betrachter kommt es nun so vor, als gäbe es kaum eine Stecknadel, zwischen der er sich entscheiden könnte. Es war auch kein Konflikt persönlicher Ambitionen, der sie gegeneinander aufbrachte. Sie waren die Wahl ihrer jeweiligen Parteien, und die Frage war eindeutig eine Fraktion gegen Fraktion wie bei einem irischen Dorfkampf.

Dies waren vor allem Umstände, unter denen die Schlichtung eines so unparteiischen Richters wie eines Papstes für die Welt von größtem Vorteil gewesen wäre. Es gab vielleicht nie eine so ideale Gelegenheit, den Vorteil und die Möglichkeit der vom Papsttum beanspruchten Macht zu testen. Otho war ein junger Galant an Richards Hof, der nichts dergleichen erwartete, offen für alle möglichen anderen Beförderungen, Graf von Yorkshire, Graf von Poitou – der erste war nicht erfolgreich, weil er die Yorkshiremen nicht versöhnen konnte, was damals wie heute vielleicht schwierig war : aber soweit es den Anschein hat, hatte er keinerlei Gedanken an das Imperium im Kopf. Und Philipp hatte das Recht auf Besitz und war die Wahl der Mehrheit, und er hatte nicht geschadet, als er seine Wahl angenommen hatte, auch wenn er kein Recht darauf hatte. Der Fall war ganz anders als der ähnliche Kampf, in dem Gregor VII. hat teilgenommen. In der früheren Zeit hatte sich die ganze Welt, die nicht unter seinem eisernen Fuß zermalmt wurde, gegen Heinrich IV. erhoben. Seine Falschheit, seine Grausamkeit, seine Laster hatten jeden entfremdet, und niemand glaubte seinem Wort oder vertraute auch nur im geringsten auf seine feierlichsten Gelübde. Der Kampf zwischen einem solchen Kaiser und dem Oberhaupt der Kirche war natürlich ein Kampf auf Leben und Tod. Man könnte fast sagen, dass es sich um Nachahmungen von Gut und Böse handelte, auch wenn das Gute oft vermischt wurde und das Böse vielleicht mitunter einen Schimmer einer besseren Bedeutung zeigte. Aber der Fall von Philip und Otho war völlig anders. Keiner von ihnen war ein böser Mensch und gab auch keine Vorboten des Bösen ab. Der eine war vielleicht aufgrund seiner Ausbildung und Neigung ein etwas besserer Kirchenmann als der andere zu Beginn seiner Karriere; aber andererseits hatte Philipp gegenüber Otho verschiedene praktische Vorteile, die nicht zu leugnen waren.

Wäre Papst Innozenz der durch und durch weise Mann und inspirierte Richter gewesen, von dem er in seinem Amt behauptete, er sei ohne Vorurteile oder Voreingenommenheit, edel unparteiisch und halte das Gleichgewicht in ruhiger Hand? War dies nicht genau der Fall, um seine Macht auf die Probe zu stellen? Hätte er die Etablierung Philipps im Reich unterstützt und die Einführung eines Rivalen abgelehnt, wäre möglicherweise viel Blutvergießen vermieden und ein zufriedenstellendes Ergebnis ohne Ungerechtigkeit, wenn nicht sogar eine ideale Auswahl, erzielt worden. All dies war problematisch und hing von seiner Fähigkeit ab, sich Gehorsam zu verschaffen, die er, wie sich herausstellte, nicht besaß. Aber auf diese Weise hätte er aller Wahrscheinlichkeit nach den Frieden fördern und eine friedliche Entscheidung herbeiführen können; denn Philipps Wahl war eine *vollendete Tatsache*, während Otho noch nicht mehr als ein Kandidat war. Ansonsten waren die Männer so gleich und es gab so wenig ausschließliches Recht auf der einen oder anderen Seite, dass solche Tatsachen natürlich von dem großen, unparteiischen und unvoreingenommenen Geist, der allein hätte rechtfertigen können, mit größter Ernsthaftigkeit berücksichtigt worden wären die Einmischung des Papstes oder befähigte ihn, in einem solchen Streit die Rolle des Schiedsrichters zu übernehmen. Er versuchte dies jedoch nicht, sondern stellte sich an die Seite seiner eigenen Fraktion, als wäre er überhaupt kein vom Himmel gesandter Schiedsrichter, sondern ein Mann wie jeder andere. Er selbst hat die Beweggründe und Gründe für sein Eingreifen dargelegt, und zwar mit der Fülle an Erklärungen, die er liebte. Die Bulle, in der er damit beginnt, die Ansprüche seines eigenen Mündels Friedrich, dem sein Vater Heinrich die deutschen Fürsten Treue schwören ließ, als unzulässig aufzuheben – die besagten Fürsten wurden durch den Tod des Kaisers von ihrem Eid befreit, eine merkwürdige Schlussfolgerung – ist zum großen Teil eine Anklage gegen Philipp, formuliert in den schärfsten und energischsten Worten. In diesem Dokument heißt es zunächst, dass Philipp vom vorherigen Papst exkommuniziert worden sei, weil er das Erbe des Heiligen Petrus gewaltsam besetzt habe, eine Exkommunikation, die der Legat jedoch nicht wirksam aufgehoben habe; erneut war er an der Exkommunikation Markwalds und der anderen Invasoren Siziliens beteiligt, die er unterstützt hatte; Zweitens hatte er sich gegenüber dem kleinen Friedrich vertan, dessen Recht er zu verteidigen geschworen hatte, und war auf diese Weise meineidig geworden, obwohl die Fürsten, die dem Kind Treue geschworen hatten, dies nicht taten. Dann folgt eine gewaltige Beschreibung von Philipps Familie und Vorgängern, von ihren schrecklichen Taten gegen die Päpste und die Kirche, von den Fehden Barbarossas mit dem Heiligen Stuhl, von den Beleidigungen und Verletzungen, die alle gleichermaßen schuldig waren. Wie konnte der Papst, selbst ein Verfolger und Sohn von Verfolgern, die Sache Philipps unterstützen? Das Argument ist voller Kraft und wird durch viele Illustrationen untermauert, aber es beweist vor allem, dass Innozenz kein unparteiischer Richter war, sondern ein Mann, der fast mit Leidenschaft auf seiner Seite stand.

Die Argumente zugunsten von Otho sind viel schwächer. Der Papst gibt zwar zu, dass er von einer Minderheit gewählt worden sei, aber die Zahl der angesehenen und wichtigen Wähler sei auf seiner Seite genauso groß gewesen wie auf der Seite Philipps: Sein Haus hatte eine reinere Bilanz als das Philipps: und schließlich er war schwächer als Philip und mehr auf Unterstützung angewiesen; deshalb stellte der Heilige Stuhl seinen ganzen Einfluss auf seine Seite. Nichts könnte nach der Wucht der feindlichen Urteile schwächer sein als diese Schlussfolgerung. Wir fürchten, man muss zugeben, dass Innozenz, da er nur ein Mensch war (was das einzige unwiderlegbare Argument gegen die Unfehlbarkeit des Papstes ist), den Weg gegangen ist, den seine Voreingenommenheiten und Neigungen – und wir haben keinen Zweifel auch, seine Überzeugung davon, was das Beste ist – ihn geleitet haben, und war sich dabei nicht sicherer als jeder andere Mann, Recht zu haben.

Nachdem Innozenz zu diesem Schluss gekommen war, bezog er mit all seiner Macht und seinem Einfluss Stellung auf Othos Seite – eine Unterstützung, die diesen Prinzen wahrscheinlich über Wasser hielt und den langen Kampf ermöglichte, aber völlig unzureichend war, um ihn tatsächlich auf den Thron zu setzen, oder seinen Rivalen ernsthaft verletzen. In diesem Partisanenkrieg war die Exkommunikation die beste Waffe; aber Exkommunikationen waren, wie wir bereits sagten, in den meisten Fällen sehr wirkungslos; Denn vor allem Deutschland war voll von großen Prälaten, die ebenso groß waren wie die Fürsten, in den meisten Fällen von ebenso hoher Rasse und ebenso großer territorialer Macht, und sie stimmten keineswegs immer mit dem Papst überein und machten keinen Anspruch darauf, ihm zu gehorchen ; und wie sollte das Volk herausfinden, dass es unter dem Bann lag, wenn es sah, wie die Ämter der Kirche mit der ganzen Pracht des höchsten Rituals weitergeführt wurden, ihre Dienste ununterbrochen, wie auch immer der Papst hinterher donnern mochte? Einige dieser Prälaten – wie der vom Kaiser ernannte Leopold von Mainz, dem Innozenz seine Zustimmung verweigerte und an seiner Stelle einen anderen Erzbischof, Siegfried, wählte, dem es viele Jahre lang nicht einmal gestattet war, in die Diözese von Mainz einzutreten dessen Titeloberhaupt er war – führte mit Rom einen ebenso hartnäckigen Kampf wie jeder weltliche Fürst. Sie waren ebenso mächtig wie die Fürsten, unter denen sie saßen und regierten, und wählten Kaiser. Die meisten deutschen Bischöfe, so heißt es, standen auf Philipps Seite, ungeachtet der Entscheidung des Papstes gegen ihn. Unter solchen Umständen war das Anathema kaum mehr als eine Farce. Der Erzbischof von Mainz wurde ebenso exkommuniziert wie der Kaiser, aber da er dennoch im vollen Besitz seines Sitzes und seiner Privilegien war, tat er natürlich so, als wäre nichts geschehen, und fand zahlreiche Geistliche zu seiner Unterstützung, die seine Dienste weiterführten wie üblich zur Kirche und spendete Philipp die Sakramente, als stünde er im vollen Sonnenschein der päpstlichen Gunst .

Eine solche Chance war sicherlich nie vorhergesehen worden, als man zum ersten Mal über das Mittel der Exkommunikation nachdachte, denn sie neigt dazu, jeden Anspruch auf Autorität in Torheit zu verwandeln – Drohungen, die nicht ausgeführt werden können, sind ihrer Natur nach die abwertendsten Dinge, die man für die betreffende Person tun kann mit wem sie fortfahren. Die großen Prälaten Deutschlands waren auf ihre Art ebenso bedeutend wie der Papst, ihre Stellung war stetig mächtiger als seine, sie hatten Vasallen und Armeen, die sie verteidigten, und einen starken und festen Sitz, von dem aus es genauso schwierig oder sogar sogar schwierig war gefährlich, sie zu verdrängen, als würde man einen Thron stürzen. Und was konnte der Papst tun, wenn sie ihm nicht gehorchten und sich ihm widersetzten? Nichts als exkommunizieren, exkommunizieren, wofür sie sich nichts interessierten – oder absetzen, was ebenso unwichtig war, als, wie es im Fall von Mainz geschah, die Bürger der Domstadt schworen, dass der Ersatzbischof niemals ihre Tore betreten dürfe.

So brachte der zehnjährige Kampf für Innocent nichts als Demütigung mit sich. Der Papst ließ in seinem entschlossenen Widerstand nicht nach und drohte auch nicht mit Strafen, die er erst gegen Ende des Kampfes verhängen konnte; Und als dann, wie es schien, die Logik der Ereignisse begann, eine kleine Wirkung auf sein Gemüt auszuüben, und er mit Widerwillen eine Art schwachen Olivenzweig in Richtung des alles siegreichen Philipp ausstreckte, kam ein größeres Schicksal herein und veränderte alles mit der umfassenden Fülle unwiderstehlicher Kraft. Soweit wir wissen, wird nirgendwo gesagt, dass die Annäherungsversuche von Innozenz dem Kaiser Unglück brachten; aber es wäre sicherlich so gewesen, wenn sich ein solcher Unfall zum Beispiel unter Pio Nono ereignet hätte , der bekanntlich den bösen Blick hatte. Denn kaum hatte Innozenz diesen Schritt getan, nahm Philipps Leben ein katastrophales Ende. Der Pfalzgraf von Wittelsbach, ein großer Potentat Deutschlands, der einen persönlichen Groll zu rächen hatte, verlangte eine Privataudienz und ermordete ihn in seinem vorübergehenden Wohnsitz, im Moment seines höchsten Wohlstands. So war im Handumdrehen alles verändert. Das Haus Hohenstaufen ging in einem Augenblick unter, ohne dass ein Versuch unternommen wurde, es zu stützen. Und Otho, der zur Stelle war, bereits ein gekrönter König und keine weiteren Probleme

verlangte, nahm sofort den vakanten Platz ein. Dies geschah im Jahr 1208 –
zehn Jahre nach Beginn des Kampfes. Aber bei dieser außergewöhnlichen
und plötzlichen Veränderung der Dinge zählte Innozenz nichts; Er hatte es
nicht getan und auch nicht dazu beigetragen, obwohl er all diese
unglücklichen Jahre lang dafür gesorgt hatte, dass die Luft von Anathemas
donnerte und die Straßen vom Kommen und Gehen seiner Legaten staubig
waren.

Otho vergaß jedoch zunächst nicht die Hingabe, die der Papst ihm in seinen
schlimmen Tagen entgegengebracht hatte, als ihm der Triumph so
unerwartet und zufällig (wie es schien) widerfuhr. Nachdem er die Position
vollständig in Besitz genommen hatte, die ihm nun niemand mehr streitig
machen konnte, machte er einen Siegeszug über die Alpen und wurde in Rom
zum Kaiser gekrönt, der letzten und krönenden Würde, die Philipp nie
erlangen konnte: wo er Er benahm sich gegenüber Innozenz mit großer
Zuneigung und Demut, dessen Steigbügel er wie der hingebungsvollste Sohn
der Kirche hielt, wie er vorgab zu sein. Gleichzeitig wurde viel geschworen.
Otho gelobte, alle Rechte der Kirche zu wahren und, mit Vorbehalten, die
toskanischen Lehen von Matilda und alle Geschenke, mit denen die
ehemaligen Kaiser von Zeit zu Zeit den Heiligen Stuhl ausgestattet hatten,
dem ungestörten Besitz des Papstes zurückzugeben. Rom war während
dieses kaiserlichen Besuchs ein Schauplatz höchster Pracht und Pracht .
Otho war an der Spitze seiner Armee gekommen und hatte sein Lager am
Fuße des Monte Mario aufgeschlagen, wo jetzt die kleine Kieferngruppe im
Westen gegen den Himmel ragt und sich dunkel von der untergehenden
Sonne abhebt. Es war Oktober, als der ganze Glanz und die Hitze des
Sommers durch die Herbstluft gemildert wurden und die weißen Zelte vor
den Toren der Stadt in jeder Art von prächtigem Wissen über Fürsten und
Adelshäuser und in der Pracht mittelalterlichen Luxus leuchteten. Der alte
Petersdom in der Nähe des Lagers wurde dann, wie uns erzählt wird,
inmitten einer großen Anzahl von Klöstern, Kirchen und Kapellen errichtet,
„wie eine majestätische Mutter, umgeben von wunderschönen Töchtern“ –
obwohl es keinen Vatikan gab noch nicht zu seiner Größe beigetragen: Aber
die Linie der Mauern auf der gegenüberliegenden Seite des Flusses und die
antike Pracht Roms, quadratischer und massiver in seinem anhaltenden
Klassizismus als die mittelalterlichen Städte, an die die deutschen Streitkräfte
eher gewöhnt waren, strahlten die Mittagssonne: während auf der linken Seite
die große Runde von St. Angelo die Brücke und den Fluss dominierte, und
alle Menschenmengen, die zur großen Kirche und zum Heiligtum der
Apostel strömten. Es gab jedoch einen Schatten in diesem brillanten Bild,
und das war die Tatsache, dass Rom vor seinen Toren lag, nicht viel anders
als ein schlummernder Löwe, halb verängstigt, halb aufgeregt von der Armee
draußen und nicht sicher, ob der verhasste Tedeschi nicht da sein würde
Jeden Moment stürmen sie auf sie zu und zeigen unter den prachtvollen, mit

Goldstickereien übersäten Samthandschuhen die Klauen jenes nördlichen Wolfs, den Italien so oft bis ins Herz gespürt hatte. Es ist ein merkwürdiges Zeichen dieser Aufregung, dass Otho vor seiner Krönung in Rom eine feierliche Verpflichtung in seinem eigenen Namen und dem seiner Armee veröffentlichte, dass der Stadt, dem Papst und den Kardinälen oder dem Papst kein Schaden zugefügt werden sollte Menschen und ihr Eigentum, während er dort blieb. Als Vorsichtsmaßnahme hatte er an allen angrenzenden Toren starke Ehrenwachen aufgestellt, während die großen Zeremonien seiner Weihe andauerten.

Es war nicht der jetzige Petersdom, der mit prächtigen Wandteppichen geschmückt und von unzähligen Kerzen beleuchtet, mit kostbarem Marmor und Vergoldungen glitzernd und mit der ganzen Pracht der Kirche in Silber und Gold geschmückt war, dies erhielt großer deutscher Potentat für jene letzte Tat, die darin bestand, seine Autorität heilig zu machen und ihn zweifellos zum Kaiser des Heiligen Römischen Reiches zu ernennen, eine Würde, die nur der Papst vollenden konnte, die jedoch nichts bedeutete und noch keine zusätzliche Herrschaft mit sich brachte von größter Bedeutung in der Beurteilung der Welt. Es kann nicht anders gewesen sein, dass ein Hochgefühl vorhanden gewesen sein muss, das vielleicht von Zweifeln begleitet war , aber sicherlich durch viele edle Gefühle gestützt wurde – die Überzeugung, dass Gott auf lange Sicht seine Seite begünstigt hatte und dass ein besseres Zeitalter bald beginnen würde Innocents Geist, als er die verschiedenen Zeremonien des imposanten Rituals durchlief, die Gelübde des Monarchen entgegennahm und ihm die Kaiserkrone aufsetzte. Uns wird jedoch nicht gesagt, ob eine gewisse Besorgnis in der Luft lag, als die beiden prächtigen Prozessionen zusammenkamen und von den Toren des Petersdoms über die Brücke und durch alle überfüllten Wege auf die andere Seite der Stadt zogen , zum Lateranpalast, wo das große Bankett stattfand. Otho hielt mit seiner Krone auf dem Kopf den Steigbügel des Papstes an den großen Stufen des Petersdoms, als Innozenz aufstieg; und die beiden größten Machthaber der Erde, das Oberhaupt des Weltlichen und das Oberhaupt des Geistlichen, teilten mit der verwirrendsten Elastizität der Grenze zwischen ihnen die Herrschaft über die Welt, ritten allein zusammen, gefolgt von allem, was darin am großartigsten war Deutschland und Italien, die großen Fürsten, die großen Prälaten wetteifern in Prunk und Pracht miteinander . Die Luft war erfüllt vom Läuten der Glocken und dem Gesang der Priester; und während sie durch die dunklen Massen der Menschen auf allen Seiten gingen, verteilten die Beamten von Otho Großzügigkeit in allen überfüllten Straßen, und alles war Fest und allgemeine Freude.

Aber als die großen Leute im päpstlichen Palast verschwanden und das Bankett eröffnet wurde, begannen die deutschen Soldaten durch die Straßen zu stolzieren, als wären sie Herren über alles, was sie überblickten. Es gibt keine Meinungsverschiedenheiten über die Brutalität und Unverschämtheit der deutschen Soldaten in jenen Tagen, und die Römer waren aufgeregt und hatten keine Lust, in einem solchen Moment eine Beleidigung hinzunehmen. Wie es schließlich zu Kämpfen kam, wurde nie herausgefunden, aber nachdem das große Spektakel vorbei war, höchstwahrscheinlich als die Nacht hereinbrach und die Aufregung des Tages sich in Gereiztheit und leidenschaftliche Leidenschaft gesteigert hatte, kam es auf den Straßen zu einem Handgemenge, das niemand wusste Wie. Den Fremden ging es am schlimmsten, sagt Muratori . „Viele der Germanen wurden getötet", heißt es in einer der älteren Chroniken, „und elfhundert Pferde;" was darauf hindeutet, dass der Bodensatz der Prozession unter ihren Schützlingen durch Rom verdampft war und die Einwohner niedergerissen hatte. Dabei handelte es sich nicht nur um bewaffnete Männer, denn eine Reihe von Othos angeseheneren Anhängern wurden auf der Straße getötet. Wie lange es dauerte, bis es dem Kaiser zu Ohren kam , ist uns nicht bekannt, und auch nicht, ob das Bankett unterbrochen wurde. Wahrscheinlich war Otho vor der „ Calda" in sein Zelt zurückgekehrt (Muratori sagt, er habe dies sofort getan, ohne jegliche Erwähnung eines Banketts). „Baruffa " brach aus, aber auf jeden Fall war es ein überraschender Szenenwechsel. Der Kaiser schlug am nächsten Morgen seine Zelte auf und verließ in großer Wut und Empörung die Umgebung von Rom : – und dies, soweit es Papst Innozenz betraf, war das letzte Gute, das jemals von Otho gehört wurde. Er brach alle seine Gelübde nacheinander, eroberte die toskanischen Staaten zurück, eroberte das Herzogtum Spoleto und jede Stadt, an der er auf seinem Weg vorbeikam, und widersetzte sich dem Papst, dem er gegenüber gewesen war so unterwürfig, da er nun alles von ihm bekommen hatte, was Innozenz geben konnte.

Der Plädoyer, mit dem Otho seine Eroberung der toskanischen Staaten verteidigte, war jener schulischen Zeit würdig. Er habe zwar gelobt, sagte er, das Patrimonium von St. Peter und alle kirchlichen Besitztümer zu bewahren; aber er habe gleichzeitig geschworen, alle kaiserlichen Rechte und Besitztümer zu bewahren und wiederzuerlangen, und dies sei in Erfüllung dieser Verpflichtung geschehen dass er den Papst ausgeraubt hat. Damit endete Innozenz' lange und treue Unterstützung für Otho; er hatte den Glauben des Himmels für seinen Erfolg geschworen, der nur durch Zufall und Verbrechen gesichert war; Doch kaum war dieser Erfolg gesichert, verließ der Kaiser den Papst, der ihm so fest zur Seite gestanden hatte, und verriet ihn. Es wird gesagt, dass Innozenz von diesem Moment an seine Fürsorge für den jungen Friedrich, den König von Sizilien, das Oberhaupt des staufischen Hauses und seiner Partei, verdoppelte und ihn darauf vorbereitete, Othos gebrochene Eide durch einen ebenso vollständigen Sturz wie seine Erhebung zu rächen; aber das ist eine Annahme, die nicht beweiskräftiger ist als jedes andere gemeinnützige Urteil über nicht offenbarte Motive. Auf jeden Fall ist es sehr offensichtlich, dass der Papst in diesem langen Konflikt, der einen Großteil seines Lebens in Anspruch nahm, keine mächtige oder siegreiche Rolle spielte.

In Frankreich war die Aktion von Innocent erfolgreicher. Die Geschichte von Philipp Augustus und seinen Frauen, die voller romantischer Ereignisse ist, ist dem allgemeinen Leser besser bekannt als die Tragödie der Kaiser . Philip Augustus hatte eine Frau geheiratet, eine dänische Prinzessin, die ihm nicht gefiel. Ihre Geschichte ähnelt, zumindest im ersten Kapitel, der von Anna von Kleve, der glücklichen Prinzessin, die das Glück hatte, Heinrich VIII. nicht zu gefallen. (oder ähnelt vielleicht noch vollständiger einer vergleichsweise jüngsten Katastrophe in unserem eigenen Königshaus, den Verwandten Georgs IV. und seiner unglücklichen Frau). Aber der französische König behandelte Ingelburga nicht mit der gleichen Höflichkeit wie Henry Tudor, und sie hatte auch nicht die Diskretion, den Mund zu halten wie die Dame von Flandern. Die Klagen der verletzten Königin gingen um die Welt, und sie richtete einen direkten Appell an den Papst, der nicht zögerte, zu antworten. Als Philipp die Scheidung seiner Frau von den selbstgefälligen Bischöfen seines eigenen Königreichs aufgrund einer dieser absurden Behauptungen einer zu engen Verwandtschaft (es könnte die eines Cousins dritten oder vierten Grades sein) erwirkte, die für unzufriedene Ehemänner mit ausreichendem Rang von großem Nutzen waren und die schöne Agnes von Meran heiratete , in die er verliebt war, mischte sich Innozenz sofort ein. Er begann mit Befehlen, mit Bitten, mit Versuchen, die Frage durch rechtliche Maßnahmen zu regeln, indem er seine Legaten mit einer feierlichen Untersuchung der Angelegenheit beauftragte, Ingelburgas Beschwerden prüfte und alle Anstrengungen unternahm , um den König wieder zum Pflichtbewusstsein zu bringen . Es konnte kein Zweifel darüber bestehen, auf welcher Seite die Gerechtigkeit stand, und die Legaten standen nicht, wie im Fall von Heinrich und Katharina, auf der Seite des Monarchen. Den Schutz des Papstes hatte die abgelehnte Königin und nicht ihr mächtiger Ehemann.

Philipp Augustus wurde jedoch vergeblich zum Gehorsam aufgefordert. Der Rechtsstreit und die Berufungen dauerten lange, und es vergingen mehrere Jahre, bis Innozenz nach langer Vorbereitung und vielen Warnungen beschloss, nicht nur wie bei früheren Gelegenheiten den Täter zu exkommunizieren, sondern auch ein Interdikt über das Königreich auszusprechen. Vielleicht hatte Innozenz die Lektion gelernt, die ihm in so großem Umfang beigebracht worden war, nämlich, dass die Exkommunikation keine glückliche Waffe war und dass nur die vollkommene Unterordnung der höheren Geistlichkeit sie überhaupt zum Erfolg führen konnte. Das Interdikt war eine viel größere und schrecklichere Sache; es hing nicht vom Gehorsam eines großen Prälaten ab, sondern von jedem Priester, der die heiligen Gelübde abgelegt hatte. Hätte er den König wie bei früheren Gelegenheiten exkommuniziert, hätte es in Frankreich zweifellos immer einen gesetzlosen Bischof gegeben, der es seinem Herrscher ermöglicht hätte, über den Papst und sein Urteil zu lachen. Aber ein Interdikt konnte auf diese Weise nicht umgangen werden, da die Masse des Klerus dem Papst gehorsam war, ungeachtet wichtiger individueller Ausnahmen. Das Interdikt wurde entsprechend mit allen Accessoires ritueller Feierlichkeit verkündet. Nach einem siebentägigen Konzil, an dem eine große Zahl von Geistlichen teilnahm, begannen die Glocken der Kathedrale – es war die von Dijon – zu läuten wie die eines Sterbenden: und alle großen Bischöfe mit ihren Gefolgsleuten und der Legat an ihrer Spitze gingen feierlich von ihrem Ratssaal zur Kirche. Es war Mitternacht, und die lange Prozession zog im schwankenden und düsteren Licht der Fackeln durch die Straßen und in die große Kathedrale. Zum letzten Mal wurde der Gottesdienst gefeiert, und die Kanoniker sangen das *Kyrie Eleison* inmitten der Stille der riesigen Menschenmengen, die ihnen gefolgt waren, die leicht von Schluchzen und Weinen unterbrochen wurde. Die Bilder von Christus und den Heiligen waren mit Krepp bedeckt, die Reliquien der Heiligen, die damals mit so seltsamer Hingabe verehrt wurden, wurden feierlich aus den Schreinen und geweihten Orten in unterirdische Gewölbe und Krypten gebracht, wo sie bis in bessere Zeiten aufbewahrt wurden ; Die Überreste des geweihten Brotes, das das Wunder der Transsubstantiation unterstützt hatte, wurden auf dem Altar verbrannt. Alle diese Einzelheiten der schrecklichen Tat, Frankreich aus der Gemeinschaft der Gläubigen auszuschließen, wurden vor einer zitternden und bestürzten Menge aufgeführt, die mit einem überwältigenden Gefühl für die Ernsthaftigkeit des Vorgangs zusah.

„Dann trat der Legat, gekleidet in eine violette Stola, wie am Tag der Passion unseres Herrn, zu den Altarstufen und verkündete im Namen Jesu Christi das Interdikt über das ganze Königreich Frankreich. Schluchzen und Stöhnen hallten durch die Gegend die großen Gänge der Kathedrale; es war, als wäre der Tag des Gerichts gekommen.

Nach dieser gewaltigen Szene gab es noch einmal eine Atempause, einen Ort der Reue für den königlichen Sünder, und dann wurde in allen Kirchen Frankreichs die Mitternachtszeremonie wiederholt. Die Stimme des Gebets verstummte im Land, kein Psalm mehr gesungen oder eine Messe gelesen; Einigen Klöstern war es durch besondere Gnade gestattet, nachts bei geschlossenen Türen und flüsternden Stimmen die heiligen Geheimnisse zu feiern. Denn alles außer dem öffentlichen Gottesdienst und allen Tröstungen der Religion wurde abgeschafft. Wir haben gesehen, wie leichtfertig die persönliche Exkommunikation in Deutschland gehandhabt wurde; aber einer so schrecklichen Strafe wie dieser konnte kein König standhalten. Weder handelte es sich dabei um Ungehorsam gegenüber dem Heiligen Stuhl noch um die Usurpation der Ländereien der Kirche noch um einen anderen Verstoß gegen die kirchliche Vorherrschaft: Es handelte sich um eine Sache, in die sich jeder Bauer, jeder Clown einmischen konnte, und die das moralische Empfinden der Nation empörte. Untreue in der Ehe aller Art wurde bei einem Monarchen immer mit einem Augenzwinkern betrachtet, aber der starke Schritt, eine schuldlose Königin zu entlassen und eine andere an ihre Stelle zu setzen, ist eine andere Sache. Die Nation stand auf der Seite der Kirche: Die Geistlichkeit war, außer in sehr seltenen Fällen, einstimmig: und dieses eine Mal hatte Innocent mit seiner Strenge und Überlegenheit Erfolg. Nach sieben Monaten dieses schrecklichen *Regimes* gab der König nach. Es war eine Zeit drohender Rebellion, von Fehden und Meinungsverschiedenheiten aller Art, sinkender Einnahmen und schwindendem Wohlstand gewesen. Philip Augustus konnte diesen Konsequenzen nicht standhalten. Er schickte die fiktive Frau weg, die er liebte – und die, wie die Welt und sogar die Geschichte in ihrer härtesten Form zu glauben liebt, an gebrochenem Herzen starb, das einzige Opfer, das niemand retten konnte, kurze Zeit später – und die Das Verbot wurde aufgehoben. Man ist fast froh zu hören, dass der König schon damals nichts von Ingelburga wissen wollte , der Frau, die die Welt mit ihren Schreien und Klagen erfüllt und diesen schrecklichen Fluch über Frankreich gebracht hatte. Sie weinte weiter und appellierte an den Papst, dass ihre Gefangenschaft unverändert bleiben oder sie sogar noch schwieriger machen würde als je zuvor, aber Innozenz war zu weise, seinen großen Ausweg ein zweites Mal zu riskieren. Er riet ihr fromm, zum Gebet Zuflucht zu nehmen und auf Gott zu vertrauen, und versprach, sie nicht im Stich zu lassen. Aber die arme Dame hatte durch all das Elend, das ihr zugefügt worden war, um ihr Unrecht wiedergutzumachen, wenig gewonnen. Viele Jahre später, als niemand mehr an Ingelburga dachte, holte der König sie plötzlich aus ihrem Gefängnis und gab ihr, aus welchem Grund niemand weiß, ihren Anteil am Thron zurück.

Dies war jedoch der einzige große Erfolg Innozenz' bei der Ausübung seiner päpstlichen Macht. Es war eine ehrenvolle und gerechte Ausübung dieser Macht, ganz anders als der Anspruch, zwischen konkurrierenden Kaisern zu entscheiden oder für die Kaiserkrone zu nominieren; aber in Wirklichkeit war es, wie wir meinen, die einzige triumphale Errungenschaft des Papstes, in dem alle Macht und alle Ansprüche des Papsttums ihren Höhepunkt gefunden haben sollen. Er hatte seine Hand in jeder Angelegenheit und mischte sich überall in alles ein, was vor sich ging. Der Raum versäumt es uns, von seinen endlosen Verhandlungen, Tadel, Empfehlungen und Befehlen zu erzählen, die er von ständig in Bewegung befindlichen Legaten oder durch Briefe von endloser Häufigkeit und Kraft in Regionen sandte, in denen das Christentum selbst noch kaum etabliert war. Jedes kleine Königreich von den äußersten Grenzen des Nordens bis zum Osten stand unter dieser ständigen Aufsicht und Einmischung; und zweifellos gab es Fälle, insbesondere unter den neueren Konvertiten der Kirche und in Bezug auf kirchliche Angelegenheiten, in denen sie eine hohe Stellung einnahm wichtig; aber was den allgemeinen Tenor der Weltgeschichte betrifft, kann man nie sagen, dass sie irgendein wichtiges Ergebnis gehabt hat.

In England hatte Innozenz das unglückliche Glück, mit dem schlimmsten der Plantagenet-Könige zu tun zu haben, dem falschen und feigen Johannes, der sich eine Zeit lang einen etwas miserablen Ruf einbrachte, weil er vorübergehend feststellte, dass „kein italienischer Priester dies tun sollte". Zehnten oder Zoll in unseren Herrschaftsgebieten", und der in der Frage des Erzbistums von Canterbury und anderer großer kirchlicher Ämter sowie in persönlicheren Angelegenheiten, wie der Mitgift von Berengaria, der Witwe von Cœur de Lion, erbittert gegen Innocent kämpfte, zu deren Zahlung der Papst ihn aufgefordert hatte. In seiner Wut über das Interdikt, das Innozenz ausgesprochen hatte, vertrieb Johannes den größten Teil des Klerus aus England und nahm, froh über die Gelegenheit, so viel Reichtum zu erwerben, Besitz von den Gütern und Besitztümern der Kirche im ganzen Reich. Aber das Interdikt, das in Frankreich so wirksam gewesen war, verfehlte seine Wirkung in England völlig. Es war zu früh für eine protestantische Stimmung, und es ist außergewöhnlich, dass ein Volk, das keineswegs ohne Frömmigkeit war, eine so einzigartige Gleichgültigkeit gegenüber dem Urteil der Kirche gezeigt haben sollte. Vielleicht hatte es etwas damit zu tun, dass so viele der überlegenen Geistlichen der siegreichen normannischen Rasse angehörten und daher noch immer auf den mürrischen Widerstand der passiven Hartnäckigkeit der gedemütigten Sachsen stießen: gleichzeitig wurden viele Prälaten verbannt würde wahrscheinlich einen großen Teil der bescheideneren Priester in vergleichsweiser Unkenntnis des Dekrets des Papstes zurücklassen.

Aber was auch immer die wirksamen Ursachen waren, es ist klar, dass die Wirkung des Interdikts in Frankreich enorm war, in England jedoch kaum zu irgendwelchen Ergebnissen führte. Die verbannten Bischöfe und Erzbischöfe und an ihrer Spitze Stephen Langton, der patriotische Engländer, den der Papst klugerweise für das Erzbistum Canterbury ausgewählt hatte, standen bestürzt am gegenüberliegenden Ufer und beobachteten die Verachtung ihrer Herden für diese größte Übung die Macht Roms; und mit noch größerem Erstaunen sah er den Erfolg, der dem König bei seinen Unternehmungen folgte, und den Gehorsam des Volkes, bei dem er noch nie zuvor so beliebt gewesen war.

Uns wird nicht gesagt, was Innocent beim Anblick dieses unerwarteten Scheiterns empfand. Er fuhr fort, König John mit einer besonderen Exkommunikation zu belegen, indem er in einer Umkehrung der üblichen Methode vom größeren zum kleineren Fluch überging; Da dies jedoch immer noch wirkungslos blieb, ergriff Innozenz praktische Maßnahmen. Er fuhr fort, die Untertanen von König John von ihrem Treueeid zu befreien und den rebellischen Monarchen abzusetzen; und nicht nur das, denn diese Verordnungen wären wahrscheinlich genauso wenig beachtet worden wie die anderen – sondern er erteilte dem König von Frankreich, dem stets wachsamen Feind der Plantagenets, die Erlaubnis und Autorität, in England einzumarschieren und seinen Sohn Ludwig anzuheuern der vakante Thron. In Frankreich wurden große Vorbereitungen für diesen sympathischen Kreuzzug getroffen – denn in ihrer Eigenschaft als Kreuzfahrer genehmigte der Papst die Invasion. Dann und erst dann unterbrach John seine Karriere. Er hatte über spirituelle Gefahren gelacht, aber er lachte nicht mehr, als der französische König seine Streitkräfte in Boulogne versammelte und die verbannten und beraubten Bischöfe sich auf die Rückkehr vorbereiteten, nicht reumütig und gedemütigt, sondern umgeben von französischen Speeren.

Dann unterwarf sich der verängstigte König endlich der Autorität des Papstes; er empfing die Legaten des Innozenz in einem veränderten Geist, mit der Unterwürfigkeit eines Feiglings. Mit seiner Hand auf den Evangelien gelobte er, alle kirchlichen Ungerechtigkeiten wiedergutzumachen , die Bischöfe wiederherzustellen und sich in jeder Hinsicht dem Urteil der Kirche zu unterwerfen. Dann unternahm Johannes in seiner feigen Angst, ohne, wie es heißt, eine derartige Forderung seitens der kirchlichen Gesandten, einen Schritt, der in den Annalen der Nationen seinesgleichen sucht.

„Um die Barmherzigkeit Gottes für die Sünden zu erlangen, die wir gegen seine heilige Kirche begangen haben, und um nichts Kostbareres zu bieten als unsere Person und unser Königreich, und um uns vor dem zu demütigen, der sich für uns bis in den Tod gedemütigt hat." : Durch eine Inspiration des Heiligen Geistes, weder durch Gewalt noch durch Furcht geformt, sondern kraft unseres eigenen guten und freien Willens geben wir mit Zustimmung unserer Barone Gott, seinen heiligen Aposteln Petrus und Paulus, zu unserer Mutter, der Heiligen Römischen Kirche, unserem Herrn, dem Papst Innozenz, und seinen katholischen Nachfolgern, zur Sühne unserer Sünden und der Sünden unserer lebenden und toten Familie, unserer Königreiche England und Irland mit all ihren Begleiterscheinungen und Rechten, damit wir können sie wieder in der Qualität eines Vasallen Gottes und der Heiligen Kirche empfangen: In diesem Glauben leisten wir in der Gegenwart von Pandulphus den Eid des Vasallen und stellen uns dem Papst und seinen Nachfolgern zur Verfügung, als ob wir es wären tatsächlich in Anwesenheit des Papstes; und unsere Erben und Nachfolger sind verpflichtet, denselben Eid zu leisten."

IN DER CAMPAGNA (1860)

Also fluchte John, aber nicht wegen der Donner und Flüche von Innozenz, sondern weil Philip Augustus von Frankreich auf der anderen Seite des Kanals seine Vorbereitungen beeilte, während ihm wütende Barone und ein von ständigen Forderungen erschöpftes Volk Versprechen gaben, aber arm zu sein Unterstützung zu Hause. Der Papst wurde nun zur einzigen Hoffnung des gedemütigten Monarchen. Er hatte die Urteile missachtet und die Flüche des Heiligen Stuhls verachtet; Aber wenn es irgendeine Macht auf der Welt gab, die die Treue seiner Vasallen wiederherstellen und den Eindringling auf seinem Weg aufhalten konnte, dann war es Innozenz: Zumindest in dieser letzten Notlage konnte man das hoffen.

Innocent seinerseits verachtete den unwürdigen Handel nicht. Trotz seines starken Intellekts und seines gerechten Geistes und der Wahrnehmung, die er für die elenden Motive dahinter gehabt haben musste, zögerte er nicht. Er nahm den Eid entgegen, obwohl er wohl wusste, dass es so viel Papierverschwendung wäre, wenn John jemals die Macht hätte, ihn abzubrechen. Von allen Menschen dürfte sich Innozenz am deutlichsten darüber im Klaren gewesen sein, welchen Wert die Eide der Könige hatten. Er akzeptierte es jedoch offenbar im Glauben an die Möglichkeit, die ihm so verliehene Oberhoheit zu begründen, was genauso merkwürdig ist wie alle anderen Tatsachen des Falles, ob er nun von diesem scheinbaren Triumph nach seinem langen Erfolglosigkeit geschmeichelt wurde oder dagegen glaubte Alle Beweise – denn Menschen, sogar Päpste, können immer glauben, was sie wollen –, dass eine so beschämende Kapitulation echt war und dass hier endlich eine gerechte Anerkennung der Rechte des Heiligen Stuhls erfolgte. Von nun an stellte sich der Papst auf die Seite Johannes. Er riskierte die Entfremdung des französischen Königs, indem er das Unternehmen verbot, das auf seinen Befehl hin unternommen worden war: Er lehnte die Berufung der Barone ab, missbilligte die Magna Charta und übertrug die Exkommunikation ihren Urhebern mit einer Leichtigkeit, die diesen unwahrscheinlichen Büßern sicherlich geholfen haben muss verachten sowohl das Anathema als auch seine Quelle. Es ist unmöglich, dieses seltsame Verhalten zu erklären oder zu entschuldigen. Die einfachste Lösung besteht darin, dass er weder die Fakten noch den Charakter derer, mit denen er es zu tun hatte, vollständig verstand: Aber wie konnte er dann als geeignet angesehen werden, zwischen ihnen zu urteilen und zu schlichten?

Der Tod von Johannes befreite den Papst von einem möglicherweise vorsätzlichen Verstoß Frankreichs gegen seine Empfehlungen . Und insgesamt war in diesem Teil seines Verhaltens der eingebildete Erfolg von Innozenz schlimmer als eine Niederlage. Es war ein Misserfolg in Bezug auf die hohe Würde, die er beanspruchte, noch auffälliger als der Misserfolg in Deutschland, der bereits die Unwirksamkeit spiritueller Waffen bei der Beeinflussung der Geschäfte der Welt bewiesen hatte: denn nicht nur waren alle seine Bemühungen erfolglos geblieben, bis hin zum groben Die Logik einer drohenden Invasion überzeugte Johannes – aber der Papst selbst wurde durch einen Handel, der in jeder Hinsicht unehrenhaft und unwürdig war, zu unwürdigen Taten verleitet. Wenn die Kirche der hohe und großzügige Schiedsrichter, der unparteiische Richter aller kaiserlichen Angelegenheiten sein sollte, der sie zu sein behauptete – und wer kann sagen, dass dies kein edles und großartiges Ideal war, wenn sterbliche Mächte in der Lage gewesen wären, dies umzusetzen? – Es war sicherlich nicht das letzte Mittel gegen die gerechte Bestrafung eines Verräters und Betrügers, dessen Eid an einem Tag genauso leicht widerrufen werden konnte wie das Anziehen oder Ausziehen eines Handschuhs. Es ist fast unvorstellbar, dass ein Mann wie Innozenz eine solche Unterwerfung seitens eines Mannes wie Johannes mit Freude und einem Anschein von Glauben aufgenommen hätte. Aber es ist offensichtlich, dass er dies tat, und dass der römische Hof und die römische Gemeinde dies wahrscheinlich als großes Ereignis und überwältigenden Beweis für den Fortschritt der Autorität der Kirche betrachteten.

Aber vielleicht war ein Italiener und Kirchenmann in diesen Tagen der letzte Mensch auf der Welt, der eine richtige Vorstellung davon hatte, was wir Patriotismus nennen, oder das Prinzip der Unabhängigkeit verstand, das eine Nation, selbst wenn sie in sich gespalten war, in erbitterter Opposition vereinen ließ auf Einmischung von außen. Italien war kein Land, sondern eine Reihe ständig verfeindeter Staaten und Städte, und für Innozenz war die

Kirche die einzige Institution auf der Welt, die berechtigt und berechtigt war, Gesetze für andere zu erlassen. Er nahm das Geschenk Englands fast mit Freude an, trotz allem, was er über dieses ferne und fremde Land erfahren hatte, das sich nicht für ein Interdikt interessierte, und wenn es seinen unwürdigen König unter irgendwelchen Umständen hätte lieben können, hätte es dies aufgrund seines Widerstands getan zum Papst. Und es scheint, dass der Papst ungeachtet aller gegenteiligen Traditionen und Beweise daran glaubte, dass aus dieser Oberherrschaft etwas Ernstes werden würde. Somit war Innocents Rolle in dem blutigen und schrecklichen Drama, das sich damals in England abspielte, weder edel noch würdevoll, sondern eine dürftige Rolle, die seines Charakters und seines Genies unwürdig war. Seine Einmischung zählte nichts, bis Frankreich in praktische Armeen eingriff, mit denen man rechnen musste – als die Hand, die so viele wirkungslose Blitze abgefeuert hatte, von einem Mittel feiger Verzweiflung gepackt wurde, das in Wirklichkeit nichts bedeutete und brachte. Beide Seiten wurden ihrerseits exkommuniziert und jeder religiösen Strafe ausgeliefert; aber die Gleichgültigen kämpften die Angelegenheit auf ihre eigene Art und Weise aus und regelten sie so, einmütig nur im Widerstand gegen die Gerichtsbarkeit Roms. Die heftigen Briefe des Papstes, während der Kampf immer erbitterter wurde, klangen durch das Klirren der Waffen wie die ohnmächtigen Beschimpfungen einer Frau:

„Lasst Frauen ... mit Worten kämpfen,

Mit Flüchen Priestern, aber Männern mit Schwertern.

Mögen Papst oder Prälat tun, was sie wollten, der kalte Stahl siegte.

Nicht weniger vollständig gescheitert, wenn auch mit einem schmeichelhaften Versprechen von Wohlstand und Vorteil, war der große Kreuzzug zu Innozenz' Zeiten – der sogenannte Venezianische Kreuzzug, die gewaltige Expedition, die wahrscheinlich so großartige Ergebnisse hervorbringen würde, aber so katastrophal endete. und nie einen Fuß in das Heilige Land gesetzt, das sein Ziel war. Unter allen anderen Dingen waren die Kreuzzüge das liebste Anliegen der Päpste, ob klein oder groß. Die erste Vorstellung davon entstand, wie sich der Leser erinnern wird, im Geiste Gregors VII., der sich gern an die Spitze der ersten gesetzt hätte, um den heiligen Boden, der ihn beherbergte, aus den Händen der Ungläubigen zurückzugewinnen so viele Erinnerungen. Die Idee war von jedem würdigen Papst zwischen Hildebrand und Innozenz verfolgt worden, mit schwankenden Erfolgen und Misserfolgen – zunächst im edlen und frommen Triumph, aber später mit all den Meinungsverschiedenheiten, Eifersüchteleien und inneren Kämpfen, die Armeen, die aus vielen unterschiedlichen bestanden, ausmachten und antagonistische Nationalitäten, konnten nur schwer vermieden werden. Vor Innozenz'

Amtsantritt zum Papst hatte es einen großen und schrecklichen Rückschlag gegeben, der angeblich das Herz des alten Papstes, unter dem er sich ereignete, gebrochen haben sollte und der die Christenheit mit Entsetzen, Leid und Schande erfüllte. Das heilige Gebiet, für das so viel Blut vergossen worden war, fiel erneut vollständig in die Hände der Sarazenen. Infolgedessen bestand eine der ersten Amtshandlungen von Innozenz darin, Briefe in die ganze Welt zu verschicken, in denen er zu einem neuen Kreuzzug aufrief, Fürsten und Priester gleichermaßen ermahnte, alle Mittel zu nutzen, um eine ausreichende Expedition auf die Beine zu stellen, und jede Art davon versprach spiritueller Vorteil, Nachsicht und Vergebung für diejenigen, die das Kreuz auf sich genommen haben.

Das erste Ergebnis dieser leidenschaftlichen Appelle bestand darin, den Geist bestimmter Priester in Frankreich zu entfachen, den Kreuzzug mit all der feurigen Begeisterung zu predigen, die zuerst die Christenheit geweckt hatte: und es wurde eine sehr große Expedition zusammengestellt, hauptsächlich aus Frankreich, deren Vorverhandlungen mit Der Doge und die Regierung von Venedig, um sie nach Palästina zu bringen, liefern eine der malerischsten Szenen in der Geschichte dieser großen und klugen Republik. Es war zu Beginn des dreizehnten Jahrhunderts, zu Beginn des Jahres 1201, als der Handel, der sehr hart war, abgeschlossen wurde: und im folgenden Juli sollte die Expedition in See stechen. Doch als sich die Pilger in Venedig versammelten, stellte sich heraus, dass sie trotz all ihrer Anstrengungen nicht mehr als die Hälfte der als Reisegeld vereinbarten Summe hatten. Vielleicht hatten die Venezianer dies vorhergesehen und ihre Maßnahmen entsprechend ergriffen. Auf jeden Fall einigten sie sich nach langem Streit und vielen Verzögerungen darauf, die Kreuzfahrer nur unter der Bedingung zu überführen, dass sie ihnen bei der Einnahme der Stadt Zara an der dalmatinischen Küste helfen würden, die einst unter venezianischer Herrschaft gestanden hatte, jetzt aber dem König gehörte von Ungarn und war ein Piratennest, das den Handel Venedigs behinderte und seine Kaufleute und Seeleute in ständiger Aufregung hielt. Ob Innozenz vermutet hatte, dass ein solcher Plan möglich sei, wird uns nicht gesagt, aber wenn nicht, waren seine Anweisungen an die Kreuzfahrer seltsam prophetisch. Er forderte sie auf, auf keinen Fall mit irgendeinem christlichen Volk in den Krieg zu ziehen. Wenn ihnen jemand den Weg versperrte, durften sie wie jedes andere Hindernis auch durch dieses hindurchdringen, durften aber auch in einem solchen Fall nur mit der Zustimmung des Legaten vorgehen, der sie begleitete. Der Papst fügte einen traurigen Kommentar zu den „sehr unterschiedlichen Zielen" hinzu, die sich in den Köpfen der Kreuzfahrer so oft mit dem großen und einzigen Ziel vermischten, der Befreiung des Heiligen Landes, das das wahre Ziel ihrer Expedition war; und beklagte sich traurig darüber, dass, wenn die Oberhäupter der christlichen Kirche ebenso viel Macht wie guten Willen besessen hätten, die Macht Mohammeds längst gebrochen worden wäre und viel christliches Blut unvergossen geblieben wäre.

Er hätte nicht wahrheitsgemäßer sprechen können, wenn er sich prophetisch der Probleme bewusst gewesen wäre, zu denen diese Expedition kommen würde. Im Jahr 1202 machten sich die Kreuzfahrer auf den Weg, bedeckten das Meer mit ihren Segeln, blendeten jedes Fischerboot und jeden neugierigen Kaufmann mit den Reflexen ihrer glänzenden Schilde und Schilde und erlebten eine abenteuerliche Reise, wie sie noch nie zuvor einem Kreuzfahrer widerfahren war. Die Geschichte wird auf den malerischsten und dramatischsten Seiten von Gibbon erzählt; und viele weitere Historiker haben die Geschichte wiederholt. Sie nahmen Zara und verwickelten sich, wie der Papst befürchtet hatte, mit den Ungarn, die selbst ein ritterliches Volk voller Begeisterung für das Kreuz waren, sich aber wahrscheinlich nicht ungestraft überfallen lassen würden; Dann ging er angeblich im Namen des jungen Alexis, des jungen Königs des griechischen Reiches, nach Konstantinopel – das sie nach einer wunderbaren Belagerung einnahmen und wo sie eine Beute fanden, die den großen mittellosen Herren, die es getan hatten, den Kopf verdrehte verpfändete jeden Acre und gab jede Münze für die Miete der venezianischen Schiffe und der rohen Soldaten aus, die ihnen folgten, die wahrscheinlich noch nie in ihrem Leben ein Goldstück besessen hatten, und fanden dort ungeahnte Reichtümer zu holen. Es besteht für uns keine Notwendigkeit, auf dieses außergewöhnliche Kapitel in der Geschichte des griechischen Reiches einzugehen, von dem diese Horden nördlicher Eindringlinge, obwohl sie alle christlich waren und von Anfang an ein so unterschiedliches Ziel verfolgten, Besitz ergriffen hatten – und das nicht weniger Grausamkeit und so große Raubgier, wie sie die Barbaren eines älteren Zeitalters bei der Plünderung und Zerstörung Roms an den Tag legten.

Inzwischen hörte der Papst nicht auf, gegen diese Abkehr der Expedition von ihrem rechtmäßigen Ziel zu protestieren. Der Legat hatte den Angriff auf Zara verboten, aber vergebens; Auch der Papst verbot den Angriff auf Konstantinopel vergeblich und drängte den Kreuzfahrern vergeblich mit allen Argumenten auf die Notwendigkeit, unverzüglich ins Heilige Land vorzudringen. Innozenz weigerte sich zwar nicht, seinen Anteil an den prächtigen Stoffen und Ziergegenständen zu erhalten, die ihnen für kirchliche Zwecke in die Hände fielen, und er wurde durch die fiktive Unterwerfung der griechischen Kirche und die angebliche Heilung des gespaltenen Schismas zum Schweigen gebracht Ost und West voneinander. Dennoch blickte er mit unruhigen Augen auf die Entwicklung der Dinge in Konstantinopel. Aber was konnte der Papst auf seinem fernen Sitz tun, allein bewaffnet mit den spirituellen Kräften, die selbst zu Hause diese wilden Krieger so leichtfertig beherrschten, gegen die Wut des Erwerbs, die

Aufregung der Eroberung, sogar gegen den Schwung und die Strömung der Dinge, die ihn trugen? Heerführer im Osten so viel weiter und in eine so veränderte Richtung, als sie selbst es sich gewünscht hatten? Er flehte, er befahl, er drohte: aber am Ende war er nur der Papst, fern und machtlos, der zwar exkommunizieren, aber nichts weiter tun konnte. Das Einzige, was Innozenz tun konnte, war zuzusehen, manchmal mit einem Schimmer großer Hoffnung, wie es schien, als würde die griechische Kirche zu ihm kommen, um wieder in die volle Gemeinschaft mit dem Rest der Christenheit aufgenommen zu werden: manchmal mit einer halb unwilligen Freude Als Baldwins Geschenke eintrafen, goldene Stoffe und wundervolle Stickereien, um die großen Bögen des Petersdoms und des Laterans zu schmücken, und noch einmal mit größerer Zuversicht, als Konstantinopel selbst unter demselben Balduin ein lateinisches Reich geworden war – dass es das künftig werden könnte eine Operationsbasis im Heiligen Krieg gegen die Sarazenen bilden und die Ziele des Kreuzzugs wirksamer fördern, als dies aus der Ferne möglich wäre. Inmitten all seiner Enttäuschungen und des ungeduldigen Gefühls der Sinnlosigkeit und Hilflosigkeit, das schon oft in seine Seele eingedrungen sein muss, ist es beruhigend zu wissen, dass Innozenz in diesem letzten Glauben starb und nie herausfand, wie sinnlos er war.

Es gab jedoch ein anderes großes Unterfangen seiner Zeit, bei dem der Pontifex offenbar einen größeren Einfluss hatte, auch wenn es für jeden Leser, der den Charakter und das Ideal von Innozenz respektiert, zu Herzen geht, wenn er erkennt, was das bedeutet War. Es war dieser andere, so elende und blutige Kreuzzug gegen die Albigenser, der das einzige erfolgreiche Unternehmen war, das mit einiger Gerechtigkeit der Kirche zugeschrieben werden konnte. Noch heute scheint niemand genau zu wissen, was die Häresien waren, gegen die sich die Waffen der Verteidiger der Religion richteten, weil andere Pläne scheiterten. Sie waren, wie Dissens im Allgemeinen ist, vielfältig, während die Kirche sie als eins betrachtete. Unter ihnen gab es bescheidene kleine Sekten, die nur ein reineres und wahreres Leben führen wollten als die rohen Religionisten, unter denen sie lebten; während es auch andere gab, die in verschiedenen seltsamen Formeln alle möglichen wilden Lehren vertraten: aber zwischen den armen Männern von Lyon, den Schriftlesern, deren Ziel es war, Gott in Demut zu dienen, fernab aller Pracht der Religion und der Pracht der Hierarchien – und die seltsamen manichäischen Sekten mit ihrer ausgefeilten und verworrenen philosophischen Lehre – das dreizehnte Jahrhundert kannte keinen Unterschied. Es ordnete sie alle unter dem gleichen Namen „Ketzer" ein und schrieb ihnen allen die Fehler des schlimmsten und kleinsten Teils zu. Noch im 18. Jahrhundert stellt Muratori , ein Gelehrter ohne Vorurteile, die pauschale Behauptung auf, dass sie Manichäer waren, ohne Zweifel oder Fragen. Es ist unnötig zu erwähnen, dass Feuer und Schwert nicht der Weg waren, sie von ihren Fehlern zu heilen, was auch immer sie waren; denn auch das war eine Idee, die völlig über das Verständnis der damaligen Zeit hinausging.

Als Innozenz zum ersten Mal das Papsttum antrat, wurde sein scharfes Gespür für die vielen Laster der Kirche durch die Überzeugung verstärkt, dass in bestimmten Teilen der Christenheit Irrtümer in der Lehre mit der allgemeinen Verdorbenheit des Lebens einhergingen. In einigen seiner Briefe kommentiert er die Ursachen und die zunehmende Verbreitung der Häresie eindringlich, immer mit Bezug auf die besonderen Übel, gegen die er kämpfte. „Wenn der Hirte ein Söldner ist", sagt er, „und nicht an die Herde denkt, sondern nur an sich selbst: wenn er sich nur um die Wolle und die Milch kümmert, ohne sie vor den Wölfen zu verteidigen, die sie angreifen, oder sich selbst zu einem …" Verteidigungsmauer gegen ihre Feinde; und wenn er beim ersten Geräusch der Gefahr die Flucht ergreift: Der Untergang und der Verlust müssen ihm zur Last gelegt werden. Der Hüter der Schafe darf nicht wie ein stummer Hund sein, der nicht bellen kann. Wenn die Priesterschaft sich zeigt Sie wissen nicht, wie man heilige Dinge von gewöhnlichen Dingen trennt, und ähneln jenen niederträchtigen Weinhändlern, die Wasser mit ihrem Wein mischen. Der Name Gottes wird gelästert wegen derer, die das Geld lieben, die nach Geschenken streben und die Bösen rechtfertigen, indem sie es erlauben sich von ihnen korrumpieren lassen. Die Wachsamkeit der Geistlichen der Religion kann viel dazu beitragen, das Fortschreiten des Bösen aufzuhalten. Der Bund der Ketzer sollte durch treue Unterweisung aufgelöst werden: denn der Herr wünscht nicht den Tod eines Sünders, sondern dass er sollte bekehrt werden und leben."

Es mag merkwürdig sein, hier auch die vorsichtige Äußerung von Innozenz zu zitieren, in der es um den Anspruch der frommeren Sektierer geht, alles auf die Heilige Schrift zu stützen und das Studium der Bibel zu ihrer Hauptaufgabe zu machen. In der katholischen Kirche werden immer noch dieselben Argumente verwendet, manchmal sogar in denselben Begriffen.

„Der Wunsch, die Heiligen Schriften zu kennen und aus ihrer Lehre Nutzen zu ziehen, ist lobenswert, aber dieser Wunsch darf nicht im Verborgenen befriedigt werden, noch darf er in den Wunsch ausarten, zu predigen oder die Diener der Religion zu verachten. Es ist nicht der Wille." Gottes, dass sein Wort an geheimen Orten verkündet werden sollte, wie es diese Ketzer tun, sondern öffentlich in der Kirche. Die Geheimnisse des Glaubens können nicht von jedem erklärt werden, denn nicht jeder Intellekt ist in der Lage, sie zu verstehen. Die Heiligen Schriften sind es so tiefgründig, dass nicht nur die einfachen und unwissenden, sondern auch intelligente und gebildete Männer nicht in der Lage sind, sie zu interpretieren."

Doch obwohl er so milde und offen sprach und anerkannte, dass der beste Weg, die Ketzer zu besiegen, darin bestehe, sie zu bekehren und zu überzeugen, verbarg Innozenz zu keinem Zeitpunkt seine Absicht und seinen Wunsch, das Verfahren gegen sie zu einem strengen Ergebnis zu führen. Sollte es durch irgendwelche Anstrengungen möglich sein, sie wieder in den Schoß der Kirche zu bringen, forderte er alle kirchlichen Autoritäten, alle Prediger, Priester und klösterlichen Einrichtungen auf, alles zu tun, was möglich war, um dieses große Werk zu vollbringen; Gelingt dies jedoch nicht, fordert er alle Fürsten, Herren und zivilen Herrscher dazu auf, strikte Maßnahmen zu ergreifen und sie vom Land abzuschneiden – Empfehlungen, die in dem gewaltigen und entsetzlichen Mittel eines neuen Kreuzzugs enden, eines Kreuzzugs ohne doppeltes Motiv und ohne Ziel der Wiederherstellung und Befreiung verbunden mit der Zerstörung, aber einzig und allein auf Massaker, Blutvergießen und Ruin beschränkt, ein mörderischer Krieg der schrecklichsten Art.

Es muss jedoch hinzugefügt werden, dass die Prediger, die auf Innocents Befehl hin mehr oder weniger staatlich hohe Beamte, Geistliche mit Namen und Rang aufboten, um die Ketzer durch ihre Predigten und Lehren zu überzeugen, die erste Rolle im Konflikt spielten . Seinen Erkenntnissen zufolge hat er keine Mühen gescheut, um den zum Scheitern verurteilten Sekten die Möglichkeit zur Bekehrung zu geben, wenn auch mit sehr geringem Erfolg. Zu seinen Gesandten gehörten zwei Spanier, der eine ein Bischof, der andere der große Dominikus, der Gründer des Dominikanerordens, der in der Geschichte seiner Zeit eine so große Rolle spielte. Inmitten der ineffektiven Legaten waren diese beiden geborene Missionare: Sie stellten den anderen Predigern dar, dass Demonstrationen gegen die Häresie in den Kathedralen keine Möglichkeit seien, das Volk zu erreichen, sondern dass die wahren Evangelisten ins Land gehen müssten, demütig und arm wie die Gegner wen sie überwinden mussten. Sie selbst machten sich nach der Art der Apostel barfuß auf den Weg zu ihrer Mission, ohne Gepäck oder Handtasche. Es ist seltsam, sich vorzustellen, dass in der Provence, dem Land der Troubadours, dem Land des Gesangs, wo Poesie und Liebe nach allen Traditionen der Geschichte an erster Stelle standen, die schlimmste Ketzerei im Überfluss herrschte und dass dieses strenge Paar seine Mission fortführte ! aber so war es. Toulouse, wo alljährlich die Courts of Love tagen und die Trouvères ihre Gesangsturniere abhielten, war das Zentrum der Tragödie. Aber nicht einmal diese hingebungsvollen Prediger und auch die Schar eifriger Priester und Mönche, die in ihre Fußstapfen traten, konnten ihre Mission nicht erfüllen. Das Priestertum und die Religion, die es lehrte, waren in der Provence sehr zurückgegangen, und niemand achtete auf die neuen Missionare, weder auf die Ketzer noch auf die rücksichtslose Bevölkerung in der Umgebung.

Zweifellos hatte der Papst, der Mann so vieler Enttäuschungen, sein Herz darauf gelegt, dass er dieses eine Mal nicht scheitern durfte, und sah mit schmerzendem und wütendem Herzen zu, dass all diese legitimen Bemühungen keinen Erfolg hatten. Doch erst als einer der Legaten, Pierre de Castelnau , ein äußerst vertrauenswürdiger und geehrter Mann , während seiner Mission auf heimtückische Weise getötet wurde, war Innocent völlig wach. Bislang hatte er die ganze Welt mit Exkommunikationen überhäuft, und seine Flüche waren erfolglos zu ihm zurückgekehrt. Aber zumindest bei dieser Gelegenheit hatte er eine sichere Waffe in der Hand. Der Papst rief einen Kreuzzug gegen die Ketzer aus. Er verkündete in ganz Europa, dass jeder, der dieses heilige Unternehmen unternahm, ihm so angerechnet werden sollte, als hätte er für Jerusalem gekämpft: alle Ablässe, Segnungen, Hoffnungen für den Himmel und Befreiungen für die Erde, die denen versprochen worden waren, die das Heilige liefern sollten Das Grab wurde gleichermaßen denjenigen verliehen, die nicht weiter als bis nach Südfrankreich reisten, einem der reichsten Gebiete der Christenheit, wo schöne Ländereien und edle Burgen für die Eroberung zur Verfügung standen, ohne eine stürmische Reise oder ein gefährliches Klima zu riskieren. Die Güter reueloser Ketzer wurden beschlagnahmt, und jeder konnte sich selbst bedienen, als wären sie Türken und Ungläubige. Bei keiner seiner Unternehmungen war es dem Papst so sehr ernst. In der Leidenschaft, die Innozenz hier hineinwirft, liegt etwas von der Schrillheit eines Mannes, der sich bei vielen Unternehmungen ohnmächtig gefühlt hat . „Steh auf, Soldat Christi!" er schreit zum König von Frankreich; „Steh auf, allerchristlichster Fürst! Das Stöhnen der Kirche dringt zu deinen Ohren, das Blut der Gerechten schreit: Stehe also auf und richte meine Sache. Gürtel dein Schwert um. Denke an die Einheit von Kreuz und Altar. Diese Einheit, die uns Mose, Petrus und alle Väter gelehrt haben. Lasst die Barke der Kirche nicht Schiffbruch erleiden. Auf zu ihrer Hilfe! Schlagt energisch gegen die Ketzer vor, die gefährlicher sind als die Sarazenen!"

Der Appell stieß auf zahlreiche gespannte Ohren. Viele gute und wahre Männer befanden sich zweifellos unter der Armee, die sich im glühenden Hochsommer des Jahres 1209 auf dem sanften Hügel von Hyères versammelte, mit dem Kreuz auf der Brust und dem Schwert in der Hand, geschworen, die Ketzerei auszurotten und das Land wieder unter die Herrschaft von zu bringen die wahre Religion; aber auch eine überwältigende Zahl von Menschen, die nach Beute hungerten, wie auch immer sie erlangte, und bestrebt waren, sich einen Aufstieg zu sichern, füllten die Reihen . Selbst Simon de Montfort, ihr Feldherr, der ansonsten ein guter und treuer Mann war, hatte solche Beweggründe. Die Souveränität von Toulouse schimmerte vor ihm über Meeren von Blut, das wie das Blut der Sarazenen war, nicht besser, obwohl es in den Adern der Franzosen floss; aber die Provençaux konnte man damals kaum als Franzosen bezeichnen. Sie waren bei ihren nördlichen Nachbarn ebenso beliebt wie die Engländer bei den Schotten, und der Feldzug gegen sie wurde ebenso durch Rassenunterschiede gerechtfertigt wie der Konflikt von Bannockburn.

Das folgende Kapitel der Geschichte würden wir von allen Seiten gern aus den Aufzeichnungen der Menschheit auslöschen, wenn wir könnten, und wir zweifeln nicht daran, dass der strengste Katholik ebenso wie der empörteste Protestant diesen Wunsch teilen würden ; aber das ist leider nicht möglich. Und zu dieser Zeit herrschte in keinem Menschen ein solches Gefühl. Jahrhunderte lang hielt man das Heilmittel nicht für allzu schrecklich gegen die Krankheit: und die christlichsten Seelen freuten sich über die Siege des Kreuzzugs, die zerstörten Städte und die zerstörten Nester der Ketzer. Die Ketzer selbst, die heftig litten und Vergeltungsmaßnahmen ergriffen, wenn sie konnten, hatten keine Doktrin der Toleranz untereinander und hätten eine böse Hierarchie ausgerottet und die Messe mit erhobener Hand niedergeschlagen, wie vierhundert Jahre später ihre aufgeklärteren Nachfolger taten es, als die Macht zu ihnen kam. Es gibt viele schaudernde Zuschauer, die sich jetzt vorzustellen versuchen, dass Innozenz, der so weit entfernt war, nur zur Hälfte oder gar nichts von den Gräueltaten wusste, die in seinem Namen begangen wurden; dass seine Legaten ihre Autorität überschritten, wie es häufig vorkam, und von der Aufregung des Gemetzels und dem schrecklichen Drang der Zerstörung, der wilden Tieren und Menschen gemeinsam ist, wenn diese tödliche Leidenschaft geweckt wird, mitgerissen wurden; und dass seine Generäle ihren Kreuzzug bald, wie Kreuzzüge mehr oder weniger überall durchgeführt wurden, in einen wilden Raubzug umwandelten, einen Krieg um Beute und persönliche Bereicherung. Und das alles gilt insoweit, als es zur Minderung der Schuld von Innocent beiträgt; aber das ist nicht viel, denn er war ein Mann, der mit der menschlichen Natur sehr gut vertraut war und wusste, dass solche Dinge so sein mussten.

Was Simon de Montfort und seine edlen Gefährten betraf, so waren sie, geschweige denn die ihnen unterstellten Soldaten, der gesamten edlen Ritterschaft Frankreichs überlegen, die mit so einem schönen Ziel von Venedig aus aufgebrochen, aber herbeigezogen worden war erst vor etwa sieben Jahren beiseite gelegt, um auf ihrem Weg Konstantinopel zu vernichten und auszurauben. Balduin von Flandern wurde 1204 Kaiser der großen östlichen Stadt. Simon de Montfort ernannte sich 1215 zum Grafen von Toulouse. Beide waren mit dem Segen des Papstes auf einer ganz anderen Mission ausgesandt worden, beide waren der Versuchung ihrer eigenen Größe erlegen . Aber von beiden war Simon am Ende der treuere. Auch wenn er die abscheulichsten Grausamkeiten beging oder zuließ, dass sie begangen wurden, so löschte er dennoch die Ketzerei aus. Die Provence gewann ihre Fröhlichkeit, ihre Liebeskünste und ihre Gabe des Gesangs zurück. Innocent war zum ersten Mal in seinem Leben trotz aller schrecklichen Nachteile erfolgreich bei dem Ziel, das er angestrebt hatte.

Es ist schrecklich, etwas über den mächtigsten aller Päpste sagen zu müssen, zu dessen Zeiten das Papsttum, wie uns erzählt wird, seinen höchsten Machthöhepunkt in den Angelegenheiten der Menschen erreichte: Es gelang ihm einmal, ein Land zu verwüsten und abzuschlachten Tausende seiner Bewohner im Namen Gottes und der Kirche. Alle seine Versuche, die Dinge in der Welt in Ordnung zu bringen, scheiterten. Er ernannte weder einen Kaiser, noch rettete er einen knechtischen König vor dem Untergang, noch führte er einen großzügigen Schlag für das Ziel der Begeisterung seiner Zeit, die Befreiung Jerusalems. All dies versuchte er mit größter Anstrengung und Anstrengung seiner Kräfte und noch viele mehr, scheiterte jedoch. Man kann nicht sagen, dass es nicht Wahrheit und Gerechtigkeit waren, die ihm zu allen Zeiten vor Augen standen; er war ein ehrlicher Mann und liebte kein Blutvergießen; Er hatte eine große Intelligenz, und es gibt keinen Beweis dafür, dass sein Herz kalt oder sein Mitgefühl stumpf war. Aber seine Karriere, die so oft als Beispiel für die Vormachtstellung des Papsttums angeführt wird, scheint uns der größte und vollkommenste Beweis dafür zu sein, dass eine solche Vormachtstellung unmöglich war. Hätte es geschehen können, hätte Innozenz es getan; aber es gelang ihm nicht, und in der Fülle seiner Macht scheiterte er immer wieder. Der Verdienst, den er bei der Beförderung Othos ins Reich gehabt haben könnte, schwindet, wenn wir feststellen, dass es der Zufall von Philipps Tod war und nicht die Unterstützung des Papstes, der dafür verantwortlich war. In England war seine angebliche Oberhoheit eine Farce, und alle seine Bemühungen, das Schicksal der Nation in die eine oder andere Richtung zu beeinflussen, waren wirkungslos. In Konstantinopel hatten seine Gebete, Befehle und Bitten ungefähr so viel Macht wie die Schreie einer Frau an seine eigenen Sondergesandten und Soldaten. In Frankreich hatte er tatsächlich einen kurzen Triumph und brach einer armen Frau das Herz, was jeden Tag mit viel einfacheren Methoden gelingt; obwohl sein Handeln damals der einzige moralische Triumph seiner Herrschaft war, zumindest für die Sache der Schwachen gegen die Starken. Und er erfüllte die Provence mit Blut und Elend, und wenn er die Ketzerei vernichtete, vernichtete er damit auch dieses edle und schöne Land, sein Königshaus und seine Freiheiten. Spürte er jemals den Kontrast zwischen seinen Versuchen und seinen Erfolgen? Traurte ihn das lange und schreckliche Scheitern seiner Bemühungen? Oder tröstete ihn der kleine Trost, der ihm zuteil wurde, die endgültige Rechtfertigung Ingelburgas , die fiktive Unterwerfung der griechischen Kirche, die mörderische Ausrottung der Ketzerei? War es für einen großen Mann der Mühe wert , zu ertragen und zu kämpfen, schlaflos, ruhelos und immer wachsam zu leben, jeden Winkel der Erde zu überwachen und tausend Spionageaktionen und Geheimdienste zu betreiben, und das alles nur für diesen Zweck und für nichts weiter?

Er war der größte der Päpste und erreichte den Höhepunkt der päpstlichen Macht. Er verwirklichte die Grundsätze, die Hildebrand aufgestellt hatte, und machte allen Ansprüchen, die dieser große Pontifex, ebenfalls ein zutiefst enttäuschter Mann, geltend gemacht hatte, in vollem Umfang Geltung. Gregor und Innozenz sind die beiden prominentesten Namen in den Listen des Papsttums; Sie sind die größten Generäle dieser Armee, die auf ihre Weise eine unbesiegbare Armee ist, gegen die die Pforten der Hölle nicht siegen können. Hoffen wir, dass die barmherzigen Illusionen, die die menschliche Natur am Laufen halten, sie daran gehindert haben, zu erkennen, wie gering all ihre großen Ansprüche geworden sind. Gregory, der traurig und im Exil starb, spürte es zwar mehr oder weniger, konnte es aber auf die Bosheit der Welt zurückführen, in der Wahrheit und Gerechtigkeit nicht herrschten. Und in der letzten Rede von Innozenz liegt eine tiefe Traurigkeit; Aber vielleicht war sich keiner von ihnen bewusst, welch tiefe, für die ganze Welt sichtbare Spur des Scheiterns auf ihren großen Unternehmungen zurückbleibt, die nicht der Kirche, sondern der Welt galten. Gott hatte sie nicht zu Richtern und Spaltern unter den Menschen gemacht, obwohl sie das aus tiefstem Herzen glaubten.

Für einen Autor ohne Autorität ist es vielleicht übertrieben, angesichts viel gewichtigerer Urteile eine individuelle Meinung darzulegen. Aber dieses Buch erhebt nichts anderes, als, soweit es möglich ist, einen kurzen Blick auf die individuelle Meinung und den Eindruck von Angelegenheiten zu werfen, die ansonsten für jeden außer dem gelehrtesten und bedeutendsten Historiker zu groß sind. Die Aussage von Dekan Milman , dass „es ihm (Innocent) gelungen sei, Deutschland einen Kaiser aufzuzwingen“, scheint uns mit den Tatsachen des Falles völlig unvereinbar zu sein. Aber wir würden keinen Moment so tun, als ob Milman es nicht hundertmal besser wüsste als der jetzige Autor, dessen rascher Blick auf die äußeren Aspekte der Geschichte sich natürlich für das entscheidet, was es wert ist, und nicht für mehr. Der Aspekt eines Festzuges ist für jemanden, der ihn vom Fenster aus beobachtet, jedoch manchmal eine unterhaltsame Variante, wenn man die ausführlichste Beschreibung betrachtet.

Es versteht sich, dass wir uns nicht vorstellen können, die Herrschaft dieser großen Päpste in vielen anderen Angelegenheiten als machtlos darzustellen. Sie stärkten die Autorität und Kontrolle des Heiligen Stuhls über sein besonderes und legitimes Reich, die Kirche, erheblich. Sie brachten so viele Berufungen und Hinweise auf strittige Rechts- und Moralfälle an den römischen Hof, dass sie einen wachsenden Einfluss auf die Welt ausübten wie eine unsichtbare Bewässerung, die durch alle Wurzeln und Adern der Christenheit strömte . Sie gaben den Würdenträgern der Kirche sogar so viel mehr Ansehen und Bedeutung, dass die Macht, die die großen Prälaten oft gegen sich selbst ausübten, zunahm. Aber die höchsten Ansprüche der Nachfolger Petri, der Stellvertreter Gottes, Richter und Schiedsrichter der Welt zu sein, Throne zu errichten und zu stürzen, erfüllten sich nicht. Die Päpste fühlten sich geschmeichelt durch Appelle, durch vorgetäuschte Eingaben der schwächeren Seite, sogar durch Bitten um stets bereitwillige Einmischung, die sie offenbar in gutem Glauben versucht hatten, immer im Glauben an ihre eigene Autorität. Aber am Ende wurden ihre Entscheidungen und Dekrete in imperialen Fragen wie Spreu vom starken Wind der weltlichen Macht und Politik weggeschwemmt, und die Geschichte kann nicht auf eine einzige wichtige Revolution [5] [in] den Angelegenheiten der Welt oder eines von ihnen geschaffenen separaten Königreichs hinweisen ungestützte Macht.

Der letzte große Akt in Innozenz' Leben war das im Jahr 1215 in Rom abgehaltene Konzil, das als viertes Laterankonzil bekannt ist. Es war vielleicht das größte Konzil, das jemals dort abgehalten wurde, nicht nur wegen der großen Zahl der anwesenden Geistlichen, sondern auch, weil Ost und West zum ersten Mal zusammen saßen, der Patriarch von Konstantinopel (oder besser gesagt zwei Patriarchen, denn die Wahl war). umstritten) ihren Platz darin einzunehmen, in Unterordnung unter den Papst, als hätte es das große Schisma nie gegeben. Aus allen Teilen der Erde kamen die Bischöfe und Erzbischöfe, die nicht minder bedeutenden Äbte, Prälaten, die sowohl Adlige als auch Priester waren, darunter die größten Herren ihres jeweiligen Bezirks sowie die größten Geistlichen. Innocent selbst war ein Mann von fünfundfünfzig Jahren, von äußerst gemäßigtem Leben, geistig und körperlich kräftig, wahrscheinlich jahrelang überlebend und es besser machen als jemals zuvor – und er triumphierte für den Moment so weit, dass alle Könige der Christenheit hatten Gesandte auf diesem Konzil, und alles vereinte sich, um es großartig und wichtig zu machen. Warum er die bedrohlichen Worte, die er wählte, als er sich an diese große und prächtige Versammlung in seiner eigenen besonderen Kirche und seinem eigenen Tempel wandte, umgeben von allen Symbolen der Macht und Überlegenheit, für seinen Text hätte nehmen sollen, ist unmöglich zu sagen; und man kann sich den Nervenkitzel seltsamer Ehrfurcht und Verwunderung vorstellen, der diese große Synode durchdrungen haben muss, als der Papst aufstand und von seinem königlichen Stuhl aus diese Worte verkündete, die erstmals in den Tiefen der geheimnisvollen Leidenschaft und Qual des größten Leidens der Welt geäußert wurden Erde. „Mit Sehnsucht habe ich mir gewünscht, dieses Passah mit euch zu essen, bevor ich leide." Was hatte Innocent erwartet oder befürchtet? Es gab kein Leid vor ihm, das irgendjemand kannte, kein Leid, das den Anführer der Christenheit treffen konnte, der schwermütig und deprimiert war, inmitten all seiner Wächter, geistlicher und weltlicher Art, wie er auch gewesen sein mochte. Was konnten sie denken, all diese großen Prälaten, die sich zweifellos oft missbilligend ansahen, Brüder in der Kirche, aber Feinde zu Hause? Auch die ersten Worte seiner Rede waren nicht weniger feierlich.

„Für mich ist das Leben Christus und das Sterben Gewinn. Ich würde mich nicht weigern, den Kelch des Leidens zu trinken, wenn er mir zur Verteidigung der katholischen Kirche, zur Befreiung des Heiligen Landes oder für … angeboten würde die Freiheit der Kirche, auch wenn mein Wunsch darin bestand, im Fleisch zu leben, bis das Werk, das begonnen wurde, vollendet werden sollte. Ungeachtet dessen geschehe nicht mein Wille, sondern der Wille Gottes! Deshalb sage ich: „Mit Verlangen.“ Ich habe mir gewünscht, dieses Passah mit dir zu essen, bevor ich leide.““

Diese Worte klingen in unseren Ohren, als stünde der Prediger, der sie aussprach, kurz vor dem Märtyrertod, so doch vor dem Tod und dem vorzeitigen Ende seines Wirkens. Und so war er: Obwohl es weder im Himmel noch auf der Erde oder soweit es in seinem eigenen Bewusstsein erscheint, ein Zeichen dafür gab, dass dieses Ende nahe war.

Der folgende Diskurs war in seiner Art bemerkenswert, die Art der Gelehrten und Dialektiker in seiner Form. Er begann damit, das Wort Pessach zu erklären, das seiner Meinung nach im Hebräischen „Passah“ bedeutete – in diesem Sinne des Wortes erklärte er seinen Wunsch, ein dreifaches Pessach, leibliches, geistliches und ewiges, mit der Kirche um ihn herum zu feiern.

„Ein leibliches Pessach, der Übergang von einem Ort zum anderen, um das unterdrückte Jerusalem zu befreien; ein geistliches Pessach, ein Übergang von einer Situation zur anderen zur Heiligung der Universalkirche; ein ewiges Pessach, ein Übergang von einem Leben zum anderen, zur Ewigkeit.“ Ruhm." Für das erste, die Befreiung des Heiligen Landes und des Heiligen Grabes , erklärt er nach einer feierlichen Beschreibung des Elends der versklavten Jerusalem, dass er sich in die Hände der Brüder begibt.

„Es besteht kein Zweifel daran, dass es das erste Ziel der Kirche sein sollte. Was sollen wir jetzt tun, liebe Brüder? Ich begebe mich in eure Hände. Ich öffne euch ganz mein Herz , ich wünsche euren Rat. Das bin ich.“ Ich bin bereit, wenn es Ihnen gut erscheint, auf eine persönliche Mission zu allen Königen, Fürsten und Völkern oder sogar ins Heilige Land zu gehen – und wenn ich kann, sie alle mit einer starken Stimme zu erwecken, damit sie sich erheben können Kämpfen Sie den Kampf des Herrn, um die Beleidigung zu rächen, die Jesus Christus zugefügt wurde, der aufgrund unserer Sünden aus dem Land und der Wohnung vertrieben wurde, die er mit seinem Blut gekauft und in der er alles getan hat, was für unsere Erlösung notwendig ist.

Wir , die Priester des Herrn, sollten der Erlösung des Heiligen Landes durch unser Blut und unseren Reichtum besondere Bedeutung beimessen; niemand sollte vor einem so großen Werk zurückschrecken. In früheren Zeiten sah der Herr eine ähnliche Demütigung Israels erretten es durch die Priester; denn er befreite Jerusalem und den Tempel von den Ungläubigen durch Matthias, den Sohn des Priesters Makkabäus .

ST. PETER UND DAS SCHLOSS ST. ANGELO.

Anschließend beschreibt er den spirituellen Übergang anhand des einzigartigen Symbols, das in den Prophezeiungen Hesekiels zu finden ist: der Mann , der in weißes Leinen gekleidet ist und ein *Tau* auf die Stirn all derer schrieb, die über die um sie herum begangenen Ungerechtigkeiten und Entweihungen trauerten der Tempel und die universelle Götzenanbetung — während die Vollstrecker des Willens Gottes ihm nachgingen, um den Rest zu töten. An der Anwendbarkeit dieses Bildes konnte kein Zweifel bestehen. In den Straßen von Béziers, Carcassone und Toulouse war es bereits in voller Erfüllung zu sehen , und viele der Anwesenden hatten an dem Blutbad teilgenommen. Zwar ging das Gerücht um, dass man nach den mit einem Mal gekennzeichneten Männern noch nicht einmal gesucht hatte, und einer der wunderbaren Aussprüche, die in großen Momenten irgendwie in der Luft aufzutauchen scheinen, war einem Legaten in die Wiege gelegt worden — *Tuez les alle . Dieu reconnaîtra les siens* — ein Satz, der wie das „Auf, Wachen und auf sie!“ lautet. von Waterloo soll keinerlei historische Grundlage haben. Innocent stellte jedoch klar, dass nicht nur jeder gute Katholik mit dem *Tau* gekennzeichnet sein sollte, sondern auch, dass die bewaffneten Männer, die er mit den Priestern identifiziert, seine eigene große Armee, um ihn herum saßen, Männer, die bereits das Blut fließen sahen und Die Flammen entstehen, sie sollen zuschlagen und nicht verschonen.

„Dann wird dir befohlen, durch die Stadt zu gehen; gehorche dem, der dein oberster Pontifex ist, als deinem Führer und deinem Herrn – und schlage durch Interdikt, durch Suspendierung, durch Exkommunikation, durch Beraubung zu, je nach der Schwere der Schuld. Aber tu es Kein Schaden für diejenigen, die das Malzeichen tragen, denn der Herr sagt: „Verletze die Erde nicht, weder das Meer noch die Bäume, bis wir die Diener Gottes auf ihre Stirn gesiegelt haben." An anderen Stellen heißt es: „Lass dein Auge keinen Menschen verschonen, und lass es keine Akzeptanz von Menschen unter euch geben", und an einer anderen Stelle: „Schlage, um zu heilen, töte, um Leben zu geben."

Das waren die Gefühle des Papstes, und sie entsprachen denen seiner Zeit; Wir alle wissen, wie viele Jahrhunderte es gedauert hat, sie zu modifizieren. Mindestens vierhundert Jahre, um den praktischen Eifer der Verfolgung zu mildern – denn die Theorie stirbt nie. Aber es liegt gleichzeitig etwas Wildes in der Inbrunst einer solchen Ansprache an all diese Männer des Friedens. Es ist vielleicht eine leichte Abwandlung, dass es wie Hesekiel die Priester selbst sind , die Bewohner des Tempels, die ihn mit falschen Göttern und Abscheulichkeiten füllen, die er besonders bedroht. Unter den abgeschlachteten Bürgern dieser unglücklichen Städte der Provence befanden sich jedoch, soweit es den Anschein hat, nur wenige Priester.

Der Rat reagierte auf die kompromisslosen Anweisungen seines Oberhauptes, indem er viele strenge Verordnungen gegen Ketzer in die Gesetze der Kirche aufnahm; ihr Besitz sollte beschlagnahmt werden, sie sollten aus ihren Häusern und Besitztümern vertrieben werden; Jeder Fürst, der sich weigerte, gegen sie vorzugehen, sollte exkommuniziert und sein Volk von seinem Treuegelübde befreit werden. Wer es wagte, ohne Erlaubnis des Papstes zu predigen, wurde ebenfalls mit der Exkommunikation belegt. Es folgten zahlreiche Gesetze zur besseren Regulierung der Kirche selbst, denn Innozenz hatte immer anerkannt, dass die Weltlichkeit der Kirche und das Versagen des Klerus, ein hohes Ideal des christlichen Lebens aufrechtzuerhalten, die Hauptursache für Häresie waren. Das Konzil verweigerte den Priestern auch sehr entschieden die weltliche Autorität. Der Klerus hatte seinen Wirkungsbereich, die Laien den ihren; Diese Sphären waren getrennt, sie waren füreinander unantastbar. Es ist wahr, dass dieser Grundsatz hauptsächlich mit der Absicht eingeführt wurde, den Klerus von der Notwendigkeit zu befreien, sich vor Zivilgerichten zu verantworten; aber logischerweise geht es in beide Richtungen. Die Juden, denen gegenüber Innozenz gerecht und sogar gnädig gewesen war, wurden ebenfalls behandelt und mit neuen und strengen Auflagen belegt, vor allem offenbar wegen der Erpressungen, die sie an bedürftigen Kreuzfahrern praktizierten, die um jeden Preis Vorschüsse für sie verschaffen wollten Ausrüstung. Es wurden auch verschiedene Lehrfragen sowie viele Fragen des Ranges und der Vorrangstellung in der Hierarchie entschieden und die beiden neuen Mönchsorden des Heiligen Franziskus und des Heiligen Dominikus gegründet. Es erübrigt sich, eine Liste darüber hinzuzufügen, wer exkommuniziert wurde und wer weltweit getadelt wurde. Zu den ersteren gehörten die Barone von Magna Charta und Ludwig von Frankreich, der Sohn von Philipp Augustus, die auf ihren Ruf und zu ihrer Erleichterung nach England gegangen waren, eine Bewegung, die Innozenz selbst vor der Unterwerfung von König Johann ins Leben gerufen hatte. Wie üblich nahm keiner von ihnen Notiz von dem Anathema, obwohl sich bald andere Kombinationen ergaben, die ihre Allianz zerbrachen.

Das große Ereignis des Konzils war jedoch die Berufung der verlorenen Herren der Provence gegen die Anführer des letzten Kreuzzugs. Raymond von Toulouse erschien in Begleitung der Grafen von Foix und Comminges vor dem Pontifex und dem Obersten Gerichtshof der Kirche, um Klage gegen Simon de Montfort einzureichen, der allen drei Ländereien und Souveränitäten entzogen hatte. Es kam zu einer großen gegenseitigen Beschuldigung zwischen den beiden Seiten, die beide so stark vertreten waren. Die entthronten Fürsten beschuldigten ihre Eroberer mit der Heftigkeit von Menschen, denen Unrecht getan und ausgeraubt wurde; und ein so blutbefleckter Prälat wie Bischof Fulko von Toulouse wurde als Anwalt auf der anderen Seite aufgestellt. „Sie sind die Todesursache einer Vielzahl katholischer Soldaten", rief der Bischof, „ von denen allein in Montjoye sechstausend getötet wurden ." „Nein, eher", antwortete der Comte de Foix, „es ist Ihre Schuld, dass Toulouse geplündert und 10.000 Einwohner getötet wurden." Solche Klagegründe sind vor jedem Gericht seltsam; Sie waren in einem Konzil der Kirche völlig neu. Die Fürsten selbst, die auf diese Weise dem Papst ihr Unrecht vorlegten, erwiesen sich nicht als Ketzer, oder wenn sie jemals im Glauben gewankt hatten, waren sie jetzt durchaus bereit zu gehorchen; und Innozenz selbst musste zugeben: „Da die Grafen und ihre Gefährten versprochen haben, sich jederzeit der Kirche zu unterwerfen, können sie nicht ohne Ungerechtigkeit ihrer Fürstentümer beraubt werden." Aber die Äußerung war, wie man wohl verstehen kann, schwach und erstickt durch die Unmöglichkeit, Simon de Montfort anzuprangern, den Anführer eines von der Kirche ins Leben gerufenen Kreuzzugs, den Hauptmann der christlichen Armee. Es könnte sein, dass er seinen Auftrag überschritten hatte, dass die Legaten ihre Anweisungen missverstanden hatten und dass alle Führer, sowohl die weltlichen als auch die geistlichen, von der schrecklichen Aufregung und Leidenschaft des Blutvergießens mitgerissen worden waren: aber dennoch war es unmöglich, dies zu leugnen Hauptmann, der dieses Unternehmen als wahrer Sohn der Kirche in Angriff genommen hatte, obwohl er es im Geiste (was unter Söhnen der Kirche nicht ungewöhnlich war) eines unersättlichen Räubers und Eroberers geendet hatte. Schon beim ersten Kreuzzug hatte die Profitgier die edlen Ziele verdreht: Was für ein Wunder, dass sie sich bei den Eindringlingen nach Ländern, die so reich und verlockend waren wie die der fruchtbaren und sonnigen Provence, zu einem feurigen Durst entwickelten. Und der Papst konnte sich nicht gegen seinen eigenen Verfechter aussprechen. Am liebsten hätte er auch Raymond von Toulouse und Simon de Montfort bewahrt – aber das war unmöglich. Und der Rat entschied mit großer Mehrheit, dass Raymond zu Recht seiner Ländereien beraubt worden sei und dass Simon, der neue Graf, ihr rechtmäßiger Besitzer sei. Der Verteidiger von Innozenz kann nur sagen, dass der Papst diesem Urteil nachgegeben und es sanktioniert hat, damit die Bischöfe von Frankreich nicht entfremdet und gleichgültig gegenüber dem großen Kreuzzug gemacht werden, auf den sein Herz gerichtet war und den er selbst gerne geführt hätte, wenn die Vorsehung ihn getroffen hätte ließ es so zu.

Zu dieser blutigen und schrecklichen Geschichte gibt es einen höchst merkwürdigen Nachtrag. Der junge Raymond von Toulouse, dessen Schicksal selbst den Ratsmitgliedern, die schließlich seinen Entzug bestätigten, ein trauriges Schicksal erschien, erregte die besondere Aufmerksamkeit – es wird nicht gesagt, wie, wahrscheinlich durch eine jugendliche Anmut der Einfachheit oder eine galante Miene – von Innocent, der ermahnte ihn, Mut zu fassen, und versprach, ihm bestimmte Ländereien zu geben , damit er noch als Prinz leben könne. „Wenn ein weiteres Konzil abgehalten werden sollte“, sagte der Papst mit einer seltsamen Kasuistik, „können die Klagegründe gegen Montfort angehört werden.“ „Heiliger Vater“, sagte der junge Mann, „habe mir keine Groll, wenn ich meine Fürstentümer vom Grafen von Montfort oder den anderen, die sie besitzen , zurückgewinnen kann .“ „Was auch immer du tust“, sagte der Papst fromm, „möge Gott dir die Gnade geben, dass du es gut beginnst und noch besser zu Ende bringst.“ Innocent ist kaum ein Mann, der ein Lächeln duldet. Wir wagen nicht einmal, uns einen Anflug von Humor in diesem strengen Gesichtsausdruck vorzustellen; Aber die fromme Hoffnung, dass dieser schöne Jüngling vielleicht seinen Eroberer besiegen könnte, der der wahre Vorkämpfer und Anführer der vom Papst angeordneten Armee des Herrn war, ist in der Tat bemerkenswert.

Das große Ereignis des Konzils war vorüber, das Gerücht vom neuen Kreuzzug, den der Papst selbst anführen wollte und für den er inzwischen Himmel und Erde in Bewegung setzte, begann Europa zu erregen. Wenn er vielleicht bisher nur wenig von all dem erreicht hatte, was er erhofft hatte, so blieb doch etwas Großes übrig, das Innocent noch erreichen konnte. Er

begab sich auf eine Reise durch die großen italienischen Städte, um ihre
Begeisterung zu wecken und sie, wenn möglich, dazu zu bewegen, zunächst
ihre gegenseitigen Feindseligkeiten aufzugeben und dann die notwendigen
Schiffe bereitzustellen und mit dem nötigen Geld zu helfen das große
Unterfangen. Der erste Scheck kam von Pisa, das alles tun würde, was der
Papst wollte, außer auf seinen Hass gegen Genua zu verzichten oder seine
Rache aufzugeben. Innozenz war in Perugia auf dem Weg nach Norden, als
diese Nachricht eintraf, die ihn beunruhigte; aber sie kam nicht unerwartet,
und es war auch nichts darin, was seinen Geist überwältigen könnte. Es war
Juli, und er fühlte sich auf diesem Hügel sicherer und wohler, als er es in
seinem Haus am Lateran in der Hitze des Sommers gewesen wäre; und ein
Fieberanfall ist zu dieser Jahreszeit eine einfache Sache, mit der der
gewöhnliche Römer ohnehin gerechnet hat besonderer Alarm. Er hatte, wie
uns erzählt wird, eine große Vorliebe für Orangen und aß sie trotz seiner
Krankheit weiter, obwohl man sich kaum vorstellen kann, welchen Schaden
die Orangen anrichten könnten. Doch die Stunde war gekommen, die
Innozenz vielleicht dunkel vorhergesehen hatte, als er sich unter all seinen
Bischöfen und Fürsten in der großen Laterankirche erhob und, ohne etwas
zu wissen, von seinem hohen Präsidialstuhl aus die letzten Worte unseres
Herrn aussprach: „Mit Verlangen." Ich habe mir gewünscht, dieses Passah
mit dir zu essen, bevor ich leide. Man fragt sich, ob sein Text zu ihm
zurückkam, ob er sich in seinem Herzen fragte, warum seine Lippen
unversehens diese schicksalhaften Worte hätten aussprechen sollen, und ob
die Bitterkeit dieses Rückzugs aus allen Hoffnungen und Projekten, obwohl
er noch voller Kraft und Leben war, schmerzlich war an die er seine Hand
gelegt hatte, lastete schwer auf ihm? Er hatte sie in der stillen und atemlosen
Stille dieser herrlichen Menschenmenge in den roten Tagen des Spätherbstes,
dem Martinsfest in Rom, verkündet: und das Jahr war noch nicht vorbei, als
er bei dem Sommerwetter in Perugia „litt". „– wie er es getan hatte – aber
vielleicht nicht vorhergesehen hatte.

So endete ein Leben voller Anstrengung und Kraft, ein Leben der
Enttäuschung und des Scheiterns, voller Mühe, voller Ehrgeiz, der höchsten
Ziele und der konsequentesten Absicht – aber es endete im Nichts, erfüllte
kein hohes Ziel und, außer im eine schreckliche Episode des Blutvergießens
und der Zerstörung, von der sein Name niemals losgelöst werden kann, und
die keine Veränderung in der Welt herbeiführte, die er in jeder Hinsicht zu
verändern oder zu erneuern versucht hatte. Noch nie wurde so viel versucht,
mit so geringem Ergebnis. Er beanspruchte die Macht, zu binden und zu
lösen, zu errichten und niederzureißen, über jede umstrittene Sache zu
entscheiden und jede Kontroverse beizulegen. Aber es gelang ihm nur eine
gute Tat, nämlich den König von Frankreich zu zwingen, eine ungeliebte und
eine kranke Frau zu behalten, und den Namen der Heiligen Kirche zum
Nutzen vieler blutrünstiger Partisanen in einer zerstörten Provinz in Blut zu

drucken , aber niemals zu seinem eigenen oder zu irgendeiner Sache , die als Gerechtigkeit oder Wahrheit angesehen werden könnte. Man sagt, dies sei das Zeitalter der Geschichte gewesen, in dem die Macht der Kirche am höchsten war und Innozenz ihr stärkster Herrscher war; Aber das war alles, was er mit seinen großen Kräften, seinem unnachgiebigen Charakter und allen Kräften, die ihm zur Verfügung standen, erreichen konnte. Er war auf seine Weise ein großer Mann, und seine Absichten waren nie unehrenhaft; Aber das war alles: Und in der Geschichte gibt es keine traurigere Seite als die, die von einem der größten aller Pontifikate und dem stärksten Papst berichtet, den die Geschichte je gekannt hat.

Während der gesamten Papstherrschaft Innozenz ' hatte er trotz seines anfänglichen Erfolgs mehr oder weniger Krieg mit seinen Bürgern geführt. Rom murmelte um ihn herum, war nie zufrieden und brach gelegentlich in Wutanfälle aus, die, wenn nicht sogar eine völlige Revolte, so nahe daran waren, den Rückzug des Papstes in seinen Heimatort Anagni oder einen anderen ruhigen Wohnsitz nahe zu legen, bis sich der Tumult beruhigte runter. Der größte Aufruhr ereignete sich beim Erwerb bestimmter Grundstücke in Rom durch den unpopulären Weg der Zwangsvollstreckung von Hypotheken durch den Bruder des Papstes Richard, gegen den zweifellos eine Geschichte von Wucher oder Unterdrückung, entweder real oder erfunden, vorgebracht wurde Erwecken Sie die Emotionen des Volkes: Und in diesem Fall hatte Innozenz' Rückzug eher den Charakter einer Flucht. Das Papa-Re war im 13. Jahrhundert sicherlich keine beliebte Institution. Dieserselbe Bruder Richard erhielt viele Gaben, was den großen Zorn und das Misstrauen des Volkes erregte, und er war es, der mit Geld, das ihm, wie es heißt, aus „der Schatzkammer der Kirche" gegeben wurde, den großen Torre dei Conti errichtete , das viele Generationen lang stark und mürrisch in der Nähe der Titusthermen und in leichter Reichweite des Laterans stand, „zur Verteidigung der Familie", eine Verteidigung , für die es nicht immer geeignet war. Innozenz gewährte seinem Bruder später ein wertvolles Lehen in der Romagna, und er war im Allgemeinen keineswegs gleichgültig gegenüber seiner Verwandtschaft. Alles, was seine wärmsten Verteidiger in dieser Hinsicht tatsächlich für ihn sagen können, ist, dass er seine Hingabe an die Interessen der Conti durch große Liberalität gegenüber Rom wettmachte. In einer Not- und Hungersnot ernährte er täglich achttausend Menschen, und die Armen hatten zu jeder Zeit ein Recht auf die Reste, die von seinem eigenen Tisch übrig blieben – was jedoch vielleicht keine große Sache war, da sein Lebensunterhalt sehr einfach war.

Was noch wichtiger war: Er baute das große Krankenhaus Santo Spirito, das mehrere Jahrhunderte zuvor vom englischen König Ina zum ersten Mal gegründet worden war. Es handelte sich noch immer um eine der größten Wohltätigkeitseinrichtungen der Welt Pilger seines Landes. Die Ecclesia in

Saxia , die wahrscheinlich in diesen Tagen aufgegeben wurde, als England
normannisch geworden war, bildete den Keim des großen Gebäudes, das
später von verschiedenen nachfolgenden Päpsten erweitert wurde. Es soll
heute über 1.600 Betten verfügen und im Notfall fast die doppelte Anzahl an
Patienten aufnehmen können und ist oder war eine Art Vorsehung für die
arme Bevölkerung Roms. Es war auch Innozenz, der mit dem Bau oder
besser gesagt mit dem Wiederaufbau begann, denn auch in diesem Fall gab
es ein altes Gebäude, den Vatikan, der jetzt Sitz und Titel des päpstlichen
Hofes ist – und hielt es für zweckmäßig, dass es ein Haus geben sollte, das
empfangsfähig war die Päpste in der Nähe der Kirche St. Peter und Paul, das
Grab und Heiligtum der Apostel. Es wird nicht angenommen, dass das
heutige Gebäude irgendetwas von der Arbeit aus dieser frühen Zeit bewahrt
hat, aber Innozenz muss diese beiden großen Gebäude überwacht haben,
und zwar auf diese Weise, ebenso wie viele Kirchen, die er baute oder
umbaute, und einige, die er ausschmückte Er trug seinen Teil zum
Wiederaufbau und zur Verschönerung jenes mittelalterlichen Roms bei, das
nach langem Verfall und viel Vernachlässigung sowie dem massiven Raub
der Steine der älteren Stadt bereits begann, sich aus der Welt zu erheben
Asche der Antike.

ALLES, WAS VOM GHETTO ÜBRIG IST.

also mit einer Hand – nicht unehrlich, im Interesse seiner Familie – sich aneignende Lehen und Gunstbezeigungen aneignete, die wahrscheinlich nicht besser hätten gewährt werden können, zumindest für die Sicherheit des regierenden Papstes –, gab er mit der anderen Hand großzügig und intelligent: Beratung über die Bedürfnisse der Menschen und Untersuchung ihrer besten Interessen. Dennoch schien er nie beliebt gewesen zu sein. Seinem Geist mangelte es wahrscheinlich an der Gutmütigkeit, die die Menge versöhnt. Allerdings wird uns erzählt, dass er öffentliche Feiern liebte und private Fröhlichkeit nicht missbilligte. Es ist offensichtlich, dass sein Herz für den jungen Raymond von Toulouse gerührt war, den er maßgeblich an der Plünderung seiner Ländereien beteiligte, den er aber in seinem Bemühen segnete, seinerseits den orthodoxen und rechtschaffenen Plünderer zu plündern. Er war weder unfreundlich, noch geizig, noch luxuriös. „Der Ruhm seiner Taten erfüllte die große Stadt und die ganze Welt", heißt es in seinem Epitaph. Zumindest hatte er das Verdienst, der größte aller Päpste zu sein und derjenige, unter dem, wie allgemein anerkannt ist, die päpstliche Macht ihren Höhepunkt erreichte. Der Leser muss beurteilen, inwieweit dieser Höhepunkt der Macht das Gesagte rechtfertigte.

Buch III.
LO POPOLO: UND DER VOLKSTRIBUNE.

AM TIBER.

KAPITEL I.
ROM IM VIERZEHNTEN JAHRHUNDERT.

Als der päpstliche Sitz nach Avignon verlegt wurde und Rom sich selbst und der schwankenden Volksregierung, die kaum mehr bedeutete als ein schwankendes Machtgleichgewicht zwischen zwei großen Familien, überlassen wurde, wurde der Zustand der alten Kaiserstadt immer ungeordneter, turbulenter und anarchischer als in fast jeder anderen Stadt Italiens, was viel bedeutet. Alle anderen verfügten zumindest über die Traditionen einer etablierten Regierung oder einer starken Tyrannei: Rom allein hatte nie Frieden geherrscht und wusste kaum, wie es sich gegen irgendeinen Einfluss verhalten sollte. Sie hatte ihre Päpste fast vom Beginn ihrer Macht an bekämpft, manchmal verzweifelt, manchmal nur gefangen mit der halb unterdrückten Rebellion der Verärgerung; und ihre Söhne waren seit langem in eine Vielzahl von Parteien aufgeteilt, von denen jede einem der Adligen gehörte, die ihre Festungen zwischen den klassischen Ruinen errichteten und der Welt aus den unzerstörbaren Überresten der von den Cäsaren errichteten Mauern heraus trotzten . Eine große Familie nach der anderen verschanzte sich in diesen Denkmälern der Antike. Das Kolosseum war einst die Festung des großen Colonna: Stefano, das Oberhaupt dieses Namens, bewohnte zu einer anderen Zeit das große Gebäude, das als Theater des Marcellus bekannt war, und füllte mit seinen Gefolgsleuten ein ganzes Viertel. Die Burg St. Angelo mit ihren verschiedenen Türmen war die Heimat der Orsini; und diese beiden Häuser teilten die Macht mehr oder weniger untereinander auf, wobei die anderen Adligen der einen oder anderen Partei angehörten. Selbst inmitten der Unruhen von Florenz gab es immer den Schatten eines Prinzips, einer vermeintlichen oder wirklichen Sache, in deren Namen eine Partei eine andere *fuori* aus der Stadt vertrieb. Aber in Rom nahm sogar der große Streit zwischen Guelfen und Ghibellinen einen fast ausschließlich persönlichen Charakter an und steigerte den ständigen Aufruhr. Die Vasallen des Papstes standen weder auf der Seite des Papstes, noch waren sie gegen ihn,

Nicht Furon rebelli

Nè fur fedeli a Dio , mà per sé foro .

Die Gemeinschaft wurde durch bloße persönliche Streitigkeiten zerstreut, durch die Fehden der großen Häuser, die ihre Herren waren, aber sie rissen nur auseinander und schützten oder förderten den Wohlstand dieser größten italienischen Stadt, die in ihrer elenden Inkompetenz und ihrem Aufruhr lange Zeit bestand, weder Zeit am wenigsten unter ihnen.

Der anonyme Historiker, der uns die Geschichte von Cola di Rienzi hinterlassen hat, liefert uns das lebendigste Bild der Stadt, in der in seinen knappen und lebendigen Berichten das ständige Geräusch einer herbeistürmenden, halbbewaffneten Menge, von Schlägen, zu hören ist scheinen willkürlich zu fallen, und Trompeten, die ertönen, und Glocken, die läuten, um das Volk zu rufen – ein Wort, das so sehr missbraucht wird – bei hundert unbedeutenden Gelegenheiten, mit wenig Blutvergießen, das man sich vorstellen kann, aber einem ständigen Hin- und Hereilen und Aufruhr aller die gewöhnlichen Lebensgewohnheiten. Wir brauchen uns nicht auf eine Diskussion darüber einzulassen, wer dieser anonyme Autor war. Er ist der einzige zeitgenössische Historiker von Rienzi, und seine Erzählung scheint wahr zu sein. Er erzählt die Dinge, die er gesehen hat, mit einer Geradlinigkeit und Einfachheit, die sehr überzeugend sind. „Ich werde mit der Zeit beginnen", sagt er, „mit der Zeit, als diese beiden Barone (die Oberhäupter der Häuser Colonna und Orsini) vom Volk Roms zu Rittern ernannt wurden. Doch", fügt er im Nachhinein hinzu: „Das werde ich." Beginnen Sie nicht mit einem Bericht darüber, denn ich war damals in einem zu zarten Alter, um klares Wissen darüber zu haben. Somit ist unser Historiker nichts anderes als ein Augenzeuge, der sich jedes Vorfalls sehr genau bewusst ist und die Ereignisse und die vorbeiziehenden Menschenströme mit dem nie nachlassenden Interesse eines wahren Chronisten beobachtet. Wir können den Vorfall, mit dem er tatsächlich beginnt, als Beispiel für seine Methode anführen: Seine Sprache ist das Italienisch Roms, eine lokale Version, die jedoch kaum als *Patois* bezeichnet werden kann: Sie bereitet dem mäßig gebildeten Leser vom ersten Moment an kaum Schwierigkeiten Ich vertraue jedoch darauf, dass er freundlicherweise Verständnis dafür haben wird, dass die Exzentrizitäten vom Chronisten stammen und nicht von Fehlern der Presse.

„Womit soll ich neu beginnen? Ich werde mit der Zeit von Jacopo di Saviello beginnen. Nachdem er allein durch die Autorität von König Robert zum Senator ernannt worden war, wurde er von den Syndiks, die Stefano de la Colonna, Herr, waren, aus dem Kapitol vertrieben von Palestrina, und Poncello und Messer Orso , Herr der Burg von St. Angelo. Diese beiden gingen zu den Aracœli , und das Läuten der Glocke versammelte das Volk, halb Kavallerie, halb zu Fuß. Ganz Rom war unter Waffen. Ich erinnere mich daran Sowie in einem Traum. Ich war in Santa Maria del Popolo (di lo Piubbico). Und ich sah die Reihe der Reiter vorbeiziehen, die auf das Kapitol zugingen: kraftvoll und stolz marschierten sie. Die Hälfte von ihnen war gut beritten, die andere Hälfte war beritten Der letzte von ihnen trug (wenn ich mich recht erinnere) eine Tunika aus roter Seide und eine Mütze aus gelber Seide auf dem Kopf und trug einen Schlüsselbund in der Hand. Sie gingen die Straße entlang am Brunnen vorbei, wo die wohnten Ferrari, an der Ecke des Hauses von Paolo Jovenale . Die Schlange war lang. Die Glocke läutete und die Leute bewaffneten sich. Ich war in Santa Maria di lo Piubbico . Diese Dinge habe ich mit meinem Siegel (als Zeuge) versehen. Jacopo di Saviello , Senator, war im Kapitol. Er war von allen Seiten mit Befestigungen umgeben, aber es nützte ihm nichts, sich zu verschanzen, denn Stefano, sein Onkel, und Poncello , der Syndikus von Rom , zogen hinauf, nahmen ihn sanft bei der Hand und setzten ihn dort auf sein Pferd Es besteht möglicherweise keine Gefahr für seine Person. Da war einer, der dachte und sagte: „Stefano, wie kannst du deinen Neffen so beschämen?" Die stolze Antwort von Stefano war: „Für zwei Pfennig Wachs werde ich ihn freilassen – aber die zwei Pfennig kamen nicht zurück."

Jacopo di Saviello , der so als Kandidat des Königs von Neapel beschrieben wird, ist eine Person ohne große Bedeutung, deren Individualität zu berühren zu weit gehen würde. Er erscheint später als die rechte Hand seiner Cousine Sciarra Colonna, und der Vorfall hat zweifellos einen Zusammenhang mit der folgenden Geschichte: Wir zitieren ihn jedoch lediglich als Veranschaulichung des Zustands Roms zu Beginn des 14. Jahrhunderts. Im September des Jahres 1327 ereignete sich in der Geschichte der Stadt eine Episode, die viele bemerkenswerte Szenen hervorbrachte. Die Stadt Rom hatte in einer ihrer vielen Launen die Partei Ludwigs von Bayern übernommen, der zum großen Missfallen des damals in Avignon regierenden Papstes Johannes XXII. zum Kaiser gewählt worden war. Dem Chronisten zufolge schickte der Papst, obwohl dies in anderen Geschichten nicht erwähnt wird, seinen Legaten in Begleitung des „Principe de la Morea" und einer beträchtlichen Armee nach Rom, um die Aufnahme von Il Bavaro, so wie er ist, dort zu verhindern genannt, der damals mit viel Erfolg und Triumph seinen Weg durch Italien machte. Zu diesem Zeitpunkt scheint es zu einer völligen Revolution in der Meinung Roms gekommen zu sein, und der Tag, an dem für das Lösegeld von Saviello kein Wachs im Wert von zwei Pennys zu bekommen war, geriet unter der vorübergehenden Herrschaft von Sciarra Colonna, der einzigen , in Vergessenheit seine Familie, die ein Ghibellin war und stark für Ludwig von Bayern eintrat und alle Traditionen seines Hauses ablehnte. Unser Chronist, der sehr unparteiisch ist und uns keine Auskunft über seine eigene Meinung gibt, verachtete die Partei des Papstes keineswegs. Vor Rom trafen, wie er uns erzählt, „siebenhundert Reiter und Fußsoldaten ohne Ende ein. Alle Barone des Hauses Orsini" und viele andere bemerkenswerte Persönlichkeiten: und die ganze Armee war *molto bella e bene acconcia* , gut ausgerüstet und schön erblicken. Diese Streitmacht erlangte Besitz von der leonischen Stadt, drang nicht durch die bewachten Tore, sondern durch die zerstörte Mauer ein und besetzte den Raum zwischen diesem Punkt und dem Petersdom, feierte „granne *festa* " und erfüllte die Luft mit dem Klang ihrer Trompeten und alle Arten von Musik.

„Aber als Sciarra , der kühne Kapitän (*Franco Capitano*), davon hörte, beunruhigte ihn das überhaupt nicht. Sofort bewaffnete er sich und ließ die Glocke läuten. Es war Mitternacht und die Männer waren im ersten Schlaf. Ein Bote mit einer Trompete wurde durch die Stadt geschickt und verkündete, dass sich jeder bewaffnen solle, dass der Feind durch die Tore (*in Puortica*) eingedrungen sei und dass sich alle auf dem Kapitol versammeln müssten. Die schlafenden Leute erwachten schnell und jeder ergriff seine Waffen. Cossia war der Name des Ausrufers. Die Glocke läutete heftig (*terribilmente*). Das Volk ging zum Kapitol, sowohl die Barone als auch das Volk: und der gute Capitano wandte sich an sie und sagte, dass der Feind gekommen sei, um die Frauen von Rom zu beleidigen Die Leute waren sehr aufgeregt. Sie wurden dann in Gruppen aufgeteilt, von denen er selbst Kapitän war. Jacopo Saviello war an der Spitze der anderen, die zum Tor von San Giovanni geschickt wurden, das damals Puorta Maggiore hieß. Und das geschah, weil Sie wussten, dass der Feind in zwei Parteien gespalten war. Aber es geschah nicht so. Als Jacopo das Tor erreichte, fand er niemanden. Andererseits _ Sciarra ritt mit seinen Baronen. Großartig war die Gesellschaft der Reiter. Sieben Rioni hatten sich zu den Waffen erhoben und das Volk war unzählig. Sie erreichten das Tor von San Pietro. Ich erinnere mich, dass in jener Nacht ein römischer Ritter, der zur Brücke geritten war, die Trompeten des Feindes hörte, und in dem Wunsch zu fliehen, von seinem Pferd sprang und es zu Fuß verließ . Ich weiß, dass es nicht an Angst mangelte (*non habe carestia di paura*). Als die Leute die Brücke erreichten , war es bereits Tag, die Morgendämmerung war angebrochen. Dann befahl Sciarra , das Tor zu öffnen. Der Andrang war groß, und die Feinde waren sehr beunruhigt, als sie die Anzahl der Wimpel auf der Brücke sahen, denn sie wussten, dass es auf jedem Wimpel fünfundzwanzig Mann gab. Dann wurde das Tor geöffnet. Der Rione von Li Monti ging zuerst: Die Menschen füllten die Piazza des Castello: Sie waren alle in der richtigen Reihenfolge aufgestellt, sowohl Soldaten als auch Menschen.

„Jetzt sah man das Rauschen der Pferde, eines auf dem anderen. Eins gab, ein anderes nahm (*che dao , che toll*), toll war der Lärm, toll war die Begegnung. Auf dieser und jener Seite erklangen Trompeten. Einer gab, ein anderer nahm. Sciarra und Messer Andrea di Campo di Fiore standen sich gegenüber und beschimpften sich lautstark. Dann brachen sie ihre Lanzen aufeinander, dann schlugen sie mit ihren Schwertern: Keiner wollte weniger haben als das Leben des anderen. Dann trennten sie sich und kehrten jeder zu seinem Volk zurück. Es gab heftige Schwert- und Lanzenschläge, und einige fielen. Man konnte sehen, dass es ein grausamer Kampf war. Die Menschen in Rom schwankten hin und her wie Wellen des Meeres. Aber es war der Feind, der nachgab, das Volk eroberte die Mitte der Piazza. Dann geschah etwas Seltsames. Einer namens Giovanni Manno aus der Colonna trug das Banner des römischen Volkes. Als er zum großen Brunnen kam, der sich auf der

Piazza vor dem Gefängnis befand, wo sich die zerbrochene Mauer befand, nahm er das Banner und warf es in den Brunnen. Und das tat er, um das Volk Roms zu entmutigen. Der Verräter hatte es verdient, sein Leben zu verlieren. Die Römer verloren jedoch nicht den Mut, und bereits begann der Fürst von Morea nachzugeben. Er musste entweder fliegen oder getötet werden. Dann tröstete Sciarra de la Colonna, wie eine gute Mutter mit ihrem Sohn, die Menschen und sorgte dafür, dass alles gut ging, so viel Verstand zeigte er. Außerdem wurde noch eine weitere Neuheit gemacht. Ein großer Mann von Rom (Cola de Madonna Martorni de li Anniballi war sein Name) war ein sehr mutiger und junger Mensch. Er hatte den Wunsch, den Prinzen selbst gefangen zu nehmen. Er gab seinem Pferd die Sporen und durchbrach die Gruppe starker Männer, die den Prinzen umzingelten , und streckte seine Hand aus, um ihn zu ergreifen. Dies hatte er zumindest gehofft, aber es gelang ihm nicht, denn der Prinz verwundete sein Pferd mit einer Eisenkeule. Die Stärke des Rosses des Prinzen war so groß, dass Cola zurückgedrängt wurde. Aber das Pferd von Cola hatte nicht genügend Platz, um sich zu bewegen, und seine Hinterpfoten rutschten aus, so dass es in den Graben fiel, der sich vor dem Tor des Krankenhauses von Santo Spirito befindet , um den Garten zu verteidigen. Im Graben stürzten sowohl sein Pferd als auch er bei einem Fluchtversuch, bedrängt von den Soldaten des Fürsten , und dort wurde er getötet. Die Trauer, die Rom um einen so angesehenen Baron ausbrachte, war groß – und das ganze Volk war von Empörung erfüllt.

„Der Prinz zog sich nun zurück, seine Truppen gaben nach. Sie begannen zu fliegen Gefangen genommen wurde Bertollo , der Häuptling der Orsini, Hauptmann der Armee der Kirche und der Guelfenpartei; und wenn Sciarra ihn nicht auf der Kruppe seines Pferdes eingeholt hätte, wäre er vom Volk ermordet worden. "

Dann folgt ein schrecklicher Bericht über die Zahl der Toten, die verstümmelt und nackt an jedem Straßenrand und sogar in den Weinbergen lagen. Die Geschichte endet mit Sciarras Rückkehr zum Kapitol mit großem Triumph und einem wunderschönen Pallium, das an die Kirche geschickt wurde von Sant'Angelo in Pescheria , zusammen mit einem Kelch, „zu Ehren dieses römischen Sieges“.

ANFAHRT ZUM KAPITOL (1860).
ANFAHRT ZUM KAPITOL (1860).

Seltsamerweise nimmt unser Chronist keine Notiz von der Episode, zu der dieser Angriff und die Abwehr offensichtlich gehören, nämlich dem Empfang von Il Bavaro in Rom, einem der einzigartigen Ereignisse in der römischen Geschichte. Es fand im Mai des folgenden Jahres statt und bot den eifrigen Stadtbewohnern ein sehr beeindruckendes Bild. Sie waren sich nie ganz sicher, ob sie die Tedeschi tolerieren würden, obwohl sie sich über die Neuheit freuten und bereit waren, im Namen ihres legitimen Herrn, des Papstes, zu kämpfen der Fremden. Es war im Januar 1328, als Ludwig von Bayern in Rom einzog – Sciarra Colonna, der oben genannt wurde, war noch immer Senator, Oberhaupt der Ghibellinenpartei und Freund des neuen Kaisers. Nachdem er in Viterbo von den römischen Beamten empfangen und nach seinen Absichten befragt worden war, marschierte Ludwig mit seinen Männern in die leonische Stadt und ließ sich für einige Tage im sogenannten Palast von St. Peter nieder, dem Beginn des Vatikans, wo Obwohl es immer noch eine Gruppe gab, die nicht besonders bereit war, ihn zu empfangen, wurde er vom Volk mit Beifallsrufen begrüßt, war stets begierig auf ein neues Ereignis und war sich der liberalen Großzügigkeit bewusst, die ein Kaiser bei seiner Beförderung und insbesondere bei der bevorstehenden Beförderung entgegennahm die begehrte Krönung im Petersdom, verstreut um ihn herum. Ludwig schlug vor, der Stadt ihre alte Pracht zurückzugeben und ihre Interessen in jeder Hinsicht zu fördern, und schmeichelte dem Volk, indem er ihr Zustimmungsvotum für das Kapitol erhielt. „Als er zum Kapitol hinaufstieg", sagt Muratori, „veranlasste er eine Ansprache an das römische Volk mit vielen Dank- und Lobbekundungen und mit dem Versprechen, dass Rom zu den Sternen emporgehoben werden sollte." Diese honigsüßen Worte gefielen dem Volk so sehr, dass er zum Senator und Hauptmann von Rom ernannt und in wenigen Tagen mit aller Feierlichkeit und Erhabenheit zum Kaiser gekrönt wurde.

Dies scheint die erste praktische Wiederbelebung des seltsamen Grundsatzes zu sein, dass Rom als Stadt nicht durch ihren Kaiser oder ihren Papst, sondern durch ihr eigenes Recht die Quelle der Ehre, der Schiedsrichter der Welt war – kurz gesagt was in der klassischen Zeit seine Regierung war und im Mittelalter das Papsttum sein wollte. Es ist merkwürdig, einen solchen Glaubensartikel zu erklären; denn die Bevölkerung Roms hatte in der Neuzeit nie die Merkmale eines großen Volkes besessen und war allen Autoritäten zufolge eine gemischte und erniedrigte Rasse. Diese Theorie sollte jedoch eine Zeit lang Einfluss auf die ganze Geschichte der Stadt haben und ihren erschöpften Adern ein krampfhaftes Leben einhauchen. Es war das Einzige, was eine solche Geschichte wie die von Rienzi möglich gemacht hätte, und sie wurde von Petrarca und anderen eifrigen und philosophischen Beobachtern nachdrücklich vertreten. Der Bayer Ludwig war jedoch der erste, der offen die Bestätigung seiner Wahl aus den Händen des römischen Volkes suchte. Allerdings kann man in dieser feierlichen Zeremonie gewisse Züge einer Farce nicht übersehen.

Die Krönungsprozessionen, die von Sta. Sismondi zufolge waren Maria Maggiore in St. Peter prachtvoll, die Barone und Ratgeber oder *Buon-Homini* von Rom führten das *Gefolge an* und waren in goldene Tücher gekleidet. „Hinter dem Monarchen marschierten viertausend Männer, die er mitgebracht hatte; alle Straßen, die er durchquerte, waren mit reichen Wandteppichen geschmückt." Er wurde von einem in seinem Fach herausragenden Anwalt begleitet, um über die perfekte Rechtmäßigkeit jedes Punktes der Zeremonie zu wachen. Der bekannte Castruccio Castracani, der ihm nach Rom gefolgt war, wurde vom Kaiser zu seinem Stellvertreter als Senator ernannt und sollte über die Stadt wachen; und in dieser Funktion nahm er seinen Platz in der Prozession in einer Tunika aus purpurroter Seide ein, auf deren Brust in Gold die Worte „Er ist, was Gott will" gestickt war; auf der Rückseite: „Er wird sein, was Gott will." Es braucht nicht erwähnt zu werden, dass es keinen Papst gab, der den neuen Kaiser weihte. Der Papst war in Avignon und sein erbitterter Feind. Es gab nicht einmal einen Bischof von Ostia, der den großen Monarchen vor St. Peter und den Mächten des Himmels hätte präsentieren können. Dennoch wurde die Kirche nicht außen vor gelassen, obwohl sie in den Hintergrund gedrängt wurde. Eine Art Zeremonie wurde zwischen dem Bischof von Venedig, oder besser gesagt von Castello, dem alten Namen dieser unruhigen Diözese, und dem Bischof von Alecia durchgeführt, die beide abgesetzt waren und derzeit unter Exkommunikation standen: Aber es war Sciarra Colonna, die dies tat die Krone auf Ludwigs Kopf. Die ganze Zeremonie hatte einen säkularen, fast heidnischen Sinn, wenn sie überhaupt eine Bedeutung hatte, die über das allgemeine Staubwerfen in die Augen der Welt hinausging. Aber in dem Verfahren herrscht eine fiktive Ernsthaftigkeit, die fast ein Gefühl für die ungeheure Torheit der Annahme zu vermitteln scheint, dass diese völlig inkompetenten Personen dazu befähigt waren, dem Bayer ohne jede Begründung für ihre Tat die größte Ehre der Christenheit zu verleihen . Johannes XXII. war kein sehr edler Papst, aber seine Sanktion war eine ganz andere Sache als die von Sciarra Colonna. Zweifellos jedoch fühlten sich die Menschen in Rom – Lo Popolo , der blinde Pöbel, der so von seinen Anführern herumgejagt und nach eigenem Gutdünken eine lächerliche Haltung nach der anderen annehmen ließ – von der Vorstellung geschmeichelt, dass Rom von ihm selbst als Kaiserstadt stammte. dass der Kaiser die Bestätigung seiner Wahl und seiner Krone entgegennahm.

Kaiser eine noch ungerechtfertigtere Handlung und ließ sich so in seinem Reichssitz nieder. Unterstützt von seinen exkommunizierten Bischöfen und seinen rebellischen Laien hielt Ludwig, wie uns Muratori erzählt, auf dem Petersplatz einen *Gran Parlamento ab und rief* jeden auf , der die Verteidigung von Jacques de Cahors auf sich nehmen wollte , und nannte sich Papst Johannes XXII. , um zu erscheinen und die gegen ihn erhobenen Anschuldigungen zu beantworten.

„Niemand antwortete: Und dann erhob sich der Syndikus des Teils des römischen Klerus, der das Gold mehr liebte als die Religion, und bat Ludwig, gegen den besagten Jacques de Cahors vorzugehen. Anschließend wurden verschiedene Artikel verfasst, in denen der Papst der Ketzerei und ... beschuldigt wurde Verrat begangen zu haben und das Kreuz gegen die Römer erhoben zu haben (*also* einen Kreuzzug, in der Chronik wahrscheinlich der Feldzug des Fürsten von Morea, ausgesandt zu haben). Aus diesen Gründen erklärte der Bayer Papst Johannes für abgesetzt und schuldig Ketzerei und Verrat, mit verschiedenen Strafen, die ich hier nicht erwähne. Am 23. April wurde mit Zustimmung des römischen Volkes ein Gesetz veröffentlicht, dass künftig jeder Papst seinen Hof in Rom abhalten und nicht abwesend sein dürfe mehr als drei Monate im Jahr unter Androhung der Absetzung aus dem Papsttum. Am zwölften Mai schließlich schlug Ludwig mit seiner Krone auf dem Kopf der Menge auf der Piazza San Pietro vor, einen neuen Papst zu wählen . Pietro de Corvara , ein Eingeborener der Abbruzzen , vom Orden der Minderbrüder, ein großer Heuchler, wurde vorgeschlagen: und das Volk, von dem die meisten Papst Johannes hassten, weil er sich ständig auf der anderen Seite der Alpen befand

(*dè la dai monti*), nahm die Nominierung an. Er nahm den Namen Nikolaus V. an. Vor seiner Weihe gab es eine Beförderung von sieben falschen Kardinälen: und am 22. Mai wurde er von einem von ihnen zum Bischof geweiht und erhielt danach die päpstliche Krone aus den Händen des besagten Ludwig ließ sich von diesem Idol noch einmal zum Kaiser krönen.

„Die Brutalität Ludwigs des Bayern, der sich selbst die Autorität anmaßte (fügt Muratori hinzu), einen rechtmäßig gewählten Papst abzusetzen, der nie wie behauptet der Ketzerei verfallen war, und im Widerspruch zu den Riten und Kanonen der katholischen Kirche einen anderen zu wählen, er erzürnte jeden, der ein Gewissen oder einen Hauch von Vernunft hatte, und gefiel nur den Ketzern und Schismatikern, sowohl religiösen als auch weltlichen, die den Hof des Bayer füllten und von deren Ratschlägen er regiert wurde. Monstrosität und Gottlosigkeit könnten nicht besser erklärt und verabscheut werden . Und das war der Schritt, der den Ruin seiner Interessen in Italien vollendete.“

Die Erscheinung dieses deutschen Hofes in Rom mit seinen seltsamen Zeremonien, die aneinander reihen: die Krönung im Petersdom, die so bald durch ihre Wiederholung durch die Marionette des Papstes, die Ludwig in der vergeblichen Hoffnung selbst erschaffen hatte, zunichte gemacht wurde Dass eine von nominell geweihten Händen verliehene Krone realer wäre als die von denen von Sciarra Colonna verliehene, ist die wunderbarste Episode der turbulenten Geschichte. Ebenso Heinrich IV. wurde immer wieder gekrönt – zuerst in seinem Zelt, danach von seinem falschen Papst in St. Peter, während Gregor VII. Er blickte grimmig von St. Angelo aus zu, einem belagerten und hilflosen Flüchtling, der jedoch im geheimen Bewusstsein aller Parteien – der Anhänger des Kaisers ebenso wie seiner eigenen – die einzig wahre Quelle der Ehre war, der einzige lebende Mann, von dem diese Krone empfangen werden konnte mit voller Anerkennung von Gesetz und Recht. Wenn alles gesagt ist und wir das Scheitern aller größeren Ansprüche des Papsttums völlig anerkannt haben, erkennen wir vielleicht seine Bedeutung in diesen Szenen mehr als in den erhabensten Ansprüchen Gregors oder Innozenz. Il Bavaro spürte tief in seinem Herzen, dass er ohne die Berührung dieser geweihten Hände kein Kaiser wäre. Eine schöne Tapferkeit triumphierender Bürger, die sich gerne einbildeten, dass Rom als Mutterstadt der Welt immer noch alle Ehren verleihen könnte, genügte der Bevölkerung, obwohl selbst für sie die exkommunizierten Bischöfe hinzugezogen werden mussten, um ihr Authentizität zu verleihen das ungerechtfertigte Verfahren; aber der unruhige Germane selbst konnte damit nicht einmal zufrieden sein, und es ist anzunehmen, dass sogar ein Gegenpapst besser war als nichts. Es ist verlockend zu fragen, wie sich Sciarra Colonna fühlte, als der neapolitanische Mönch, falscher Papst unter falschen Kardinälen, *Articles d'occasion , wie die Franzosen sagen ,* die Krone, die er mit so viel Stolz und Triumph angelegt hatte, erneut auf das Haupt setzte Bayerisch. Man kommt nicht umhin, das Gefühl zu haben, dass es für Colonna und die Stadt eine Demütigung auf diesem Gipfel der Prahlerei und vorübergehenden Macht gewesen sein muss.

Der Rest der Geschichte von Sciarra und seinem Kaiser ist, soweit es Rom betrifft, schnell erzählt. Ludwig von Bayern verließ die Stadt im August desselben Jahres. Er war im Januar unter den Jubelrufen des Volkes in Rom eingetroffen; sieben Monate später verließ er es unter den Flüchen und Schimpfschreien desselben Volkes, im Gepäck hatte er seinen Gegenpapst und wahrscheinlich Sciarra, der jedenfalls die Flucht ergriffen hatte, seinen Tag war vorbei und starb kurz darauf. Am nächsten Tag traf Stefano della Colonna, das wahre Oberhaupt des Hauses, mit Bartoldo Orsini in Rom ein und nahm im Namen von Papst Johannes Besitz, zweifellos unter dem gleichen Beifall der Menge, die noch so kurze Zeit zuvor atemlos seiner Absetzung beiwohnt hatte. und akzeptierte an seiner Stelle den falschen Nikolaus. Das war damals die Volksregierung. Der von Sciarra so tapfer besiegte und der Chronik zufolge aus den Toren vertriebene Legat kehrte feierlich mit achthundert Rittern im Rücken zurück.

Wir versuchen nicht, die Geschichte weiter zu verfolgen als in jenen Szenen, die zeigen, wie Rom in dieser Periode seiner Geschichte lebte, kämpfte, den Impulsen seiner Herren folgte und nach Belieben von einer Seite zur anderen geworfen wurde. Die wunderbare Episode in dieser Geschichte, die nun beginnen sollte, lässt sich besser verstehen, wenn man die Ereignisse betrachtet, die Lo Popolo in einem Moment in wilde Aufregung versetzten und sie im nächsten Moment in Abscheu und Entmutigung stürzten.

Die folgende Szene hat jedoch nichts mit Waffengetümmeln zu tun. Es ist lediglich eine Vignette aus der viel illustrierten Geschichte der Stadt. Es erzählt vom Besuch dessen, was wir heute als Erweckungstheoretiker bezeichnen würden, in Rom, einem Missionsmönch, einem jener verblüffenden Prediger, die es im Mittelalter in Hülle und Fülle gab und die, wie fast immer in der Geschichte der menschlichen Natur, Stürme kurzlebiger Reue hervorriefen und Reformation, mit nur geringer allgemeiner Wirkung selbst auf die religiöse Geschichte der Zeit. Fra Venturino war ein Dominikanermönch aus Bergamo, der bereits bei seiner Ankunft in Rom den Ruf eines großen Predigers erlangte und von einer Vielzahl seiner Büßer begleitet wurde, die weiß gekleidet waren und auf den rot-weißen Mützen oder Hauben das heilige Monogramm IHS trugen die sie auf ihren Köpfen trugen, und eine Taube mit einem Ölzweig auf ihrer Brust. Sie stammten hauptsächlich aus Norditalien und waren der Chronik zufolge ehrliche und fromme Menschen mit guten und sanften Manieren. Sie wurden in Florenz gut aufgenommen, wo viele große Familien sie aufnahmen, ihnen gutes Essen und gute Betten gaben, ihre Füße wuschen und ihnen viel

Nächstenliebe erwiesen. Dann reiste der Prediger weiter nach Rom, begleitet von einem noch größeren Kontingent von Florentinern, die ihm folgten.

„In Rom hieß es, er sei gekommen, um die Römer zu bekehren. Als er ankam , wurde er in San Sisto empfangen . Dort predigte er seinem eigenen Volk, von dem es viele Ordentliche und Gute gab. Am Abend sangen sie Laudes. Sie hatte eine Standarte aus Seide, die später der Minerva (Sta. Maria sopra Minerva) geschenkt wurde. Heutzutage ist sie noch dort in der Kapelle von Messer Latino zu sehen. Sie war aus grüner Seide, lang und groß. Darauf war sie malte die Figur der heiligen Maria mit Engeln auf jeder Seite, die auf Gamben spielten, und des heiligen Dominikus und des heiligen Petrus als Märtyrer und anderer Propheten. Danach predigte er im Kapitol, und ganz Rom kam, um ihm zuzuhören. Die Römer waren sehr aufmerksam, ihm zuzuhören, ruhig und aufmerksam zu folgen, wenn er in seinem schlechten Latein falsch lag. Dann predigte er und sagte, dass sie ihre Schuhe ausziehen sollten, denn der Ort, auf dem sie standen, sei heiliger Boden. Und er sagte, dass Rom es sei ein Ort von großer Heiligkeit aufgrund der Körper der Heiligen, die dort lagen, aber dass die Römer böse Menschen waren: worüber die Römer lachten. Dann bat er die Römer um einen Gefallen und ein Geschenk. Fra Venturino sagte: „Meine Herren, Sie werden einen Urlaub verbringen, der viel Geld kostet.“ Es ist weder für Gott noch für die Heiligen: Deshalb feiert ihr diesen Götzendienst im Dienste des Dämons. Gib mir das Geld. Ich werde es für Gott für Menschen in Not ausgeben, die nicht für sich selbst sorgen können.‘ Da fingen die Römer an, sich über ihn lustig zu machen und zu sagen, dass er verrückt sei. Sie sagten also , dass sie nicht länger bleiben würden, und machten sich auf und gingen weg und ließen ihn allein. Danach predigte er in San Giovanni, aber die Römer wollten ihn nicht hören und hätten ihn vertrieben. Dann wurde er wütend, verfluchte sie und sagte, er habe noch nie so perverse Menschen gesehen. Er erschien nicht mehr, sondern reiste heimlich ab und ging nach Avignon, wo ihm der Papst das Predigen verbot.

Wir können diese Fetzen bekannter zeitgenössischer Informationen mit einem Begleitbild abschließen, das keinen beruhigenden Überblick über den Zustand der Kirche in Rom vermittelt. Es ist die Geschichte eines Priesters, der in eine große Stellung und Würde gewählt wurde und die Bestätigung seiner Wahl vom Papst in Avignon einholte.

„Ein Mönch von St. Paolo in Rom, Fra Monozello mit Namen, der nach dem Tod des Abtes an dessen Stelle gewählt worden war, erschien vor Papst Benedikt. Dieser Mönch war ein Mann, der sich an der Gesellschaft erfreute, überall umherlief und alles sah Die Morgendämmerung brach herein, er spielte Laute, ein großartiger Musiker und Sänger. Er verbrachte sein Leben im Trubel, am Hof, bei allen Hochzeiten und Partys in den Weinbergen. So sagten zumindest die Römer. Wie traurig es gewesen sein muss Es wäre für

Papst Benedikt gewesen, zu hören, dass einer seiner Mönche nichts anderes tat, als zu singen und zu tanzen. Als dieser Mann zum Abt gewählt wurde, erschien er vor der Heiligkeit des Papstes und sagte: „Heiliger Vater, ich wurde nach San Paolo in Rom gewählt." .' Der Papst, der den Zustand aller kannte, die zu ihm kamen, sagte: „Kannst du singen?" Der gewählte Abt antwortete: „Ich kann singen." Der Papst: „Ich meine Lieder" (*la cantilena*). Der gewählte Abt antwortete: „Ich kenne konzertierte Lieder" (*il canzone sacro*). Der Papst fragte erneut: „Können Sie Instrumente spielen" (*sonare*)? Er antwortete: „ Ich kann.' Der Papst: „Ich frage dich, ob du Orgel und Laute spielen (*tonare*) kannst ?" Der andere antwortete: „Zu gut." Dann änderte der Papst seinen Ton und sagte : „Halten Sie es für angemessen, dass der Abt des ehrwürdigen Klosters San Paolo ein Possenreißer ist? Gehen Sie Ihren Geschäften nach."

Es scheint also , dass die Päpste in Avignon, so nachlässig und voller anderer Gedanken sie auch sein mochten, immer noch ein wachsames Auge auf die Kirche in Rom hatten. Dies sind nur Anekdoten, mit denen der Historiker von Rienzi seine tragische Geschichte vorbereitet. Sie werfen ein kleines, vertrautes Licht, die Laterne eines Umstehenden, auf die Stadt, die so groß und doch so klein ist und immer an den Ansprüchen einer Größe festhält, die sie nicht vergessen kann, die aber des Platzes in der Welt, den ihre entfernten Vorväter haben, völlig unwürdig ist Die Antike hatte gesiegt und war, selbst wenn eine momentane Macht in ihre Hände fiel, unfähig, sie zu nutzen oder inmitten ihres gierigen Ansturms auf vorübergehenden Vorteil zu erkennen, was ihre wahren Interessen waren – unbotmäßig, rücksichtslos, gedankenlos, bereit, zu den Waffen zu eilen Als die große Glocke vom Kapitol aus stuormo läutete , ohne innezuhalten und zu fragen, auf welcher Seite sie standen, während an einem Tag die Guelfen und am nächsten die Ghibellinen nach dem Kaiser riefen und doch beim Namen des Papstes von Angst geplagt waren – sie gehorchten *mit* Ihre Herren, die Barone, widerstrebten mürrisch, waren aber so bereit wie eine Handvoll Schlepper, sich in Flammen zu setzen, und immer rebellisch, was auch immer der Anlass sein mochte. So erscheint der römische Popolo des 14. Jahrhunderts durch die Augen der Betrachter in seiner seltsamen Art und Weise. Erbittert im Kampf, aber völlig zwecklos, außer einem Einheimischen, für ihre Kämpfe, bereit zu rebellieren, aber immer angewidert, wenn man sie zum Gehorchen zwingt, und aufgrund ihrer klassischen Abstammung und Verbindung mit den großen Namen der Antike eine wunderbare Vorstellung von ihren eigenen Ansprüchen hegen, während sie andererseits zuließen, dass die edelsten Relikte jener Zeit in unheilbaren Ruin zerfielen.

Das andere Rom, die patrizische Seite, mit all seinem Glanz und der Pracht des Malerischen, bietet oberflächlich betrachtet ein viel schöneres Bild. Die Romantik dieser Zeit lag ausschließlich bei den Adelshäusern, die im mittelalterlichen Rom entstanden waren und manchmal einen zweifelhaften Titel von einem antiken römischen Potentaten an sich rissen, meistens aber aus einer Festung im angrenzenden Land oder in den Bergen stammten, Rassen, die sich entwickelt hatten und gewachsen auf Straßenraub und der Unterdrückung derer, die schwächer sind als sie selbst, aber immer mit einem Anschein von Ritterlichkeit, die die Welt täuscht. Die größte und stärkste Familie ist glücklicherweise die, über die wir am meisten wissen. Das Haus Colonna hatte das Glück, in seiner Jugend den Dichter Petrarca zu entdecken und eine herzliche, wenn auch herablassende Freundschaft mit ihm aufzubauen, der seinerseits der glücklichste Dichter war, der in der Neuzeit unter Menschen gelebt hat. Er befand sich mitten in allem, was zu seiner Zeit geschah, um unsere vertraute Ausdrucksweise zu verwenden: Er war der Freund und Korrespondent aller namhaften Persönlichkeiten vom Papst und Kaiser abwärts: nur ein armer Geistlicher, aber der bekannteste und bekannteste gefeierter Mann seiner Zeit. Der allererste seiner Zeitgenossen, der zu schätzen wusste, was in ihm steckte, war Giacomo Colonna, einer der Söhne des alten Stefano, den wir bereits in Rom gesehen haben. Er war Bischof von Lombez in der Gascogne und sein älterer Bruder Giovanni war Kardinal. Sie standen jeder Bevorzugung und jedem Vorteil im Weg, wie es sich für Söhne eines so mächtigen Hauses gehörte, aber keine Beförderung, die sie erlangten, hat ihnen in der Nachwelt so viel gebracht wie ihre Freundschaft mit diesem glattgesichtigen jungen Priester von Vaucluse, mit dem sie verbunden waren waren die nettesten Gönner und treuesten Freunde.

Petrarca war erst zweiundzwanzig Jahre alt und Student in Bologna, als der junge Colonna, selbst ein Junge,, wie wir sagen, in ihn verliebt war, „ohne zu wissen, wer ich war oder woher ich kam, und nur an meiner Kleidung erkannte, was er war." war ich auch, ein Gelehrter. Es war in seinem hohen Alter, als Petrarca einem anderen Freund eine Beschreibung dieses frühen Gönners gab, der offenbar jünger war als er selbst und der ihm die Türen zu jenem höheren gesellschaftlichen Leben öffnete, die einem Dichter nicht immer offen standen, selbst in jenen Tagen, als die Die Schirmherrschaft der Großen war alles. „Ich glaube, es gab nie einen Mann auf der Welt, der größer war als er oder gnädiger, gütiger, fähiger, weiser, gütiger , gemäßigter im Glück, beständiger und stark gegen Widrigkeiten", schreibt er in der Ruhe von in seinem Alter, etwa vierzig Jahre nach Beginn dieser Freundschaft und lange nach dem Tod von Giacomo Colonna. Als der junge Bischof zum ersten Mal in seine Diözese ging, begleitete ihn Petrarca. „ Oh fliegende Zeit, oh eiliges Leben!" er weint. „Seitdem sind 44 Jahre vergangen, aber noch nie habe ich einen so glücklichen Sommer verbracht." Bei seiner Rückkehr von diesem Besuch machte der Bischof seinen Freund mit seinem Bruder Giovanni, dem Kardinal, bekannt, einem Mann, der „guter und unschuldiger ist, als es Kardinäle zu sein pflegen". „Und das Gleiche gilt", fügt Petrarca hinzu, „von den anderen Brüdern und von dem großmütigen Stefano, ihrem Vater, von dem es, wie Crispus von Karthago sagt, besser ist, zu schweigen, als wenig zu sagen." Dies ist vielleicht eine zu gute Beschreibung, um auf eine ganze Familie zuzutreffen, insbesondere auf römische Adlige und Geistliche in der Mitte des 14. Jahrhunderts, zwischen der ungeordneten und unterdrückten Stadt Rom und dem korrupten Hof von Avignon: aber immerhin es zeigt den anderen Standpunkt, den anderen Aspekt, den derselbe Mann in verschiedenen Augen hat: obwohl Petrarcas Begeisterung für seine unvergleichlichen Freunde vielleicht ebenso übertrieben ist wie die Denunziationen des Volkes und des Volksredners auf der anderen Seite.

Unter dieser angesehenen Schirmherrschaft erhielt Petrarca die größte Ehre seines Lebens, die Lorbeerkrone des Altissimo Poeta , und bot den vielen, die sich in Rom inmitten all seiner Sorgen und Zerstreuungen zugetragen hatten, eine weitere großartige Szene. Das Angebot dieser Ehre kam ihm gleichzeitig aus Paris und Rom, und an Kardinal Giovanni richtete er die Frage, welche er annehmen sollte: und er war von den Colonnas umgeben , als er im Kapitol erschien, um seine Krone entgegenzunehmen . Der Senator des Jahres war Orso , Conte d'Anquillara , der Schwiegersohn des alten Stefano Colonna, dem Ehemann seiner Tochter Agnes. Die Zeremonie fand am Ostersonntag des Jahres 1341, dem letzten Tag von Anquillaras Amtszeit, statt und wurde von ihm so festgelegt, dass er selbst das Privileg hatte, dem Dichter den Lorbeer auf den Kopf zu setzen. Petrarca berichtet seinem anderen Gönner, König Robert von Neapel, von der Zeremonie und führt diese Ehre auf die Zustimmung und Freundschaft dieses Monarchen zurück – was vielleicht notwendig ist, wenn eine so große Persönlichkeit wie ein König sich für den Ruhm eines Dichters interessiert . „Rom und der verlassene Palast des Kapitols waren mit ungewöhnlicher Freude geschmückt", sagt er: „An sich eine kleine Sache, könnte man sagen, aber auffällig durch ihre Neuheit und durch den Beifall und die Freude des römischen Volkes, den Brauch zu verleihen." Der Lorbeer wurde nicht nur für viele Jahrhunderte beiseite gelegt, sondern sogar vergessen, während die Republik ihre Gedanken ganz anderen Dingen zuwandte – bis jetzt wurde er unter Deiner Schirmherrschaft in meiner Person erneuert." „Auf dem Kapitol von Rom", schrieb der Dichter an einen anderen Korrespondenten, „wurde mit großer Menschenmenge und großer Freude ausgeführt, was der König in Neapel für mich verfügt hatte." Orso Graf d'Anquillara, Senator , eine Person von „Die höchste Intelligenz, schmückte mich mit dem Lorbeer: Alles verlief besser, als man hätte glauben oder erhoffen können", fügt er hinzu, ungeachtet der Abwesenheit des Königs und verschiedener genannter großer Persönlichkeiten – darunter allerdings Petrarca, der über eine Politik und Kenntnis der … verfügte Die Welt, die ihn nie im Stich ließ, nennt seinen neapolitanischen Freunden Kardinal Giovanni und Bischof Giacomo, die liebsten seiner Gefährten und seine ersten und treuesten Gönner, keine

Namen, von denen keiner anwesend sein konnte. Bei diesem großartigen Anlass übernahm jedoch offensichtlich ihre Familie die Führung. Ihr Bruder Stefano hielt eine Rede zu Ehren des Preisträgers: Er wurde von ihrem Schwager gekrönt, und die große Feier gipfelte in einem Bankett im Colonna-Palast, bei dem zweifellos der Vater aller mit Colonnas den Vorsitz führte Jung und Alt füllten jede Ecke. Denn sie waren eine äußerst reiche Familie – Söhne und Enkel, Stefanos und Jannis ohne Ende, Junge aus allen vereinten Familien, genug, um selbst und ihre Gefolgsleute fast ein ganzes Viertel Roms zu füllen. „Ihre Häuser erstreckten sich vom Platz San Marcello bis zu den Santi Apostoli", sagt Papencordt , der moderne Biograph von Rienzi. Das antike Mausoleum des Augustus, das so vielfältig genutzt wurde, vor nicht allzu langer Zeit ein Theater war und heute, wie wir glauben, ein Museum ist, war einst das Hauptquartier und die Festung des Hauses.

Diese Zeremonie der Krönung des Dichters wurde mit großer Freude des Volkes, endlosem Applaus, großem Andrang und jeder nur möglichen Pracht durchgeführt. So war die Rezeption von Il Bavaro einige Jahre zuvor; so sollten auch die anderen seltsamen Szenen kommen. Das Volk war immer bereit, eine große Versammlung zu bilden, zu schreien und zu applaudieren, ungeachtet seiner oft miserablen Lage, der jeder Empörung ausgesetzt war und die nirgendwo Gerechtigkeit fand. Aber die Rückseite der Medaille war nicht so attraktiv. Petrarca selbst, der Rom verließ, noch immer mit dem berauschenden Applaus der Stadt in seinen Ohren, war kaum außerhalb der Mauern, als er und seine Gruppe in die Hände bewaffneter Räuber fielen. Es würde zu lange dauern, zu erzählen, wie er freikam, sagt er; aber er wurde nach Rom zurückgetrieben, von wo aus er am nächsten Tag wieder aufbrach, „umgeben von einer guten Eskorte bewaffneter Männer". Die *Ladroni Armati , die den Weg versperrten, könnten, soweit man weiß,* irgendwo unter ihrer Rüstung das Abzeichen der Colonnas tragen oder zumindest in einigen ihrer Festungen Zuflucht finden. Das waren die Sitten der Zeit, und das war insbesondere der Zustand Roms. Es verlieh dem Dichter die Krone des Ruhms, konnte ihm aber eine Meile vor seinen Toren keinen sicheren Durchgang garantieren. Es erhob immer noch den Anspruch, wie in diesem Fall auch in wichtigeren Fällen, eine Autorität über alle Nationen auszuüben, mit welchem Recht es der Stadt gefallen hatte, Ludwig von Bayern die Kaiserkrone zu verleihen; Aber kein Bürger war sicher, wenn er sich nicht mit seinem Schwert schützen konnte, und Gerechtigkeit und Wiedergutmachung von Unrecht waren unbekannte Dinge.

AUF DEM PINCIO.

KAPITEL II.
DER LIEFERER.

In diesem Zeitalter der Unordnung und Anarchie wurde am Ufer des Tiberufs in einem abgelegenen Vorort ein Kind aus einfachsten Verhältnissen geboren, das dazu bestimmt war, der Held eines der seltsamsten Ereignisse zu werden Episoden der modernen Geschichte. Sein Vater unterhielt eine kleine Taverne, in die die römischen Bürger, wenn sie ihren Spaziergang ein wenig über die Mauern hinaus trieben, natürlich Zuflucht suchten; seine Mutter, eine Wäscherin und Wasserträgerin – eine dieser Frauen, die mit dem Portwein einer klassischen Prinzessin in vollkommener Haltung und Sicherheit die großen Kupfervasen, die noch heute für diesen Zweck verwendet werden, auf ihren Köpfen balancieren. Es hieß damals, dass Maddalena, die Frau von Lorenzo, in ihrer Jugend nicht ohne Abenteuer gewesen sei. Kein Geringerer als Heinrich VII. Sie hatte angeblich in ihrem kleinen Wirtshaus Unterschlupf gefunden, als ihr Mann abwesend war. Er trug die Kleidung eines Pilgers, hatte aber zweifellos die Miene eines galanten Herrn und blendete die Augen der jungen Wirtin, die niemanden hatte, der sie beschützte . Als ihr Sohn ein Mann war , gefiel es ihm, anzunehmen, dass aus dieser Begegnung die seltsame Mischung aus demokratischem Enthusiasmus und Liebe zu Prunk und Macht resultierte, die in seiner Natur lag. Es war nicht viel, worauf man stolz sein konnte, und dennoch war er stolz darauf. Für alle Welt war er der Sohn des armen Gastwirts, aber in seinem Inneren spürte er das Blut eines Kaisers in seinen Adern. Maddalena starb jung, und als ihr Sohn begann, Visionen zu weben, die sein Leben prägten, war sie nicht mehr da, um ihren eigenen Ruf zu klären oder ihn in seinem Traum zu bestätigen.

Diese armen Leute hatten nicht einmal einen Nachnamen, um sie zu unterscheiden. Der Junge Niccola war Cola di Rienzo , Nicolas der Sohn von Laurence, wie er in den lateinischen Chroniken genannt wird, nach der einfachsten aller Nomenklaturregeln, die so viele moderne Namen hervorgebracht hat. „Seit seiner Jugend ernährte er sich von der Milch der Beredsamkeit; ein guter Grammatiker, ein besserer Rhetoriker, ein guter Schriftsteller", sagt sein Biograph. „Himmel, was für ein schneller Leser er war! Er nutzte Livius, Seneca, Tully und Valerius Maximus in großem Umfang und hatte große Freude daran, die Großartigkeit von Julius Cäsar zu erzählen . Den ganzen Tag studierte er die Marmorskulpturen, die rund um Rom liegen. Es gab niemanden wie ihn, der die antiken Inschriften las. Alle antiken Schriften verfasste er in erlesenem Italienisch, die Murmeln interpretierte er. Wie oft schrie er: „Wo sind diese guten Römer? Wo ist ihre hohe Gerechtigkeit? Darf ich nicht." wurden zu ihrer Zeit geboren?' Er war ein gutaussehender Mann und erlernte den Beruf eines Notars.

Uns wird nicht gesagt, wie oder wo Cola dieses Wissen erlangt hat. Sein Vater war ein Vasall der Colonna, und es ist möglich, dass einige der Barone, die kamen und gingen, von dem strahlenden, eifrigen Gesichtsausdruck des Sohnes des Gastwirts beeindruckt waren und ihm zu dem nicht übertriebenen Maß an Gelehrsamkeit verhalfen, das so beschrieben wird. Sein eigener Charakter und die Energie und der Ehrgeiz, die so seltsam mit der Vorstellungskraft und dem visionären Temperament eines Dichters vermischt waren, scheinen ihn sofort von der bescheidenen Welt, in der er geboren wurde, getrennt zu haben. Einige behaupten, er habe seine Jugend außerhalb Roms verbracht und sei erst mit etwa zwanzig Jahren nach dem Tod seines Vaters zurückgekehrt – eine Legende, die der Vermutung seiner zweifelhaften Geburt einen gewissen Beweis verleihen würde: aber sein Biograph sagt dazu nichts. Es wird auch gesagt, dass es der Tod seines Bruders war, der bei einem Handgemenge zwischen den ewig konkurrierenden Parteien Colonna und Orsini ums Leben kam, der ihm den ersten Anstoß für die Revolution gab, die er auf so bemerkenswerte Weise durchführte. „Er dachte lange darüber nach", sagt sein Biograph, „das Blut seines Bruders zu rächen; und lange dachte er über die schlecht regierte Stadt Rom nach und wie er sie wieder in Ordnung bringen könnte." Es gibt jedoch keine eindeutigen Aufzeichnungen über sein frühes Leben, bis es plötzlich im öffentlichen Dienst der Stadt und bei einem Anlass von größter Bedeutung sowohl für ihn selbst als auch für Rom ans Licht kommt.

Diese erste öffentliche Anstellung, die ihn uns sofort offenbart, war eine Mission der dreizehn *Buoni homini* , *manchmal auch Caporoni* genannt , die Oberhäupter der verschiedenen Bezirke der Stadt, an Papst Clemens VI. in Avignon, anlässlich eines dieser vorübergehenden Umstürze der Regierung, die von Zeit zu Zeit stattfanden, immer von kürzester Dauer, aber die Traditionen der Macht des Volkes von Zeitalter zu Zeitalter fortführend. Er war offenbar das, was wir als Sprecher der Deputation bezeichnen sollten, die ausgesandt wurde, um dem Papst die Angelegenheit zu erklären und, wenn möglich, die Aufmerksamkeit der Kurie auf den Zustand der verlassenen Stadt zu lenken.

„Seine Beredsamkeit war so groß, dass Papst Clemens sich sehr zu ihm hingezogen fühlte: Der Papst bewunderte den feinen Stil von Cola sehr und wünschte, ihn jeden Tag zu sehen. Daraufhin sprach Cola sehr frei und sagte, dass die Barone von Rom Straßenräuber seien. dass sie Mord, Raub, Ehebruch und alles Böse zustimmten. Er sagte, dass die Stadt verlassen liege und der Papst begann, eine sehr schlechte Meinung über die Barone zu hegen.

„Aber", fügt der Chronist hinzu, „durch Messer Giovanni von der Colonna, Kardinal, widerfuhr ihm großes Unglück, und er wurde so arm und krank, dass er genauso gut ins Krankenhaus hätte geschickt werden können. Er lag wie." Eine Schlange in der Sonne. Aber der ihn niedergeworfen hatte, derselbe Mann erweckte ihn wieder auf. Messer Giovanni brachte ihn erneut vor den Papst und ließ ihn in die Gnade zurückversetzen. Und nachdem er auf diese Weise in die Gnade zurückversetzt worden war, wurde er zum Notar ernannt die Cammora in Rom, so dass er mit großer Freude in die Stadt zurückkehrte."

Diese prägnante Erzählung wird vielleicht etwas klarer, wenn man sie etwas erweitert: Das Hauptziel des römischen Gesandten bestand darin, die Verbrechen der „Barone", deren wahren Charakter Cola dem Papst so beschrieb, seitens der Führer von a aufzudecken plötzlicher Aufstand, eine Art prophetischer Vorgriff auf seine eigene, der die Macht aus den Händen der beiden Senatoren gerissen und sie dreizehn *Buoni übertragen hatte homini*, Oberhäupter des Volkes, die im Namen des Papstes die Führung übernahmen und, wie es in dessen Abwesenheit üblich war, eine fast übertriebene Hingabe an die päpstliche Autorität bekundeten. Die Botschaft wurde speziell mit den Gebeten und Bitten des Volkes beauftragt, dass der Papst zurückkehren und die Regierung der Stadt wieder übernehmen würde und dass er auch ein weiteres Jubiläum ausrufen würde – das große Fest, begleitet von jeder Art von Nachsicht und frommen Versprechen an die Botschaft Pilger, die von allen Enden der Welt nach Rom gelockt wurden – das ursprünglich von Papst Bonifatius VIII. gegründet worden war. im Jahr 1300 mit der Absicht, nur einmal im Jahrhundert wiederholt zu werden. Aber ein Jahrhundert ist eine lange Zeit; und das Jubiläum war äußerst ertragreich und brachte sowohl dem Staat als auch der Kirche viel Geld und viele Geschenke. Die Bürger waren daher sehr daran interessiert, dass das Fest im Jahr 1350 wiederholt und künftig alle fünfzig Jahre gefeiert wird. Der Papst würdigte das Jubiläum gnädigerweise den Gebeten der Römer und nahm ihre Huldigung und ihren Wunsch nach seiner Rückkehr an, wobei er vage versprach, dass er dies spätestens im Jubiläumsjahr tun würde. Damit das Ziel der Mission erreicht wurde, was auch immer danach mit dem Sekretär oder Sprecher geschah.

Hocherfreut über die Erfüllung ihrer Wünsche und offensichtlich im Augenblick seiner höchsten Gunst beim Papst sandte Cola einen Brief an die Behörden in Rom, in dem er diesen Erfolg verkündete. Es ist das erste Wort, das wir aus seinem eigenen Mund hören. Es stammt aus Avignon und stammt aus dem Jahr 1343. Er war damals etwa dreißig Jahre alt, im vollen Eifer eines jungen Mannes, voller visionärer Hoffnungen und Pläne für die Wiederherstellung des Glanzes Roms. Der Stil des Briefes, der damals so sehr bewundert wurde, ist für den Geschmack einer strengeren Zeit zu üppig und verziert, obwohl seine Komposition den Beifall von Petrarca erhielt und von allen seinen Zeitgenossen sehr bewundert wurde. Er beginnt damit, dass er sich selbst als „Konsul der Waisen, Witwen und Armen und demütigen Boten des Volkes" beschreibt.

„Lass deine Berge vor Glück beben, lass deine Hügel sich mit Freude kleiden und Frieden und Freude die Täler erfüllen. Lass die Stadt aus ihrem langen Lauf des Unglücks erstehen, lass sie den Thron ihrer alten Pracht wieder besteigen, lass sie stürzen." legt das Unkraut der Witwenschaft beiseite und bekleidet sich mit den Gewändern einer Braut. Denn die Himmel sind uns geöffnet worden, und aus der Herrlichkeit des himmlischen Vaters ist das Licht Jesu Christi hervorgegangen, aus dem das Licht des Heiligen Geistes hervorstrahlt. Jetzt Dass der Herr dieses Wunder getan hat, liebe Brüder, sorgt dafür, dass ihr die Dornen und Wurzeln des Lasters aus eurer Stadt reinigt, um mit dem Duft neuer Tugend den kommenden Bräutigam zu empfangen. Wir ermahnen euch mit brennenden Tränen, mit Tränen der Freude, das Schwert beiseite zu legen, die Flammen der Schlacht zu löschen, diese göttlichen Gaben mit einem Herzen voller Reinheit und Dankbarkeit anzunehmen, den Namen unseres Herrn Jesus Christus mit Liedern und Danksagungen zu verherrlichen und auch demütig zu danken Seinem Stellvertreter zu danken und diesem obersten Pontifex im Kapitol oder im Amphitheater eine mit Purpur und Gold geschmückte Statue zu errichten, damit die freudige und herrliche Erinnerung für immer bestehen möge . Wer hat tatsächlich sein Land mit solchem Ruhm geschmückt unter den Ciceros , den Cäsaren , Metullus oder Fabius, die in unseren alten Annalen als Befreier gefeiert werden und deren Statuen wir wegen ihrer Tugenden mit Edelsteinen schmücken? Diese Männer haben durch Krieg, durch die Katastrophen der Welt, durch Blutvergießen vorübergehende Triumphe errungen; aber er hat durch unsere Gebete und für das Leben, die Erlösung und die Freude aller gesiegt in unseren Augen und in denen von der Nachwelt einen unsterblichen Triumph."

THEATER DES MARCELLUS.

Es genügt, dass diese extravaganten Phrasen einen Jubel ausdrückten, der hinreichend echt und aufrichtig war, denn während seiner Abwesenheit wünschte und sehnte sich die Stadt Rom nach ihrem Papst, obwohl sie, wenn er anwesend war, alles in ihrer Macht stehende tun würde, um sein Joch abzuschütteln. Und Cola, der Botschafter, in dessen Kopf sein eigener großer Plan noch keine Gestalt angenommen hatte, konnte durchaus glauben, dass der gnädige Papst ihm durch solche Aufmerksamkeit schmeichelte, der ihn so freimütig in seine erhabene Gegenwart einließ und mit dem er eins war der sehr sanft auf einem Instrument spielt , war der Mann aller Menschen, der die Kaiserstadt aus der Anarchie und dem Aufruhr zurückführte. In diesem Moment der Hoffnung auf eine lebendigere und gegenwärtigere

Quelle der Hilfe hatte er scheinbar sogar seine Begeisterung für die klassischen Helden aufgegeben.

Diese Hochstimmung hielt jedoch nicht an. Der Kardinal Giovanni Colonna, Sohn des alten Stefano, des Oberhauptes dieses großen Hauses, von dessen großartigem Alter Petrarca mit so viel Begeisterung spricht, selbst ein Mann mit vielen Leistungen, ein Gelehrter und Förderer der Künste – und um allen die Krone aufzusetzen Es heißt, der liebe Freund und Gönner des Dichters – war einer der bedeutendsten Mitglieder des Hofes in Avignon, als die Abordnung aus Rom mit diesem beredten jungen Plebejer als Dolmetscher vor dem Papst erschien. Wir können uns vorstellen, dass sein erster großer Erfolg und die Freude, die der Papst an der Unterhaltung über Cola empfand, während einer vorübergehenden Abwesenheit des Kardinals stattgefunden haben muss, dessen Interesse an den Angelegenheiten seiner Heimatstadt zweifellos war. Und es war natürlich, dass er ein wenig verächtlich gegenüber den Gesandten des Volkes und gegenüber dem Redner war, der der Sohn von Rienzo aus der Weinhandlung war, und sehr empört über die Darstellung des Advokaten von lo Popolo Barone und ihr Verhalten . Die Colonna waren tatsächlich die am wenigsten tyrannischen Tyrannen; Sie waren das edelste aller römischen Häuser, und zweifellos könnte die öffentliche Meinung gegen den Adel im Allgemeinen einer aufgeklärteren Familie manchmal Unrecht tun. Sicherlich ist es schwierig, die von Petrarca gegebenen Bilder dieses Hauses mit der grausamen Tyrannei in Einklang zu bringen, die allen Adligen vorgeworfen wurde. Dies war zweifellos der Grund, warum der junge Redner nach dem Triumph dieses Briefes, der Zustimmung des Papstes zum Gebet der Bürger und seinem Interesse an Colas Geschichte und Beschreibungen in den Schatten höfischen Unmuts geriet und danach Der Rausch des Sieges litt unter all jenen Schmerzen der Vernachlässigung, die so oft den vorübergehenden Triumph eines Erfolgs bei Hofe beenden. Die Geschichte ist völlig vage, und wir haben keine Erklärung, warum er in Avignon hätte bleiben sollen, es sei denn vielleicht mit der Hoffnung auf einen Aufstieg, die auf dieser vergänglichen Gunst beruhte , oder vielleicht aufgrund seiner Krankheit. In der Beschreibung des Chronisten, dass er „wie eine Schlange in der Sonne lag", steckt eine gewisse Verzweiflung, die voller Andeutungen ist. Der Leser scheint ihn in den Gerichtsbezirken unter den stattlichen Mauern des riesigen päpstlichen Palastes herumhängen zu sehen, der jetzt in düsterer Größe dasteht und alles Licht aus der Landschaft aufnimmt. Damals war es neu und herrlich wie ein himmlischer Palast; und krank und traurig, enttäuscht und entmutigt würde der junge Gesandte, der in letzter Zeit so vom Sonnenschein der Gunst geblendet war, zweifellos das große Tor heimsuchen, auf der Suche nach einem sonnigen Ort, um sich warm zu halten, und auf die Vorsehung warten. Wahrscheinlich könnte der Kardinal, der in seinem Zustand ein und aus fegte, den jungen Römer bemerken, der von seinem vorübergehenden

Triumph gefallen war, und von Mitleid mit dem Redner erfüllt sein, der mit seinem Flehen schließlich keinen Schaden angerichtet hatte; Denn war Stefano Colonna nicht trotz allem erneut Senator von Rom? Hoffen wir, dass der Begleiter an seiner Seite, der Dichter, der zu seinem Haushalt gehörte und der wahrscheinlich wie Papst Clemens auch die *verzierte Parole* des Redners gehört und bewundert hatte, der, obwohl er so töricht war, damit anzugreifen Seine beredte Zunge, die Adligen des Landes, muss aus diesem Grund schließlich nicht umkommen – war die Person, die seinem Gönner den armen Kerl in seinem Umhang zeigte, der im Mistral zitterte, diesem kalten Wind, den man im Mittelland von nicht kennt Italien. Es ist sicher, dass Petrarca hier Bekanntschaft mit Cola machte, und dass Kardinal Colonna voller Reue über das von ihm verursachte Elend war und sich die Mühe machte, die Gunst seines jungen Landsmannes wiederherzustellen, und ihm die Ernennung zum Notar der Stadt verschaffte, mit der Cola zurückkehrte nach Rom –" *fra ich denti Minacciava* ", sagt sein Biograf und flucht zwischen den Zähnen.

Im Jahr 1344 erfolgte seine Beförderung, und einige Jahre lang übte Cola die Pflichten seines Amtes *cortesemente* mit Höflichkeit aus, dem höchsten Lob, das ein Italiener seiner Zeit aussprechen konnte. In diesem Beruf hatte er grenzenlose Möglichkeiten, das Regierungssystem genauer zu studieren, das unter der altbekannten Abfolge von Senatoren, im Allgemeinen einem Colonna und einem Orsini, wieder seine volle Macht entfaltet hatte. „Er sah und wusste", sagt der Chronist, der in der Aufregung um das Thema selbst immer heftiger wurde, „den Raub dieser Hunde des Kapitols, die Grausamkeit und Ungerechtigkeit der Machthaber. In der ganzen Kommune fand er nichts Gutes." Bürger, der helfen würde." Es scheint, dass er nicht überstürzt handelte, auch wenn hier nur wenige Daten hilfreich sind, sondern, wahrscheinlich in der Hoffnung, selbst etwas tun zu können, um Abhilfe zu schaffen, Schweigen bewahrte, während sein Herz brannte, solange Stillschweigen möglich war . Aber es kam der Moment, in dem er es nicht mehr konnte, und die kleine Szene bei der Sitzung der Cammora , des Stadtrats, steht uns so deutlich vor Augen, als wäre es eine Gemeindeversammlung der Gegenwart gewesen. Uns wird nicht gesagt, um welche spezielle Frage es sich vor dem Treffen handelte, die den letzten Tropfen der Bürde der Empörung und Ungeduld auslöste, mit der Cola an seinem Tisch saß und mit der silbernen Feder schrieb, die seiner Meinung nach für die Würde seines Amtes würdiger war als eine Gänsefeder. musste ertragen. (Man fragt sich, ob er, ohne es zu wissen, der Erfinder dieses kleinen Instruments war, des künstlichen Stifts aus Metall, mit dem heutzutage hauptsächlich Literatur hergestellt wird? Aber Silber ist zu weich und duktil, als dass es jemals populär geworden wäre, und obwohl Sehr geeignet, jene wohlklingenden Sätze hervorzubringen, in denen der junge Sprecher der Römer von Avignon aus an seine Häuptlinge schrieb, würde kaum auf die strengeren Absichten des Konzils eingehen, Strafen zu verhängen oder Geldstrafen zu berechnen.) Eines Tages jedoch saß er in seinem Während er die Verordnungen für diese Bußgelder und Strafen niederschrieb, erfasste plötzlich der Zorn den jungen Schreiber, der sich bereits als Konsul der Witwen, Waisen und der Armen bezeichnet hatte.

„Eines Tages, während einer Diskussion über die Steuern Roms, erhob er sich vor allen Ratsmitgliedern und sagte: ‚Ihr seid keine guten Bürger, ihr, die ihr das Blut der Armen aussaugt und ihnen keine Hilfe leisten wollt.‘ ' Dann ermahnte er die Beamten und die Rektoren, dass sie lieber für die gute Regierung sorgen sollten, *lo buono stato* , ihrer Stadt Rom. Als die ungestüme Ansprache von Cola di Rienzi beendet war, stand einer der Colonna, der Andreozzo di Normanno , der Camarlengo , hieß, auf und versetzte ihm einen schallenden Schlag auf die Wange: und ein anderer, der der Sekretär des Senats war, Tomma de Fortifiocca verspottete ihn mit einem beleidigenden Zeichen. Dies war das Ende ihres Gesprächs.

Wir hören von keinen weiteren Protesten im Gemeinderat. Es wird gesagt, dass Cola kein mutiger Mann war, obwohl wir im Nachhinein so viele Mutbeweise haben, dass man kaum glauben kann, dass ihm dieser Mut gefehlt hat. Auf jeden Fall verließ er diese selbstsüchtige und spöttische Versammlung mit prickelnden Wangen vom Schlag und immer brennenderem Herzen, um über andere Mittel nachzudenken, die Gemeinde zu bewegen und Rom zu helfen.

Der nächste Vorfall eröffnet uns eine merkwürdige Welt der Vermutungen und legt der Fantasie vieles nahe, was in den unteren Bereichen der Kunst unbekannt ist, eine Menge sekundärer Künstler in dieser Arena, die unbekannten Maler, die Halbarbeiter, Halbarbeiter. Künstler, die überall dort einen Hintergrund bilden, wo es eine Kunstschule gibt. Cola hatte möglicherweise Beziehungen zu einigen dieser halb entwickelten Künstler, die nicht weit genug fortgeschritten waren, um ein Altarbild zu malen, den Gelehrten oder geringeren Brüdern einiger Einheimischer *Bottega* . In Rom gab es zu keiner Zeit wenig einheimische Kunst. Das alte und kaum dokumentierte Werk der Cosimati , der einzigen römischen Schule, ist im Nebel verloren und wurde im 14. Jahrhundert beendet. Aber es muss ein bescheidenes Überleben von ausgebildeten Arbeitern gegeben haben, die zumindest, wenn nicht mehr, Wanddekorationen anfertigen konnten. Nachdem Cola lange darüber nachgedacht hatte, wie er die Öffentlichkeit erreichen könnte, schien er sich dieses bescheidenen Kunstinstruments bewusst geworden zu sein. Da wir bisher noch nichts von einer solchen Methode zur Belehrung des Volkes gehört haben, können wir annehmen, dass es sich sowohl um seine Erfindung als auch um die silberne Feder handelte. Sein aktives Gehirn summte in jeder Hinsicht vor neuen Dingen, sowohl im Großen als auch im Kleinen, und dies war das erste Gerät, auf das er stieß. Selbst die ärmste Kunst muss in Ermangelung von Büchern zur Veranschaulichung heiliger Geschichten und zur Belehrung der Unwissenden von Nutzen gewesen sein, und auf diese Art von sofortiger Wirkung zielte Cola ab. Er hatte die Zuversicht des Visionärs, dass man die schlimme Lage nur erkennen musste, um eine sofortige Besserung herbeizuführen. Die Beschwerde, die sein Biograph immer wieder betonte und die die Last seines Ausbruchs im Gemeinderat war, war, dass „niemand helfen würde" – *non si Trovava uno buon Cittatino , che lo volese adjutare* . Wussten sie nur, dass die einfachen Leute, wie sie unterdrückt wurden, und die Adligen, was für Unterdrücker sie waren, es war sicher sicher, dass jeder helfen würde und dass alles gut gehen würde, und der *Buono Der Status* muss erneut festgelegt werden.

Hier ist die seltsame Art und Weise, wie Cola zum ersten Mal öffentlich „durch ein Gleichnis die Rektoren und das Volk ermahnte, es gut zu machen".

„Eine Ähnlichkeit", sagt sein Biograph, „die er auf dem Palast des Kapitols vor dem Markt an der Wand über der Cammora (Ratssaal) malen ließ. Hier wurde eine Allegorie in der folgenden Form gemalt – nämlich , ein großes Meer mit schrecklichen Wellen und viel Unruhe. In der Mitte dieses Meeres befand sich ein Schiff, fast zerstört, ohne Ruder und Segel. Auf diesem Schiff befand sich in großer Gefahr eine Frau, eine Witwe, schwarz gekleidet und gefesselt mit einem Gürtel der Traurigkeit, ihr Gesicht war entstellt, ihre Haare wehten wild, als hätte sie geweint. Sie kniete , die Hände gekreuzt, schlug sich auf die Brust und war bereit zu sterben. Die Inschrift über ihr war „ *Das ist Rom* ." Rund um dieses Schiff Vier weitere Schiffe wurden zerstört: Ihre Segel wurden weggerissen, ihre Ruder zerbrochen, ihre Ruder verloren. Auf jedem befand sich eine erstickte und tote Frau. Das erste hieß Babylon, das zweite Karthago, das dritte Troja, das vierte Jerusalem. Oben stand geschrieben: : *Diese Städte gingen durch Ungerechtigkeit zugrunde und wurden zerstört.* Ein Etikett, das von den toten Frauen stammt, trug die Zeilen:

„Einst wurden wir über alle Herren und Herrscher erhoben,

Und jetzt warten wir, oh Rom, darauf, dich fallen zu sehen.'

„Zur Linken befanden sich zwei Inseln: Auf einer davon saß eine Frau voller Scham und mit der Inschrift „ *Das ist Italien" über ihr* . Und sie redete und sagte:

„Einst hattest du Macht über jedes Land,

Ich erst jetzt, deine Schwester, halte deine Hand.

„Auf der anderen Insel waren vier Frauen, die ihre Hände an den Hals legten, in großer Trauer auf ihren Knien knieten und so sprachen:

„Von vielen Tugenden einmal begleitet."

bist jetzt verlassen auf dem Meer .'

„Dies waren die vier Kardinaltugenden: Mäßigkeit, Gerechtigkeit, Klugheit und Standhaftigkeit. Auf der anderen Seite befand sich eine weitere kleine Insel, und auf dieser Insel kniete eine Frau, die Hände zum Himmel ausgestreckt, als würde sie beten. Sie war in Weiß gekleidet und ihr Name war Christian Faith; und dies ist, was ihr Vers sagte:

„ Oh edler Vater, mein Herr und Anführer,

Wo soll ich sein, wenn Rom untergeht und verfällt?'

„Oben rechts im Bild waren vier Arten geflügelter Kreaturen zu sehen, die auf dem Meer atmeten und bliesen, einen Sturm erzeugten und das sinkende Schiff trieben, damit es zugrunde ging. Die erste Ordnung waren Löwen, Wölfe und Bären und wurden so bezeichnet : *Das sind die mächtigen Barone und die bösen Beamten* . Die zweite Ordnung waren Hunde, Schweine und Ziegen, und über ihnen stand geschrieben: *Das sind die bösen Ratgeber, die Anhänger der Adligen* . Die dritte Ordnung waren Schafe, Ziegen und Füchse , und die Beschriftung: *Das sind die falschen Beamten, Richter und Notare* . Die vierte Ordnung waren Hasen, Katzen und Affen, und ihre Beschriftung: *Das sind die Menschen, Diebe, Mörder, Ehebrecher und Menschenverderber* . Oben war der Himmel : Inmitten der göttlichen Majestät, als ob sie zum Gericht käme, zwei Schwerter aus seinem Mund. Auf der einen Seite stand der heilige Petrus, auf der anderen der heilige Paulus und betete. Als das Volk diese Ähnlichkeit mit diesen Figuren sah, staunte jeder . "

Wer diese seltsame Allegorie gemalt hat und wie das Werk im Geheimen an einem so öffentlichen Ort durchgeführt werden konnte, um plötzlich als Überraschung für die erstaunte Menge enthüllt zu werden, wissen wir nicht. Es wäre ohne Zweifel von höchster Kunst, wahrscheinlich eine solche Schriftrolle, wie sie mit unseren geschickteren Methoden in hundert Exemplaren ausgedruckt und an die Wände geklebt werden könnte, nicht viel besser als die Originalzeichnungen unserer Gehwege. Wir können uns die Einfachheit der Symbolik vorstellen, das aufgewühlte Meer in geschwungenen Linien, die aus dem Bild fallenden Galeeren, die symbolischen Figuren mit ihren Mottos. Das Gemälde muss im Licht der frühen Morgendämmerung oder unter dem Deckmantel einer Lizenz ausgeführt worden sein, auf die Cola selbst als Beamter ein Recht hatte, vielleicht hinter dem Schleier eines Gerüsts, das unter dem Vorwand notwendiger Reparaturen aufgestellt wurde und plötzlich in Flammen stand Er strahlte im Glanz des Morgens auf das Volk aus, als das frühe Leben Roms wieder begann und sich Freier und Prozessbeteiligte auf den großen Stufen zu versammeln begannen, jeder mit seiner privaten Beschwerde,

seiner Klage oder Beschwerde. Was für eine Sensation muss das gewesen
sein, als ein Betrachter nach dem anderen die frischen Farben erblickte , die
am Tag zuvor auf einer leeren Wand leuchteten! Die seltsamen Inschriften
in ihren dämlichen Zeilen, mystisch genug, um jeden Verstand zu wecken,
einfach genug, um von der Menge verständlich zu sein, wurden von einem
nach dem anderen gelesen, um ihre Gelehrsamkeit über die Köpfe der Menge
hinweg zu zeigen. Was für ein seltsames Ding, das alle Blicke auf sich zieht!
Zweifellos stammte der Plan, der so ungewöhnlich für die öffentliche
Meinung war, von Cola; aber wer könnte der Künstler sein, der dieses
„Gleichnis" gemalt hat? Wir sollten annehmen, dass niemand überlebt hat,
um sich einen Namen zu machen – denn soweit wir wissen, gab es in Rom
tatsächlich keinen solchen.

Diese bildliche Anweisung war für die Armen: Sie stellte ihnen Rom vor, ihre
Stadt, aus Liebe zu der sie immer zumindest vorübergehend Begeisterung
wecken konnten – kämpfend und unglücklich, betrogen von denen, denen
sie am meisten vertraute, verwüstet von Kleinigkeiten und groß, in Gefahr
eines endgültigen und hoffnungslosen Schiffbruchs. In all ihrer antiken
Größe, ebenbürtig und Schwester der prächtigen Städte der antiken Welt,
und wie sie in eine Ruine verfielen, die in ihrem Fall noch vermieden werden
konnte, war der Vorschlag bewundernswert geeignet, die Zuschauer zu
bewegen und zu bewegen. Sie alle sind stolz auf den Namen Roman und sind
sich der schlechten Regierung und des Leidens zutiefst bewusst. Dies war
jedoch nur ein Teil der Arbeit, die er sich vorgenommen hatte. Kurze Zeit
später, als sein Bild in Rom zum Gegenstand aller Sprachen geworden war,
lud der Notar Cola die Adligen und Honoratioren der Stadt ein, sich in der
Laterankirche zu treffen, um ihm zuzuhören, wie er dort eine bestimmte
Inschrift darlegte, die bis dahin bekannt war (so wird uns gesagt) hat alle
Dolmetscher verblüfft. Man muss annehmen, dass er in der Gunst der
Kirche und Raymonds, des Bischofs von Orvieto, des Vertreters des Papstes,
stand, sonst wäre es ihm kaum gestattet worden, die große Basilika für einen
solchen Zweck zu nutzen.

Die Laterankirche befand sich jedoch, wie wir aus verschiedenen Quellen
wissen, in einem fast zerstörten Zustand, hatte fast kein Dach und war daher
wahrscheinlich anfällig für Angriffe dieser Art. Cola musste bereits die
Aufmerksamkeit Roms in allen Kreisen auf sich gezogen haben, ungeachtet
der Ohrfeige, mit der Andreozzo von der Colonna versucht hatte, ihn zum
Schweigen zu bringen. Manche hielten ihn für einen *Burlatore* , einen Mann,
der sehr scherzhaft war und an dem man viel Spaß haben konnte; und das
war der Aspekt, in dem er einem Teil der Gesellschaft, den jungen Baronen
und der vergoldeten Jugend Roms, erschien – eine Täuschung, der er sich
offenbar vorübergehend hingegeben hatte, um seine Lehre zu verbreiten;
während der ernstere Teil der Aristokratie zumindest neugierig geworden zu

sein scheint, um zu hören, was er zu sagen hatte, und die Bedeutungen in ihm vorhersah, die es gut wäre, mit besseren Mitteln als der einfachen Methode von Andreozzo in Ordnung zu halten . Die Funktionsweise von Colas eigenem Geist ist weniger leicht nachzuvollziehen. Sein Bild war eine Allegorie gewesen, wie sie die Zeit liebte, breit genug und gleichzeitig einfach genug, um die allgemeine Ebene des Verständnisses zu erreichen. Als er sich an die höhere Klasse wandte, tat er dies mit einem instinktiven Gespür für den Unterschied, ohne jedoch vielleicht eine ganz klare Vorstellung davon zu haben, was dieser Unterschied war oder wie er sich vor diesem neuartigen Publikum behaupten sollte. Vielleicht hatte er Recht, als er glaubte, dass ein beeindruckendes Spektakel das beste Mittel sei, um die Aufmerksamkeit der Aristokraten auf sich zu ziehen; vielleicht hielt er es für gut, sich die Vorstellung zunutze zu machen, dass Cola von Rienzo mehr oder weniger ein Possenreißer war, und dass eine Rede von ihm es auch war Wahrscheinlich wird es amüsant sein, was auch immer es sonst sein mag. Das Kleid, das sein Biograph minutiös beschreibt und das offenbar sehr sorgfältig angefertigt wurde, scheint diese Idee zu begünstigen .

„Es verging nicht viel Zeit (nach der Ausstellung des Bildes), bis er das Volk durch eine schöne Predigt in der Vulgärsprache ermahnte, die er in St. John im Lateran hielt. An der Wand hinter dem Chor hatte er ein großes und prachtvolles Bild angebracht Metallplatte mit alten Buchstaben, die niemand außer ihm allein lesen oder interpretieren konnte. Um diese Tafel herum hatte er mehrere Figuren malen lassen, die den Senat von Rom darstellten, der dem Kaiser Vespasian die Autorität über die Stadt übertrug. In der Mitte In der Kirche wurde eine Plattform (*un parlatorio*) mit Sitzen darauf errichtet, die mit Teppichen und Vorhängen bedeckt war – und auf dieser versammelten sich viele große Persönlichkeiten, darunter Stefano Colonna und sein Sohn Giovanni Colonna, die größten und prächtigsten der Welt Es gab auch viele weise und gebildete Männer, Richter und Dekretalisten und viele Autoritätspersonen. Unter diesen großen Leuten betrat Cola di Rienzo die Bühne. Er trug eine Tunika und einen Umhang nach deutscher Art, mit Kapuze bis zum Hals in feines weißes Tuch gehüllt und auf dem Kopf eine kleine weiße Mütze. Auf der Rundung seiner Mütze befanden sich Kronen aus Gold, von denen die vordere durch ein Schwert aus Silber geteilt war, dessen Spitze durch die Krone steckte. Er trat sehr kühn hervor, und als Schweigen herbeigeführt wurde, hielt er eine schöne Predigt mit vielen schönen Worten und sagte, dass Rom niedergeschlagen wurde und auf der Erde liege und nicht sehen könne, wo es liege, denn ihm seien die Augen aus den Augen gerissen worden Kopf. Ihr Blick galt dem Papst und dem Kaiser, die Rom beide durch die Bosheit seiner Bürger verloren hatte. Dann sagte er (auf die abgebildeten Figuren zeigend): „Seht, was für eine Pracht war der Senat, als er dem Kaiser die Autorität übertrug ." Dann las er ein Papier, in dem die Interpretation der Inschrift niedergeschrieben war, die den Akt darstellte, durch den das römische Volk Vespasian die kaiserliche Macht übertrug. Erstens , dass Vespasian die Macht haben sollte, gute Gesetze zu erlassen und Bündnisse mit jedem zu schließen, mit dem er wollte, und dass er berechtigt sein sollte, den *Garten Roms* , das heißt Italiens, zu vergrößern oder zu verkleinern, und dass er weniger oder mehr Rechenschaft ablegen sollte wie er es wollte. Er könnte auch Männer zu Herzögen und Königen erziehen, sie erheben oder abreißen, Städte zerstören oder wieder aufbauen, Flüsse aus ihren Flüssen umleiten, um sie in einen anderen Kanal zu fließen, Steuern erheben oder sie nach seinem Belieben abschaffen. All diese Dinge gaben die Römer Vespasian gemäß ihrer Charta, der Tiberius Cäsar zustimmte. Dann legte er das Papier beiseite und sagte: „Meine Herren, die Majestät des römischen Volkes war so groß, dass sie dem Kaiser diese Autorität verliehen haben ." Jetzt haben sie es völlig verloren.' Dann ging er ausführlicher auf die Frage ein und sagte: „Römer, ihr lebt nicht in Frieden; eure Ländereien werden nicht bewirtschaftet." Das Jubiläum rückt näher, und Sie haben keine Vorräte an Getreide oder Nahrungsmitteln für die Menschen, die kommen werden, die nicht versorgt sein werden und in der Wut ihres Hungers nach Steinen greifen werden; aber auch die Steine werden dafür nicht ausreichen Vielzahl.' Abschließend fügte er hinzu: „Ich bete, dass Sie den Frieden bewahren." Dann sagte er dieses Gleichnis: „Meine Herren, ich weiß, dass viele Leute mich für das, was ich tue und sage, verspotten . Und warum? Aus Neid. Aber ich danke Gott, dass es drei Dinge gibt, die die Verleumder verzehren. Der erste Luxus, der zweite Eifersucht, der dritte Neid.' Als er die Predigt beendet hatte und herunterkam, wurde er vom Volk sehr gelobt.

Die so dem Volk vorgelegte Inschrift war die Bronzetafel, die Lex Regia genannt wurde. Warum es bis zu diesem Zeitpunkt niemandem möglich war, es zu interpretieren, erfahren wir nicht. Der Wissensstand war auf einem sehr niedrigen Stand, und die Bedeutung solch großartiger Dokumente, ob aus Metall oder Pergament, wurde noch kaum erkannt . Dies war offensichtlich eines der Ergebnisse von Colas Studien der alten Inschriften, von denen wir im frühesten Kapitel seiner Karriere erfahren. Es war Teil eines Altars in der Laterankirche und wurde dort von Papst Bonifatius VIII. als praktischer Gegenstand für diesen Zweck aufgestellt, in offensichtlicher Unwissenheit über eine bessere Verwendung. als er die Kirche restaurierte. Zweifellos hatten einige der dürftigen Wiedergutmachungsarbeiten, die im Gange waren, Colas Aufmerksamkeit auf den sagenumwobenen Stein gelenkt, und er hatte genug Interesse, ihn von einem so unpassenden Ort entfernen zu lassen. Es ist jetzt in der Wand der Halle des Fauns auf dem Kapitol eingelassen.

Wir haben hier nicht nur ein Beispiel für die Überhöhung von Colas Geist und seinen phantasievollen und leidenschaftlichen Gedanken und für seinen

Besitz von der einen Idee römischer Größe, sondern auch für seine Privilegien und seine Macht in diesem Moment, bevor er noch einen Schlag ausgeführt hatte oder machte einen Schritt in Richtung seiner zukünftigen Position. Dass es ihm erlaubt gewesen sein sollte, die Tafel vom Altar zu entfernen (was jedoch möglicherweise im Zuge der Reparaturen geschehen ist), sie an dieser auffälligen Stelle aufzustellen und die Kirche zu benutzen, dafür war er ein Laie und ein Plebejer seine eigenen Objekte, zeugt von sehr starker Unterstützung und Privilegierung. Der Einfluss des Papstes muss hinter ihm gestanden und die Ressourcen der Kirche ihm zur Verfügung gestellt worden sein. Weder seine kühne Rede noch seine ständige Verunglimpfung von Baronen und Beamten schienen mit den Risiken verbunden gewesen zu sein, die wir hätten erwarten müssen. Entweder müssen die Behörden sehr großzügig gewesen sein, oder er wurde von einer Macht gut beschützt, der sie nicht entgegentreten wollten. Es scheint unter ihnen gewisse Zweifel an seiner geistigen Gesundheit oder seiner Ernsthaftigkeit gegeben zu haben. Giovanni Colonna, bekannt als Janni , Enkel des alten Stefano, ein brillanter junger Galant, der sich wahrscheinlich zu einem hervorragenden Soldaten entwickeln würde, die Hoffnung des Hauses, lud ihn ständig zu Unterhaltungen ein, bei denen sich die gesamte vergoldete Jugend Roms versammelte, um ein Theaterstück zu sehen, um ihm sprechen zu hören . Als er sagte: „Ich werde ein großer Herr, vielleicht sogar Kaiser" sein, brachen die Jugendlichen in schallendes Gelächter aus. „Alle Barone waren voll davon, einige ermutigten ihn, andere waren bereit, ihm den Kopf abzuschlagen. Aber ihm wurde nichts angetan. Wie viele Dinge prophezeite er über den Zustand der Stadt und die großzügige Herrschaft, die sie erforderte!" Rom hörte zu und war je nach Stimmung aufgeregt oder amüsiert, aber es wurde nichts unternommen, um diese Herrschaft seinen Forderungen anzupassen oder den kühnen Reformator aufzuhalten.

Mittlerweile war es zur Leidenschaft seines Lebens und zur Beschäftigung seiner gesamten Freizeit geworden. Ihm fiel nichts anderes ein, als die Menschen zu überzeugen und ihnen ihren Zustand klarzumachen. Wieder einmal kamen ihm seine Malerfreunde, die Gesellen der *Bottega* , wer auch immer sie waren, zu Hilfe und malten ihm erneut ein Bild, dieses Mal an die Wand von St. Angelo in Pescheria , von der wir annehmen könnten, dass sie die Pfarrkirche von Cola war. wie es immer wieder in der Erzählung erscheint – wo sie noch einmal in immer kühnerer Symbolik den Zustand Roms darlegen. Wieder wurde sie als alte Frau dargestellt, dieses Mal inmitten einer großen Feuersbrunst, halb verzehrt, aber von einem Engel in all der Pracht weißer Kleidung und flammendem Schwert bewacht, bereit, sie unter der Aufsicht aus den Flammen zu retten von St. Peter und St. Paul, die von einem Turm aus zusahen und den Engel riefen, er möge „der beistehen , die uns Schutz gegeben hat"; während eine weiße Taube mit einer Myrtenkrone vom

Himmel herabflatterte, um sie auf den Kopf der Frau zu setzen, und die Legende lautete: „Ich sehe die Zeit der großen Gerechtigkeit – und du, warte darauf." Noch einmal versammelte sich die Menge, das Bild wurde besprochen und seine Bedeutung hinterfragt und erläutert. Es gab einige, die den Kopf schüttelten und sagten, es bräuchte mehr als nur Bilder, um die Lage zu ändern; Man kann jedoch leicht annehmen, dass, als diese aufeinanderfolgenden Allegorien in einer Sprache dargestellt wurden, die jeder verstehen konnte, das Gefühl wuchs und dass in Rom kaum etwas anderes gesprochen werden würde als diese seltsamen Schriften an den Wänden und was sie damit zu tun hatten Bedeutungen waren. Das Bild, das Lord Lytton in seinem *Rienzi- Roman* von diesem bewegten Moment der Geschichte gibt, ist den Tatsachen sehr treu und gibt eine äußerst lebhafte Beschreibung der Szenen; obwohl er im letzten Teil seiner Geschichte Romantik der Geschichte vorzieht.

All diese Vorfälle eröffnen unseren Augen jedoch Einblicke in das andere Rom unter der Oberfläche, das von konkurrierenden Adligen und prächtigen Häusern besetzt war, und in all die kleinen Ereignisse und malerischen Episoden, mit denen eine vorherrschende Aristokratie die Welt amüsierte. Wenn Herr Browning Rom noch einmal zu einem ernsteren Thema dargelegt hätte, wie er es einmal in „ *Der Ring und das Buch"getan hat* , welche Gruppen hätte er uns vielleicht vor Augen geführt! Die Maler, die bisher noch niemanden hervorgebracht hatten, von dem man Berühmtheit erlangte, die aber immer beeindruckbar waren und in allen Tiefen ihrer Werkstätten vom Atem der Revolution und der Hoffnung auf etwas Schönes, das kommen würde, aufgewühlt waren, hätten einen Teil davon übernommen im Vordergrund: Denn mit dem Rückzug des Papstes und des Hofes muss die Besetzung einer Gruppe von Künstlerarbeitern, die kaum mehr als kirchlicher oder häuslicher Dekoration dienten, stark gelitten haben: und niemand kann von der Aufregung leichter berührt werden Neuere und aufstrebendere Gedanken als Männer, deren Beruf einen gewissen Hauch von Inspiration, einen Anreiz zur Fantasie erfordert. Zweifellos gab es in den Studios viele junge Männer, die mit Cola aufgewachsen waren, die an seinen leidenschaftlichen Reden festgehalten hatten, bevor sie der Welt bekannt wurden, und die seine vagen und hochtrabenden Pläne für Rom und die Erneuerung all seiner alten Herrlichkeiten gehört hatten , nicht zu vergessen die neue Pracht der Skulptur und der Malerei, die der renovierten Stadt, der Herrin der Welt, würdig ist. Ihre eifrigen Gespräche und Diskussionen, ihr Wissen über seine Wege und Gedanken, die alten Inschriften, die er ihnen gezeigt hatte, die neuen Hoffnungen, die er in seiner leuchtenden Sprache beschrieben hatte, müssen all diese *Bottegas* , die zwischen den Ruinen thronten, diese Werkstätten mit Aufregung erfüllt haben geplant aus verlassenen Palästen, dem Treffpunkt der römischen Jugend, die keine Gentlemen, sondern Arbeiter waren, und für die Janni Colonna und seine lachenden Gefährten, die Cola in seiner verrückten Brillanz für einen so großen Scherz hielten, großartige junge Gönner waren, die halb bewundert, halb verabscheut wurden . Wie stolz muss es gewesen sein, von Cola ins Vertrauen gezogen zu werden, seine „Gleichnisse" – das stürmische Meer mit seinen Galeeren und kleinen Inseln, die Flammen des tödlichen Feuers – auf die Gesetze möglicher Darstellung zu reduzieren und sich zu beeilen Bei Tagesanbruch brach eine ganze Gruppe von ihnen in aller Freude der Verschwörung auf, um die gemeinsame Vorstellung an die Wand zu schlagen und ihm zu helfen, dem Volk seine Lektion vorzulesen!

Und Browning hätte ein anderes Rom gefunden, das es noch zu veranschaulichen galt, in den Priestern, dem bescheideneren Klerus, dem Pfarrer von St. Angelo auf dem Fischmarkt und so vielen mehr, dem Volk, das doch über dem Volk stand, den bescheidenen Kirchenmännern mit ihrer geringen Gelehrsamkeit, gerecht genug, um einen klassischen Namen oder eine klassische Anspielung zu verstehen, von denen einige Cola selbst bei seinem Latein geholfen haben müssen, mit ihm über seinen Inschriften gebrütet haben und von seinem Enthusiasmus als halb geschulter Geist ohne die Einschränkungen, die mit umfassenderem Wissen einhergehen, entfacht wurden. ist dazu geneigt, alles für möglich zu halten und die Schwierigkeiten und unvermeidlichen Katastrophen der Revolution zu ignorieren. Das große Ideal der Kirche, das immer vor dem visionären Priester in der Luft schwebte, und der offensichtliche und einfache Grund, warum sie in diesem Fall scheiterte, nämlich die Abwesenheit des Papstes und die Witwenschaft der Stadt, müssen die klassische Symbolik von so gemildert haben der Anführer, der seine Träume für Menschen möglich erscheinen lässt, die so wenig über die Realität der Dinge Bescheid wissen und so zuversichtlich sind, dass mit der Stärke ihrer Hingabe und der Reinheit ihrer Ziele alles erreicht werden könnte. Für solche Geister existiert das Mögliche und das Unmögliche nicht, die Welt selbst ist so etwas wie Träume, und die vollständige Reformierung aller Dinge, der Himmel und der Erde, in denen Gerechtigkeit wohnen wird, ist immer erreichbar und nahe , wenn nur die Bemühungen, sie zu erreichen, stark genug wären und die Gedanken der Unterdrückten ausreichend aufgeklärt wären. Niemand hat diese Erhabenheit der menschlichen Sinnlosigkeit, diesen wilden Glauben der Unerfahrenheit und teilweisen Unwissenheit, der tatsächlich manchmal für einen Moment zumindest alles in der Raserei der Begeisterung und des Glaubens vor sich herträgt, ausreichend dargelegt, obwohl es viele versucht haben .

Auf der anderen Seite standen Janni Colonna und seine Kameraden, der junge Savelli, Gaetani und die ganze tapfere Truppe, die sich um nichts kümmerten, sicher in ihrem Adel, in diesem unbeschwerten Vertrauen in Rang und Herkunft, das vielleicht der malerischste aller Umstände ist. und

einer der aufregendsten, der seinem Besitzer über alle Logik hinaus die
Gewissheit gibt, dass für ihn die Sonne scheint und die Welt sich dreht. Es
gab unter diesen jungen Adligen wie auch unter anderen Klassen von
Männern alle Arten; Einige waren *Bonprinzen* , sorglos, aber nicht in
irgendeiner Weise rücksichtslos gegenüber anderen, wenn ihnen nur klar
gemacht werden könnte, dass ihre triumphale Karriere auf jeden Fall
schädlich für andere war – eine Sache, die immer schwer zu erkennen ist .
Abgesehen von ihren Fehden und Konflikten waren die Colonnas im
Allgemeinen *Bonprinzen* . Sie waren keine Rasse von Unterdrückern; Sie
liebten die Künste und schätzten ihren besonderen Dichter, der in diesem
Moment zufällig der große Dichter Italiens war, und bewunderten zweifellos
den beredten Cola und waren entzückt von seinen Reden und Witzen, auch
wenn sie darin vielleicht einen Hauch von Spott fanden. als er sagte, er würde
ein großer Seigneur oder sogar Kaiser werden. Das war sein Scherz, konnte
man nicht das Funkeln in seinen Augen sehen? Und wahrscheinlich würde
auch der alte Stefano, der edle Großvater, lächeln, wenn er das Lachen der
Jungen hörte, und nicht unfreundlich über den verrückten Notar mit seiner
Begeisterung denken, die zweifellos bald aus ihm herausgelöscht werden
würde, wie es bei ihm der Fall war Die meisten Männer kamen mit den Jahren
an Erfahrung, um diese nicht gerade großzügigen Torheiten der Jugend zu
korrigieren. Die großen Kirchenmänner scheinen Cola gegenüber noch
toleranter gewesen zu sein – sie waren froh, diesen unerwarteten Helfer zu
finden, der dabei half, das Gleichgewicht zugunsten des Papstes zu halten
und die Adligen in Schach zu halten.

In der Zwischenzeit setzte Cola seine Warnungen fort und bereitete sich
nach und nach intensiver vor. Glücklicherweise kommen wir zu einem
Datum, an dem wir von einem plötzlichen Ausstoß wirkungsvoller Worte
lesen, die wie die Handschrift an der Wand eines Morgens, am 15. Februar
1347, hervorkamen: „In kurzer Zeit werden die Römer zu ihrer alten guten
Regierung zurückkehren . " *In brievo tempo* – die eigentlichen klangvollen
Worte, die groß und edel wie Flöte und Trompete in unseren Ohren
erklingen, sind es wert, schon wegen des Klangs zitiert zu werden: *In brievo
tempo I Romani tornaraco a lo loro antico buono Status* . Was für ein Nervenkitzel
der Aufregung, plötzlich um eine Ecke zu biegen und auf der Kirchenmauer
diese Worte vor sich zu sehen, die gestern noch nicht da waren! *Lo antico
buono Status !* das geschickteste Losungswort , das fortan zum besonderen
Symbol der neuen Reformation wurde. Danach hören wir von der
Zusammenkunft einer kleinen geheimen Versammlung an einem ruhigen
Ort auf dem Aventin, „ einem geheimen Ort" – wo zu einem privat
vereinbarten Anlass ernsthafte Männer aus allen Teilen der Stadt
zusammenkamen, „viele Römer von …". Wichtigkeit und *Buoni homini* ", das
war, wie wir gesehen haben, der Titel, der den Volksführern verliehen wurde.
„Und unter ihnen waren einige vom Adel (cavalerotti) und reiche

Kaufleute" – um zu überlegen, was getan werden könnte, um die gute Regierung (*lo buono) wiederherzustellen stato*) der Stadt Rom.

„Unter ihnen stand Cola auf und erzählte weinend von dem Elend, der Knechtschaft und der Gefahr, in der die Stadt lag. Und auch von dem einst großen und herrschaftlichen Staat, den die Römer zu genießen pflegten. Er sprach auch vom Verlust von allen umliegenden Ländern, die einst Rom unterworfen gewesen waren. Und das alles erzählte er unter Tränen, die ganze Versammlung weinte mit ihm. Dann schloss er und sagte, dass es ihre Pflicht sei, der Sache des Friedens und der Gerechtigkeit zu dienen, und tröstete sie und fügte hinzu: „Haben Sie keine Angst vor Geld, denn die römische Cammora bringt viel und unschätzbaren Ertrag." An erster Stelle die Feuer: Jeder Rauch zahlt vier Soldi, von Cepranno bis zur Porta della Paglia. Das sind hunderttausend Gulden. Von der Salzsteuer hunderttausend Gulden. Dann kommen die Tore Roms und die Burgen und die Die dortigen Gebühren belaufen sich auf einhunderttausend Gulden, die an Seine Heiligkeit, den Papst, geschickt werden, und das weiß sein Vikar. Dann sagte er: „Meine Herren, glauben Sie nicht, dass so viele Bürger durch die Zustimmung oder den Willen des Papstes gestorben sind." die Güter der Kirche gewaltsam angreifen.' Durch diese Gleichnisse wurden die Seelen der Versammlung entzündet. Und viele andere Dinge sagte er weinend. Dann überlegten sie, wie sie das Buono wiederherstellen könnten Stato . Und jeder schwor dies auf die Heiligen Evangelien – (auf Italienisch „im Brief", durch eine aufgezeichnete Handlung)."

Durch die Anspielung auf den Vikar des Papstes erscheint es sehr wahrscheinlich, dass er bei dieser geheimen Versammlung anwesend war. Auf jeden Fall war er über alle Vorgänge informiert und nahm am ersten offenen Akt der Revolution teil. Um diese geheimen Pläne und Verschwörungen umfassender zu rechtfertigen, verschlechterte sich der Zustand der Stadt von Tag zu Tag. Die beiden Parteien, die von Colonna und die von Orsini, hielten einander so im Gleichgewicht, dass die eine jeden Vorfall ausnutzte, der die andere diskreditieren und benachteiligen konnte, dass Gerechtigkeit und Gesetz zum Stillstand kamen, jede strafrechtliche Feststellung zunichte gemacht wurde Beschützer auf der einen oder anderen Seite, und jede Art von Vergewaltigung und Gewalt bleibt ungestraft. „Die Stadt war in großer Not", sagt unser Chronist, „sie hatte keinen Herrn, überall gab es Mord und Raub. Frauen waren weder in Klöstern noch in ihren eigenen Häusern sicher. Der Arbeiter wurde ausgeraubt, als er zurückkam." Sein Werk, und sogar Kinder waren empört; und das alles vor den Toren Roms. Die Pilger, die zu den Heiligtümern der Apostel gingen, wurden ausgeraubt und oft ermordet. Die Priester selbst waren zu allem Bösen bereit. Jede Bosheit blühte: Es gab sie keine Gerechtigkeit, keine Zurückhaltung, und es gab auch kein Heilmittel gegen diesen Zustand. Nur der hatte Recht, der sich mit dem Schwert beweisen konnte." Alles, was die unglücklichen Menschen tun konnten, war, sich zusammenzuschließen und zu kämpfen, jeder für seine eigene Sache.

Im April des Jahres 1347 erreichte dieser Zustand der Anarchie seinen Höhepunkt. Stefano Colonna war nach Corneto gefahren , um Proviant zu holen, und hatte die gesamte *Miliz* , die Garde Nationale oder Stadtpolizei Roms, mitgenommen . Selbst ohne diese schwache Unterstützung und ohne Mittel zur Aufrechterhaltung der Ordnung waren die Senatoren Agapito Colonna und Robert Orsini ebenso hilflos, jeden Aufstand zu unterdrücken, wie sie die inneren Angelegenheiten der Stadt regeln konnten. Die Verschwörer nutzten diese Gelegenheit natürlich aus. Sie schickten einen Stadtausrufer mit Trompetenschall, um alle Männer aufzurufen, sich darauf vorzubereiten, ohne Waffen zum Kapitol, zum Buono , zu kommen Stato beim Klang der großen Glocke. Während der Nacht – es war der Vorabend von Pfingsten – hielt Cola offenbar in der Kirche St. Angelo in Pescheria Wache und hörte „dreißig Messen des Heiligen Geistes", sagt der Chronist, und verbrachte die Nacht, wie wir sagen würden, in Andacht . Zur Gottesdienststunde, am frühen Morgen, verließ er die Kirche, nachdem er mit größter Feierlichkeit den Beistand Gottes angerufen hatte. Es war der 20. Mai, ein Sommerfest, an dem ganz Rom im strahlenden Sonnenschein erstrahlt und die Orangenblüten und Rosen aus jedem Garten die Luft mit Süße erfüllen. Er war vollständig bewaffnet, bis auf seinen Kopf, der nackt war. Eine Schar Jugendlicher umringte ihn mit plötzlichem Geschrei und Jubelrufen, durchbrach die Morgenstille und erschreckte die zur Frühmesse eilenden Kirchgänger, die mit offenem Mund dagestanden haben mussten, als sie sahen, wie ein Banner nach dem anderen zwischen ihnen und dem Himmel aus der Kirche rollte Türen. Die erste war rot mit goldenen Buchstaben und bemalt mit einer Figur Roms, die auf zwei Löwen saß und einen Reichsapfel und eine Palme in den Händen trug – „un Mundo e una Palma " – Zeichen ihrer universellen Souveränität. „Dies war der Gonfalon der Freiheit" – und er wurde von Cola Guallato getragen und als „Lo buon" ausgezeichnet dicitore " – ein weiterer Redner wie Rienzi selbst. Der zweite war weiß mit einem Bild des heiligen Paulus, auf dem dritten befanden sich der heilige Petrus und seine Schlüssel. Letzterer wurde von einem alten Ritter getragen, der, weil er ein Veteran war, befördert wurde In einer Kutsche. Inzwischen läutete die große Glocke des Kapitols und die Männer, die eingeladen worden waren, eilten dorthin durch alle Straßen. „Da nahm Cola di Rienzo all seinen Mut zusammen, wenn auch nicht ohne Furcht, und ging allein weiter der Vikar des Papstes und ging zum Palast des Kapitols." Dort wandte er sich mit einer *Bellissima an die Menge diceria* über das Elend und die Anarchie in Rom und sagte, er habe sein Leben für die Liebe des Papstes und die Erlösung des Volkes riskiert. Der Leser kann fast das unterdrückte Zittern der Aufregung „nicht ohne Angst" in seiner Stimme hören. Und dann die Regeln des Buono Stato wurden gelesen. Sie waren sehr einfach, aber sehr gründlich. Das erste war, dass jeder, der einen Mann ermordete, ausnahmslos dafür sterben sollte. Die zweite, dass jeder vor den Richtern verhandelte Fall innerhalb von fünfzehn Tagen abgeschlossen werden sollte; Drittens darf kein Haus aus irgendeinem Grund zerstört werden, außer auf Anordnung der Behörden. Das vierte war, dass jedes *Rione* oder jeder Bezirk der Stadt seine eigene Streitmacht an Verteidigern haben sollte, vierundzwanzig Reiter und hundert zu Fuß, bezahlt vom Staat und auf dessen Befehl. Außerdem sollte ein Schiff zum besonderen Schutz der Kaufleute an der Küste aufbewahrt werden; dass Steuern notwendig seien und von den Beamten des Buono ausgegeben werden sollten Stato ; dass die Brücken, Burgen, Tore und Festungen von niemandem außer dem Volksvorsteher gehalten werden sollten und niemals in die Hände eines Barons gelangen dürften; dass die Barone beauftragt werden sollten, die Sicherheit der Straßen zu gewährleisten Rom und sollte Räuber nicht schützen, unter einer Strafe von tausend Mark Silber: – dass die Kommune den Klöstern Geldhilfe gewähren sollte; dass jedes *Rione* seinen Kornspeicher haben und dort eine Reserve für schlechte Zeiten bereitstellen sollte; dass die Sippe jedes Mannes, der im Kampf für die Sache der Kommune getötet wurde, eine ihrem Grad entsprechende Belohnung erhalten sollte: – dass die alten, Rom unterworfenen Staaten wiederhergestellt werden sollten; und dass jeder, der eine Anschuldigung gegen einen Mann erhebt, die nicht bewiesen werden kann, mit der Strafe bestraft werden muss, die mit der Straftat verbunden ist, wenn sie bewiesen worden wäre. Diese und verschiedene andere Vorschriften, die dem Volk sehr gefielen, wurden verlesen und durch Handzeichen und großer Jubel einstimmig angenommen. „Und es wurde auch angeordnet, dass Cola dort als Herr bleiben sollte, jedoch in Verbindung mit dem Stellvertreter des Papstes. Und ihm wurde die Autorität gegeben, zu strafen, zu töten, zu begnadigen, Gesetze zu erlassen und Bündnisse zu schließen, Grenzen festzulegen; und zwar völlig und frei." *imperia* , absolute Macht, wurde ihm in allem gegeben, was das Volk von Rom betraf."

So wurde Colas Prahlerei, die die jungen Lords so sehr amüsierte, über alle Köpfe hinweg wahr gemacht, bevor viele Wochen vergangen waren. Er hatte gesagt, dass er ein großer Herr sein würde, so mächtig wie ein Kaiser. Und so war er.

DIE LUNGARA

KAPITEL III.
DER BUONO STATO.

Der erste Vorfall in dieser so plötzlich eingeführten neuen Herrschaft war erschreckend. Stefano Colonna war der Vater der ganzen Band – er, von dem Petrarca mit so viel Begeisterung spricht: „ *Dio unsterblich !* Was für eine Majestät in seinem Aussehen, was für eine Stimme, was für ein Blick, welche Vornehmheit in seinem Auftreten, welche Kraft von Seele und Körper in seinem Alter! Ich schien vor Julius Cäsar oder Africanus zu stehen , wenn nicht, dass er älter war als beide. Es ist wunderbar zu sagen, dass dieser Mann niemals alt wird, während Rom von Tag zu Tag älter wird." Er war, wie gesagt, anlässlich des wunderbaren Sturzes aller früheren Herrschaft und der Errichtung des Buono von Rom abwesend Stato ; aber sobald er hörte, was geschehen war, eilte er mit nur wenigen Anhängern zurück und zweifelte nie daran, dass er dieser Bergrevolution bald ein Ende bereiten würde. Früh am nächsten Morgen erhielt er von Cola eine Kopie des auf dem Kapitol erlassenen Edikts und den Befehl, Rom sofort zu verlassen. Stefano nahm das Papier und riss es in tausend Stücke. „Wenn dieser Narr mich wütend macht", sagte er, „werde ich ihn aus den Fenstern des Kapitols werfen." Als dies Cola gemeldet wurde, ließ er *lautstark* die Glocke des Kapitols ertönen , und die Menschen strömten von allen Seiten herbei, um dem Ruf zu folgen. In diesem Moment des Schicksals ging alles schnell, und selbst der tapfere Colonna schien seine Meinung im Handumdrehen geändert zu haben. Der Anblick der Dinge war so bedrohlich, dass Stefano den größten Teil seiner Tapferkeit auf sich nahm und sofort mit einem einzigen Diener davonritt, nur in San Lorenzo anhielt, um zu essen, und dann nach Palestrina weiterzog, das sein Hauptsitz und Besitz war. Cola nutzte diesen Vorfall sofort aus: Mit Zustimmung des aufgeregten Volkes sandte er einen ähnlichen Befehl wie Stefano an alle anderen Barone und befahl ihnen, die Stadt zu verlassen. Seltsamerweise wurde dem Befehl des Volksführers sofort Folge geleistet. Vielleicht wagte niemand mehr aufzustehen, nachdem das Oberhaupt der römischen Ritterschaft geflohen war. Diese tapferen Kavaliere ergaben sich dem *Pazzo* , dem Verrückten, mit dem das Oberhaupt der Colonnas in plötzlicher und völliger Panik so kurzen Prozess machen wollte, ohne ihm einen Schlag zu versetzen. Am nächsten Tag wurden alle Brücken aufgegeben und Volksbeamte über sie gesetzt. „Einem wurde auf die eine Art gedient, einem anderen auf einer anderen – diese wurden verbannt und jenen wurden gnadenlos die Köpfe abgeschlagen. Die Bösen wurden alle grausam gerichtet." Danach wurde ein weiteres *Parlamento* auf dem Kapitol abgehalten, und alles, was getan worden war, wurde genehmigt und bestätigt – und das Volk erklärte mit einer Stimme Cola und mit ihm den Vikar des

Papstes, der an all diesen wunderbaren Vorgängen teilnahm, Volkstribunen und Befreier.

Adligen scheint es einen Versuch gegeben zu haben, die Oberhand zurückzugewinnen, der scheiterte, da sie sich untereinander nicht einigen konnten. Daraufhin erhielten sie einen weiteren Aufruf von Cola, im Kapitol zu erscheinen und zu schwören Halte den Buono aufrecht Stato . Einer nach dem anderen kamen die alarmierten Adligen herein. Der erste war Stefanello Colonna, der Sohn des alten Mannes, das erste seiner Kinder nach den beiden Geistlichen und Erbe seines Einflusses und seiner Ländereien. Dann kam Ranello degli Orsini, dann Janni Colonna, der Cola zum Abendessen eingeladen hatte und mit seinen Kameraden lange und laut über die Possenreißer des Redners gelacht hatte. Was Cola sagte, war kein lustiger Scherz mehr. Dann kam Giordano mit demselben Namen, dann Messer Stefano selbst, der feine alte Mann, der Großmütige – verwirrt über seine unerwartete Unterwerfung, aber vielleicht berührt von einem Gefühl für die Gerechtigkeit, die darin lag, und schwor den Evangelien, ihm treu zu bleiben Kommunizieren und sich mit seinem eigenen Teil der Arbeit beschäftigen: wie man die Straßen säubert und die Räuber abweist, um die Waisen und Armen zu schützen. Die Adligen blickten um sich herum auf die sich versammelnde Menge; Sie waren von allem, was sie sahen, entmutigt und einer nach dem anderen leisteten sie die Eide. Einer der letzten war Francesco Savelli, der der eigentliche Herr von Cola di Rienzo , seinem Herrn, war – und dennoch den Treueeid auf ihn, seinen eigenen Gefolgsmann, ablegte. Es war so ein Wunder, wie es noch nie zuvor gesehen worden war. Aber alles war wunderbar – die Entschlossenheit des Volkes, der Vikar des Papstes an der Seite dieses verrückten Tribuns, die Autorität in Colas Augen und in seiner beredten Stimme.

Es muss jedoch ein ausgeprägter Sinn für das Theatralische in dem Mann gewesen sein. Während er zunächst durch sichtbare Allegorien, durch Bilder und Gleichnisse an die Menschen appellierte, hielt er nun ihr Interesse durch ständige Schauspiele aufrecht. Wie wir bereits gesehen haben, studierte er bei allen Gelegenheiten seine Kleidung und zielte immer auf etwas, das ins Auge fallen würde. Sein Amtsgewand sei „von feuriger Farbe , als wäre es Scharlach gewesen ". „Sein Gesicht und sein Aussehen waren schrecklich." Er erwies keinem Verbrecher Gnade, sondern übte sein Privileg über Leben und Tod frei und ohne Rücksicht auf die Person aus. Ein Mönch von San Anastasio , der ein berüchtigtes Verhalten an den Tag legte, wurde wie jeder andere Täter enthauptet; und einem noch größeren, Martino di Porto, Oberhaupt eines der großen Häuser, widerfuhr das gleiche Schicksal. Manchmal, so geben seine Biographen zu, war Cola grausam. Er schien ein Mann von nervösem Mut gewesen zu sein, „nicht ohne Furcht"; Er war sich des Risikos, das er einging, sehr bewusst und war, wie sich später herausstellte, nicht unfähig, eine plötzliche Panik zu verspüren, die ebenso schnell erwachte wie sein Aufblitzen übermäßiger Tapferkeit . In einer Stimmung wurde er von der Leidenschaft des Absoluten zu überstürzten Maßnahmen und plötzlicher Rache getrieben, was den Instinkten seiner Anhänger gut genug entsprach; in einem anderen Fall neigte er dazu, beim ersten Stirnrunzeln des Schicksals seinen Mut zu verlieren und seine Fassung zu verlieren. Der Beginn seiner Karriere ist wie der eines inspirierten Mannes – was er sich vorgenommen hat, wurde wie durch Zauberei ausgeführt. Es schien ihm, als ob er nur befehlen müsste und es wurde erfüllt. Innerhalb kürzester Zeit veränderten sich die Gerichte, die Märkte und das öffentliche Leben in Rom. Die Barone, so unwillig sie auch waren, müssen ihre vorgeschriebene Arbeit getan haben, denn die Straßen wurden auf einmal sicher und die ungenutzten Prozesse des rechtmäßigen Lebens wurden wieder aufgenommen. „Die Wälder jubelten, denn es gab keine Räuber mehr in ihnen. Die Ochsen begannen zu pflügen. Die Pilger begannen erneut, ihre Runden zu den Heiligtümern zu machen, die Kaufleute kamen und gingen, um ihren Geschäften nachzugehen. Angst und Schrecken überfielen die Tyrannen und alle guten Menschen waren voller Freude, als sie von der Knechtschaft befreit waren. Die Bravos, die Straßenräuber und alle Übeltäter, die die Stadt und ihre Umgebung in Angst und Schrecken versetzt hatten, flohen ihrerseits und fanden weder Beschützer noch irgendeinen Unterschlupf, der sie vor dem schnellen und bereiten Schwert der Gerechtigkeit retten konnte. In Colas Gerichtshöfen gab es sogar theoretische Verfeinerungen des Wohlwollens. Es gab Friedensstifter, die sich die Bitten von Männern anhörten, die von ihren Nachbarn verletzt wurden und bringen Sie sie, wenn möglich, in Einklang. Hier ist eine sehr merkwürdige Szene: Das Gesetz der Entschädigungen, nach dem eine erlittene Verletzung in Form von Sachleistungen zurückgezahlt werden sollte, ist in vollem Umfang in Kraft.

„Es kam vor, dass ein Mann einem anderen das Auge geblendet hatte; die Staatsanwälte kamen und ihr Fall wurde auf den Stufen des Kapitols verhandelt. Der Täter kniete dort, weinte und betete zu Gott um Vergebung, als der Verletzte nach vorne trat Dann hob der Übeltäter sein Gesicht, damit sein Auge geblendet würde, wenn es so angeordnet wäre. Der andere aber war von Mitleid bewegt und wollte sein Auge nicht berühren, sondern vergab ihm die Verletzung."

Zweifellos wurde die alte Lehre „Auge um Auge" zu allen Zeiten auf diese Weise mit Barmherzigkeit gemildert.

Es scheint, dass Cola nun im Kapitol als seinem Palast lebte; und er begann sich nach und nach mit allen Rangabzeichen zu umgeben. Dies war von Anfang an Teil seines Plans, denn wie gesagt wurde, verpasste er keine Gelegenheit zu einem wirkungsvollen Auftritt, weder aus einer natürlichen

Neigung dazu noch aus einer klugen Einschätzung der Geschmäcker der Menge, die er hatte perfekte Bekanntschaft mit. Aber die unmittelbaren Ergebnisse seiner neuen Herrschaft hatten nichts Theatralisches an sich. Dass er sich in all seinen öffentlichen Dokumenten, Briefen und Gesetzen als „Nikolaus, strenger und gnädiger, Tribun des Friedens, der Freiheit und der Gerechtigkeit, berühmter Befreier der heiligen Römischen Republik" bezeichnet hätte, ähnelte möglicherweise zu sehr der Prahlerei, die es gibt so unangenehm für unser kälteres Temperament; aber Cola war kein Engländer, er war auch kein Engländer des 19. Jahrhunderts: und in der Verbindung dieser Eigenschaften lag etwas Großes und Harmonisches, ein Schwung von Worten wie der Italiener „Loves", eine Kombination aus Brutus und Christlich für das fantasievolle Ohr. Aber wie auch immer seine scharlachroten Gewänder und seine übertriebene Selbstbeschreibung beanstandet werden mögen, nichts konnte die Größe der moralischen Revolution trüben, die er in einer Stadt bewirkte, in der der Frieden und alle unschuldigen Lebensgewohnheiten wiederhergestellt waren, und in einem Land, das beruhigt und sicher gemacht wurde Männer kamen und gingen unbehelligt. Sechs Jahre zuvor wurde Petrarca, der Held des Augenblicks, wie bereits erwähnt, von Räubern direkt vor den Mauern Roms angehalten und musste in die Stadt zurückfliegen, um eine bewaffnete Eskorte zu erhalten, bevor er seinen Weg fortsetzen konnte. „Der bewaffnete Hirte", sagt er, „wacht über seine Schafe und fürchtet sich mehr vor Räubern als vor Wölfen; der Pflüger trägt ein Kettenhemd und stachelt seine Ochsen mit einer Lanze an. Es gibt keine Sicherheit, keinen Frieden, keine Menschlichkeit unter den Bewohnern." , sondern nur Krieg, Hass und das Werk des Teufels."

Dies war die Lage, als Cola an die Macht kam. Ein oder zwei Monate nach diesem plötzlichen Umsturz reisten seine Boten unbewaffnet, in Weiß gekleidet, wie manche sagen, mit der Scarcella an ihrem Gürtel, die mit den Wappen Roms bestickt war, und zu aller Verteidigung einen weißen Zauberstab bei sich, frei auf allen Straßen von dort aus Rom wurde unbehelligt überall mit Freude empfangen. „Ich habe diesen Zauberstab getragen", sagt einer von ihnen, „ über das ganze Land und durch die Wälder. Tausende haben davor gekniet und ihn mit Freudentränen geküsst für die Sicherheit der Straßen und die Verbannung der Räuber." Der Effekt ist immer noch so malerisch, wie es das Auge des Künstlers nur wünschen kann; Die weißen Gestalten mit ihren Zauberstäben des Friedens durchquerten überall diese langen Ebenen der Campagna, wo jedes Gestrüpp, alle Verstecke der *Macchia* und jede Befestigung übrigens von Räuberbanden wimmelten – unverletzt, ohne Angst, wie Engel der Sicherheit im aufgewühlten Land. Aber es war dennoch real, eine gewaltige und außergewöhnliche Revolution. Der Buono Stato wurde am Pfingstsonntag, dem 20. Mai 1347, ausgerufen: und im darauffolgenden Juni konnte Cola die

Welt – das heißt ganz Italien, den Papst und den Kaiser – darüber informieren, dass die Straßen Wir waren in Sicherheit und alles lief gut. Clemens VI. erhielt diesen Bericht in Avignon und antwortete darauf, indem er seine Zustimmung zu dem gab, was getan worden war, „daß die neue Verfassung ohne Gewalt und Blutvergießen aufgestellt worden war" und die Autorität von Cola und seinem Bischof und Co-Tribun bestätigte Briefe vom 27. Juni.

Auch der Wandel innerhalb der Stadt war nicht weniger groß. Die von ihren früheren Besitzern auf jeder Brücke, auf allen Waren und jedem Passanten erhobenen Abgaben wurden entweder in ein bescheidenes Octroi umgewandelt oder ganz abgeschafft; Die Güter eines jeden Mannes waren in seinem Haus sicher; Die Frauen konnten ihren verschiedenen Beschäftigungen nachgehen, die Frau war in der Einsamkeit ihres Zuhauses sicher, in der Abwesenheit ihres Mannes bei der Arbeit, die Mädchen waren beim Nähen – an sich schon eine unzählbare Revolution. Rom begann wieder zu atmen und erkannte , dass seine schlimmen Zeiten vorbei waren und dass die Buono Stato bedeutete sowohl Trost als auch Gerechtigkeit. Auch die neue Tribüne bot in diesen Junitagen allen Umstehenden einen herrlichen Anblick. Er ritt beispielsweise feierlich zur Kirche am Fest von Santo Janni di Jugnio , St. Johannes dem Täufer, dem großen Mittsommerfest , ein herrlicher Anblick.

Präfekten Platz zu machen . Dann folgten die Beamten, Richter, Notare, Friedensstifter, Syndiks und andere, gefolgt von den vier Marschällen mit ihren Pferden Eskorte. Dann kam Janni d'Allo trug den Kelch aus vergoldetem Silber, in dem das Opfer dargebracht wurde, nach der Art der Senatoren; ihm folgten weitere Soldaten zu Pferd und die Trompeter, die ihre silbernen Trompeten erklingen ließen, wobei die silbernen Münder einen ehrlichen und großartigen Klang erzeugten. Dann kamen die öffentlichen Schreie. Dies alles verlief schweigend. Danach kam ein Mann allein, der als Zeichen der Gerechtigkeit ein nacktes Schwert trug. Er war Baccio , der Sohn von Jubileo . Dann folgte ein Mann, der nach dem Brauch der Kaiser auf beiden Seiten des Weges Geld verteilte : Liello Sein Name war Magliari – er wurde von zwei Personen begleitet, die einen Sack Geld trugen. Danach kam der Tribun allein. Er ritt auf einem großen Ross, gekleidet in Seide, das heißt Samt, halb grün und halb gelb, mit Fell aus Minenfell. In seiner rechten Hand trug er einen Stab aus poliertem und glänzendem Stahl, gekrönt von einem vergoldeten Silberapfel und über dem Apfel ein goldenes Kreuz, in dem sich ein Fragment des Heiligen Kreuzes befand. Auf der einen Seite befanden sich in Emaille die Buchstaben „Deus" und auf der anderen Seite „Spiritus Sanctus". Unmittelbar nach ihm kam Cecco di Alasso , der ein Banner nach der Art der Könige trug. Die Standarte war weiß mit einer goldenen Sonne, umrahmt von silbernen Sternen auf einem blauen Feld, und sie wurde von einer weißen Taube gekrönt, die im Schnabel eine Krone aus Olivenbaum trug. Rechts und links kamen fünfzig Vasallen von Vetorchiano zu Fuß mit Knüppeln in der Hand, gekleidet und bewaffnet wie Bären. Dann folgte eine Menge unbewaffneter Menschen, die Reichen und Mächtigen, Berater und viele ehrliche Menschen. Mit solchem Triumph und Ruhm erreichte er die Brücke von San Pietro, wo alle salutierten, die Tore weit geöffnet wurden und die Straße weit und frei blieb. Als er die Stufen von San Pietro erreicht hatte, kamen ihm alle Geistlichen in ihren Gewändern und Ornamenten entgegen. In weißen Gewändern, mit Kreuzen und in großer Ordnung kamen sie und sangen „*Veni Creator Spiritus*" und empfingen ihn so mit großer Freude.

So ritt Cola vom Kapitol zum Petersdom und durchquerte fast die gesamte bestehende Stadt: Seine Opfergaben wurden ihm nach Art der Senatoren vorgetragen, Geld wurde nach Art der Kaiser unter dem Volk verteilt, sein Banner wurde getragen vor Königen: vereinte jeden großen Rang in einem. *Panem et circenses* waren alles, was der alten römischen Bevölkerung am Herzen lag. Er schenkte ihnen Frieden und Sicherheit und wunderschöne Prozessionen und Allegorien nach Herzenslust. Für diejenigen, die sie später errieten, fehlte es nicht an Anzeichen dafür, dass der Tribun bei all diesem Triumph und Ruhm ein wenig seine Selbstbeherrschung verlor. Er begann, im Kapitol Feste und großartige Unterhaltungen zu veranstalten. Die Paläste der verfallenen Adligen wurden von ihren schönen Wandteppichen, Wandbehängen und Möbeln befreit, um die lange ungenutzten Räume dort prächtig zu machen; und den Adligen wurde eine Geldstrafe von je hundert Gulden auferlegt, weil sie diesen halb königlichen, halb ruinösen Wohnsitz repariert hatten, wodurch er wieder in neuem Glanz erstrahlte.

Aber inzwischen ist alles gut gegangen. Einer der Colonnas , Pietro von Agapito [6] – der dieses Jahr Senator hätte sein sollen – wurde festgenommen und ins Gefängnis geschickt, ob nur wegen dieser Straftat oder wegen einer anderen, wird uns nicht gesagt; während der Rest des Hauses, mit dem alten Stefano an der Spitze, in Palestrina stürmisches Schweigen bewahrte und noch nichts sagte. Antworten auf Colas Briefe kamen aus allen umliegenden Staaten, in Glückwünschen und Freundschaft, an der Spitze aller, wie wir gesehen haben, der Papst selbst. „Ganz Italien war aufgerüttelt", sagt Petrarca. „Der Schrecken des römischen Namens erstreckte sich sogar auf weit entfernte Länder . Ich war damals in Frankreich und weiß, was dort in den Worten und auf den Gesichtern der wichtigsten Persönlichkeiten zum Ausdruck kam. Jetzt, wo die Nadel nicht mehr sticht, können sie es tun." leugnen es; aber dann waren alle voller Angst, so groß war der Name Roms noch. Niemand konnte sagen, wie schnell eine so bemerkenswerte Bewegung, die in der ersten Stadt der Welt stattfand, auch an andere Orte vordringen würde. Der Soldan von Babylon selbst, dieser große Machthaber, hörte, dass in Rom ein Mann von großer Gerechtigkeit aufgestanden war, und rief Mohammed und den Heiligen Elimason (wer auch immer das sein mochte) laut auf, Jerusalem, also Saracinia , zu helfen, erzählt uns unser Chronist. So ging die Sensation, die Colas Revolution hervorrief, durch die Welt: und wenn sein Geist nach einer Weile etwas von seinem Gleichgewicht verlor, ist das kaum verwunderlich, wenn wir die langen und schmeichelhaften Briefe lesen, von denen einige erhalten geblieben sind, die Petrarca geschrieben hat spricht davon, ihm „jeden Tag" zu schreiben: und in dem er für größer erklärt wird als Romulus, dessen Stadt klein und nur von Pfählen umgeben war, während die von Cola groß war und von unbesiegbaren Mauern verteidigt wurde; und als Brutus, der nur einem Tyrannen widerstand , während Cola viele stürzte: und dann Camillus, der Ruinen reparierte, die noch rauchten und neu waren, während Cola diejenigen wiederherstellte, die uralt und unverwüstlich waren und fast keine Hoffnung mehr hatten. Für einen wundervollen Moment scheinen sowohl Freunde als auch Feinde geglaubt zu haben, dass Rom auf einmal das Weltreich wiedererlangt hatte.

Cola hatte somit mit friedlichen Methoden überall gesiegt, aber er musste noch beweisen, was er mit Waffen tun konnte; und die Gelegenheit ergab sich bald. Der einzige Adlige, der sich nicht zumindest dem Anschein nach unterworfen hatte, war Giovanni di Vico aus der Familie der Gaetani, der das Amt des Präfekten von Rom innehatte und Herr von Viterbo war . Gegen ihn sandte der Tribun eine Expedition unter Führung eines der Orsini, die den Rebellen besiegte und niederschmetterte. Als er hörte, dass Cola selbst käme, um sich seinen Streitkräften anzuschließen, gab er sich selbst auf und wurde nach Rom gebracht, um sich zu unterwerfen auf diese Weise war auch der Triumph des Volksführers vollendet. Alle umliegenden Burgen fielen in seine Hände, Civita Vecchia einerseits und Viterbo andererseits; und er setzte einen Hauptmann einer Familie gegen die Rebellen einer anderen ein, und zwar mit solcher Geschicklichkeit und Kraft, dass alle unter Kontrolle blieben.

Bis Ende Juli hielt dieser Zustand ungebrochen an; Erfolg auf allen Seiten und offenbar eine neue Hoffnung für Italien, möglicherweise eine Befreiung für die Welt. Der Tribun schien auf seinem Sitz so sicher zu sein wie jeder andere Monarch, und er langweilte sich immer noch mit etwas von der Einfachheit und Standhaftigkeit seines Anfangs. Doch dies begann sich nach und nach zu ändern. Besonders nach seinem leichten Sieg über Giovanni di Vico scheint er die Adligen, die er unter seinen Füßen zertreten hatte, mit verächtlicher Unhöflichkeit behandelt zu haben , was umso weniger wunderbar ist, wenn wir sehen, wie Petrarca, so höfisch er auch war, von derselben Klasse spricht. Er erkannte sogar an, dass seine geliebten Colonnas des römischen Namens unwürdig seien. Der Tribun saß auf seinem

Staatsstuhl, während die Barone mit auf der Brust verschränkten Armen und unbedecktem Kopf in seiner Gegenwart stehen mussten. Seine Frau, die schön und jung war, wurde von einer Ehrengarde begleitet, wohin sie auch ging, und begleitet von den edelsten Damen Roms. Der alte Palast des Campidoglio war voller Feste; Seine heruntergekommenen Mauern waren mit reichen Wandbehängen geschmückt, die aus den beschlagnahmten Häusern der *Potenti stammten* . Und dann begann man, die armen Verwandten des Tribuns von der Menge zu trennen, um auf schönen Pferden umherzureiten und in schönen Häusern zu wohnen. Und die Sehenswürdigkeiten und Spektakel, die den Menschen geboten wurden, sowie die Schritte, die Cola selbst unternahm, um seine Würde zu stärken und die Aufmerksamkeit aller Menschen zu fesseln, begannen einen fantastischen Charakter anzunehmen. Eine unbehagliche Eitelkeit, der Wunsch, immer wieder eine Leistung zu vollbringen oder einen neuen Anspruch zu entwickeln, eine ruhelose Anspannung, nachdem sich das Theatralische und Dramatische in ihm zu zeigen begann – als hätte er das Gefühl, dass seine Amtszeit irgendwie eine kontinuierliche Versorgung mit solchen Vergnügungen für ihn erforderte Menschen, die herbeistürmten, um alles zu betrachten und zu bewundern, was er tat, und die Luft mit *Vivas erfüllten* , doch insgeheim in ihren Herzen begannen, wie Lo Popolo es immer tut, die Extravaganz der Tribüne und die Erhebung von Janni über ihre Köpfe zu kommentieren Der Barbier zum Beispiel, der jetzt so prächtig mit einem Gefolge von Dienern umherritt, als ob er, anstatt ein *Popolo* wie sie selbst zu sein, einer der *Potenti wäre* , die sein Neffe Cola von ihren Plätzen gestürzt hatte.

Eine der ersten großen Taten, die dieses Zittern der gesunden Vernunft in der Seele des Tribuns anzeigt, war die fantastische Zeremonie, durch die er sich zum Wunder ganz Roms zum Ritter ernannte. Alle Historiker sagen uns, dass es nichts Seltsames oder Unerhörtes war, dass die Stadt eigene *Cavalieri* schuf . Florenz hatte es getan, und Rom hatte es auch getan – im Fall von Stefano Colonna und einigen anderen ganz kurz zuvor –, aber zumindest mit dem Vorwand einer Ehre , die das Volk den von seinen Mitbürgern ausgewählten Bürgern zuteil werden ließ. Mit Cola di Rienzi war nichts dergleichen möglich, und es wurde auch nicht versucht, sich darüber Illusionen zu machen. Er war in allen Dingen der Überlegene, und es gefiel ihm, diese Würde zu sich zu nehmen. Zweifellos verbarg sich hinter der äußeren Zeremonie ein ehrgeiziges Ziel, das von außen so sehr wie ein dramatisches Zwischenspiel zur Belustigung des Volkes und eine Befriedigung seiner eigenen Eitelkeit aussah. Beides hatte zweifellos seinen Anteil, aber es war nicht alles. Er traf außergewöhnliche Vorbereitungen für den Erfolg und *den Jubel* , der in Wirklichkeit ein *Staatsstreich* der außergewöhnlichsten Art war. Zunächst stärkte er sich durch das Urteil aller gelehrten Juristen in Rom, denen er die Frage vorlegte, ob das römische Volk das Recht habe, die Autorität, die Tyrannen in Rom ausgeübt hatten, wieder in seine eigenen Hände zu nehmen und auszuüben Name der Stadt – eine Frage, auf die es nur eine Antwort geben konnte: durch Akklamation. Diese Rechte wurden von allen Führern, denen das römische Volk erlaubt hatte, für sie zu sprechen, oder denen sie, genauer gesagt, ihnen wie Schafe gefolgt waren, stets als absolut und überragend beansprucht. Zwanzig Jahre zuvor hatten sie, wie wir gesehen haben, Ludwig von Bayern die Krone des Reiches verliehen. Es handelte sich um einen Anspruch, der normalerweise gleich bei seiner Entstehung zunichte gemacht wurde, wie es sogar Il Bavaro tat, indem er dieselbe Krone ein zweites Mal von seinem Gegenpapst erhielt; aber es war eine Sache, die hartnäckig vertreten worden war, besonders in den ungeordneten Reihen von Lo Popolo und von Visionären aller Art. Die Päpste hatten diese Kontrolle den Händen Roms entzogen und sie für die Kirche beansprucht, mit dem Erfolg, den wir nachzuzeichnen versucht haben; aber dass die herrschende Stadt der Welt in der einen oder anderen Form immer ein Recht auf diese Vorherrschaft hatte, wurde von allen vertreten. In beiden Fällen handelte es sich größtenteils um eine visionäre und unwirkliche Behauptung, die von der Welt praktisch nie akzeptiert wurde, und um die Ursache endloser vergeblicher Kämpfe, die Macht mit (hypothetischem) Recht zu überwinden.

Cola hatte jedoch, wie wir gesehen haben, eine ebenso hohe Vorstellung von diesen Ansprüchen Roms wie Gregor oder Innozenz. Er glaubte, dass die alte kaiserliche Rasse – die zu diesem Zeitpunkt ebenso wenig kaiserlich war, ebenso wenig gesichert in ihrer Abstammung und so bar aller königlichen Qualitäten war wie jeder Barbarenstamm – aus eigener Kraft immer noch die Herrschaft über die Welt behielt, die ihnen aufgezwungen worden war von den kaiserlichen Legionen unter den größten Generälen der Welt. Die Verfechter dieser Theorie konnten ihre Augen vor allen Gesetzen der Natur und der Regierung verschließen und haben sich mit dem seltsamsten Aberglauben an den Geist dessen geklammert, was nur durch die Betonung überlegener Macht und Kraft real war, als alle Kraft verschwunden war der Hände, die nur wie gemalte Schatten der Vergangenheit waren. Es ist seltsam, sich vorzustellen, was für eine mögliche Argumentation eine widersprüchliche Schar mittelalterlicher Barone höchst gemischten Blutes, dieser vom Rhein, jener aus dem Süden Italiens, wie Petrarca es mehr als einmal beschreibt, ohne echten Patrizierstamm, und der Überreste eines ständig unterworfenen und versklavten Volkes, die außer in Momenten der Revolution nie von Bedeutung waren, konnten dazu gebracht werden, den Platz in der Welt einzunehmen, den das kaiserliche Rom, der einzige Eroberer, der einzige Autokrat der Welt, eingenommen hatte. Die Päpste hatten einen anderen und praktikableren Anspruch. Sie waren die Oberhäupter eines spirituellen Imperiums und standen aufgrund ihres Amtes zwischen Gott und der Welt und hatten (wie sie glaubten) das Recht, als

Vertreter des Himmels zu urteilen und zu ordinieren; ein völlig legitimes Recht, wenn es von den Betroffenen anerkannt oder durch ausreichende Beweise nachgewiesen wird. Cola versuchte mit einer merkwürdigen Wendung von Intelligenz und Bedeutung, beide Behauptungen zu kombinieren. Er war der Bote des Heiligen Geistes sowie der Tribun der Stadt. Nur durch das unmittelbare Eingreifen Gottes konnte eine solch plötzliche und vollständige Revolution, wie sie die Macht in seine Hände gelegt hatte, vollbracht werden. Deshalb wurde er von Gott ernannt. Er war aber auch der Vertreter des Volkes, dem von Rom die volle Macht übertragen wurde. Die Sphären dieser beiden erhabenen Einflüsse waren verwirrt. Manchmal handelte er so, als sei er von dem einen inspiriert, manchmal behauptete er sich als Nachahmung des anderen. Als Ritter des Heiligen Geistes wurde er mit den weißen Gewändern übernatürlicher Reinheit und Recht ausgestattet – als Tribun von Rom hatte er das Mandat des Volkes inne und übte die Macht aus, die sein Geburtsrecht war. Das war die schillernde, verwirrende Stellung und Vormachtstellung, die er nun vor der Welt beanspruchen sollte.

Er hatte alle Staaten Italiens aufgefordert, Deputationen ihrer Bürger nach Rom zu schicken, und die Einladung war weitgehend angenommen worden. Aus Florenz, Siena, Perugia und vielen anderen kleineren Städten kamen Volksvertreter, um sein Gefolge zu vergrößern. Die Könige von Frankreich und England antworteten in freundschaftlichem Ton schriftlich; aus Deutschland begrüßte Ludwig von Bayern den Tribun freundlich und bat um seine Fürsprache beim Papst. Die Venezianer und „Messer Luchino il granne" . Auch der „tyranno de Milano" schickte Briefe; und es kamen Gesandte aus Sizilien und aus Ungarn, die beide die Hilfe Roms beanspruchten. In der Stadt herrschte Freude und Triumph. Es war der 1. August – ein großes Fest, der Tag der *Feriae Augusti* – Feragosto , so das römische *Patois* – unter dem Volk, das nicht mehr wusste, was das bedeutete; aber Cola, der besser unterrichtet war, hatte es wegen seiner Bedeutung ausgewählt. Er ritt am Nachmittag in großer Pracht zum Lateran. Das war es im Kalender der Kirche die Mahnwache von San Pietro in Vincoli , der Jahrestag der Ketten des Apostels, den die Kaiserin Eudoxia mit großer Feierlichkeit nach Rom gebracht hatte. „Ganz Rom", sagt der Chronist, „stürmten Männer und Frauen nach St. John Lateran nahm unter dem Portikus Platz, um das *Fest zu sehen* , und drängte sich durch die Straßen, um diesen Triumph zu sehen.

„Dann kamen viele Kavaliere aller Nationen, Barone und Völker, und *Foresi* mit Glockenpanzern, in Samite gekleidet und mit Bannern; sie feierten große Feste, und es gab Spiele und Jubel, Gaukler und Possenreißer ohne Ende. Da erklangen die Trompeten Hier wurden Dudelsäcke und Kanonen abgefeuert. Dann kam, begleitet von Musik, die Frau von Cola mit ihrer Mutter zu Fuß und begleitet von vielen Damen. Hinter den Damen kamen junge Männer in feiner Kleidung, die das Zaumzeug eines vergoldeten Pferdes trugen und verziert. Es gab silberne Trompeten ohne Zahl, und man konnte die Trompeter blasen sehen. Danach kam eine Menge Reiter, die ersten von ihnen kamen aus Perugia und Corneto . Zweimal warfen sie ihre silbernen Gewänder ab. [7] Dann kam der Tribun mit dem Stellvertreter des Papstes an seiner Seite. Vor der Tribüne war einer zu sehen, der ein nacktes Schwert trug, ein anderer trug ein Banner über seinem Kopf. In seiner eigenen Hand trug er einen Stahlstab. Viele und viele Adlige waren bei ihm. Er war gekleidet ein langes weißes Gewand, mit Goldfäden gearbeitet. Zwischen Tag und Nacht kam er in die *Loggia der Kapelle von Papst Benedikt* und sprach zu den Menschen: „Ihr wisst, dass ich in dieser Nacht zum Ritter ernannt werden soll." Wenn du zurückkommst, wirst du Dinge hören, die Gott im Himmel und den Menschen auf Erden gefallen werden. Er sprach so, dass in einer so großen Menge nichts als Freude herrschte, weder Entsetzen noch Waffen. Zwei Männer stritten sich und zogen ihre Schwerter, ließen sich aber bald überreden, sie wieder in ihre Scheiden zu stecken ... Als alle gegangen waren, feierte der Klerus einen feierlichen Gottesdienst, und der Tribun betrat das Baptisterium und badete sich in der Muschel [8] des Kaisers Konstantin, der aus kostbarem Porphyr bestand. Wunderbar ist das zu sagen; und es wurde viel darüber im Volk geredet. Dann schlief er auf einem ehrwürdigen Bett an dem Ort namens San Giovanni in Fonte im Umkreis der Säulen. Dort verbrachte er die Nacht, was ein großes Wunder war. Das Bett und die Bettwäsche waren neu, und als der Tribun aufstand, fiel ein Teil davon in der Stille der Nacht zu Boden. Am Morgen kleidete er sich in Scharlach; das Schwert wurde ihm von Messer Vico umgürtet degli Scotti und die goldenen Sporen eines Ritters. Ganz Rom und alle Ritter unter ihnen waren nach San Giovanni zurückgekehrt, auch alle Barone und Fremden, um Messer Cola di Rienzi als Ritter zu sehen."

Anschließend erzählt uns die Chronik, wie Cola während einer feierlichen Messe auf die *Loggia der Kapelle von Papst Benedikt hinausging und sich an das Volk wandte.*

„Und mit großer Stimme rief er zuerst ‚Messer Papa Chimente ' an, um an seinen Sitz in Rom zurückzukehren, und anschließend zitierte er das Kardinalskollegium. Dann zitierte er den Bayer. Dann zitierte er die Worte der Kurfürsten des Kaiserreichs in Deutschland." „Ich würde sehen, welches Recht sie haben zu wählen", denn es stand geschrieben, dass die Wahl nach Ablauf einer bestimmten Zeit den Römern zufiel. Als dieses Zitat gemacht wurde, erschienen sofort Briefe und Kuriere, um sie zu tragen, die geschickt wurden Sogleich machten sie sich auf den Weg. Dann nahm er das Schwert, zog es aus der Scheide und schwenkte es allen drei Vierteln der Welt zu und sagte: „Das ist mein; und das ist mein; und das ist mein." Der Vikar des

Papstes war anwesend, der wie ein dummer Mann und Idiot dastand und von dieser neuen Sache verblüfft war. Er hatte seinen Notar bei sich, der protestierte und sagte, dass diese Dinge nicht mit seiner Zustimmung geschehen seien und dass er keine solche habe Wissen davon, noch Zustimmung des Papstes. Und er bat den Notar, seinen Protest öffentlich zu machen. Während der Notar diesen Protest mit lauter Stimme vorbrachte, befahl Messer Cola den Trompeten und allen anderen Instrumenten zu spielen, dass die Die Stimme des Notars könnte nicht gehört werden und der größere Lärm würde den kleineren verschlucken.

Dies waren die Neuigkeiten, die Cola der Menge bei ihrer Rückkehr mitzuteilen versprochen hatte – Neuigkeiten, die Gott und den Menschen gefallen würden. Aber es gab zweifellos viele Herzensfragen in der großen Menschenmenge, die den Lateranplatz füllte und angestrengt darauf wartete, seine Stimme zu hören, als er die Herrschaft über die Welt beanspruchte und Papst und Kaiser aufforderte, vor ihm zu erscheinen. Kein Wunder, wenn der Vikar des Papstes „verblüfft " war und sich an diesen seltsamen Vorgängen nicht beteiligen wollte. Es war wahrscheinlich der Notar der Kommune und nicht Cola selbst, der die Zitate und die ausführlich dargelegte Autorität dafür veröffentlichte, die ausreichten, um die Wangen jedes Vikars des Papstes erblassen zu lassen.

„Im Heiligtum, das ist das Baptisterium, des heiligen Fürsten Konstantin ruhmreichen Andenkens, haben wir das Bad der Ritterlichkeit empfangen; unter der Leitung des Heiligen Geistes, dessen unwürdiger Diener und Soldat wir sind, und zur Ehre des Heiligen." Kirche, unsere Mutter, und unser Herr, der Papst, und auch für das Glück und den Nutzen der heiligen Stadt Rom, des heiligen Italiens und der gesamten Christenheit, wir, Ritter des Heiligen Geistes, und als solcher in Weiß gekleidet, Nikolaus, streng und Clemens, Befreier der Stadt, Verteidiger Italiens, Freund der Menschheit und erhabener Tribun, wir, die wir wünschen und wünschen, dass die Gabe des Heiligen Geistes in ganz Italien empfangen und zunehmen soll, und wir beabsichtigen, dies zu tun, wie Gott es uns ermöglicht Wir ahmen die Großmut und Großzügigkeit der alten Fürsten nach und machen bekannt, dass das römische Volk, als wir die Würde eines Tribunen annahmen, nach der Meinung aller Richter, Anwälte und gelehrten Autoritäten anerkannte, dass es immer noch dieselbe Autorität und Macht besaß und die Gerichtsbarkeit über die gesamte Erde, die ihnen in der Urzeit und in der Zeit ihrer größten Pracht gehörte ; und sie haben formell alle Privilegien widerrufen, die anderen gegenüber derselben Autorität, Macht und Gerichtsbarkeit gewährt wurden. Daher in Übereinstimmung mit jenen alten Rechten und der unbegrenzten Macht, die uns vom Volk in einer Generalversammlung und auch von unserem Herrn, dem Papst, verliehen wurde, wie durch seine apostolischen Bullen bewiesen: und damit wir dem gegenüber nicht undankbar sein mögen

Gnade und Gabe des Heiligen Geistes oder aus Gier auf dieselbe Gnade und Gabe in Bezug auf das römische Volk und die oben erwähnten Völker Italiens: Damit auch die Rechte und die Gerichtsbarkeit des römischen Volkes nicht verloren gehen: Wir beschließen und verkünden, kraft der Kraft und Gnade des Heiligen Geistes und in der denkbarsten und gerechtesten Form, dass die heilige Stadt Rom das Haupt der Welt und die Grundlage des christlichen Glaubens ist; und wir erklären, dass alle Städte von Italien ist frei, und wir gewähren und haben diesen Städten völlige Freiheit gewährt und machen sie von heute an zu römischen Bürgern, indem wir erklären, verkünden und verordnen, dass sie von nun an die Privilegien der römischen Freiheit genießen sollten.

„Darüber hinaus und kraft derselben Kraft und Gnade Gottes, des Heiligen Geistes und des römischen Volkes behaupten, anerkennen und erklären wir, dass die Wahl des römischen Kaisers die Gerichtsbarkeit und Herrschaft über das gesamte heilige Reich darstellt. " , gehört aus mehreren Gründen und Gründen zur Heiligen Stadt selbst und zum heiligen Italien; und wir machen es durch dieses Dekret allen Prälaten, gewählten Kaisern und Kurfürsten, den Königen, Herzögen, Fürsten, Grafen und Markgrafen bekannt Menschen, den Körperschaften und allen anderen, die dem widersprechen und irgendein vermeintliches Recht in Bezug auf die Wahl des Reiches ausüben, dass sie aufgefordert werden, vor uns und den anderen Kommissaren in der Laterankirche zu erscheinen, um ihre Ansprüche zu erklären unseres Herrn, des Papstes, zwischen diesem und Pfingsten des nächsten Jahres, und dass wir danach gemäß unseren Rechten und der Inspiration des Heiligen Geistes vorgehen werden."

Das Dokument ist sehr langwierig und in seinen Sätzen verwickelt, aber die darin dargelegte Behauptung ist sehr klar und arrogant wie die aller gefälschten Dekrete oder päpstlichen Bullen. Sein Ton lässt jeden Anspruch der Päpste bescheiden und jede Behauptung ihrer Macht vernünftig klingen. Aber es gibt keinen Grund, daran zu zweifeln, dass es vollkommen aufrichtig war. Rom war ein Wort, das jedem in den Sinn kam, der mit dieser wunderbaren Stadt zu tun hatte. Nichts war zu groß für sie; Keine Erhöhung ist zu hoch. Die Wahl des Kaisers von den großen deutschen Fürsten auf das wankelmütige und unwissende Volk Roms zu übertragen, angeführt von dem, der an der Spitze stand, war eine phantastische Fantasie, von der man kaum glauben kann, dass sie ein vernünftiger Mensch hegen könnte. Doch Cola hielt es für gerecht und wahr, das Einzige, was man tun könne, um die Erde in eine Art Himmel zu verwandeln; und Petrarca, ein umsichtigerer Mann, dachte dasselbe. Für den Dichter war Colas Unternehmung die Hoffnung Italiens und der Welt, und in diesem Augenblick, als der Tribun im vollen Glanz seines Triumphs war, wandte sich Petrarca an ihn und versprach ihm außerdem, dass ein Gedicht in Erfüllung gehen sollte im

Spirito Gentil einen langen Brief, *Esortatoria* , in dem er ihn ermahnt, den „glücklichen Erfolg" seines „herrlichsten Unternehmens" anzustreben, zwar durch Nüchternheit und Bescheidenheit, aber auch durch Freude und Triumph, damit die Die Stadt, die „von der ganzen Welt zum Sitz des Imperiums gewählt wurde", sollte nicht in die Sklaverei zurückfallen. „Rom, Königin der Städte, Herrin der Welt, Oberhaupt des Reiches, Sitz des großen Papstes", ihr Herrschaftsanspruch wurde von diesen seltsamen Enthusiasten nicht angezweifelt. Sie war eine Abstraktion, eine ideale Weisheit und Macht in Person – nicht einmal in einer Rasse, nicht in einem oder mehreren großen Männern, sondern in der Stadt und dieser immer schwankenden, stürmischen Stimme des Volkes, die von jedem Wind hin und her geblasen wurde . Und Cola glaubte, die Geschicke und Interessen der gesamten Christenheit, die Herrschaft über die ganze Welt in seinen Händen zu halten . Keine Begeisterung, keine Täuschung könnte außergewöhnlicher sein.

Damit endeten die Zeremonien im August noch nicht. Eine weitere großartige Zeremonie wurde am Tag der Himmelfahrt der Jungfrau Maria, dem fünfzehnten Tag dieses Monats, gefeiert, der ebenfalls ein großer römischer Feiertag war. Auch an diesem Tag gab es wieder ein großes Fest in der Laterankirche. Der Vikar des Papstes weigerte sich, den Vorsitz zu führen, und wartete in der Zwischenzeit auf Befehle aus dem Hauptquartier. Aber das hat diesem merkwürdigen Verfahren keinen Abbruch getan. Diesmal ging es um die Krönung des Tribuns. Er hatte sich selbst zum Ritter gemacht und sogar einen Orden für sich erfunden, den Orden der „Weißgekleideten", der Ritter des Heiligen Geistes. Nun sollte er nach seiner Art gekrönt werden. Der Chronist des Lebens von Cola nimmt von dieser Zeremonie jedoch keine Notiz. Es wurde vom Prior von St. John Lateran begonnen, der zum Tribun trat und ihm eine Krone aus Eichenblättern schenkte, mit den Worten: „Nimm diese Eichenkrone, denn du hast die Bürger vom Tod erlöst." Nach ihm kam der Prior von St. Peter mit einer Efeukrone und sagte: „Nimm diesen Efeu, weil du die Religion geliebt hast." Als nächstes kam der Dekan von St. Paul mit einer Krone aus Myrten: „Weil du deine Pflicht getan und die Gerechtigkeit bewahrt hast und Bestechung gehasst hast." Der Prior von St. Lorenzo brachte eine Lorbeerkrone, er von Sta. Maria Maggiore eine von Olive, mit der wenig passenden Anrede: „Nimm dies, Mann von demütigem Geist, denn in dir hat die Demut den Stolz überwunden." Schließlich überreichte der Prior des Krankenhauses von Santo Spirito Cola eine silberne Krone und ein Zepter mit den Worten: „Erhabener Tribun, empfange diese Krone und dieses Zepter , die Gaben des Heiligen Geistes, zusammen mit der spirituellen Krone." Man könnte annehmen, dass dies eine Interpolation gewesen sein muss; für Goffredo degli Scotti, der als Ritter sein Schwert umgeschnallt hatte, war mit einer weiteren silbernen Krone anwesend, die das römische Volk geschenkt hatte, die von einem Kreuz gekrönt war und die Cola mit den Worten überreicht

wurde: „Erhabener Tribun, empfange dies." : Übe Gerechtigkeit und gib uns
Freiheit und Frieden."

Der Leser wird versucht sein, sich vorzustellen, dass Cola von dieser
Kranzpyramide niedergedrückt worden sein muss, wie ein französischer
Schuljunge im Moment des Triumphs. Aber inmitten all dieser herrlichen
Umgebung hatte seine dramatische Fantasie eine bezeichnende Möglichkeit
gefunden, sie loszuwerden. An seiner Seite stand ein Mann, der sehr schlecht
gekleidet war und ein Schwert trug, mit dem er nacheinander jede Krone
abnahm, die dem Tribunen auf den Kopf gesetzt wurde, „zum Zeichen der
Demut und weil die römischen Kaiser jede Unhöflichkeit, die man ihnen
entgegenbrachte, ertragen mussten." am Tag ihres Triumphs. Wir finden
jedoch, dass der Bettler mit all den Kronen, die auf sein Schwert gespuckt
sind, eher eine lächerliche als eine ausdrucksstarke Figur ist. Die letzte von
allen, die silberne Krone, blieb auf der Stirn des Tribuns, und der Erzbischof
von Neapel hatte die höfische Eingebung, dazwischenzuschreiten, als der
zerlumpte Diener sie angenommen hätte. Alle verschiedenen Kränze hatten
klassische oder biblische Bedeutungen. Sie wurden aus Pflanzen hergestellt,
die wild um den Konstantinsbogen herum wuchsen; alles war symbolisch,
mystisch – die sieben Gaben des Geistes; und alles durchdrungen von dieser
fantastischen Mischung aus Altem und Neuem, von der die Welt damals voll
war.

Nach dieser endgültigen Behauptung seiner Größe hielt Cola eine Rede an
das Volk, in der er die Behauptungen und hochtrabenden Ansprüche seiner
früheren Proklamation bestätigte und jedem Kaiser, König oder Fürsten
verbot, den heiligen Boden Italiens ohne die Zustimmung des Königs zu
berühren Papst und das römische Volk. Er scheint zum Schluss gekommen
zu sein, indem er die Verwendung der Namen Guelfen und Ghibellinen
verboten hat – eine bewundernswerte Regel, wenn sie umgesetzt worden
wäre.

Während ganz Rom in den Straßen wimmelte und jeden verfügbaren
Zentimeter Platz unter den Arkaden und auf dem Platz ausfüllte, um diesen
großartigen Anblick zu sehen, wurde ein gewisser heiliger Mönch, der vom
Volk sehr geschätzt wurde, weinend und betend auf einem der Plätze
gefunden Kapellen von Sta. Maria Maggiore, während der Tribun in seinem
ganzen Staat Kränze und Huldigungen entgegennahm. Einer von Colas
Hauspriestern, der in der Privatkapelle des Kapitols amtierte, fragte Fra
Guglielmo, warum er inmitten so großer Freude der Einzige sei, der traurig
sei. „Dein Herr", sagte der Mönch, „ist heute vom Himmel gefallen! Oh ,
dass solch ein Stolz in seine Seele eingedrungen wäre! Mit der Hilfe des
Heiligen Geistes hat er die Tyrannen aus Rom vertrieben , ohne einen Schlag
zu versetzen, er wurde zur Tribunenwürde erhoben, und alle Städte und alle
Herren Italiens haben ihm Ehre erwiesen . Warum ist er so stolz und so

undankbar gegenüber dem Allerhöchsten , und warum wagt er es, sich in einer unverschämten Ansprache mit ihm zu vergleichen? zu seinem Schöpfer? Sage deinem Herrn, dass nichts ein solches Verbrechen sühnen kann als Tränen der Reue." Man sieht also , dass der vollen Begeisterung und dem Glauben, mit der der Tribun empfangen worden war, sehr schnell Einhalt geboten wurde.

In der Zwischenzeit blieb, abgesehen von all diesen Triumphen und Freuden und der immensen Selbstbehauptung des Mannes, der im Namen Roms eine Art Weltherrschaft beanspruchte, eine starke Schar von Adligen übrig, die immer noch im Besitz ihrer Burgen und Festungen rund um die Stadt waren, Er beobachtete grimmig den Fortgang der Dinge und wartete zweifellos auf den Moment, in dem der Emporkömmling, der sich auf diese Weise mit all dem Glanz und den Torheiten des Königshauses einen Streich gespielt hatte, den Schritt zu weit gehen würde, der immer zu erwarten ist und der über sein Schicksal entscheiden sollte. Zweifellos schien es dem alten Stefano Colonna bei all seiner Menschenkenntnis, dass dieses Ende sehr sicher eintreten würde, als er von dem Melodrama des Rittertums und der Farce der Krönung hörte oder es vielleicht miterlebte. Cola war gezwungen gewesen, die Dienste dieser Barone in Anspruch zu nehmen, obwohl er sie hasste. Er hatte einen Orsini an die Spitze seiner Truppen gegen den Präfekten Giovanni di Vico gestellt . Er ernannte Janni Colonna, seinen früheren Gönner, der ihn so herzlich ausgelacht hatte, zur Leiterin der Expedition gegen die Gaetani. Nirgends, so schien es, war unter den Männern, die *Popolari* des Volkes waren, der Geist eines Generals zu finden. Die Adligen waren zunächst aus Rom verbannt worden; Aber ihr gutes Benehmen in dieser wichtigen Angelegenheit der Sicherheit der Straßen oder auch die Schwierigkeit, einzeln gegen sie vorzugehen, und der Rat von Petrarca und anderen, die zu großer Vorsicht rieten, hatten dieses Urteil zweifellos stillschweigend gebrochen und ihre Rückkehr zugelassen. Viele von ihnen waren sicherlich in Rom und kamen und gingen, obwohl keiner ein Amt innehatte; und uns wird erzählt, dass der alte Stefano beim großen Abendessen anwesend war, nachdem Cola sich zum Ritter erhoben hatte. Vielleicht wurden zu diesen Zeremonien Bemerkungen gemacht, die dem Tribun zu Ohren kamen; Vielleicht gab es in der anderen Partei Gerüchte über wachsende Ungeduld oder Hinweise auf Verschwörungen zwischen ihnen. Oder vielleicht dachte Cola, nachdem er alle anderen Methoden ausgeschöpft hatte, um sich und Rom neues Aufsehen zu verschaffen, an diese Feinde der Republik, die zweifellos stets darauf bedacht waren, gegen sie vorzugehen, ob sie dies nun offen taten oder nicht. Sein Vorgehen war mittlerweile so theatralisch geworden, dass es zulässig ist, ein Motiv zu vermuten, das sonst einem Mann seines Genies und seiner natürlichen Kraft unwürdig gewesen wäre; und angesichts der seltsamen Tragikomödie, die folgte, fällt es schwer, nichts dergleichen zu vermuten. Eines Tages im September lud der Tribun einige Adlige zu einem großen Abendessen ein. Die in der *Vita* aufgeführte Liste umfasst die vornehmsten Namen Roms. Stefano Colonna mit drei seiner Söhne – Agapito und „der wohlhabende Jüngling" Janni (Enkel) und Stefanello , das älteste Laienmitglied der Familie, zusammen mit einigen Orsini, Luca de Savelli, dem Conte di Vertolle und mehreren anderen. Das Fest scheint mit scheinbarer Herzlichkeit begonnen zu haben und die Höflichkeit und Wachsamkeit der Gäste drückte dies aus, was viele verhängnisvolle Bankette auszeichnete, bei denen jeder seinem Nächsten misstraute . Cola hatte bisher nichts getan, was einen echten Verdacht des Verrats rechtfertigen würde, aber höchstwahrscheinlich hatten die Barone ein schlechtes Gewissen, und man hätte beobachten können, dass auch die Höflichkeit des Tribuns auf der Probe stand.

„Gegen Abend begannen die *Popolari* , die unter den Gästen waren, über die Mängel der Adligen und die Güte des Tribunen zu sprechen. Dann begann Messer Stefano der Ältere eine Frage, was das Beste an einem Herrscher des Volkes sei, verschwenderisch zu sein oder Wirtschaftlich? Darüber entbrannte eine große Diskussion, und schließlich ergriff Messer Stefano einen Zipfel von Colas Gewand und sagte: „Für dich, Tribun, wäre es passender, ein ehrliches Stoffkostüm zu tragen, als dieses pompöse Gewand. ' und als er dies sagte, zeigte er den Zipfel des Gewandes. Als Cola das hörte, war er beunruhigt. Er rief die Wache und ließ sie alle verhaften. Messer Stefano, der Veteran, wurde in eine Nebenhalle gebracht, wo er die ganze Nacht ohne Bett blieb Als er im Zimmer auf und ab ging und an die Tür klopfte, betete er zu den Wachen, ihn zu befreien, aber die Wachen hörten nicht auf ihn. Dann kam das Tageslicht. Der Tribun überlegte, ob er ihnen nicht die Köpfe abschlagen sollte, um das Volk vollständig zu befreien von Rom. Er gab den Befehl, das *Parlatorio* mit rot-weißem Tuch zu behängen, was das Zeichen der Hinrichtung darstellte. Dann wurde die große Glocke geläutet und die Menschen versammelten sich im Kapitol. Er sandte zu jedem der Gefangenen einen Beichtvater, einen der Minderbrüder, damit sie sich zur Buße erheben und den Leib Christi empfangen könnten. Als die Barone auf all diese Vorbereitungen aufmerksam wurden und die große Glocke läuten hörten, waren sie vor Angst so erstarrt, dass sie nicht sprechen konnten. Die meisten von ihnen demütigten sich, übten Buße und empfingen die Kommunion. Messer Rainallo degli Orsini und einige andere konnten nicht empfangen, weil sie am Morgen frische Feigen gegessen hatten, und Messer Stefano Colonna wollte weder gestehen noch mitteilen, da er sagte, er sei nicht bereit und habe seine Angelegenheiten nicht in Ordnung gebracht.

„In der Zwischenzeit haben mehrere Bürger, die über das bevorstehende Urteil nachdachten, viele Argumente angeführt, um es mit beruhigenden und friedlichen Worten zu verhindern. Schließlich erhob sich der Tribun aus dem

Rat und löste die Debatte auf. Jetzt war es soweit Stunde von Tierce. Die
Barone kamen als Verurteilte traurig in das *Parlatorio* herab . Die Trompeten
erklangen wie zu ihrer Hinrichtung, und sie wurden vor dem Volk aufgestellt.
Dann änderte der Tribun seine Absicht, stieg auf die Plattform und machte
einen schönen Predigt. Er wiederholte das Pater Noster , den Teil, der sagt:
„Vergib uns unsere Schulden." Dann begnadigte er die Barone und sagte, er
wolle, dass sie im Dienste des Volkes stünden, und stiftete Frieden zwischen
ihnen und dem Volk. Einer nach dem anderen neigten sie ihre Köpfe vor
dem Volk. Danach wurden ihnen ihre Ämter zurückgegeben, und Jedem
wurde ein wunderschönes, mit Vair besetztes Gewand gegeben, und ein
neues Gonfalon wurde mit Steinschmätzern in Gold angefertigt. Dann ließ
er sie mit ihm speisen und ritt anschließend durch die Stadt, wobei er sie mit
sich führte, und ließ sie dann frei ihres Weges gehen . Das, was geschah,
missfiel allen verständigen Personen sehr, die sagten: „Er hat ein Feuer und
eine Flamme angezündet, die er nicht löschen kann."

„Und ich", fügt der Chronist hinzu, „sagte dieses Sprichwort," das
keineswegs anständig war: Es bedeutete, dass es sinnlos sei, einen Geruch
nach Schießpulver zu erzeugen und niemanden zu erschießen.

Der dramatische Instinkt der Tribune war zu weit gegangen. Er hatte
tatsächlich eine aufregende Sensation hervorgerufen, einen Moment
äußerster und schrecklicher tragischer Besorgnis; Aber er vergaß, dass er mit
Menschen spielte, nicht mit Puppen, und dass die Barmherzigkeit, die ihnen
zuteil wurde, nachdem sie durch die Bitterkeit des Todes gebracht worden
waren, von diesen beschämten und empörten Patriziern, die so waren,
wahrscheinlich nicht als großzügige Gabe angenommen werden würde durch
seine Barmherzigkeit so sehr beleidigt, wie sie durch seine fiktive
Verurteilung verletzt wurden. Sie müssen ihm auf diesem Ritt durch Rom
mit brennendem Herzen gefolgt sein, die pelzigen Mäntel, die er geschenkt
hatte, auf ihren Schultern wie Abzeichen der Schande, und jeder machte sich,
sobald er frei war, auf den Weg vor die Tore zu seinem eigenen Burgen, mit
Wut im Herzen. Diese Männer gehörten nicht zu der Art, über die ein so
tragischer Scherz gespielt werden konnte. Der alte Stefano und seine Söhne
zogen, nachdem sie die weitere Demütigung erlitten hatten, von dieser
Schurkenschar aus Patriziern und Konsuln geschaffen zu werden, in ihr
uneinnehmbares Palestrina und die Orsini nach Marino, einem ebenso
starken Ort. Von nun an war zwischen dem Tribun und den Adligen Roms
kein Frieden mehr möglich. „Er schreckte vor der Vollendung seines Verrats
zurück", sagt sein moderner Biograph Papencordt . Hatte er jemals vor, mehr
zu tun, als getan wurde? Es erscheint uns sehr zweifelhaft. Er war ein Mann
der Sensationen und liebte eine spannende Szene, die ihm sicherlich sicher
war. Er demütigte seine Feinde bis ins Mark und sorgte für eine Situation,
die ganz Rom den Atem anhielt: Das Tribunal war drapiert wie für ein

Todesurteil, der Beichtvater stand jedem zur Seite, das Volk versammelte sich feierlich, um den Tod der Tyrannen zu sehen, während alle Währenddessen wurden die Gewänder mit ihrem Saum aus königlichem Minever bereitgelegt und die Banner mit Weizenähren verziert. In diesen letzten Details steckt fast ein Hauch von Mountebank. Es ist merkwürdig festzustellen, dass Petrarca nicht mit der den Adligen gestellten Falle oder den Umständen des Dramas missbilligte, sondern mit Colas Versäumnis, eine solche Gelegenheit zu nutzen, „eine Gelegenheit, wie sie das Schicksal einem nie gegeben hat." Kaiser", als er die Feinde der Freiheit mit einem einzigen Schlag hätte vernichten können. Vielleicht hatte der Dichter recht, aber dennoch wäre Cola in seiner Torheit ein schlechterer Mann gewesen, wenn er ein weiser gewesen wäre. Da es sein dramatischer Instinkt war, war sein Untergang.

Die Barone gingen *weg denti Minacciavano* fluchte durch die Zähne, und es dauerte nicht lange, bis sich die Orsini, die bis zu diesem tragischen Bankett seine Freunde und Unterstützer gewesen waren, in Marino verschanzt hatten und in voller Rebellion waren und alle alten Bräuche ihrer Heimat wieder aufgriffen Rasse und verwüstete die Campagna bis vor die Tore Roms. Es war die Zeit der Weinlese, von der es ausnahmsweise einmal so ausgesehen hatte, als würde sie, wenn überhaupt, im ersten Jahr der Republik in Frieden geerntet werden. Doch bereits war der Zauber des kurzlebigen Friedens gebrochen, und erneut waren die Räuber im Ausland und trugen Schrecken und Verlust über das ganze umliegende Land. „Die Torheit des Tribunen war so groß", resümiert sein primitiver Biograph und verliert die Geduld, dass er den Rebellen nicht sofort zu ihrem Versteck folgte, sondern ihnen Zeit gab, Marino zu befestigen und alles für die Verteidigung in Ordnung zu bringen, so dass es sich bewährte Eine schwierige Aufgabe, als er sich schließlich aufraffte und mit einer Armee von ungewöhnlicher Stärke, die hauptsächlich aus den erzürnten Römern selbst bestand, gegen die Festung vorging, mit der er das ganze umliegende Land verwüstete, eine kleinere Festung der Orsini einnahm und so in Angst und Schrecken versetzte ihnen, dass sie angeboten hätten, sich unter der Bedingung zu ergeben, dass ihre Sicherheit gewährleistet sei. Cola wollte keine Bedingungen stellen, aber es gelang ihm nicht, Marino mitzunehmen, und er wurde dringend nach Rom zurückgerufen, um sich mit dem Legaten des Papstes zu treffen, der geschickt worden war, um sich unter heftigsten Drohungen und Verweisen um ihn zu kümmern. Daraufhin kehrte der Tribun in die Stadt zurück und hob die Belagerung von Marino auf; und gab sofort nach seiner Ankunft den Befehl, den Palast der Orsini in der Nähe des Schlosses St. Angelo zu zerstören. Dann ging er weiter zum Petersdom, wo er mit seiner gewohnten Liebe zum Kostüm und in der seltsamen Eitelkeit, die ihn immer mehr bemächtigte, aus der Schatzkammer des Oberhaupts der Apostel die Dalmatik nahm, die die Kaiser während dieser Zeit üblicherweise trugen die

Zeremonien ihrer Krönung, ein kostbares Kleidungsstück, „alles bestickt", sagt der Chronist, „mit kleinen Perlen". Diesen legte er über seine Rüstung und so ausgerüstet, und mit der silbernen Krone auf dem Kopf, die seine Auszeichnung als Tribun darstellte, und dem glitzernden Stahlzepter in der Hand, ging er zum päpstlichen Palast, wo der Legat ihn erwartete. „Schrecklich und fantastisch war sein Aussehen", sagt sein Biograf; und er war nicht in der Stimmung, den Legaten so zu empfangen, wie es ein so hoher Beamter erwartet hatte. „Sie sind gekommen, um uns zu besuchen – was ist Ihr Vergnügen?" er sagte. Der Legat antwortete: „Ich habe Ihnen viel vom Papst zu sagen." Als der Tribun diese Worte hörte, sagte er laut und mit hoher Stimme: „Was haben Sie zu sagen?" aber als der Legat diese ungestüme Antwort hörte, stand er erstaunt da und schwieg; dann wandte ihm der Tribun den Rücken zu.

Rampagnosa war in der Tat sein Auftreten und seine Art, geprägt von dem Wahnsinn, den die Götter denen senden, die sie zerstören würden; und *fantastisch* das Aussehen des Anführers, ungewohnt an Waffen, mit dem prächtigen Mantel des Kaisers über dem Staub der Straße und der friedlichen Einfachheit der kleinen Bürgerkrone über seiner Stahlkappe. Wahrscheinlich hielt der stattliche Kardinal-Legat, der an Fürsten und Staatsmänner gewöhnt war, den Tribun für verrückt; Er muss es zumindest teilweise gewesen sein, in der Aufregung seines ersten Feldzugs, in der steigenden Flut seines Selbstvertrauens und in der Eile und Aufregung des Schicksals.

Colonnas ausgebrochen , von denen nun bekannt war, dass sie große Vorbereitungen für einen Überfall auf Rom trafen. Der Legat hatte sich nach Monte Fiascone zurückgezogen , von wo aus er einen Briefwechsel mit beiden Abteilungen dieser rebellischen Adligen eröffnete; und so wurde von einem Punkt zum anderen eine gewaltige Partei gegen Rom organisiert : Während die Stadt selbst begann, geheime Boten nach allen Seiten auszusenden, änderte die Bevölkerung wie üblich ihre Meinung, während die wohlhabenden Bürger durch ihre Isolation beunruhigt waren, oder beleidigt über die Arroganz ihres Chefs. Auch Cola hatte offenbar zu diesem Zeitpunkt begonnen, in seinem sensiblen Körper die Reaktion so großer Aufregung und Begeisterung zu spüren, und für kurze Zeit fühlte er sich krank und elend, weil er den Schrecken des aufkommenden Sturms spürte, der aufzusteigen begann umgib ihn von allen Seiten. Aber er wurde durch verschiedene Erfolge in Rom selbst und durch die noch größere Ermutigung durch die Ankunft des ersten Rebellen, des Herrn von Viterbo , Giovanni di Vico , neu gestärkt, der unter dem Deckmantel der Freundschaft und mit Hilfsangeboten kam, aber am Gleichzeitig mit einer Miene von Wichtigkeit und Anmaßung, die Cola nicht gutheißen konnte. Er wurde umgehend durch die übliche, aber allzu einfache Methode einer Einladung zu einem Bankett, eine Falle, in die die römischen Adligen offenbar mit großer Bereitwilligkeit geraten waren, gesichert und inhaftiert. Dann bereitete sich Cola, völlig zu sich selbst zurückgekehrt, auf die Begegnung mit seinen Feinden vor. Es war Winterwetter, ein dunkler und kalter November, als das Gerücht aufkam, dass die Colonna sich Rom näherten. Cola rief seine Armee zusammen, die durch einige Verbündete aus benachbarten Städten verstärkt worden war und von mehreren Orsini eines anderen Zweigs des Hauses angeführt wurde. Er hatte das Volk bereits durch öffentliche Ansprachen ermutigt, in denen er ihm das Erscheinen erstens des heiligen Martin erzählte, der ihm sagte, er solle keine Angst haben, und zweitens des heiligen Bonifatius, der sich zum Feind der Colonna erklärte, die Unrecht tat die Kirche Gottes. Solche Visionen zeigen etwas von der gestörten Geisteshaltung des Tribuns, der vergeblich versuchte, sich in einem Selbstvertrauen zu stärken, das er nicht empfand. Am 20. November läutete im Grau des Morgens die große Glocke und die Trompeten ertönten, um das Herannahen des Feindes anzukündigen. Seine Streitkräfte waren in drei Gruppen aufgeteilt, eine unter seinem eigenen Kommando, die anderen unter der Führung von Cola und Giordano Orsini machte er sich auf den Weg, um den Rebellen entgegenzutreten, die sich durch das Tor von St. Lorenzo Rom näherten.

Der Feind hatte keine große Lust auf die Schlacht. Sie waren die ganze Nacht durch den bitteren Regen und die Kälte marschiert. Der alte Stefano hatte Fieber und zitterte wie ein Blatt. Agapito , sein Neffe, hatte einen bösen Traum gehabt, in dem er sah, wie seine Frau, eine Witwe, weinte und sich die Haare raufte. Mit gleichgültigem Herzen und geteilter Meinung kamen sie vor dem Tor an, obwohl man ihnen die Nachricht über eine Verschwörung im Innern geschickt hatte und dass ihnen das Tor ohne Widerstand geöffnet werden würde. Stefano Colonna der Jüngere, der General des Heeres, ritt dann allein heran und verlangte Einlass. „Ich bin Bürger von Rom. Ich möchte in mein Haus zurückkehren. Ich komme im Namen des Buono.“ „ Stato “, sagte er. Der Hauptmann des Tores antwortete mit großer Einfachheit. Es ist offensichtlich, dass Stefano jemanden beim Namen gerufen hatte und auf Einlass wartete. „Die Wachen, die Sie rufen, sind nicht hier. Die Wache wurde ausgewechselt. Ich bin neu mit meinen Männern gekommen. Sie dürfen auf keinen Fall eintreten. Das Tor ist verschlossen. Wissen Sie nicht, wie wütend die Leute auf Sie sind, weil Sie den Buono gestört haben? Stato ? Hörst du nicht die große Glocke? Ich bitte dich um Gottes willen, geh weg. Ich wünsche dir keinen Schaden. Um dir zu zeigen, dass du hier keinen Zutritt hast, werfe ich den Schlüssel weg.“ Der Schlüssel, der an der Außenseite des Tores nutzlos war, fiel in eine Pfütze, die der Regen gebildet hatte; aber das Geräusch seines Fallens erschreckte die ohnehin schon angeschlagenen Nerven der Führer, und sie berieten hastig, was zu tun sei. „Sie überlegten, ob sie sich zurückziehen könnten „Ehre “, sagt der Chronist. Es ist äußerst merkwürdig, diese Verhandlungen und das Murmeln der Armee zu hören, die draußen unruhig ist und nicht weiß, welchen weiteren Schritt sie tun soll, in der elenden Novemberdämmerung nach ihrem Nachtmarsch. Sie hatten damit gerechnet „Sie beschlossen, sich ehrenhaft zurückzuziehen ", sagt Papencordt , und rückten zu diesem Zweck *Trupp* für Trupp zum Tor vor und wandten sich dann dem Rückzug zu: vielleicht im Gehorsam gegenüber einigen punctilio der antiken Kriegsführung. Das dritte Bataillon hatte den Stolz der Armee (*li pruodi , e le bene a cavallo, e tutta la fortezza*), den jungen Janni Colonna, an der Spitze. Ein Teil von Colas Armee hatte zu diesem Zeitpunkt dasselbe erreicht Sie befanden sich im Inneren und wollten unbedingt einen Ausfall machen, konnten aber das Tor nicht auf die übliche Weise öffnen, da der Schlüssel verloren ging; deshalb brachen sie mit großem Lärm und Lärm einen Teil davon auf. Die rechte Seite öffnete sich, die linke blieb geschlossen .

„ Janni Colonna näherte sich dem Tor, hörte den Lärm drinnen und dachte, dass es keinen Befehl gegeben hatte, es zu öffnen, und dachte, dass seine Freunde diesen Lärm gemacht haben mussten und dass sie das Tor mit Gewalt aufgebrochen hatten. So nachgedacht, Janni Colonna Er überquerte schnell die Schwelle mit ruhender Lanze, spornte seinen Renner an und ritt ohne Vorsichtsmaßnahme kühn. Er betrat das Tor der Stadt. *Ach* ! Wie erschrocken war das Volk! Vor ihm wandte sich die gesamte Kavallerie in Rom zur Flucht. Ebenso zog sich der Popolo zurück fliegend, eine halbe Umdrehung lang. Aber nicht aus diesem Grund folgten seine Freunde Janni , so dass er dort allein blieb, als ob er zum Gericht gerufen worden wäre. Dann fassten die Römer Mut und erkannten, dass er allein war: der Größere war sein Unglück. Sein Pferd verfing sich mit dem Fuß in einem offenen Keller (*Grotte*), der sich links vom Tor befand, warf ihn und trampelte auf ihm herum. Janni , der sein Unglück bemerkte, rief den Leuten um Gnade zu und beschwor sie dafür Um Gottes willen, ziehe ihm seine Rüstung nicht aus . Wie kann man es sagen? Er wurde ausgezogen und von drei Schlägen getroffen und starb. Fonneruglio de Trejo war der erste, der zuschlug. Er (Janni) war ein junger Mann mit gutem Gemüt. Sein Ruhm verbreitete sich in jedem Land. Er lag nackt, verwundet und tot da, zusammengeballt an der Stadtmauer innerhalb des Tores, sein Haar ganz mit Schlamm verklebt, kaum wiederzuerkennen . Dann wurde ein großes Wunder gesehen. Das pestilenzielle und unruhige Wetter begann sich zu klären, die Sonne schien, der Himmel war nicht mehr dunkel und bewölkt, sondern heiter und fröhlich.

Dies war jedoch nur das erste Kapitel dieser schrecklichen Tragödie. Und es sollte noch größeres Elend kommen.

„Stefano della Colonna fragte in der Menge draußen vor dem Tor besorgt, wo sein Sohn Janni sei , und ihm wurde geantwortet: ‚Wir wissen nicht, was er getan hat oder wohin er gegangen ist.' Dann begann Stefano zu vermuten, dass er durch das Tor hineingegangen war. Er gab also seinem Pferd die Sporen und ging allein weiter und sah seinen Sohn auf dem Boden liegen, umgeben von vielen Menschen, zwischen dem Keller und dem Wasserbecken. Als er das sah, Stefano Aus Angst um sich selbst kehrte er um; er ging aus dem Tor und sein Verstand verließ ihn. Er war bestürzt; der Verlust seines Sohnes überwältigte ihn. Er sagte kein Wort, sondern drehte sich um und betrat erneut das Tor, wenn überhaupt eines bedeutet, dass er seinen Sohn retten könnte. Als er näher kam, sah er, dass sein Sohn tot war. Die Frage bestand nun darin, sein eigenes Leben zu retten, und er kehrte traurig wieder um. Als er aus dem Tor hinausging und unter dem Turm hindurchging Da traf ihn ein großer Stein an der Schulter und sein Pferd an der Kruppe. Darauf folgten von allen Seiten geschleuderte Lanzen. Das verwundete Pferd warf die Trachten nach vorn, und der Reiter, der seinen Sitz nicht halten konnte, fiel zu Boden, als der Popolo stürzte sich vor dem Tor auf ihn, an der Stelle, wo das Bild steht, mitten auf der Straße. Dort lag er nackt vor den Augen des Volkes und aller Vorübergehenden. Er hatte einen Fuß verloren und war an vielen Stellen verwundet , ein schrecklicher Schlag traf ihn zwischen Nase und Augen. Janni wurde lediglich an der Brust und an einem Fuß verletzt. Dann stürzten sich die Menschen wütend aus dem Tor, ohne Befehl oder Führer, und suchten nur, wen sie töten sollten. Sie trafen die jungen Kavaliere, allen voran Pietro von Agapito di Colonna, der Präfekt von Marseille und Priester gewesen war . Bis zu diesem Tag hatte er noch nie Waffen benutzt. Er stürzte vom Pferd und konnte sich aufgrund des rutschigen Bodens nicht mehr erholen, sondern floh in einen nahegelegenen Weinberg. Er war kahl und alt und betete um Gottes Willen um Vergebung. Doch vergeblich war sein Gebet. Zuerst wurde ihm sein Geld genommen, dann seine Waffen, dann sein Leben. Er lag nackt, tot, kahl, fett in diesem Weinberg – nicht wie ein Kriegsmann. In seiner Nähe lag ein weiterer Baron, Pandolfo von den Herren von Belvedere. Auf engstem Raum lagen zwölf von ihnen; niedergeworfen lagen sie. Der ganze Rest des Heeres, Reiter wie Fußsoldaten, warf hier und da die Waffen von ihnen ab und wandte ihnen ohne Befehl und in großer Angst den Rücken zu; und es gab keinen, der einen Schlag ausführte.

So endete der erste Angriff auf die Tribune – schrecklich, abscheulich, mit Panik auf beiden Seiten und der Wut wilder Tiere unter dem siegreichen Volk, auf keiner Seite außer den beiden ermordeten Colonnas , die sich wie ein Mann verhielten. Die Aufzeichnung des Kampfes, so intensiv in seiner Kürze, so brutal und schrecklich, mit seinem Hintergrund aus bleiernem Himmel und fallendem Regen und der schlammigen Erde, auf der sowohl Pferde als auch Männer ausrutschten und fielen, wird wie ein Bild vor uns gelegt: und das plötzliche Aufklaren des Wetters, der plötzliche Ausbruch der Sonne auf diese weißen, am Boden liegenden Gestalten, weiß und rot mit schrecklichen Wunden. Es könnte keine entsetzlichere Szene geben – inmitten all der Aufzeichnungen über mörderische Kriegsführung eine der erbärmlichsten, die selbst durch keine Waffentat entschädigt werden konnte;

denn der arme junge Janni lief bewusstlos in die Falle, und ein blinder Zufall, schrecklich und unvorhergesehen, schien über alle zu herrschen – bis auf den Vater, der sich mit gebrochenem Herzen instinktiv zurückzog, als er die erste Gefahr entdeckte, und sich dann umdrehte, um zu retten. wenn es möglich wäre, seinen sterbenden Jungen, der so brutal niedergeschlagen und in Stücke geschnitten worden war. Der alte Vater von allen, der große Stefano, zu alt für den Krieg und zitternd vor Fieber, wurde von der Menge der Fliegen getragen, um seinen trauernden Kopf in seiner alten Festung zu verstecken und streng seine verlorenen Kinder zu beklagen.

Cola, so heißt es in der Chronik, teilte die Bestürzung des Volkes, als die edle Gestalt des jungen Janni in der Öffnung des Tores erschien. Das Banner des Tribuns wurde im Rückwärtssturm des Volkes vor diesem einsamen Eindringling umgeworfen, und er selbst, den Blick zum Himmel erhebend, rief kein anderes Wort als dieses: „Ach, Gott, hast du mich verraten?" Aber als der plötzliche Ansturm von Mord und Verfolgung vorüber war , erlangte er all seine dramatischen Instinkte und seinen Mut zurück. Die silbernen Trompeten erklangen, ein Olivenkranz wurde auf seinen Kopf über der silbernen Krone gelegt, er schwenkte seinen stählernen Stab im jetzt strahlenden Sonnenschein und marschierte in Rom ein, triumphierend – und das hatte er in der Tat mit gutem Grund – vor der Kirche des Ara Cœli , wo er die Olivenkrone und den Stahlstab vor dem Altar der Jungfrau niederlegte. „Danach", sagt der empörte Chronist, „hat er nie wieder ein Zepter getragen , noch eine Krone getragen, noch wurde ein Banner über seinem Kopf getragen." Noch einmal wandte er sich mit dem Siegeston in jedem Wort an die Leute aus dem *Parlatorio* . Er zog sein Schwert, wischte es mit seinem Gewand ab und sagte: „Ich habe damit einen Kopf abgeschlagen, den weder der Papst noch der Kaiser berühren konnten."

Inzwischen waren die drei toten Colonnas nach Rom in die Kapelle ihres Hauses in der Ara Cœli getragen worden . „Die Contesse (die Verwandten, Ehefrauen und Schwestern) kamen, begleitet von vielen Frauen, die sich die Haare rauften, um über die Toten zu weinen (*ululare*)," aber Cola ließ sie vertreiben und verbot jegliche Beerdigungsfeier . „Wenn sie mich wegen dieser verfluchten Leichen noch mehr beunruhigen", sagte er, „werde ich sie in einen Graben werfen lassen. Sie waren Meineidige – sie waren es nicht wert, begraben zu werden." Die drei toten Ritter wurden nachts heimlich zur Kirche San Silvestro getragen und von den Mönchen *senza ululato begraben* , ohne dass sie beklagt wurden. So endeten für den edlen Colonna die Hoffnungen des Hauses – und mit ihnen, obwohl er es nicht wusste, die übertriebenen Hoffnungen und das wundersame Glück von Cola di Rienzi, das von diesem Tag an zu schwinden begann.

Wir haben uns mit den Einzelheiten dieser Geschichte beschäftigt, denn es gibt kaum eine andere, die einen so klaren Blick auf die Straßen und Paläste, die Hektik des Popolo, die unsicheren Ratschläge der Adligen, die Mischung aus Kühnheit und Panik vermittelt, die unter allen herrschte auf beiden Seiten. Die Verwirrung ist außergewöhnlich; die unwissende Menge mit ihrem enthusiastischen Anführer, der kaum weniger Ahnung von Menschen und dem gerechten Verlauf menschlicher Angelegenheiten hatte, der sich mit leichtem Herzen den größten Mächten der Christenheit widersetzte und vor der schrecklichen Vision eines jungen Kriegers im Tor zurückwich: die Adligen mit ihren Die Armee suchte nur nach einer Möglichkeit, ohne Schande davonzukommen, als sie sich vor einem verteidigten Tor befand, und floh vor einem Pöbelangriff, der aus Männern bestand, die genauso verängstigt waren wie sie selbst und nur dann mutig waren, wenn sie eine weitere demoralisierte Truppe verfolgten . Ob wir nun zur einen oder zur anderen Seite blicken, der Effekt ist gleichermaßen lebendig. Die Enthüllung, zunächst so romantisch und großartig, wenn auch immer phantastisch und theatralisch, gerät nun in elendes Grauen und wahnsinnige Prahlerei, Feigheit und Zorn, in dem das Schauspiel des Tribuns, der das Schwert ohne Blutschuld an seinem Mantel abwischt , erreicht vielleicht den höchsten Punkt der tragischen Lächerlichkeit: Während die gesamte Ritterlichkeit Roms über die schlammigen Straßen zu ihren Festungen galoppiert und vor einem bürgerlichen Mob flieht, ist sie der tiefste Punkt demütigenden Elends. Es scheint fast unmöglich zu glauben, dass das beste Blut und die höchsten Namen Italiens sowie auf der anderen Seite seine visionärsten Bestrebungen zu solch erniedrigender Verwirrung und Untergang kommen sollten.

THEATER DES MARCELLUS.

KAPITEL IV.
Niedergang und Fall.

Hätte der Tribun nach einem so seltsamen und so vollständigen Sieg über eine Partei seinen Vorteil ausgenutzt und wäre mit dem ganzen Prestige seines Triumphs gegen die andere vorgegangen, hätte er aller Wahrscheinlichkeit nach den Widerstand der Adligen völlig beendet. Aber er hat dies nicht getan. Er hatte keine Lust mehr auf weitere Kämpfe. Es wird angenommen, dass er persönlich ein Feigling war, ohne dass es dafür unserer Meinung nach ungenügende Gründe gibt. Wahrscheinlicher ist, dass ein so sensibler und nervöser Mann (um den Jargon unserer Zeit zu verwenden) wie jedes gute Temperament unter dieser Szene am Tor von San Lorenzo und der Lüge des armen jungen Janni Colonna gelitten haben muss in seinem Blut; und als er erklärte: „Er würde sein Schwert nicht mehr ziehen", tat er dies mit aufrichtiger Abscheu vor all derart brutalen Methoden. Seine eigenen Methoden, Menschen zu überzeugen, waren Argumente und Redewendungen sowie Bilder an den Wänden, die, wenn sie nicht überzeugten, niemandem schadeten. Die nächste Szene jedoch, die er für sein Publikum vorbereitet hat, ähnelt nicht sehr dem Horror, für den wir ihm Anerkennung zollen. Bevor er zum ersten Mal gegen die Adligen vorging, hatte er seinen Anhängern mitgeteilt, dass er seinen Sohn mitnehmen würde – in einem Ton, mit dem man einer Armee die Anwesenheit eines kaiserlichen Prinzen verkünden würde; und wir finden den jungen Lorenzo jetzt noch mehr im Vordergrund. Am Tag nach diesem schrecklichen Sieg rief Cola die Miliz der Stadt mit dem rührendsten Argument zusammen. „Komm mit mir", sagte er, „und danach bekommst du deinen Lohn." Sie kamen daher, um ihn zu begleiten, wunderten sich, wussten aber nicht, was er im Sinn hatte.

„Die Trompeten erklangen an der Stelle, an der der Kampf (*sconfitto*) stattgefunden hatte. Niemand wusste, was dort zu tun war. Er ging mit seinem Sohn genau an die Stelle, an der Stefano Colonna gestorben war. Da war noch ein kleiner Teich Cola ließ seinen Sohn absteigen, übergoss ihn mit Wasser, das noch vom Blut Stefanos gefärbt war, und sagte zu ihm: „Sei ein Ritter des Sieges." Alle um ihn herum staunten und waren verblüfft. Dann gab er den Befehl, dass alle Kommandeure seinen Sohn mit ihren Schwertern auf die Schulter schlagen sollten. Nachdem er dies getan hatte, kehrte er zum Kapitol zurück und sagte: „Geht eurer Wege. Wir haben eine gemeinsame Arbeit geleistet. Alle." Unsere Väter waren Römer, das Land erwartet, dass wir für sie kämpfen.' Als dies gesagt wurde, war der Geist des Volkes sehr geschärft, und einige wollten nie wieder Waffen tragen. Dann begann der

Tribun sehr gehasst zu werden, und die Leute begannen untereinander über seine Arroganz zu reden, die nicht gering war.“

Diese groteske und schreckliche Zeremonie scheint Cola mehr Schaden zugefügt zu haben als alles zuvor. Der Anführer einer Revolution sollte keine Söhne haben. Der ausgezeichnete Instinkt, für seine Familie nach ihm zu sorgen und sich selbst zum Sprungbrett für seine Kinder zu machen, obwohl er von dem ausgeht, „was das Beste in der Seele ist“, hat so manche Geschichte ruiniert. Cola di Rienzi war ein äußerst auffälliger Mann und hätte ein großer Mann sein können ; aber Rienzo di Cola, wie sein Sohn mit bürgerlichem Namen hieß, war niemand, und man hat nach dieser schrecklichen Bluttaufe, die für jeden natürlichen und jeden Menschen so abscheulich ist, nie wieder etwas von ihm gehört großzügiger Impuls. Haben die Zuschauer auf den Straßen die roten Flecken auf dem Kleid des jungen Lorenzo gesehen, als er vom Tiburtinischen Tor durch die Stadt und durch das Forum zum Kapitol ritt, wo der ganze Zug so kurzerhand abgefertigt wurde? Als die Cavallerotti , der größte Teil der Versammlung, ihre Pferde lenkten und beleidigt davonritten, verbreitete sich die Nachricht zweifellos Viertel für Viertel. Das Blut von Stefanello , dem Erben der großen Colonna! Und viele dachten an den trostlosen alten Mann und an die junge Janni , die so mutig und fröhlich war. Sie mochten Tyrannen sein, aber es waren vertraute römische Gesichter, die jeder kannte und die einen Grund hatten, stolz zu sein, wenn sie stolz waren; Nicht wie dieser Emporkömmling, der ehrliche Männer von ihren eigenen Sorgen ablenkte, um seinem niedergeborenen Sohn Ehre zu erweisen, und sie anschließend ohne ein Abendessen zur Feier des neuen Ritters ihren Geschäften nachgehen ließ!

Das alles geschah am 20. und 21. November, und am 20. Mai hatte Cola seine Wahl auf dem Kapitol erhalten und wurde folgerichtig zum Herrn über die Geschicke des Universums und damit auch zum Herrn von Rom ernannt. Sechs Monate, nicht mehr, vollgestopft mit wunderschönen Festspielen und aufregenden Ereignissen. Damals hatte man trotz des außergewöhnlichen Charakters seiner Revolution von allen Seiten an ihn geglaubt und ihn ermutigt. Er hatte die Zustimmung des Papstes, die freundlichen Glückwünsche der großen italienischen Städte und vor allem den begeisterten und überfließenden Applaus von Petrarca, dem größten lebenden Dichter, erhalten. All diese Sympathien und dieser Beifall waren nach und nach von ihm abgefallen. Florenz und die anderen großen Städte hatten ihre Freundschaft gekündigt, der Papst hatte seinen Auftrag annulliert, der Vikar des Papstes war von der Seite der Tribune abgewichen. Je mehr seine Eitelkeit und Selbstbewunderung wuchsen, desto mehr hatten sich seine Freunde von ihm abgewandt. Noch am selben Tag – am Tag nach der Niederlage der Colonna, bevor die Nachricht irgendjemanden aus der Ferne erreichen konnte – erhielt Petrarca auf dem Weg nach Italien, teilweise aus

Sorge um seinen Freund dorthin zurückgekehrt, von einem anderen Freund eine Kopie davon Ich erinnerte mich an die arroganten und außergewöhnlichen Briefe, die Cola um die Welt schickte, und las sie immer wieder und war verblüfft. „Welche Antwort kann man darauf geben? Ich weiß es nicht", schreit er. „Ich sehe, dass das Schicksal das Land verfolgt, und wohin ich mich auch wende, ich finde Themen der Trauer und des Unglücks. Welche Hoffnung bleibt für Italien, wenn Rom ruiniert wird? Und wenn Italien degradiert wird, was wird aus mir? Was kann ich anderes bieten? Tränen?" Einige Tage später, in Genua angekommen, schrieb der Dichter vorwurfsvoll und voller Trauer an Rienzi selbst:

AQUA FELICE

„Oft, das gestehe ich, hatte ich durch dich Gelegenheit, mit großer Freude zu wiederholen, was Cicero dem Scipio Africanus in den Mund legt : ‚ Was ist das für ein großartiger und entzückender Klang, der in meine Ohren dringt?‘ Und sicherlich könnte nichts besser auf den Glanz deines Namens und auf die häufige und freudige Berichterstattung über deine Taten angewendet werden. Und es tat mir in der Tat gut, in dieser Ermahnung zu dir zu sprechen, voller Lobpreis und Ermutigung, weiterzumachen. die ich dir gesandt habe. *Deh !* Tu nichts, ich beschwöre dich, damit ich jetzt frage: Woher kommt dieses große und verhängnisvolle Gerücht , das mir so schmerzlich ins Ohr dringt? Hüte dich, ich flehe dich, davor, deinen eigenen herrlichen Ruhm zu beschmutzen. Kein Mensch auf der Welt außer dir selbst kann die Grundfesten des Gebäudes erschüttern, das du errichtet hast; aber das, was du gegründet hast, kannst du ruinieren; denn niemand ist so fähig, sein eigenes Werk zu zerstören wie der Architekt. Du kennst den Weg, auf dem Du bist zur Herrlichkeit aufgestiegen: Wenn du umkehrst, wirst du dich bald auf dem untersten Platz wiederfinden; und der Abstieg geht natürlich umso schneller ... Ich eilte zu dir, und zwar mit ganzem Herzen: Aber ich wende mich dem Weg zu. Anderes als das, was du warst, würde ich dich nicht sehen. Adieu, Rom, auch dir , adieu, wenn das wahr ist, was ich gehört habe. Anstatt zu dir zu kommen, würde ich nach Indien gehen, ans Ende der Welt ... Oh, wie schlecht stimmt der Anfang mit dem Ende überein! Oh, meine elenden Ohren, die an den Klang der Herrlichkeit gewöhnt sind und solche Ankündigungen der Schande nicht ertragen können! Aber könnten das nicht Lügen und meine Worte falsch sein? Oh , dass es so sein könnte! Wie froh sollte ich sein, meinen Fehler zu bekennen! ... Wenn du tatsächlich so wenig auf deinen Ruhm achtest, denke zumindest an meinen. Du weißt wohl, welch gewaltiger Sturm mich bedroht, wie groß die Schar von Schuldigen ist, die bereit sind, mich zugrunde zu richten. Solange noch Zeit ist, denken Sie daran, seien Sie wachsam, achten Sie genau auf das, was Sie tun, lassen Sie sich ständig von guten Ratschlägen leiten, überlegen Sie bei sich selbst, ohne sich selbst zu täuschen, was Sie sind, was Sie waren, woher Sie gekommen sind, und welchen Punkt Sie erreichen können, ohne das öffentliche Wohl zu beeinträchtigen: wie Sie sich kleiden, welchen Namen Sie annehmen, welche Hoffnungen Sie wecken und zu welcher Lehre Sie ein offenes Bekenntnis ablegen können; Immer im Verständnis, dass Sie nicht der Herr, sondern nur der Minister der Republik sind."

Der Anteil, den Petrarca auf diese Weise an Colas Vermögen erhält, mag übertrieben erscheinen; Es muss jedoch daran erinnert werden, dass die Colonna seine wichtigsten Gönner und Freunde waren, dass er unter ihrem schützenden Schatten berühmt geworden war und dass seine herzliche Freundschaft zu Rienzi bereits tiefgreifende Auswirkungen auf die Bedingungen seiner Beziehung zu ihnen hatte. Diese Beziehung war für seinen mächtigsten Beschützer, den Kardinal Giovanni, zu einem positiven Bruch gekommen, ein Bruch des Gefühls einerseits und des Schutzes andererseits. Sein Brief an den Kardinal nach dieser Katastrophe, in dem er ihm sein Beileid zum Tod seiner Brüder ausspricht, ist einer der kältesten Texte überhaupt, ganz anders als die warme und eifrige Zuneigung früherer Zeiten und besteht hauptsächlich aus ausführlichen Entschuldigungen dafür, dass er nicht geschrieben hat. Der Dichter hatte sich dem Tribun gegenüber völlig verpflichtet; er hatte seine Ankunft mit den enthusiastischsten Worten begrüßt, er hatte ihn zur Hoffnung Italiens erklärt, er hatte seinen eigenen Ruf auf die Desinteresse und den Patriotismus seines Freundes gesetzt; Daher war dieser Untergang mit all seinen demütigenden Umständen, den Eitelkeiten und der Selbstvergiftung, die ihn herbeigeführt hatten, für Petrarca unerträglich: Es ging um seine eigene Kreditwürdigkeit ebenso wie um die von Cola. Er war so voreilig gewesen, sich in allen Belangen für den Tribun zu verantworten, sein eigenes Urteilsvermögen, seine Fähigkeit, Menschen zu verstehen, fast seine Ehre , für Cola einzusetzen; und dass sich herausstellte, dass er so unrecht hatte und dass er so wenig in der Lage war, den Mann, den er so gut zu kennen glaubte, richtig einzuschätzen, war für ihn eine unaussprechliche Bitterkeit.

Das Interesse an seiner tragischen Enttäuschung und seinem Kummer wird gleichzeitig durch die Tatsache verstärkt, dass die Gegenpartei dieses schrecklichen Streits ständiger Gegenstand der Lobreden und der Begeisterung des Dichters gewesen war. Petrarca verdanken wir den größten Teil unseres Wissens über die Familie Colonna in dieser bemerkenswerten Periode einer langen Geschichte, die von den oft wiederholten Vorfällen eines endlosen Machtkampfes, entweder mit den rebellischen Römern selbst oder mit anderen, erfüllt ist etwas weniger große Familie der Orsini, die zu ihrem Unglück keinen Petrarca hatte, der sie vollständig ans Tageslicht brachte. Die vielen Anspielungen in Petrarcas Briefen, seine Erinnerungen an den weitläufigen und liebenswürdigen Haushalt, alle so freundlich und zärtlich, alle einer Meinung über seine eigenen poetischen Qualitäten und bestrebt, ihm Ehre zu erweisen, erhellen für uns das Gesicht des Eine sehr komplizierte Geschichte, die viele ausführliche poetische oder philosophische Abhandlungen interessant macht . Vor allem die Gestalt des Vaters, des alten Stefano mit seinen sieben Söhnen und dem zahllosen Stamm der Neffen und Cousins, um nicht zu sagen noch mehr geschätzten Enkel, die ihn umgaben, erhebt sich klar und großmütig aus der unruhigen und stürmischen Landschaft. Seine kurzen Auftritte in der Chronik, die wir zitiert haben, mit einer scharfsinnigen kurzen Rede hier und da, Imperativ, in starken Akzenten des gesunden Menschenverstandes und der Macht, verleihen den vielen Anekdoten und Beschreibungen einer ausführlicheren einen Hauch von energischem Leben Art. Und der Dichter scheint in seiner Bewunderung für den alten Magnanimo nie nachgelassen zu haben . Zu einem früheren Zeitpunkt hatte er in mehreren Briefen an den Sohn Giovanni, den Kardinal, den Empfang, den er in Rom erhalten hatte, und einige Gespräche beschrieben, von denen einige sehr bemerkenswert waren. Vor allem eine Szene, an die Petrarca Stefano selbst in seinem Trauerfall erinnert, vermittelt uns ein höchst rührendes Bild des edlen alten Mannes.

„Eines Tages, bei Sonnenuntergang, gingen wir allein auf dem breiten Weg, der von Ihrem Haus zum Kapitol führt, als wir an der Stelle innehielten, wo er von der anderen Straße gekreuzt wird, über die man einerseits zum Bogen des Camillus hinaufsteigt , und auf der anderen Seite zum Tiber hinabsteigen: Wir hielten dort ohne Unterbrechung inne und sprachen gemeinsam über den Zustand Ihres Hauses und Ihrer Familie, die, oft von der Feindschaft Fremder angegriffen, zu dieser Zeit von schweren inneren Unruhen bewegt wurde: – als die Rede auf einen Ihrer Söhne fiel, auf den Sie, mehr durch das Werk von Skandalmachern als durch väterlichen Groll, zornig waren, und durch Ihre Güte wurde mir gegeben, was viele andere nicht erreichen konnten, um dich zu überreden, ihn wieder zu deiner Gunst aufzunehmen. Nachdem du mir gegenüber seine Fehler beklagt hattest und plötzlich dein Gesicht verändert hattest, sagtest du (ich erinnere mich nicht nur an den Inhalt deiner Rede, sondern auch an die Worte selbst): „Dieser mein Sohn." , dein Freund, den ich dank dir nun wieder mit väterlicher Zuneigung empfangen werde, hat Worte über mein Alter ausgespuckt, über die man am besten schweigen sollte; Aber da ich Ihnen nichts abschlagen kann, legen wir einen Stein über die Vergangenheit und lassen eine vollständige Amnestie zu, wie die Leute sagen. Von meinen Lippen, das verspreche ich dir, wird kein Wort mehr zu hören sein.

„Eines möchte ich Ihnen sagen, damit Sie sich immer daran erinnern können. Es wird mir bis ins hohe Alter zum Vorwurf gemacht, dass ich mehr als es sich gehört und mehr als es sich lohnt, mit kriegerischen Fraktionen zu tun habe, und das auch." So werde ich meinen Söhnen ein Erbe der Gefahr und des Hasses hinterlassen. Aber da Gott wahr ist, möchte ich, dass Sie glauben, dass ich mich allein aus Liebe zum Frieden in den Krieg ziehen lasse. Sei es die Auswirkung meines extremen Alters Was den Geist in diesem ohnehin schon steinernen Busen abkühlt und schwächt, oder ob es aus meiner langen Beobachtung menschlicher Angelegenheiten resultiert, es ist sicher, dass ich mehr als andere nach Ruhe und Frieden lechze. Aber so fest und unbeweglich ist mein Vorsatz, niemals zurückzuweichen Auch wenn ich aus Schwierigkeiten ein ruhiges und ruhiges Leben bevorzuge, finde ich es besser, da das Schicksal mich zwingt, ins Grab zu gehen und zu kämpfen, als mich, so alt ich auch bin, der Knechtschaft zu unterwerfen. Und für das, was Sie von meinen Erben sagen Ich habe nur eine Sache zu erwidern. Hören Sie gut zu und prägen Sie sich meine Worte ein. Gott gebe, dass ich mein Erbe meinen Söhnen hinterlassen kann. Aber alles, was meinen Wünschen widerspricht, sind die Entscheidungen des Schicksals (die Worte wurden unter Tränen gesagt): Im Gegensatz zur Ordnung der Natur werde ich der Erbe aller meiner Söhne sein. Und als du sagtest, mit Tränen in deinen Augen, hast du dich abgewandt.

An der Ecke, wo der Corso von der Straße überquert wird, die an das Trajansforum grenzt, möge jeder inmitten des Trubels des modernen Verkehrs innehalten und für einen Moment an die beiden Gestalten denken, die „ohne Unterbrechung durch irgendjemanden" miteinander redeten Mitten in diesem offenen Raum, während die langen, flachen Strahlen des Sonnenuntergangs von jenseits des Flaminian-Tors auf sie strömten. Gab es eine große Volksversammlung im Kapitol, bei der die Straßen geräumt waren, das Stimmengewirr auf der Höhe lauter wurde, aber hier in dieser gefährlichen, herrlichen Stunde, wenn das Fieber überall herrscht und die Frauen und Kinder alle drinnen sind, alles ruhig ist? „Ich habe es auf die leichte Schulter genommen, das gestehe ich", sagt Petrarca, obwohl er zugibt, dass er die Geschichte dieser schrecklichen Vorahnung dem Kardinal erzählt hat, der seufzend ausrief: „Ich wünschte, die Vorhersage meines Vaters möge nicht wahr werden!" Aber der alte Stefano, mit der Last der Jahre auf ihm und seiner Brust wie Jupiter, wandte sich seufzend ab und streichelte seinen ehrwürdigen Bart, ungerührt von den Beteuerungen des Dichters, mit dieser schrecklichen Überzeugung im Herzen. Sie waren alle jung und er alt: mutige, sorglose junge Männer, die über denselben Cola des kleinen *Albergo lachten*, den Sohn des Weinhändlers, der sagte, er würde Kaiser werden. Aber der Schatten auf dem Herzen des Großvaters war einer von denen, die die Ereignisse vor ihnen warfen. Der junge Janni sollte zu den Ersten gehören, der tapfere Junge, der der Erbe von allem hätte sein sollen. Auch für ihn sollte sein Großvater, der große Stefano, das Oberhaupt des gesamten Hauses, Erbe sein.

Das schreckliche Ereignis an der Porta di San Lorenzo zeigt sich bei näherer Betrachtung in noch dunkleren Farben . Stefano, der Sohn von Stefano, und Janni , sein Sohn, sind die beiden auffälligsten Namen, aber es gab noch mehr. Camillo, *figlio naturale , morto il 20. November 1347, all'assalto di Porta San Lorenzo* ; Pietro, *figlio natürlich , Rimase liegt an der Porta San Lorenzo* . Giovanni von Agapito , Pietro von Agapito , Neffen des alten Stefano, *Morti nell'assalto di Porta San Lorenzo* . Insgesamt waren es sieben Nachkommen von Colonna, die an diesem schrecklichen Novembermorgen im Schlamm und Regen ihr Leben ließen; oder noch schrecklicher unter der Morgensonne, die so plötzlich aufbrach und diese weißen, schrecklichen Gestalten zeigte, ganz nackt und verlassen, auf dem tödlichen Weg. Es war kein Wunder, dass zwischen dem Haus Colonna und dem Emporkömmling Cola nach einem verlorenen Kampf, der so tödlich und so demütigend für die Rasse war, niemals Frieden möglich sein sollte.

Vielleicht ergriff Cola nach dem ersten Moment schrecklicher Freude und Erleichterung, unverletzt zu sein und seine Feinde so schwer bestraft zu haben, Gewissensbisse; vielleicht war er aber auch beunruhigt über das Missfallen des Papstes, seine Vernachlässigung durch alle seine Freunde usw die feierliche Beschwörung von Petrarca. Es ist sicher, dass er danach viele seiner Ansprüche fallen ließ, die fantastische Arroganz seiner Titel und Überschriften unterdrückte, seinen Anspruch, Kaiser zu wählen und über die Geschicke der Welt zu walten, aufgab und begann, sich mit Demut der Regierung von zu widmen die Stadt, die innerhalb der Mauern etwas von ihrer alten Unordnung verfallen war; während es draußen wie früher überhaupt keine Sicherheit gab. Die Rebellenbarone hatten ihre turbulente Herrschaft wieder aufgenommen, die Räuber tauchten in all ihren alten

Verstecken wieder auf; und wieder einmal war jeder Weg nach Rom so unsicher wie der, auf dem der Reisende einst unter Diebe geriet. Cola, Ritter und Statthalter unseres Herrn, des Papstes, leitete nun seine Proklamationen anstelle von Nicolas, streng und sanft. Seine silberne Krone und sein stählernes Zepter, fantastische Symbole, wurden vor dem Heiligtum Unserer Lieben Frau in der Ara Cœli aufgehängt , und alles an ihm wurde in Schwerkraft gemildert. Auf diese Weise wahrte er einen Anschein von Frieden und ersetzte den Buono Stato in seinem visionären Schrein. Aber Cola war zu weit gegangen und hatte das Vertrauen der Menschen zu sehr verloren, um wieder aufzusteigen. Seine Bescheidenheit wäre zweifellos gegen ihn gerichtet und würde die Schwäche zeigen, der ein Mann, der von keiner Seite unterstützt wurde, vielleicht mutig genug hätte trotzen sollen, da seine Kühnheit jetzt seine einzige Chance angesichts so vieler Angreifer war. Papst Clemens donnerte von Avignon aus gegen ihn; Die Adligen lagen in Palestrina und Marino und vielen kleineren Festungen unversöhnlich und lauerten auf jede Gelegenheit, ihn anzugreifen. Das Land rund um Rom war einmal mehr verwüstet, die Vorräte knapp, das Getreide teuer, es fehlten Geld, Autorität und Respekt. Und Colas Herz hatte ihn zusammen mit seinem Wohlstand im Stich gelassen. Er hatte schlechte Träume; Er selbst erzählt die Geschichte dieses moralischen Verfalls mit dem verzweifelten Versuch zu zeigen, dass es schließlich nicht seine sichtbaren Feinde oder die Macht der Menschen waren, die ihn zu Fall gebracht hatten.

„Nach meinem Triumph über die Colonna", schreibt er, „gerade als meine Herrschaft am stärksten schien, wurde mir die Festigkeit meines Herzens genommen und ich wurde von visionären Schrecken erfasst. Nacht für Nacht, von Visionen und Träumen geweckt, schrie ich : „ „Das Kapitol fällt" oder „Der Feind kommt!" Eine Zeit lang ließ sich jede Nacht eine Eule auf dem Gipfel des Kapitols nieder, und obwohl sie von meinen Dienern vertrieben wurde, kam sie immer wieder zurück. Zwölf Nächte lang nahm mir dies den Schlaf und alle Seelenruhe. So quälten mich Träume und Nachtvögel jemand, der sich weder vor der Wut der römischen Adligen gefürchtet noch vor Armeen bewaffneter Männer in Angst und Schrecken versetzt hatte."

Die Prahlerei war aussichtslos, aber der gefallene Tribun war jetzt zu allem fähig. Cola empfing den Vikar des Papstes, der wahrscheinlich nicht ohne Zuneigung zu seinem alten triumphierenden Kollegen war, mit Freude und Demut zurück und setzte diesen Vertreter der kirchlichen Autorität neben sich auf seinen Richterstuhl, vor den er die Fürsten nicht mehr berief und die Großen der Erde. Das Ende kam auf unerwartete Weise, worüber der Verfasser der *Vita* den populären Bericht gibt: Es unterscheidet sich ein wenig von dem der ernsteren Geschichte, aber nur in Details. Ein gewisser Pepino, Pfalzgraf von Altamura, ein Flüchtling aus Neapel, dessen Ziel es in

Rom war, Soldaten für den Dienst Ludwigs von Ungarn zu rekrutieren, der damals darauf aus war, den Mord an seinem Bruder Andreas, dem Ehemann der Königin Johanna von Neapel, zu rächen, hatte dies getan nahm seinen Wohnsitz in der Stadt. Er war mit mehreren Adligen verbündet und bereit, auf jede verfügbare Weise gegen den Tribun Hand anzulegen. Aus Angst, vor das Gericht von Cola gestellt zu werden und den Zweck seines Aufenthalts in Rom darlegen zu müssen, schloss er sich in seinem Palast ein und versuchte, die Stadt auf den Kopf zu stellen.

„Messer, der Conte Paladino, errichtete zu dieser Zeit eine Barrikade (Barrikade) auf der anderen Straßenseite, unter dem Salvatorbogen (anscheinend um sein Quartier zu verteidigen). Eine Nacht und einen Tag lang läuteten die Glocken von St. Angelo in Pescheria ein *Stuormo* , aber nein Einer versuchte, die Bar einzureißen. Der Tribun schickte eine Gruppe Reiter gegen die Bar, und ein Offizier namens Scarpetta , der von einer Lanze verwundet wurde, fiel bei dem Gefecht tot. Als der Tribun hörte, dass Scarpetta tot war und die Leute nicht Vom Klang der Tocsin berührt, obwohl die Glocke von St. Angelo weiter läutete, seufzte er tief: Erfroren vor Angst weinte er: Er wusste nicht, was er tun sollte. Sein Herz wurde niedergeschlagen und niedergeschlagen. Er hatte nicht den Mut eines Kindes. Er konnte kaum sprechen. Er glaubte, dass in der Stadt Hinterhalte für ihn gelegt worden seien, was nicht stimmte, denn es gab noch keinen offenen Aufstand: Noch hatte sich niemand gegen den Tribun erhoben. Außer ihrem Eifer war kalt geworden: und er glaubte, dass er getötet werden würde. Was kann man mehr sagen? Er wusste, dass er nicht den Mut hatte, im Dienste des Volkes zu sterben, wie er es versprochen hatte. Weinend und seufzend wandte er sich an alle Anwesenden und sagte, er habe es gut gemacht, aber die Leute seien aus Neid nicht zufrieden mit ihm. „Jetzt, im siebten Monat, werde ich aus meiner Herrschaft vertrieben." Nachdem er diese Worte weinend gesprochen hatte, bestieg er sein Pferd und blies die silbernen Trompeten, und mit den kaiserlichen Insignien, begleitet von bewaffneten Männern, stieg er wie im Triumph herab und ging zur Burg von St. Angelo und schloss sich dort ein Seine Frau, im Gewand eines Mönchs gekleidet, stammte aus dem Palazzo de Lalli . Als der Tribun von seiner Größe herabstieg, weinten auch die anderen, die bei ihm waren, und das elende Volk weinte. Es stellte sich heraus, dass seine Kammer voller schöner Dinge war, und es wurden dort so viele Briefe gefunden, dass man es nicht glauben würde. Die Barone hörten von diesem Untergang, doch es vergingen drei Tage, bevor sie aus Angst nach Rom zurückkehrten. Selbst als sie zurückkamen, herrschte Angst in ihren Herzen. Sie machten ein Bild des Tribunen an der Mauer des Kapitols, als würde er reiten, aber mit gesenktem Kopf und nach oben gerichteten Füßen. Sie haben auch Cecco gemalt Manneo , der sein Notar und Kanzler war, und Conte, sein Neffe, der die Burg von Civita besaß Vecchia . Dann zog der Kardinalslegat nach Rom ein, ging gegen ihn vor, verteilte den größten Teil seiner Güter und erklärte ihn zum Ketzer.

So fiel Cola plötzlich, als er aufgestanden war. Sein Herz hatte ihn ohne Grund oder Notwendigkeit im Stich gelassen, denn die Stadt hatte keine offenen Anzeichen einer Rebellion gezeigt, und es schien keinen Grund gegeben zu haben, warum er nach St. Angelo hätte fliehen sollen. Das Volk reagierte zwar nicht auf seinen Ruf zu den Waffen, achtete aber nicht mehr auf den Tossin seines Gegners oder auf seinen Schrei „Tod an den Tribun". Rom lag schweigend da und grübelte über viele Dinge nach, kümmerte sich vielleicht nicht darum, wie sich das Blatt wendete, mit dem Instinkt von Lo Popolo überall und dachte, dass eine Veränderung eine gute Sache sein könnte: Aber es war kein offenkundiger Akt der Bevölkerung, der sein Idol antreibt weg. Die Tat war ganz seine eigene – sein Herz hatte ihn im Stich gelassen. Man könnte sagen, dass seine Nerven in diesen Tagen zusammengebrochen waren. Die Ausdrucksweise ist anders, aber die Dinge waren die gleichen. Allerdings kam sein Untergang in Wirklichkeit vielleicht nicht ganz so plötzlich, wie es in der Chronik dargestellt wird. Es scheint, dass er versuchte, nach Civita zu fliehen Vecchia , wo sein Neffe Statthalter war, wurde dort aber nicht empfangen und musste nach Rom zurückkehren und für kurze Zeit sein Haupt in St. Angelo verstecken. Aber es ist sicher, dass er vor Ende Januar 1438 endgültig verschwunden war, ein beschämter und namenloser Mann, seine Titel abgeschafft, sein Besitz unter seinen Feinden aufgeteilt. Nie war ein Untergang plötzlicher und vollständiger.

Stefano Colonna und seine Freunde kehrten ohne großen Anschein von Triumph nach Rom zurück. Die Erinnerung an die Porta San Lorenzo war zu jung, um sich zu freuen, und es muss dem alten, trauernden und traurigen Häuptling zugute gehalten werden, dass keine Vergeltungsmaßnahmen ergriffen wurden, dass eine allgemeine Amnestie verkündet und der Frieden der Stadt gewahrt wurde . Colas Familie blieb, zumindest vorerst, friedlich in Rom und erlitt keinen Schaden. Wir hören nichts von dem unglücklichen jungen Ritter des Sieges, der mit dem Blut der Colonnas besprengt wurde . Der Tribun ging wie ein Stein zu Boden, und für einen Moment gab es nichts mehr über ihn zu erzählen, der den Mund und die Gedanken der Menschen mit so vielen seltsamen Nachrichten erfüllt hatte.

Colas Abwesenheit von Rom dauerte sieben Jahre; Von dieser Zeit wird in der *Vita* , die sich ausschließlich mit Ereignissen in Rom befasst, überhaupt nichts erwähnt ; aber seine Schritte lassen sich sehr deutlich verfolgen. Wir finden unseren Enthusiasten nie wieder, den, der als Erster das Kapitol in einer Leidenschaft von uneigennützigem Eifer und Patriotismus bestieg, der von jedem ehrlichen Visionär und jedem leidenden Bürger gebilligt wurde, einen von Gott auserwählten Mann, um die Stadt zu befreien. Dass seine Beweggründe jemals schlechte Beweggründe waren oder dass er begonnen hatte, allein nach seinem eigenen Wohlstand zu streben, ist schwer zu sagen; aber er erscheint uns von nun an in einem veränderten Aussehen als der eifrige Verschwörer, der alltägliche Verschwörer und Intrigant, hungrig nach Ruhm und Plünderung und der Einsatz aller Mittel, mit allen Mitteln, um das wiederzugewinnen, was er verloren hat, was eine weitaus bekanntere Figur ist als der ideale Reformator, der desinteressierte Revolutionär. Wir treffen diesen vulgären Helden hundertmal in der stürmischen Geschichte der italienischen Politik, einen Mann ohne Skrupel, der an nichts festhält. Aber Rienzi war von anderer Natur: Er war gleichzeitig ein kleinerer und ein größerer Sünder. Es wäre ungerechtfertigt zu sagen, dass er den Gedanken an den Buono jemals aufgegeben hätte Stato oder hörte auf, sich das Wohlergehen Roms zu wünschen. Aber in der langen Zeit seines Verschwindens von der Bildfläche schmiedete er nicht nur Pläne wie die anderen, sondern nutzte auch dieses höhere Motiv und die mystischen Elemente, die in der Luft lagen, und die Neigung zu allem Okkulten und vielem Edle in den Bestrebungen der Visionäre seiner Zeit, das eine Ziel voranzutreiben: seine Rückkehr an die Macht, zum Kapitol und zur Herrschaft über Rom. Ein Verschwörer ist zu jeder Zeit in der italienischen Geschichte alltäglich: und der Prätendent, der nach jedem Strohhalm greift, um auf seinen wackeligen Thron zurückzukehren, belagert jeden Potentaten, der ihm helfen kann, und beruft sich auf jeden Anreiz, vom höchsten bis zum niedrigsten – Eigeninteresse , Philanthropie, der Dienst an Gott, die großzügigsten und gemeinsten Gefühle – ist ebenfalls eine sehr bekannte Figur; Aber es ist selten, dass man einen Menschen findet, der wirklich von den mystischsten Lehren der Religion beeinflusst ist und sie dennoch in seinen Dienst drängt und das, was er als die Impulse des Heiligen Geistes ansieht, zur Förderung seiner privaten Ziele nutzt, ohne dies zu tun Dennoch wird er, soweit man behaupten kann, ein Heuchler oder unaufrichtig in dem Glauben, den er bekennt.

Dies war die seltsame Entwicklung, zu der die Tribune kam. Nach einigen vergeblichen Versuchen, im römischen Gebiet Freunde zu wecken, die ihm helfen könnten, flüchtete er in das wilde Bergland der Apenninen, wo ein wildes Leben herrschte und seltsame religiöse Partei, die inmitten der strengsten Hingabe auf einen völligen Umsturz der Gesellschaft und die Rückkehr eines Urzeitalters der Unschuld und Glückseligkeit abzielt, das für den mystischen Geist so verführerisch ist. In den Höhlen und Höhlen der Erde und in den Bergdörfern und kleinen Klöstern lebte eine strenge Sekte der Franziskaner, Männer, deren Liebe zur Armut, der Braut und Wahl ihres Gründers, fast stärker war als ihre Liebe zu diesem Gründer selbst. Die Fraticelli waren nur Ketzer, weil sie ihre Herrschaft strenger als die anderen Ordensleute ihres Ordens einhielten und sich ekstatischen Visionen eines erneuerten Staates und eines gereinigten Volkes hingaben – Visionen, die weniger persönlich, aber nicht weniger aufrichtig oder fromm waren als diejenigen, die sie verursachten Auf Franziskus selbst war der Anschein der Wunden des Erlösers zu spüren, in der Leidenschaft des Mitleids und der Liebe, die sein Herz beherrschte. Der Verbannte unter ihnen, der selbst durch einen entsprechenden Traum aus der Dunkelheit des Alltagslebens gerissen worden war, fühlte sich durch die Lehren dieser Visionäre aufs Neue angeregt und inspiriert. Einer von ihnen, so heißt es, habe ihn in der Zuflucht gefunden, wo er sich für völlig unbekannt hielt, und indem er ihn mit Namen ansprach, sagte er ihm, dass er noch eine große Karriere vor sich habe und dass es seine Aufgabe sei, nach Rom zurückzukehren die Doppelherrschaft der Weltherrschaft, um den Papst und das Reich in der Reichsstadt zu errichten und die beiden von Gott ernannten gemeinsamen Herrscher für immer zu versöhnen.

Es ist merkwürdig, dass das, was bis zu einem gewissen Grad der aktuelle Stand der Dinge ist – die Vereinigung der beiden Monarchen der Erde an einem Ort – der Traum und die Hoffnung religiöser Visionäre in der Mitte des 14. Jahrhunderts gewesen sein dürfte. Für sie war der Kaiser nur ein verherrlichter König von Italien mit einer vagen und unbekannten Welt hinter sich; und sie glaubten, dass das Millennium kommen würde, wenn der höchste Herrscher auf dem Kapitol und der Heilige Vater vom Sitz des Heiligen Petrus aus die Welt nach ihrem Willen beeinflussen würden. Dieselbe Klasse würde jetzt in derselben Ordnung – soweit eine Beschlagnahmung nach der anderen die Existenz dieser Ordnung ermöglicht – bis zum letzten Atemzug gegen die erzwungene Konjunktion kämpfen , die ihre Väter vor ihr als das erachteten, wofür am meisten gebetet werden sollte. und geplant, in der ganzen Welt.

Als andere neben den Fraticelli Rienzis Versteck entdeckten und er sich in Gefahr befand oder glaubte, in Gefahr zu sein, ging er nach Prag, um bei Kaiser Karl IV. Zuflucht zu suchen, und zwischen diesem Potentaten auf der einen Seite kam es zu einem bemerkenswerten Briefwechsel und der Erzbischof von Prag, sein Ratgeber, und Rienzi auf der anderen Seite, in dem der Verbannte dem Monarchen viel Glanz versprach und sich als sein Führer nach Rom anbot, um ihm dort das Gewicht seines Einflusses bei dem Volk zu verleihen, über das er verfügte Rienzi glaubte, dass er selbst mit größerer Macht als je zuvor präsidieren würde. Dass Charles selbst auf diese Briefe antwortete und die Angelegenheit mit diesem verlassenen Wanderer besprochen hat, zeigt deutlich, welche Macht in seinen Worten und in der Leidenschaft seiner Absichten lag. Aber zwischen einem großen Monarchen und einem mittellosen Verbannten ist es schlecht, zu reden, und Charles scheint keine Skrupel gehabt zu haben, ihn, nachdem er seine Ansichten ausführlich dargelegt hatte, dem Erzbischof als Ketzer zu übergeben. Dieser Prälat übertrug ihn dem Papst, wo er wie ein Mann behandelt werden sollte, der bereits unter dem Bann der Kirche exkommuniziert worden war und nun erneut seltsame Lehren verkündete; und so endeten seine Freiheit, sein Wandern und die relative Sicherheit seines Lebens, und eine zweite Phase seltsamer Entwicklung begann.

Das Schicksal von Rienzi befand sich auf einem Tiefpunkt, als er Avignon erreichte und in die Hände seiner Feinde fiel, derer, die er angegriffen und derer, die er enttäuscht hatte, an jenem Hof, wo es niemanden gab, für den er ein gutes Wort sagen konnte ihn, und wo alles, was das Beste an ihm war, noch schlimmer gegen ihn war als das Schlimmste. In den Kerkern von Avignon, in der Festung des Papstes, der so viel Grund hatte zu bereuen, dass er einst den Tribun sanktioniert und unterstützt hatte , schien seine Sache für immer verloren zu sein . Es war für ihn ein Glück, dass es an diesem Hof keinen Kardinal Colonna mehr gab; aber gleichzeitig gab es keinen Vorkämpfer, der seine Sache vertrat. Tatsächlich ging es ihm so schlecht, dass er tatsächlich als Ketzer zum Tode verurteilt wurde, wobei er selbst in einem Moment tiefer Depression zugab, dass er schuldig und des Todes würdig sei, oder vielleicht in der Hoffnung, die Herzen seiner Verfolger durch Demut zu berühren so groß wie die Ansprüche seiner kurzen und aufregenden Herrschaft gewesen waren. Denn der arme Cola hatte schließlich, wenn man von der Affäre an der Porta San Lorenzo absieht – und das war nicht seine Schuld –, nichts getan, was den Tod wert wäre. Er war von der Leidenschaft und dem Wahnsinn eines fast unmöglichen Erfolgs mitgerissen worden; aber er war kaum je gegen die Kirche rebelliert, und seine Launen in der Lehre waren eher auf die Vermischung des Klassischen mit dem Religiösen und die Inflation bestimmter, ansonsten nicht unorthodoxer Ideen zurückzuführen als auf eine wirkliche Rebellion; Aber er trug sein vorherrschendes Gefühl und seinen vorherrschenden Charakter in alles hinein und war in den Tiefen seines Untergangs niedriger als alle anderen, so wie er auf dem Höhepunkt seines visionären Stolzes und seines kurzlebigen Triumphs höher gewesen war als alle anderen.

Er wurde auf ebenso fantastische Weise wie er selbst vor diesem Urteil bewahrt. Man kann annehmen, dass die Vollstreckung nie beabsichtigt war und dass, insbesondere nachdem er die Gerechtigkeit seines Urteils anerkannt hatte, Mittel gefunden worden wären, ihn vor der Vollstreckung zu bewahren; Sehr wahrscheinlich waren die seltsamen Mittel, die gefunden wurden, tatsächlich auf ein wohltätiges Flüstern zurückzuführen, dass der plausible Vorwand eines Grundes für seine Entlassung dem Papst nicht unangenehm sein würde. Er wurde durch die Andeutung gerettet, er sei ein Dichter! Wir haben die Geschichte in allen Einzelheiten von Petrarca selbst, der nicht ohne ein Verständnis für ihre Absurdität ist und seinen Brief mit einer empörten Beschreibung des törichten und angeblichen Eifers für die Poesie beginnt, für den dies ein so seltsames Beispiel war. „Poesie", sagt er, „ göttliches Geschenk und vom Himmel so wenigen geschenkt, ich sehe es,

Freund, wenn nicht prostituiert, so doch zumindest zu einer vulgären Sache gemacht."

„Ich spüre, wie mein Herz dagegen aufsteigt, und Sie, wenn ich Sie gut kenne, werden einen solchen Missbrauch um keinen Preis dulden. Weder in Athen noch in Rom, nicht einmal zu Lebzeiten von Horaz, wurde so viel von Dichtern gesprochen und Poesie wie heute an den Ufern der Rhone – obwohl es weder eine Zeit noch einen Ort gab, an dem die Menschen sie weniger verstanden haben. Aber jetzt werde ich Ihre aufsteigende Galle durch Lachen stillen und zeigen, wie ein Scherz mittendrin entstehen kann Melancholie.

Niccola di Lorenzo, einst der beeindruckendste Tribun von Rom, jetzt von allen Männern der unglücklichste und darüber hinaus vielleicht nicht würdige, an diesen Gerichtshof gekommen – oder besser gesagt, er ist nicht gekommen, sondern gebracht worden des Mitgefühls, das das Elend seines gegenwärtigen Zustands hervorruft. Er hätte seine Tage auf dem Kapitol ruhmvoll beenden können, brachte sich aber stattdessen zur großen Schande der Republik und des römischen Namens in die Lage eines Gefangenen. Zuerst in Böhmen und jetzt hier. Leider sind die Lobpreisungen und Ermutigungen, die ich selbst an ihn geschrieben habe, viel mehr, als mir heute in den Sinn kommt. Da ich Tugendliebhaber bin, konnte ich nichts anderes tun, als das großzügige Unternehmen zu loben und zu bewundern des starken Mannes: und dankbar für Italien, in der Hoffnung, das Römische Reich wieder entstehen zu sehen und den Frieden der ganzen Welt zu sichern, wurde mein Herz aufgrund so vieler schöner Ereignisse von einer solchen Freude überschwemmt, dass ich mich zurückhalten musste war unmöglich; und es schien mir, dass ich fast an seinem Ruhm teilnahm, indem ich sein Unternehmen ermutigte und tröstete: wodurch er, wie sowohl seine Boten als auch seine Briefe zeigten, selbst in Brand gesteckt wurde – und ich immer bereitwilliger Ich setze mich dafür ein, diesen Anreiz mit jedem Argument, das mir einfällt, zu verstärken und die Flamme dieses glühenden Geistes zu nähren, wohlwissend, dass jedes großzügige Herz am Feuer des Lobes und der Herrlichkeit entzündet wird. Aus diesem Grund lobte ich jede seiner Taten mit einem Applaus, der für einige übertrieben, für mich aber sehr gerecht erschien, und ermutigte ihn, die großmütige Aufgabe zu vollenden, die er begonnen hatte. Die Briefe, die ich damals schrieb, gingen durch viele Hände: und da ich kein Prophet bin und noch weniger er jemals ein Prophet war , schäme ich mich nicht für das, was ich geschrieben habe: denn gewiss, was er in jenen Tagen tat und zu tun versprach, nicht in meinen Allein seine Meinung, aber das Lob und die Bewunderung der ganzen Welt, waren sehr würdig, und ich würde die Erinnerung an diese meine Briefe nicht aus meinem Gedächtnis streichen, nur weil er ein unwürdiges Leben einem ruhmreichen Tod vorzieht. Aber es ist sinnlos, über eine Sache zu diskutieren, die unmöglich ist; und so sehr ich auch den Wunsch hegte, sie zu vernichten, ich konnte es nicht tun. Sobald sie in die Hände der Öffentlichkeit gelangen, hat der Autor keine Macht mehr über sie. Kehren wir zu unserer Geschichte zurück.

„Dieser Mann also, der die Bösen mit Schrecken, die Guten mit Erwartung und das ganze Universum mit freudiger Hoffnung erfüllt hatte, ist gedemütigt und demütig vor dieses Gericht gekommen; und er, den das Volk von Rom und allen Städten Italiens verherrlichte, war es." Wir sahen, wie wir zwischen zwei Soldaten durch unsere Straßen gingen und dem Pöbel, der begierig darauf war, einem gegenüberzustehen, dessen Namen sie so hoch erklingen gehört hatten, ein jämmerliches Schauspiel boten . Er kam vom König von Rom (ein Titel des Kaisers) zum Römer Pontifex, oh wunderbarer Handel! Sobald der Papst angekommen war, übertrug er drei Fürsten der Kirche den Auftrag, seine Sache zu prüfen und zu beurteilen, welche Strafe er schuldig war, der versucht hatte, den Staat zu befreien."

Der Brief ist zu lang, um ihn vollständig zu zitieren, und obwohl Petrarca die Sache seines früheren Freundes vertritt, ist er vielleicht zu sehr darauf bedacht, deutlich zu machen, dass ihm dieser große Rückschlag nie widerfahren wäre, wenn Rienzi seinen eigenen Briefen die gebührende Aufmerksamkeit geschenkt hätte ; Dennoch ist es im Großen und Ganzen ein edles Plädoyer für den Tribun. „In diesen Mann", erklärt der Dichter, „hatte ich die letzte Hoffnung der italienischen Freiheit gesetzt, und da ich ihn seit langem kannte und liebte, von dem Moment an, als er seine Hand an dieses große Werk legte, schien er mir aller Verehrung würdig." und Ehre . Was auch immer das Ende des Werkes sein mag, ich kann nicht aufhören, seinen Anfang für großartig zu halten:" und er bedauert mit großer Empörung, dass es dieser Anfang war, der hauptsächlich gegen ihn vorgebracht wurde, und dass seine Beschreibung von sich selbst als Nicolas streng ist und Clemens hatte bei seinen Richtern mehr Gewicht als seine gute Regierung oder die glückliche Veränderung, die während seiner Herrschaft in Rom stattfand. Wir müssen uns jedoch der Ironie der Befreiung durch den Tribun bewusst werden.

„In diesem elenden Zustand (nach so viel Traurigem gibt es hier endlich etwas zum Lachen) erfahre ich aus den Briefen meiner Freunde, dass es immer noch eine Hoffnung gibt, ihn zu retten, und das aufgrund einer Vorstellung, die es gegeben hat Verbreiten Sie unter dem Vulgären, dass er ein berühmter Dichter ist ... Was können wir davon halten? Wahrlich, ich tröste mich mehr, als ich mit Worten sagen kann, und freue mich über den Gedanken, dass die Musen so sehr geehrt werden – und Was noch wunderbarer ist für diejenigen, die nie etwas über sie wussten, ist, dass sie einen Mann, der durch ihren Namen beschützt wird, vor einem tödlichen Urteil retten konnten. Welches größere Zeichen der Ehrfurcht könnte

gegeben werden, als dass der Name der Poesie so vor dem Tod retten würde
Ein Mann, der zu Recht oder zu Unrecht von seinen Richtern verabscheut
wird, der für das ihm zur Last gelegte Verbrechen verurteilt wurde, es
gestanden hat und durch das einstimmige Urteil des Tribunals für würdig
befunden wurde, des Todes zu sterben? Ich freue mich, ich wiederhole, ich
Ich gratuliere ihm und den Musen mit ihm: dass er solche Gönner haben
sollte, und sie erwarteten eine so unerwartete Ehre – und ich würde einem so
unglücklichen Mann, der so extrem in Gefahr und Zweifel geraten ist , den
schützenden Namen des Dichters nicht missbilligen . Aber wenn Sie wissen
würden, was ich denke, würde ich sagen, dass Niccola di Lorenzo ein Mann
von größter Beredsamkeit, äußerst überzeugend und sprachgewandt, ein
klarer und harmonischer Schriftsteller und ein eleganter Stil ist. Ich erinnere
mich an keinen Dichter, den er nicht gelesen hätte; aber das macht ihn
ebensowenig zu einem Dichter, wie ein Mann ein Weber wäre, der sich mit
Gewändern bekleidete, die von einer anderen Hand gewebt wurden. Um den
Namen eines Dichters zu verdienen, genügt es nicht, Verse geschrieben zu
haben. Aber dieser Mann hat meines Wissens noch nie eine einzige Zeile
geschrieben.

Vita findet sich davon kein einziges Wort . Für den Chronisten war Rienzi
von dem Moment an, als er sein Gesicht wieder Rom zuwandte, nie in
Gefahr. Als er von Deutschland nach Avignon kam, kamen alle Leute in den
Dörfern heraus, um ihn zu begrüßen, und hätten ihn gerettet, wenn er nicht
ständig erklärt hätte, dass er aus freien Stücken zum Papst gegangen sei; Auch
sein Biograph scheint sich nicht darüber im Klaren zu sein, dass der Tribun
sein Leben riskierte. Er entkam jedoch nur um Haaresbreite, und da Petrarca
genau wusste, was vor sich ging, zweifellos auf genau die vom Dichter
beschriebene Weise. Aber er wurde erst aus dem Gefängnis entlassen, als
Kardinal Albornoz mit dem Befehl des Papstes nach Rom aufbrach, um die
unruhige Stadt zu beruhigen und zu beruhigen. Viele und große Probleme
hatte es in diesen sieben Jahren gegeben. Es war in die alten Hände
zurückgefallen – ein Orsini und ein Colonna, ein Colonna und ein Orsini. Im
Jubiläumsjahr (1350) hatte es eine vorübergehende Ruhe gegeben, als die
ganze Welt nach Rom strömte, um den Ablass zu erhalten und ihre Sünden
im vollen Strom der päpstlichen Vergebung wegwaschen zu lassen. Es heißt,
Rienzi selbst sei heimlich zurückgekehrt, um an diesem Ablass teilzuhaben,
ohne sich jedoch zu erkennen zu geben: Das Interesse der Bürger ging so
sehr auf den Frieden, und es war so wichtig, eine gewisse Ordnungs- und
Selbstherrschaft aufrechtzuerhalten -Zurückhaltung wegen der vielen Gäste,
die Geld in die Stadt brachten, dass es eine vorübergehende Ruhepause gab.
Von Ostern bis Weihnachten war die Stadt nichts weiter als ein großes
Gasthaus, und der Reichtum, der immer eine wohltuende und beruhigende
Wirkung hat, floss in die Taschen der Bürger, die voll und ganz mit der
Betreuung ihrer Gäste und dem beständigen Leben beschäftigt waren

Zeremonien und heilige Funktionen dieser arbeitsreichen Tage. Das Jubiläum brachte nicht nur Scharen frommer Pilger aus allen Teilen der Welt, sondern auch unzählige Klagen – Gewissensfälle und weltliche Streitigkeiten –, die von dem vielbeschäftigten Kardinal entschieden werden mussten, der anstelle des Papstes saß und täglich hörte, was jeder Antragsteller zu tun hatte sagen. Es war eine neue provisorische Brücke gebaut worden, um dem Druck der Menschenmenge standzuhalten und den Block der alten Brücke von St. Angelo zu vermeiden, den Dante im Inferno beschreibt, als die Masse der Pilger, die kamen und gingen, einen von ihnen zum *Einsturz* brachte die Bögen. Es waren auch andere große, wenn auch hastige Vorbereitungsarbeiten im Gange. Das Kapitol musste repariert und alte Kirchen renoviert werden, und jedes Stück Stoff und Wandbehang musste verwendet werden, um die Stadt schön zu machen. So dass man seit mindestens einem Jahr nichts anderes übrig hatte, als den Dingen das bestmögliche Gesicht zu geben, innere Unruhen für einen Moment zu lindern und alle möglichen vorübergehenden Vorkehrungen für Komfort und Unterbringung zu treffen, wie es in einer Familie oft der Fall ist wichtige Besucher zwingen allen eine heilsame Selbstverleugnung auf; so dass es hundert Anreize gab, vor der Welt eine Fassade guten Benehmens und angemessenen Anstands zu bewahren.

DER TARPEISCHE FELSEN.

Nach dem Jubiläum verfielen die Dinge jedoch erneut in die alte Verwirrung: Auf allen Wegen nach Rom kam es erneut zu Raub und Gewalt; Wieder einmal balancierten und kämpften ein Orsini und ein Colonna als Senatoren miteinander, ohne Zeit, sich um etwas anderes als ihre persönlichen Interessen zu kümmern, und ohne an das Wohlergehen des Volkes zu denken. Im Jahr 1352 waren die Dinge jedoch so weit gekommen, dass erneut ein gewaltsamer Versuch unternommen werden musste, und die Römer nahmen die Sache erneut selbst in die Hand und wählten einen eigenen Beamten, einen gewissen Cerroni , an deren Stelle unwürdige Senatoren. Er behielt diese Position jedoch nur sehr kurze Zeit, und als er seinerseits vom Volk im Stich gelassen wurde, gab er die undankbare Aufgabe auf. In diesem Jahr kam es zu einem Aufstand, bei dem der Senator von Orsini am Fuß der Treppe, die zum Kapitol führte, zu Tode gesteinigt wurde, während sein Kollege Colonna, ein weiterer Stefano, auf der anderen Seite flüchtete. Dann wurde noch einmal der Ausweg einer Volkswahl versucht und ein gewisser Francesco Baroncelli gewählt, der sich selbst zum zweiten Volkstribun ernannte. Der Papst hatte auch versucht, zu tun, was er konnte, einmal durch ein Komitee aus vier Kardinälen, dann ständig durch Legaten, die entsandt wurden, um die stets unruhige Stadt zu führen und zu beschützen. Die Hoffnungslosigkeit dieser wiederholten Bemühungen wurde immer wieder bewiesen. Villani, der Historiker, schreibt mit Bestürzung, dass „die Veränderungen, die in der antiken Mutter und Herrin des Universums stattfanden, es aufgrund ihrer Frivolität und Niedrigkeit nicht verdienten, aufgezeichnet zu werden." Baroncelli Auch das Land fiel nach kurzer Zeit, und es schien, dass keine Regierung und keine Reformation von Dauer sein könnten.

Inzwischen hat Papst Clemens VI. starb in Avignon und Innozenz VI. regierte an seiner Stelle. Zu Beginn dieser neuen Herrschaft wurde ein neuer Versuch unternommen, Rom zu befrieden und es wieder in Ordnung und Frieden zu bringen. Da man allgemein davon ausging, dass ein Fremder inmitten des Netzwerks privater und familiärer Interessen, in das die Stadt eingebunden war, der sicherste Herrscher sei, schickte der neue Papst mit dem aufrichtigen Wunsch, die Situation zu verbessern, den spanischen Kardinal Albornoz zu Hilfe von Rom. All dies geschah im Jahr 1353, als Rienzi, dessen Todesurteil wegen der Illusion, er sei ein Dichter, erlassen wurde, in Avignon im Gefängnis lag. Seine Geschichte war wohlbekannt, und es war auch bekannt, dass das Volk von Rom, nachdem es ihn im Stich gelassen hatte, ihn unbedingt zurückhaben wollte und ihr Verhalten ihm gegenüber allem Anschein nach sehr bitter bereuen musste . Der Papst ergriff den starken und gewagten Ausweg, den alten Demagogen aus seinem Gefängnis zu holen und ihm einen Platz im Rat des Legaten zu geben. Es bestand nicht die Absicht, ihn in seiner früheren Position zu ersetzen , aber er war bestrebt, den zweiten Platz anzunehmen und dem Legaten seinen Rat und seine Führung zugute zu kommen. Jeder Anschein seines alten Ehrgeizes schien tatsächlich aus ihm erloschen zu sein. Er fuhr einfach im Zug von Albornoz nach Montefiascone, [9] das lange Zeit das Hauptquartier des päpstlichen Vertreters gewesen war und von wo aus der Legat einen Feldzug gegen die Städte des „Patrimoniums" führte, von denen jede wie die

Mutterstadt war , sicherte sich gelegentlich einen Schimmer unsicherer Unabhängigkeit oder geriet – was häufiger der Fall war – in die Fänge eines Adligen, der Rom so lange als Lehnsherr gehalten hatte. Es ist sehr wahrscheinlich, dass Rienzi weder ein ehrgeiziges Motiv hatte, noch an eine neue Revolution dachte, als er aufbrach. Er nahm wie die übrigen Gefolgsleute des Kardinals an mehreren Expeditionen teil, insbesondere gegen seinen alten Feind Giovanni di Vico , immer noch so meisterhaft und gefährlich wie eh und je, versuchte aber nichts weiter.

DIE BORGHESE-GÄRTEN

KAPITEL V.
DER SOLDAT DES GLÜCKS.

Die hier folgende kurze Episode führt ein völlig neues Element in Rienzis Leben ein. Sein Wesen war nicht das eines Verschwörers im gewöhnlichen Sinne des Wortes; und obwohl er geplant und sich viel Mühe gegeben hatte, nach Rom zurückzukehren, hatte er dies in letzter Zeit unter dem Schutzschild des Papstes oder Kaisers getan und nie mit der offensichtlichen Absicht, sich selbst zu vergrößern . Aber die Kriege, die in Italien ständig tobten und in denen die Hand eines jeden gegen die seines Nachbarn war, hatten einen neuen Agenten auf dem hart umkämpften Gebiet hervorgebracht , mit dessen Hilfe, mehr als mit der des Papstes oder des Kaisers, Fürstentümer entstanden und fiel, und große Vermögen wurden gemacht und verloren. Dies war die einzigartige Institution des Glücksritters, der Freiberufler, deren Banden, ohne Land, ohne Zweck außer Bezahlung und einer vulgären Version von Ruhm, ohne Glaubensbekenntnis, Nationalität oder Skrupel irgendeiner Art, durch Europa streiften, bereit, irgendetwas zu übernehmen Sie brachten ihr Gewicht auf irgendeine Seite und lieferten genau das Material, das nötig war, um jene ständigen Kämpfe fortzusetzen, die insbesondere Italien und die meisten anderen Länder mehr oder weniger in ständiger Aufregung hielten. Diese Männer nahmen den Dienst mit äußerster Unparteilichkeit auf der Seite auf, die ihnen wahrscheinlich den höchsten Lohn oder die beste Gelegenheit zum Erwerb von Reichtum verschaffte – ihre Anführer beanspruchten gelegentlich die Herrschaft über ein reiches Gebiet, während die unterlegenen Kapitäne in kleinere Lehen und Gewinne fielen aller Art, der einfachste Kriegsmann, der dazu neigte, sich zu bereichern, entweder durch den Schrecken, den er einflößte, oder durch den Schutz, den er geben konnte. Es war in der Tat, man könnte fast sagen, ihre Existenz, die diese endlosen Kriege, die im Allgemeinen ohne Motiv waren, zu Demonstrationen der Eitelkeit einer Stadt gegen eine andere oder zu Versuchen seitens einer Stadt, die Freiheiten und den Handel einer anderen zu zerstören, machte. die, wenn sie von den Bürgern selbst durchgeführt worden wären, auf lange Sicht alle menschlichen Angelegenheiten zum Stillstand gebracht und unmöglich gemacht hätten; die aber, wenn sie durch die Vermittlung der Söldner durchgeführt wurden, kaum mehr als ein aufregendes Spiel waren , spannender als jedes *Kriegsspiel*, das seitdem erfunden wurde. Die Männer selbst waren bewegliche Burgen, fast uneinnehmbar, eher dazu geneigt, in ihrer Rüstung zu ersticken , als in einem ehrlichen Kampf getötet zu werden, und in der Tat verliefen ihre Feldzüge außergewöhnlich unblutig; Aber sie waren wie die Heuschrecken, die Geißel des Landes, und hinterließen nichts als Zerstörung und Raub, wohin sie auch zogen. Die schreckliche Armee, bekannt als La Grande Compagnia , deren Oberhaupt Fra Moreale (der Chevalier de Monreal , der aber in Italien immer diesen Namen trug) war, durchzog zu dieser Zeit Italien — überall gefürchtet, überall gesucht, der grausame und schreckliche Anführer Gleichzeitig war er eine romantische und hochgeborene Persönlichkeit, ein Ritter des Hospitalordens, den großen Herren, denen er diente, ebenbürtig und bereit, eines Tages auch selbst ein großer Herren zu sein, das Oberhaupt des ersten Fürstentums, zu dem er stark genug sein sollte ergreifen, wie es die Sforza mit Mailand getan hatten. Die Dienste eines solchen Mannes waren natürlich eine nie versiegende Ressource und Versuchung für jeden Abenteurer oder Prätendenten, der es sich leisten konnte, das Geld zu beschaffen, um sie zu bezahlen.

Es gibt keinen Beweis dafür, dass Rienzi einen Plan hatte, die Herrschaft Roms auf diese Weise zu sichern; tatsächlich führt seine Praxis, wie man sehen wird, zum gegenteiligen Schluss; Aber die Transaktion, an der er beteiligt war, als er sich in Perugia auf Befehl von Kardinal Albornoz aufhielt, zeigt, dass er, zumindest im Moment, von den seltsamen Möglichkeiten angezogen wurde, die sich ihm boten: denn es zeigt auch das seltsame Geschäft -artiger Charakter und Handelsaspekt einer so kriegerischen und romantischen Agentur. In Perugia und anderen Städten, die er durchquerte, wurde der Tribun erkannt und überall von den Römern verfolgt, die im gesamten Patrimonium zu finden waren und nur eine Bitte an ihn richten mussten. Der Chronist gewinnt all seine gewohnte Energie zurück, als er seine Erzählung fortsetzt und mit Freude die langweiligen Konflikte der römischen Adligen untereinander und den vergeblichen Versuch des Legaten, sie zu beruhigen und zu verhandeln, hinter sich lässt — für die lebende Figur des zurückgekehrten Anführers und die eifrige Bevölkerung, die ihn erneut als ihren Befreier begrüßte, als wären es andere und nicht sie selbst gewesen, die ihn vertrieben hätten! Sogar in Montefiascone, berichtet unser Biograph, griffen die Römer so sehr auf ihn zurück, dass es *verblüffend* und verblüffend war, sie zu sehen.

„Jeder Römer wandte sich ihm zu, und Scharen besuchten ihn. Ein großer Schwarm des Volkes folgte ihm, wohin er auch ging. Alle, auch der Legat, staunten darüber, wie ihm gefolgt wurde. Nach der Zerstörung von Viterbo , als die Armee zurückkehrte, kamen viele Die darin lebenden Römer, einige von ihnen bedeutende Männer, kamen nach Rienzi. Sie sagten: „Kehre zurück in dein Rom, heile es von seiner Krankheit. Sei ihr Herr. Wir werden dir Hilfe, Gunst und Stärke geben. Zweifele nicht . “ . Noch nie warst Du so begehrt und geliebt wie jetzt.' Diese Schmeicheleien gaben ihm die Römer, aber sie gaben ihm keinen Cent Geld: Ihre Worte bewegten jedoch Cola di Rienzi und auch der Ruhm davon, nach dem er von Natur aus immer dürstete, und er begann darüber nachzudenken, was er tun könnte eine

Stiftung zu gründen und wo er Leute und Geld finden würde, um nach Rom zu gehen. Er sprach mit dem Legaten darüber, stellte ihm aber auch kein Geld zur Verfügung. Es war vereinbart, dass die Leute von Perugia Vorsorge treffen sollten Er gab ihm genug, um ehrenhaft zu leben ; aber das reichte nicht aus, um eine Armee aufzustellen. Und aus diesem Grund ging er nach Perugia und traf dort die Ratgeber. Er sprach gut und versprach Besseres, und die Ratgeber waren sehr gespannt darauf, das zu hören Die Süße seiner Worte, denen sie ein aufmerksames Ohr schenkten. Diese leckten sie auf wie Honig. Aber sie waren für die Güter der Gemeinde verantwortlich, und er konnte keinen einzigen Pfennig (Cortonese) von ihnen bekommen.

„Zu dieser Zeit gab es in Perugia zwei junge Herren aus der Provence, Messer Arimbaldo , Doktor der Rechtswissenschaften, und Messer Bettrom , der Ritter von Narba (Narbonne), in der Provence, Brüder; die auch die Brüder des berühmten Fra Moreale waren war an der Spitze der La Grande Compagnia .... Er hatte durch Raub und Beute viel Reichtum erworben und zwang die Gemeinde Perugia, für seine dortigen Brüder zu sorgen. Als Cola di Rienzi hörte, dass Messer Arimbaldo von Narba , ein junger Mann Als ein Mann, der Briefe liebte, in Perugia war, lud er ihn ein, ihn zu besuchen, und wollte ihn in seiner Herberge speisen lassen, in der er sich aufhielt. Während sie bei Tisch saßen, begann Cola di Rienzi von der Größe der Römer zu sprechen. Er erzählte Geschichten von Titus Livius mit Dingen aus der Bibel. Er öffnete die Quelle seines Wissens. Deh ! Wie er redete – all seine Kraft steckte er in seine Überlegungen; und er sprach so sehr auf den Punkt, dass jeder Mann von solch wunderbaren Gesprächen überwältigt war; Jeder erhob sich, legte die Hand ans Ohr und lauschte schweigend. Messer Arimbaldo war erstaunt über diese schönen Reden. Er bewunderte die Größe der Römer. Die Wärme des Weines steigerte seine Stimmung. Die Fantastischen verstehen das Fantastische. Messer Arimbaldo konnte die Abwesenheit von Cola di Rienzi nicht ertragen. Er lebte mit ihm, er ging mit ihm; Sie teilten eine Mahlzeit und schliefen in einem Bett. Er träumte davon, Großes zu leisten, Rom wieder aufzubauen und seinen alten Zustand wiederherzustellen. Dafür brauchte man Geld, mindestens dreitausend Gulden. Er verpflichtete sich, die dreitausend Gulden zu beschaffen, und es wurde ihm versprochen, dass er zum Bürger von Rom und zum Hauptmann ernannt und sehr geehrt werden sollte, was alles zum großen Nachteil seines Bruders Messer Bettrom arrangiert wurde . Deshalb nahm Arimbaldo den Kaufleuten von Perugia viertausend Gulden ab, um sie Cola di Rienzi zu geben. Aber bevor Messer Arimbaldo Cola dieses Geld geben konnte, musste er seinen älteren Bruder, Fra Moreale , um Erlaubnis bitten, was er auch tat, indem er ihm einen Brief mit den Worten schickte: „ Geehrt." Bruder, ich habe an einem Tag mehr gewonnen als du in deinem ganzen Leben. Ich habe die Herrschaft über Rom erworben, die mir Messer Cola di Rienzi, Ritter, Tribun, der von den Römern oft besucht und vom Volk berufen wird, versprochen hat. Ich glaube, dass ein solcher Plan nicht scheitern kann. Mit Hilfe Ihres Genies könnte nichts einem so großen Staat schaden; Aber Geld ist von Anfang an gefragt. Wenn es Ihrer brüderlichen Güte gefällt, nehme ich viertausend Gulden aus der Bank und mache mich mit starker Bewaffnung auf den Weg nach Rom. Fra Moreale las diesen Brief und antwortete wie folgt:

„„Ich habe viel über die Arbeit nachgedacht, die du zu tun gedenkst. Es ist eine große und schwere Bürde, die du auf dich nimmst. Ich verstehe deine Absicht nicht; mein Verstand stimmt nicht mit ihr überein, meine Vernunft ist dagegen . Dennoch Machen Sie weiter und machen Sie es gut. Achten Sie zunächst darauf, dass die viertausend Gulden nicht verloren gehen. Wenn Ihnen etwas Schlimmes widerfährt, schreiben Sie mir. Ich werde Ihnen mit tausend oder zweitausend Mann zu Hilfe kommen. und macht die Sache großartig. Darum fürchtet euch nicht. Seht zu, dass ihr und euer Bruder einander liebt, einander ehrt und keinen Streit zwischen euch stiftet.“

„Messer Arimbaldo nahm diesen Brief mit großer Freude entgegen und vereinbarte mit dem Tribun die Abreise nach Rom.“

Fra Moreale war ein guter Bruder und ein weitsichtiger Häuptling. Er erkannte, dass die Signoria von Rom, wenn sie erreicht werden könnte, eine gute Investition für seine viertausend Gulden wäre, und dass Cola di Rienzi wahrscheinlich ein Instrument war, das leicht weggeworfen werden konnte, wenn es seinen Zweck erfüllt hatte, so dass es Es hat sich gelohnt, dem jungen Arimbaldo seinen Willen zu überlassen. Keine Ahnung von der bevorstehenden Tragödie störte den Geist des großen Räubers. Er hätte zweifellos über die Vorstellung gelacht, dass der beredte Demagoge seines jungen Bruders, der Bel Dicitore , eine Figur, die gegenüber kämpfenden Männern immer verachtet wurde, ihm, mit all seinen kriegerischen Anhängern im Rücken und seinem Geld auf der Bank, Schaden zufügen könnte .

Das erste, was Rienzi tat, wie wir erfahren, war, sich prachtvoll in Scharlach zu kleiden, mit Minever bepelzt und mit Gold bestickt, und in diesem Gewand erschien er vor dem Legaten, der ihn bisher nur in einem schlichten Anzug aus gewöhnlichem Stoff gekannt hatte — begleitet von die beiden Brüder von Moreale und ein Zug von Dienern. Es wurde berichtet, dass es in Rom mehr Unordnung als sonst gegeben habe, ein Zustand, mit dem ein kürzlich ernannter Senator, der als Fremder ernannt wurde, um die Fraktionen in Ordnung zu halten, völlig überfordert war: und es gab daher einen bestimmten Grund dafür Als der Tribun in all seinem neuen Glanz in die Gegenwart des Legaten kam, verlangte dieser nicht weniger, als zum Senator ernannt zu werden, und verpflichtete sich gleichzeitig, den Frieden der turbulenten Stadt zu sichern. Der Biograph zeichnet ein anschauliches

Bild von Rienzis plötzlichem Wiederaufleben. „Hervorragend präsentierte er sich mit seiner scharlachroten Kapuze auf den Schultern und dem scharlachroten Mantel, der mit verschiedenen Pelzen geschmückt war. Er bewegte seinen Kopf hin und her und stellte sich auf die Zehenspitzen, als würde jemand sagen: ‚Wer bin ich? – Ich, wer darf ich sein ?‘ sein?“‘ Der Legat war wie üblich „verblüfft“ über diese großartige Erscheinung, hörte sich seine Bitte jedoch ernsthaft an, da er zweifellos wusste, dass seine Ansprüche gegenüber dem römischen Volk tatsächlich wahr waren. Er stimmte schließlich zu, das zu tun, was von ihm verlangt wurde, zweifellos wie Fra Moreale , in der Gewissheit, dass das Instrument, zumal er ein so eitler und schmächtiger Mann wie dieser war, leicht losgeworden werden konnte, wenn er an der Reihe war.

Dementsprechend mit aller Kraft, die er aufbringen konnte – einer Truppe von 250 Freisoldaten, Deutschen und Burgundern, ebenso viel Infanterie aus der Toskana, mit fünfzig jungen Männern aus guten Familien in Perugia – einer für die damalige Zeit sehr erträglichen Armee – und den beiden Als junger Provenzaler machte sich der neue Senator zusammen mit anderen Jugendlichen, denen er verschiedene Ämter versprochen hatte, auf den Weg nach Rom. Er war nun ein rechtmäßiger Beamter, mit der ganzen Kraft des Papstes und der konstituierenden Autorität im Rücken; Gewiss, kein Penny Geld vom Legaten, und nur die viertausend Gulden in seiner Schatzkammer: aber mit allen Steuern und Opfergaben Roms vor sich und dem höchsten Erfolgsversprechen. Es war ein ganz anderer Anfang als vor sieben Jahren, als er jung, mittellos, desinteressiert, ohne Größe zu bleiben und ohne Soldaten, die er bezahlen musste, von der schreienden Bevölkerung zum Kapitol eines unbegrenzten und unmöglichen Imperiums getragen worden war . Er war jetzt ein nüchterner Mann, welterfahren, vierzig Jahre alt, und durch den Umgang mit Höfen auf andere Weise als in seiner Jugend geschult. Jetzt hatte man ihm beigebracht, Pläne zu schmieden und Intrigen zu schmieden, zu schmeicheln und zu schmeicheln, eine Partei gegen die andere auszuspielen und seine Pläne an seine Umstände anzupassen. Soweit wir wissen, hatte er kein Motiv, das als schlecht bezeichnet werden könnte, außer dem, den Glanz zu erreichen , den er liebte, und sich mit den Utensilien der Größe zu umgeben. Der Teufel hat sicherlich noch nie zuvor ein so geringes Bestechungsgeld verwendet, um eine Natur voller so vieler schöner Dinge zu verderben. Er wollte das Buono gründen Stato , wahrscheinlich genauso aufrichtig wie früher. Er hatte gelernt, dass er nicht die gleichen unbegrenzten Ansprüche geltend machen konnte. Die Bildung von Kaisern und die Herrschaft über die Welt mussten aufgegeben werden; Aber es gibt keinen Beweis dafür, dass er in seiner neuen Herrschaft nicht die Absicht hatte, die hohen Ziele für seine Stadt und für den Frieden und den Wohlstand des umliegenden Landes zu verwirklichen, die ihm in diesem einen

glücklichen und triumphalen Moment so triumphal gelungen waren in seiner
Jugend.

GRAB VON CECILIA METELLA

KAPITEL VI.
DAS ENDE DER TRAGÖDIE.

Anfang August 1354 kehrte Rienzi nach Rom zurück. Für seinen Empfang waren große Vorbereitungen getroffen worden. Die städtischen Wachen und die gesamte Kavallerie, die sich in Rom befanden, zogen ihm mit Olivenzweigen in der Hand bis zum Monte Mario entgegen, „als Zeichen des Sieges und des Friedens. Das Volk war so froh, als wäre er es gewesen." Scipio Africanus", sagt unser Biograf. Er kam durch das Tor des Castello in der Nähe von St. Angelo herein und ging von dort direkt in die Innenstadt , durch Straßen, die mit Triumphbögen geschmückt waren, mit Wandteppichen geschmückt waren und von Jubelrufen widerhallten.

„Groß war die Freude und der Eifer des Volkes. Mit all diesen Ehren führten sie ihn zum Palazzo des Kapitols. Dort hielt er ihnen eine schöne und beredte Rede, in der er sagte, dass er sieben Jahre lang von seinem Haus abwesend gewesen sei." , wie Nebukadnezar; aber durch die Macht Gottes war er auf seinen Sitz zurückgekehrt und wurde durch die Ernennung des Papstes Senator. Er fügte hinzu, dass er vorhatte, alles zu berichtigen und den Zustand Roms zu verbessern. Die Freude der Römer war ebenso groß So war es auch bei den Juden, als Jesus Christus auf einem Esel reitend in Jerusalem einzog. Sie alle ehrten ihn, indem sie Vorhänge und Olivenzweige aufhängten und sangen: „Gesegnet sei der, der kommt." Als alles vorbei war, kehrten sie in ihre Häuser zurück und ließen ihn mit seinen Anhängern auf der Piazza allein. Niemand bot ihm auch nur ein dürftiges Mahl an. Am nächsten Tag empfing Cola di Rienzi mehrere Botschafter aus dem umliegenden Land. Ach, wie gut es ihm ging antwortete. Er gab von allen Seiten Antworten und Versprechungen. Die Barone blieben wachsam und beteiligten sich nicht. Der Tumult des Triumphes war groß. Noch nie hatte es so viel Prunk gegeben. Die Infanterie säumte die Straßen. Es schien, als ob er meinte um nach dem Willen der Tyrannen zu regieren. Die meisten Güter, die er verloren hatte, wurden ihm zurückgegeben. Er sandte Briefe an alle Staaten, um seine glückliche Rückkehr zu verkünden, und er wünschte, dass sich jeder auf den Buono vorbereiten sollte Stato . Dieser Mann hat sich im Vergleich zu seinen früheren Verhaltensweisen stark verändert. Es war seine Gewohnheit gewesen, nüchtern, gemäßigt und enthaltsam zu sein. Nun wurde er ein übermäßiger Trinker und trank viel Wein. Und er wurde groß und grob in seiner Person. Er hatte einen Bauch wie ein Faß, triumphierend, wie ein Abbate Asinico . Er war fleischig, rot und hatte einen langen Bart. Sein Gesichtsausdruck war verändert, seine Augen waren wie entzündet — manchmal waren sie rot wie Blut."

Dieses kompromisslose Bild eines Mannes, den Widrigkeiten nicht verbessert, sondern verschlechtert haben, ist bei den Persönlichkeiten, die die Mafia liebt, sehr weit gefasst und grob. Dennoch scheint sein Biograph Rienzi nicht feindselig gegenübergestanden zu haben. Er schildert weiter, wie der neue Senator am vierten Tag nach seiner Ankunft alle Barone aufforderte, sich vor ihm zu präsentieren, und unter anderem Stefanello Colonna zu sich rief, der zur Zeit der schrecklichen Niederlage von San ein Kind gewesen war Lorenzo, aber jetzt war er das Oberhaupt des Hauses, da sein edler alter, untröstlicher Großvater inzwischen glücklich gestorben war. Es war kaum wahrscheinlich, dass der dritte Stefano diese Einladung zur Freundschaft annehmen würde. Er nahm die beiden Boten gefangen und warf sie ins Gefängnis. Nach einiger Zeit zog er dem einen die Zähne, was eine beleidigende Strafe darstellte, und schickte den anderen nach Rom, um ein Lösegeld für sie zu fordern . Darauf folgte ein großer Überfall auf das umliegende Land , bei dem seine leicht bewaffneten und fliegenden Streitkräfte das Vieh der Römer „aufhoben", wie es die Abgesandten eines Highland-Häuptlings getan hätten. Rienzi scheint zu den Waffen geeilt zu sein und eine große Schar versammelt zu haben, „einige bewaffnet, andere ohne Waffen, je nachdem, wie es die Zeit erlaubte", um das Vieh zu bergen. Aber sie ließen sich durch einen Trick der durchsichtigsten Art in die Irre führen und stolperten bis nach Tivoli, ohne einen Gegner zu finden. Hier wurde er von den Söldnern aufgehalten , die lautstark nach ihrem Lohn verlangten , den er geschickt von den beiden jungen Kommandanten Arimbaldo und Bettrom erhielt , indem er ihnen erklärte, dass, wenn in der klassischen Zeit ein solches Problem auftrat, die obersten Bürger diese sofort abonnierten War notwendig. Die scheinbar einfältigen jungen Männer (Bettrom oder Bertram hatten offenbar seine schlechte Laune überwunden) gaben ihm jeweils 500 Gulden, und so war der Ärger für den Moment überwunden und der Marsch nach Palestrina wurde wieder aufgenommen. Aber die Expedition war völlig vergeblich, da weder Rienzi noch die jungen Männer, die er an die Spitze gesetzt hatte, viel über die Wissenschaft des Krieges wussten. Es gab Meinungsverschiedenheiten im Lager, die Männer von Velletri hatten eine Fehde mit denen von Tivoli; und das Bild, das uns der Biograph von den Führern vermittelt, die zuschauen, wie ein Zug von Vieh und Proviantwagen in die Stadt einfährt, die sie belagern wollten, und unschuldig nachfragt, was das sei, vermittelt den lebhaftesten Eindruck der Unwissenheit und Hilflosigkeit die in der angreifenden Partei herrschte: während Stefanello Colonna, wie man ihn kennt, umgeben von alten Kriegern und um sein Leben kämpfend, seine alten Türme sowohl mit Geschick als auch mit Verzweiflung verteidigte.

Während die Römer dadurch ihre Siegesaussichten verloren und sich mit der Zerstörung des umliegenden Landes beschäftigten, die damals das erste Wort der Kriegsführung war – die Bauern und Dörfer litten immer, wer auch immer fliehen konnte –, wurden Neuigkeiten in Rienzis Lager gebracht von der Ankunft des schrecklichen Fra Moreale selbst in Rom, der mit nur einer kleinen Gruppe in seinem Gefolge voller Vertrauen in der Stadt angekommen war, für die seine Brüder kämpften und in der sein Geld die einzige Kriegskasse bildete. Er war ein mutiger Mann und an Gefahren gewöhnt; aber es schien, als sei ihm keine Ahnung von Gefahr gekommen. Unter den Söldnern hatte es Gerüchte gegeben, dass der große Hauptmann keine liebenswürdigen Gefühle gegenüber dem Senator hegte, der seine jungen Brüder in diesen zweifelhaften Krieg verwickelt hatte; und dieser Bericht schien Rienzi zu Ohren gekommen zu sein, aber dass Fra Moreale in keiner Gefahr stand Rienzi scheint keinem Zuschauer in den Sinn gekommen zu sein.

Man hält hier inne und fragt sich, was seine Motive in dieser Krise seines Lebens waren. Handelte es sich lediglich um die Aussage des gewöhnlichen und vulgären Bösewichts: „Lasst uns ihn töten, damit das Erbe unser sein kann"? – Hatte ihn die Aussicht auf die Nachforschungen, die der erfahrene Kriegsmann sicherlich anstellen würde, über die Art und Weise, in der sein Erbe uns gehörte, in Angst und Schrecken versetzt? Welche Brüder waren von dem Anführer behandelt worden, der so absolute Macht über sie erlangt hatte? Oder ist es möglich, dass der Patriotismus, die Begeisterung für Italien, die hohe Wertschätzung für das Gemeinwohl, die einst im Schoß von Cola di Rienzi gelebt hatten, jetzt in seinem Kopf aufflammten, in einer letzten und gewaltigen Flamme gerechten Zorns? Es gab niemanden, der für die dauerhafte Freiheit und das Wohlergehen Italiens möglicherweise so gefährlich war wie dieser Provenzaler mit seiner großen Armee, die keinem Anführer außer sich selbst die Treue hielt – ohne Land, ohne Glaubensbekenntnis oder Skrupel –, die er nach Belieben führte und die er schleuderte es bald in die eine, bald in die andere Skala. Die Grande Compagnia war der Schrecken des ganzen Kontinents. Abgesehen davon, dass es mit Sicherheit Unheil anrichten würde, wohin es auch ging, war mit seinen Bewegungen nie zu rechnen. Welche Schwankungen es auch in Staat oder Stadt geben mochte, diese umherziehende Armee war immer auf der Seite des Bösen; es lebte allein von Kämpfen und Katastrophen; und es aus dem Land zu vertreiben, wenn möglich aus der Welt , wäre der wahrste und edelste Akt der Befreiung gewesen, der hätte vollbracht werden können. War dies die Absicht, die Rienzi ins Auge stach, als er hörte, dass der Anführer dieses Schreckens, der große Räuberhäuptling und Hauptmann, sich innerhalb der Mauern Roms versteckt hatte? Angesichts der Philosophie des Kompromisses, die unter uns herrscht und die es uns verbietet, bei irgendeinem Menschen ein unkompliziertes Motiv zuzulassen, wagen wir es kaum zu sagen oder auch nur zu vermuten, dass dies so war; aber wir können den gemischten Motiven, die die Lieblingstheorie unserer Zeit sind, etwas Raum lassen und dennoch glauben, dass vielleicht etwas von diesem edleren

Impuls im Kopf des römischen Senators war, der trotz seiner Dekadenz und seines Untergangs immer noch der derselbe Mann, der einst durch puren Enthusiasmus und großzügigen Zorn, ohne einen Schlag zu versetzen, seine kleinen Tyrannen aus der Stadt vertrieben hatte. Was auch immer das Urteil des Lesers in dieser Hinsicht sein mag, es ist klar, dass Rienzi die Belagerung von Palestrina aufgab, als er von der Ankunft von Fra Moreale hörte , wie ein Hund einen Knochen fallen lässt oder ein Säugling sein Spielzeug, und nach Rom eilte; Während seine Armee, wie es in solchen Kriegen üblich war, zusammenschmolz, zog jede in ihr eigenes Land zurück. Acht Tage waren bis Palestrina vergangen, und die Umgebung war völlig verwüstet; aber als dieser plötzliche Zweckwechsel stattfand, war kein wirklicher Vorteil erzielt worden.

Sobald Rienzi in Rom ankam, ließ er Fra Moreale verhaften und brachte ihn zum großen Erstaunen aller mit seinen Brüdern in das Gefängnis des Kapitols. besonders aber zur Überraschung des großen Kapitäns, der es zunächst für ein bloßes Mittel zur Gelderpressung hielt und durch diese Erklärung die unglücklichen Brüder tröstete, um deren willen er sich in die Falle begeben hatte. „Machen Sie sich keine Sorgen " , sagte er, „lassen Sie mich diese Angelegenheit regeln. Er soll zehntausend, zwanzigtausend Gulden, Geld und Leute haben, so viel er will." Da antworteten die Brüder: „ Deh ! Tu es im Namen Gottes." Vielleicht kannten sie ihre Rienzi mittlerweile besser als ihr Ältester und Vorgesetzter, so jung sie auch waren und wie dumm sie auch gewesen waren. Und zweifellos hätte Rienzi hervorragende Bedingungen für sich selbst, vielleicht sogar für Rom, erzielen können; aber er scheint nicht einen Moment lang auf eine solche Idee gekommen zu sein. Als der Tribun die Tore der Stadt betrat, war das Schicksal des Condottiere besiegelt. Der Biograph gibt uns ein höchst merkwürdiges Bild von der Aufregung und Überraschung dieses Mannes angesichts seines Schicksals. Als er zur Folter gebracht wurde (*menato a lo tormento*), schrie er in einer Bestürzung auf, die vor ausgemachten Schlussfolgerungen wild war. „Ich habe dir gesagt, was dein rustikaler Bösewicht war", rief er, als würde er die Diskussion mit den törichten jungen Brüdern immer noch fortsetzen. „Er wird mich quälen! Weiß er nicht, dass ich ein Ritter bin? Gab es jemals so einen Clown?" So stürmisch, erstaunt, ungläubig angesichts einer solchen Möglichkeit, aber doch begierig zu sagen, dass er sie vorhergesehen hatte, wurde der bestürzte Kapitän *alzato* , vermutlich an seinen Händen hochgezogen, was eine Art der Folter war, und murmelte und weinte die ganze Zeit in seinem Bart: halb verrückt und zusammenhangslos angesichts der unerwarteten Katastrophe. „Ich bin Kapitän der Großen Kompanie", rief er; „Und als Ritter sollte ich geehrt werden. Ich habe die Städte der Toskana zum Lösegeld verurteilt. Ich habe ihnen Steuern auferlegt. Ich habe Fürstentümer gestürzt und die Menschen gefangen genommen." Während er in seiner ersten Qual des Erstaunens so plapperte, senkte sich der Schatten des Todes über Moreale , und der Charakter seiner Äußerungen veränderte sich. Er begann zu begreifen, dass alles real war und dass Rienzi inzwischen zu weit gegangen war, als dass er sich mit Geld oder Versprechungen gewinnen ließe. Als er in das Gefängnis zurückgebracht wurde, das seine Brüder teilten , sagte er ihnen würdevoller, dass er wisse, dass er sterben würde. „Sanfte Brüder, habt keine Angst", sagte er. „Du bist jung; du hast kein Unglück gespürt. Du wirst nicht sterben, aber ich werde sterben. Mein Leben war immer voller Schwierigkeiten." (Er war ein Mann der Gefühle und auf seine Weise ein Dichter und ein Soldat des Glücks.) „Es war mir ein Kummer zu leben, vor dem Tod habe ich keine Angst. Ich bin froh zu sterben, wo die Seligen starben." St. Peter und St. Paul. Dieses Missgeschick ist deine Schuld, Arimbaldo ; du bist es, der mich in dieses Labyrinth geführt hat; aber gib dir keine Vorwürfe und trauere nicht um mich, denn ich sterbe freiwillig. Ich bin ein Mann: Ich war es verraten wie andere Menschen. Beim Himmel, ich wurde getäuscht! Aber Gott wird mir gnädig sein, daran habe ich keinen Zweifel, denn ich bin mit einer guten Absicht hierher gekommen." Diese mitleiderregenden Worte voller Erstaunen bilden eine Art Monolog, der unterbrochen bis zum Fuß des Löwen auf der großen Treppe läuft, wo er unter dem stürmischen Läuten der großen Glocke zum Sterben geführt wurde Anstürmen des halb jubelnden, halb verängstigten Volkes, das von allen Seiten herbeiströmte, um diesen großen und schrecklichen Akt der Gerechtigkeit zu sehen, zu der sich die Stadt in ihrem ersten Eifer verpflichtet hatte . „Oh, Römer, wollt ihr meinem Tod zustimmen?" er weinte. „Ich habe dir nie etwas zuleide getan; aber wegen deiner Armut und meines Reichtums muss ich sterben." Fasziniert erzählt der Chronist die letzten Worte weiter, als könnte er es nicht zurückhalten. In ihnen liegt eine Wildheit, voller Staunen und Erstaunen, bis zum letzten Moment. „Ich bin nicht in der richtigen Position", murmelte er *non sto bene* und meinte damit offensichtlich, dass ich für den Schlag nicht richtig positioniert bin: Er scheint seine Position mehrmals geändert zu haben, kniete nieder und erhob sich wieder. Dann küsste er das Messer und sagte: „Gott schütze dich, heilige Gerechtigkeit", und kniete sich erneut hin. Die Erzählung ist voller Leben und Mitleid; Der große Soldat war völlig verwirrt, sein Gehirn versagte, überwältigt von schmerzlicher Überraschung, auf der Suche nach dem richtigen Ort zum Sterben. „Dieser ausgezeichnete Mann (*honestis probisque viris* , in der lateinischen Version), wurde Fra Moreale , dessen Stärke und Ruhm in ganz Italien bekannt sind, in der Kirche Ara Cœli begraben ", sagt unser Chronist. Seine Hinrichtung fand an der Stelle statt, an der noch heute der Löwe steht die linke Hand der großen Treppe. Dort wanderte Fra Moreale in seiner Zerstreutheit umher, um einen bequemen Platz für den letzten Schlag zu finden. Die Assoziation ist düster genug, und bald sollten sich dort noch andere, noch schrecklichere, versammeln.

Dies war vielleicht der einzige Schritt seines Lebens, bei dem Rienzi die Zustimmung aller erhielt. Der Papst zeigte seine Zustimmung auf praktischste Weise, indem er das gesamte Vermögen von Fra Moreale beschlagnahmte , von dem 60.000 Goldgulden an diejenigen verteilt wurden, die unter ihm gelitten hatten. Die Gelder, die er in verschiedenen Städten hatte, wurden ebenfalls beschlagnahmt, obwohl uns gesagt wird, dass Rienzi von denen in Rom nur einen kleinen Teil besaß, da es einem gewissen Notar gelang, den größeren Betrag zu sichern, auf welche Weise wir nicht erfahren. Auf Vermittlung des Legaten wurde der törichte Arimbaldo , den Rienzis schöne Worte so bitter getäuscht hatten, aus seinem Gefängnis entlassen und erhielt die Erlaubnis, Rom zu verlassen, der jüngere Bruder Bettrom oder Bertram jedoch, der, soweit wir sehen, nie ein Partisan von Rienzi blieb zurück; und obwohl seine Anwesenheit in einem anderen tragischen Moment bemerkt wird, erfahren wir nicht, was letztendlich aus ihm wurde. Mit dem Geld, das er erhielt, beeilte sich Rienzi, seine Soldaten zu bezahlen und den Krieg wieder aufzunehmen. Er hatte das Glück, sich die Dienste eines edlen und tapferen Kapitäns zu sichern, von dem die Freisoldaten erklärten, dass sie noch nie unter einem so tapferen Mann gedient hätten, und dessen Name als Riccardo Imprennante verzeichnet ist degli Annibaldi – vielleicht Richard der Unternehmungslustige – und der Krieg wurde unter ihm mit Nachdruck geführt. Innerhalb Roms lief es nicht ganz so gut. Rienzi musste sein Verhalten gegenüber Fra Moreale seinen eigenen Ratsmitgliedern erklären . „Meine Herren", sagte er, „seien Sie nicht beunruhigt über den Tod dieses Mannes; er war der schlimmste Mann auf der Welt. Er hat Kirchen und Städte ausgeraubt; er hat sowohl Männer als auch Frauen ermordet; zweitausend verdorbene Frauen folgten ihm überall." . Er kam, um unseren Staat zu stören, nicht um ihm zu helfen, sondern um sich selbst zum Herrn zu machen. Und deshalb haben wir diesen falschen Mann verurteilt. Sein Geld, seine Pferde und seine Waffen werden wir für unsere Soldaten nehmen." In diesen prägnanten und stakkatoartigen Sätzen, in denen sein Biograph über ihn berichtet, ist die Beredsamkeit, für die Rienzi berühmt war, kaum zu erkennen ; aber das war der eigene Stil unseres Chronisten, und sie sind zumindest energisch und auf den Punkt gebracht.

„Durch diese Worte wurden die Römer teilweise beruhigt", wird uns gesagt, und der Lauf der Geschichte ging weiter. Die Belagerung von Palestrina verlief gut und in mehreren umliegenden Städten wurden Garnisonen stationiert, während Rienzi die Kontrolle über alles in seinen Händen hielt. Einige seiner Truppen zogen sich aus seinem Dienst zurück, wahrscheinlich wegen Fra Moreale ; aber andere kamen – Bogenschützen in großer Zahl und dreihundert Reiter.

„Er behielt seinen Platz im Kapitol, um für alles zu sorgen. Die Sorgen waren groß. Er musste Geld beschaffen, um die Soldaten zu bezahlen. Er beschränkte sich in allen Ausgaben; jeder Penny war für die Armee. Einen solchen Mann hat man nie gesehen." ; allein er trug die Sorgen aller Römer. Er stand im Kapitol und ordnete das, was die Führer an ihren Plätzen später ausführten. Er gab die Befehle und regelte alles, und es wurde getan – die Schließung der Straßen, die Zeiten von Angriff, Entführung von Männern und Spionen. Es nahm kein Ende. Seine Offiziere waren weder langsam noch kalt, aber niemand tat viel außer dem Helden Riccardo, der Tag und Nacht die Colonnese schwächte. Stefanello und seine Colonnas sowie Palestrina vernichteten . Der Krieg ging zu einem guten Ende.

Um all dies zu erreichen, reichte das Geld von Moreale jedoch nicht aus. Rienzi musste eine Steuer auf Wein erheben und diese auf Salz erheben, was den Bürgern missfiel. Alles war für die Soldaten. Seine eigenen Ausgaben waren stark eingeschränkt, und er schien zu erwarten, dass die Bürger seinem Beispiel folgen würden. Einer von ihnen, ein gewisser Pandolfuccio di Guido, wurde von Rienzi ohne ersichtlichen Grund ergriffen und enthauptet. Er soll den Wunsch geäußert haben, sich zum Herrn über das Volk zu machen, sagt der Chronist. Dieser willkürliche Schritt scheint große Beunruhigung hervorgerufen zu haben. „Die Römer waren wie Schafe und fürchteten sich vor dem Tribun wie vor einem Dämon."

Antikes, mittelalterliches und modernes Rom.

Zu diesem Zeitpunkt begann Rienzi erneut Anzeichen jener geistigen Verwirrung zu zeigen, die wir Kopfverlust nennen – eine Verwirrung aus Gereiztheit und Veränderlichkeit, der Entschluss, heute einem anderen morgen Platz zu machen – und die Benommenheit des nahenden Untergangs erfasste ihn auf jede Fakultät. Wie schon beim ersten Mal überkam ihn dieser Schwindel des Untergangs, als alles gut lief. Er entließ seinen Hauptmann, der die Belagerung von Palestrina mit so viel Elan und Erfolg ohne ersichtlichen Grund fortführte , und ernannte andere Anführer, deren Namen nicht einmal der Biograph für lohnenswert hält, zu nennen . Die

Nationalgarde – wenn wir sie so nennen dürfen – fünfzig für jeden Rione –, die die alleinigen Wächter Roms waren, wurde ohne Lohn gehalten, während jeder Penny, der aus dem Volk herausgequetscht werden konnte, an die Armee geschickt wurde. Diese Dinge erweckten jeweils einen neuen Feind zum Tribun, den einst so geliebten Senator, der sich nun zum zweiten Mal und vollständiger als zuvor als unfähig erwiesen hatte, die ihm übertragene Aufgabe zu erfüllen. Es war am 1. August 1354, als er mit einer freudigen Eskorte der gesamten Kavallerie und der wichtigsten Einwohner Roms einmarschierte – mit wehenden Fahnen und Olivenzweigen und einer Menschenmenge, die alle Straßen füllte, wobei der Popolo selbst schrie und jubelte : und war zur Piazza des Ara Cœli geführt worden , am Fuße der großen Treppe des Kapitols. Am letzten Tag dieses Monats drängte sich eine finstere und tragische Versammlung, die sich beim Klang der großen Glocke versammelt hatte, erneut zum Fuß dieser Treppe, um der Hinrichtung des großen Soldaten, des Raubritters und des Schreckens Italiens beizuwohnen . Und es war erst September, heißt es in der *Vita* – obwohl andere Berichte von der Katastrophe einen Monat später sprechen –, als der letzte Tag von Rienzi selbst kam. Wir wissen nichts über die unmittelbaren Ursachen des Aufstands und auch nicht darüber, wer seine Anführer waren. Aber Rom befand sich in einem so prekären Zustand und brodelte vor so vielen vulkanischen Elementen, dass es unmöglich gewesen sein musste, von Morgen zu Morgen vorherzusagen, was passieren würde . Was passiert ist, sieht aus wie ein plötzlicher Ausbruch, spontan und unvorhergesehen; aber ohne Zweifel waren aufgrund verschiedener Umstände die Colonna daran beteiligt, die seit den Tagen von San Lorenzo Colas erbittertste Feinde gewesen waren. So erzählt sein Biograf die Geschichte:

„Es war der Monat September, der achte Tag. Am Morgen lag Cola di Rienzi in seinem Bett, nachdem er sein Gesicht mit griechischem Wein gewaschen hatte (zweifellos ein Hinweis auf seine angeblichen Gewohnheiten). Plötzlich waren Stimmen zu hören, die Viva lo *Popolo riefen ! Viva lo Popolo !* Bei diesem Geräusch begannen die Leute auf der Straße hierhin und dorthin zu rennen. Das Geräusch wurde lauter, die Menge wuchs. Am Kreuz auf dem Markt gesellten sich bewaffnete Männer hinzu, die aus St. Angelo und der Ripa kamen , und aus dem Colonna-Viertel und dem Trevi- Viertel. Als sie zusammenkamen, änderte sich ihr Ruf in diesen: „Tod dem Verräter, Cola di Rienzi, Tod!“ Unter ihnen erschienen die Jugendlichen, die auf seinen Listen für die Wehrpflicht aufgeführt waren. Sie stürmten auf die zu Palast des Kapitols mit einer zahllosen Schar von Männern, Frauen und Kindern, die mit Steinen warfen, großen Lärm machten, den Palast von allen Seiten vor und hinter dem Palast umzingelten und schrien: „Tod dem Verräter, der die Steuern erhoben hat! Tod ihm.“ !' Schrecklich war ihre Wut. Der Tribun verteidigte sich nicht gegen sie. Er blies nicht in die Glocke. Er sagte sich: „Sie rufen *Viva lo Popolo* , und wir auch. Wir sind hier, um das Volk zu erhöhen. Ich habe geschrieben." an meine Soldaten. Mein Bestätigungsschreiben ist vom Papst gekommen. Alles, was wir brauchen, ist, es im Konzil zu veröffentlichen.' Aber als er schließlich sah, dass sich die Dinge schlecht entwickelten, wurde er beunruhigt, besonders als er erkannte, dass er von allen lebenden Seelen derer, die normalerweise das Kapitol besetzten, im Stich gelassen wurde. Richter, Notare, Wachen – sie alle waren geflohen, um zu retten ihre eigene Haut. Nur drei Personen blieben bei ihm – einer davon war Locciolo Pelliciaro , sein Verwandter.

Dies war das schreckliche Erwachen des zum Scheitern verurteilten Mannes – ohne Vorbereitung, ohne den Klang einer Glocke oder einer der üblichen Warnungen, aufgeweckt aus seinen Tagträumen müßiger Gedanken, seinem griechischen Wein, den Genüssen, an die er sich gewöhnt hatte, in seinem eitlen Selbstvertrauen. Er hatte kein Zuhause auf den Höhen des Kapitols, zu dem er so triumphal zurückgekehrt war. Ob sein Sohn Lorenzo tot oder noch am Leben war, erfahren wir nicht. Seine Frau war in eines der Klarissenklöster eingetreten , als er im Apennin umherwanderte, und war weit von ihm entfernt. Es gibt kein Wort von jemandem, der ihn liebte, es sei denn, es handelte sich um den armen Verwandten, der ihm beistand, Locciolo , den Kürschner, der ihn vielleicht umgab, um auf seine Roben aus Minever, dem königlichen Pelz, aufzupassen. Der Ruf, der jetzt durch den schlecht gesicherten und halb verfallenen Palast schallte, schien für ihn ununterscheidbar gewesen zu sein, selbst als das heisere Brüllen so nah herankam, als würde eine schreckliche Welle an den Wänden entlang schlagen: Viva *lo Popolo* ! das war eine Sache. Mit seiner *Belle-Parole* hätte er das leicht zu seinem Vorteil nutzen und es auch noch schreien können. Wofür war er sonst da, als das Volk zu verherrlichen? Aber der schreckliche Donnerklang nahm einen anderen Ton an, einen längeren Schrei, der einen tieferen Atem erforderte – *Tod dem Verräter* : – das sind keine Worte, die ein Mann lange missverstehen kann. Etwas musste getan werden – er wusste nicht was. In dem gleichen Elend, das einen Mann mit solch seltsamen Bettgenossen verbindet, wandte sich der Senator an die drei bescheidenen Diener, die um ihn herum zitterten, und fragte sie um Rat. „Bei meinem Glauben kann es so nicht weitergehen", sagte er. Offenbar riet ihm jemand , sich der Menge zu stellen: Denn er kleidete sich in sein Ritterkostüm, nahm das Banner des Volkes in die Hand und ging auf den Balkon hinaus:

ihn gehört hätten , hätte er zweifellos ihren Willen gebrochen und ihre Meinung geändert. Aber die Römer wollten nicht hören; Sie waren wie Schweine; sie warfen Steine und zielten mit Pfeilen auf ihn, und einige rannten mit Feuer, um die Tür anzuzünden. Es wurden so viele Pfeile auf ihn geschossen, dass er nicht auf dem Balkon bleiben konnte. Dann nahm er den Gonfalone und breitete ihn aus Er streckte die Standarte hervor und deutete mit beiden Händen auf die goldenen Buchstaben, die Wappen der Bürger

Roms – fast so, als würde er sagen: „Du wirst mich nicht sprechen lassen; aber ich bin ein Bürger und ein Mann des Volkes wie du." ‚Ich liebe dich; und wenn du mich tötest, wirst du dich selbst töten, die du Römer bist.' Aber er konnte in dieser Position nicht weitermachen, denn dem Volk ging es immer schlechter, weil es ihm an Verstand mangelte. „Tod dem Verräter", riefen sie."

Der unglückliche Tribun herrschte in großer Verwirrung. Er konnte seinen Platz auf dem Balkon nicht länger behalten, und die Randalierer hatten die große Tür darunter in Brand gesteckt, die zu brennen begann. Wenn er in den Raum darüber geflohen wäre, wäre es das Gefängnis von Bertram von Narbonne, dem Bruder von Moreale , der ihn getötet hätte . In dieser furchtbaren Not ließ sich Rienzi durch zusammengeknotete Laken in den dahinter liegenden, von den Mauern des Gefängnisses umgebenen Hof hinablassen. Auch hier verfolgte ihn der Verrat, denn Locciolo , sein Verwandter, rannte auf den Balkon und teilte der Menge mit Zeichen und Schreien mit, dass er zurückgegangen sei und auf der anderen Seite fliehen würde. Er war es, sagt der Chronist, der Rienzi getötet hat; denn er half ihm zunächst beim Abstieg und verriet ihn dann. Einen verzweifelten Moment der Unentschlossenheit lang führte der gefallene Tribun im Gerichtssaal eine letzte Selbstgespräche. Sollte er dennoch in seiner Rittertracht, bewaffnet und mit dem Schwert in der Hand, hinausziehen und dort in Würde „wie ein prächtiger Mensch" vor den Augen aller Menschen sterben? Aber das Leben war immer noch süß. Er warf seinen Wappenrock ab, schnitt sich den Bart ab und befleckte sein Gesicht – als er dann in die Pförtnerloge ging, fand er einen Bauernmantel, den er anzog, und ergriff eine Decke vom Bett und warf sie über sich, als ob die Plünderung der Palazzo hatte begonnen und machte sich auf den Weg. Er kämpfte sich durch die Flammen, so gut er konnte, und überstand sie, ohne vom Feuer berührt zu werden. Er redete wie ein Landsmann und schrie: „Auf! Auf! a *glui*, *traditore* ! "Als er an der letzten Tür vorbeikam, ging ihn einer aus der Menge grob an: und schob den Gegenstand auf seinem Kopf zurück, bei dem es sich anscheinend um eine *Bettdecke* oder eine schwere Steppdecke gehandelt hatte: Darauf wurde die Pracht des Armbands sichtbar, das er an seinem Handgelenk trug, und er wurde erkannt . Er wurde sofort ergriffen, aber nicht mit irgendetwas Zuerst gewaltsam, und er stieg die große Treppe zum Fuß des Löwen hinab, wo die Sätze normalerweise gelesen wurden. Als er diesen Ort erreichte, „brachte Stille ein" (*fo fatto uno silenceio*). „Kein Mann", sagt der Chronist, „zeigte den Wunsch, ihn zu berühren. Er stand etwa eine Stunde lang da, sein Bart war gestutzt, sein Gesicht schwarz wie ein Ofenmann, in einer Tunika aus grüner Seide und gelben Hosen wie ein …" Baron." In der Stille, als er während dieser schrecklichen Stunde dort stand, drehte er seinen Kopf von einer Seite zur anderen und „schaute hier und dort hin". Er scheint keinen Versuch unternommen zu haben, etwas zu sagen, aber verwirrt über den

Zusammenbruch seines Wesens betrachtete er mitleiderregend die schreckliche Menge, die ihn wütend anstarrte, und niemand, der es wagte, den ersten Schlag auszuführen. Schließlich hieb einer seiner Anhänger, einer der Anführer der Menge, mit dem Schwert zu – und sofort folgten ihm ein Dutzend weitere. Er starb beim ersten Schlaganfall, erzählt uns sein Biograph, und verspürte keine Schmerzen. Die ganze schreckliche Szene verlief schweigend – „es wurde kein Wort gesagt", der mitleiderregende, eifrige Kopf, der hier und dort hinschaute, senkte sich, und alles war vorbei. Und das Gebrüll der schrecklichen Menge erklang erneut.

Die noch schrecklicheren Details, die folgen, müssen hier nicht aufgeführt werden. Die Unglücklichen waren im Luxus dieser letzten Tage fett geworden. *Grasso-Ära schrecklich* . *„Bianco come latte ensanguinato"* , sagt der Chronist, und wieder stellt er uns, wie sieben Jahre zuvor in San Lorenzo, die weiße Gestalt vor Augen, die auf dem Bürgersteig liegt, das Rot des Blutes. Es wurde durch die Straßen bis zum Colonna-Viertel geschleppt; es wurde an einem Balkon aufgehängt; Schließlich wurde der kopflose Körper nach all diesen Schande an einen offenen Platz vor dem Mausoleum des Augustus gebracht und von den Juden verbrannt. Warum die Juden diesen Anteil am Blutkarneval nahmen, wird uns nicht gesagt. Es war nie gesagt worden, dass Rienzi hart zu ihnen gewesen sei; aber zweifellos mussten sie in einer so mittellosen Zeit ihren vollen Anteil an den Steuern und Zahlungen erhalten haben, die von allen verlangt wurden.

Es gibt nicht einmal eine Moral zu dieser Geschichte, außer der abgedroschenen Moral von der Wankelmütigkeit der Bevölkerung, die in einem Moment einen Anführer bejubelt und ihn im nächsten tötet; aber das ist eine alltägliche und abgenutzte Sache. Wenn es jemals viele Menschen gäbe, die auf diese Weise sündigen würden, könnte das eine Lektion für den Enthusiasten sein, der mit seiner unerfahrenen Hand in das Netz des Schicksals greift und die Fäden, mit denen das Schicksal eines Landes verwoben ist, durcheinander bringt, ohne eines der Muster zu kennen oder die Bedeutung des Webens. Er begann mit einem edlen und großzügigen Impuls, von dem wir allen Grund zu der Annahme haben, dass er sein Volk retten wollte . Aber seine Seele war zu diesem hohen Anspruch nicht fähig. Er hatte den größten und unmittelbarsten Erfolg, der je einem populären Führer zuteil wurde. Die Macht zur Veränderung, zur Besserung, zur Neugestaltung, zur Verteidigung und zur Verwirklichung seines Ideals wurde ihm in vollem Umfang verliehen. Eine Zeit lang schien es, als gäbe es nichts auf der Welt, was Cola di Rienzi, der Sohn der Weinhandlung, das Kind des Volkes, nicht tun könnte. Aber dann fiel er; Das Versprechen verschwand zu toter Asche, der Impuls, der Inspiration war, atmete aus und erstarb. Inspiration war alles, was er hatte, weder Wissen noch der edle Sinn und das Verständnis, die ein Ersatz dafür hätten sein können; Und als das dünne

Feuer aufflammte wie das Knistern von Dornen unter einem Topf, flammte es wieder auf und ließ nichts zurück. Wäre er am Ende seiner ersten Herrschaft umgekommen, wäre er am Fuße des Kapitols erschlagen worden, wie Petrarca es gewollt hätte, seine Geschichte wäre eine vollkommene Tragödie gewesen, und wir hätten vielleicht einen Helden daraus machen dürfen junger Patriot, alleinstehend, in einer Zeit, in der Patriotismus unbekannt war. Aber das Nachwort seines zweiten Versuchs zerstört das Epos. Es ist alles erbärmliche Selbstsucht, alles schmutzig, die Geschichte eines Bettlers zu Pferd, eines vulgären Abenteurers. Doch die stille Stunde, in der er am Fuß der großen Treppe stand, der schreckliche Mob, der schweigend vor ihm stand, gezügelt von dieser stummen und schrecklichen Verzweiflung, unfähig, den letzten Schlag zu führen, ist einer der intensivsten Momente der menschlichen Tragödie. Ein großer, überwachsener Mann mit geschwärztem Gesicht und den rauen Resten eines Bartes, halb bekleidet, sprachlos, den Kopf hin und her drehend – Und doch wagte fast eine Stunde lang niemand, diesen Schritt zu tun, dieses eifrige Schwert zu stoßen. Vielleicht war es nur eine Minute, die weniger unerklärlich wäre und sich für jeden Zuschauer, der dabei war, wie eine Stunde anfühlte.

Niemand in der gesamten modernen römischen Geschichte hat die Straßen und Wege Roms so illustriert und seine aufgeregte Menschenmenge so deutlich gemacht und die große Glocke in unseren Ohren zum Klingen gebracht, ein *Stuormo*, und den Lärm des Pöbels und der Menschen offenbart Herrschaft der Adligen und der Glanz der Galanten, mit so realer und greifbarer Wirkung. Die Folge ist kurz. Die beiden Regierungsperioden Rienzis zusammengenommen betragen kaum acht Monate; Aber es gibt nur wenige Kapitel in dieser Geschichte, die immer so turbulent sind, denen es aber so sehr an dem Charme einer persönlichen Geschichte und eines Abenteuers mangelt, die so malerisch und vollständig sind.

BRIEFSCHREIBER.

Buch IV.
DIE PÄPSTE, DIE DIE STADT GEMACHT HABEN.

PIAZZA DEL POPOLO.

KAPITEL I.
MARTIN V. – EUGENIUS IV. – NICOLAS V.

Es ist seltsam, die Geschichte Roms auf dem Höhepunkt zu belassen, zu dem der fähigste und stärkste seiner modernen Herren es gebracht hatte, als es die Heimat des höchsten Ehrgeizes und der höchsten Ansprüche der Welt war, das anerkannte Oberhaupt eines von ihnen die beiden Mächte, die diese Welt unter sich aufteilten und auch über die andere eine höchste visionäre Autorität beanspruchten; und um diese Geschichte noch einmal aufzugreifen (nach einer so romantischen Episode, wie wir sie gerade besprochen haben), als ihre Herrscher nur die ersten unter den kämpfenden Fürstentümern Italiens geworden waren, Männer mit hundert Ambitionen, von denen keines spiritueller Natur war, die ihre Ambitionen weiterführten Die visionäre Herrschaft als Oberhaupt der Kirche war lediglich eine Routinesache, aber sie reservierten ihr ganzes wirkliches Leben und ihre ganze Energie für den ewigen mörderischen Krieg, der seit Generationen andauerte, und für die Sicherheit ihres persönlichen Besitzes. Von Innozenz III. an einen Mann wie Eugenius IV., der immer noch und immer kämpfte, in alle Kämpfe des Kontinents verwickelt war, Condottieri anheuerte, Truppen aufstellte, mit seiner ganzen Seele im Krieg, der so ununterbrochen, so kleinlich und sogar so unblutig war die eigentlichen Armeen betroffen waren – was in Italien keinen Augenblick aufhörte: ist eine unkalkulierbare Veränderung. Wie auch immer wir über den großen Gregor und den großen Innozenz urteilen, ihr Ziel und der Zweck ihres Lebens gehörten zu den größten, die sich der Mensch jemals ausgedacht hat, vielleicht das höchste Ideal, das jemals geschaffen wurde, wenn auch wie alle hohen Ideale so lange unmöglich So wie die Menschen sind, wie wir sie kennen, sind diejenigen, die sie wählen, bei der Auswahl und Sicherung des Besten genauso hilflos wie ihre Vorfahren. Aber dieses Tribunal auf Erden zu errichten – diesen Schatten und die Repräsentation des großen Weißen Throns, der künftig in den Himmeln errichtet werden soll –, um gerechtes Urteil zu richten, Unrecht wiedergutzumachen, die Herrschaft der Macht über das Recht zu neutralisieren – möge es für immer scheitern so vollständig ist zumindest eine großartige Idee, der edelste Plan, an dem menschliche Hände arbeiten können. Wir haben versucht zu zeigen, wie wenig es selbst in den stärksten Händen gelang; Aber das Scheitern war eine größere Sache als jeder geringere Erfolg – sicherlich eine viel größere Sache als der Wunsch, in dieser jubelnden Menge italienischer Fürstentümer und Gemeinwesen der Erste zu sein, Piccinino und Carmagnola gegeneinander auszuspielen und Ihre Ehre aufs Spiel zu setzen eine eisenbewehrte Gruppe von Soldaten, die auf einem harmlosen Feld in Kriegen stationiert waren, die nicht viel wichtiger gewesen wären als Turniere; wenn da nicht der Ruin, die Ermordung und die

Verwüstung der hilflosen Bauern und des geschlagenen Landes auf beiden Seiten gewesen wäre.

Aber die untergeordnete Rolle war eine, deren die Menschen müde wurden, ebenso wie sie von der ständigen Belastung durch das Größere ermüdet wurden, die ein Maß an Kraft und Konzentration des Geistes erforderte, das vielen nicht gegeben war, die es nicht konnten (und das war der große Mangel davon). (der Plan) kann für eine Linie von Päpsten genauso wenig gesichert werden wie für jede andere Linie von Männern. Die Päpste, die die Welt regieren wollten, scheiterten und gaben diese verlassene Hoffnung auf; Sie wurden von allen Mächten der Erde bekämpft, sie wurden durch Fiktionen von Anti-Päpsten und durch echte und ständige persönliche Leiden für ihr Ideal erschöpft : – und sie sicherten sich zu keiner Zeit die Sympathie der Welt. Aber als in der eitlen Reihe von Päpsten, die nicht aus Schande und nicht aus Ruhmgründen, sondern *per se* lebten und umherhuschten, eine schwankende Reihe von Gestalten mit geringer Bedeutung über die Oberfläche der Welt auftauchte, entstand hier und da ein Papst, der sich formierte eine kurze Abfolge, als der Zweck wuchs, der bewusst das Ziel annahm, Rom zu machen – weder Rom kaiserlich noch Rom päpstlich, die jeweils eine natürliche Macht auf der Erde und das Oberhaupt der Nationen waren, sondern Rom zur Stadt – zur Heimat der Kunst, das Heiligtum der Buchstaben, auf eine andere Weise und mit geringerer Bedeutung, aber dennoch bedeutungsvoll, der Mittelpunkt der Welt – ihre Arbeit und ihre Stellung haben immer große Sympathie auf sich gezogen und sofort die Bewunderung aller Menschen erlangt. Die englische Literatur wurde den größeren Päpsten kaum gerecht. Mr. Bowdens Leben von Gregor VII. ist das einzige Werk von Bedeutung, das speziell diesem großen Herrscher gewidmet ist. Gregor der Große, dem England so viel zu verdanken hat, und Innozenz III., der ebenfalls, wenn auch nicht besonders günstig , in ihre Angelegenheiten verwickelt war, haben keinen englischen Historiker zu den Arbeiten einer Biographie verführt. Doch Leo Der Unterschied ist merkwürdig. Vielleicht ist es dieses Überleben des Ungeeignetsten , das in der Literatur so allgemein vorkommt, dass sich das Misstrauen und die Vorurteile der Engländer so stark verfestigt haben und dass für den bescheideneren Leser das Wort „Papst" das Synonym eines stolzen und despotischen Priesters bleibt, manchmal eines Inquisitors und manchmal eines Nachsichtigers – oft korrupt, luxuriös oder tyrannisch – ein Herrscher, dessen Regierung zwangsläufig schwach und dennoch grausam ist. Der Grund für diese seltsame Vorliebe muss darin liegen, dass die Liebe zur Kunst allgemeiner und stärker ist als die Liebe zur Geschichte; oder besser gesagt, dass ein dekorativer und greifbarer äußerer Gegenstand, etwas zum Sehen und Bewundern, mehr ist als alle Regierungs- oder Moraltheorien. Die Epoche der Renaissance ist voller Schrecken und Unreinheit, vielleicht die am wenigsten wünschenswerte aller Epochen, über die man nachdenken kann. Aber die Kunst hat ihr eine Bedeutung verliehen, auf die sie kein anderes Recht hat.

Merkwürdig ist auch, dass Rom von allen Städten Italiens das geringste Recht hat, in der Kunstgeschichte berücksichtigt zu werden. Unter dem römischen Volk hat sich kein großer Maler oder Bildhauer, Architekt oder gar Dekorateur hervorgetan. Das antike Rom nahm seine Kunst aus Griechenland. Das moderne Rom hat in ganz Italien das Seine gesucht – von Florenz aus, von den Hügeln und Tälern Umbriens, überall außer in seinem eigenen Schoß. Sie hat Dichter gekrönt, aber seit den Tagen von Vergil und Horaz, von denen keiner von ihnen als Römer geboren wurde, hat sie, obwohl mehr als jeder andere seither, sie hervorgebracht. Alle ihre Herrlichkeiten wurden importiert. Das ist natürlich auch bei ihren Päpsten oft der Fall. Papst Martin V., dem die Politik des Wiederaufbaus der Stadt in erster Linie zu verdanken ist, war ein gebürtiger Römer; aber Papst Eugenius IV., der die Ausschmückung noch ernster nahm, war ein Venezianer und brachte vom Meeresufer die Liebe zu leuchtenden Farben und die „ Arbeit eines Zeitalters in gestapelten Steinen“ mit, die denen so teuer war bauten ihre Paläste auf dem Wasser. Nikolaus war ein Pisaner, Papst Leo, der das Werk so sehr voranbrachte, war ein Florentiner. Aber ihr gemeinsames Ziel war es, Rom zu einem Wunder und einer Herrlichkeit zu machen, zu der alle Menschen strömen könnten. Die Gräber der Apostel interessierten sie vielleicht weniger als die meisten ihrer Vorgänger, aber sie waren genauso stark darauf bedacht, Pilger von den Enden der Welt anzulocken, um zu sehen, was die Kunst tun könnte, um diese Gräber prächtig zu machen, und bauten ihr eigenes Ruhm auch, bewundert von der ganzen Welt. Diese Männer erhielten einen größeren Lohn als ihre großen Vorgänger. Je kleiner das Ziel war, desto vollkommener wurde es ausgeführt; Denn obwohl es eine große Arbeit ist, eine Kuppel wie die des Petersdoms in die Luft zu hängen, ist es einfacher, als die Herzen von Königen in der Hand zu halten und über das Schicksal der Nationen zu entscheiden. Die Päpste, die die Stadt gründeten, hatten in jeder Hinsicht mehr Glück als diejenigen, die das Papsttum gründeten. Keiner von ihnen sicherte sich die Dankbarkeit oder auch nur die Zustimmung Roms selbst zu dem, was für sie getan wurde. Aber nichtsdestotrotz war fast alles, was ihren Ruhm in der Welt, sagen wir mal, in den letzten vierhundert Jahren aufrechterhielt, ihr Werk.

Diese Periode der Geschichte der großen Stadt begann, als Papst Martin V. das sogenannte Schisma des Abendlandes abschloss und den Sitz des Papsttums von Avignon, wo es verbannt worden war, nach Rom zurückbrachte. Wir haben während dieses Interregnums etwas vom moralischen und wirtschaftlichen Zustand der Stadt gesehen. Sein körperlicher Zustand war noch desolater und schrecklicher. Die Stadt selbst war kaum mehr als ein Trümmerhaufen. Die kleine Ansammlung der

bewohnten Stadt war wie ein Nest des Lebens inmitten einer riesigen alten
Gebäudemasse, die allesamt in Verwirrung und Verfall verfallen war.
Niemand kümmerte sich um die alten Foren, die Paläste, die von vielen
Invasionen verwüstet, niedergebrannt, niedergebrannt und abgebaut wurden,
von Generationen von Männern, für die die Bedeutung und die Erinnerung
an ihre Gründer nichts bedeuteten und für die sie selbst nicht mehr als eine
Wüste waren , oder so viel verfügbares Material für den Gebrauch des
vulgären Tages. Jemand vermutet, dass die frühe Kirche Freude daran hatte
zu zeigen, wie völlig zerstört das antike Bauwerk war und wie wenig die alten
Götter für die Erhaltung ihrer Tempel tun konnten; und mit dieser Absicht
überließ er sie der Verwüstung und den unvorsichtigen Händen des
Verderbers. Wir glauben, dass Menschen viel häufiger von unmittelbaren
Notwendigkeiten beeinflusst werden als von irgendeinem komplizierten
Motiv dieser Art. Die Ruinen waren äußerst praktisch – jede Nation hat
ihrerseits solche Ruinen als nützlich empfunden. Das Material für Ihre Wand
zu bekommen, ohne etwas dafür zu bezahlen, bereits bei Ihnen zu haben,
behauen und vorbereitet, wie es niemand sonst tun könnte – was für eine
wunderbare Arbeitserleichterung ! Alle nutzten es, ob groß oder klein. Als
Sie dann einen starken Turm oder eine Festung bauen wollten, um Ihre
Nachbarn einzuschüchtern, was für ein bewundernswertes Fundament
waren diese alten Gebäude, die wie auf dem Kern und dem zentralen Felsen
der Erde gegründet waren! Viele Jahrhunderte lang versuchte niemand, diese
großen Lücken innerhalb der Stadtmauern zu füllen, in denen Weinreben
gediehen und Gärten wuchsen, ganz zu schweigen von den darunter
liegenden Steinen, die sich dank der großzügigen Hilfe der Natur dicht mit
Unkraut und Blumen bedeckten. Gebäude verschiedener Art, angepasst an
die Bedürfnisse des Augenblicks, entstanden von der Natur an allen
möglichen Orten, eine Kirche, die manchmal direkt neben einem antiken
Tempel stand. Tatsächlich gab es überall Kirchen, einige von ihnen recht
bescheiden, viele von großer antiker Würde und Schönheit, und fast alle
bewahrten die Form der Basilika, des Versammlungsortes, an dem alles offen
und klar für die Abhaltung von Versammlungen und den Vortrag von
Ansprachen war, nicht aber düster und geheimnisvoll, was die Opfer des
Glaubens betrifft.

MODERNES ROM: SHELLEY'S GRAB.

Dieser Sachverhalt wurde so vollständig akzeptiert, dass in den Chroniken mehr von Reparaturen als von Bauten die Rede ist; Zu allen Zeiten der Kirche unternahm jeder fromme Papst eine solche Arbeit, reparierte eine verfallene Kapelle oder baute eine kaputte Mauer auf; aber wir hören von wenigen Gebäuden von Bedeutung, selbst als die Ära der Bauherren begann. Nach jedem Brand oder Kampf müssen in gewissem Umfang Wiedergutmachungsarbeiten notwendig gewesen sein. Wahrscheinlich haben die Schlägereien auf den Straßen wenig Schaden angerichtet, aber als es zu einer so schrecklichen Überschwemmung kam wie die der Normannen und noch schlimmer der Sarazenen, die Robert Guiscard zur Zeit Gregors VII. folgten, muss es das Werk eines gewesen sein Generation, die Reste des

Ortes zu flicken, um ihn wieder auf die einfachste Art und Weise bewohnbar zu machen. Zweifellos wurden in einem dieser großen Notfälle die alten Paläste, die langlebigsten aller Gebäude, von den Menschen beschlagnahmt und in eine Art Kaninchengehege verwandelt, in dem es nur so wimmelt. Es scheint jedoch nicht, dass jahrhundertelang an einen Plan zur Wiederherstellung der ursprünglichen Pracht der Stadt oder überhaupt an einen zufriedenstellenden Wiederaufbau gedacht wurde. In der äußersten Aufregung der Angelegenheiten und dem langen Kampf der Päpste mit den Kaisern gab es weder Muße noch Mittel für einen großen Plan dieser Art, noch dachte man viel über den materiellen Rahmen der Stadt nach, während alle Gedanken darauf gerichtet waren, sie zu errichten seine moralische Stellung und sein hohes Ansehen unter den Nationen. Man würde so viel tun, wie nötig war; aber in diesen Tagen waren die Anforderungen der Menschen an ihre Unterkunft gering, wie sie es auch heute noch in außerordentlichem Maße in Italien sind, wo sich das Leben so oft im Freien abspielt.

in die Gedanken ihrer Herren ein Gedanke an etwas eingedrungen war, das über das hinausging, was für den tatsächlichen Gebrauch, als Schutz oder zur Verteidigung notwendig war als der päpstliche Hof aus Avignon zurückkehrte. Nur die Kirchen wurden hin und wieder gepflegt und, wann immer möglich, mit reichen Wandbehängen geschmückt, mit Marmor und antiken Säulen, die im Allgemeinen aus klassischen Gebäuden, manchmal sogar aus Kirchen älterer Zeit, stammten; Aber selbst noch zur Zeit Petrarcas lag ein so wichtiges Gebäude wie St. John im Lateran, die päpstliche Kirche *schlechthin* , ohne Dach und halb zerstört, in einem solchen Zustand, dass es unmöglich war, darin eine Messe zu lesen. Der Dichter beschreibt Rom selbst, als sein Freund und er sich nach einem langen Spaziergang inmitten aller Relikte des klassischen Zeitalters auf den zerstörten Bögen der Diokletiansthermen niederließen und auf die Stadt zu ihren Füßen blickten – „die Spektakel dieser großartigen Ruinen. „Wenn sie einmal anfangen würde, die niedrige Stellung, in der sie sich befindet, zu erkennen , würde Rom ihre eigene Auferstehung vollziehen", sagt er mit Zuversicht, die der aufrührerischen und ruhelosen Stadt aber kaum zusteht. Aber Rom, das durch die Fehden zwischen Colonna und Orsini zerrissen war und jede Gelegenheit nutzte, um mit seinem Papst zu kämpfen, der ihm nur in seiner Abwesenheit treu blieb, worüber es sich bei Himmel und Erde beklagte, war kaum bereit, sich zu einem solchen Ziel zu bemühen .

In dieser unglücklichen Lage befand sich Rom, als Martin V., ein Römer aus dem Hause Colonna, im Jahr 1421 mit allen Kunstschätzen, die die Päpste während ihres Aufenthalts in Frankreich erworben hatten, zum Heiligtum der Stadt zurückkehrte Apostel. Die Historikerin Platina, deren Aufzeichnungen so voller Leben sind, wenn sie sich der Zeit nähern, über die er als Zeitgenosse Bescheid wusste, gibt eine wundervolle Beschreibung von ihr. „Er fand Rom", sagt der Biograph der Päpste, „so in Trümmern, dass es nicht mehr das Aussehen einer Stadt, sondern eher einer Wüste hatte. Alles war auf dem Weg zur völligen Zerstörung. Die Kirchen lagen in Trümmern, das Land." verlassen, die Straßen in schlechtem Zustand und überall herrschte extreme Armut. Tatsächlich sah es weder nach einer Stadt noch nach einem Zeichen von Zivilisation aus. Der gute Pontifex, bewegt vom Anblick dieses Unglücks, konzentrierte sich auf die Ausschmückungsarbeit Er verschönerte die Stadt und reformierte die verdorbenen Sitten, in die sie verfallen war. Diese wurden durch seine Fürsorge in kurzer Zeit so verbessert, dass ihn alle nicht nur als Papst, sondern auch als Vater seines Landes bezeichneten. Er baute den Portikus von St. Die Kirche des Petersdoms, die in Trümmer gefallen war, vollendete die Mosaikarbeit des Lateranpflasters, die er mit schönen Arbeiten bedeckte, und begann mit dem wunderschönen Bild, das Gentile, der ausgezeichnete Maler, angefertigt hatte. Er reparierte auch den Palast der zwölf Apostel, sodass er bewohnbar wurde. Die Kardinäle führten in seiner Nachahmung ähnliche Werke in den Kirchen aus, von denen jeder seinen Titel erhielt, und auf diese Weise begann die Stadt, zumindest ihren Anstand und möglichen Komfort wiederzugewinnen, wenn auch noch wenig von ihrer alten Pracht .

„Sobald Papst Martin in Rom ankam", heißt es in der Chronik des *Diarium Romanum* aus Infessura „begann, Gerechtigkeit zu üben, denn Rom war sehr korrupt und voller Diebe ihrer Sünden nach Rom. Der oben erwähnte Maler, der uns den Namen eines Größeren vorschlägt, scheint Gentile da Fabriano gewesen zu sein , der offenbar mit einem regelmäßigen Jahresgehalt beim Papst angestellt war. Diese guten Taten von Papst Martin werden ein wenig durch die Tatsache neutralisiert , dass er einigen anderen seiner Arbeiter die formelle Erlaubnis erteilte, alle benötigten Murmeln und Steine für das Lateranpflaster mitzunehmen, praktisch überall dort, wo sie sie gerade fanden vor allem von zerstörten Kirchen innerhalb und außerhalb der Stadt.

Eugenius IV., der im Jahr 1431 die Nachfolge von Papst Martin antrat, war ein Mann, der es vor allem liebte, „ guerrare e murare " – Krieg zu führen und aufzubauen –, ein prächtiger und edler Venezianer, dessen feine und gebieterische Persönlichkeit eines seiner Merkmale ausfüllt Biographen, ein gewisser Florentiner Buchhändler und Büchersammler namens Vespasiano , mit einer Begeisterung der Bewunderung, die fast lyrisch wird, inmitten seiner einfachen und geschwätzigen Geschichte.

„Er war von großer Gestalt, von schönem Gesichtsausdruck, schlank und ernst und so ehrwürdig anzusehen, dass es aufgrund der großen Autorität, die in ihm steckte, niemanden gab, der ihm ins Gesicht sehen konnte. Eines Abends geschah das Eine wichtige Persönlichkeit ging zu ihm, um mit ihm zu sprechen, der mit gesenktem Kopf dastand und nie den Blick hob, so dass der Papst es bemerkte und ihn fragte, warum er den Kopf so gesenkt habe. Er antwortete schnell, dass der Papst ein solches Aussehen habe von Natur aus wagte niemand, ihm in die Augen zu sehen. Ich selbst erinnere mich oft daran, den Papst mit seinen Kardinälen auf einem Balkon nahe der Tür des Kreuzgangs von S. ^{ta} Maria Novella (in Florenz) gesehen zu haben, als die Piazza de S. ^{ta} Maria Novella voller Menschen war Und zwar nicht nur auf der Piazza, sondern auf allen Straßen, die dorthin führten. Und die Andacht der Menschen war so groß, dass sie fasziniert (*stupefatti*) dastanden, um ihn zu sehen, ohne irgendjemanden zu hören , der sprach, sondern sich alle dem Pontifex zuwandten : und als er nach dem Brauch des Papstes begann, das *Adjutorium nostrum in nomine Domini zu sprechen* , war die Piazza voller Weinen und Schreien und appellierte an die Barmherzigkeit Gottes für die große Hingabe, die sie seiner Heiligkeit entgegenbrachten. Es schien tatsächlich, dass dieses Volk in ihm nicht nur den Stellvertreter Christi auf Erden sah, sondern auch das Abbild seiner wahren Göttlichkeit. Seine Heiligkeit zeigte so große Hingabe und auch alle seine Kardinäle um ihn herum, die allesamt Männer von großer Autorität waren, dass er in diesem Moment wahrhaftig als das erschien, was er vertrat.“

In den Biografien von Vespasiano , der, wie wir bereits sagten, nicht mehr als ein florentinischer Buchhändler war, der sich intensiv mit dem Sammeln antiker Manuskripte beschäftigte, was dem besonderen Geschmack der Zeit entsprach, und der an der Entstehung aller Werke beteiligt war, gibt es viel Erfrischung für die Seele Damals wurden die Bibliotheken eingerichtet und in der Folge eine beträchtliche Bekanntschaft mit großen Persönlichkeiten, zumindest solchen, die Förderer der Künste waren und eine literarische Neigung hatten. Papst Eugenius ist in der gewöhnlichen Geschichte keine besonders attraktive Persönlichkeit, und die allgemeinen Aufzeichnungen des Papsttums sind nicht so, dass sie den Geist verführen, indem sie leicht unbekannte Freunde entdecken. Aber die beiden Päpste, von denen der alte Buchmacher berichtet, treten in den frischesten Farben vor uns auf, der erste in stattlicher Gelassenheit und strenger Miene, blendend in seinem *aspetto di natura* , wie Moses, als er aus der Gegenwart Gottes kam – und alle Herzen bewegte Er erhob seine Stimme in den Gebeten der Kirche, jeder Zuhörer hielt den Atem an, die Menge starrte ihn überwältigt an, als ob sie auf den gerichtet wäre, den der Papst vertrat, obwohl niemand es wagte, sich seinen durchdringenden Augen zu stellen. Es ist eine großartige Sache für den großartigsten Potentaten, einen solchen Biographen als unseren Buchhändler zu haben. Laut Vespasiano war Eugenius ebenso freundlich wie großartig . Eines Tages wandte sich ein armer Herr, der in Not geraten war, an den Papst und bat ihn um Almosen, „da er im Exil war, arm und *fuori*“. *della patria* , Worte, die rührender sind als ihre englischen Synonyme, aus seinem Land verbannt, aus all seinen Besitztümern verbannt: ein Übel, das bis ins Herz derjenigen ging, die selbst zu jedem Zeitpunkt diesem Schicksal ausgesetzt waren und denen *la „Patria"* bedeutete eine undankbare, wilde Heimatstadt, deren Stimmung von einem Moment zum anderen nie sicher war. Der Papst ließ einen Beutel voller Gulden kommen und befahl dem Verbannten, daraus so viel zu nehmen, wie er wollte. „Felice war beschämt und steckte ihn in seinen Als der Papst sich lachend zu ihm umdrehte und sagte: „Legen Sie Ihre Hand frei, ich gebe sie Ihnen gern." Da er so veranlagt war, brauchen wir uns nicht zu wundern, dass Vespasian hinzufügt: „Er hatte nie viel Geld . " im Haus; Je nachdem er es hatte, gab er es schnell aus." Wenn der Leser sich daran erinnert, was in der Geschichte vor uns liegt (aber nicht in diesem gebrochenen Rekord der Menschen), der bald mit Borgias und dergleichen gefüllt sein wird, täte er gut daran, seine Gedanken darüber zu versüßen am Rande der Schrecken der Renaissance, mit Vespasians freundlichen und humanen Erzählungen. Platina greift die Geschichte in einem anderen Ton auf.

„Unter anderem heiligte Eugenius den heiligen Nikolaus, damit es nicht den Anschein erweckte, als hätte er nur ans Kämpfen gedacht (seine Kriege waren ewig, *Guerrare* siegte über *Murare* ; er baute wie Nehemia mit dem Schwert in der anderen Hand). di Tolentino vom Orden des Heiligen Augustinus, der viele Wunder vollbrachte. Er baute den Portikus, der von der Laterankirche zur Sancta Sanctorum führt, erneuerte und vergrößerte den von den Priestern bewohnten Kreuzgang und vervollständigte das Bild der Kirche unter Martin von Heiden begonnen. Er ließ sich nicht leicht durch Zorn oder persönliche Beleidigungen rühren und redete nie schlecht über einen Menschen, weder durch Mund noch durch Schrift. Er war allen Schulen gegenüber gnädig, besonders denen von Rom. wo er jede Art von Literatur und Lehre aufblühen sehen wollte. Er selbst hatte wenig Literatur, aber viel Wissen, insbesondere in der Geschichte. Er liebte die Mönche sehr und war ihnen gegenüber sehr großzügig, und er war auch ein großer Kriegsliebhaber , eine Sache, die bei einem Papst wunderbar erscheint . Er hielt seine Verpflichtungen sehr treu — es sei denn, er erkannte, dass es sinnvoller war, ein Versprechen zu widerrufen, als es zu erfüllen.

Martin und Eugenius waren beide geschäftige und kriegerische Männer. Sie waren in alle zahllosen inneren Konflikte Italiens verwickelt; Sie waren mit vielen Problemen in der Kirche konfrontiert, mit dem streitsüchtigen und hartnäckigen Konzil von Basel und einem oder zwei Gegenpapsten, um ihre Sorgen zu verstärken . Die Herrschaft von Eugenius begann mit einer Flucht aus Rom mit einem Begleiter vor der Menge, die sein Leben bedrohte. Dennoch begann in diesen bewegten Tagen der erste Gedanke an ein wiederaufgebautes Rom, so herrlich wie eine Braut, schöner als auf seinem Höhepunkt klassischer Pracht , in die Gedanken der Menschen einzudringen.

BRUNNEN VON TREVI.

Die Regierungszeit ihres unmittelbaren Nachfolgers, des gelehrten und großartigen Nikolaus V., der 1447 zum Papst ernannt wurde, war jedoch die eigentliche Ära dieser neuen Konzeption. Wir sind dankbar zu denken, dass es nicht notwendig ist, hier auf eine Beschreibung der Renaissance einzugehen, dieses Zeitalters, das in der Kunst so großartig, in der Geschichte so schrecklich war – als jedes Laster auf der Erde losgelassen schien, die bösen Dämonen sich jedoch so verhüllten in allem Schönen, dass sie oft ihren gefährlichsten und schrecklichsten Aspekt erreichten, den von Engeln des Lichts. Die Renaissance hat mehr als nur ihren Anteil an der Geschichte gehabt; es hat die Welt mit Skandalen aller Art und solchen Beispielen von Verderbtheit überschwemmt, wie sie in kaum einem anderen Zeitalter zu finden sind; oder vielleicht liegt es auch daran, dass kein anderes Zeitalter die gleichen Kontraste und Inkongruenzen, die gleichen malerischen Accessoires, die gleiche Pracht und äußere Anmut, den Schwung sorgloser Gewalt und Franchise ohne Zurückhaltung und ohne Scham beherrschte. Für viele sind diese Dinge allein schon genug, um sie anzuziehen und zu blenden, und sie haben viele Schriftsteller in ihren Bann gezogen, denen die brillante Gesellschaft, die Triumphe der Kunst, das sich ständig verändernde, immer glitzernde Panorama mit seiner verblüffenden Abfolge von Szenen, Spektakeln, Pracht usw. vor Augen geführt haben Tragödien haben die ernsteren und würdigeren Berichte des Lebens düster und seine edleren Motive im Vergleich dazu langweilig erscheinen lassen. Als Thomas von Sarzana in Pisa geboren wurde – in einem bescheidenen Haus von Bauern, die weder Nachnamen noch andere Auszeichnungen hatten, denen es aber gelang, ihm die Ausbildung zu sichern, die damals für Jungen, die zum Priestertum bestimmt waren, ausreichend einfach war – erreichte das Alter des Die Renaissance erlebte ihre volle Blüte. Literatur und Gelehrsamkeit, die Suche nach antiken Manuskripten, die Verehrung Griechenlands und der überwältigende Einfluss seiner Sprache und Meisterwerke waren die Inspiration des Zeitalters, soweit es intellektuelle Angelegenheiten betraf. Lesen, Zusammenstellen und Kopieren war die besondere Beschäftigung der literarischen Klasse. Wenn sie sich an einem Originalwerk versuchten, dann war es ein Kommentar; und ein lateinisches Couplet, ein Epigramm, war die höchste Anstrengung der Fantasie, die sie sich erlaubten. Der Tag von Dante und Petrarca war vorbei. Niemand hatte Lust darauf, *volgarizzato zu sein* – in einfachem Italienisch dem einfachen Mann zur Kenntnis gebracht zu werden. Die Sprache ihres literarischen Verkehrs war Latein, der Gegenstand ihrer Verehrung Griechisch. Lesen, und doch lesen und wieder weiterlesen, war die Beschäftigung eines jeden Mannes, der sich in den engen Kreisen der Literatur bekannt machen wollte; und in jedem gelehrten Haushalt gab es eine kleine begleitende Welt von Schriftgelehrten, die den Weg jedes Gelehrten begleitete. Die Welt war, soweit ihre Bücher reichen, in eine Zeit zurückgekehrt, in der sich Götter und Menschen gleichermaßen von denen der heutigen Generation unterschieden; und das lebende Zeitalter, angewidert von seinen eigenen unbefriedigenden Bedingungen, versuchte, Würde und Schönheit zu erlangen, indem es sich in die schlecht angepassten Gewänder eines völlig anderen Lebens als sein eigenes schlüpfte.

Zwischen dem klassischen Zeitalter und dem christlichen Zeitalter muss immer die große Kluft bestehen, die durch diesen völligen Unterschied in Gefühl und Atmosphäre entsteht. Und der wunderbare Widerspruch war in Rom ausgeprägter als sonst: Eine Welt, die sich außerhalb der Riten und Zeremonien der Religion widmete, während sie in ihrer intellektuellen Sphäre in der Luft einer Region lebte, in der das Christentum unbekannt war. Die Routine der Hingabe, die niemals nachlässt – für jede Stunde eines jeden Tages geplant, ständige Aufmerksamkeit und ständige Leistung erfordernd, sich erklärtermaßen nicht an die Gelehrten oder Weisen wendend, sich erklärtermaßen auf all jene Freuden des Lebens beschränkend, die die ersten und größten waren Objekte in der Ordnung der Antike – die jedoch von Anhängern der Musen weitergeführt wurden, für die Jupiter und Apollo attraktiver waren als jedes christliche Ideal – müssen einen unaufhörlichen und verwirrenden Konflikt in den Köpfen der Menschen ausgelöst haben. Zweifellos hatten dieser Konflikt und die offensichtliche Gewissheit, dass das eine oder das andere falsch sein muss, zusammen mit der starken Ausrichtung dieser Modeströmung, der man so schwer widerstehen kann,

hin zu dem weniger anspruchsvollen Glaubensbekenntnis, viel mit dem
Fieber zu tun die Zeit. Doch die merkwürdige ausgleichende Berührung des
gemeinsamen Lebens, der etablierten Ordnung, wie immer sie auch sein mag,
gegen die sich hier und da nur einer erfolgreich auflehnt, machte diese
seltsame Verbindung möglich; und der letzte Konflikt hielt seine Zeit. Solch
ein Mann wie Nikolaus V. konnte seinen Palast tatsächlich mit Gelehrten
und Schriftgelehrten füllen und seinen größten Stolz auf seine Manuskripte
legen; aber die Angelegenheiten des Lebens um ihn herum waren zu
dringend, um seine eigene Verfassung als Papst, Priester und Mann seiner
Zeit zu beeinträchtigen. In seinen Freizeitstunden verbreitete er Epigramme
mit seinen Gelehrten, aber er hatte selbst zu viel zu tun, um in dilettantisches
Heidentum zu verfallen . Vielleicht die Manuskripte selbst, der Ruhm, sie zu
besitzen, die fleißigen Schreiber, die alle für dieses hohe Ziel der Belehrung
der Welt arbeiteten : während die Höflinge nie zögern, den Ton zu verstehen,
der ihnen gefiel, feierten sie ihren Souverän als Oberhaupt des humanen und
liberalen Studiums der Kirche – war für Nicolas möglicherweise mehr als alle
seine Manuskripte. enthalten. Er blieb in seiner Messe ziemlich aufrichtig, in
seinem Leben ziemlich einfach, ungeachtet des Zustroms des heidnischen
Elements: und nahm in seiner vielbeschäftigten Karriere
höchstwahrscheinlich keine Notiz von der großen Entfernung, die
dazwischen lag.

Nikolaus V. war der erste jener Päpste, auf die das moderne Rom stolz ist –
die Männer, die durch eine seltsame Bestimmung oder, wie es fast scheint,
durch Vernachlässigung der Vorsehung an den vordersten Plätzen der
Kirche erscheinen und sich mit zweitrangigen Angelegenheiten beschäftigen,
als sie sich auf die große Revolution vorbereiten sollten, von der man einst
so sehr hoffte, dass sie das geistige Rom in Trümmer legen würde, genau in
dem Moment, in dem das materielle Rom am ruhmvollsten aus seiner Asche
auferstand. Doch auch wenn ihn das langwierige Konzil von Basel immer
noch beunruhigte , scheint es nicht, dass Nicolas einen solchen Schatten im
Kopf hatte. Er stand ruhig in menschlicher Bewusstlosigkeit zwischen dem
Heidentum im Rücken und der Reformation vor ihm und ging seiner
täglichen Arbeit nach, ohne an nichts zu denken, wie es die Mehrheit der
Menschen selbst am Vorabend der größten Revolution so ständig tut.
Nikolaus war, wie so viele der großen Päpste, der Sohn eines armen Mannes
ohne Nachnamen. Thomas von Sarzana erhielt seinen Namen von dem
Dorf, in dem er aufwuchs. Er hatte das Glück, das in jenen Tagen einem
Gelehrten so möglich war, ursprünglich allein durch seine Gelehrsamkeit
empfohlen, von Posten zu Posten im Haushalt des Bischofs und Kardinals
aufzusteigen, bis er den des Papstes erreichte, wo ein Mann von … der wahre
Wert hoch geschätzt wurde und wo es vor allem wichtig war, einen
standhaften und treuen Gesandten zu haben, dem man die oft heiklen
Verhandlungen des Heiligen Stuhls anvertrauen konnte und der sich weder

durch kaiserliche Zärtlichkeiten einschüchtern noch in die Irre führen ließ die Stirnrunzeln der Macht.

„Er war ein sehr gelehrter *Dottissimo* in der Philosophie und ein Meister aller Künste. Es gab nur wenige griechische oder lateinische Schriftsteller jeglicher Art, deren Werke er nicht gelesen hatte, und er hatte die gesamte Bibel im Gedächtnis. und zitierte fortwährend daraus. Diese intime Kenntnis der Heiligen Schrift verlieh seinem Pontifikat und den Antworten, die er geben sollte, die größte Ehre ." In jenen Tagen gab es große Hoffnungen auf die Wiedervereinigung der griechischen Kirche mit der lateinischen Kirche, ein Ziel, das allen größeren Päpsten sehr am Herzen lag: Um diese glückliche Möglichkeit zu fördern, berief Papst Eugenius 1438 ein Konzil in Ferrara ein, was auch beabsichtigt war das rebellische und ketzerische Konzil von Basel zu verwirren und, wenn möglich, die gewünschte Vereinigung herbeizuführen. Der Kaiser des Ostens war persönlich dort , zusammen mit dem Patriarchen und einer großen Anhängerschaft; und es war in dieser Versammlung, dass Thomas von Sarzana , damals Sekretär und Berater des Kardinals von Santa Croce – der seinen Kardinal über *i. begleitet hatte Monti machte sich auf einer Mission beim König von Frankreich, von der er gerade zurückgekehrt war, in der Christenheit als* hervorragender Debattierer und versierter Student bekannt . Die im Konzil von Ferrara hauptsächlich diskutierte Frage war die Frage, die offiziell „Prozession des Heiligen Geistes" genannt wird, die Lehre, die immer zwischen den beiden Kirchen gestanden hat und ein gegenseitiges Verständnis verhindert hat.

„In diesem Konzil vor dem Papst, den Kardinälen und dem gesamten römischen Hof stritten die Lateiner täglich mit den Griechen über deren Irrtum, der darin besteht, dass der Heilige Geist nur vom Vater und nicht vom Sohn ausgeht: die Lateiner zufolge die wahre Glaubenslehre, die besagt, dass Er vom Vater und vom Sohn ausgeht. An dieser Diskussion beteiligten sich jeden Morgen und jeden Abend die gelehrtesten Männer Italiens sowie viele aus Italien, die Papst Eugenius zusammengerufen hatte. Einer insbesondere von Negroponte, dessen Name Niccolo war Secondino : Wunderbar war es zu hören, was der besagte Niccolo getan hat; denn als die Griechen sprachen und Argumente zusammenbrachten, um ihre Meinung zu beweisen, Niccolo Secondino erklärte alles auf Lateinisch *de verbo ad verbum* , so dass es bewundernswert war, es zu hören: und als die Lateiner sprachen, legte er auf Griechisch alles dar, was sie auf die Argumente der Griechen antworteten. In all diesen Disputationen vertrat Messer Tommaso die Rolle der Lateiner und wurde vor allem für seine umfassende Kenntnis der Heiligen Schrift sowie der alten und modernen, griechischen und lateinischen Ärzte bewundert.

AUF DEM PINCIO.

Messer Tommaso zeichnete sich in dieser Kontroverse so sehr aus, dass er vom Papst ernannt wurde, um mit bestimmten Gesandten aus dem Unbekannten, Äthiopiern, Indern und „ Jakobiten “ zu verhandeln – waren dies die Gesandten von Prester John, diesem mysteriösen Potentaten? Oder waren sie Nestorianer, wie manche vermuten? Auf jeden Fall waren es Christen und Personen mit einem besonders strengen Lebensstil. Die Konferenz wurde von einem Dolmetscher durchgeführt, „einem gewissen Venezianer, der zwanzig Sprachen beherrschte“. Diese drei Nationen waren von Tommaso so überzeugt, dass sie sich der Autorität der Kirche unterstellten, ein Vorfall, der in einer würdigeren Geschichte keinen Platz findet . Doch selbst während diese wichtigen kirchlichen Angelegenheiten im Gange waren, hielt dieser aufstrebende Kirchenmann die Augen offen für jede Chance auf ein neues, das heißt ein altes Buch, und wandte sich bei verschiedenen Gelegenheiten von seinen angesehensten Besuchern ab, um getrennt zu reden mit Messer Vespasiano , der wieder einmal unser bester Führer ist, über ihre gemeinsamen Forschungen und viel Glück beim Auffinden seltener Exemplare oder beim Anfertigen schöner Kopien. „Er verließ Italien nie mit seinem Kardinal auf irgendeiner Mission, ohne dass er ein neues Werk mit nach Hause brachte, das es in Italien nicht zu finden gab." Tatsächlich war das Wissen von Messer Tommaso so gut bekannt, dass es keine Bibliothek gab, in der er nicht um Rat gefragt wurde, insbesondere von Cosimo dei Medici, der ihn um Hilfe bat, was für die Gründung der Bibliothek von S. Marco in Florenz getan werden sollte – worauf Tommaso antwortete, indem er Anweisungen schickte, die noch nie zuvor gegeben worden waren, wie man eine Bibliothek baut und wie Halten Sie es in höchster Ordnung, die Vorschriften sind alle eigenhändig geschrieben. „Alles, was er hatte", sagt Vespasian in glühender Bewunderung, „gab er für Bücher aus. Er pflegte zu sagen, wenn er es in seiner Macht hätte, würde er am liebsten Geld für den Kauf ausgeben." Bücher und im Bauwesen (*murare*); was er in seinem Pontifikat tat, sowohl das eine als auch das andere." Ach! Messer Tommaso hatte nicht immer Geld, was bei Sammlern üblich ist; In diesem Fall erzählt uns Vespasian (der diese Vorgehensweise als Buchhändler befürwortete, obwohl es vielleicht ein schlechtes Beispiel für das Oberhaupt der Kirche war), dass er „Bücher auf Kredit kaufen und dafür Geld leihen musste". Bezahle die Schriftgelehrten und Miniaturisten. Wie der Leser erkennen wird, handelte es sich bei den Büchern um merkwürdige Manuskripte, die von jenen Malerschulen in kleinen Illustrationen illustriert worden waren und deren unsterbliche Pigmente, frisch wie auf Pergament aufgetragen, heute fast genauso herrlich von der alten Seite strahlen wie zu Messer Tommasos Zeiten.

In Vespasians Beschreibung des würdevollen Bücherjägers steckt eine Begeisterung des Verkäufers für den Käufer, die sehr charakteristisch, aber gleichzeitig so natürlich ist, dass sie uns den Mann selbst vorstellt, wie er lebte, einen Mann voller Humor . *facetissimo* , indem er jedem angenehme Dinge sagt und jeden, mit dem er spricht, zu seinem Parteigänger macht.

„Er war ein offener, großer und liberaler Mann, der nicht wusste, wie man vortäuscht oder sich verstellt, und der Feind aller, die vortäuschten. Er war auch feindselig gegenüber Zeremonien und Bewunderung und behandelte alle mit größter Freundlichkeit. Obwohl er als Bischof großartig war." Als Botschafter ehrte er alle, die zu ihm kamen, und wünschte, dass jeder, der mit ihm sprechen wollte, dies an seiner Seite und mit bedecktem Kopf tun sollte; und wenn jemand es nicht tun würde (aus Bescheidenheit), würde er es tun Nehmen Sie einen am Arm und lassen Sie ihn sich setzen, ob es Ihnen gefällt oder nicht.

Eine entzückende Erinnerung an diesen schmeichelhaften Zwang, die Berührung des großen Mannes auf seinem Arm, den Sitz an seiner Seite, auf dem Vespasian kaum in der Lage gewesen wäre, zum Vergnügen zu sitzen, liegt im Ton des Buchhändlers; und er hat noch eine weitere angenehme Geschichte von Giannozzo zu erzählen Manetti , der ihren gemeinsamen Gönner besuchte, als er Kardinal und Botschafter in Frankreich war, und in dem Gefühl, dass ihm zu viel Ehre erwiesen wurde, sich alle Mühe gab, den großen Mann daran zu hindern , ihn nicht nur bis zur Tür des Empfangsraums zu begleiten , aber die Treppe hinunter. „Er stand fest auf der Treppe, um ihn daran zu hindern, noch weiter hinunterzugehen: Aber Giannozzo musste Geduld haben, da er sich in der Osteria del Lione befand , denn Messer Tommaso begleitete ihn nicht nur die Treppe hinunter, sondern bis zur Tür des Hotels selbst, Botschafter von Papst Eugenius, wie er war.

Wir dürfen uns jedoch nicht von dem alten Buchhändler zu Weitschweifen verführen lassen, dessen Bericht über seinen Gönner so voller Dankbarkeit und Gefühl ist. Als Gelehrter und Liebhaber der Künste war Nikolaus V. ein Mann des Friedens. Unmittelbar nach seiner Erhebung zum Papsttum erklärte er Vespasian seine Gefühle in der schönsten Szene, die wie eine der von ihnen geliebten Miniaturen aus der nüchternen Seite hervorstrahlt.

„Kurz nachdem er zum Papst ernannt worden war, besuchte ich ihn am Freitagabend, als er öffentlich eine Audienz gab, wie er es einmal in der Woche tat. Als ich in den Saal ging, in dem er eine Audienz gab, war es ungefähr eine Stunde in der Nacht (sieben Uhr abends); er sah mich sofort und rief mir zu, dass ich willkommen sei und dass er, wenn ich ein wenig Geduld hätte, allein mit mir sprechen würde. Nicht lange danach wurde mir gesagt, ich solle gehen Seine Heiligkeit. Ich ging hin und küsste ihm, wie es Brauch war, die Füße. Danach forderte er mich auf, aufzustehen, erhob sich von seinem Platz und entließ das Gericht mit den Worten, die Audienz sei beendet. Dann ging er in einen Privatraum, in dem zwanzig Kerzen brannten , in der Nähe einer Tür, die in einen Obstgarten führte. Er machte ein Zeichen, dass sie weggebracht werden sollten, und als wir allein waren, begann er zu lachen und zu sagen: „Glauben die Florentiner, Vespasiano , dass es zur Verwirrung der Stolzen dient?“ , dass ein Priester, der nur dazu geeignet ist, die Glocke zu läuten, zum Papst hätte ernannt werden sollen?' Ich antwortete, dass die Florentiner glaubten, dass Seine Heiligkeit diese Würde durch seinen Wert erlangt habe, und dass sie sich sehr freuten, weil sie glaubten, dass er Italien Frieden schenken würde. Darauf antwortete er und sagte: „Ich bete zu Gott, dass er mir die Gnade schenkt, sie zu erfüllen.“ das, was ich tun möchte, und in meinem Pontifikat keine Waffen zu gebrauchen, außer dem, was Gott mir zu meiner Verteidigung gegeben hat , das sein Kreuz ist, und das ich verwenden werde, solange mein Tag dauert.“'

Die kühle Dunkelheit des kleinen Gemachs nahe der Tür zum Obstgarten, die lodernden Kerzen, die alle weggeschickt wurden, die dankbare Frische der römischen Nacht – sie kommen wie ein Bild vor uns, mit den prächtigen weiß schimmernden Gewändern des Papstes und den nüchtern gekleideten Bürger kaum zu sehen in der schnell hereinbrechenden Dämmerung. Es muss im Frühling oder Frühsommer gewesen sein, der schönsten Zeit in Rom. Papst Eugenius war im Februar gestorben und am 16. März 1447 wurde Nikolaus zum Heiligen Stuhl gewählt.

Wenige Jahre später, im Jahr 1450, fand, wie inzwischen üblich, das Jubiläum statt, und der Zustrom von Pilgern war sehr groß. Es war eine Zeit großen Gewinns, nicht nur für die Römer, die die Stadt in ein riesiges Gasthaus für den Empfang der Besucher verwandelten, sondern auch für den Papst. „Die Menschen waren wie Ameisen auf den Straßen, die von Florenz nach Rom führten", wird uns erzählt. Der Andrang beim Überqueren der Engelsbrücke war so groß, dass es zu schrecklichen Unfällen kam und bis zu zweihundert Menschen auf dem Weg zum Apostelheiligtum ums Leben kamen. „Es gab keinen großen Herrn in der gesamten Christenheit, der nicht zu diesem Jubiläum gekommen wäre." „Viel Geld floss an den Apostolischen Stuhl", fährt der Biograph fort, „und der Papst begann, an vielen Orten zu bauen und überall griechische und lateinische Bücher zu schicken , wo immer er sie finden konnte, ohne Rücksicht auf den Preis."

„Er hatte auch viele Schriftgelehrte aus allen Richtungen, die er ständig beschäftigte; auch viele gelehrte Männer, um sowohl neue Werke zu verfassen als auch diejenigen zu übersetzen, die nicht übersetzt worden waren, und sorgte für große Vorsorge für sie, sowohl gewöhnliche als auch außergewöhnliche; und für diese Als er Bücher übersetzte, gab er viel Geld, damit sie bereitwillig mit dem fortfahren konnten, was sie zu tun hatten. Er sammelte eine sehr große Anzahl von Büchern zu jedem Thema, sowohl in griechischer als auch in lateinischer Sprache von fünftausend Bänden. Diese wurden am Ende seines Lebens in dem Katalog gefunden, der nicht die Hälfte der Bücherexemplare enthielt, die er zu jedem Thema hatte; denn wenn es ein Buch gäbe, das nicht gefunden werden konnte oder das er finden konnte nicht auf andere Weise hatte, ließ er es kopieren. Die Absicht von Papst Nikolaus war es, im Petersdom eine Bibliothek für den Hof von Rom zu errichten, was eine wunderbare Sache gewesen wäre, wenn es verwirklicht worden wäre; aber es wurde durch den Tod unterbrochen.

Vespasian fügt seinerseits eine Liste dieser Bücher hinzu, die eine ganze Spalte auf einer von Muratoris riesigen Seiten einnimmt.

Eine weitere Anekdote müssen wir hinzufügen, um die eigenartige Art unseres Papstes mit seinem kleinen Hof aus Literaten zu veranschaulichen.

„Papst Nikolaus war das Licht und die Zierde der Literatur und der Literaten. Wenn nach ihm ein anderer Pontifex aufgetaucht wäre, der sein Werk fortgesetzt hätte, wäre der Status der Literaten auf ein würdiges Niveau gehoben worden. Aber nach ihm." Die Dinge wurden immer schlimmer, und es gab keine Preise für Tugend. Die Großzügigkeit von Papst Nikolaus war so groß, dass sich viele an ihn wandten, die es sonst nicht getan hätten. Überall dort, wo er Literaten Ehre erweisen konnte, tat er es so und ließ niemanden aus. Als Messer Francesco Filelfo auf dem Weg nach Neapel durch Rom reiste, ohne ihm einen Besuch abzustatten, ließ der Papst, als er davon hörte, ihn rufen. Die, die ihn rufen wollten, sagten zu ihm: „Messer Francesco, Wir wundern uns, dass Sie durch Rom gegangen sind, ohne ihn zu sehen.' Messer Francesco antwortete, dass er einige seiner Bücher zu König Alfonso bringen würde, aber bei seiner Rückkehr den Papst sehen wollte. Der Papst hatte eine Scarsella an seiner Seite, in der sich fünfhundert Gulden befanden, die er ausschüttete und zu ihm sagte: „Nimm." dieses Geld für deine Ausgaben unterwegs.' Das nennt man liberal! Er hatte immer einen Scarsella (Beutel) an seiner Seite, in dem sich mehrere Hundert Gulden befanden, und verschenkte sie um Gottes willen und an würdige Personen. Er nahm sie handvoll aus der Scarsella und gab sie ihnen . Liberalität ist für den Menschen selbstverständlich und kommt weder vom Adel noch vom Adel; denn in jeder Generation sehen wir einige, die sehr liberal sind, und andere, die ebenso geizig sind."

Aber der literarische Aspekt der Figur von Papst Nikolaus, so entzückend er auch sein mag, ist nicht das, worum es uns hauptsächlich geht. Er war der erste Papst, der einen systematischen Plan für den Wiederaufbau und die dauerhafte Wiederherstellung Roms entwarf, einen Plan, für dessen Umsetzung sein Leben natürlich nicht lange genug dauerte, der aber dennoch die Grundlage aller späteren Pläne bildete wurde schließlich mehr oder weniger von verschiedenen Händen durchgeführt.

Es war das Zentrum des kirchlichen Roms, das Heiligtum der Apostel, die Hauptkirche der Christenheit und die angrenzenden Gebäude, auf die sich die Fürsorge des Baumeister-Papsts zuerst richtete. Die leonische Stadt, oder Borgo, wie sie häufiger genannt wird, ist der Teil Roms, der auf der linken Seite des Tibers liegt und sich vom Schloss St. Angelo bis zur Grenze der Vatikanischen Gärten erstreckt und die Kirche von Rom umschließt St. Peter, der Vatikanpalast mit all seinem Reichtum und das große Krankenhaus von Santo Spirito, umgeben und durchzogen von vielen kleinen Straßen und durch die Brücke von St. Angelo mit den anderen Teilen der Stadt verbunden. Hinter der Masse an Gemäldegalerien, Museen und Sammlungen aller Art, die jetzt die endlosen Säle und Korridore des Papstpalastes füllen, verbirgt sich eine Reihe edler Gärten voller Schatten und Schutz vor der römischen Sonne, ein solcher Rückzugsort für die

„ Gelehrte Freizeit

Was in gepflegten Gärten seine Freude macht"

denn es wäre schwer zu übertreffen. In dieser schönen Fläche aus Wald und Grün steht die Villa oder das Kasino des Papstes, jetzt der einzige Sommerpalast, den sich der amtierende Pontifex selbst genehmigen will, wie in einer Domäne, klein, aber perfekt. Fast alles innerhalb dieser Mauern wurde seit den Tagen von Nikolaus gebaut oder völlig verändert. Aber damals wie heute war hier das Herz und Zentrum der Christenheit, das höchste Heiligtum des katholischen Glaubens, die Heimat des geistlichen Herrschers, dessen Herrschaft sich über die ganze Erde erstreckte. Als Nikolaus seine Herrschaft antrat, war die alte Kirche St. Peter die Kirche der westlichen Welt, damals wie heute, klassisch in der Form, eine stattliche Basilika ohne die malerische und romantische Vielfalt und auch, wie wir denken, ohne die Majestät und Erhabenheit einer gotischen Kathedrale, doch malerischer, wenn auch weniger beeindruckend in Größe und Bauweise als das heutige große Gebäude, so majestätisch auf seine eigene ernste und prächtige Art, mit der der Name St. Peter in allen Wirren der letzten Jahrhunderte überdauert hat identifiziert worden. Die frühere Kirche war voller Reichtümer und großer Verbindungen, auf die die wunderbare St. Peter-Kirche, die wir alle kennen, nur als Nachfolgerin und Nachfolgerin Anspruch erheben kann. Mit seiner breiten Freitreppe, seinem Portikus und der von einem großen Turm gekrönten Säulenfassade dominierte es den Platz, offen und leuchtend in der Sonne, ohne den Schutz der großen bestehenden Säulengänge oder des Glitzerns der Brunnen. Dahinter befand sich der kleine Palast, dessen Bau Innozenz III. begonnen hatte. um den Päpsten in gefährlichen Zeiten Zuflucht zu bieten oder gelegentlich ausländische Gäste zu empfangen, deren Ziel es war, das Heiligtum der Apostel zu besuchen. Fast alle Gebäude, die damals standen, wurden durch größere ersetzt, doch die Position ist dieselbe, der Schrein unverändert, obwohl alles andere, was damals existierte, verschwunden ist, mit Ausnahme eines Teils der alten Mauer, die diesen heiligen Ort in besonderer Heiligkeit und Sicherheit umschloss , was jedoch nicht immer respektiert wurde. Das Borgo war der heiligste Teil der gesamten heiligen Stadt. Dort wurde das Blut der Märtyrer vergossen und ihre Erinnerung und Tradition wurden seit der frühesten Zeit des Christentums bewahrt. Wir müssen uns nicht mit der Frage befassen, ob der heilige Petrus jemals in Rom war, was viele Autoren mühsam bestritten haben. Was die Aufzeichnungen der Apostelgeschichte angeht, gibt es überhaupt keine Beweise dafür oder dagegen, aber die Überlieferung ist ganz auf der Seite derjenigen, die dies behaupten. Der von Signor Lanciani in diesem Punkt vertretene Standpunkt erscheint uns sehr vernünftig. „Ich schreibe über die Denkmäler des antiken Roms“, sagt er, „aus einer rein archäologischen Sicht und vermeide Fragen, die sich auf religiöse Kontroversen beziehen oder beziehen sollen.“

„Für den Archäologen sind die Anwesenheit und Hinrichtung der Heiligen Petrus und Paulus in Rom Tatsachen, die durch rein monumentale Beweise zweifelsfrei belegt sind. Es gab eine Zeit, in der Menschen, die unterschiedlichen Glaubensrichtungen angehörten, es fast zu einer Gewissensfrage machten, dies zu bestätigen oder zu leugnen.“ *a priori* diese Tatsachen, je nachdem, ob sie die Tradition einer bestimmten Kirche akzeptieren oder ablehnen. Dieser Gefühlszustand gehört der Vergangenheit an, zumindest für diejenigen, die den Fortschritt neuerer Entdeckungen und der kritischen Literatur verfolgt haben. Es gibt kein Ereignis der Kaiserzeit und des kaiserlichen Roms, die durch so viele Adelsbauten bezeugt wird, die alle auf die gleiche Schlussfolgerung hinweisen – die Anwesenheit und Hinrichtung der Apostel in der Hauptstadt des Reiches. Als Konstantin die monumentalen Basiliken über ihren Gräbern errichtete die Via Cornelia und die Via Ostiensis : als Eudoxia die Kirche ad Vincula baute: als Damasus eine Gedenktafel in Platonia ad Catacombos anbrachte : als die Häuser von Pudens und Aquila und Prisca in Oratorien umgewandelt wurden: als der Name Nymphæ Sancti Petri lautete den Quellen in den Katakomben der Via Nomentana gespendet : als der 29. Juni als Jahrestag der Hinrichtung des Heiligen Petrus anerkannt wurde: als Bildhauer, Maler, Medailleure , Goldschmiede, Glas- und Emaillearbeiter und Graveure von Edelsteinen ihren Anfang nahmen in Rom das Ebenbild des Apostels zu Beginn des zweiten Jahrhunderts zu reproduzieren und dies bis zum Untergang des Reiches fortzusetzen: Müssen wir davon ausgehen, dass sie einer Täuschung nachgingen oder sich zu einem gigantischen Betrug verschworen hatten? Warum wurden solche Verfahren ohne Protest von welcher Stadt, welcher Gemeinde – falls es überhaupt eine andere gab – angenommen, die behauptete, die echten Gräber der SS zu besitzen? Peter und Paul? Diese Argumente gewinnen dadurch an Wert, dass die Beweise auf der anderen Seite rein negativ sind.“

Dies ist eines dieser praktischen Argumente, die immer interessanter sind als solche, die auf Theorien und Meinungen beruhen. Es gibt jedoch viele Bücher zu beiden Seiten der Frage, die konsultiert werden können. Wir sind damit zufrieden, Signor Lanciani zu folgen . Die besondere Heiligkeit und Bedeutung von Il Borgo entstand in diesem Glauben. Das Heiligtum des Apostels war ihr Mittelpunkt und ihre Herrlichkeit. Dies war es, was Pilger aus den entlegensten Winkeln der Erde hierher brachte, bevor es ein Meisterwerk der Kunst zu besichtigen gab oder eine dieser unschätzbaren Sammlungen, die heute den Ruhm des Vatikans ausmachen. Der Ort der Hinrichtung des Apostels wurde „durch uralte Überlieferung“ als zwischen den beiden Zielen (*inter duas) liegend angegeben metas*) von Neros Zirkus, an dieser Stelle, wie uns Signor Lanciani erzählt, befindet sich genau der Obelisk, der jetzt auf der Piazza von St. Peter steht. In der Frühzeit, bevor eine große Basilika oder ein prachtvoller Schrein entstehen konnte, stand dort eine kleine Kapelle, die sogenannte Kreuzigungskapelle.

Dieser heilige Ort und die zu seinem Gedenken errichtete Kirche waren natürlich das Zentrum all jener religiösen Traditionen, die Rom von allen anderen Städten unterscheiden. Es ging darum, sie vor Angriffen zu bewahren, „damit es für den Feind weniger leicht wäre, Plünderungen vorzunehmen und die Kirche St. Peter niederzubrennen, wie sie es bisher getan haben", sagte Leo IV., der erste Papst, den wir Als jemand, der mit einer echten Bauarbeit beschäftigt war, errichtete er eine Mauer um den Berg des Vatikans, den „Colle Vaticano " – einen kleinen Hügel, nicht so hoch wie die sieben Hügel Roms –, wo Konstantin gegen die starke Mauer von Neros Zirkus seinen Großen errichtet hatte Basilika. Zu dieser Zeit – in der Mitte des neunten Jahrhunderts – gab es nichts außer der Kirche und dem Schrein – keinen Palast und kein Krankenhaus. Die bestehenden Häuser wurden den Corsi geschenkt, einer Familie, die laut Platina von den Sarazenen von ihrer Insel vertrieben worden war, die kurz zuvor bis zu den Mauern Roms vorgedrungen waren, wohin die Völker der Küste (*luoghi maritimi del Mar Terreno*) von Neapel nach Norden hatte offenbar die Korsaren verfolgt und den Römern geholfen, sie zurückzuschlagen. Ein weiteres bescheidenes Gebäude namens Burgus Es ist interessant zu wissen, dass Saxonum , Vicus Saxonum , Schola Saxonum und einfach Saxia oder Sassia in der Nähe des heiligen Zentrums des Ortes existierten, einer Unterkunft, die Ina, König von Wessex, im Jahr 727 für sich selbst erbaut hatte. Somit haben wir eine Unsere eigene nationale Vereinigung mit dem zentralen Heiligtum des Christentums. „Es gab auch eine Schola Francorum im Borgo." Die Pilger müssen ihre Hütten gebaut und eine Art kleines Oratorium errichtet haben – beliebt, wie es sogar bei Papst Nikolaus der Fall war Tag, durch den ausgezeichneten Steinbruch des Zirkus in der Nähe – so nah wie möglich an dem großen Schrein und der Basilika, in die sie so weit gekommen waren, um ihre Gebete zu sprechen; und zweifellos auch angezogen von der Freiheit des einsamen Vorortes dazwischen der grüne Hügel und der fließende Fluss. Leo IV. baute seine Mauer um diese kleine Stadt und befestigte sie mit Türmen. „In jedem Teil stellte er Marmorskulpturen auf und schrieb ein Gebet", sagt Platina. Eines dieser Tore führte zur St . Pellegrino, ein anderer befand sich in der Nähe der Burg von St. Angelo und war „das Tor, durch das man ins offene Land gelangt." Der dritte führte zur Schule der Sachsen; und über jedem war ein Gebet eingraviert. Diese drei Gebete hatten alle das gleiche Ziel: „Dass Gott diese neue Stadt, die der Papst mit Mauern umgeben hatte und die er nach seinem eigenen Namen, die Leoninische Stadt, nannte,

vor allen Angriffen des Feindes, sei es durch Betrug oder Gewalt, beschütze."
"

IM CORSO: KIRCHENTÜREN.

Dies war dann von Anfang an die Zitadelle und das innerste Heiligtum Roms. Erst viel später, unter der Herrschaft von Innozenz III., entstand die Idee, innerhalb dieser Anlage ein Haus für den Papst zu errichten. Derselbe große Papst gründete das riesige Krankenhaus Santo Spirito – an der Stelle eines früheren Hospizes für die Armen, entweder innerhalb oder in der Nähe seiner Mauern. So wurde es zur Unterkunft des Papstes und der kaum weniger heiligen Kranken und Leidenden sowie zum heiligsten und höchsten aller christlichen Heiligtümer. Wären wir sehr genau, ließe sich leicht beweisen, dass fast jeder Papst etwas zur Existenz und Ausstattung der leonischen Stadt, dem „ *imperium in imperio* ", *beitrug* ; und ganz besonders, wie selbstverständlich, die große Basilika.

Der kleine Palazzo di San Pietro in der Nähe von St. Angelo, der Festung und dem sichersten Aufenthaltsort in Gefahr, wurde nach seiner Rückkehr aus Avignon vom Hof besetzt und wurde wahrscheinlich dann zur offiziellen Residenz der Päpste; allerdings scheint es in dieser Hinsicht seit einiger Zeit einen beträchtlichen Spielraum gegeben zu haben. Anschließend zog Papst Martin in den Apostelpalast. Ein anderer Päpste zog allen anderen den großen Palazzo Venezia vor, den er erbaut hatte; aber der Name des Vatikans wurde fortan als Titel des päpstlichen Hofes übernommen. Die Vergrößerung und Verschönerung dieses Palastes wurde so natürlich zum großen Ziel der Päpste, und es wurde an nichts gespart. Es steht in jedem Leistungsnachweis an erster Stelle, auch wenn andere wichtige Arbeiten zu beschreiben sind. „Nicolas", sagt Platina, „ baute prächtig sowohl im Vatikan als auch in der Stadt. Er baute die Kirchen St. Stefano Rotondo und St. Teodoro wieder auf", wobei die ehemals interessanteste Kirche auf den Fundamenten eines runden Gebäudes errichtet wurde aus der klassischen Zeit soll, wie uns Herr Hare erzählt, zum antiken Fleshmarket gehört haben , wie wir sagen würden, dem Macellum Magnum. S. Teodoro ist ebenfalls ein *Rotondo* . Es scheint, dass es im 15. Jahrhundert unterschiedliche Meinungen über den Erfolg dieser Restaurierungen gab, wie sie unter uns bei fast jedem Werk derselben Art bestehen. Ein gewisser „berühmter Architekt", Francesco di Giorgio di Martino aus Siena, war damals in der Welt unterwegs, ein Mann, der seine Meinung äußerte. „ *Hedifitio ruinato* ", sagt er über St. Stefano, mit gleicher Missachtung der Rechtschreibung und der Manieren. „Wiederaufgebaut", fügt er hinzu, „von Papst Nikolaus; aber viel verdorbener:" Das ist so etwas, wie wir jetzt von den einst vielgepriesenen Restaurierungen von Sir Gilbert Scott hören. Unser Papst „machte auch ein bleiernes Dach für Sta." Maria Rotonda mitten in der Stadt, von M. Agrippa als Tempel für alle Götter erbaut und Pantheon genannt Sein Bau dieser runden Tempel hatte irgendeine Bedeutung, wir haben keine Informationen. Vielleicht hatte Nikolaus eine besondere Bewunderung für das feierliche und schöne Pantheon, mit dem wir voll und ganz sympathisieren. Die Frage ist zu unbedeutend, als dass man sie untersuchen könnte. Dennoch ist sie merkwürdig auf seine Weise.

Diese wurden jedoch, obwohl sie von Platina besonders ausgezeichnet wurden, nur ein Tropfen auf den heißen Stein angesichts der zahllosen Unternehmungen von Papst Nikolaus in der ganzen Stadt; und alle diese wiederum waren an Bedeutung geringer als die großen Werke im Petersdom und im Vatikan, an denen seine Vorgänger jeweils während ihrer Zeit Hand angelegt hatten. „Im Vatikan", sagt Platina, „baute er jene Gemächer des Papstes, die bis heute zu sehen sind: und er begann mit der Mauer des Vatikans, groß und hoch, mit ihrer unglaublichen Tiefe des Fundaments und hohen Türmen." , um den Feind auf Distanz zu halten, so dass weder die Kirche St. Peter (wie es bereits mehrmals geschehen war) noch der Palast des

Papstes jemals geplündert werden sollten. Er begann auch mit der Tribüne der Kirche St. Peter, damit die Kirche mehr Menschen fassen und prächtiger sein könnte. Er baute auch die Ponte Molle wieder auf und errichtete in der Nähe der Thermen von Viterbo einen großen Palast. Mit viel Geld baute er viele Teile der Stadt und reinigte alles die Straßen." Auch in anderer Hinsicht waren seine Geschenke an seine geliebte Kirche und Stadt großartig: „Vasen aus Gold und Silber, mit Edelsteinen geschmückte Kreuze, reiche Gewänder und kostbare Wandteppiche, gewebt mit Gold und Silber, und die Mitra des Pontifikats, die seine Großzügigkeit demonstrierten . " ." Er war es, der als Erster eine zweite Krone auf die Mitra setzte , die bis zu diesem Zeitpunkt nur einen Reif trug. Die vollständige Tiara mit den drei Kronen wurde in einer späteren Regierungszeit übernommen.

Auch die beiden vorherigen Päpste, seine Vorgänger, waren großartig in ihren Errungenschaften für die Kirche dieser Art; Beide waren neugierig auf die Arbeit der Goldschmiede, die dann ihre prächtigste Entwicklung erlebte, und auf ihre Sammlungen von Edelsteinen. Das wertvolle Werk von M. Muntz , *Les Arts à la cour des papes* , ist reich an Details dieser prächtigen Juwelen. Tatsächlich scheinen uns seine nüchternen Aufzeichnungen über die tägliche Arbeit und ihre Bezahlung wie durch die Berührung eines Zauberstabs von einer geschäftigen Szene in eine andere zu versetzen, als wäre Rom plötzlich zum turbulenten und müßigen, voller zielloser, hin und her eilender Menschen geworden ein Bienenstock voller energischer Arbeiter und dem Lärm fröhlicher Arbeit , sowohl draußen in der Sonne, wo die Maurer lautstark arbeiteten, als auch in manchen Werkstätten, in denen die feinsten und genialsten Künste betrieben wurden. Endlich tauchten römische Künstler inmitten der Schar der Florentiner auf, und die ganze Welt schien sich in eine große *Bottega* voller Reichtümer und Seltener zu verwandeln .

Die größte aller Vorstellungen von Papst Nikolaus jedoch, das eigentliche Zentrum seines großen Plans, war die Bibliothek des Vatikans, mit deren Bau er begann und der er alle Sammlungen seines Lebens hinterließ. Vespasian gibt uns eine Liste der wichtigsten dieser 5.000 Bände, der Dinge, die er am meisten schätzte und die der Papst der Kirche und Rom vermachte. Diese geschätzten Pergamentrollen, von denen viele unter seinen eigenen Augen Übersetzungen waren, waren in kunstvollen, mit Gold und Silber verzierten Einbänden eingeschlossen. Wir sind jedoch nicht darüber informiert, ob einer der großen Schätze der Vatikanischen Bibliothek aus seinen Händen stammte — der gute Vespasian interessierte sich mehr für die Arbeit seiner Schriftgelehrten als für Codexe . Er erzählt uns von 500 Scudi, die Lorenzo Valle gegeben wurden, mit einer hübschen Ansprache, dass der Preis unter seinen Verdiensten liege, er aber letztendlich eine großzügigere Bezahlung erhalten sollte; von 1.500 Scudi, die Guerroni für eine Übersetzung der Ilias gegeben wurden , und so weiter. Es ist, als würde ein Buchhändler von heute seine neuen Ausgaben einem Sammler präsentieren, der auf der Suche nach den ältesten bekannten Ausgaben ist. Aber Papst Nikolaus beherrschte, wie die meisten anderen Gönner seiner Zeit, kein Griechisch und erwartete wahrscheinlich auch nie, dass es zu einem üblichen Studienfach werden würde, so dass seine Übersetzungen für ihn wertvoll waren, da sie die wichtigste Möglichkeit waren, seine Schätze praktisch nutzbar zu machen .

SANTA MARIA DEL POPOLO.

Der größte Teil leider! All diese Pracht ist vergangen. Ein reiner und vollkommener Glanz, die kleine Kapelle von San Lorenzo, die von der zarten Hand von Fra Angelico bemalt wurde, bleibt unversehrt und das einzige Werk dieses großen Malers, das in Rom gefunden wurde. Wenn man dem guten Papst, dem Förderer und Freund der Kunst in jeder Form, ein Denkmal hätte aussuchen können , es hätte kein besseres Denkmal geben können. Fra Angelico scheint von Papst Eugenius nach Rom gebracht worden zu sein, aber unter Nikolaus wurde die Arbeit in zwei oder drei Jahren sanfter Arbeit erledigt . Es ist jedoch unmöglich, alle Unternehmungen von Papst Nikolaus aufzuzählen. Er unternahm etwas, um fast alle großen Basiliken wiederherzustellen oder zu schmücken. Es wird befürchtet – aber hier sprechen unsere späteren Historiker mit angehaltenem Atem, da sie nicht gern eine solche Anschuldigung gegen den gütigen Papst erheben, der Literaten liebte –, dass die Zerstörung des Petersdoms, die später von nachfolgenden Päpsten rücksichtslos durchgeführt wurde, in seiner Verantwortung lag Plan: unter dem so ständig genutzten und möglicherweise geglaubten Vorwand der Instabilität des alten Gebäudes. Aber es gibt keine absolute Beweissicherheit, und auf jeden Fall hätte er Buße tun können, denn er hat diese Tat sicherlich nicht getan. Er begann jedoch mit der Tribüne in der alten Kirche, was möglicherweise eine Vorbereitung für die gesamte Erneuerung des Gebäudes gewesen sein könnte; und er trug viel zur Dekoration einer anderen runden Kirche bei, der Madonna delle Febbre , ein unheilvoller Name, der mit dem Vatikan verbunden ist. Er baute auch das Belvedere in den Gärten und umgab das Ganze mit starken Mauern und Türmen (rund), von denen einer laut Nibby noch vor fünfzig Jahren stand; was sehr wenig von Nicolas' Gebäude bewirkt hat. Seine große Sünde war eine, die er mit allen seinen Mitpäpstlichen Brüdern teilte, nämlich dass er die antiken Ruinen der Stadt kühn als Steinbrüche für seine neuen Gebäude nutzte, nicht ohne den Protest und den Protest vieler, aber doch mit der Ruhe eines beschäftigten und sehenden Geistes Nichts war so groß und wichtig wie die Arbeit, auf die sein eigenes Herz gerichtet war.

Dieser ausgezeichnete Papst starb 1455, kurz nachdem er die Nachricht vom Untergang Konstantinopels erhalten hatte, der ihm das Herz gebrochen haben soll. Er hatte viele Krankheiten und war immer ein kleiner und dürrer Mann von geringer körperlicher Verfassung; Aber „nichts fesselte sein Herz so sehr, als zu hören, dass der Türke Konstantinopel eingenommen und die Europäer mit vielen Tausend Christen getötet hatte", darunter derselbe „Imperadore de Gostantinopli " , den er im Staatsrat auf dem Konzil von Ferrara hatte sitzen sehen Er hörte sich nur wenige Jahre zuvor seine eigenen und andere Argumente an – und zweifellos auch den größten Teil seiner eigenen klerikalen Gegner dort. Als er im Sterben lag, „da er nicht weniger stark im Geiste war", rief er die Kardinäle und viele Prälaten mit ihnen an sein Bett und hielt ihnen eine letzte Ansprache. Sein Pontifikat hatte etwas mehr als acht Jahre gedauert, und dass er so wenig von seinem großen Plan umgesetzt hatte, muss ihm schwer auf dem Herzen gelegen haben; aber seine letzten Worte sind die eines Menschen, dem die Heiligkeit und Einheit der Kirche vor allem galt. Zweifellos beschäftigte ihn in dieser feierlichen Stunde zuerst die Angst, dass die siegreichen Türken die gesamte Christenheit ruinieren könnten.

„„Da ich weiß, meine liebsten Brüder, dass ich mich der Stunde meines Todes nähere, möchte ich für die größere Würde und Autorität des Apostolischen Stuhls vor Ihnen ein ernstes und wichtiges Testament abgeben, das nicht dem Gedächtnis von Briefen gewidmet ist, nicht geschrieben, weder auf einer Tafel noch auf Pergament, sondern von meiner lebendigen Stimme gegeben, damit sie mehr Autorität hat. Hören Sie, ich bitte Sie, während Ihr kleiner Papst Nikolaus (Papa Niccolajo) im Augenblick des Sterbens vor Ihnen seinen letzten Willen macht . An erster Stelle danke ich dem höchsten Gott für die unermesslichen Wohltaten, die ich vom Tag meiner Geburt an bis zum heutigen Tag aus seiner unendlichen Barmherzigkeit erhalten habe. Und jetzt empfehle ich Ihnen diese wunderschöne Braut Christi, Ich habe sie, soweit es mir möglich war, gepriesen und gepriesen, wie jeder von euch wohl weiß, in dem Wissen, dass dies zur Ehre Gottes geschieht , wegen der großen Würde, die ihr innewohnt, und der großen Privilegien, die sie besitzt, und so würdig und geformt von einem so würdigen Autor, der der Schöpfer des Universums ist. Da ich geistig und geistig gesund bin und das getan habe, wozu jeder Christ, insbesondere der Hirte der Kirche, berufen ist, habe ich den heiligsten Leib Christi mit Reue empfangen, ihn mit meinen beiden Händen von seinem Tisch genommen und gebetet den allmächtigen Gott, dass er meine Sünden vergeben würde. Nachdem ich diese Sakramente empfangen habe, habe ich auch die letzte Salbung empfangen, die das letzte Sakrament zur Erlösung meiner Seele ist. Nochmals empfehle ich Ihnen, solange ich kann, die römische Kirche, ungeachtet dessen, dass ich dies bereits getan habe; denn dies ist die wichtigste Pflicht, die du vor Gott und den Menschen erfüllen musst. Dies ist der wahre Bräutigam Christi, den er mit seinem Blut erkauft hat. Dies ist das Gewand ohne Naht, das die gottlosen Juden zerrissen hätten, es aber nicht konnten. Dies ist das Schiff des heiligen Petrus, Fürst der Apostel, bewegt und hin und her geworfen von den verschiedenen Schicksalen der Winde, aber getragen vom allmächtigen Gott, so dass es niemals untergehen oder Schiffbruch erleiden kann. Unterstützen Sie sie mit der ganzen Kraft Ihrer Seelen und beherrschen Sie sie: Sie braucht Ihre guten Werke, und Sie sollten durch Ihr Leben ein gutes Beispiel geben. Wenn du dich mit all deiner Kraft um sie kümmerst und sie liebst, wird Gott dich sowohl in diesem gegenwärtigen Leben als auch in der Zukunft mit ewigem Leben belohnen; Und um dies mit aller Kraft zu tun, die wir haben, bitten wir Sie: Tun Sie es fleißig, liebste Brüder.

„Nachdem er dies gesagt hatte, erhob er seine Hände zum Himmel und sagte: ‚Allmächtiger Gott, gib der Heiligen Kirche und diesen Vätern einen Hirten, der sie bewahren und vermehren wird; gib ihnen einen guten Hirten, der deine Kirche regieren und regieren wird.‘ „Herde so reif, dass man regieren und regieren kann. Und ich bete für euch und tröste euch, so viel ich weiß und kann. Betet für mich zu Gott in euren Gebeten." Als er diese Worte beendet hatte, hob er seinen rechten Arm und spendete mit großzügiger Seele den Segen: Benedicat vos Deus, Pater et Filius et Spiritus Sanctus — sprechend mit erhobener Stimme und feierlich, *in modo Pontificale* .

Giannozzo , dem Lieblingsschreiber , niedergeschrieben Manetti , in der Kammer des sterbenden Papstes: mit viel mehr der ernstesten Angelegenheit für die Kirche und für Rom. Sein eifriger Wunsch, alle möglichen Kontroversen zu mildern und in den Köpfen des Konklaves um sein Bett,

das so voller Ehrgeiz und Lebenskraft ist, das weiche Herz zu erzeugen, das
sie zu einer friedlichen und gewissenhaften Wahl seines Nachfolgers bereiten
würde, ist sehr rührend Ich komme aus den Nebeln und Nebeln des
nahenden Todes.

In der Zeit, die die Borgias hervorbrachte und er selbst das Oberhaupt dieser
Gruppe eleganter Gelehrter und Kenner war, alles andere als christlich,
denen Rom so viel von seiner äußeren Schönheit und Pracht verdankt, ist es
erbärmlich, diesem freundlichen und sanften Geist zur Seite zu stehen
Während er an der Schwelle zu einem höheren Leben innehält und die klugen
und weltlich gesinnten Kirchenmänner um ihn herum mit dem zärtlichen
Appell des sterbenden Vaters, ihres Papa Niccolajo , unterwirft, vertraut und
überzeugend, der sie anfleht, einig zu sein, ohne es auch nur zu sagen Er
nutzte seine eigene Schwäche aus, um ihre Herzen zu berühren, zur Ehre der
Kirche und zum Wohl der Herde.

MODERNE ZERSTÖRUNG EINES PALASTES.

KAPITEL II.
CALIXTUS III. – PIUS II. – PAUL II. – SIXTUS IV.

Selbst in den strengsten Erbmonarchien ist es nicht ungewöhnlich, dass die Politik eines Herrschers von seinem Nachfolger völlig widersprochen und verärgert wird. und es ist noch natürlicher, dass so etwas in einer Reihe von Menschen geschehen sollte, die unähnlich und unverbunden untereinander sind, wie es die Päpste waren; aber der Unterschied war größer als gewöhnlich zwischen Nikolaus und Calixtus III., dem nächsten Bewohner des Heiligen Stuhls, gewählt 1455, gestorben 1458, der ein alter Mann und Spanier war und weder Bücher noch Bilder noch etwas Neues liebte Künste, die (wie viele glaubten) Papst Nikolaus verzaubert und ihn dazu verführt hatten, den Schatz des Papsttums für unnötige Gebäude und noch unnötigere Dekorationen zu verschwenden. Calixtus war ein Borgia, der als erster den Schrecken dieses Namens einführte: aber er war an sich keine schädliche Persönlichkeit. „Er gab wenig für den Bau aus", sagt Platina, „denn er lebte nur kurze Zeit und sparte sein ganzes Geld für das Unternehmen gegen die Türken", ein Unternehmen, das nach dem Fall Konstantinopels sehr real und notwendig geworden war ; die jedoch nicht mehr von der Romantik und dem Gefühl der Kreuzzüge inspiriert war, obwohl aufeinanderfolgende Päpste ihr Bestes taten, um die Christenheit für dieses Thema zu sensibilisieren. Der alte spanische Kardinal stürzte sich mit der ganzen Inbrunst seines Wesens hinein, das besser als viele andere den Mut des Mauren kannte. Seine kurze Amtszeit war ausschließlich damit beschäftigt. Es wurde ein wenig gebaut, woran man nichts ändern konnte: Man musste immer auf die Mauern achten; aber die Schriftgelehrtenarmee von Papst Nikolaus wurde kurzerhand ausgeschaltet; die Ateliers waren geschlossen, die Künstlerleute wandten sich ihrem Geschäft zu; Allen großen Werken wird ein Ende gesetzt. Schlimmer noch – denn Calixtus stellte eine kurzlebige Unterbrechung dar und hätte den Fortgang der Ereignisse vielleicht nur für etwa drei Jahre oder so aufhalten können –, dass der große Plan von Papst Nikolaus, der so vollständig war, außer Sichtweite geriet und verloren ging der Schwebezustand guter Absichten. Seine Arbeiter wurden zerstreut und die Mode, an die er die Welt gewöhnt hatte, veränderte sich. Es wurde erst nach mehreren Generationen ernsthaft wieder aufgenommen und nie ganz in den großen Linien, die er dargelegt hatte. Auch der neue Papst bekam seinen Kreuzzug nicht, was vielleicht besser gewesen wäre. Doch Calixtus war eine Person *assai generoso* , erzählt uns Platina; jedenfalls bekleidete er seinen großen Posten nur für sehr kurze Zeit.

Sein Nachfolger, Pius II., 1458, war hingegen ein Mann, der durchaus die höchsten Ziele hätte erben können. Er ist fast besser bekannt als Eneas Silvius, ein berühmter Reisender und Schriftsteller – nicht der übliche

Bauernmönch ohne Nachnamen wie so viele, sondern einer der Piccolomini von Siena, einem großen Haus, wenn auch zu seiner Zeit zerstört oder teilweise zerstört. Er war ein Mann, der viel gereist war und an allen Höfen bekannt war; einst jung, ketzerisch, abenteuerlustig und bereit, alle Autoritäten zu stürzen, das Leben und die Seele jenes berühmten Konzils von Basel, das es sich zur Aufgabe machte, Papst Eugenius abzusetzen; doch nicht lange nachdem dieser Ausbruch unabhängiger Jugendlichkeit und Energie vorüber war, finden wir ihn in den höchsten Ämtern wieder, den Legaten von Eugenius und einen sehr aufstrebenden, aber immer heftig bekämpften Kardinal. Er war es, der im Namen des Papstes in ein abgelegenes und unbekanntes kleines Land namens Schottland reiste, um dort die Angelegenheiten zu regeln; und fand die Menschen sehr wild, sie gruben Steine aus der Erde, um daraus Feuer zu machen; aber sie hatten reichlich Fisch und Fleisch und fühlten sich im Großen und Ganzen überraschend wohl. Er war einer der fähigsten Männer, die jemals auf dem päpstlichen Thron gesessen haben, aber zu vernünftig, zu gemäßigt, zu natürlich für diese Position. Er liebte Literatur, oder zumindest liebte er Bücher, was nicht immer dasselbe ist, und er selbst schrieb sehr viele Bücher zu verschiedenen Themen; und er hatte das Glück, die Historikerin der Päpste, Platina – unsere Führerin, von der wir uns gewünscht hätten, dass sie für immer leben würde – als seine Bibliothekarin zu haben, die alle Marmorgräber der Welt und alle Epitaphien eines Mannes wert war wen er mochte, und schlimmer als jeder heidnische Eroberer gegenüber dem Mann, der ihm gegenüber unfreundlich war.

Platina gibt uns einen wunderschönen Charakter von Papst Pius. Er ist sehr nachsichtig gegenüber den Fehlern seiner Jugend, wie es tatsächlich die meisten Historiker gegenüber später großen Persönlichkeiten sind, und findet in ihren Kleinigkeiten, wie wir annehmen, eine willkommene und malerische Abwechslung zu den Vollkommenheiten, die einen Papst ausmachen. Doch Pius II. war nie zu perfekt. Er war ein Mann, der die Enge eines Hofes nicht mochte und die frische Luft liebte, in seinem Garten Audienz gab und seine bescheidene Mahlzeit beim Plätschern eines Brunnens oder im Schatten der Bäume einnahm. Er liebte Witze und Witze und schenkte sogar lächerlichen Dingen und der hervorragenden Mimik eines gewissen Florentiners Gehör, der die Höflinge und andere absurde Personen „ausschaltete" und seine Heiligkeit zum Lachen brachte. Und er war hastig im Temperament, aber er hegte keine Bosheit und schenkte den bösen Gerüchten, die über ihn erhoben wurden, keine Beachtung. „Er bestrafte nie diejenigen, die schlecht über ihn redeten, indem er sagte, dass in einer freien Stadt wie Rom jeder frei sagen sollte, was er dachte." Er hasste Lügen und Geschichtenerzähler und führte nie Krieg, es sei denn, er wurde dazu gezwungen. Wann immer er von den Strapazen des Geschäftslebens befreit war, vergnügte er sich mit Lesen oder Schreiben. „Bücher waren ihm lieber als Saphire oder Smaragde", sagt Platina, mit einem scharfsinnigen Blick auf seinen Nachfolger Paul, wie wir später sehen werden, „und er pflegte zu sagen, dass seine Chrysolithe und andere Juwelen alles waren." in ihnen eingeschlossen." Er nahm nie eine Mahlzeit allein ein, wenn er es vermeiden konnte, liebte aber einen lebhaften Begleiter und veranstaltete, wie wir bereits sagten, seine kleinen Feste in seinem Garten, was die empörten Höflinge sehr schockierte, die erklärten, dass kein anderer Papst so etwas jemals getan habe ; um die sich Papst Pius überhaupt nicht kümmerte. Er schrieb über alle möglichen Themen; von einer Grammatik, die er für den kleinen König von Ungarn verfasste, über Geschichten verschiedener Königreiche bis hin zu philosophischen Abhandlungen. Tatsächlich ähnelt die Liste seiner Themen einer Reihe populärer Vorlesungen unserer Zeit. „Er schrieb viele Bücher im Dialog – über die Macht des Basler Konzils , über die Quellen des Nils, über die Jagd, über das Schicksal, über die Gegenwart Gottes." Wäre er Dozent für Universitätserweiterung gewesen, hätte er kaum vielseitiger sein können. Und er schrieb hauptsächlich über den Frieden, nicht weniger als zweiunddreißig Reden „über den Frieden der Könige, die Eintracht der Fürsten, die Ruhe der Nationen, die Verteidigung der Religion und die Ruhe der Welt". Als Papst Pius seine Reden hielt und sammelte, herrschte weder Frieden unter den Königen, Eintracht unter den Fürsten noch Ruhe unter den Nationen. Sie hätten eine umso größere Wirkung haben sollen; aber wir befürchten, dass er ein zu kluger Mann war, um großen Glauben an ein unmittelbares Ergebnis zu haben. Sein größtes Werk waren jedoch seine *Kommentare* , eine erweiterte und philosophische Studie seiner eigenen Zeit, die er nicht lange genug lebte, um sie fertigzustellen.

Dieser Pontifex setzte die Arbeit seines Vorgängers mehr oder weniger fort, jedoch ohne großen Eifer dafür. „Er sammelte Manuskripte, aber mit Diskretion; er baute, aber in Maßen", sagt Bischof Creighton. Platina erzählt uns mit mehr Herzlichkeit, dass „er große Freude am Bauen hatte", aber er scheint sich auf seine unmittelbare Umgebung beschränkt zu haben und an der Verbesserung des Petersdoms zu arbeiten, eine Kapelle zu bauen, eine Statue aufzustellen und Restaurierungen durchzuführen die große Treppe, die damals wie heute zum Portikus führte, den frühere Päpste geschmückt hatten; und ein wenig zur Verteidigung und Dekoration des Vatikans beizutragen. Er wird verdächtigt, eine Vorliebe für den gotischen Stil in der Architektur gehabt zu haben, der die römischen *Dilettanten sehr schockierte* ; und drückte sicherlich mit Begeisterung seine Bewunderung für einige der großen Kirchen in Deutschland aus. Ein großartiges architektonisches Werk, das er geleistet hat, aber nicht in Rom. Es befand sich im Hauptsitz seiner Familie in Siena und insbesondere in der kleinen angrenzenden Stadt Corsignano , wo er geboren wurde, einem dieser kleinen befestigten Dörfer, die so viel zur Schönheit Italiens beitragen. Er verschönerte diesen kleinen

Ort mit wunderschönen Gebäuden und vergaß seine angeborene Weisheit und Klugheit in der Torheit jenes engstirnigen, aber intensiven Patriotismus, der den Italiener an seine Heimatstadt band und sie in seinen Augen zur Freude der ganzen Welt machte. Es verleiht seinem interessanten Charakter umso mehr Reiz, dass er zu einer solchen Torheit fähig gewesen sein sollte; allerdings nicht, dass er den Namen in Pienza hätte ändern sollen , eine Widerspiegelung seines eigenen päpstlichen Namens.

Damit haben wir jedoch nichts und überhaupt nicht viel mit dem großen Piccolomini zu tun , obwohl er eine der interessantesten und sympathischsten Figuren ist, die jemals auf dem päpstlichen Thron gesessen hat. Sein Tod war ein seltsamer und schmerzhafter Abschluss eines Lebens voller Arbeit, voller bewundernswerter Vernunft und Intelligenz ohne Übertreibung oder Vorspiegelung . Er folgte der Politik seiner Vorgänger und wollte einen Kreuzzug einleiten, der vielleicht energischer gefordert wurde als alle vorangegangenen, da Konstantinopel nun in die Hände der Türken gefallen war und man glaubte, die Christenheit sei in Gefahr. Man kann sich kaum vorstellen, dass dieser große Beobachter und Beobachter menschlicher Angelegenheiten sein ganzes und aktives Leben von diesem Unterfangen in Anspruch nehmen sollte ; wir können uns auch nicht vorstellen, dass dieser große Zuschauer und Beobachter menschlicher Angelegenheiten von Angst vor einer Gefahr erfüllt war, vor der die zivilisierte Welt so sehr stand nachlässig: aber am Ende seines Lebens scheint er es mit tragischem Ernst aufgenommen zu haben, vielleicht aus Reue wegen früherer Gleichgültigkeit. Der Impuls, der einst ganze Nationen dazu bewegte, das Kreuz auf sich zu nehmen, war erloschen; und nicht einmal der Anblick der wunderschönen Metropole des östlichen Christentums fiel in die Hände der Ungläubigen, und ein so prächtiger christlicher Tempel wie die Hagia Sophia, der in eine Moschee verwandelt wurde, hatte die Kraft, Europa aufzurütteln. Der König von Ungarn war der einzige Monarch, der in dieser Angelegenheit echte Energie zeigte, da er sich in seiner eigenen Sicherheit gefährdet fühlte , und aus demselben Grund war Venedig die einzige große Stadt; und außer in diesen Gegenden hatten die Vorwürfe und Bitten von Pius keinen Erfolg. Unter diesen Umständen rief der Papst seinen Hofstaat an und verkündete ihnen den Plan, den er entworfen hatte, ein höchst unwahrscheinlicher Plan für einen solchen Mann, aber durchaus möglich, wenn in der Vergangenheit ein reumütiges Gefühl der Nachlässigkeit vorhanden war. Der Herzog von Burgund hatte versprochen zu gehen, wenn sich ihm ein anderer Prinz anschließen würde. Der Papst beschloss, dass er selbst dieser Fürst sein würde, wenn es keinen anderen gäbe. Obwohl er alt und krank und kein Krieger war und vielleicht nur wenig von dem Eifer besaß, der eine solche Hingabe möglich macht, würde er selbst losziehen, um die Ungläubigen abzuwehren. „Wir werden nicht kämpfen“, sagte er mit stockender Stimme. „Wir werden diejenigen nachahmen, die auf dem Berg beteten, als Israel gegen Amalek kämpfte. Wir werden am Bug unseres Schiffes oder auf einem Hügel stehen und mit der heiligen Eucharistie vor unseren Augen von unserem Herrn den Sieg für uns erbitten. " Soldaten." Nach einer Pause der Besorgnis und des Erstaunens stimmten die Kardinäle zu und es wurden alle möglichen Vorbereitungen getroffen. In der gesamten Christenheit wurde bekannt gegeben, dass der Papst zu einem bestimmten Zeitpunkt von Ancona abreisen sollte und dass jeder , der für die Reisekosten aufkommen konnte, ihn dort treffen sollte. Er lud den alten Dogen von Venedig ein, sich ihm und dem Herzog von Burgund, ebenfalls einem alten Mann, anzuschließen. „Wir werden drei alte Männer sein", sagte er, „und unsere Dreieinigkeit wird von der Dreieinigkeit des Himmels unterstützt." Eine Art Erhabenheit lag in der Andeutung, eine Erhabenheit, die fast an der Grenze des Lächerlichen zitterte; denn das Unternehmen entsprach nicht mehr dem Zeitgeist, und alles bestand aus Zögern und Schwierigkeiten. Eine bunte Schar strömte nach Ancona, wohin der Papst, sehr leidend, in seiner Sänfte getragen wurde, völlig ungeeignet für eine lange Reise; aber die meisten von ihnen hatten kein Geld und mussten zurückgeschickt werden; und die venezianischen Galeeren, die mit dem Transport der Zurückgebliebenen beauftragt waren, trafen erst ein, als die Pilger lange gewartet hatten, und waren durch Verzögerung und Verwirrung erschöpft. Sie kamen schließlich ein oder zwei Tage vor dem Tod von Papst Pius an, als er sich nicht mehr bewegen konnte – und mit seinem Tod zerfiel der unglückselige Kreuzzug und man hörte nichts mehr von ihm. Es war das seltsamste Ende, in einer Begeisterung, die auf ängstlicher Berechnung beruhte, eines Mannes, der nie ein Enthusiast war, dessen Augen immer zu klarsichtig waren, um sich von Gefühlen leiten zu lassen, eines Mannes der Schrift und des Denkens, eher als von romantisch- feierlichen Unternehmungen oder dem Eifer eines Märtyrers. Es besteht kein Zweifel daran, dass er eine Art Märtyrer der festen Überzeugung war, dass eine Gefahr die Christenheit bedrohte, und der verlorenen Hoffnung, sie abzuwehren.

Pius II. wurde 1464 von Paul II. abgelöst, der ebenfalls auf seine Weise ein Mann von überdurchschnittlichen Fähigkeiten und Ansehen war. Er war ein Venezianer, der Neffe des letzten venezianischen Papstes Eugenius; und er war es, der zunächst den schönen Palast baute, der heute noch Palazzo Venezia genannt wird und mit dem alle Besucher Roms so gut vertraut sind. Es wurde für seine eigene Residenz während seines Kardinals errichtet und blieb sein Lieblingswohnsitz , ein Wohnsitz, der, wie wir sagen, immer noch viel mehr im Zentrum von allem lag als der abgelegene und stattliche Vatikan. Der Leser wird sich leicht an die imposante Erscheinung dieses schönen Gebäudes erinnern, das am Ende der geraden Straße liegt – der Hauptstraße in Rom – und in dem die vielen Rennen ausgetragen wurden, die Teil des Karnevals waren, einer neuen Einrichtung zur Zeit von Papst Paul. Die

Straße wurde daher Corso genannt; und es ist noch nicht lange her, dass das letzte dieser Rennen, ein Rennen mit Pferden ohne Reiter, abgeschafft wurde. Der Palazzo Venezia beherrschte von seinen Fenstern aus die lange, gerade Straße und alle Launen und Wunder der Stadt, an denen der Papst Gefallen fand. Es war Paulus' Schicksal, sich zum unversöhnlichen Feind der oft verachteten, aber – was den Platz in der Geschichte eines Papstes oder Königs anbelangt – einer überaus wichtigen Klasse von Schriftstellern zu machen, deren Beibehaltung für einen souveränen Pontifex in der Tat lächerlich vorgekommen sein muss Bedingungen mit, aufgrund jeglicher Macht in ihren Händen. Aber das war eine kurzsichtige Schlussfolgerung, die der Weisheit eines Papstes unwürdig war. Und das Ergebnis der Misshandlung des Historikers Platina durch den Papst, dem wir so viel zu verdanken haben, insbesondere für das Leben der Päpste, die seine Zeitgenossen waren, hat zu einem dauerhaften Stigma in seinem Charakter geführt, das die Untersuchungen unparteiischer Kritiker belegen Erkenntnisse aus späterer Zeit erwiesen sich teilweise als unbegründet, wurden aber bis vor Kurzem von allen akzeptiert. Auf diese Weise verfügt ein Schriftsteller über eine nahezu absolute Macht. Wir haben in unserer Zeit ein auffälliges Beispiel dafür in der Behandlung des Lebens von Thomas Carlyle durch Herrn Froude gesehen. Zahlreiche Freunde Carlyles protestierten sofort gegen die Ansicht seines Biographen ; aber sie taten dies auf vergängliche Weise – in der periodischen Literatur, deren Natur es ist, zu sterben, nachdem sie ausgedient hat – während ein Buch bestehen bleibt. Sehr wahrscheinlich protestierten viele Freunde von Papst Paulus gegen den kühl-wilden Bericht über sein Leben, den der gekränkte und rachsüchtige Autor gab; Aber erst vor Kurzem, in der Ruhe der großen Entfernung, kamen die Menschen – wohlwollend gegenüber Papst Paul II. – zu der Annahme , dass Platinas Vorbehalte möglicherweise nicht wahr seien.

Platina hatte jedoch große Provokationen. Er war einer der Schüler der berühmten Schule der Humanisten, der damals neuen Schule des Lernens, der Literatur und der Kritik, die unter dem Papsttum und der Schirmherrschaft von Papst Nikolaus V. entstanden war und weiter existierte, wenn auch mit weniger Ermutigung. unter seinen Nachfolgern. Pius II. Er war nicht wie Nicolas ihr Gönner gewesen, aber er war ihnen gegenüber nicht feindselig eingestellt, und sein Geschmack passte irgendwie zu ihrer Arbeit. Aber Paulus blickte kalt auf die Gruppe verächtlicher Gelehrter, die sich zu einer Akademie gemacht hatten, und äußerte sich viel über klassische Beispiele und die Überlegenheit der Antike. Er hatte keine Probleme mit der Literatur, überzeugte sich jedoch davon, dass die Akademie, die unter klassischen Namen redete und maskierte und mit gefährlichen Freiheitstheorien und Kritik an öffentlichen Vorgängen spielte, ein Nest von Verschwörern und Ketzern war, die gegen ihn planten. Es gab keinerlei Grundlage für seine Befürchtungen, aber das spielte in jenen Tagen der Willkür keine Rolle. Dies ist Platinas eigene Darstellung der Angelegenheit:

„Als Pius tot war und Paulus an seiner Stelle erschaffen hatte, hatte er kaum die Schlüssel des Petrus in seinen Händen, als er daran ging – sei es aufgrund eines Versprechens, dies zu tun, oder weil ihm die Beschlüsse und Verfahren von Pius verhasst waren Er entließ alle von Pius gewählten Beamten mit der Begründung, sie seien nutzlos und unwissend (wie er sagte), und beraubte sie ihrer Würde und ihres Einkommens, ohne ihnen zu erlauben, ein Wort zu ihrer eigenen Verteidigung zu sagen, obwohl sie Männer waren, die für sie zuständig waren Gelehrsamkeit und Lehre waren von allen Enden der Welt zusammengekommen und durch die Verheißung großer Belohnung an den Hof von Rom gelockt worden. Das College war voll von Literaten und tugendhaften Personen, die sowohl göttliche als auch menschliche Gesetze kennengelernt hatten. Unter ihnen Sie waren Dichter und Redner, die dem Hofstaat nicht weniger Schmuck gaben, als sie von ihm erhielten. Paulus schickte sie alle als Unfähige und Fremde weg und beraubte sie aller Dinge, obwohl diejenigen, die ihre Ämter gekauft hatten, sie behalten durften. Jene der am meisten litt, versuchte, ihn von dieser Absicht abzubringen, und ich, einer von ihnen, bat inständig darum, dass unsere Sache dem Richter der Rota übergeben werden möge. Dann richtete er seinen wütenden Blick auf mich. „Also", sagte er, „würden Sie gegen die Entscheidung, die wir getroffen haben, bei anderen Richtern Berufung einlegen!" Wisst ihr nicht, dass alle Gerechtigkeit und alle Gesetze in der Schatulle unseres Herzens liegen? So will ich es haben. Auf geht's, alle! denn was auch immer Sie wünschen, ich bin Papst und kann nach meinem Belieben machen und wieder aufheben."'

Nachdem sie diese entschlossene Geltendmachung ihres Rechts vernommen hatten, zogen sich die vertriebenen Gelehrten zurück, vertraten aber weiterhin ihre Sache durch dringende Briefe, die schließlich in einer unklugen Drohung endeten, die kontinentalen Fürsten darüber zu informieren, wie sie behandelt wurden, und dem Papst Gehör zu verschaffen Rat, vor dem er Rechenschaft ablegen müsste. Das Wort „Konzil" war für einen Papst das, was die rote Fahne für einen Stier ist, und Paul II. war voller Wut. warf Platina ins Gefängnis. Er hat noch nie in seinem Leben etwas Dümmeres getan. Der Historiker wurde zwei Jahre lang in Gefangenschaft gehalten und verbrachte einen langen Winter ohne Feuer, allen Strapazen ausgesetzt; wurde aber schließlich auf Fürsprache von Kardinal Gonzaga freigelassen und blieb auf Befehl des Papstes unter Beobachtung in Rom, wo er mit wachsamem Auge alles beobachtete, was vor sich ging, und seine Materialien für diese kurze, aber vernichtende Biographie des Paulus zusammenstellte II. was eine der schärfsten Wirkungen in seinem Werk darstellt und von der sich das Andenken des Papstes nie mehr erholt hat. Es ist eine gefährliche Sache, einen Literaten zu provozieren, der eine scharfe Zunge und ein gutes

Erinnerungsvermögen hat, besonders in jenen Tagen, als es solche Männer noch nicht so viele gab wie heute.

Dennoch erwies Platina seinem Verfolger eine gewisse Gerechtigkeit. „Er hat großartig gebaut", sagt er, „großartig in St. Marco und im Vatikan." Die Kirche St. Marco liegt in der Nähe des Palazzo Venezia, in dem Paulus hauptsächlich lebte. Er hatte seinen Titel als Kardinal von seinem einheimischen Heiligen übernommen. Sowohl im Petersdom als auch im Vatikan führte er die von seinen Vorgängern begonnenen Werke fort, und obwohl er den Gelehrten gegenüber unfreundlich war, war er es nicht in jedem Fall. „Er gab sein Geld großzügig aus", sagt Platina, „und spendete großzügig an arme Kardinäle und Bischöfe sowie an Fürsten und Personen aus Adelshäusern, die aus ihren Häusern vertrieben wurden, und insbesondere an arme Frauen und Witwen und Kranke, die kein Geld hatten." ein anderer, der an sie denkt. Und er gab sich auch große Mühe, dafür zu sorgen, dass Getreide und andere lebensnotwendige Dinge in Hülle und Fülle und zu niedrigeren Preisen als je zuvor bereitgestellt werden. Das waren gute und edle Eigenschaften, die sein Feind nicht zu verbergen versuchte.

Der besondere Dienst, den Papst Paulus der Stadt erwies, scheint jedoch in der Restaurierung einiger jener antiken Denkmäler bestanden zu haben, die zum kaiserlichen Rom gehörten und auf die keiner seiner Vorgänger großen Wert gelegt hatte. Wenn er sich wie sie immer noch frei aus dem großen Reservoir des Kolosseums bediente, schenkte er einigen der großen Werke der klassischen Kunst, den Bögen des Titus und des Septimus Severus, eine Aufmerksamkeit und Fürsorge, von der sie nicht zu träumen gewagt hatten insbesondere und die berühmte Statue von Marcus Aurelius. M. Muntz kommentiert mit viel Elan den Grund, warum die Restaurierungswerke dieses Papstes so wenig gefeiert wurden. Sein Geschmack galt eher der Bildhauerei als der Malerei. „In den Augen der Welt", sagt der Kunsthistoriker, „ist das kleinste Fresko von größerer Bedeutung als die schönsten Denkmäler der Architektur oder der Bildhauerei. Nicolas V. verdiente seinen Ruhm besser, indem er Fra Angelico engagierte, als indem er etwas unternahm." den Wiederaufbau des Petersdoms. Eine Art posthume Berühmtheit verdankt Pius II. den Gemälden in der Bibliothek des Doms von Siena."

Derselbe klassische Geschmack, den er damit zum Ausdruck brachte, machte Papst Paulus zu einem großen Sammler von Bronzen, Kameen, Medaillen, Intaglien, den kleineren kostbaren Objekten der antiken Kunst; die Liebe, die er als erster als besonderes Studium und Streben zurückbrachte . Seine Sammlung davon war für seine Zeit wunderbar und für jede Zeit großartig. Alle anderen Schmuckstücke der antiken Kunst lagen ihm am Herzen, und sein Palast, der schließlich sein vollständigstes Denkmal in Rom ist, war wie eine Braut mit jeder Art von Pracht in geschnitzten und eingelegten Arbeiten, in goldenen Gefäßen und Gefäßen geschmückt Silber, Stickereien und Wandteppiche. Er hatte die noch persönlichere und individuellere Vorliebe für feine Kleidung, der er sich in den prachtvollen Kostümen des Papsttums weitgehend hingeben konnte: und für Juwelen, die er nicht nur wie ein orientalischer Prinz trug, sondern die er auch immer bei sich trug Er lagerte zu seinem privaten Vergnügen in Schubladen und Schränken und spielte, wie Platina uns erzählt, in den stillen Stunden der Nacht damit. Zumindest ein Teil dieser großartigen Geschmäcker resultierte zweifellos aus der Tatsache, dass er selbst ein großartiges Exemplar männlicher Persönlichkeit war, das in seinem persönlichen Erscheinungsbild so ausgezeichnet war, dass er die naive Eitelkeit hatte, bei seiner Wahl zum Papst den Namen Formosus für sich vorzuschlagen, obwohl er nachgab Der Punkt ist auf die empörten Vorwürfe der Kardinäle zurückzuführen. Diese Einfachheit der Selbstbewunderung, die so unzweifelhaft ist, dass sie fast eine moralische Eigenschaft ist, gab zweifellos den prächtigen Mitren und der Tiara, die mit den kostbarsten Juwelen besetzt waren, ihren Sinn, deren Tragen ihm so viel Freude bereitete und die mit den anderen gleichwertig sind große Verzierungen Roms, obwohl ihr Zweck eher persönlicher als offizieller Natur war. Seine Lebensgewohnheiten waren merkwürdig, denn er schlief tagsüber und verrichtete nachts die Pflichten des Lebens. Als Grund dafür wurde angeführt, dass er unter einem Husten litt, der ihn daran hinderte, zu den üblichen Stunden zu schlafen. „Es war schwierig, von ihm zur Rede zu kommen", sagt Platina aus diesem Grund. „Und als er nach langem Warten die Tür öffnete, war man gezwungen, eher zuzuhören als zu sprechen; denn er redete sehr ausführlich und lange. In allem wollte er für klug gehalten werden, und deshalb war seine Unterhaltung sehr kompliziert und zweideutige Sprache Er mochte viele Arten von Speisen auf seinem Tisch, alle von schlechtem Geschmack; und er hatte große Freude daran, Melonen, Langusten, Gebäck, Fisch und Pökelfleisch zu essen, woraus, glaube ich, der Schlaganfall entstand, an dem er starb ." So drangen die Vorurteile seines Feindes bis in die privatesten Einzelheiten des Lebens des Papstes ein. Das Gift des Hasses besiegt sich selbst und wird lächerlich, wenn es so weit getragen wird.

Seine schöne Sammlung wurde von seinem Nachfolger beschlagnahmt und aufgelöst, ebenso wie das Schicksal solcher Schätze; und seine Werke in St. Peter ereilten, wie wir sehen werden, weitgehend das gleiche Schicksal, ebenso wie die großen Werke seines Vorgängers zur Verschönerung desselben Gebäudes, die alle im darauf folgenden Fieber des Wiederaufbaus zugrunde gingen oder beiseite gelegt wurden . Aber in der düsteren Pracht seines venezianischen Palastes gibt es immer noch genügend Andenken an ihn, um uns das Bild eines echten Renaissance-Papsts vor Augen zu führen, der die erlesensten Geschmäcker mit dem Rohsten vermischte, die

Perfektion persönlicher Eitelkeit – denn er liebte es zu sehen er selbst in einer Prozession, Kopf und Schultern über allen Menschen – mit der Vorliebe eines Gondolieres. So sehen wir ihn in den Aufzeichnungen seiner Zeitgenossen, wie er von seinen Fenstern aus die seltsamen Vergnügungen auf der langen Straße beobachtete, die neu Corso genannt wurden, Rennen der Männer und Pferde und Karnevalsumzüge, begleitet von all dem schwerfälligen und derben Humor der Zeit ; oder ein noch seltsamerer Anblick, wie er nachts in seinem Schrank sitzt und seinen Reichtum an funkelnden Steinen umblättert und den Lichtschein darin und das Funkeln vieler Farben genießt, während die großen Kerzen flackern oder ein milderes Licht aus den Schnäbeln des Silbers scheint Lampen. Ungeachtet aller seltsamen Launen , Geschmäcker und Eitelkeiten bleibt er in all diesen Aufzeichnungen eine markante und bemerkenswerte Persönlichkeit, kein Intellektualist, sondern ein effektiver und bemerkenswerter Mann.

PIAZZA COLONNA,

Es ist nicht die Absicht dieser Kapitel, überhaupt auf das politische Leben der Päpste dieser Zeit einzugehen. Sie waren immer noch eine Macht in der Christenheit, vielleicht nicht weniger, weil das Papsttum aufgehört hatte, den großen Anspruch aufrechtzuerhalten, der letzte Schiedsrichter in allen Streitigkeiten zwischen den Nationen zu sein . Aber die päpstlichen Verhandlungen führten, wie immer, zu sehr wenig, wenn sie nicht durch die

Ereignisse unterstützt wurden, die niemand in der Hand hat. Obwohl Matthias von Ungarn von Papst Pauls Einfluss und Ratschlägen unterstützt wurde, konnte er dem ketzerischen Georg Podiebrad von Böhmen kaum etwas entgegensetzen, bis plötzlich der Tod diesen Fürsten ereilte und ein unruhiges Königreich ohne Oberhaupt der Gnade der Eindringlinge überließ. ein Ereignis, wie es sich ständig ereignete, um alle Kombinationen umzustürzen und die Krisen der Geschichte unter einer größeren Vorsehung als der menschlichen Anstrengung zu formen. Und Paulus konnte ebenso wenig wie Pius die Christenheit gegen die Türken aufbringen oder erneut einen neuen Kreuzzug organisieren, als alle ihre Elemente zusammengebrochen waren und die Inspiration der Begeisterung völlig verschwunden war. Soweit unser Zweck reicht, repräsentieren jedoch der venezianische Palast, die angeschlossene Kirche St. Marco und bestimmte Teile des Vatikans das Leben dieses Papstes besser, dem die malerischen Umstände seines Lebens und der Groll seines Vaters zu verdanken sind Ein enttäuschter Literat hat in der langen Reihe einen besonderen Platz eingeräumt, mehr als jede Zusammenfassung, die wir über das aufgewühlte Meer der kontinentalen Politik geben könnten. Die Geschichte Roms strebte dem abscheulichen, schillernden und schrecklichen Höhepunkt entgegen, an den das Zeitalter der Renaissance mit all seinem Luxus, seiner Pracht und seinen Lastern die große Stadt und sogar die Kirche so unwiderruflich gebunden hatte dazu. Nikolaus, Pius und Paulus zu Beginn dieser Periode, von deren schlimmsten Merkmalen jedoch kaum berührt, lassen uns eine Pause der Befriedigung einlegen, bevor wir weiterkommen. Es waren sehr unterschiedliche Männer. Papst Nikolaus, mit seiner Schar von Kopisten, die hinter ihm ein zerlumptes Regiment bildeten, und dem Lärm aller Werkstätten in seinen Ohren; und Paulus, der allein in seinem Gemach den Strom leuchtender und funkelnder Juwelen von einer Hand zur anderen schüttet, der im Licht die Wasserstraßen seines eigenen Venedigs strahlt, liefert Bilder, die so unähnlich sind, wie man es sich nur vorstellen kann; während der weise und nachdenkliche Pius mit jenen Augen, „die über die Sterblichkeit des Menschen gewacht hatten", über beiden steht, der ewige Zuschauer und Kommentator der Welt. Sie alle waren sich einig, Rom zu verherrlichen, es zu einem Wunder auf der ganzen Erde zu machen, wie Jerusalem es gewesen war, seine Straßen zwar nicht mit Gold zu pflastern, sie aber doch mit edlen Gebäuden zu säumen, die teurer als Gold waren, und zu bauen und zu bauen schmücken die erste christliche Kirche, das Heiligtum, zu dem jeder Christ kam. Ach! Zu dieser Zeit zeichnete sich ab, dass nicht mehr lange alle Christen zum einen Heiligtum kommen würden, dass das bildnerische Zeitalter der Symbole und Darstellungen zu Ende ging und dass Rom überhaupt nicht gelernt hatte, dieser großen Revolution zu begegnen. Selbst die prächtigste Restaurierung der schicksalhaften Stadt würde diesem Ziel wahrscheinlich nicht gerecht werden, genauso wenig wie die anderen Wiederauferstehungen toter und verschwundener Institutionen, die Rienzi und sein noch weniger erfolgreicher Kopist versucht hatten, die Bedürfnisse des Volkes befriedigen sollten Porcaro; aber woher sollten diese Männer das wissen? Sie taten ihr Bestes, das Schlimmste davon nicht ohne eine edle Bedeutung, zumindest zu Beginn ihrer verschiedenen Karrieren; Aber sie alle werden durch den großen Lauf der Geschichte und die Führung einer höheren Hand auf ihren Platz reduziert, der so viel weniger wichtig ist, als sie glaubten.

Paul II. starb im August 1471. Auf diese bemerkenswerten Persönlichkeiten folgte nun ein anderer Menschenstand, der erste in der Linie der rein weltlichen Fürsten, Männer von Welt, prächtig, prinzipienlos und mehr oder weniger bösartig, obwohl es sich in diesem Fall wieder um Bauern handelte , ohne auch nur einen Nachnamen, Sixtus IV., der seinen Platz in der Szene einnimmt und der seinen Namen auffälliger als jeder seiner Vorgänger in den späteren Aufzeichnungen Roms hinterlassen hat. Für den Leser ist die Inschrift am Ende des Lebens von Papst Paul melancholischer als alles, was diesen Papst betrifft. „Fin qui, scrisse il Platina“, heißt es in der Legende. Wir vermissen in den Nachaufzeichnungen seine individuelle Handschrift, die Handschrift des Zeitgenossen, in der die Offenheit des Chronisten durch die Erfahrung und das Wissen eines gebildeten Geistes modifiziert wird. Das Werk von Panvinio , *Scriba del Senato e Popolo Romano* , der die Platte vervollständigt, ist ohne den gleichen Charme.

Wir haben gesagt, dass Papst Sixtus IV. war ein Mann ohne Nachnamen, Francesco von Savona, dessen einziger Patronym sein Heimatort war; aber bald wurde für ihn – wahrscheinlich zur Befriedigung der Neffen, die einen so großen Platz in seinem Leben einnahmen – ein Name gefunden, der einiger Ehre einbrachte , das einer Adelsfamilie, in der der junge Mönch angeblich zu Beginn seiner Karriere die Pflichten eines Lehrers erfüllt hatte. Durch welchen imaginären Stammbaum dies zustande kam, wird uns nicht gesagt; aber es ist unwahrscheinlich, dass die echte della Roveres lehnte die Aufnahme eines großen Papstes in ihren Stamm ab, und der Name wurde bald in ganz Italien zum Beschwören. Obwohl er auch vage Vorschläge für einen Kreuzzug machte und träge den Wunsch hegte, die Türken zurückzuschlagen, interessierte er sich viel mehr für die inneren Zwistigkeiten Italiens und für seine Pläne, seine Neffen auszustatten und zu etablieren, als für irgendein größeres Ziel. Aber er war auch ein Mann von grenzenloser Energie und Macht, der den größten Teil seines Lebens eingesperrt war, jetzt aber wie die starke Strömung eines Flusses hervorbricht. Ob dies aus einer natürlichen Neigung zu Schönheit und Pracht geschah oder weil er darin die beste Möglichkeit sah, sich zu profilieren und seinen eigenen Namen sowie den seiner Stadt glorreich zu machen, spielt für das Ergebnis keine Rolle. Er war im wahrsten Sinne des

Wortes einer der bedeutendsten Päpste, die die moderne Stadt Rom in den Augen der ganzen Welt immer noch existierend und herrlich gemacht haben.

Es war immer noch ein verwirrter und ungeordneter Ort, an dem sich enge Gassen und gewundene Wege voller Unregelmäßigkeiten und Vorsprünge aller Art durch die große und erbärmliche Wüste der antiken Stadt schlängelten und einen Rand von Ruinen um das zu dicht zusammengedrängte Zentrum zurückließen vom Leben, in dem die Menschen nach dem Brauch des Mittelalters , als Sixtus zu regieren begann , auf der Suche nach Sicherheit und Wärme zusammenkamen ; und das war es, was König Ferdinand von Neapel besonders beeindruckte, als er im Jahr 1475 dem Papst seinen Besuch abstattete und von Kardinälen und anderen hohen Beamten herumgeführt werden musste, manchmal, wie es schien, von Seiner Heiligkeit selbst, um es zu sehen die Sehenswürdigkeiten. Die Bemerkungen, die er über die Stadt machte, waren für den Sitz des römischen Einflusses und der römischen Autorität sehr nützlich, wenn auch nicht ganz höflich. Infessura schildert diesen kleinen Vorfall anschaulich, so dass wir fast die Straßen sehen können, mit ihren Außentreppen voller Zuschauer, ihren Balkonen, die mit bunten Wandteppichen und schönen Frauen beladen sind, und jeder vorspringenden Giebel- und Säulentür, die sich nach eigenem, uneingeschränktem Willen in den Bürgersteig hineindrängt. Der Verlauf der Besichtigungen, die der König unter der Leitung des Papstes und der Kardinäle durchführte, ist auf diesen malerischen Seiten ausführlich dargelegt. König Ferrante kam, um seine Andachten *allo abzuhalten perdono* , wahrscheinlich im Jubiläumsjahr 1475, und schenkte jeder der drei Kirchen St. Peter, St. Johannes im Lateran und St. Paul neben vielen anderen Geschenken jeweils ein Pallium aus Gold.

„Er durchreiste ganz Rom, um die großen Gebäude zu besichtigen, und nach Santa Maria Rotonda und die Säulen von Antonius und Trajan; und jedermann erwies ihm große Ehre . Und als er all diese Dinge gesehen hatte, wandte er sich wieder dem Palast zu. und im Gespräch mit Papst Sixtus sagte er, dass er (der Papst) wegen der Säulenhallen und Balkone, die sich in den Straßen befanden, niemals der Herr des Ortes sein oder ihn jemals wirklich regieren könne; und dass es jemals notwendig wäre, Männer einzusetzen Mit Waffen im Besitz Roms konnten die Frauen auf den Balkonen sie mit kleinen Bomben zum Fliegen bringen; und dass nichts einfacher sein könne, als in den engen Gassen Barrikaden zu errichten; und er riet ihm, die Balkone und die Säulenhallen zu räumen und die Straßen zu verbreitern, unter dem Vorwand , die Stadt zu verbessern und zu verschönern. Der Papst folgte diesem Rat und ließ, sobald es möglich war, alle diese Säulenhallen und Balkone abreißen und verbreiterte die Wege unter dem Vorwand, sie zu verbessern. Und der besagte König blieb dort drei Tage und ging dann weg.

geraden Linien gemacht hat, die eine Artilleriebatterie in einem Augenblick zerstören könnte, statt aller Ellbogen und Ecken der alten malerischen Straßen. Papst Sixtus begrüßte den Vorschlag, da er wusste, mit welcher undisziplinierten Stadt er es zu tun hatte, und wie gut es wäre, die Nester dieser Wespen mit all ihren Angriffsmöglichkeiten zu füllen. Vermutlich gingen bei der Zerstörung jener Aufstandszentren , die uns so lebhaft an die Szenen erinnern, in denen Rienzi, der Tribun, durch seine kleinen Tage flatterte, und die ständig vom Rascheln und Tumult einer überfüllten Bevölkerung erfüllt waren, eine große Anzahl malerischer Wohnstätten zugrunde. Wir können König Ferdinand nicht so dankbar oder so lobend für diesen Teil des Werkes von Papst Sixtus sein wie seine Zeitgenossen, obwohl er uns zweifellos fast alle Hauptverkehrsstraßen eröffnete, die wir kennen. Es war seinem Verwandten, dem Papst, vorbehalten, Rom mit dem schwersten Schlag zu treffen, der möglich war, und den schlimmsten Bildersturm zu begehen; aber wir zweifeln nicht daran, dass die Zerstörung der Veranden, Treppen und Balkone die Anziehungskraft der alten Welt einer Stadt stark verringert haben muss – in der jedoch das Mittelalter mit all seinen Unregelmäßigkeiten der Eindringling war, während was war neu in der Hand von Sixtus und seinen Architekten verband sich in Sympathie mit dem Ältesten, dem Urheber und doch Überlebenden von allem.

Mit dem gleichen Zweck und den gleichen Absichten baute der Papst anstelle der Ponte Rotto – die lange Zeit in Trümmern gelegen hatte – eine Brücke über den Tiber, die er bei seinem eigenen Namen nannte und die immer noch existiert und ein zweites Transportmittel darstellt Erreichen des Borgo und der Heiligtümer als Erleichterung für die Brücke von St. Angelo, auf der es aufgrund der Menschenmenge leicht zu schweren Unfällen kommen konnte. Sowohl die Chronisten Infessura als auch Panvinio , der Fortsetzer von Platina, beschreiben die Brücke als einen Nachbau der eigentlichen Ponte Rotto . „Es war seine Absicht, diese Brücke zu reparieren“, sagt der ehemalige Autorität und nutzt die Gelegenheit, um auf den anmaßenden und stolzen Versuch hinzuweisen Sixtus wollte dadurch seinen eigenen Namen und sein Andenken bewahren, ein Fehler, den bereits mehrere seiner Vorgänger begangen hatten; „Er stieg daraufhin zum Fluss hinab und legte in die Fundamente der besagten Brücke einen quadratischen Stein, auf dem geschrieben stand: *Sixtus Quartus Pontifex Maximus fecit . " fieri sub Anno Domini 1473* . Hinter diesem Stein platzierte der Papst bestimmte Goldmedaillen, die seinen Kopf trugen, und baute anschließend diese Brücke, die seitdem nicht mehr *Ponte Rotto* , sondern *Ponte Sisto hieß* , wie es darauf steht Es erstreckt sich auf beiden Seiten des Flusses, auf der einen Seite auf den Petersdom und auf der anderen auf den Palatin mit all der Masse an Gebäuden, die Rom ausmachen. Der Scritte *auf* der Ponte Sisto bittet die Passanten um Gebete für seinen Gründer, der Er brauchte sie sicherlich sowohl für seine

Leistungen im Leben als auch in der Architektur. Weiter flussaufwärts gibt es jedoch noch eine Ponte Rotto .

Abgesehen von der Arbeit zur Verbreiterung der Straßen, die viele Abrisse und Wiederaufbauten von Häusern erforderte, und häufigen Begegnungen mit den Einwohnern, die natürlich Einwände gegen ein so summarisches Vorgehen hatten – und die Entfernung der Auswüchse, Balkone und Säulengänge, „die alles besetzten, verdeckten und …" machte sie hässlich (*brutte*) und unordentlich: „Papst Sixtus baute das große Krankenhaus von Santo Spirito wieder auf, das verfallen war, bot in der Zwischenzeit den Patienten, die daraus entfernt werden mussten, Unterkunft und sorgte für die Zukunft." großväterlichste Art. Diese große Krankenstation ist auch ein Findelkrankenhaus und es gab eine große Anzahl von Kindern zu versorgen. „Als er sah, dass viele Kinder, sowohl männliche als auch weibliche, zusammen mit ihren Ammen auf die Welt hinausgeworfen wurden, wies er ihnen einen Ort zu, an dem sie leben konnten, und ordnete an, dass die heiratsfähigen Mädchen aufgeteilt und ehrlich verheiratet werden sollten und dass die anderen, die dies nicht wollten, aufgeteilt werden sollten Heiraten sollten die Pfleger der Kranken werden. Er sorgte auch dafür, dass es (im neuen Krankenhaus) ehrenvollere Räume und eine bessere Einrichtung für kranke, vornehme Leute geben sollte, damit sie vom einfachen Volk getrennt bleiben konnten": eine Vereinbarung, die ist eines der Dinge (wie so viele alte Hilfsmittel), auf die wir heute als Erfindung unserer Zeit stolz sind, obwohl die armen, sanften Leute von Papst Sisto offenbar nicht für ihre Privilegien bezahlen mussten. Dieses Krankenhaus gilt in einigen Details als das verdienstvollste architektonische Werk des Papstes.

Sixtus IV. war ein Mann von äußerst heftigem Temperament, was ihn in einige seltsame Szenen verwickelte, die historisch geworden sind. Als einer der unglücklichen Besitzer eines Hauses, das seinen Verbesserungen im Wege stand, sich den Arbeitern widersetzte, ließ Sixtus ihn sofort ins Gefängnis werfen und sah brutal zu, wie das Haus abgerissen wurde, bevor er den Ort verließ. Die Chronisten sagen, er habe sich über die Ruinen gefreut, die er geschaffen habe. Ein tragischeres Beispiel seiner Wut war die gerichtliche Ermordung des Protonotars Colonna, der mit seinem Leben dafür bezahlte, dass er den Willen des Papstes missachtet hatte. Aber dieser meisterhafte Wille und sein ungestümes Temperament sorgten für eine unglaubliche Schnelligkeit bei der Ausführung seiner Arbeit.

Der umsichtige Vorschlag Ferdinands führte zur Räumung der geraden Straßen, die vom Flaminianischen Tor – heute Porta del Popolo genannt – führten und das Sixtus erbaute oder restaurierte, sowie der Kirche Sta. Maria del Popolo , das in der Nähe aller wichtigen Orte der Stadt liegt; Der Corso führt zum Kapitol, der Ripetta nach St. Angelo und zum Borgo. Er reparierte noch einmal die Kirche und den alten Lateranpalast, der so lange die Heimat der Päpste gewesen war und formell immer noch ihre Diözesankirche war, zu der sie nach ihrer Wahl feierlich gingen. Es erübrigt sich jedoch, hier eine Liste der vielen Kirchen zu geben, die er reparierte oder wiederaufbaute. Sein Werk war Rom selbst und durchdrang jeden Teil, vom Petersdom und dem Vatikan bis in die entlegensten Winkel der Stadt. Letztere waren vor allem die Hauptziele seiner Sorge, und er scheint den Plan von Nikolaus V. zumindest in Bezug auf den Palast mit noch wärmerem Eifer, wenn auch vielleicht mit weniger gebildeter Intelligenz, aufgegriffen zu haben. Wie er scharte er eine Schar von Malern, meist Fremden, um sich, so dass es kaum einen großen Namen der Zeit gibt, der nicht in seinen Listen auftaucht; Aber er verwaltete diese großen Handwerker persönlich wie ein Sklaventreiber und trieb sie zu einem atemlosen Tempo der Ausführung an, so dass die für ihn geschaffenen Werke eher wegen ihres Ausmaßes als wegen ihrer Perfektion einprägsam sind.

Sixtus unwahrscheinlich, dennoch scheint er kein unbeträchtliches Recht darauf gehabt zu haben. *Nettare* und *Purgare* sind zwei Wörter, die in den Aufzeichnungen seines Lebens ständig verwendet werden. Er stellte die wirksame Ordnung der Cloaca Maxima wieder her. Er brachte ein schöneres Büro mit, das Acqua Vergine, ein Name, der jeden Baumeister verherrlichen würde, „erneuerte“, so der Chronist, „die verfallenen Aquädukte vom Monte Pincio bis zum Trevi -Brunnen “. Hier gibt es vielleicht einen besseren Grund, Papst Sixtus zu segnen als sogar seine Brücke, denn dieses herrliche und reichliche Wasser, das Kühle, Frische und angenehmen Klang in das Herz Roms bringt, wurde von seiner Hand hierher gebracht, ein Geschenk, das ohne Kritik angenommen werden kann, denn nicht auf seinem Namen liegt die Schuld an der erstaunlichen Konstruktion, einer Schöpfung des 18. Jahrhunderts, durch die sie jetzt fließen. Der Reisende vom Ende der Welt, der seinen Schluck aus dieser wunderbaren, unfehlbaren Quelle trinkt, freut sich über das Glitzern und den Fluss des Wassers, das selbst im Hochsommer so kristallklar und kalt ist, und hofft, dabei seine Rückkehr zu sichern Nach Rom gereist, könnte es gut sein, dass er Papa Sisto ein Trankopfer spendet, der, halb heidnisch wie sie damals alle waren, diese Form der Erinnerung wahrscheinlich ebenso sehr gemocht hätte wie die Gebete, die er gemäß den formalen Erfordernissen der Frömmigkeit und des Brauchtums erfleht der Kirche. Allerdings fiel es ihnen in diesem seltsamen Zeitalter recht leicht, beides zu kombinieren. Das Wichtigste von allem aber, das den Namen Sixtus verewigt, ist die berühmte Sixtinische Kapelle, obwohl ihre Hauptattraktion nicht auf etwas zurückzuführen ist, das von ihm verordnet wurde. Einige der größten Namen der Kunst waren an den früheren Dekorationen beteiligt – Perugino, Botticelli, Ghirlandajo und viele andere. Michael Angelo war es noch nicht, und Raphael war mit seinem Charme der Anmut und Jugend auch nicht aus der umbrischen *Bottega* aufgetaucht. Aber der Papst sammelte die Größten, die er finden konnte, und ließ sie an seinen neu errichteten Mauern mit einer Pracht und Großzügigkeit arbeiten, die eine dauerhaftere Ausgabe verdienten. Der Leser wird vor Bestürzung und Verwunderung zittern, aber fast lachen, wenn er hört, dass mehrere großartige Bilder von Perugino auf Befehl eines anderen Papstes an diesen Wänden zerstört wurden, um Platz für Michael Angelo zu schaffen. Es könnte kein charakteristischeres Zeichen für den Verlauf der Ereignisse in der päpstlichen Nachfolge und für die mutwillige Verschwendung und Zerstörung eines der am meisten geschätzten Werke eines anderen geben.

Dennoch war Sixtus ein kriegerischer Fürst, der in ständigem Konflikt mit den Fürsten der anderen Staaten kämpfte, vielleicht sogar mit einem noch heftigeren Ehrgeiz, und um Reichtum und Stellung kämpfte, um die jungen Männer auszustatten, die wie seine Söhne waren – ebenso weltlich in seinen Zielen wie jeder Malatesta oder Sforza, ebenso wenig gewissenhaft in Bezug auf die Mittel, sie zu verwirklichen, Blut zu vergießen oder zumindest zuzulassen, dass es in seinem Namen vergossen wird, Geld erpresst, Ämter verkauft und die Rechte anderer Menschen mit Füßen tritt. Doch inmitten all dieser Ablenkungen verfolgte er seine edlere Arbeit, nicht ohne den Wunsch zum Wohl seines Volkes und zu seinen eigenen Zielen, indem er seine Stadt bewohnbarer machte, eine herrschaftliche Behausung für die Kranken schuf und Ströme lebensspendenden Wassers ausgoss an den heißen und durstigen Ort. Der Ruhm des Bauens kann viele Elemente der Eitelkeit in sich tragen, ebenso wie die Gründung von Kunstgalerien und die Beschäftigung aller größten Künstler ihrer Zeit. Aber in letzterer Hinsicht haben wir den Vorteil, so dass wir wohlwollend über einen Mann urteilen können, der durch die Erschaffung großer Werke zu seiner eigenen Ehre und seinem eigenen Vergnügen uns und insbesondere seinem Land und Volk eine bleibende Bedeutung verliehen hat Nachlass. Vielleicht ist es ihm, selbst im Wettbewerb mit diesen, am meisten zu verdanken, dass er Aufgaben erfüllte, die sich für seine Generation nicht so sehr anboten, und reinigte und entrümpelte und Luft und Licht hereinließ wie jeder moderne Sanitärreformer. Das Acqua Vergine und das Santo Spirito Hospital sind so schöne Dinge wie ein Botticelli für den Ruhm eines großen Prinzen. Vielleicht verzeiht man ihm sogar die Zerstörung der Balkone und all die malerischen Unregelmäßigkeiten, die den Charme alter Straßen ausmachen, wenn man die Kanalisation und die Sanierung berücksichtigt. Die Bilder, die Bibliotheken und all die schöneren Dinge des Lebens, von denen wir aus fernen Ländern und Jahrhunderten profitieren, sind gute Taten, die wir wahrscheinlich nicht vergessen werden.

Es sind aber natürlich die schönen Dinge, an die man am liebsten denkt. Die Chronisten, denen wir gerne folgen, haben seltsamerweise nichts zu den Bildern zu sagen, vielleicht weil es sich nicht um eine Kunst handelte, die von den Römern bevorzugt wurde, oder die sie selbst betrieben, außer in ihren unteren Zweigen. Infessura erwähnt einen gewissen Antonazzo Pintore , der Autor einer Madonna, malte an die Wand in der Nähe der Kirche Sta. Maria, unterhalb des Kapitols am Fuße des Hügels, die am 26. Juni des Jahres 1470 begann, Wunder zu wirken, und anschließend in einer der Muttergottes des Trostes geweihten Kirche beigesetzt wurde. Antonazzo war ein bescheidener römischer Künstler, dessen Name unter den Arbeitern im Dienste von Papst Paul II. zu finden ist, der sich nicht besonders für Bilder interessierte. Vielleicht wird er erwähnt, weil er ein Römer war, wahrscheinlicher, weil er das Glück hatte, eine wundersame Madonna hervorzubringen. Derselbe Autor erwähnt beiläufig I Fiorentini , unter dessen generischem Namen alle *Bottegas* zusammengefasst wurden.

„Er erneuerte den Palast des Vatikans, indem er ihn unter großen Kolonnaden hervorzog", sagt der Chronist Panvinio malerisch, wobei er sich wahrscheinlich auf Platinas Notizen stützte, „und baute unter seiner Kapelle eine Bibliothek ein": was das Schönste von allem war Dort setzte er Platina wieder ein, die zur Zeit Pauls II. in einem so tiefen Schatten gestanden hatte, und rief die gelehrten Männer zurück, die sein Vorgänger entmutigt hatte, indem er sie weit und breit durch ganz Europa nach Büchern schickte und so die begonnene Bibliothek vergrößerte von Papst Nikolaus, das zu den berühmtesten Büchern der Welt gehört und für das er Einnahmen sicherte, „die ausreichten, um denen, die sich darum kümmerten, zu ermöglichen, zu leben und sogar noch mehr Bücher zu kaufen." Diese Bestimmung besteht immer noch, reicht jedoch für den Zweck, für den sie vorgesehen war, nicht mehr aus. Die Kardinäle eiferten dem Papst sowohl im Palast als auch in der Kirche nach, und jeder tat sein Bestes, um ein Gebäude zu hinterlassen, das seinen Namen verdiente. Überall gab es Ornamente; manchmal eher auffälliger als raffinierter Art. In Vasari gibt es eine Geschichte darüber, wie einer der Maler, die auf der Sixtinischen Kirche beschäftigt waren, im Wettbewerb um einen Preis, den der Papst ausgelobt hatte, seine Farben über alle Gesetze des Geschmacks oder der Harmonie hinaus überhäufte und von seinen Kameraden ausgelacht wurde; aber er bewies die Richtigkeit seines Urteils, indem er den Preis gewann, da er das Wissen und den Geschmack von Sixtus besser eingeschätzt hatte als die anderen, die versucht hatten, ihr Bestes zu geben – eine Höhe, die völlig außerhalb seiner Reichweite lag.

Alle diese Bauten waren jedoch für die Überreste des antiken Roms verheerend. Das Kolosseum und die anderen großen Relikte der Antike waren noch immer die Steinbrüche, in denen die neuen Bauwerke errichtet wurden. Die Sixtinische Brücke wurde auf riesigen Travertinblöcken gegründet, die direkt aus den Ruinen des Kolosseums stammen. Die Gebäude der kaiserlichen Architekten verschwanden auf diese Weise, während uns jetzt gesagt wird, dass alles auf der Welt, auch unsere eigenen

Körper, zu neuen Kombinationen führt, unter einem Gesetz, das, wenn es gerecht und universell ist, in der Kunst nicht freiwillig übernommen wird. Das Wunder ist, wie sie so viele aufeinanderfolgende Generationen versorgen konnten und dennoch in dem Maße bestehen konnten, in dem sie es noch tun. Jedes Gebäude in Rom hat dem Kolosseum etwas zu verdanken – seine Steine wurden in früheren Zeiten frei verkauft und bis ans Ende der Welt verschleppt; Aber es ist wie das Krug der Witwe geblieben, unerschöpflich: was fast noch wunderbarer ist als die Tatsache, dass es ständig benutzt wird.

In der vatikanischen Galerie befindet sich ein Bild, das zwar nicht zu den höchsten Verdiensten zählt, aber aus historischer Sicht sehr interessant ist. Wir zitieren die Beschreibung von Bischof Creighton.

„Es stellt Sixtus IV. dar, der die Vatikanische Bibliothek gründete. Der Papst mit einem Gesicht, das von einer Mischung aus Stärke und Grobheit geprägt ist , seine Hände umklammert die Armlehnen seines Stuhls, sitzt da und schaut Platina an, die vor ihm kniet, ein Mann, dessen Gesicht das eines ist Gelehrter, mit eckigem Kinn, dünnen Lippen, fein geschnittenem Mund und scharf blickendem Auge. Kardinal Giuliano steht wie ein Beamter, der dem Papst eine Botschaft überbringen will, an dessen Seite Pietro Riario mit Adlernase und sinnlichem Kinn steht , rot- frech und überheblich. Hinter Platina steht Graf Girolamo mit einem schwarzen Haarschopf, der über große schwarze Augen fällt, sein Blick ist verächtlich und seine Miene herrisch.“

Gunst an den Meistbietenden verkaufte . Giuliano della Rovere und Pietro Riario waren Kardinäle: Graf Girolamo oder Jeronimo war noch schlimmer – er gehörte zum unhöflichsten Typus des räuberischen Barons, der sich mit dem Schwert ein Vermögen verdiente, der letzte Mann auf der Welt, der Handlanger eines Papstes war. Sie waren nur einen Schritt von der Bauernrasse entfernt, ohne Unterscheidung oder Verdienst, die sie hervorgebracht hatte, und alle drei bauten auf diesem rohen Stamm den ausschweifenden Charakter und die Gier nach Geld auf, die durch jede Ungerechtigkeit erworben und für jede Torheit aufgewendet wurden, die es gab zu ihrer Zeit so üblich. Sie waren alle jung, berauscht von ihrem wunderbaren Erfolg und von jeder Art von Extravaganz, für die gesorgt werden musste. Sie brachten Rom mit Festspielen zum Glitzern und Leuchten, die stets dem Geschmack des Volkes entsprachen, und nutzten jede Gelegenheit zur Zurschaustellung und Pracht. Infessura erzählt die Geschichte einer dieser wunderbaren Shows mit einer Mischung aus Bewunderung und Entsetzen. Er erzählt uns, dass der Kardinal von San Sisto , Pietro Riario , die gesamte Piazza Santi Apostoli bedeckte, sie mit Arras-Stoffen behängte und über dem Portikus der Kirche eine schöne *Loggia* mit von ihm bemalten Tafeln errichtete Florentiner für das Fest von San ... (die gute Infessura vergisst den Namen mit einer gewissen Verachtung, die man für die ausländischen Maler und ihre Werke empfinden muss), und baute davor zwei Brunnen, die das Wasser sehr hoch, bis zum Dach, schleuderten der Kirche. Dieses wunderbare Arrangement war für den königlichen Gast Madonna Leonora, Tochter von König Ferrante, gedacht, für den er und sein Cousin Girolamo ein großes Fest veranstalteten.

„Nach dem oben genannten Bankett wurde eines der schönsten Dinge gesehen, die jemals in Rom oder außerhalb Roms gesehen wurden: Denn zwischen dem Bankett und der Festa wurden mehrere tausend Dukaten ausgegeben. Es wurde ein Buffet mit so viel Silber darauf aufgestellt Man hätte nie geglaubt, dass die Kirche Gottes außer dem, was man bei Tisch brauchte, noch so viel hatte: Und sogar die Dinge zum Essen waren vergoldet, und der Zucker, der zu ihrer Herstellung verwendet wurde, war unermesslich, mehr als man glauben konnte. Und Die besagte Madonna Leonora war mit vielen Demoisellen und Baronessen in dem oben genannten Haus. Und jede dieser Damen hatte ein goldenes Waschbecken, das ihr der Kardinal geschenkt hatte. Oh, Guarda! in solchen Dingen, um den Schatz der Kirche auszugeben ! “

Nächstes Jahr starb Kardinal Riario im Alter von achtundzwanzig Jahren, „vergiftet“, sagt Infessura : „und dies war das Ende all unserer schönen Feste.“ An einem anderen Tag war es der Laie unter den Neffen, der ganz Rom und die Welt darüber hinaus mit einem unermesslichen Feiertag bewegte.

„Am Markustag 1746 veranstaltete Graf Jeronimo, Sohn oder Neffe von Papst Sixtus , ein feierliches Turnier in Navona, an dem viele tapfere Ritter Italiens und viele Menschen, Katalanen, Burgunder und andere Nationen, teilnahmen; und es wurde geglaubt.“ dass an diesem Fest mehr als hunderttausend Menschen teilnahmen und es über Freitag, Samstag und Sonntag dauerte. Und es gab drei Preise, von denen Juliano einen gewann Matatino , ein weiteres von Lucio Poncello und das dritte von einem Waffenmann des Königreichs (Neapel, so genannt bis vor Kurzem), und sie waren von großem Wert.“

Die Piazza Navona, Schauplatz dieses Turniers, wurde von Papst Sixtus zum Marktplatz Roms gemacht, wo einmal im Monat Märkte abgehalten wurden, eine Institution, die noch immer besteht. Das edle Pantheon befindet sich am Ende dieses großen Platzes, wie damals, als Graf Jeronimo mit seinen schwarzen Augenbrauen seine Ritter innerhalb der langen Umzäunung versammelte, die für einen solchen Anblick so passend war. Wir sind nun in einer Zeitperiode der Geschichte angelangt, in der alle Orte bekannt sind und wir jedes Haus, jede Kirche und jeden Turm identifizieren können.

„ Sixtus ", sagt der Chronist, „ließ nichts unterlassen, was seiner Ansicht nach dem Schmuck oder dem Trost der Stadt diente. Er verteidigte unerschrocken die Sache der Römer und die Würde des Heiligen Stuhls." Die erste dieser Aussagen ist vielleicht wahrer als die letzte; und wir mögen ihm seine Unzulänglichkeiten und seinen Neffen in dieser großen Hinsicht verzeihen. Er beendete seine Herrschaft im August 1484, nachdem er dreizehn Jahre lang das Pontifikat innegehabt hatte.

BRUNNEN VON TREVI.

KAPITEL III.
JULIUS II. – LEO X.

Es ist glücklicherweise möglich, die nachfolgenden Pontifikate von Innozenz VIII. zu übergehen. und Alexander VI. Diese Päpste taten wenig für Rom, außer, insbesondere der letzte von ihnen, den Namen der zentralen Stadt der Christenheit mit jeder Verderbtheit in Verbindung zu bringen. Die wohlwollende Meinung späterer Historiker, die das Vergnügen haben, alle bisherigen Vorstellungen zu widerlegen, was ein Merkmal unserer Zeit ist, hat begonnen zu flüstern, dass selbst die Borgias nicht so schwarz waren, wie sie gemalt wurden . Aber es wird viel Überzeugungskraft und Beredsamkeit erfordern, um die Welt davon zu überzeugen, dass dieser Name etwas zu sagen hat. Papst Innozenz VIII. setzte die Verschönerung des Vatikans, der sein eigener Palast war, fort, vollendete das Belvedere und beauftragte Andrea Mantegna mit der Bemalung seiner Gemächer; aber das war nicht mehr, als ein römischer Adliger für seinen Palast getan hätte, wenn er genug Geld für Dekorationen gehabt hätte, die damals keineswegs so teuer waren wie heute und wahrscheinlich sogar viel billiger als die prächtigeren Arten von Arras oder anderen dekorativen Gegenständen, die für den Palast eines Papstes geeignet sind. Auch Alexander ließ sich eine prächtige Wohnung anbauen, die noch immer unter seinem Namen bekannt ist; und sorgte für mögliche Gefahren (die zu seiner Zeit jedoch nicht eintraten), indem er eine weitere Wohnung im Schloss von St. Angelo baute und dekorierte, in die er sich hätte zurückziehen und sich trotzdem amüsieren können, wenn sich Rom gegen ihn erhoben hätte. Aber Rom, das seine besten Päpste schon oft in der engen Enge dieser Festung gejagt hatte, ließ die Borgia in Frieden. Wir freuen uns, zum nächsten Papst überzugehen, dessen Fußstapfen, fast mehr als die aller anderen ihrer Monarchen, noch immer in Rom zu sehen und zu erkennen sind. Er gab der Stadt mehr als jeder andere vor ihm, und er zerstörte mehr, als sich jeder Papst zuvor erlaubt hatte.

Julius II., della Rovere , der Neffe von Papst Sixtus , für den und für seinen Bruder und Cousin dieser Papst einen Großteil seines geschäftigen Lebens in Anspruch nahm, war ein gewalttätiger Kriegsmann, dessen ganzes Leben mit Kämpfen beschäftigt war und der weder solche hatte noch vorgab, solche zu haben Ruf für Heiligkeit oder Hingabe. Aber so leidenschaftlich und schonungslos er auch war und wie wild er seinen eigenen Weg verfolgte, das Ziel seiner ständigen Konflikte war auf jeden Fall ein höheres Ziel als das seines Onkels, und zwar insofern, als es darum ging, die Kirche und nicht seine eigene Familie zu bereichern dass er schuftete und kämpfte. Er war sein ganzes Leben lang das Zentrum kriegerischer Vereinigungen – der Liga von

Cambrai, der Heiligen Liga, jeder Art von konzertierten Kämpfen, um diejenigen zu vernichten, die sich ihm widersetzten, und um ihre Güter aufzuteilen; aber der Teil der Güter, der Papst Julius zufiel, war für die Kirche und nicht für die Stiftung des Sohnes einer Schwester bestimmt. Er war gegenüber den Ansprüchen der Söhne seiner Schwester nicht völlig unempfindlich; aber im Großen und Ganzen bevorzugte er das Erbe des heiligen Petrus und kämpfte dafür mit unermüdlicher Energie. Es gibt viele Bücher, in denen die Geschichte dieser Kriege und der Renaissance-Päpste im Allgemeinen vollständig nachgelesen werden kann, aber Julius II. An wen wir hier interessiert sind, ist nicht einer, der jemals eine Armee anführte oder einen Angriffsbund unterzeichnete: Es ist der Arbeitgeber von Bramante und Michael Angelo und Raphael, der cholerische Mäzen, der drohte, den Maler der Sixtinischen Kapelle von seinem Gerüst zu stürzen, der der schreckliche Bilderstürmer, der den Petersdom abriss und die Gräber der Päpste zerstörte, der großartige Prinz, der die größten Künstler, die es damals in Italien, das heißt in der Welt, gab, an die Räder seiner Streitwagen fesselte und sie nach seinem Willen umherlenkte. Die meisten dieser Dinge waren gute Dinge und geben ein positives Bild von ihm; wenn auch nicht das Wichtigste von allen.

Wie es dazu kam, dass er den Petersdom abriss, kann niemand sagen. Er hatte natürlich die Verachtung, die ein Mann, der auf dem Höhepunkt einer neuen Bewegung getragen wird, von Natur aus für alle vorherigen Impulswellen hegt. Er dachte an das so oft restaurierte alte Gebäude, das Objekt so liebevoller Fürsorge, mit all den sorgfältigen Mitteln früherer Päpste, um das geliebte Innere zu verherrlichen und zu verschönern und ihm das wärmste und vielfältigste historische Interesse zu verleihen – mit fast demselben Gefühl wie der angesehene Kirchenvorsteher im 18. Jahrhundert das Stück alter Gotik betrachtete, das ihm in die Hände gefallen war. Eine für die Ewigkeit gebaute Kirche aus dem 14. Jahrhundert wirkte für den Kirchenvorsteher immer so, als würde sie ihm um die Ohren fallen – und seine herkulischen Bemühungen, einen Bogen einzureißen, der ohne ihn bis ans Ende der Zeit gestanden hätte, wurden immer als Sinn interpretiert dass die alte Errichtung kurz vor dem Einsturz stand. Julius II. in gleicher Weise wurde verkündet, dass St. Peter in einem schlechten Zustand sei und dringend einer Reparatur bedürfe, so dass es für die Gläubigen kaum noch sicher sei; und Bramante war mit den schönsten Plänen bereit, und der Papst war kein geduldiger Mann, der warten wollte, sondern einer, der auf sofortigen Ergebnissen bestand. Diese Kirche war viele Jahrhunderte lang das berühmteste christliche Heiligtum; Von allen Enden der Welt hatten Pilger nach seinen Altären gesucht. Das Grab der Apostel war ihr zentraler Punkt, und viele weitere Heilige und Märtyrer bewohnten ihre heiligen Stätten. Es hatte die Weihe von Kaisern erlebt, es hatte falsche und wahre Päpste gehalten und war für einige der höchste Höhepunkt des Triumphs und für einige die letzte Feierlichkeit des Todes gewesen. [10] Aber Bramante sah in diesem ehrwürdigen Tempel nur die Grundlagen für eine neue Kathedrale nach dem Vorbild des großen Doms, der der Stolz von Florenz war; und sein Meister sah in seiner Vorstellung die sich erhebenden Säulen und die gewaltigen Bögen wachsen, eines solchen Gebäudes, das die Prahlerei der Christenheit sein und die Herrlichkeit seines eigenen Namens bis an die entlegensten Enden der Erde tragen würde: ein Tempel, der allherrlich ist heidnischer Stolz, klassischer als die Klassiker, geschmückt mit großen Statuen und der leeren Pracht von Pilastern und Gräbern, die bis zum Dach reichen – zumindest ein Grab, das der Della Roveres von Sixtus IV. und Julius II., der so lange wie die Geschichte leben sollte und der, wenn dieser stolze und gereizte Kerl Buonarotti sein Werk nur zu Ende bringen würde, einer der Ruhme der Ewigen Stadt sein würde.

ALTE ST. PETER.

Der antike Petersdom schien nichts von der poetischen Pracht und dem Geheimnis eines gotischen Bauwerks gehabt zu haben, wie man es in nördlichen Ländern versteht: Die Rundbögen seiner Fassade schossen nicht mit der erhabenen Leichtigkeit und aufsteigenden Anmut der großen Kathedralen von St. Peter in die Höhe Frankreich und Deutschland. Aber die unregelmäßige Front war voller Interesse und Leben, malerisch, wenn nicht sogar großartig. Es hatte Charakter und Bedeutung in jeder Zeile, es war eine Reihe von Errichtungen, die die Methode eines Jahrhunderts in ein anderes trugen, mit jener Kunst, die ein großes Gebäude zu einer lebendigen und vielfältigen Geschichte der Zeiten und Zeitalter macht, die es durchlaufen hat. von jedem etwas nehmen und allen Schutz und das Gefühl des Fortbestehens geben. Es gibt keinen solchen Charme in den vollkommensten architektonischen Triumphen, die durch einen einzigen Impuls vollbracht wurden. Aber das war die letzte Eigenschaft auf der Welt, die einen großartigen Papst des fünfzehnten Jahrhunderts abschrecken konnte, für den die Einheitlichkeit der Konzeption und die Korrektheit der Form viel wichtiger waren als irgendein solches fantasievolles Interesse. Doch Julius II. ihm darf keine größere Schuld auferlegt werden, als ihm zusteht. Seine Eingriffe betrafen nur den östlichen Teil der großen Kirche: Die Fassade und die äußere Wirkung des Gebäudes blieben mehr als hundert Jahre lang unverändert; während der Plan, wie man heute glaubt, der von Papst Nikolaus V. war, wurde er von seinen Nachfolgern, von denen Julius einer der kühnsten war, nur in Raten ausgeführt.

Es ist jedoch der Ruhm seiner drei Diener, erhabener Sklaven, deren Namen noch einflussreicher sind als die eines Pontifex, der diesen Papst vor allem berühmt gemacht hat. Seine Kampfsiege sind auf den Seiten der Historiker aus der Erinnerung verschwunden, wo wir den Kampf lesen und vergessen, den er in Italien führte, und die Transformationen, die dieses viel unruhige Land unter seiner Herrschaft durchmachte – um sich am nächsten Tag wieder zu verändern es hatte sich am Tag vor Beginn seiner Karriere geändert. Sicherlich war er es, der schließlich das Patrimonium des heiligen Petrus identifizierte und sicherte – so dass die Kirchenstaaten nicht mehr einmal im Leben eines jeden Papstes durch eine natürliche Abfolge von Ereignissen verloren und wieder gewonnen wurden. Aber wir vergessen diese Tatsache und alles, was dazu beigetragen hat, da das turbulente Chaos der europäischen Angelegenheiten noch zu dunkel ist, als dass es von der Gewissheit einer Konsolidierung durchdrungen werden könnte. Der Verlauf der Ereignisse war im Großen und Ganzen das, was beispielsweise die Schicksalsgeschichte von St. John im Lateran im Kleinen verlief. Von der Zeit Papst Martins V. bis zur Zeit Sixtus IV. In fast jedem Pontifikat kam es dort zu einem Wechsel des Klerus. Eugen IV. stellte die regulären Kanoniker oder Mönche wieder her, die von Calixtus III. vertrieben wurden, erneut von Paul II. wiederhergestellt und so weiter, bis schließlich Sixtus , der die weltlichen Priester zum dritten Mal zurückbrachte, die Mönche durch die Schenkung befriedigte seine neue Kirche Sta. Maria della Pace. Die Revolution der Dinge in Italien verlief fast ebenso regelmäßig, und nur mit geistiger Anstrengung kann der Leser die endlose Verschiebung der Szenen, die Kombinationen, die sich auflösen und wieder zusammensetzen, den Wirbel der Ereignisse verfolgen, der immer wieder auftaucht der Punkt, von dem aus sie angefangen haben. Aber wenn wir die Päpste und Fürsten und das Stampfen und Tumult der gepanzerten Krieger beiseite lassen – und die Menschenmenge, die sich auf allen Seiten öffnet, uns zeigt, wie ein geduldiger, aber temperamentvoller Handwerker Tag für Tag seine erhabene

Plattform erklimmt, schwang sich nach oben In der Nähe des Daches, wo er manchmal auf dem Rücken liegend, manchmal auf den Knien hockend, Dach und Architrav mit einer Vision beredt gestaltete, die Jahrhunderte lang nicht verblassen kann, noch wird jede Revolution, weder in den äußeren Angelegenheiten noch in den Denkweisen, an Interesse verlieren. Ein ganz anderes Gefühl erfüllt den Geist, und die Gedanken, die durch den ziellosen und schwindelerregenden Wirbel der Tatsachen krank und müde waren, kehren erleichtert zur tröstenden Beständigkeit der Kunst zurück. Der Papst, der herrisch, ein Herr der Welt, auf diese schwindelerregenden Bretter stieg, bewunderte und lästerte und drohte in einem Atemzug; aber ohne die Kraft, den stämmigen Maler zu bewegen, der bekanntlich ein Mann war, der unmöglich zu ersetzen war. „Wann wirst du fertig sein?“ sagte der Papst. „Wenn ich kann“, antwortete der andere. Der Papst mochte wütend sein und drohen, aber der Florentiner malte stetig weiter; und Papst Julius, der auf dem zitternden Gerüst am Dach der Kapelle seines Onkels steht, ist der Welt durch diese Szene besser bekannt als durch all seine Siege. Onkel und Neffe, beide mächtige Männer, kriegerische Seelen und stark, dieser Raum im Vatikan hat mehr Anteil an ihrem Ruhm als alles andere, was sie in der Welt erreicht haben.

Gleichzeitig tritt ein anderer und sanfterer Geist ein, um diesen glücklichen Papst zu verherrlichen. Seine Vorgänger hatten vor einiger Zeit jeweils etwas für die Pracht der Wohnung getan, die ihr Hauptwohnsitz war, und selbst die am wenigsten Interessierten hatten zumindest eine *Loggia* , einen Korridor und eine Villa im Garten hinzugefügt, um den Vatikan zu schaffen herrlich. Alexander VI. war der letzte gewesen, der die mehr als königliche Unterkunft der Päpste verschönerte und erweiterte; aber Julius II. hatte einen Hass auf seinen Vorgänger, den alle ehrlichen Männer zu teilen berechtigt sind, und wollte nicht in den Räumen leben, in denen die Borgias den Schrecken ihres Namens hinterlassen hatten. Er kehrte zu den saubereren, wenn auch einfacheren Wohnungen zurück, die Nicolas V. von den älteren Malern gebaut und dekoriert hatte. An einem davon beauftragte er den jungen Raphael mit der Arbeit, einen jungen Mann, mit dem es wahrscheinlich nicht so viel Ärger geben würde wie mit dem knorrigen und mürrischen Florentiner, der genauso eigensinnig war wie er . Kaum hatte der junge Maler sein gnädiges Werk begonnen, erkannte der begeisterte Papst, welch einen Schatz an Ruhm er in diesem neuen Diener gefunden hatte. Was spielte es für eine Rolle, dass der neue Meister des Malers, Perugino, vor ihm zusammen mit anderen Männern mit höchsten Ansprüchen dort gewesen war? Das Einzige, was wir tun konnten, war, diese altmodischen Herren aufzubrechen, sie von den Mauern zu vertreiben und alles Raphael zu überlassen. Wir zittern und staunen über solch einen Beweis der Begeisterung. War der junge Mann bereit, zu einem solchen Preis Platz für seine glatten, ätherischen Bilder mit all ihrer himmlischen Anmut zu bekommen? Aber wenn er irgendwelche Einwände erhob — was er wahrscheinlich auch tat, denn wir sehen ihn später wegen der Peterskirche in großen Schwierigkeiten und wegen der Zerstörung, die dort stattfand —, schenkte ihm sein herrischer Herr kaum Beachtung. Julius war einer der Männer, denen man gehorchen musste, und er war immer ebenso bereit, nach unten zu ziehen wie aufzubauen. Die Zerstörung des Petersdoms einerseits und all diese Bilder andererseits beweisen die rücksichtslose und herrische Natur des Mannes, der in einer Angelegenheit, die ihm am Herzen lag, vor nichts zurückschreckte. In späteren Tagen wurden die Bilder von Perugino an der Wand der Sixtinischen Kapelle, wie gesagt wurde, abgerissen, um Platz für das Jüngste Gericht von Michael Angelo zu schaffen; aber Papst Julius war zu diesem Zeitpunkt bereits in eine andere Sphäre übergegangen.

Die meisten Menschen werden sich an das berühmte Porträt dieses Papstes von Raffael erinnern, eines der bekanntesten Bilder der Welt. Er sitzt auf seinem Stuhl, ein alter Mann, den Kopf leicht gesenkt, nachdenklich, in einer Pause von den endlosen Beschäftigungen und der Energie, die sein Leben so erfüllt haben. Das Porträt ist recht schlicht, aber voller Würde und grüblerischer Kraft. Wir glauben, dass es nicht gut wäre, den alten Löwen aufzuwecken, obwohl er im Moment vollkommen ruht. Raphael fühlte sich im Frieden seiner eigenen Seele wohl, um den mächtigen Meister zu beobachten und aufzuzeichnen, an dessen Ruhm er so großen Anteil haben sollte. Es wäre merkwürdig gewesen, auch den Julius gehabt zu haben, den Michael Angelo kannte.

Er starb inmitten all dieser großen Arbeit, während noch der Staub des Untergangs von St. Peter in der Luft hing. Wäre es möglich gewesen, dass er noch erlebt hätte, wie an seiner Stelle der neue und prächtige Tempel errichtet wurde, könnten wir die wunderbare Kühnheit dieser Tat besser verstehen; Aber es wäre fast unvorstellbar, wie selbst der gottloseste Mensch einen solchen Impuls hätte ausführen können und dabei nichts als eine teilweise Zerstörung des großen Heiligtums der Christenheit zurückgelassen hätte, wenn wir nicht gewusst hätten, dass eine ganze Reihe fähiger Herrscher dies getan hatte Plan zur schrittweisen Fertigstellung. Erst hundertfünfzig Jahre später war der neue Petersdom in seiner jetzigen Form, riesig und prächtig, aber offenbar so gestaltet, dass er auf den ersten Blick so wenig wie möglich wirkte, zur Bewunderung der Menschen vollständig Welt. In der Gewalt der Zerstörung gingen viele Gräber der Päpste zugrunde, durch jene zynische Nachlässigkeit und Obszönität, die grausamer ist als jeder feindselige Impuls. Julius bewahrte das Grab seines Onkels Sixtus , in dem er später selbst begraben wurde, nicht in seinem eigenen prächtigen Grab auf, an dem viele Jahre lang gearbeitet worden war und das jetzt in der Kirche San Pietro in Vincoli zu sehen ist, aus der er stammte nahm den Titel seines

Kardinals an. Daher hatte er wenig Nutzen aus diesem Kunstwerk, wie er es verdient hätte, und es selbst wurde leider von verschiedenen sekundären Händen verkleinert, beschnitten und vervollständigt; Aber durch Michael Angelos Moses und einige andere Teile seines Originalwerks bleibt es im Blickfeld des Betrachters, obwohl es weder den Körper bewahrt noch die Ruhestätte seines herrischen Meisters markiert. Julius starb 1513, „berühmter im militärischen Ruhm, als es ein Papst sein sollte". Panvinio sagt: „Er war von großer Seele und Standhaftigkeit und ein mächtiger Verteidiger aller kirchlichen Dinge: Er ließ sich keine Beleidigung gefallen und war unversöhnlich gegenüber Rebellen und widerspenstigen Personen. Er war jemand, der nur gelobt werden konnte Mit so viel Stärke und Treue bewahrte und vergrößerte er die Besitztümer der Kirche, obwohl es einige gibt, bei denen es den Anschein hat, dass er sich mehr für Waffen interessierte, als ein heiliger Papst zu werden." „Am 21. Februar 1513 starb Papst Julius um neun Uhr nachts", sagt ein anderer Chronist, Sebastiano Branca ; „Er hatte das Papsttum neun Jahre, drei Monate und fünfundzwanzig Tage inne. Er stammte aus Savona: Er erwarb viele Ländereien für die Kirche: Kein Papst hatte jemals getan, was Papst Julius tat. Der erste war Faenza, die anderen Forli, Cervia , Ravenna, Rimini, Parma, Piacenza und Arezzo. Er erwarb sie alle für die Kirche und dachte nie daran, sie seiner eigenen Familie zu geben. Pesaro schenkte er dem Herzog von Urbino, seinem Neffen, aber keinem anderen. Dreiunddreißig Kardinäle starben zu seiner Zeit. Und er verursachte den Tod von mehr als hunderttausend Menschen im Krieg." Eine düsterere Zusammenfassung könnte es nicht geben .

Es ist merkwürdig zu bemerken, dass die Männer, die den Glanz des modernen Rom begründeten, die seine edelsten Kirchen und Paläste errichteten, seine Mauern mit den edelsten Kunstwerken schmückten und seine Bibliotheken mit dem höchsten Luxus an Büchern füllten, Männer des modernen Roms waren bescheidenste Rasse, bäuerlicher Herkunft, geboren in Armut und Arbeit. Thomas von Sarzana , Papst Nikolaus V., Francesco und Giuliano von Savona, Päpste Sixtus IV. und Julius II.: Diese Männer wurden ohne den Unterschied eines Nachnamens in den Hütten geboren, in denen arme Männer liegen, oder, noch bescheidener, in einem Raum, der hoch an den felsigen Fundamenten eines Dorfes hängt und nach der Mode auf einer Klippe thront von Italien. Sie waren es, die der Mode eine Pracht verliehen, die über die Träume der größten Fürsten ihrer Zeit hinausging.

Dies war jedoch beim Nachfolger von Julius II. nicht der Fall, dem Papst, in dessen Namen sich die ganze Größe und Pracht Roms konzentriert und an den wir am unmittelbarsten denken, wenn das goldene Zeitalter des kirchlichen Luxus und der Pracht der Kunst beginnt genannt. Leo X. war ein ebenso wahrer Sohn des Luxus wie sie ein bodenständiger Sohn waren. Das Rennen der Medici hatte in seinen Aufzeichnungen immer Glück. Die größten Maler der Welt lagen ihm zu Füßen, wurden ermutigt und geschätzt und tyrannisiert . Literatur, die damals höchstes Ansehen genoss, schmeichelte ihnen, liebkoste sie und schmeichelte ihnen. Lorenzo, der in der Geschichte etwas törichterweise als „der Prächtige" bezeichnet wurde – wobei man die Tatsache vergaß, dass „il Magnifico" der gebräuchliche Titel eines florentinischen Beamten war –, wird von vielen als die auffälligste und prächtigste Figur in der Geschichte von Florenz angesehen. Und Leo X. genießt in den Aufzeichnungen des päpstlichen Roms den gleichen Ruf. Wir werden nicht sagen, dass er ein moderner Nero war, der herumspielte, während Rom brannte, denn er erwies sich in vielerlei Hinsicht als ungewöhnlich scharfsinniger Politiker und war genauso wenig geneigt, einen zeitlichen Vorteil preiszugeben wie seine kämpfenden Vorgänger – aber das Spektakel ist immer noch kurios einer von einem Mann, der sein Leben und seinen Reichtum (oder den anderer Menschen) für die erlesensten und prächtigsten Dekorationen ausgab, solche Wunder der Verzierung wie Raffaels Fresken – während das Papsttum selbst von der größten Rebellion aller Zeiten angegriffen wurde dagegen. Die Wände weiter zu streichen, während die Fundamente des Gebäudes unter Ihren Füßen ruiniert werden und Ihnen jeden Moment um die Ohren fallen und Ihren prächtigen Schmuck zu Staub zerfallen lassen, ist etwas, das dem Betrachter ein äußerst seltsames Gefühl vermittelt. Die Welt wusste damals nicht, dass selbst einer oberflächlich so korrupten Institution wie der Kirche von Rom die alte Verheißung treu blieb und dass nicht nur die Pforten der Hölle, sondern auch diejenigen, die eher dem Himmel ähnelten, sie nicht überwältigen sollten. Außerhalb Italiens glaubte man, dass die Kirche, die erst vor kurzem von einer Borgia regiert worden war und die zugegebenermaßen in hohen Positionen voller Bosheit war, unter dem schrecklichen Schlag völlig untergehen musste. Ein großer Teil der Welt glaubte tatsächlich ein oder zwei Jahrhunderte lang so. Aber inmitten dieser fast universellen Überzeugung kann nichts merkwürdiger sein, als zu sehen, wie das Leben des päpstlichen Roms weitergeht, als wäre nichts geschehen, und wie der junge Raphael und alle seine Jünger fröhlich wie der Tag in der großen Leere hin und her kommen und gehen Kammern, die sie zu einem Wunder der Erde machten. Es ist wahr, Michael Angelo hat in grimmiger Unzufriedenheit seine riesigen Sklaven in Florenz niedergehauen und wunderbare Gedanken in ihre großen Glieder gewirkt; aber die ganze römische Welt floss in Glanz und Herrlichkeit unter einem Himmel weiter, der von jeder drohenden Katastrophe unberührt blieb.

MODERNES ROM: DAS GRAB VON KEATS.

Die italienischen Chronisten erwähnen kaum die Anfänge der Reformation. „Zu dieser Zeit begann man im äußersten Teil Deutschlands den abscheulichen und berüchtigten Namen Martin Luthers zu hören", sagt einer. Der Elefant, den Emmanuel von Portugal seiner Heiligkeit schickte und der tausend Jahre alt sein sollte, nimmt ebenso viel Platz ein. In Rom schien die Sonne. Die Maler sangen und pfiffen bei ihrer Arbeit, und ihr erhabener Gönner ging und kam und krönte Verse mit dem venezianischen Bembo und dem einzigartigen Aretino. Es scheint, dass sie nicht die geringste Angst vor Luther hatten und sich seiner nicht einmal bewusst waren , außer auf eine schwache und entfernte Art und Weise. Es war so absurd, dass er Einwände gegen den Ablasshandel erhob. Nun war der Ablasshandel nicht theoretisch zu verteidigen, wie alle diese Philosophen wussten. Aber die Buße abzukaufen, die sie sonst auf jeden Fall hätten tun müssen, war für viele Menschen, die keine schlechten Christen und außerdem gute Katholiken waren, eine dankbare Erleichterung. Vielleicht hätten diese Ablässe in der groben Vorstellung des Volkes tatsächlich wie Erlaubnisse zur Sünde ausgesehen, wie dieses Monster in Deutschland sie behauptete; aber dies änderte nicht wirklich ihren wahren Charakter, ebenso wenig wie andere populäre Fehler die Lehre im Allgemeinen beeinträchtigten. Und wie soll man mit dem riesigen Gebäude des Petersdoms, an dem Jahr für Jahr unzählige Arbeiter arbeiteten und das die schrecklichste Belastung für die päpstlichen Gelder darstellte, ohne diese Methode, Steine und Mörtel sowie Vergoldungen und Mosaike herauszupressen, weitermachen? das einfache

Volk? Papst Leo nahm es sehr locker. Ungeachtet der Erwerbungen von Papst Julius und der Gewissheit, mit der uns die Historiker versichern, dass das Patrimonium des heiligen Petrus seit seiner Zeit fest im Besitz Roms verankert war, war ein Teil davon wieder verloren gegangen und musste erneut zurückgewonnen werden in den Tagen seines Nachfolgers. Das war zweifellos wichtiger als der Name *nefando*, *excrabile* des deutschen Mönchs. Und so gingen die Kriege weiter, allerdings nicht mit dem Geist und der Freude, die Julius II. hatte. hatte in sie gebracht. Leo X. hatte keine Lust, jemanden zu töten. Als er dazu gezwungen wurde, tat er es ganz ruhig und unerbittlich, wie es sich für einen Medici gehörte; aber er hatte keine Freude an der Tat. Wenn Luther in seine Hände gefallen wäre, hätte die Kurie zweifellos einen Weg gefunden, den pestilenten Kerl freizulassen. Ein Spaziergang um die *Loggie* oder die *Bühne*, wo die Maler so beschäftigt waren, und wo Raphael, ein geborener Gentleman, nicht wie der wilde Buonarotti murrte, als er unterbrochen wurde, sondern innehielt, lächelte und erklärte, machte den Gedanken von allem Ärgerlichen Deutschen leicht aus dem Kopf des genialen Potentaten. Es war das Goldene Zeitalter; und Rom war der Mittelpunkt der Welt, wie es sich gehörte, und das Genie arbeitete unermüdlich für die Verschönerung von allem; und noch nie hatte es bei einem Gericht so kluge Bemerkungen, so witzige Vorschläge, so schöne Sprache und so subtile Argumente gegeben wie bei all den Gelehrten und allen Geistlichen, die miteinander um das Ohr und den Blick von Papst Leo wetteiferten. Der ruhige Genuss des Lebens über einem Vulkan wurde noch nie zuvor in solcher Perfektion gezeigt.

Wir müssen hier nicht innehalten, um jene Werke aufzuzählen oder zu beschreiben, die jeder Besucher Roms unbedingt sehen möchte und in denen die gütige und liebliche Kunst Raffaels die prächtigen Räume des Vatikans mit etwas von dem Licht erleuchtet hat, das nie auf dem Meer oder an der Küste war. Wir gestehen, dass für uns selbst ein kleines Bild aus derselben Hand, das man hier und da und oft weit entfernt von der Stelle, an der es gemalt wurde, antrifft, alle diese Kunstwerke übertrifft; aber niemand kann ihre Schönheit oder Bedeutung bestreiten. Papst Leo hat nicht im Geringsten mit einem Bleistift zu ihrer Vollkommenheit beigetragen, dennoch sind sie der größte Ruhm seiner Zeit und das Hauptelement seines Ruhmes. Er hat sie insofern geschaffen, als er die Mittel, die edle Stellung sowie die vulgärere Versorgung zur Verfügung gestellt hat, die ebenso notwendig war, und er hat daher ein Recht auf seinen Anteil am Applaus – mit dem er für alles, was er tut, reichlich belohnt wird tat; Denn zweifellos waren die Bezahlung des Augenblicks, die Freude, die er aufrichtig an ihnen empfand, und der Stolz, so edel an der dauerhaften Erleuchtung Roms teilzuhaben, an sich schon eine sehr große Belohnung, ohne die Ernte, die er seitdem in Form von Applaus geerntet hat der Nachwelt. Heutzutage ehren wir den Kunstmäzen vielleicht nicht mehr so sehr wie im letzten Jahrhundert. Und zweifellos gibt es mittlerweile viele, die Raffael im Vatikan verehren, ohne an Leo zu denken. Dennoch ist er es wert, geehrt zu werden . Er ließ dem jungen Maler freie Hand, glaubte an sein Genie und war wahrscheinlich von seiner freundlicheren Art angezogen, während er Michael Angelo, gegen den er offenbar immer eine gewisse Abneigung empfunden hatte, auf Distanz hielt.

Wir werden nicht versuchen, in Raffaels großartigen Wandgemälden die schmeichelhaften Anspielungen auf die Geschichte und den Triumph Leos hervorzuheben, die Kritiker dort finden, und auch nicht auf die hohe Absicht hinzuweisen, mit der andere meinen, der Maler sei in diesen großartigen Werken bewegt worden. Bischof Creighton findet darin eine Lektion, die äußerst erbaulich ist, aber weit über das hinausgeht, wonach wir suchen sollten. „Das Leben Raffaels", sagt er, „drückt die beste Qualität des Geistes der italienischen Renaissance aus, ihren Glauben an die Kraft der Kultur, die Einheit des Lebens wiederherzustellen und der Seele Gelassenheit einzupflanzen. Es ist klar, dass Raffael nicht gelebt hat." zum bloßen Vergnügen, sondern dass er seine Zeit mit unaufhörlicher Aktivität verbrachte, beseelt von großen Hoffnungen für die Zukunft." Wie das sein mag, wissen wir nicht, aber wir gehen eher davon aus, dass Raphael, wie andere Männer von großem und spontanem Genie, tat, was in ihm steckte und sein Bestes tat, ohne irgendwelche Hintergedanken und wenig Gedanken über die Macht der Kultur. Wir glauben, dass es seine Aufgabe war, zu zeigen, wie die Kunst den ihm gegebenen Raum zur Verschönerung am besten und mit der vollkommensten Wirkung veranschaulichen kann, mit einer Bedeutung, die der gnädigen Arbeit nicht unwürdig ist, aber ohne didaktischen Impuls. Es war seine Aufgabe, diese schönen Räume und die luftige Leichtigkeit der strahlenden *Loggie* wunderschön zu gestalten und ein Thema voller malerischer Möglichkeiten triumphierend darzustellen. Aber was es mit Luther zu tun haben soll oder wie das eine das andere ausgleichen soll, ist schwer zu erkennen. Goethe hingegen erklärt, dass wir, als wir von der Sixtinischen Kapelle aus zu Raffaels *Loggie* gingen, „es kaum ertragen konnten, sie anzusehen. Das Auge war durch diese großartigen Formen und die herrliche Vollständigkeit aller Teile so geschult und erweitert, dass es kein Vergnügen daran haben konnte." „in Werken so viel weniger wichtig." Solche Meinungsverschiedenheiten gibt es in allen Zeitaltern. Es ist der Ruhm dieser Periode der römischen Geschichte, dass zu einer Zeit, als der Apostolische Stuhl so viel verloren hatte und alle seine großen Ziele, seine edlen Ideale, seine Herrschaft der Heiligkeit und inspirierten Weisheit wie die Blume der Felder untergegangen waren – als sich alles, wofür Gregor und Innozenz ihr Leben lang gekämpft hatten, wie eine Blase aufgelöst hatte: als die Päpste keine heiligen Männer mehr waren und sich auch nicht durch ein großes und universelles Ziel auszeichneten, sondern italienische Fürsten wie andere, in manchen Fällen eher schlechter als besser : Es hätten diese beiden großen Brüder der Kunst mit einem Mantel des Ruhms aufstehen sollen, um das Scheitern, den Schrecken und die Verachtung zu verbergen – der eine schroffe, traurige, selbstbewusste, vom Bösen der Zeit gebeugte, der andere voller Süße und Fröhlichkeit, ein Engel des Lichts, der in seiner anmutigen Einfachheit die Geheimnisse des Himmels errät.

Leo, der Papst, war keine so edle Seele. Er war nur ein weltgewandter und geschickter Medici, der die göttlichen Sklaven, die zu seinem Dienst bereitstanden, zu seinem Vorteil ausnutzte – indem er sie nicht schlecht ausnutzte und sie ermutigte, ihr Bestes zu geben, wenn nicht aus höheren Beweggründen, so doch, um ihm, dem Sommo, zu gefallen Pontefice , sicherlich das Beste, was sie sich erhoffen konnten; und von den Dukaten, die ihm aus dem Verkauf der Ämter des Vatikans, der Kardinalshüte, der päpstlichen Rittertümer und anderen Prachtstücken zukamen, einen solchen Anteil zu gewinnen, der für alle ihre Bedürfnisse ausreichte. Er verkaufte diese und andere Dinge, zum Beispiel Ablässe, die er überall auf der Erde aussäte und die den Anbau von Feldfrüchten ganz anderer Art ermöglichten. Andererseits hat er nie eine Pfründe verkauft. Er erließ die Salzsteuer; und er gab großzügig jedem, der ihn darum bat, und genoss das Leben von ganzem Herzen, was an sich keine schlechte Eigenschaft ist.

EIN BRIC-A-BRAC-SHOP.

„Das Pontifikat Leos war das fröhlichste und glücklichste, das Rom je erlebt hat", sagt der Chronist. „Da er sich sehr für den Bau interessierte, nahm er mit großer Seele den Bau von San Pietro in Angriff, mit dem Julius mit wunderbarer Kunst begonnen hatte. Er veredelte den Palast des Vatikans mit drei breiten und langen Portiken von höchster Schönheit. mit vergoldeten Dächern und geschmückt mit hervorragenden Bildern. Er baute die Kirche Unserer Lieben Frau vom Monte Cœlio, von der er seinen Titel als Kardinal erhielt, fast von den Fundamenten an wieder auf und schmückte sie mit Mosaiken. Schließlich gab es nichts, was er in seinem ganzen Leben hatte hatte mehr im Herzen oder sehnlicher als den hervorragenden Namen des Liberalen, obwohl es für gewöhnlich die Gewohnheit aller anderen war, dieser Tugend der Liberalität den Rücken zu kehren und sich von ihr fernzuhalten. Er beurteilte diejenigen, die einer hohen Stellung unwürdig waren Er verteilte nicht mit großer und gütiger Hand die Gaben des Glücks, und vor allem diejenigen, die durch wenig oder gar keine Mühe erworben wurden. Doch während er in dieser Gestalt Rom regierte und ganz Italien einen freudigen Frieden genoss, starb er durch einen zu frühen Tod von dieser Welt genommen, obwohl er noch in der Blüte und dem Höhepunkt seiner Jahre ist.

Er starb am 1. Dezember 1521 im Alter von 45 Jahren.

Die großen Werke, die der eine oder andere Päpste auf diese Weise halb vollbracht ließ, wurden vollendet – St. Peter von Sixtus V. 601 1590 und Paul V. 1615. Das Jüngste Gericht zur Vervollständigung der Sixtinischen Kapelle wurde 1541 von Michael Angelo unter Clemens VII. fertiggestellt. und Paul III. Und so besuchen wir das Rom unserer Tage – das Rom, das wir nicht als Pilger besuchen, sondern als Menschen, die nach der Mode unserer Zeit leben, die uns dazu zwingt, auf der ganzen Erde hin und her zu gehen und zu sehen, was es zu sehen gibt jedes Jahr in großer Zahl – wurde mehr oder weniger so belassen, wie es jetzt ist, zur Bewunderung der Welt. Seitdem ist viel getan worden und tut es immer noch, um die Denkmäler eines unerschöpflichen Altertums verständlicher und deutlicher zu machen – aber im Rom der Päpste, dem Rom der Christenheit, hatte die Geschichte nur wenig und die Kunst kein einziges Wort dazu sagen.

DAS ENDE.

FUSSNOTEN:

[1] Es ist rührend und erbärmlich, im jetzigen Papst etwas von diesem visionären und uneigennützigen Ehrgeiz, dieser Sehnsucht, das Universum zu segnen und zu helfen, zu erahnen, die in diesen Träumen des mittelalterlichen Geistes vorhanden war und von großem Mitleid angetrieben wurde eine Liebe, die halb göttlich ist. Leo XIII. ist ein zu kluger Mann, um von der Wiederherstellung der weltlichen Macht zu träumen, auch wenn er ein Märtyrer dieser Theorie ist: aber in seinem hohen Alter scheint es ein zitterndes Bewusstsein darüber zu geben, dass er in der Lage ist, in diesem Zustand zu sein, was es, wenn nichts anderes getan hätte, unmöglich macht Er ist selbst ein Papa Angelico und versammelt uns alle unter seinen Fittichen.

[2] Einige nehmen daraus an, dass die Wahl in dieser Kirche und nicht im Lateran stattfand; Dem widerspricht jedoch Gregor selbst, der sagt, es habe in Ecclesia S. Salvatoris stattgefunden , einem Namen, der häufig für den Lateran verwendet wird. Bowden vermutet, dass „der Kardinalklerus am Ende der turbulenten Verhandlungen im Lateran" sich „offiziell nach St. Peter ad Vincula begeben haben könnte, um die Wahl zu bestätigen und zu registrieren".

[3] Diese Persönlichkeit wird in den italienischen Aufzeichnungen immer Cencio genannt . Einige nehmen an, dass er aus der Familie der Crescenzi stammte, deren Name, ebenso wie der von Vincenzo, die Verkleinerungsform ist.

[4] Zu diesem Thema gehen die Aufzeichnungen auseinander. Einige behaupten, diese Briefe seien sofort nach Rolands Absetzung gelesen worden, andere behaupten, die Sitzung sei nach diesem wunderbaren Vorfall vertagt worden.

[5] Der Vize-Provost von Eton, der diese Seiten freundlicherweise in der sanften Kritik gelesen hat, die kein hartes Wort sagen kann, bemerkt hier: „Wenn Erfolg weniger an unmittelbaren Ergebnissen gemessen wird als daran, die Art und Weise zu lenken, wie Männer denken, sollte ich das tun." Sagen Sie, dass Innozenz erfolgreich war. „Was wird der Papst sagen?" war die Frage, die in jedem Winkel der Welt gestellt wurde – obwohl ihm nicht immer gehorcht wurde."

[6] Eine notwendige Unterscheidung, da es so viele mit demselben Namen gab – z. B. Pietro, der Sohn von Agapito , Neffe des alten Stefano.

[7] Sie wechselten ihre Kleider und warfen die Kleider, die sie auszogen, unter das Volk.

[8] Das Bad oder die Taufvase Konstantins (so genannt), auf die hier Bezug genommen wird, steht noch immer im Baptisterium des Laterans.

[9] Über diesen Ort erzählte man sich in Rom einst eine amüsante Geschichte, die zweifellos der Legende dieser alten kirchlichen Siedlung entsprang. Es geschah, dass ein Bischof, der durch das Land reiste (es ist immer ein Bischof, der der *Lebemann der italienischen Geschichte* ist), einen Boten vor sich herschickte mit der Anweisung, an die Wand jeder Stadt seine Meinung über den Wein des Ortes zu schreiben. damit sein Herr entscheiden könne, ob er dort landen solle oder nicht. Wenn es gut war, sollte *Est das richtige Wort sein.* Als der Kurier nach Montefiascone kam, war er von dem dortigen Wein so begeistert, dass er das Tor mit der dreifachen Aufschrift „Est , Est , Est" *verzierte* . Der Bischof kam und stieg aus; und verließ Montefiascone nie mehr. Der Wein in seinen heimischen Flaschen ist noch heute durch diese Inschrift gekennzeichnet.

[10] Siehe den Tod von Papst Leo IX., S. 199 .